1 अध्याय

अंतरक गणन विधिः विषय प्रवेश (Introduction to Differential Calculus)

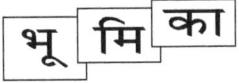

भूमिका

कलन गणित की एक विशेष शाखा है जिसमें बीजगणित की छः मूल क्रियाओं को जोड़ना, घटाना इत्यादि के अतिरिक्त सीमाक्रिया का प्रयोग विशेष रूप से होता है। कलन दो भागों का आपसी मिलन है–समाकलन और अवकलन। दोनों भागों में एक खास विषय रहता है–अनंत और अतिसूक्ष्म राशियों की मदद से गणना करना।

फलन, सीमा, सातत्य, श्रेणी का अनंत तक योग, अत्यणु (Infinitesimal) आदि संकल्पनाओं की समझ और विकास ने कलन को जन्म दिया। अवकलन (Differentiation) किसी राशि के किसी अन्य राशि के सापेक्ष तत्कालिक बदलाव के दर का अध्ययन करता है, इस दर को 'अवकलज' (Derivative) कहते हैं।

समाकलन (Integration) एक विशेष प्रकार की योग क्रिया है जिसमें अतिसूक्ष्म मान वाली संख्याओं को जोड़ा जाता है। किसी वक्र तथा X-अक्ष के बीच का क्षेत्रफल निकालने के लिए समाकलन का प्रयोग करना पड़ता है।

प्रश्न 1. निम्नलिखित बिंदुओं पर संक्षिप्त टिप्पणी कीजिए–

(i) समुच्चय

(ii) परिसर

(iii) चर

(iv) सतत् चर

(v) अचर

(vi) अचर मान

उत्तर– (i) समुच्चय–वस्तुओं के सुपरिभाषित समूह को समुच्चय कहा जाता है। उदाहरण के लिए दिल्ली विश्वविद्यालय के विद्यार्थियों का समूह, भारत के पर्वतों के समूह इत्यादि को हम समुच्चय कहेंगे। एक समुच्चय में शामिल वस्तुओं को समुच्चय का सदस्य या अवयव (element) कहा जाता है। समुच्चय के अवयव पदार्थ भी हो सकते हैं तथा विचार भी। प्राकृत संख्याओं का समूह भी समुच्चय कहलाता है तथा इस समुच्चय में शामिल संख्याओं को इसका सदस्य या अवयव कहा जाता है। उदाहरण के लिए: $S = \{1, 2, 3, \ldots\ldots\ldots\ldots x\}$

जहाँ 1, 2, 3, ... इस समुच्चय के सदस्य हैं अर्थात् $1 \in S, 2 \in S \ldots$ यहाँ संकेत चिह्न $\in$ का अर्थ है (belongs to) अर्थात् 'से संबंध रखता' है।

(ii) परिसर–यह ऐसे मानों का समुच्चय है जो f(x) ले सकता है।

अर्थात् फलन $f(x) = \sin x$ का परिसर $[-1, 1]$ होगा;

इसी प्रकार फलन $f(x) = x^2 + 2x + 3$ का परिसर संपूर्ण वास्तविक रेखा होगी।

[ ] को प्रतिबंधित अंतराल कहा जाता है क्योंकि इसमें दोनों सीमावर्ती मान a और b होते हैं।

(iii) चर–जिन राशियों का मान बदलता रहता है, उनको चर राशियाँ कहा जाता है। इनको x, y, z, u, v, w आदि द्वारा निरूपित किया जाता है। चर राशियाँ दो प्रकार की होती हैं–

(1) स्वतंत्र चर (Independent Variable)–जिस राशि का मान स्वेच्छा से बदल सकता है उसे स्वतंत्र चर कहा जाता है।

(2) परतंत्र चर (Dependent Variable)–दो राशियों में से यदि एक राशि का मान दूसरी राशि के मानों पर निर्भर करता है तो उस राशि को परतंत्र चर कहा जाता है।

(iv) सतत् चर–यदि x किसी दी गई संख्या a से कोई अन्य दी गई संख्या b तक सभी संभव वास्तविक मान लेता हो, तो x को सतत् चर कहा जाएगा। x का प्रांत अथवा अंतराल $a \le x \le b$ अथवा $x \in [a, b]$ द्वारा दर्शाया जाता है।

(v) अचर–यह एक ऐसा निरूपण है जो अन्य संख्यात्मक तत्त्वों (जैसे $1, -2, \pi, e$) के अतिरिक्त पूरी गणितीय संक्रिया में एक ही संख्यात्मक मान बनाए रखता है। अचरों को इस प्रकार भी परिभाषित किया जा सकता है–

वे राशियाँ जिनका मान गणित की प्रत्येक संक्रिया में अपरिवर्तित रहता है, अचर कहलाती हैं। अचरों को अक्षरमाला के आरंभिक अक्षरों से दर्शाया जाता है, जैसे a, b, α, β आदि। अचर राशियाँ भी दो प्रकार की होती हैं–

(1) पूर्ण अचर (Absolute Constant)–जिन राशियों का मान प्रत्येक प्रश्न में स्थिर रहता है उन्हें पूर्ण अचर राशि कहा जाता है।

जैसे: $1, 2, \frac{1}{2}, \pi, \sqrt{2}, \sqrt{3}, -\frac{3}{4}$

परिमाणात्मक विधियाँ
(Quantitative Methods)

(एम.ई.सी.-003)

अर्थशास्त्र में एम.ए. हेतु (एम.ई.सी.)

For Master of Arts [Economics] [MEC]

Gullybaba.com Amazon.in GPHbook.com

Bestseller

विशेष विश्वविद्यालयों के लिए महत्वपूर्ण अध्ययन सामग्री

इंदिरा गाँधी राष्ट्रीय मुक्त विश्वविद्यालय (इग्नू), के.एस.ओ.यू. (कर्नाटका), बिहार विश्वविद्यालय (मुजफ्फरपुर), नालंदा विश्वविद्यालय, जामिया मिलिया इस्लामिया, वर्धमान महावीर मुक्त विश्वविद्यालय (कोटा), उत्तराखंड मुक्त विश्वविद्यालय, कुरुक्षेत्र विश्वविद्यालय, हिमाचल प्रदेश विश्वविद्यालय, सेवा सदन कॉलेज ऑफ एजुकेशन (महाराष्ट्र), मिथिला विश्वविद्यालय, आंध्रा विश्वविद्यालय, अन्नामलाई विश्वविद्यालय, बैंगलोर विश्वविद्यालय, भारतीयर विश्वविद्यालय, भारतीदशन विश्वविद्यालय, सेंटर फॉर डिस्टेंस एंड ओपन लर्निंग, काकाटिया विश्वविद्यालय (आंध्र प्रदेश), के.ओ.यू. (राजस्थान), एम.पी.बी.ओ.यू. (एम.पी.), एम.डी.यू. (हरियाणा), पंजाब विश्वविद्यालय, तमिलनाडु मुक्त विश्वविद्यालय, श्री पद्मावती महिला विश्वविद्यालयम् (आंध्र प्रदेश), जम्मू विश्वविद्यालय, वाई.सी.एम.ओ.यू., राजस्थान विश्वविद्यालय, उत्तर प्रदेश राजर्षि टण्डन मुक्त विश्वविद्यालय, कल्याणी विश्वविद्यालय, बनारस हिंदू विश्वविद्यालय (बी.एच.यू.), और अन्य भारतीय विश्वविद्यालय।

इस पुस्तक का अंग्रेजी संस्करण भी उपलब्ध है।

English Edition of this Book is also available.

Closer to Nature We use Recycled Paper

GPH BOOK®

गुल्लीबाबा पब्लिशिंग हाउस प्रा. लि.

आई.एस.ओ. 9001 एवं आई.एस.ओ. 14001 प्रमाणित कं.

Published by:
GullyBaba Publishing House Pvt. Ltd.

Regd. Office:	Branch Office:
2525/193, 1st Floor, Onkar Nagar-A, Tri Nagar, Delhi-110035 (From Kanhaiya Nagar Metro Station Towards Old Bus Stand) 011-27387998, 27384836, 27385249 +919350849407	1A/2A, 20, Hari Sadan, Ansari Road, Daryaganj, New Delhi-110002 Ph. 011-45794768

E-mail: hello@gullybaba.com, **Website:**GullyBaba.com

New Edition

Price:

ISBN: 978-93-81970-50-8
Author: Gullybaba.com Panel

Copyright© with Publisher
All rights are reserved. No part of this publication may be reproduced or stored in a retrieval system or transmitted in any form or by any means; electronic, mechanical, photocopying, recording or otherwise, without the written permission of the copyright holder.

Disclaimer: Although the author and publisher have made every effort to ensure that the information in this book is correct, the author and publisher do not assume and hereby disclaim any liability to any party for any loss, damage, or disruption caused by errors or omissions, whether such errors or omissions result from negligence, accident, or any other cause.

If you find any kind of error, please let us know and get reward and or the new book free of cost.

The book is based on IGNOU syllabus. This is only a sample. The book/author/publisher does not impose any guarantee or claim for full marks or to be passed in exam. You are advised only to understand the contents with the help of this book and answer in your words.

All disputes with respect to this publication shall be subject to the jurisdiction of the Courts, Tribunals and Forums of New Delhi, India only.

Home Delivery of GPH Books

You can get GPH books by VPP/COD/Speed Post/Courier.
You can order books by Email/SMS/WhatsApp/Call.
For more details, visit gullybaba.com/faq-books.html
Our packaging department usually dispatches the books within 2 days after receiving your order and it takes nearly 5-6 days in postal/courier services to reach your destination.

Note: Selling this book on any online platform like Amazon, Flipkart, Shopclues, Rediff, etc. without prior written permission of the publisher is prohibited and hence any sales by the SELLER will be termed as ILLEGAL SALE of GPH Books which will attract strict legal action against the offender.

प्रस्तावना

आज अर्थशास्त्र आधे से अधिक गणितीय मॉडलों, साध्यों समीकरणों तथा सूत्रों में बँध गया है। पूर्व में केवल सांख्यिकी का ही प्रयोग अर्थशास्त्री ऐच्छिक रूप से करते थे, परंतु आज सांख्यिकी अर्थशास्त्र हेतु अनिवार्य हो गया है। इसके अतिरिक्त, अर्थमिति भी विकास मॉडलों में पूर्ण विकसित हो रही है। आर्थिक सिद्धांतों को स्पष्ट करने हेतु गणितीय साधन का प्रयोग सब अर्थशास्त्री कर रहे हैं। 'रैखिक प्रोग्रामन' तथा 'विभेदीकरण प्रक्रिया' के अंतर्गत अर्थशास्त्री गणितीय (विशेष बीजगणितीय सूत्रों से) दृश्य प्रभावों के साथ-साथ अदृश्य आर्थिक प्रभावों को भी दिखाने का प्रयत्न कर रहे हैं।

प्रस्तुत पुस्तक 'परिमाणात्मक विधियाँ' (एम.ई.सी.-003) गणितीय विश्लेषण में प्रयुक्त विधियों को समझने में सहायता करने वाली मूल संकल्पनाओं के एक संक्षिप्त पुनरावलोकन के साथ-साथ गणितीय संबंधी प्रारंभिक तकनीकों को प्रस्तुत करती है। पुस्तक में किसी लक्ष्य फलन हेतु इष्टतम मान ज्ञात करने के लिए प्रयुक्त तकनीकों पर चर्चा की गई है, साथ ही किसी भूयिष्ठ अथवा अल्पिष्ठ बिंदु पर पहुँचने की मूल अवधारणाओं को स्पष्ट किया गया है। पुस्तक में अर्थशास्त्र में अवकलन, समाकलन, अंतर समीकरण, अवकल समीकरण के अनुप्रयोग आदि विषयों पर चर्चा की गई है।

पुस्तक विशेष रूप से प्रश्न पत्र की तैयारी के लिए सारगर्भित एवं परीक्षोपयोगी प्रश्नोत्तर के रूप में लिखी गई है। इसके अध्ययन से न केवल अल्प समयावधि में छात्रों को अपना पाठ्यक्रम पूर्ण कर पाने में मदद मिल सकेगी बल्कि प्रश्नों के उत्तरों को हल करने में भी सरलता होगी।

प्रस्तुत पुस्तक की विषय-सामग्री के विस्तृत एवं जटिल उपबंधों को तर्कपूर्ण एवं संप्रभावी ढंग से संक्षेप में प्रस्तुत किया गया है। पुस्तक की भाषा उपयुक्त, सरल एवं प्रवाहपूर्ण रखने का प्रयत्न किया गया है। पुस्तक के प्रत्येक अध्याय के प्रारंभ में अध्याय की भूमिका दी गई है जिससे छात्रों को अध्याय को समझने में सरलता होगी।

हमारी पुस्तक की सबसे बड़ी और महत्त्वपूर्ण विशेषता यह है कि इसके अंतर्गत आपको गत वर्षों के प्रश्न पत्र हल सहित दिए जाते हैं जो आपकी परीक्षा को न केवल सरल बनाते हैं अपितु आपको परीक्षा में अच्छे अंक प्राप्त करने में भी सहायक होते हैं। पुस्तक में प्रश्न पत्रों के प्रारूप को आपके सामने बिल्कुल उसी प्रकार प्रस्तुत किया गया है जैसा आपके सामने परीक्षा केंद्र में प्रस्तुत होता है, जो आपको अपने आप में एक अलग प्रकार का आत्मविश्वास बढ़ाने में सहायक होगा।

आगामी संस्करण में आपके सुझावों को यथास्थान साभार सम्मिलित किया जाएगा। अतः अपने सुझाव निःसंकोच हमें हमारी Email : feedback@gullybaba.com पर या सीधे प्रकाशन के पते पर लिखें और हमें अपने सुझावों से अनुग्रहित करें।

प्रकाशक (GPH) अपने कार्यरत सहायकों व लेखकों का सहृदय आभार प्रकट करता है, जिनके सहयोग और प्रयासों के कारण ही इस पुस्तक का प्रकाशन संभव हो पाया है।

हम आपकी सफलता की कामना करते हैं।

TOPICS COVERED

अध्याय–1 : अंतरक गणन विधि: विषय प्रवेश
(Introduction to Differential Calculus)

1. फलन, सीमांत और सातत्य
   (Functions, Limit and Continuity)
2. अवकलज
   (Derivatives)
3. आंशिक अवकलन
   (Partial Differentiation)

अध्याय–2 : उभयांत मान और इष्टतमीकरण
(Extreme Values and Optimisation)

4. भूयिष्ठक एवं अल्पिष्ठक
   (Maxima and Minima)
5. अनिबाधित इष्टतमीकरण
   (Unconstrained Optimisation)
6. निबाधित इष्टतमीकरण
   (Constrained Optimisation)

अध्याय–3 : समाकलन गणित और आर्थिक प्रावैगिकी
(Integral Calculus and Economic Dynamics)

7. समाकलन और आर्थिक प्रावैगिकी में अनुप्रयोग
   (Integration and Applications in Economic Dynamics)
8. अंतर समीकरण और आर्थिक प्रावैगिकी में अनुप्रयोग
   (Difference Equations and Applications in Economic Dynamics)

अध्याय–4 रैखिक बीजगणित एवं अर्थशास्त्रीय अनुप्रयोग
(Linear Algebra and Economics Application)

9. सदिश विश्लेषण
   (Vectors analysis)
10. रैखिक बीजगणित
    (Linear Algebra)
11. आगत-निर्गत विश्लेषण
    (Input-Output Analysis)
12. रैखिक आयोजना
    (Linear Programming)

अध्याय–5 सांख्यिकीय विधियाँ-I
(Statistical Methods-I)

13. आँकड़ा प्रस्तुति और वर्णनात्मक सांख्यिकी
    (Data Presentation and Descriptive Statistics)
14. सहसंबंध एवं समाश्रयण विश्लेषण
    (Correlation and Regression Analysis)
15. प्रायिकता सिद्धांत
    (Probability Distribution)
16. प्रायिकता बंटन
    (Probability Theory)

अध्याय–6 सांख्यिकीय विधियाँ-II
(Statistical Methods-II)

17. न्यादर्शन सिद्धांत
    (Sampling Theory)
18. न्यादर्शन बंटन
    (Sampling Distribution)
19. सांख्यिकीय अनुमिति
    (Statistical Inferences)

विषय-सूची

1. अंतरक गणन विधि: विषय प्रवेश 1
   (Introduction to Differential Calculus)
2. उभयांत मान और इष्टतमीकरण 43
   (Extreme Values and Optimisation)
3. समाकलन गणित और आर्थिक प्रावैगिकी 89
   (Integral Calculus and Economic Dynamics)
4. रैखिक बीजगणित एवं अर्थशास्त्रीय अनुप्रयोग 143
   (Linear Algebra and Economics Application)
5. सांख्यिकीय विधियाँ–I 225
   (Statistical Methods-I)
6. सांख्यिकीय विधियाँ–II 305
   (Statistical Methods-II)
   Appendix Tables 353

प्रश्न पत्र

(1) दिसम्बर 2011 (हल सहित) 371
(2) जून 2012 (हल सहित) 376
(3) दिसम्बर 2012 (हल सहित) 381
(4) जून 2013 (हल सहित) 386
(5) दिसम्बर 2013 (हल सहित) 392
(6) जून 2014 (हल सहित) 400
(7) दिसम्बर 2014 407
(8) जून 2015 410
(9) दिसम्बर 2015 413
(10) जून 2016 416
(11) दिसम्बर 2016 (हल सहित) 419
(12) जून 2017 423
(13) दिसम्बर 2017 (हल सहित) 426
(14) जून 2018 (सैम्पल पेपर हल सहित) 429
(15) जून 2018 432
(16) दिसम्बर 2018 434
(17) जून 2019 (हल सहित) 437
(18) दिसम्बर 2019 447
(19) जून 2020 450
(20) फरवरी 2021 453

(2) स्वेच्छ अचर (Arbitrary Constant)–जिन राशियों का मान किसी एक प्रश्न में स्थिर रहता है जबकि भिन्न-भिन्न प्रश्नों में भिन्न हो सकता है उन्हें स्वेच्छ अचर कहते हैं। इन राशियों को a, b, c,....... आदि से निरूपित करते हैं।

(vi) अचर मान–इसे अचर संख्याओं के हल द्वारा प्राप्त किया जाता है। इसे संकेत $|x|$ द्वारा निरूपित किया जाता है। उदाहरण के लिए–

$|x| = x$ यदि $n \geq 0$

$= -x$ यदि $x < 0$

प्रश्न 2. फलन का क्या अभिप्राय है? इसके विभिन्न प्रकारों को उदाहरण सहित परिभाषित कीजिए।

अथवा

फलन को परिभाषित कीजिए।

उत्तर– यदि एक चर राशि दूसरी चर राशि से इस प्रकार संबंधित हो कि प्रथम चर राशि के प्रत्येक मान के लिए दूसरी चर राशि का एक निश्चित तथा अद्वितीय (Unique) मान अवश्य हो तो दूसरी चर राशि प्रथम चर राशि का फलन (Function) कहलाती है। इसको $y = f(x)$ से प्रदर्शित करते हैं।

उदाहरण: $y = 3x + 4$

समुच्चय के रूप में फलन की परिभाषा–माना A और B दो अरिक्त समुच्चय हैं। समुच्चय A से समुच्चय B में फलन 'f' एक ऐसा नियम है जिसके द्वारा समुच्चय A का प्रत्येक अवयव, समुच्चय B के अद्वितीय (या केवल एक और केवल एक) अवयव से संबंध रखता हो। इसको निम्न प्रकार लिखते हैं–

$f : A \rightarrow B.$

यदि $a \in A$, समु. B में अवयव b से f संबंध रखता है।

अर्थात् $b = f(a)$, तो $b \in B$ को $a \in A$ का f प्रतिबिम्ब (f-image) कहते हैं।

फलन के प्रकार

(1) परिबंधित फलन–माना f(x) अंतराल (a, b) में परिभाषित एक फलन है। यदि कोई शून्येतर संख्या k इस प्रकार हो कि प्रत्येक x के लिए $f(x) \leq k$ तो f(x) अंतराल में ऊपर परिबंधित होता है और k फलन f(x) का उच्च परिबंधन होता है।

इस प्रकार, यदि कोई शून्येतर संख्या k इस प्रकार हो कि प्रत्येक x के लिए $f(x) \geq k$ तो f(x) अंतराल में नीचे परिबंधित होता है और k फलन f(x) का एक निम्न परिबंधन होता है। यदि f(x) ऊपर परिबंधित और नीचे परिबंधित दोनों हो, तो f(x) को केवल परिबंधित कहा जाता है। किसी फलन को उच्च परिबंधन अथवा निम्न परिबंधन रखना आवश्यक नहीं होता।

उदाहरण–

$f(x) = x + 1; x \in (-1, 1)$

इस प्रकार, उच्च परिबंधन $= 0$

निम्न परिबंधन $= 2$

और फलन 'परिबंधन' होगा।

(2) एकरूप फलन–एक फलन जो हमेशा बढ़ता अथवा घटता है वह एकरूपता से वर्धमान (या ह्रासमान) फलन कहा जा सकता है। मान लीजिए, x_1, x_2 दो संख्याएँ इस प्रकार हों कि $x_1 < x_2$ f(x) एकरूपता से वर्धमान होगा यदि $a_1 |(x_1, x_2) \in x$ के प्रांत के लिए $f(x_1) \leq f(x_2)$ ।

(3) बीजीय फलन–जो फलन किसी चर की विभिन्न सांख्यिक घातों से प्राप्त पदों से बनता है, उसे बीजीय फलन (Algebraic Function) कहते हैं। कुछ बीजीय फलन निम्नलिखित हैं–

(क) अचर फलन–फलन $y = f(x)$ को x का अचर फलन कहते हैं यदि x के सभी वास्तविक मानों के लिए $y = f(x) = k$, जहाँ k अचर है।

(ख) तत्समक फलन–फलन $F: R \rightarrow R$ फलन को तत्समक फलन कहते हैं यदि $f(x) = x, \forall x \in R$. तत्समक फलन का प्रभाव क्षेत्र एवं परास दोनों ही का R होता है।

(ग) समान फलन–दो फलन f(x) और g(x) समान फलन (Equal Functions) कहलाते हैं, यदि x के प्रत्येक वास्तविक मान के लिए $f(x) = g(x)$.

(घ) बहुपदी फलन–फलन $f(x) = a_0 + a_1 x + a_2 x^2 + \ldots + a_n x^n$. जहाँ $a_0, a_1, \ldots, a_n$ वास्तविक संख्याएँ हैं, $a_n \neq 0$ और n धन पूर्णांक है, को घात n का बहुपदी फलन कहते हैं।

इस फलन का प्रभाव क्षेत्र समु. R होता है।

उदाहरण: $y = f(x) = x^4 + 2x^3 + 5x^2 + 6x + 9$.

(4) परिमेय फलन–एक फलन जो कि दो बीजीय फलनों, जिनमें चर का घातांक पूर्णांक हो, के अनुपात के रूप में लिखा जाता है उसे परिमेय फलन (Rational Function) कहते हैं।

उदाहरण: $$f(x) = \frac{a_1x^2 + b_1x + c_1}{a_2x^3 + b_2x^2 + c_2x + d_1}.$$

(5) अपरिमेय फलन–निम्न प्रकार के फलनों को अपरिमेय फलन कहते हैं–

$$\sqrt{(x^2 + 2x + 3)}, \frac{x^7(x^3 + 2x^2 + 7)^{2/3}}{\sqrt{(1+x)}}$$ इत्यादि।

(6) अबीजीय फलन–जो फलन बीजीय फलन न हो, उसको अबीजीय फलन कहते हैं। ये फलन कई प्रकार के होते हैं–

(क) त्रिकोणमितीय फलन या वृत्तीय फलन

उदाहरण: sin x, cos x, tan x, tan x + 2 sin x, sec x, cosec x, cot x इत्यादि।

(ख) प्रतिलोम वृत्तीय फलन

उदाहरण: $y = x^3$; $f^1(y) = y^{1/3}$;

(ग) चरघातीय फलन

उदाहरण: e^x, a^x इत्यादि।

(घ) लघुगणकीय फलन

उदाहरण: $\log_e x \log_a x$, $\log(1 + x)$ इत्यादि।

(7) **स्पष्ट फलन**—यदि y को स्वतंत्र चर x के पदों में सरलतापूर्वक प्रकट किया जा सकता है तो y को x का स्पष्ट फलन (Explicit Function) कहते हैं।

उदाहरण: $y = x^2, y = 2x^3 + 3x^2 + x + 3$ इत्यादि x के स्पष्ट फलन हैं।

(8) **अस्पष्ट फलन**—यदि y को स्वतंत्र चर x के पदों में सरलतापूर्वक न प्रकट किया जा सके तो y को x का अस्पष्ट फलन (Implicit Function) कहते हैं।

उदाहरण: $x^3y^2 + 3xy^2 + x^3 + y^3 + 3y + 2x + 5 = 0$ में y, x का अस्पष्ट फलन है।

(9) **सम फलन**—फलन f(x) को x का सम फलन कहते हैं यदि x के सभी मानों के लिए $f(-x) = f(x)$.

उदाहरण: $\cos x, x^n, \sin^n x$ जबकि n सम है, x के सम फलन हैं।

(10) **विषम फलन**—फलन f(x) को x का विषम फलन कहते हैं यदि x के सभी मानों के लिए $f(-x) = -f(x)$.

उदाहरण: $x^n, \sin^n x$, जबकि n विषम है, x के विषम फलन हैं।

(11) **निरपेक्ष मान फलन या मापांक फलन**

फलन $f(x) = |x|$,

जहाँ $|x| = \begin{cases} x, & \text{जब } x \geq 0 \\ -x, & \text{जब } x < 0 \end{cases}$

को निरपेक्ष मान फलन या मापांक फलन कहते हैं।

उपरोक्त फलन का प्रभाव क्षेत्र (Domain), वास्तविक संख्याओं का समुच्चय और चूँकि $|x| \geq 0, \forall x \in R$ है अतः इसका परास (Range) ऋणात्मक वास्तविक संख्याओं के अतिरिक्त सभी वास्तविक संख्याओं का समुच्चय होता है।

प्रश्न 3. निम्नलिखित फलनों के लिए आलेख चित्र (ग्राफ) खींचें—

(i) $f(x) = x$

(ii) $f(x) = \sqrt{x}, x \geq 0$

(iii) $f(x) = x^2/x$

उत्तर— (i)

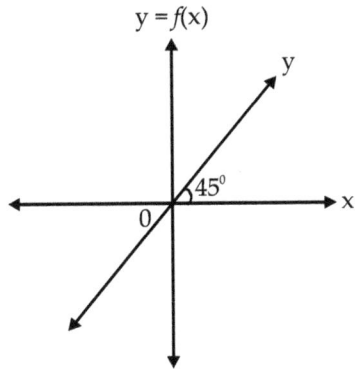

(ii)

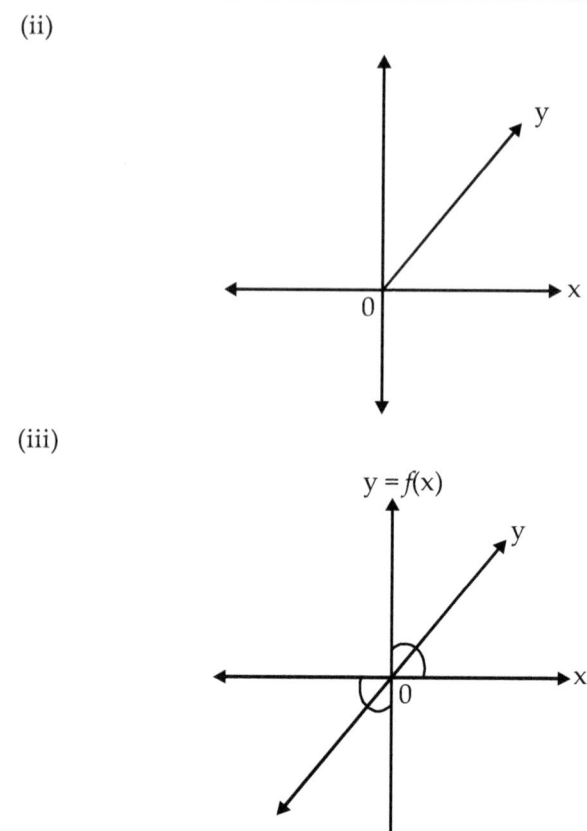

(iii)

प्रश्न 4. सीमांत की अवधारणा को स्पष्ट कीजिए। किसी फलन की सीमा ज्ञात करने की विधियाँ बताइए।

उत्तर– यदि एक फलन f(x) एक निश्चित संख्या l पर पहुँचता है जबकि x दाईं या बाईं ओर से a के समीप होता है तब l को f(x) की सीमा कहा जाता है।

$$\lim_{x \to a} f(x) = l$$

f(a) किसी फलन f(x) का बिंदु a पर मूल्य है। यदि f(x) में x के स्थान पर a रख दिया जाए और f(a) का निश्चित मूल्य आए तब फलन परिभाषित होता है अन्यथा नहीं। यदि f(x) में x = a रखने पर हर (Denominator) शून्य हो जाए अथवा वर्गमूल ऋणात्मक हो जाए तब दोनों ही स्थितियों में फलन परिभाषित नहीं होता। उदाहरण के लिए यदि $f(x) = \dfrac{1}{\sqrt{x-5}}$ में x = 5 या x के स्थान पर 5 से कोई भी कम मूल्य रखें तब यह फलन परिभाषित नहीं होगा अर्थात् इस फलन का ग्राफ x = 5 अथवा x < 5 पर विद्यमान नहीं होगा। केवल x > 5 पर ही फलन का ग्राफ होगा।

$$f(x) = \frac{1}{\sqrt{x-5}}$$

$x = 5$ रखने पर f(x) परिमित बन जाता है तथा x की कोई 5 से कम कीमत रखने पर हम एक अधिकल्पित (imaginary) कीमत पाते हैं। इसलिए $x \le 5$ के लिए यह फलन अपरिभाषित (undefined) है।

$f(x) = \frac{x^2-9}{x-3}, x = 3 = \frac{0}{0}$ पर परिभाषित नहीं है।

अत: f(3) अस्तित्व में नहीं है। लेकिन हम x की ऐसी कीमतों वाली संख्या ज्ञात कर सकते हैं जिनकी कीमत 3 के समीप की हो, लेकिन f(3) अस्तित्व में नहीं है।

x =	2.8	2.9	2.99	2.999	3	3.0001	3.001	3.01
f(x) =	5.8	5.90	5.99	5.999	—	6.0001	6.001	6.01

इस तालिका से सुस्पष्ट है कि जैसे ही x, कीमत 3 के पास आता है, f(x) 6 के लगभग अर्थात् 6 कीमत धारण कर लेता है क्योंकि जब x, 3 के लगभग होगा तब f(x), 6 के बहुत लगभग होगा।

$$\lim_{x\to 3} f(x) = \lim_{x\to 3} \frac{x^2-9}{x-3} = 6$$

दाईं और बाईं ओर के सीमांत (Left Hand and Right Hand Limits)

फलन का दायाँ सीमांत (Right Hand Limit of a Function)–

$\lim_{x\to a+0} f(x) = t_1$ का अर्थ है–

किसी भी पूर्व-नियत धनात्मक राशि ε (कितनी भी छोटी) के दिए होने पर हम एक धनात्मक राशि δ इस प्रकार निर्धारित कर सकते हैं कि $|f(x) - t_1| < \varepsilon$ जब भी $0 < x - a \le \delta$, यथा $a < x \le \delta$.

दाएँ सीमांत को संकेत $f(a + 0)$ द्वारा भी दर्शाया जा सकता है।

उपर्युक्त सीमांत को ऐसा इसलिए कहा जाता है क्योंकि जैसे-जैसे x का मान दाईं ओर से अर्थात् बड़े मानों से मान a की ओर बढ़ता है तो f(x) और t_1 को x को a के और निकट ले जाकर हम जितना चाहें कम कर सकते हैं, जहाँ x को सदा a से अधिक रखा जाएगा।

फलन का बायाँ सीमांत (Left Hand Limit of a Function)–हम किसी फलन के बाएँ सीमांत को $\lim_{x\to a-0} f(x) = t_2$ के रूप में परिभाषित कर सकते हैं। जब कोई राशि t_2 इस प्रकार प्राप्त की जा सकती है कि कोई भी पूर्व-निर्दिष्ट राशि ε दिए होने पर हम एक धनात्मक राशि δ निर्धारित कर सकते हैं, ताकि $|f(x) - t_2| < \varepsilon$ जब भी $0 < a - x \le \delta$, यथा, $a - \delta \le x < a$.

बायाँ सीमांत संकेत $f(a - 0)$ से भी दर्शाया जाता है।

जब $\lim_{x\to a+0} f(x) = \lim_{x\to a-0} f(x)$, इनमें से प्रत्येक $\lim_{x\to a} f(x)$ के बराबर होता है अर्थात् $\lim_{x\to a} f(x)$ को अस्तित्व रखने के लिए $\lim_{x\to a+0} f(x)$ और $\lim_{x\to a-0} f(x)$ प्रत्येक का अस्तित्वपरक होना चाहिए और बराबर भी होना चाहिए।

किसी फलन की सीमा ज्ञात करने की प्रमुख विधियाँ निम्न हैं–

- **गुणनखंड विधि (Method of factor)**–इस विधि में फलन के हर तथा अंश के गुणनखंड बनाते हैं तथा जो गुणनखंड अंश और हर में सार्व (Common) हों उन्हें काट देते हैं जैसे–

$$\lim_{x \to 3} \frac{x^3 - 27}{x^2 - 9} = \lim_{x \to 3} \frac{(x-3)(x^2 + 3x + 9)}{(x-3)(x+3)} = \frac{x^2 + 3x + 9}{x+3} = \frac{27}{6} = \frac{9}{2}.$$

- **प्रतिस्थापन विधि (Method of Substitution)**–इस विधि में हम $x = a + h$ लिखते हैं जहाँ $x \to a, h \to 0$ और h की उच्चतर घातों (higher powers) को अनदेखा कर देते हैं। एक प्रकार से हम दाईं ओर की सीमा (RHL) ज्ञात कर लेते हैं। जैसे–

$$\lim_{x \to 2} \frac{x^3 - 8}{x - 2} = \lim_{h \to 0} \frac{(2+h)^3 - 8}{(2+h) - 2} \quad \left[\because (a+b)^3 = a^3 + 3a^2b + 3ab^2 + b^3 \right]$$

$$= \lim_{h \to 0} \frac{8 + 12h + 6h^2 + h^3 - 8}{h}$$

$$= \lim_{h \to 0} \frac{h\left[h^2 + 12 + 6h\right]}{h} = \lim_{h \to 0} \left(h^2 + 12 + 6h\right) = 0 + 12 + 0 = 12.$$

- **परिमेयकरण विधि (Method of Rationalisation)**–जब फलन वर्गमूल में दिया हो तब ऐसे फलन की सीमा ज्ञात करने के लिए उसे परिमेयकरण विधि अपनाकर, सीमा ज्ञात की जाती है। जैसे–

$$\lim_{x \to 0} \frac{\sqrt{9+2x} - 3}{x} = \lim_{x \to 0} \frac{\sqrt{9+2x} - 3}{x} \times \frac{\sqrt{9+2x} + 3}{\sqrt{9+2x} + 3}$$

$$= \lim_{x \to 0} \frac{9 + 2x - 9}{x(\sqrt{9+2x} + 3)} \quad \left[\because (a-b)(a+b) = a^2 - b^2 \right]$$

$$= \lim_{x \to 0} \frac{2x}{x(\sqrt{9+2x} + 3)} = \lim_{x \to 0} \frac{2}{\sqrt{9+2x} + 3} = \frac{2}{\sqrt{9+0} + 3} = \frac{2}{3+3} = \frac{1}{3}.$$

- **एल-हॉस्पिटल विधि (L'Hopital's Method)**–जब $f(x) = \dfrac{g(x)}{h(x)}$ होता है और $x \to a$ होने पर $g(x)$ और $f(x)$ दोनों शून्य अथवा अनंत पर पहुँचते हैं तो, $f(x)$ के सीमांत के मान को इस अवस्था में ज्ञात नहीं किया जा सकता। अत: इस स्थिति में हम L'Hopital's के नियम का प्रयोग करते हैं, क्योंकि इस नियम के अनुसार,

$$\lim_{x \to a} f(x) = \lim_{x \to a} \frac{g(x)}{h(x)} = \lim_{x \to a} \frac{g'(x)}{h'(x)}.$$

प्रश्न 5. अनंत सीमा से क्या तात्पर्य है?

उत्तर– चित्र 1.1 में दिए गए $f(x) = \dfrac{1}{x}, x > 0$ फलन का लेखाचित्र दिया गया है।

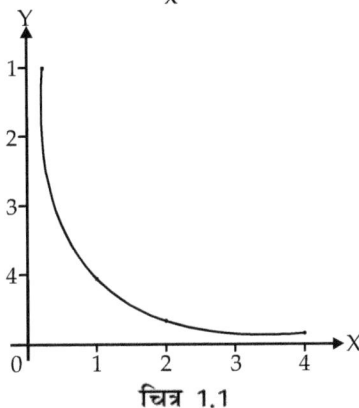

चित्र 1.1

यहाँ x एक ह्रासमान फलन (decreasing function) है। वस्तुत: चित्र 1.1 के लेखाचित्र को देखने से हमें यह पता चलता है कि जैसे-जैसे x का मान बढ़ता जाता है वैसे-वैसे f(x) शून्य के निकट आता जाता है। यह ठीक उसी प्रकार की स्थिति है जिसमें x जैसे-जैसे किसी संख्या p के निकट आता जाता है, वैसे-वैसे फलन g(x) का मान L के निकट आता जाता है। अर्थात् जिसमें $\lim\limits_{x \to L} g(x) = L$, इन दोनों स्थितियों में अंतर केवल इतना ही है कि f(x) की स्थिति में x किसी परिमित मान (finite value) के निकट नहीं आ रहा है बल्कि वह बड़ा होता जा रहा है। इस तथ्य को हम इस प्रकार भी व्यक्त कर सकते हैं कि $f(x) \to 0$ जबकि $x \to \infty$ या $\lim\limits_{x \to \infty} f(x) = 0$. ∞ एक वास्तविक संख्या नहीं है। हम $x \to \infty$ केवल यह दर्शाने के लिए लिखते हैं कि x अधिकाधिक बड़ा होता जा रहा है।

परिभाषा (Definition)– हम $\lim\limits_{x \to \infty} f(x) = L$ तब कहते हैं जबकि प्रत्येक $\varepsilon > 0$ के लिए एक ऐसा $K > 0$ लिया जा सकता हो जिससे कि $x > K$ होने पर $|f(x) - L| < \varepsilon$ हो। इस स्थिति में x जैसे-जैसे बड़ा होता जाता है, f(x) वैसे-वैसे L के निकट आता जाता है।

प्रश्न 6. सांतत्य की व्याख्या कीजिए। सांतत्य फलन के विभिन्न गुणधर्मों को बताइए।

उत्तर– मान लीजिए कि f वास्तविक संख्याओं के किसी उपसमुच्चय में परिभाषित एक वास्तविक फलन है और मान लीजिए कि f के प्रांत में c एक बिंदु है। तब f बिंदु c पर संतत है, यदि $\lim\limits_{x \to c} f(x)$ f(c) है।

विस्तृत रूप से यदि x = c पर बाएँ पक्ष की सीमा, दाएँ पक्ष की सीमा तथा फलन के मान का यदि अस्तित्व (existence) है और ये सभी एक दूसरे के बराबर हों, तो x = c पर f संतत कहलाता है। यदि x = c पर बाएँ पक्ष तथा दाएँ पक्ष की सीमाएँ संपाती हैं तो इनके उभयनिष्ठ मान को हम x = c पर फलन की सीमा कहते हैं। इस प्रकार हम सांतत्य की परिभाषा को एक अन्य प्रकार से भी व्यक्त कर सकते हैं।

एक फलन x = c पर संतत है, यदि फलन x = c पर परिभाषित है और यदि x = c पर फलन का मान x = c पर फलन की सीमा के बराबर है। यदि x = c पर फलन संतत नहीं है तो हम कहते हैं कि c पर f असंतत (discontinuous) है तथा c को f का एक असांतत्य का बिंदु (point of discontinuity) कहते हैं।

उदाहरण—किसी फलन के आलेख संबंधी उदाहरणों में, x = 0 पर प्रथम फलन सतत् होता है तथा द्वितीय व तृतीय फलन असतत् होंगे। लेकिन वे प्रांत के अन्य बिंदुओं पर सतत् होंगे। ऐसा x = 0 पर दोनों फलनों के लिए सीमांत अनास्तित्वपरक होने के कारण होता है।

विश्लेषण की दृष्टि से, फलन $f(x)$ x = a पर सतत् होगा, बशर्ते कि $f(a)$ अस्तित्व रखता हो और कोई भी पूर्व-निर्दिष्ट धनात्मक राशि ε के लिए कितनी भी छोटी धनात्मक राशि δ इस प्रकार निर्धारित कर सकते हैं कि x के सभी मानों के लिए $|f(x) - f(a)| < \varepsilon$ जैसे $\delta \leq x \leq a + \delta$

(i) यदि $f(a + 0) \neq f(a - 0)$ तब $f(x)$ को x = a पर एक साधारण असांतत्य वाला कहा जाता है।

उदाहरण: $\lim_{x \to a} \sqrt{x - a}$

इस स्थिति में $f(a)$ अस्तित्व रख अथवा नहीं रख सकता।

(ii) यदि $f(a + 0) = f(a - 0) \neq f(a)$ अथवा $f(a)$ अस्तित्व नहीं रखता, तो $f(x)$ को x = a पर निराकरणीय असांतत्य वाला कहा जाता है।

उदाहरण: $f(x) = \dfrac{x^2 - 1}{x - 1}$

यहाँ, $\lim_{x \to 1} f(x) = 2$, पर $f(1)$ अस्तित्व नहीं रखता।

किसी बिंदु x = a पर निराकरणीय असांतत्य वाला फलन किसी विशिष्ट बिंदु जैसे $f(1) = 1$ पर फलन को परिभाषित कर सतत् बनाया जा सकता है।

(i) और (ii) को एक साथ सरल असांतत्य कहा जाता है।

(iii) यदि एक अथवा दोनों $f(a + 0)$ अथवा $f(a - 0)$ अनंत की ओर प्रवृत्त हों तो $f(a)$ को x = a पर एक अनंत असांतत्य वाला कहा जाता है। यहाँ $f(a)$ अस्तित्व रख भी सकता है और नहीं भी।

जैसे कि $f(x) = \dfrac{1}{x}, \lim_{x \to 0} f(x) \to \infty$

(iv) ऐसे बिंदु पर दोलायमान असांतत्य हो सकता है जहाँ फलन सीमित रूप से अथवा अनंत रूप से दोलायमान हो सकता है और किसी सीमांत अथवा $\pm \infty$ की ओर अभिमुख नहीं होता।

उदाहरण:

(1) $f(x) = (-1)^x$, $\lim_{x \to \infty} f(x)$ सीमित रूप से

(2) $f(x) = (-2)^x$, $\lim_{x \to \infty} f(x)$ अनंत रूप से

सतत् फलनों के कुछ गुणधर्म–

- दो सतत् फलनों का योग अथवा अंतर एक सतत् फलन होता है। यह परिणाम फलनों की किसी भी शून्येतर संख्या के लिए मान्य होता है।
- दो सतत् फलनों का गुणनफल एक सतत् फलन होता है। यह परिणाम भी फलनों की किसी भी शून्येतर संख्या के लिए मान्य होता है।
- दो सतत् फलनों का भागफल एक सतत् फलन होता है, बशर्ते हर विचाराधीन मानों के परिसर हेतु कहीं भी शून्य न हो।
- यदि $f(x)$, $x = a$ और $f(a) \neq 0$ पर सतत् हो तो $x = a$ की सन्निकटता में $f(x)$ वही चिह्न रखता है जो $f(a)$ के पास होता है, यथा हम एक धनात्मक राशि δ इस प्रकार प्राप्त कर सकते हैं कि $f(x)$ अंतराल $a - \delta < x < a + \delta$ में $f(x)$ के प्रत्येक मान के लिए $f(a)$ वाला चिह्न ही बनाए रखता है।
- यदि $f(x)$ संपूर्ण अंतराल (a, b) में सतत् हो और $f(a)$ व $f(b)$ विलोम चिह्न हों तो अंतराल के भीतर x का कम-से-कम एक मान, माना ξ होता है, जिसके लिए $f(\xi) = 0$
- मान लीजिए, $f(x)$ संपूर्ण अंतराल (a, b) और $f(a) \neq f(b)$ में सतत् है। तब $f(x)$ अंतराल में कम-से-कम एक बार $f(a)$ और $f(b)$ के बीच प्रत्येक मान लेता है।
- वह फलन जो किसी संपूर्ण प्रतिबंधित अंतराल में सतत् रहता है, उसमें परिबंधित होता है।
- किसी अंतराल में एक सतत् फलन वस्तुत: उस अंतराल में, कम-से-कम एक बार प्रत्येक अपने उच्च और निम्न परिबंधन प्राप्त कर लेता है।
- कोई फलन $f(x)$, किसी प्रतिबंधित अंतराल $[a, b]$ में सतत्, उस अंतराल में, कम-से-कम एक बार, अपने उच्च एवं निम्न परिबंधों के बीच प्रत्येक मध्यवर्ती मान प्राप्त करता है।

प्रश्न 7. अवकलनीयता अथवा अवकलज से आप क्या समझते हैं? उदाहरण सहित समझाइए।

उत्तर– माना f एक वास्तविक फलन है तथा c इसके प्रांत में स्थित एक बिंदु है। c पर f का अवकलज निम्नलिखित प्रकार से परिभाषित है–

$$\lim_{h \to 0} \frac{f(c+h) - f(c)}{h}$$

यदि इस सीमा का अस्तित्व हो तो c पर f के अवकलज को $f(c)$ या $\frac{d}{dx}(f(x))\big|_c$ द्वारा प्रकट करते हैं।

$$f'(x) = \lim_{h \to 0} \frac{f(x+h) - f(x)}{h}$$

द्वारा परिभाषित फलन जब भी इस सीमा का अस्तित्व हो, f के अवकलज को परिभाषित करता है। f के अवकलज को $f'(x)$ या $\frac{d}{dx}(f(x))$ द्वारा प्रकट करते हैं और यदि $y = f(x)$

हो तो इसे $\frac{dy}{dx}$ या y' द्वारा प्रकट करते हैं। किसी फलन का अवकलज ज्ञात करने की प्रक्रिया को अवकलन (differentiation) कहते हैं। हम वाक्यांश "x के सापेक्ष f(x) का अवकलन (differentiate)" का भी प्रयोग करते हैं जिसका अर्थ होता है कि f'(x) ज्ञात कीजिए।

अवकलज के बीजगणितीय के रूप में निम्नलिखित नियमों को प्रमाणित किया जा चुका है—

(1) $(u \pm v)' = u' \pm v'$.

(2) $(uv)' = u'v + uv'$ (लेबनीज या गुणनफल नियम)

(3) $\left(\frac{u}{v}\right)' = \frac{u'v - uv'}{v^2}$, जहाँ $v \neq 0$ (भागफल नियम)

कुछ प्रामाणिक (standard) फलनों के अवकलजों की सूची दी गई है—

तालिका 1.1

f(x)	x^n	sin x	cos x	tan x
f'(x)	nx^{n-1}	cos x	– sin x	$\sec^2 x$

यदि $\lim_{h \to 0} \frac{f(c+h) - f(c)}{h}$ का अस्तित्व नहीं है, तो हम कहते हैं कि c पर f अवकलनीय नहीं है। दूसरे शब्दों में, हम कहते हैं कि अपने प्रांत के किसी बिंदु c पर फलन f अवकलनीय है, यदि दोनों सीमाएँ $\lim_{h \to 0^-} \frac{f(c+h) - f(c)}{h}$ तथा $\lim_{h \to 0^+} \frac{f(c+h) - f(c)}{h}$ परिमित (finite) तथा समान हैं। फलन अंतराल [a, b] में अवकलनीय कहलाता है, यदि वह अंतराल [a, b] के प्रत्येक बिंदु पर अवकलनीय है। अंत्य बिंदुओं a तथा b पर हम क्रमशः दाएँ तथा बाएँ पक्ष की सीमाएँ लेते हैं जो कि और कुछ नहीं बल्कि a तथा b पर फलन के दाएँ पक्ष तथा बाएँ पक्ष के अवकलज ही हैं। इसी प्रकार फलन अंतराल (a, b) में अवकलनीय कहलाता है, यदि वह अंतराल (a, b) के प्रत्येक बिंदु पर अवकलनीय है।

प्रश्न 8. अवकलजों की ज्यामितीय व्याख्या कीजिए।

अथवा

अवकलजों के ज्यामितीय महत्त्व को स्पष्ट कीजिए।

उत्तर— ज्यामितीय रूप से, किसी फलन का अवकलज संबद्ध वक्र का प्रावण्य होता है।

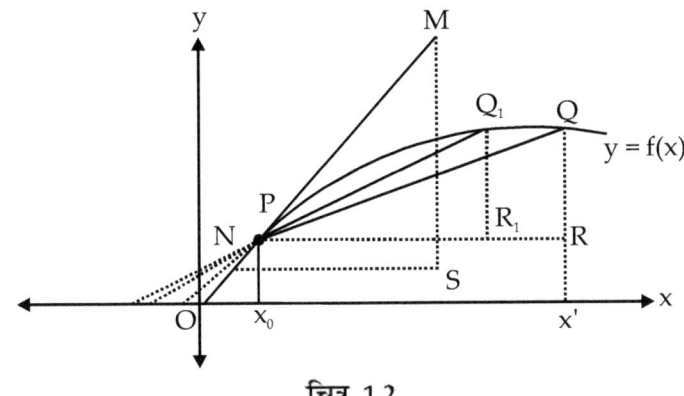

चित्र 1.2

यहाँ आरेखित फलन है $y = f(x)$, माना P और Q इस फलन पर दो बिंदु हैं। हम बिंदु P से आरंभ करते हैं, जहाँ $x = x_0$, मान लीजिए, x, x_0 से x', यथा $\Delta x = x_0 x'$ तक बढ़ गया है। परिणामत: वक्र पर y, P से बदलकर Q हो गया है और हमें प्राप्त होता है–

$$\frac{\Delta y}{\Delta x} = \frac{QR}{PR} = \tan \phi$$

जो दर्शाता है कि जब Q, P पर पहुँचता है तो Δx बढ़ जाता है और हमें उत्तरोत्तर अतिप्रवण रेखाएँ प्राप्त होती हैं और जब $\Delta x \to 0$, हो तो बिंदु Q, P के साथ प्राय: सम्पाती होता है और जीवा PQ अंतत: बिंदु P पर स्पर्श-रेखा बन जाती है। इस प्रकार, किसी बिंदु पर किसी फलन का अवकलज वस्तुत: उस बिंदु पर फलन के प्रावण्य का मान होता है। इस प्रकार, रेखीय फलन हेतु अवकलज अचर होता है, परंतु गैर-रेखीय फलन हेतु अवकलज x के विभिन्न मानों के लिए भिन्न-भिन्न होते हैं। जी.पी.एच. की पुस्तकों का मुख्य उद्देश्य ज्ञान के साथ-साथ अच्छे नम्बर दिलाना है।

प्रश्न 9. अवकल को परिभाषित कीजिए।

उत्तर– यदि $f'(x)$, $f(x)$ का अवकलज हो तथा Δx, x की कोई वृद्धि तो $f(x)$ का अवकल संकेत-चिह्न $df(x)$ द्वारा निर्दिष्ट होगा। इसे निम्नलिखित संबंध से परिभाषित किया जाता है–

$$df(x) = f'(x) \Delta x \qquad \ldots(i)$$

यदि $f(x) = x$ तो $f'(x) = 1$ और समी. (i) $dx = \Delta x$ में लघुकृत हो जाता है।

इसी प्रकार जब x स्वतंत्र चर हो तो $x = (dx)$ का अवकल Δx के सदृश होता है। इसी प्रकार यदि $y = f(x)$ हो तो समी. (i) इस प्रकार हो जाता है–

$$dy = f'(x) dx \qquad \ldots(ii)$$

अर्थात् किसी फलन का अवकल स्वतंत्र चर के अवकल द्वारा गुणित उसके अवकलज के बराबर होता है।

यदि $y = \tan x$ हो तो $dy = \sec^2 x \, dx$.

फलन के अवकल की परिभाषा से निम्नलिखित सूत्र स्पष्ट होते हैं–

d(c) = 0 जहाँ c अचर है।

$$d(u + v - w) = du + dv - dw$$

$$d(uv) = udv + vdu$$

$$d\left(\frac{u}{v}\right) = \frac{vdu - vdu}{v^2}$$

अवकल विशेषज्ञ रूप से समाकलन गणित के अनुप्रयोगों में उपयोगी होते हैं।

प्रश्न 10. उच्च-घात अवकलज पर संक्षेप में टिप्पणी कीजिए।

उत्तर– x के एक फलन $f'(x)$, का अवकलज सामान्यतया x का एक फलन ही होता है। यह नया फलन एक अवकलज रख सकता है, जिसे द्वितीय अवकलज (अथवा द्वितीय अवकल गुणांक) अथवा $f'(x)$ कहते हैं। मूल अवकलज प्रथम अवकलज (अथवा प्रथम अवकलज गुणांक) कहलाता है। इसी प्रकार, nवें अवकलज के लिए द्वितीय अवकलज का अवकलज तृतीय अवकलज कहलाता है, इत्यादि।

उदाहरण–यदि, $y = 4x^5 + 7x^4 + 3x + 9$

तब, $$\frac{dy}{dx} = 20x^4 + 28x^3 + 3$$

$$\frac{d^2y}{dx^2} = \frac{d}{dx}\left(\frac{dy}{dx}\right) = 80x^3 + 84x^2$$

$$\frac{d^3y}{dx^3} = \frac{d}{dx}\left(\frac{d^2y}{dx^2}\right) = 240x^2 + 168x$$

प्रश्न 11. अवकलजों के विभिन्न अनुप्रयोगों की व्याख्या कीजिए।

उत्तर– अर्थशास्त्र में अवकलज का व्यापक अनुप्रयोग है। हमें आर्थिक समस्याओं का अध्ययन करते समय फलनक संबंधों से भी सरोकार रखना होता है। इन फलनक संबंधों से क्रिया-व्यवहार कभी-कभी हमें एक (पराश्रित) चर की परिवर्तन दर दूसरे (अनाश्रित) चर के परिवर्तन के कारण ज्ञात करने को प्रवृत्त करता है।

(1) औसत आय और उपांत आय–किसी सदोष बाजार में विक्रेताओं द्वारा निर्धारित मूल्य (p) उत्पादन की उस मात्रा (q) पर निर्भर करता है जो विक्रेता बेचने की आशा करता है, यथा $p = f(q)$. यही प्रतिलोम माँग फलन कहलाता है। विक्रेता द्वारा अर्जित कुल आय (R) होगी: $R = p.q = f(q).q$. इस प्रकार, R केवल q का फलन, यथा $R = ø(q)$ इसका अर्थ है कि R, q में किसी विचरण की प्रतिक्रियास्वरूप घटता-बढ़ता है। हमें दो अवधारणाएँ मिलती हैं–औसत आय और उपांत आय। R का औसत मान, औसत (AR) q के मानों के एक परिसर में R के औसत विचरण को मापता है जो शून्य से एक विशेष निर्दिष्ट मान तक विस्तीर्ण रहता

है। q का निर्दिष्ट मान वह मान होता है जिस पर हम R का औसत मान प्राप्त करने का प्रयास करते हैं। इस प्रकार, $AR = \dfrac{R}{q} = \dfrac{pq}{q} = p = f(q)$

इस प्रकार, फलन p = f(q) ग्राफ पर आलेखित किए जाने पर AR वक्र देता है। R का उपांत मान अथवा उपांत राजस्व (MR) सीमांत पर R के विचरण को मापता है।

इस प्रकार, $MR = \dfrac{dR}{dq} = f(q) + q.f'(q)$

हम MR और AR के बीच एक संबंध स्थापित कर सकते हैं–
MR = AR + q.f'(q)

यह संबंध बताता है कि MR और AR के बीच अंतर सदा q f'(q) के बराबर होगा। चूँकि q सदा गैर-ऋणात्मक होता है और चूँकि f'(q) < 0, हमें प्राप्त होता है MR – AR < 0

यथा, सभी q के लिए MR < AR.

इस प्रकार, जब AR वक्र अधोमुखी प्रवण होता है, MR वक्र सदा AR वक्र के नीचे अवस्थित होता है। तथापि, यदि AR वक्र ऊर्ध्वमुखी उन्नत होता है तो MR > AR और MR वक्र से ऊपर अवस्थित होगा। जब f'(q) = 0, तो MR वक्र और AR वक्र सम्पाती होते हैं। ऐसा तब होता है जब P एक प्रदत्त राशि हो और सभी q के लिए नियत हो। AR वक्र तब क्षैतिज अक्ष को छूती एक समानांतर रेखा प्रतीत होगा।

जब q = 0, AR = f(0) और MR = f(0), इस प्रकार q = 0 पर दो वक्र परस्पर प्रतिच्छेद करते हैं।

(2) औसत लागत और उपांत लागत–किसी फर्म की कुल लागत (c) कुल किए गए उत्पादन (q) पर निर्भर करती है, यथा c = c(q). यहाँ औसत लागत $(AC) = \dfrac{c(q)}{q}$ और उपांत लागत $(MC) = \dfrac{dc(q)}{dq}$

पुन:, हम AC और MC के नीचे एक संबंध स्थापित कर सकते हैं।

$$\dfrac{d}{dq}\left(\dfrac{c}{q}\right) = \dfrac{\dfrac{dc}{dq}.q - c.1}{q^2} = \dfrac{1}{q}\left(\dfrac{dc}{dq} - \dfrac{c}{q}\right) = \dfrac{1}{q}(MC - AC)$$

यदि AC वक्र अधोमुखी प्रवण होता है तो $\dfrac{d}{dq}\left(\dfrac{c}{q}\right) < 0$ अथवा $\dfrac{1}{q}(MC - AC) < 0$

अथवा MC < AC

यथा, MC वक्र AC के गिरने पर AC वक्र के नीचे अवस्थित होता है। जब MC ऊपर की ओर प्रवण होता है तो हम कह सकते हैं कि MC वक्र AC वक्र के ऊपर अवस्थित है। AC वक्र MC वक्र को परिच्छेद करेगा यदि AC वक्र का प्रावण्य शून्य हो।

(3) माँग की सुनम्यता–माँग एक बहुचर फलन होता है। हम अपने विश्लेषण को मुख्यत: दो कारकों पर माँग को निर्भर मानकर करते हैं - मूल्य और आय। यदि एक अथवा दोनों कारक बदलते हैं तो माँग में भी तद्नुसार परिवर्तन होता है। माँग की सुनम्यता इन दो चरों में से एक चर में एक प्रतिशत परिवर्तन के कारण माँग की गई मात्रा में प्रतिशतता परिवर्तन को मापती है।

मान लीजिए, माँग फलन $q = f(p)$ द्वारा दिया जाता है जहाँ p मूल्य दर्शाता है और q माँग की गई मात्रा। तब परिभाषा के अनुसार, माँग की मूल्य सुनम्यता (e_d) निम्नवत् दर्शाई जाती है–

$$e_d = \frac{\Delta q / q \times 100}{\Delta p / p \times 100} = \frac{\Delta q}{\Delta p} . \frac{p}{q}$$

जहाँ Δp और Δq क्रमश: माँग की अधिक मात्रा और मूल्य में वृद्धि हैं। इस तरीके से परिभाषित माँग की मूल्य सुनम्यता माँग की चाप मूल्य सुनम्यता कहलाती है। यदि हम अब Δp को अत्यंत सूक्ष्म मान लें तो हमें माँग की बिंदु-मूल्य सुनम्यता संबंधी संकल्पना (ε_d) प्राप्त होती है।

जहाँ, $$\varepsilon_d = \lim_{\Delta p \to 0} \frac{\Delta q}{\Delta p} . \frac{p}{q} = \frac{p}{q} . \lim_{\Delta p \to 0} \frac{\Delta q}{\Delta p} = \frac{p}{q} . \frac{dq}{dp} \quad ...(i)$$

p और q केवल गैर-ऋणात्मक मानों तक सीमित रहते हैं। चूँकि माँग वक्र आमतौर पर अधोमुखी प्रवण होता है, यथा $\frac{dq}{dp} < 0$, इसलिए माँग की मूल्य सुनम्यता सामान्यत: ऋणात्मक होती है। समी. (i) में दाएँ व्यंजक का ऋणात्मक मान अचर सुनम्यता दर्शाता है। इस प्रकार,

$$|\varepsilon_d| = -\frac{p}{q} . \frac{dq}{dp}$$

यह शून्य और अनंत के बीच कोई भी मान हो सकता है। माँग को कहा जाता है–

(क) पूर्णत: अनम्य; यदि $|\varepsilon_d| = 0$

(ख) अनम्य; यदि $0 < |\varepsilon_d| < 1$

(ग) ऐकिक सुनम्य; यदि $|\varepsilon_d| = 1$

(घ) सुनम्य; यदि $1 < |\varepsilon_d| < \infty$

(ङ) पूर्णत: सुनम्य; यदि $|\varepsilon_d| \to \infty$

नोट–चूँकि ε_d का मान आरंभिक मूल्य-मात्रा संयोजन पर निर्भर करता है, माँग वक्र के प्रावण्य और मूल्य सुनम्यता के बीच कोई आवश्यक संबंध नहीं होता। विभिन्न प्रवणों वाला वक्र एक ही सुनम्यता रख सकता है और विभिन्न सुनम्यताओं वाले वक्र एक ही प्रवण रख सकते हैं।

अब, मान लीजिए कि मूल्य वही रहता है और आय बदलती है। इस स्थिति में माँग फलन को $q = f(y)$ के रूप में लिखा जा सकता है। माँग की आय सुनम्यता (η_d) आय (y) में एक प्रतिशत परिवर्तन के कारण माँग की गई मात्रा में प्रतिशत परिवर्तन को मापती है।

इस प्रकार, $\eta_d = \frac{dq/q \times 100}{dy/y \times 100} = \frac{dq}{dy} \cdot \frac{y}{q}$

माँग की आय सुनम्यता को मापने में हम मान सकते हैं कि मूल्य एक निश्चित स्तर पर नियत किया जाए। इस स्थिति में माँग वक्र इस निम्नलिखित वैकल्पिक रूप में लिखा जा सकता है: $q = q(y)$. इस रूप में, माँग वक्र को एंजेल वक्र कहा जाता है। माँग की आय सुनम्यता तद्नुसार एंजेल वक्र की सुनम्यता होती है।

एंजेल वक्र की आकृति विचाराधीन प्रश्न में उपभोक्ता-वस्तु की प्रकृति पर निर्भर करती है। यदि माल कोई विलासिता वस्तु है तो इसकी माँग बढ़ती आय के साथ बढ़ेगी और एंजेल वक्र ऊपर की ओर प्रवण होगा। इस प्रकार, विलासिता वस्तुओं के लिए η_d धनात्मक होता है। पुन: विलासिता वस्तुओं के लिए माँग न केवल आय में वृद्धि के साथ बढ़ती है, वरन् यह आय में वृद्धि की अपेक्षा अधिक आनुपातिक रूप से बढ़ती है। तद्नुसार,

$$\frac{dq}{q} > \frac{dy}{y} \rightarrow \frac{dq}{dy} \Big/ \frac{q}{y} > 1 \rightarrow \eta_d > 1$$

आवश्यक वस्तुओं के लिए $0 < \eta_d < 1$ और निकृष्ट वस्तुओं के लिए $\eta_d < 0$.

(4) अचर सुनम्य माँग वक्र–माँग की मूल्य सुनम्यता किसी माँग वक्र पर विभिन्न बिंदुओं पर भिन्न-भिन्न होती है। परंतु हम एक विशेष प्रकार का माँग वक्र रख सकते हैं, जिसका प्रत्येक बिंदु एक ही अचर सुनम्यता दर्शाता हो। घातीय माँग फलन इसी प्रकृति के होते हैं।

अचर सुनम्यता माँग वक्र का सामान्य स्वरूप $q = Ap^{\alpha}$ से दर्शाया जाता है, जहाँ A, α अचर है।

यहाँ $\varepsilon_d = \frac{p}{q} \cdot \frac{dq}{dp} = \frac{p}{q} \cdot \frac{d}{dp}\left(Ap^{\alpha}\right) = \frac{p}{q} . A\alpha . p^{\alpha-1} = \frac{p}{q} \cdot \frac{q}{p} . Ap^{\alpha} = \alpha$

इस प्रकार, ε_d एक संख्या मात्र है और संपूर्ण वक्र में अचर।

एक विशिष्ट स्थिति पर विचार करें जब $\alpha = -1$ तब, $\varepsilon_d = Ap^{-1}$ अथवा $p\,\varepsilon_d = A$

इस स्थिति में, $\frac{p}{q} \cdot \frac{dq}{dp} = -1$. इस प्रकार का पद और वक्र आयताकार पर वलय द्वारा प्रस्तुत किया जाता है।

प्रश्न 12. फलन के प्रावण्य एवं वक्रता को उदाहरण सहित समझाइए।

उत्तर– प्रथम एवं द्वितीय क्रम अवकलन आर्थिक फलनों के आलेखीय विश्लेषण में काफी उपयोगी सिद्ध होते हैं। किसी बिंदु पर किसी फलन का प्रथम अवकलज उस विशिष्ट बिंदु पर फलन के प्रावण्य को मापता है। हम एक $y = f(x)$ फलन को लेते हैं। $x = a$ पर $f(x)$ का मान $f(a)$ होता है। $f(a) > 0$ का अर्थ है कि $x = a$ पर वक्र की स्पर्श-रेखा प्रवणता धनात्मक होती है अर्थात् वक्र $x = a$ पर वक्र को छूती हुई स्पर्श-रेखा ऊर्ध्वमुखी प्रवण होती है। इसका अर्थ है कि $f(x)$, x के बढ़ने के साथ ही $x = a$ से होकर गुजरता है। इस प्रकार, प्रथम क्रम अवकलज हमें बताता है कि विचाराधीन बिंदु पर फलन ऊपर की ओर बढ़ता है

अथवा नीचे की ओर घटता है। यदि फलन के प्रांत में x के सभी मानों के लिए $f(x) > 0$, तो हम कहते हैं कि f(x) बाएँ से दाएँ निरंतर बढ़ता है।

ऐसा फलन जो निरंतर बढ़ता रहता है, एकरूपता से बढ़ता फलन कहलाता है। इस प्रकार, एकरूपता से बढ़ते फलन का अर्थ होता है कि प्रथम अवकलज फिर भी धनात्मक ही होना चाहिए। इसी प्रकार, किसी $y = f(x)$ फलन को एकरूपता से घटता कहा जाएगा यदि सभी x के लिए $f(x) < 0$.

उदाहरण–

(1) माँग फलन $q = 3-5p$ में, $\frac{dq}{dp} = -5 < 0$. इस प्रकार, यह फलन एकरूपता से घटता फलन है।

(2) $c = aq^2 + bq + c, (a, b, c > 0)$. यह लागत फलन एकरूप है क्योंकि $\frac{dq}{dp} = 2aq + b > 0$ है, बशर्ते कि $q \geq 0$. वस्तुतः यह फलन एक समता से बढ़ता फलन है।

प्रश्न 13. टेलर की श्रृंखला से आप क्या समझते हैं?

उत्तर– माना एक बहुचर द्वारा किसी यादृच्छिक बिंदु $x = a$ पर एक फलन f(x) को सन्निकट करना है–

$$f_n(x) = a_0 + a_1(x-a) + a_2(x-a)^2 + ... + a_n(x-a)^n$$

जहाँ $f_n(x)$, f(x) का आसन्न मान है।

यह अभ्यास विशेष रूप से फलनों के उभयांत मानों हेतु दशाएँ ज्ञात करने में सहायक सिद्ध होगा। उपर्युक्त रूप में अभिव्यक्त फलन **विश्लेषणात्मक फलन** कहलाते हैं।

उपर्युक्त बहुचर के गुणांकों का मान ज्ञात करने के लिए f(x) उस स्थिति में $f_n(x)$ के बराबर होगा जब $x = a$ होगा।

इस प्रकार, $a_0 = f(a)$

f(x) को और भी बेहतर सन्निकट करने के लिए हम f(x) और $f_n(x)$ के अवकलों को बराबर करते हैं। हम जानते हैं–

$$f_n'(x) = a_1 + 2a_2(x-a) + ... + na_n(x-a)^{n-1}$$

$$f_n''(x) = 2a_2 + 3.2.a_3(x-a)..... + n(n-1)a_n(x-a)^{n-1}$$

$$\vdots$$

$$f_n''(x) = n!a_n$$

स्पष्टतः, जब $x = a$ हो तो हमें प्राप्त होगा–

$$a_1 = f'(a)$$

$$a_2 = \frac{f''(a)}{2!}$$

$$\vdots$$

इस प्रकार,

$$f(x) = f(a) + \frac{f'(a)}{1!}(x-a) + \frac{f''(a)}{2!}(x-a)^2 + \ldots$$

इसे टेलर श्रृंखला कहा जाता है।

उपर्युक्त व्यंजन में अंतिम पद (अर्थात् (n+1)वाँ पद) $\frac{f^n(a)}{n!}(x-a)^n$ शामिल नहीं किया है। ऐसा इसलिए है क्योंकि f(x) किसी भी प्रकार का फलन हो सकता है। यदि हम अंतिम पद को उपर्युक्त रूप में लेते हैं तो सन्निकटता सही-सही नहीं आएगी बशर्ते कि f(x) स्वयं एक बहुचर न हो।

प्रश्न 14. अवकलज तथा अवकलन के नियम लिखिए।

उत्तर– कुल मानक फलनों के अवकलज निम्न हैं–

(i) $\frac{d(ax^n)}{dx} = anx^{n-1}$ {जबकि x परिमेय संख्या है}

(ii) $\frac{d(e^{nx})}{dx} = ne^{nx}$

(iii) $\frac{d(a^x)}{dx} = a^x \log_e a$

(iv) $\frac{d(\log x)}{dx} = \frac{1}{x}$

(v) $\frac{d}{dx}(\sin x) = \cos x$

(vi) $\frac{d}{dx}(\cos x) = -\sin x$

(vii) $\frac{d}{dx}(\tan x) = \sec^2 x, \{x \neq \frac{1}{2}(2n+1)\pi\}$

(viii) $\frac{d}{dx}(\cot x) = -\operatorname{cosec}^2 x, \{x \neq n\pi\}$

(ix) $\frac{d}{dx}(\sec x) = \sec x \tan x, \{x \neq \frac{1}{2}(2n+1)\pi\}$

(x) $\frac{d}{dx}(\operatorname{cosec} x) = -\operatorname{cosec} x \cot x, \{x \neq n\pi\}$

अवकलन के नियम निम्न हैं–

(i) $\frac{d}{dx}[cf(x)] = c\frac{d}{dx}[f(x)]$

(ii) $\frac{dc}{dx} = 0$

(iii) $\frac{d}{dx}\left[f(x) \pm g(x)\right] = \frac{d}{dx}\left[f(x)\right] \pm \frac{d}{dx}\left[g(x)\right]$

(iv) $\frac{d}{dx}\left[f(x).g(x)\right] = f(x)\frac{d}{dx}\left[g(x)\right] + g(x)\frac{d}{dx}\left[f(x)\right]$

(v) $\frac{d}{dx}\left[f(x).g(x).r(x)\right] = f(x)g(x)r'(x) + f(x)r(x)g'x + g(x)r(x)f'(x)$

(vi) $\frac{d}{dx}\left[\frac{f(x)}{g(x)}\right] = \frac{g(x)f'(x) - f(x)g'(x)}{\left[g(x)\right]^2}$

(vii) माना $y = f(u)$ और $u = g(x)$ तो $\frac{dy}{dx} = \frac{dy}{du}.\frac{du}{dx}$

इस नियम को फलन का अवकलन कहते हैं।

प्रश्न 15. आंशिक अवकलज की अवधारणा को स्पष्ट कीजिए।

उत्तर– सरलता की दृष्टि से, हम दो स्वतंत्र चरों के फलन से आरंभ करेंगे। माना $y = f(x_1, x_2)$ फलन है। जब हम इस प्रकार का कोई फलन $y = f(x_1, x_2)$, दो स्वतंत्र चरों के साथ, लेते हैं तो y में परिवर्तन इन दोनों को स्वतंत्र मानते हुए x_1 अथवा x_2 अथवा दोनों में परिवर्तन के परिणामस्वरूप जाँचा जा सकता है। इस प्रकार, यदि हम केवल x_1 बदलते हैं तो यह x_2 को प्रभावित नहीं करेगा बल्कि केवल y को करेगा। x_2 को अचर मानते हुए, y में परिवर्तन की दर x_1 के संदर्भ में y का आंशिक अवकलज ज्ञात कर प्राप्त की जा सकती है। इसी प्रकार, यदि x_2 अकेला बदलता है तो y में परिवर्तन की दर x_2 के संदर्भ में y के आंशिक अवकलज से प्राप्त की जा सकती है।

एक सोपान आगे चलकर और यह मानकर कि x_1 और x_2 परस्पर संबद्ध हैं, यदि हम x_1 को बदल देते हैं तो x_1 में परिवर्तन के परिणामस्वरूप x_2 में भी परिवर्तन होगा (बेशक x_2 बाह्यजात रूप से परिवर्तित न हो)। इस प्रकार, जब कभी हम पराश्रित चर को बदलते हैं तो y दो तरीकों से प्रभावित होता है–प्रथम, सीधे x_1 में परिवर्तन द्वारा और दूसरे, परोक्षत: x_1 में परिवर्तन के माध्यम से x_2 में परिवर्तन द्वारा। इस स्थिति में, x_1 में किसी परिवर्तन के कारण y की परिवर्तन दर x_1 के संदर्भ में y के पूर्ण अवकलज द्वारा मापी जाती है।

आंशिक अवकलज को किसी बहुचर फलन का अवकलज कहा जाता है जब स्वतंत्र चरों में से किसी एक को ही परिवर्तित होने दिया जाए, अन्य चर स्थिर रहें।

उदाहरण के लिए, $U = f(x_1, x_2)$

यदि हम केवल x_1 को ही परिवर्तित होने देते हैं, x_2 को स्थिर रखते हुए, तो x_1 के संदर्भ में, U की परिवर्तन दर को x_1 के संदर्भ में U का आंशिक अवकलज कहलाएगा।

माना x_1 में परिवर्तन Δx_1 है, जहाँ x_2 स्थिर है। U में अनुकूल परिवर्तन होगा ΔU. तब अंतर भागफल निम्नवत् दर्शाया जाएगा—

$$\frac{\Delta U}{\Delta x_1} = \frac{f(x_1 + \Delta x_1, x_2^0) - f(x_1, x_2^0)}{(x_1 + \Delta x_1) - x_1}$$

यदि हम इस अंतर भागफल के प्रतिबंधक मान को $\Delta x_1 \to 0$, के रूप में प्राप्त करने का प्रयास करते हैं तो हमें x_1 के संदर्भ में U का आंशिक अवकलज प्राप्त होता है, इसे $\frac{\partial U}{\partial x_1}, \frac{\partial f}{\partial x_1}$ अथवा f_1 द्वारा दर्शाया जाता है।

इस प्रकार, $f_1 = \lim_{\Delta x_1 \to 0} \frac{\Delta U}{\Delta x_1} = \lim_{\Delta x_1 \to 0} \frac{f(x_1 + \Delta x_1, x_2^0) - f(x_1, x_2^0)}{\Delta x_1}$

इसी प्रकार, $f_2 = \lim_{\Delta x_2 \to 0} \frac{\Delta U}{\Delta x_2} = \lim_{\Delta x_2 \to 0} \frac{f(x_1^0, x_2 + \Delta x_2) - f(x_1^0, x_2)}{\Delta x_2}$.

प्रश्न 16. उच्च क्रम आंशिक अवकलज तथा तिरछे आंशिक अवकलज से आप क्या समझते हैं?

अथवा

मिश्रित अवकलज क्या हैं?

उत्तर— अधिक ऊँची कोटियों के आंशिक अवकलज यदि $u = f(x, y)$ का y से संबंधित आंशिक अवकलन दो बार किया जाए अथवा एक-एक बार x से तथा y से संबंधित अवकलन किया जाए, तब हम दूसरी कोटि का आंशिक अवकलज पाते हैं। दूसरी कोटि के आंशिक अवकलजों को चिह्नों द्वारा नीचे संकेतित किया गया है—

$$\frac{\partial}{\partial x}\left(\frac{\partial u}{\partial x}\right) = \frac{\partial^2 u}{\partial x^2} = f_{xx} \qquad \ldots(1)$$

$$\frac{\partial}{\partial x}\left(\frac{\partial u}{\partial y}\right) = \frac{\partial^2 u}{\partial x \partial y} = f_{xy} \qquad \ldots(2)$$

$$\frac{\partial}{\partial y}\left(\frac{\partial u}{\partial x}\right) = \frac{\partial^2 u}{\partial y \partial x} = f_{yx} \qquad \ldots(3)$$

$$\frac{\partial}{\partial y}\left(\frac{\partial u}{\partial y}\right) = \frac{\partial^2 u}{\partial y^2} = f_{yy} \qquad \ldots(4)$$

समी. (1) तथा (4) सीधे आंशिक अवकलज कहलाते हैं तथा (2) तथा (3) मिश्रित (mixed) अथवा तिरछे (cross) आंशिक अवकलज कहलाते हैं। संबंध $\frac{\partial^2 u}{\partial x \partial y} = f_{xy}$ का अर्थ

है, $u = f(x, y)$ से प्रारंभ करते हुए पहले आंशिक अवकलज y से संबंधित लिए जाते हैं तथा तब उस कोटि में x से संबंधित किए जाते हैं। उसी प्रकार संबंध $\frac{\partial^2 u}{\partial y \partial x} = f_{yx}$ का अर्थ है, $u = f(x, y)$ से प्रारंभ करते हुए पहले आंशिक अवकलज x से संबंधित लेने के उपरांत तब उसी क्रम में y से संबंधित लिया जाता है।

यदि $u = f(x, y)$ आंशिक अवकलजों के साथ सतत् (continuous) फलन है, तब हम पाते हैं: $f_{xy} = \frac{\partial^2 u}{\partial x \partial y} = \frac{\partial^2 u}{\partial y \partial x} = f_{yx}$ जिसका अर्थ यह है कि किसी सतत् फलन के लिए मिश्रित आंशिक अवकलज बराबर होते हैं जिसे यंग की प्रमेय के नाम से भी जाना जाता है।

प्रश्न 17. निम्नलिखित बिंदुओं पर संक्षिप्त टिप्पणी कीजिए–

(i) पूर्ण अवकल

(ii) पूर्ण अवकलज

उत्तर– (i) पूर्ण अवकल–फलन $y = f(x_1, x_2)$ के पूर्ण अवकल से हम x_1 और x_2 दोनों में परिवर्तन के कारण y में पूर्ण परिवर्तन को मापते हैं (जहाँ x_1, x_2 को परस्पर स्वतंत्र या अनाश्रित माना जाता है)।

तथापि, y के पूर्ण अवकल द्वारा मापा गया परिवर्तन वास्तविक परिवर्तन का एक रेखीय अनुमान मात्र होता है।

x_2 को स्थिर रखते हुए x_1 में किसी लघु परिवर्तन के कारण y की परिवर्तन दर f_1 के रूप में दर्शाई जाती है। यदि x_1 में परिवर्तन की मात्रा dx_1 हो तो x_1 में किसी परिवर्तन के कारण y में मापा गया परिवर्तन केवल $f_1 . dx_1$ के बराबर होगा। इसी प्रकार, यदि x_2 में परिवर्तन की मात्रा dx_2 हो तो x_2 में किसी परिवर्तन के कारण y में मापा गया परिवर्तन f_2 और dx_2 होगा। यदि dy, y में पूर्ण बदलाव इंगित करता है, जब dx_1 द्वारा x_1 तथा dx_2 द्वारा x_2 में बदलाव होता है, तब हम लिख सकते हैं–

$$dy = f_1\, dx_1 + f_2\, dx_2$$

इसे फलन $y = f(x_1, x_2)$ का पूर्ण अवकल कहा जाता है।

(ii) पूर्ण अवकलज–पूर्ण अवकलज की सहायता से हम उस चर में किसी भी परिवर्तन के कारण पराश्रित चर की परिवर्तन दर को मापते हैं जिस पर वह निर्भर हो, जब इन चरों में से किसी को भी स्थिर न माना जाता हो।

माना $y = f(x_1, x_2)$ जैसे कि $x_1 = g(t)$ और $x_2 = h(t)$

तब हम लिख सकते हैं–

$$\frac{dy}{dt} = \frac{\partial y}{\partial x_1} . \frac{dx_1}{dt} + \frac{\partial y}{\partial x_2} . \frac{dx_2}{dt} \quad = f_1 \frac{dx_1}{dt} + f_2 \frac{dx_2}{dt}$$

यहीं t के संदर्भ में y का पूर्ण अवकलज होता है।

उपर्युक्त परिणाम को किसी n–चर उदाहरण के लिए आसानी से विस्तारित किया जा सकता है, जैसे–

$y = f(x_1, x_2, -----, x_n)$

यदि $x_1 = x_1(t), x_2 = x_2(t), ..., x_n = x_n(t)$

तब, $\frac{dy}{dt} = \frac{dx_1}{dt} + f_2 \frac{dx_2}{dt} + ... + f_n \frac{dx_n}{dt}.$

प्रश्न 18. अर्थशास्त्र के अनुप्रयोग में प्रतिस्थापन की सुनम्यता को विस्तारपूर्वक समझाइए।

उत्तर– उत्पादन फलन $q = f(x_1, x_2)$ पर, प्रतिस्थापन की सुनम्यता उस सुगमता को मापती है जिससे दो गुणनखंडों के बीच प्रतिस्थापन हो सकता है।

दो गुणनखंडों के बीच प्रतिस्थापत्य का अंश प्रतिस्थापन की सुनम्यता के उच्चतर मानों के साथ-साथ बढ़ता है। यदि यह शून्य है तो इसका अर्थ होगा प्रतिस्थापन की असंभाव्यता।

प्रतिस्थापन की सुनम्यता (σ) को तकनीकी प्रतिस्थापन की सीमांत दर में प्रतिशतता परिवर्तन के प्रत्युत्तर हेतु निवेश अनुपात में प्रतिशत परिवर्तन के रूप में परिभाषित किया जाता है।

यथा, $$\sigma = \frac{\frac{d(x_2/x_1)}{(x_2/x_1)}}{\frac{d(f_1/f_2)}{(f_1/f_2)}}$$

$$= \frac{f_1 x_1}{f_2 x_2} \cdot \frac{d(x_2/x_1)}{d(f_1/f_2)}$$

अब, $d\left({}^{x_2}\!/\!_{x_1}\right) = \frac{x_1 dx_2 - x_2 dx_1}{x_1^2}$ अथवा, $d\left(\frac{x_2}{x_1}\right) = \frac{x_1\left({}^{-f_1}\!/\!_{f_2}\right)dx_1 - x_2 dx_1}{x_1^2}$

$$= -\left(\frac{f_1 x_1 + f_2 x_2}{f_2 x_1^2}\right) dx_1 \left[\because \frac{dx_2}{dx_1} = -\frac{f_1}{f_2}\right]$$

पुनः, $d\left(\frac{f_1}{f_2}\right) = \frac{df_1.f_2 - df_2.f_1}{f_2^2}$

$$= \frac{(f_{11}dx_1 + f_{12}dx_2)f_2 - (f_{21}dx_1 + f_{22}dx_1)f_1}{f_2^2}$$

$[\because df_1 = f_{11}dx_1 + f_{12}dx_2 df_2 = f_{21}dx_1 + f_{22}dx_2]$

$$= \frac{\left[f_{11}dx_1 + f_{12}\left(-\frac{f_1}{f_2}\right)dx_1\right]f_2 - \left[f_{21}dx_1 + f_{22}\left(-\frac{f_1}{f_2}\right)dx_1\right]f_1}{f_2^2}$$

$$= \frac{\left[f_{11}dx_1 + f_2^2 - f_1f_2f_{12} - f_1f_2f_{21} + f_{22}f_1^2\right]dx_1}{f_2^2}$$

अथवा, $\sigma = \frac{\left(f_{11}f_2^2 - 2f_1f_2f_{12} + f_1f_2f_{21} + f_{22}f_1^2\right)}{f_2^2}$ $[f_{12} = f_{21}]$ प्रयोग कर

इस प्रकार, $\sigma = -\frac{f_1x_1}{f_2x_2} \cdot \frac{(f_1x_1 + f_2x_2)dx_1}{f_2x_1^2} = \frac{f_2^2}{dx_1\left(f_{11}f_2^2 - 2f_1f_2f_{12} + f_{22}f_1^2\right)}$

$$= \frac{f_1f_2\left(f_1x_1 + f_2x_2\right)}{x_1x_2\left(2f_1f_2f_{12} - f_{11}f_2^2 - f_{22}f_1^2\right)}$$

समघात की उत्तलता सुनिश्चित करती है $(2f_1f_2f_{12} - f_{11}f_2^2 - f_{22}f_1^2) > 0$ और चूँकि $(x_1, x_2, f_1, f_2) > 0$ हमें प्राप्त होता है $\sigma > 0$.

समघात का व्यंजक सुनिश्चित करता है $(2f_1f_2f_{12} - f_{11}f_2^2 - f_{22}f_1^2)$ और किसी समघात के प्रावण्य अथवा वक्रता के परिवर्तन को प्रकट करता है। इसका अर्थ है कि σ समघात की उत्तलता के अंश का व्युत्क्रमानुपाती होता है। समघात की उत्तलता का अंश जितना कम होगा, σ का मान उतना ही अधिक होगा तथा इसका विलोम भी सत्य है।

यदि ये दो निवेश केवल किसी नियत अनुपात में प्रयोग किए जाते हैं तो समघात L-आकृति में होता है और σ शून्य होता है।

किसी स्थिति में यदि ये दो निवेश एक दूसरे के पूर्ण प्रतिस्थायी होते हैं तो समघात एक ऋजु रेखा होती है जिसका MRTS स्थिर होता है। यहाँ σ अनंत होता है। जब σ शून्य से अनंत की ओर बढ़ता है तो इन गुणनखंडों के बीच प्रतिस्थापन उत्तरोत्तर आसान होता जाता है।

σ पर कुछ टिप्पणियाँ–

(1) σ गुणनखंडों के एक संयोजन से दूसरे संयोजन में भिन्न-भिन्न होता है।

(क) $\sigma = \sigma\,(x_1, x_2)$

(ख) σ निम्नतर संख्या होती है।

(2) $\sigma\, x_1\, x_2 = \sigma\, x_2\, x_1$

(3) यदि उत्पादन फलन रैखिक सजातीय हो तो σ को $\frac{f_1f_2}{f_{12}.q}$ के रूप में लिखा जा सकता है। यहाँ, σ उत्पादन फलन के प्रति-द्वितीय क्रम आंशिक अवकलज का व्युत्क्रमानुपाती होता है।

प्रश्न 19. निम्नलिखित को संक्षेप में परिभाषित कीजिए–

(i) सजातीय फलन

(ii) यूलर प्रमेय

(iii) अव्यक्त फलनों के अवकलज

उत्तर– (i) n डिग्री वाले दो चरों x और y का सजातीय फलन रूप है–

$f(x, y) = a_0x^n + a_1x^{n-1}y + a_2x^{n-2}y^2 + ... + a_{n-1}xy^{n-1} + a_ny^n.$

हम इसे इस प्रकार लिख सकते हैं-

$$f(x,y) = x^n\left[a_0 + a_1\left(\frac{y}{x}\right) + a_2\left(\frac{y}{x}\right)^2 + ... + a_n\left(\frac{y}{x}\right)^n\right] = x^n g\left(\frac{y}{x}\right), \text{जहाँ } g\left(\frac{y}{x}\right), \left(\frac{y}{x}\right)$$

का एक बहुपद फलन है।

अन्य शब्दों में, n डिग्री वाले दो चरों x और y का कोई भी फलन सजातीय फलन कहलाएगा, यदि वह $x^n f\left(\frac{y}{x}\right)$ में व्यक्त हो।

उदाहरण—

(1) $x^2 \sin\left(\frac{y}{x}\right)$ दो डिग्री वाला सजातीय फलन है।

(2) $\dfrac{x^2 + y^2}{x+y} = \dfrac{x\left[1+(y/x)^2\right]}{\left[1+(y/x)\right]}$ एक डिग्री वाला सजातीय फलन है।

(ii) यदि z = f(x, y), n डिग्री वाले दो चरों x और y का सजातीय फलन है तब $x\dfrac{\partial z}{\partial x} + y\dfrac{\partial z}{\partial y} = nz$.

प्रमाण— चूँकि z = f(x, y), n डिग्री का सजातीय फलन है। इसलिए हम लिख सकते हैं

$$z = x^n g\left(\frac{y}{x}\right) \qquad ...(1)$$

$$\Rightarrow \frac{\partial z}{\partial x} = nx^{n-1} g\left(\frac{y}{x}\right) + x^n g'\left(\frac{y}{x}\right)\left(\frac{-y}{x^2}\right)$$

$$\therefore x\frac{\partial z}{\partial x} = nx^n g\left(\frac{y}{x}\right) - yx^{n-1} g'\left(\frac{y}{x}\right) \qquad ...(2)$$

अब $\dfrac{\partial z}{\partial y} = x^n g'\left(\dfrac{y}{x}\right) \cdot \dfrac{1}{x}$

$$\therefore y\frac{\partial z}{\partial y} = yx^{n-1} g'\left(\frac{y}{x}\right) \qquad ...(3)$$

समी. (2) और (3) को जोड़ने पर, हमें प्राप्त होता है—

$$x\frac{\partial z}{\partial x} + y\frac{\partial z}{\partial y} = nx^n g\left(\frac{y}{x}\right)$$

$= nz$ (समी. (1) से)

(iii) माना x का एक फलन y, f(x, y) = 0 से अनुमानित तौर पर परिभाषित होता है।

तब $\dfrac{df}{dx} = \dfrac{\partial f}{\partial x} \cdot \dfrac{dx}{dx} + \dfrac{\partial f}{\partial y} \cdot \dfrac{dy}{dx} = 0$

या $\dfrac{\partial f}{\partial x} + \dfrac{\partial f}{\partial y} \cdot \dfrac{dy}{dx} = 0$

या $f_x + f_y \dfrac{dy}{dx} = 0$

अतः $\dfrac{dy}{dx} = -\dfrac{f_x}{f_y}$, यदि $f_y \neq 0$.

संख्यात्मक प्रश्न

प्रश्न 1. निम्नलिखित फलनों का प्रांत बताइए।

(i) $\dfrac{\cos x + \sin x}{\cos x - \sin x} = f(x)$

(ii) $\sqrt{x^2 - 5x + 6} = f(x)$

(iii) $\sin^{-1}(x) = f(x)$

(iv) $\log(3x - 1) = f(x)$

उत्तर— (i) माना $\dfrac{\cos x + \sin x}{\cos x - \sin x} = 0$

तब, यहाँ प्रांत $\Rightarrow \left(x = \dfrac{\pi}{4} \right)$ को छोड़कर x का कोई भी वास्तविक मान।

(ii) माना $\sqrt{x^2 - 5x + 6} = 0$
$\Rightarrow x^2 - 3x - 2x + 6 = 0$
$\Rightarrow x(x - 3) - 2(x - 3) = 0$
$\Rightarrow (x - 2)(x - 3) = 0$
$\Rightarrow x = 2$ या $x = 3$

अतः प्रांत $\Rightarrow 2 < x < 3$ को छोड़कर x के सभी वास्तविक मान।

(iii) माना $\sin^{-1} x = 0$
क्योंकि sin का मान -1 और 1 के बीच में होता है।
$\therefore$ प्रांत $= -1 < x < 1$.

(iv) माना $\log(3x - 1) = 0$
$\Rightarrow 3x - 1 = 0$
$\Rightarrow x = \dfrac{1}{3}$

अतः प्रांत $= x > \dfrac{1}{3}$ का मान।

प्रश्न 2. निम्नलिखित सीमाओं के मान ज्ञात कीजिए।

(i) $\lim_{x \to 4} \dfrac{4x+3}{x-2}$

(ii) $\lim_{x \to -1} \dfrac{x^{10}+x^5+1}{x-1}$

(iii) $\lim_{x \to 0} \dfrac{ax+b}{cx+1}$

(iv) $\lim_{x \to 1} \dfrac{ax^2+bx+c}{cx^2+bx+a}$ $\quad a+b+c \neq 0$

(v) $\lim_{x \to -2} \dfrac{\dfrac{1}{x}+\dfrac{1}{2}}{x+2}$

(vi) $\lim_{x \to 0} \dfrac{\sin ax}{bx}$

(vii) $\lim_{x \to 0} \dfrac{\sin ax + bx}{ax + \sin bx}$ $\quad a, b, \ a+b \neq 0$

उत्तर– (i) दिया है, $\lim_{x \to 4} \dfrac{4x+3}{x-2}$

$\Rightarrow \dfrac{4(4)+3}{4-2}$

$\Rightarrow \dfrac{19}{2}$

(ii) दिया है, $\lim_{x \to -1} \dfrac{x^{10}+x^5+1}{x-1}$

$\Rightarrow \dfrac{(-1)^{10}+(-1)^5+1}{(-1)-1}$

$\Rightarrow \dfrac{1}{-2}$

(iii) दिया है, $\lim_{x \to 0} \dfrac{ax+b}{cx+1}$

$\Rightarrow \dfrac{a(0)+b}{c(0)+1}$

$\Rightarrow b$

(iv) दिया है, $\lim_{x \to 1} \dfrac{ax^2 + bx + c}{cx^2 + bx + a}$

$\Rightarrow \dfrac{a(1)^2 + b(1) + c}{c(1)^2 + b(1) + a}$

$\Rightarrow \dfrac{a + b + c}{c + b + a}$

$\Rightarrow 1$

(v) दिया है, $\lim_{x \to -2} \dfrac{\dfrac{1}{x} + \dfrac{1}{2}}{x + 2}$

$\Rightarrow \lim_{x \to -2} \dfrac{\dfrac{2 + x}{2x}}{x + 2}$

$\Rightarrow \lim_{x \to -2} \dfrac{(2 + x)}{2x(x + 2)}$

$\Rightarrow \lim_{x \to -2} \dfrac{1}{2x}$

$\Rightarrow \dfrac{1}{2(-2)}$

$\Rightarrow \dfrac{1}{-4}$

(vi) दिया है, $\lim_{x \to 0} \dfrac{\sin ax}{bx}$

अंश और हर दोनों को a से गुणा करने पर,

$\lim_{x \to 0} \dfrac{a \sin ax}{abx}$

हम जानते हैं प्रमेय

$\boxed{\lim_{x \to 0} \dfrac{\sin x}{x} = 1}$

इसलिए,

$\lim_{x \to 0} \dfrac{a \sin ax}{bax}$

$\Rightarrow \lim_{ax \to 0} \dfrac{a}{b} \left[\dfrac{\sin ax}{ax} \right]$

$$\Rightarrow \frac{a}{b} \times 1$$

$$\Rightarrow \frac{a}{b}$$

(vii) दिया है, $\lim_{x \to 0} \dfrac{\sin ax + bx}{ax + \sin bx}$

$$\Rightarrow \lim_{x \to 0} \dfrac{\left(\dfrac{\sin ax}{ax}\right) ax + bx}{ax + bx\left(\dfrac{\sin bx}{bx}\right)}$$

$$\boxed{\lim x \to 0, \Rightarrow ax \to 0, bx \to 0}$$

$$\Rightarrow \dfrac{\lim\limits_{ax \to 0}\left(\dfrac{\sin ax}{ax}\right) \times \lim\limits_{x \to 0}(ax) + \lim\limits_{x \to 0}(bx)}{\lim x \to 0\ (ax) + \lim\limits_{x \to 0}(bx) \times \lim\limits_{bx \to 0}\left(\dfrac{\sin bx}{bx}\right)}$$

$$\Rightarrow \dfrac{\lim\limits_{x \to 0}(ax) + \lim\limits_{x \to 0}(bx)}{\lim\limits_{x \to 0} ax + \lim\limits_{x \to 0}(bx)} \quad \left[\lim_{x \to 0} \dfrac{\sin x}{x} = 1\right]$$

$$\Rightarrow \dfrac{\lim\limits_{x \to 0}(ax + bx)}{\lim\limits_{x \to 0}(ax + bx)}$$

$$\Rightarrow \lim_{x \to 0}(1)$$

$$\Rightarrow 1$$

प्रश्न 3. $x = 1$ पर फलन $f(x) = 2x + 3$ के सांतत्य की जाँच कीजिए।

उत्तर— पहले यह ध्यान दीजिए कि फलन, $x = 1$ पर परिभाषित है और इसका मान 5 है। अब फलन की $x = 1$ पर सीमा ज्ञात करते हैं। स्पष्ट है कि

$\lim\limits_{x \to 1} f(x) = \lim\limits_{x \to 1}(2x + 3) = 2(1) + 3 = 5$ है।

अतः $\lim\limits_{x \to 1} f(x) = 5 = f(1)$

अतएव $x = 1$ पर f संतत है।

प्रश्न 4. जाँचिए कि क्या फलन $f(x) = x^2$, $x = 0$ पर संतत है?

उत्तर— ध्यान दीजिए कि प्रदत्त बिंदु $x = 0$ पर फलन परिभाषित है और इसका मान 0 है। अब $x = 0$ पर फलन की सीमा निकालते हैं। स्पष्टतया

$$\lim_{x \to 0} f(x) = \lim_{x \to 1} x^2 = 0^2 = 0$$

इस प्रकार $\lim_{x \to 0} f(x) = 0 = f(0)$

अत: $x = 0$ पर f संतत है।

प्रश्न 5. $x = 0$ पर फलन $f(x) = |x|$ के सांतत्य पर विचार कीजिए।

उत्तर– परिभाषा द्वारा

$$f(x) = \begin{cases} -x, & \text{यदि } x < 0 \\ x, & \text{यदि } x \geq 0 \end{cases}$$

स्पष्टतया $x = 0$ पर फलन परिभाषित है और $f(0) = 0$ है। बिंदु $x = 0$ पर f की बाएँ पक्ष की सीमा

$$\lim_{x \to 0^-} f(x) = \lim_{x \to 0^-}(-x) = 0 \text{ है।}$$

इसी प्रकार 0 पर f की दाएँ पक्ष की सीमा के लिए

$$\lim_{x \to 0^+} f(x) = \lim_{x \to 0^+} x = 0 \text{ है।}$$

इस प्रकार $x = 0$ पर बाएँ पक्ष की सीमा, दाएँ पक्ष की सीमा तथा फलन का मान संपाती है। अत: $x = 0$ पर f संतत है।

प्रश्न 6. दर्शाइए कि फलन

$$f(x) = \begin{cases} x^3 + 3, & \text{यदि } x \neq 0 \\ 1, & \text{यदि } x = 0 \end{cases}$$

$x = 0$ पर संतत नहीं है।

उत्तर– यहाँ $x = 0$ पर फलन परिभाषित है और $x = 0$ पर इसका मान 1 है। जब $x \neq 0$, तब फलन बहुपदीय है। इसलिए

$$\lim_{x \to 0} f(x) = \lim_{x \to 0}(x^3 + 3) = 0^3 + 3 = 3$$

क्योंकि $x = 0$ पर f की सीमा, $f(0)$ के बराबर नहीं है, इसलिए $x = 0$ पर फलन संतत नहीं है। हम यह भी सुनिश्चित कर सकते हैं कि इस फलन के लिए असांतत्य का बिंदु केवल $x = 0$ है।

प्रश्न 7. क्या $f(x) = |x|$ द्वारा परिभाषित फलन एक संतत फलन है?

उत्तर– f को हम ऐसे लिख सकते हैं कि $f(x) = \begin{cases} -x, & \text{यदि } x < 0 \\ x, & \text{यदि } x \geq 0 \end{cases}$

हम जानते हैं कि $x = 0$ पर f संतत है।

माना कि c एक वास्तविक संख्या इस प्रकार है कि $c < 0$ है। अतएव $f(c) = -c$ साथ ही $\lim_{x \to c} f(x) = \lim_{x \to c}(-x) = -c$

चूँकि $\lim_{x \to c} f(x) = f(c)$, इसलिए f सभी ऋणात्मक वास्तविक संख्याओं के लिए संतत है। अब मान लीजिए कि c एक वास्तविक संख्या इस प्रकार है कि $c > 0$ है। अतएव $f(c) = c$ साथ ही $\lim_{x \to c} f(x) = \lim_{x \to c} x = c$ क्योंकि $\lim_{x \to c} f(x) = f(c)$, इसलिए f सभी धनात्मक वास्तविक संख्याओं के लिए संतत है। चूँकि f सभी बिंदुओं पर संतत है, अत: यह एक संतत फलन है।

प्रश्न 8. फलन $f(x) = x^3 + x^2 - 1$ के सांतत्य पर विचार कीजिए।

उत्तर— स्पष्टतया f प्रत्येक वास्तविक संख्या c के लिए परिभाषित है और c पर इसका मान $c^3 + c^2 - 1$ है। हम यह भी जानते हैं कि $\lim_{x \to c} f(x) = \lim_{x \to c}(x^3 + x^2 - 1) = c^3 + c^2 - 1$

अत: $\lim_{x \to c} f(x) = f(c)$ है इसलिए प्रत्येक वास्तविक संख्या के लिए f संतत है। इसका अर्थ है कि f एक संतत फलन है।

प्रश्न 9. x के सापेक्ष में निम्नलिखित फलनों के अवकलन ज्ञात कीजिए।

(i) $y = 2x^5 - 3x$

(ii) $y = \dfrac{1}{x^2 + 3}$

(iii) $y = \dfrac{x}{x + 2}$

(iv) $y = \dfrac{x^2}{x^2 - 5}$

उत्तर— (i) यहाँ, $\dfrac{dy}{dx} = \dfrac{d}{dx}(2x^5 - 3x) = 2\dfrac{d}{dx}(x^5) - 3\dfrac{d}{dx}(x) = 2 \times 5x^4 - 3 \times 1$

$= 10x^4 - 3$

(ii) यहाँ, $\dfrac{dy}{dx} = \dfrac{\dfrac{-d}{dx}[x^2 + 3]}{[x^2 + 3]^2} = \dfrac{-2x}{(x^2 + 3)^2}$

(iii) यहाँ, $\dfrac{dy}{dx} = \dfrac{(x+2)\dfrac{d}{dx}(x) - x\dfrac{d}{dx}(x+2)}{(x+2)^2}$

$= \dfrac{(x+2) \times 1 - x \times 1}{(x+2)^2} = \dfrac{(x+2) - x}{(x+2)^2} = \dfrac{2}{(x+2)^2}$

(iv) यहाँ, $\dfrac{dy}{dx} = \dfrac{(x^2-5)\dfrac{d}{dx}(x^2) - x^2 \dfrac{d}{dx}(x^2-5)}{(x^2-5)^2} = \dfrac{(x^2-5)(2x) - x^2(2x)}{(x^2-5)^2}$

$= \dfrac{2x^3 - 10x - 2x^3}{(x^2-5)^2} = \dfrac{-10x}{(x^2-5)^2}$

प्रश्न 10. $\dfrac{dy}{dx}$ ज्ञात करें जब—

(i) $y = \log(e^x + 3)$ [दिसम्बर-2011, प्रश्न 12 (b) (i)]

(ii) $y = \dfrac{1}{\sqrt{x^2 + a^2}}$ [दिसम्बर-2011, प्रश्न 12 (b) (ii)]

उत्तर— (i) दिया है, $y = \log(e^x + 3)$

$\therefore \dfrac{dy}{dx} = \dfrac{1}{e^x}$

(ii) दिया है, $y = \dfrac{1}{\sqrt{x^2 + a^2}} = (x^2 + a^2)^{-\frac{1}{2}}$

$\therefore \dfrac{dy}{dx} = \dfrac{-1}{2}(x^2 + a^2)^{-\frac{3}{2}} \cdot 2x = \dfrac{-x}{(x^2+a^2)^{\frac{3}{2}}}$

प्रश्न 11. यदि $y = ae^{mx} + be^{-mx}$, हो तो दिखाइए कि $\dfrac{d^2y}{dx^2} = m^2 y$

उत्तर— दिया है, $y = ae^{mx} + be^{-mx}$,
दोनों पक्षों का x के सापेक्ष अवकलन करने पर

$\dfrac{dy}{dx} = \dfrac{d}{dx}(ae^{mx} + be^{-mx}) = ame^{mx} - bme^{-mx}$

$\Rightarrow \dfrac{d^2y}{dx^2} = \dfrac{d}{dx}(ame^{mx} - bme^{-mx}) = am^2 e^{mx} - bm(-m)e^{-mx}$

$= am^2 e^{mx} + bm^2 e^{-mx} = m^2(ae^{mx} + be^{-mx}) = m^2 y$

प्रश्न 12. $\lim\limits_{x \to 0} \dfrac{1 - \cos x^2}{x^2 \sin x^2}$ की गणना कीजिए।

उत्तर— दिया है, $\dfrac{1 - \cos x^2}{x^2 \sin x^2} = \dfrac{1 - \cos x^2}{x^4} \times \dfrac{x^2}{\sin x^2}$. चूँकि, $\lim\limits_{x \to 0} \dfrac{x^2}{\sin x^2} = 1$,

$\therefore \lim\limits_{x \to 0} \dfrac{1 - \cos x^2}{x^2 \sin x^2} = \lim\limits_{x \to 0} \dfrac{1 - \cos x^2}{x^4}$ $\left(\dfrac{0}{0} \text{ रूप}\right)$

$$= \lim_{x\to 0} \frac{2x \sin x^2}{4x^3}$$ (L'Hospital के नियम द्वारा)

$$= \lim_{x\to 0} \frac{1}{2} \cdot \frac{\sin x^2}{x^2} = \frac{1}{2}.$$

प्रश्न 13. $\lim_{x\to 0} \frac{\log x^2}{\cot x^2}$ की गणना कीजिए।

उत्तर– यह $\frac{\infty}{\infty}$ के रूप में है इसलिए L'Hospital's नियम को अपनाने पर हमें प्राप्त होता है–

$$\lim_{x\to 0} \frac{\log x^2}{\cot x^2} = \lim_{x\to 0} \frac{\frac{1}{x^2}.2x}{-\operatorname{cosec}^2 x^2 2x}$$

$$= \lim_{x\to 0} \frac{-1}{x^2 \operatorname{cosec}^2 x^2} \quad = -\lim_{x\to 0} \frac{\sin x^2}{x^2} = -1.$$

प्रश्न 14. एक वस्तु x का उत्पादन करने के लिए कुल लागत $TC = 60 + 12x + 2x^2$ फलन है। AC और MC निकालें।

उत्तर– दिया है, $TC = 60 + 12x + 2x^2$

$$\therefore AC = \frac{TC}{x} = \frac{60 + 12x + 2x^2}{x} = \frac{60}{x} + 12 + 2x$$

और $MC = \frac{d}{dx}(TC) = \frac{d}{dx}\left(60 + 12x + 2x^2\right) = 12 + 4x$

प्रश्न 15. माँग फलन $x = 7 - 2p$ की η_d (माँग की लोच) निकालिए जबकि
(i) $p = 1$ (ii) $p = 2$

उत्तर– दिया है, $x = 7 - 2p$

p के सापेक्ष में अवकलन करने पर,

$$\frac{dx}{dp} = \frac{d}{dp}(7 - 2p) = -2$$

अब, $\eta_d = -\frac{dx}{dp} \times \frac{p}{x}$ ...(i)

समी. (i) में मान रखने पर हमें प्राप्त होता है–

$$\eta_d = -(-2).\frac{p}{7-2p} = \frac{2p}{7-2p} \quad \left[\text{चूँकि } \frac{dx}{dp} = -2 \text{ तथा } x = 7 - 2p\right]$$

अब,

- $p=1,\ \eta_d=\frac{2p}{7-2p}=\frac{2\times 1}{7-2\times 1}=\frac{2}{5}$
- $p=2,\ \eta_d=\frac{2p}{7-2p}=\frac{2\times 2}{7-2\times 2}=\frac{4}{3}$

प्रश्न 16. किसी वस्तु की x इकाइयों के उत्पादन में कुल लागत C(x) रुपए में $C(x)=0.005x^3-0.02x^2+30x+5000$ से प्रदत्त है। सीमांत लागत ज्ञात कीजिए जब 3 इकाई उत्पादित की जाती है। जहाँ सीमांत लागत (marginal cost या MC) से हमारा अभिप्राय किसी स्तर पर उत्पादन के संपूर्ण लागत में तात्कालिक परिवर्तन की दर से है।

उत्तर– क्योंकि सीमांत लागत उत्पादन के किसी स्तर पर x इकाई के सापेक्ष संपूर्ण लागत के परिवर्तन की दर है। हम पाते हैं कि

सीमांत लागत $MC=\frac{dC}{dx}=0.005(3x^2)-0.02(2x)+30$

जब $x=3$ है तब $MC=0.015(3^2)-0.04(3)+30$

$=0.135-0.12+30=30.255$

अतः अभीष्ट सीमांत लागत अर्थात् लागत प्रति इकाई 30.255 (लगभग) है।

प्रश्न 17. किसी उत्पाद की x इकाइयों के विक्रय से प्राप्त कुल आय रुपए में $R(x)=3x^2+36x+5$ से प्रदत्त है। जब $x=5$ हो तो सीमांत आय ज्ञात कीजिए। जहाँ सीमांत आय (marginal revenue या MR) से हमारा अभिप्राय किसी क्षण विक्रय की गई वस्तुओं के सापेक्ष संपूर्ण आय के परिवर्तन की दर से है।

उत्तर– क्योंकि सीमांत आय किसी क्षण विक्रय की गई वस्तुओं के सापेक्ष आय परिवर्तन की दर होती है। हम जानते हैं कि

सीमांत आय $MR=\frac{dR}{dx}=6x+36$

जब $x=5$ है तब $MR=6(5)+36=66$

अतः अभीष्ट सीमांत आय अर्थात् आय प्रति इकाई `66 है।

प्रश्न 18. किसी उपभोक्ता का माँग वक्र है $p-d=\frac{b}{q}$ जहाँ 'd' और 'b' अचर हैं। माँग की कीमत-लोच ज्ञात करें। [दिसम्बर-2011, प्रश्न 12 (a)]

उत्तर– दिया है $p-d=\frac{b}{q}$

दोनों पक्षों को log से गुणा करने पर हमें प्राप्त होता है–

$-k \log p = \log b - \log q$, अर्थात् $\dfrac{-kdp}{p} = \dfrac{-dq}{q}$

अतः माँग की कीमत लोच $\varepsilon_d = \dfrac{dq}{q} \bigg/ \dfrac{dp}{p} = k$

प्रश्न 19. सिद्ध कीजिए कि माँग की कीमत लोच सीमांत फलन और औसत फलन का अनुपात है।

उत्तर- हम जानते हैं कि $\eta_d = -\dfrac{dx}{dp} \cdot \dfrac{p}{x} = -\dfrac{dx}{dp} \div \dfrac{x}{p}$

लेकिन $\dfrac{dx}{dp}$ = सीमांत मान और $\dfrac{x}{p}$ = औसत मान होता है।

इसलिए, $\eta_d = -\dfrac{\text{सीमांत मान}}{\text{औसत मान}}$

प्रश्न 20. यदि $p = 2$ और $p = 4$ हो तो पूर्ति फलन $x = 5 + 2p^2$ के लिए पूर्ति की कीमत लोच (η_s) निकालिए।

उत्तर- दिया है, $x = 5 + 2p^2$

अब, p के सापेक्ष में अवकलन करने पर हमें प्राप्त होता है-

$\dfrac{dx}{dp} = \dfrac{d}{dp}(5 + 2p^2) = 4p$

अब, हम जानते हैं $\eta_s = \dfrac{dx}{dp} \cdot \dfrac{p}{x} = 4p \cdot \dfrac{p}{5 + 2p^2} = \dfrac{4p^2}{5 + 2p^2}$

अतः

- $p = 2, \eta_s = \dfrac{4p^2}{5 + 2p^2} = \dfrac{4 \times (2)^2}{5 + 2(2)^2} = \dfrac{16}{5+8} = \dfrac{16}{13}$

- $p = 4, \eta_s = \dfrac{4p^2}{5 + 2p^2} = \dfrac{4 \times (4)^2}{5 + 2(4)^2} = \dfrac{64}{37}$

प्रश्न 21. एक एकाधिकारी के माँग वक्र को $P = 100 - 2q$ से दर्शाया जाता है।
(a) इसके सीमांत आय फलन का पता लगाइए।
(b) किस कीमत पर सीमांत आय शून्य है?
(c) औसत और सीमांत आय वक्रों की प्रवणता (slopes) के बीच क्या संबंध है?

[दिसम्बर-2012, प्रश्न 7]

उत्तर- (a) $P = 100 - 2q$ माँग वक्र है।

$\therefore R = Pq = (100 - 2q)q = 100q - 2q^2$

$$\therefore MR = \frac{dR}{dq} = \frac{dR}{dq}(100q - 2q^2) = 100 - 4q$$

(b) जब $MR = 0 \Rightarrow 100 - 4q = 0 \Rightarrow q = 25$

अतः, $P = 100 - 2(25) = 50$.

(c) यहाँ, $AR = 100 - 2q$ और $MR = 100 - 4q$ है।
इनके ढलान निम्नलिखित हैं–

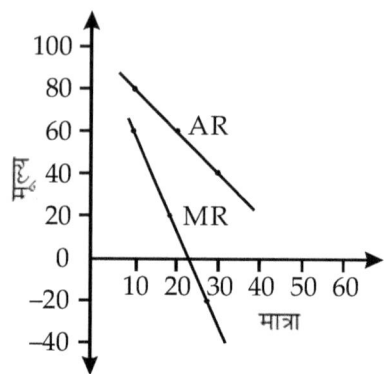

उपरोक्त रेखाचित्र में हम देख सकते हैं कि जब AR घटता है तो MR, AR की अपेक्षा ज्यादा तेजी से घटता है और जब उत्पादन स्तर 30 पर पहुँच जाता है तब भी AR धनात्मक ही रहता है जबकि MR ऋणात्मक हो जाता है अर्थात् यह -20 हो जाता है।

प्रश्न 22. इस उत्पाद फलन पर विचार करें।

$$q = \frac{-L^3}{3} + 2L^2 + 12L, \text{ यहाँ } L = \text{श्रम की इकाइयाँ हैं।}$$

श्रम उपयोग का वह अधिकतम स्तर ज्ञात करें जिससे आगे औसत उत्पाद में गिरावट शुरू हो जाएगी।

उत्तर– दिया है $q = \frac{-L^3}{3} + 2L^2 + 12L$

$$\therefore \frac{q}{L} = \frac{-L^2}{3} + 2L + 12 \Rightarrow \frac{d}{dL}\left(\frac{q}{L}\right) = \frac{-2L}{3} + 2$$

काम में लगे हुए श्रमिकों का भुगतान अधिकतम होगा जब $\frac{d}{dL}\left(\frac{q}{L}\right) = 0$ हो।

अर्थात् $\frac{-2L}{3} + 2 = 0 \Rightarrow \frac{-2L}{3} = -2 \Rightarrow \frac{L}{3} = 1 \Rightarrow L = 3$

अतः L = 3 वह अधिकतम स्तर है जहाँ औसत उत्पाद में गिरावट शुरू हो जाएगी।

प्रश्न 23. किसी वस्तु का आपूर्ति फलन है–

$Q = a + bP^2 + \sqrt{R}\,(a < 0, b > 0)$ जहाँ R वर्षा है। आपूर्ति की कीमत लोच का पता लगाइए। **[दिसम्बर-2012, प्रश्न 9 (a)]**

उत्तर– दिया है $Q = a + bp^2 + \sqrt{R}$

p के सापेक्ष में अवकलन करने पर हमें प्राप्त होता है–

$$\frac{dQ}{dp} = \frac{d}{dp}\left(a + bp^2 + \sqrt{R}\right) = 2bp$$

अब, $\eta_s = \frac{dQ}{dp} \times \frac{p}{Q}$ ...(i)

समी. (i) में मान रखने पर हमें प्राप्त होता है–

$$\eta_s = \frac{(2bp) \times p}{a + bp^2 + \sqrt{R}} = \frac{2bp^2}{a + bp^2 + \sqrt{R}}$$

प्रश्न 24. ज्ञात करें कि क्या यह फलन सजातीय फलन है। यदि हाँ तो इसकी कोटि भी बताइए।

$$\mathbf{f(x, y) = \left(x^2 - y^2\right)^{1/2}}$$

उत्तर– दिया है, $f(x, y) = \left(x^2 - y^2\right)^{1/2}$

यहाँ, $f(tx, ty) = \left((tx)^2 - (ty)^2\right)^{1/2} = \left(t^2x^2 - t^2y^2\right)^{1/2}$

$$= t\left(x^2 - y^2\right)^{1/2}$$

अत: कोटि एक का फलन सजातीय है।

प्रश्न 25. विस्तार की संभावना मानते हुए $\left(x - \frac{\pi}{4}\right)$ में sin x का विस्तार कीजिए।

उत्तर– माना $f(x) = \sin x = \sin\left(\frac{\pi}{4} + x - \frac{\pi}{4}\right) = \sin(a + h)$ जहाँ $a = \frac{\pi}{4}, h = x - \frac{\pi}{4}.$

विस्तार की संभावना मानते हुए, हमारे पास

$$f(a + h) = f(a) + hf'(a) + \frac{h^2}{2!}f''(a) + ...$$

अर्थात् $\sin x = \sin\frac{\pi}{4} + \left(x - \frac{\pi}{4}\right)\cos\frac{\pi}{4} - \frac{\left(x - \frac{\pi}{4}\right)^2}{2!}\sin\frac{\pi}{4} - \frac{\left(x - \frac{\pi}{4}\right)^3}{3!}\cos\frac{\pi}{4} + ...$

प्रश्न 26. सभी संभावित आंशिक अवकलन ज्ञात कीजिए तथा दिखाइए कि यंग प्रमेय समीकरण $P = AL^\alpha K^\beta$ के लिए संतुष्ट है।

उत्तर– दिया है, $P = AL^\alpha K^\beta$

(i) $f_L = \dfrac{\partial P}{\partial L} = A\left[\alpha L^{\alpha-1} K^\beta + L^\alpha \times 0\right] = A\alpha L^{\alpha-1} \cdot K^\beta$

(ii) $f_K = \dfrac{\partial P}{\partial K} = A\left[\beta L^\alpha K^{\beta-1} + K^\beta \times 0\right] = A\beta L^\alpha \cdot K^{\beta-1}$

(iii) $f_{LL} = \dfrac{\partial}{\partial L}\left(\dfrac{\partial P}{\partial L}\right) = A\alpha(\alpha-1)L^{\alpha-2}K^\beta + A\alpha L^{\alpha-1} \times 0 = A\alpha(\alpha-1)L^{\alpha-2}K^\beta$

(iv) $f_{KK} = \dfrac{\partial}{\partial K}\left(\dfrac{\partial P}{\partial K}\right) = A\beta(\beta-1)L^\alpha K^{\beta-2} + A\beta K^{\beta-1} \times 0 = A\beta(\beta-1)L^\alpha K^{\beta-2}$

(v) $f_{LK} = \dfrac{\partial}{\partial L}\left(\dfrac{\partial P}{\partial K}\right) = A\beta\alpha L^{\alpha-1}K^{\beta-1} + 0 = A\beta\alpha L^{\alpha-1}K^{\beta-1}$

(vi) $f_{KL} = \dfrac{\partial}{\partial K}\left(\dfrac{\partial P}{\partial L}\right) = A\alpha\beta L^{\alpha-1}K^{\beta-1} + 0 = A\alpha\beta L^{\alpha-1}K^{\beta-1}$

चूँकि, $f_{LK} = f_{KL} = A\alpha\beta L^{\alpha-1}K^{\beta-1}$.

इसलिए, यंग प्रमेय संतुष्ट है।

प्रश्न 27. उत्पादन $P = 2(LK)^{\frac{1}{2}}$ फलन दिया हुआ है, जहाँ P कुल उत्पादन है, L श्रम है तथा K पूँजी है अर्थात् ये सभी उत्पादन के तत्त्व हैं।

(i) दो तत्त्वों का सीमांत उत्पादन ज्ञात कीजिए।
(ii) दिखाइए की यूलर प्रमेय संतुष्ट है।
(iii) यदि 5 इकाइयाँ श्रम की इस्तेमाल की जाएँ तथा पूँजी 20 स्थिर रहे तो श्रम को किया गया भुगतान क्या होगा?

उत्तर– (i) दिया है, $P = 2 \cdot L^{\frac{1}{2}} K^{\frac{1}{2}}$

यहाँ, $MP_L = \dfrac{\partial P}{\partial L} = 2 \times \dfrac{1}{2} L^{-\frac{1}{2}} \times K^{\frac{1}{2}} = \left(\dfrac{K}{L}\right)^{\frac{1}{2}}$

और $MP_K = \dfrac{\partial P}{\partial K} = 2 \times \dfrac{1}{2} L^{\frac{1}{2}} \times K^{-\frac{1}{2}} = \left(\dfrac{L}{K}\right)^{\frac{1}{2}}$

(ii) यूलर प्रमेय के अनुसार $L \cdot MP_L + K \cdot MP_K = P$

या $L \cdot \left(\dfrac{K}{L}\right)^{\frac{1}{2}} + K\left(\dfrac{L}{K}\right)^{\frac{1}{2}} = L^{\frac{1}{2}}K^{\frac{1}{2}} + K^{\frac{1}{2}}L^{\frac{1}{2}} = 2L^{\frac{1}{2}}K^{\frac{1}{2}} = P$

अतः यूलर प्रमेय संतुष्ट है।

(iii) जब L = 5 और K = 20,

तब $MP_L = \left(\frac{K}{L}\right)^{\frac{1}{2}} = \left(\frac{20}{5}\right)^{\frac{1}{2}} = (4)^{\frac{1}{2}} = \sqrt{4} = 2.$

प्रश्न 28. एक उत्पादन (P) $Ax^{\frac{1}{3}}y^{\frac{1}{3}}$ फलन दिया हुआ है जहाँ x तथा y क्रमशः श्रम तथा पूँजी को दर्शाते हैं। निम्नलिखित प्रश्नों के उत्तर ज्ञात कीजिए–

(a) प्रत्येक का व्यवहार ज्ञात कीजिए।

(b) पैमाने के प्रतिफल की प्रकृति क्या है?

(c) निकालिए कि उत्पादन समाप्त हो रहा है अथवा नहीं?

उत्तर– (a) दिया है, $P = Ax^{\frac{1}{3}}.\, y^{\frac{1}{3}}$

घटक के MP का व्यवहार अर्थात् घटक के MP में परिवर्तन दर की प्रकृति जो कि $\frac{\partial}{\partial x}(MP_x)$ और $\frac{\partial}{\partial y}(MP_y)$ है।

(i) यहाँ, $MP_x = \frac{\partial P}{\partial x} = A.\frac{1}{3}x^{-\frac{2}{3}}y^{\frac{1}{3}} = \frac{1}{3}.Ax^{-\frac{2}{3}}y^{\frac{1}{3}}$

$\therefore$ MP_x की परिवर्तन की दर = $\frac{\partial}{\partial x}(MP_x) = \frac{\partial}{\partial x}\left(\frac{1}{3}.Ax^{-\frac{2}{3}}y^{\frac{1}{3}}\right)$

$$= \frac{1}{3} \times \frac{-2}{3} \times A \times x^{\frac{-5}{3}} \times y^{\frac{1}{3}} = \frac{-2}{9}Ax^{\frac{-5}{3}}.y^{\frac{1}{3}} < 0$$

अतः जैसे-जैसे घटक y का मान बढ़ता है इसका MP कम होता है जबकि x स्थिर अवस्था में है।

(ii) यहाँ, $MP_Y = \frac{\partial P}{\partial y} = A.\frac{1}{3}x^{\frac{1}{3}}y^{-\frac{2}{3}} = \frac{1}{3}.Ax^{\frac{1}{3}}y^{-\frac{2}{3}}$

$\therefore$ MP_y की परिवर्तन की दर = $\frac{\partial}{\partial y}(MP_Y) = \frac{\partial}{\partial y}\left(\frac{1}{3}.Ax^{\frac{1}{3}}y^{-\frac{2}{3}}\right)$

$$= \frac{1}{3} \times \frac{-2}{3} \times A \times x^{\frac{1}{3}}y^{-\frac{5}{3}} = -\frac{2}{9}Ax^{\frac{1}{3}}y^{\frac{-5}{3}} < 0$$

अतः जैसे-जैसे घटक x का मान बढ़ता है इसका MP कम होता है जबकि y स्थिर अवस्था में है।

(b) पैमाने के प्रतिफल की प्रकृति दिखाने के लिए हम दोनों तत्त्वों को एक स्थिर अनुपात में बढ़ाते हैं जो कि λ है। तब, PF होगा $\hat{P} = \lambda^{\frac{2}{3}}.Ax^{\frac{1}{3}}.y^{\frac{1}{3}} = \lambda^{\frac{2}{3}}.P$

चूँकि λ की घात $\frac{2}{3} < 1$ है इसलिए दोनों तत्त्वों में 20% की बढ़ोतरी कुल उत्पाद P की तुलना में कम से कम अनुपात लाती है। अर्थात् उत्पादन फलन घटते पैमाने के प्रतिफल दिखाता है।

(c) माना कि अगर यूलर प्रमेय उपयुक्त नहीं होती तथा x और y तत्त्वों का मूल्य उनके सीमांत उत्पाद के अनुसार चुकाया जाए तो कुल उत्पादन समाप्त होना चाहिए अर्थात् कुल उत्पाद - (तत्त्व x का भुगतान + तत्त्व y का भुगतान) = शून्य

अब y से भुगतान

$$y = y.MP_y = y.\frac{1}{3}Ax^{\frac{1}{3}}.y^{\frac{-2}{3}} = \frac{1}{3}Ax^{\frac{1}{3}}.y^{\frac{1}{3}} = \frac{1}{3}P.$$

इसी प्रकार x से भुगतान $x = \frac{1}{3}P$

$\therefore$ कुल भुगतान $= \frac{1}{3}P + \frac{1}{3}P = \frac{2}{3}P < P$.

अतः कुल उत्पादन समाप्त नहीं हुआ।

प्रश्न 29. कुल अवकल ज्ञात कीजिए, दिया है–

$$y = \frac{x_1}{x_1 + x_2}$$ **[दिसम्बर-2012, प्रश्न 9 (b)]**

उत्तर– यहाँ, $dy = \frac{\partial y}{\partial x_1}dx_1 + \frac{\partial y}{\partial x_2}dx_2 = \frac{(x_1 + x_2) - x_1}{(x_1 + x_2)}dx_1 + \frac{(-x_1)}{(x_1 + x_2)^2}dx_2$

$$= \frac{x_2}{(x_1 + x_2)^2}dx_1 - \frac{x_1}{(x_1 + x_2)}dx_2$$

प्रश्न 30. निम्नलिखित फलनों के प्रथम और द्वितीय कुल अवकलन ज्ञात कीजिए।

(i) $z = 3x^2 + xy - 2y^2$

(ii) $z = 7y\log(1 + x)$.

उत्तर– (i) दिया है $z = f(x, y) = 3x^2 + xy - 2y^2$

$$\therefore f_x = \frac{\partial z}{\partial x} = 6x + y, \quad f_y = \frac{\partial z}{\partial y} = x - 4y$$

अतः z का प्रथम कुल अवकलन है $dz = \frac{\partial z}{\partial x}dx + \frac{\partial z}{\partial y}dy$

$$= (6x + y)dx + (x - 4y)dy$$

$$f_{xx} = \frac{\partial^2 z}{\partial x^2} = 6,\ f_{yy} = \frac{\partial^2 z}{\partial y^2} = -4,\ f_{xy} = \frac{\partial^2 z}{\partial x \partial y} = 1$$

इसलिए, z का द्वितीय कुल अवकलन है

$$d^2z = f_{xx}(dx)^2 + 2f_{xy}\,dxdy + f_{yy}(dy)^2 = 6(dx)^2 + 2dxdy - 4(dy)^2$$

(ii) दिया है $z = f(x,y) = 7y\log(1+x)$

$\therefore f_x = \dfrac{\partial z}{\partial x} = \dfrac{7y}{1+x}, f_y = \dfrac{\partial z}{\partial y} = 7\log(1+x)$

अत: z का प्रथम कुल अवकलन है $dz = \dfrac{\partial z}{\partial x}dx + \dfrac{\partial z}{\partial y}dy$

$= \dfrac{7y}{1+x}dx + 7\log(1+x)dy$

$f_{xx} = \dfrac{\partial^2 z}{\partial x^2} = \dfrac{-7y}{(1+x)^2}, f_{yy} = \dfrac{\partial^2 z}{\partial y^2} = 0, f_{xy} = \dfrac{\partial^2 z}{\partial x \partial y} = \dfrac{7}{(1+x)}$

इसलिए, z का द्वितीय कुल अवकलन है

$d^2z = f_{xx}(dx)^2 + 2f_{xy}\,dx\,dy + f_{yy}(dy)^2 = \dfrac{-7y}{(1+x)^2}(dx)^2 + \dfrac{14}{1+x}dx\,dy.$

Must Read   अवश्य पढ़ें

GULLYBABA PUBLISHING HOUSE PVT. LTD.

New Syllabus Based

100% Guidance for IGNOU EXAM

IGNOU HELP BOOKS

B.A., B.COM, B.A. FOUNDATION, M.A., M.COM., BCA, B.ED., M.ED., AND OTHER SUBJECTS

IAS, PCS, UGC & All University Examinations

Chapter wise Researched

QUESTIONS & ANSWERS

Solved papers & very helpful for your assignments preparation के लिए रामबाण

Hindi & English Medium

GULLYBABA PUBLISHING HOUSE PVT. LTD.

2525/193, 1st Floor, Onkar Nagar-A, Tri Nagar, Delhi-110035, (From Kanhaiya Nagar Metro Station Towards Old Bus Stand)

Email : Info@gullybaba.com
Web : www.gullybaba.com

Join us on Facebook at IGNOU Helpbooks

For any Guidance & Assistance Call:

9350849407

2

अध्याय

उभयांत मान और इष्टतमीकरण
(Extreme Values and Optimisation)

भूमिका

किसी फलन के भूयिष्ठक एवं अल्पिष्ठक मान प्राप्त करने के अनेक साझा क्षेत्र हैं और ये आवृत्तिमूलक लगेंगे। इसी कारण, यह अनिवार्य हो सकता है कि भूयिष्ठक अथवा अल्पिष्ठक मानों के प्रति विशिष्ट एक आरंभिक व्याप्ति से सामान्यीकृत इष्टतमीकरण समस्याओं को हल करने का प्रयास मस्तिष्क में रखा जाए।

गणितीय अर्थ में इष्टतमीकरण का तात्पर्य विभिन्न गणितीय फलनों के भूयिष्ठीकरण अथवा अल्पिष्ठीकरण से होता है। इष्टतमीकरण को मुख्य दो लिहाज से देखा जा सकता है, नामत: अनिबाधित इष्टतमीकरण और निबाधित इष्टतमीकरण। अनिबाधित इष्टतमीकरण का वास्ता उन समस्याओं से होता है जिनका प्रांत किसी भी प्रतिबंध से संपीड़ित न हो।

अर्थशास्त्र में, तमाम विकल्पों के बीच किसी विकल्प-निर्धारण का सर्वाधिक सामान्य निकष किसी वस्तु के भूयिष्ठीकरण अथवा किसी वस्तु के अल्पिष्ठीकरण का लक्ष्य होता है। आर्थिक रूप से, हम ऐसी भूयिष्ठीकरण और अल्पिष्ठीकरण समस्याओं को इष्टतमीकरण के सामान्य शीर्षक के अंतर्गत वर्गीकृत कर सकते हैं जिसका अर्थ होता है - "सर्वोत्तम की खोज"। एक विशुद्धत: गणितीय दृष्टिकोण से, भूयिष्ठक और अल्पिष्ठक शब्द अपने आप में इष्टतमता का कोई संकेतार्थ नहीं रखते। इसलिए, भूयिष्ठक और अल्पिष्ठक हेतु सामूहिक शब्द, गणितीय संकल्पनाओं के रूप में, अधिक तथ्यात्मक पदनाम उभयांतक, अर्थात् एक उभयांत मान है।

प्रश्न 1. फलनों के उच्चिष्ठ और निम्निष्ठ मानों की गणना करने में अवकलज की संकल्पना को स्पष्ट कीजिए।

उत्तर– मान लीजिए एक अंतराल I में एक फलन f परिभाषित है, तब

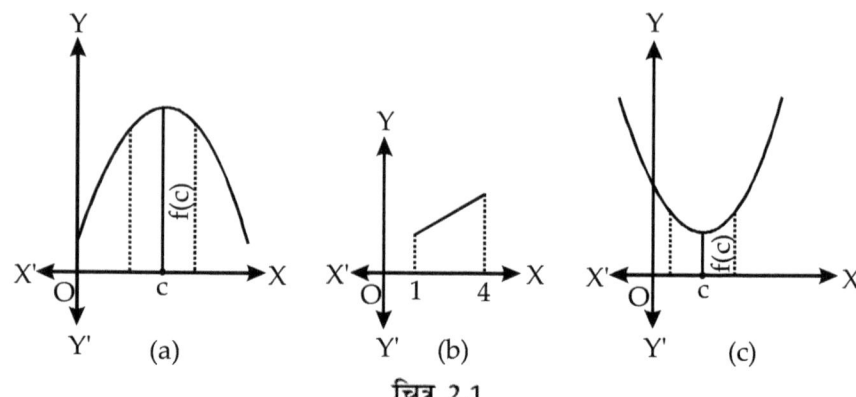

चित्र 2.1

(i) f का उच्चतम मान I में होता है, यदि I में एक बिंदु c का अस्तित्व इस प्रकार है कि $f(c) \geq f(x), \forall\ x \in I$
संख्या f(c) को I में f का उच्चतम मान कहते हैं और बिंदु c को I में f के उच्चतम मान वाला बिंदु कहा जाता है।

(ii) f का निम्नतम मान I में होता है यदि I में एक बिंदु c का अस्तित्व है इस प्रकार कि $f(c) \leq f(x), \forall\ x \in I$
संख्या f(c) को I में f का निम्नतम मान कहते हैं और बिंदु c को I में f के निम्नतम मान वाला बिंदु कहा जाता है।

(iii) I में f एक चरम मान (extreme value) रखने वाला फलन कहलाता है यदि I में एक ऐसे बिंदु c का अस्तित्व इस प्रकार है कि f(c), f का उच्चतम मान अथवा निम्नतम मान है।
इस स्थिति में f(c), I में f का चरम मान कहलाता है और बिंदु c एक चरम बिंदु कहलाता है।

प्रश्न 2. फलन के स्थानीय उच्चतम और स्थानीय निम्नतम बिंदुओं तथा मानों से आप क्या समझते हैं?

उत्तर– माना f एक वास्तविक मानीय फलन है और c फलन f के प्रांत में एक आंतरिक बिंदु है। तब

(i) c को स्थानीय उच्चतम का बिंदु कहा जाता है यदि एक ऐसा $h > 0$ है कि $(c-h, c+h)$ में सभी x के लिए $f(c) \geq f(x)$ हो। तब f(c), फलन f का स्थानीय उच्चतम मान कहलाता है।

(ii) c को स्थानीय निम्नतम का बिंदु कहा जाता है यदि एक ऐसा $h > 0$ है कि $(c-h, c+h)$ में सभी x के लिए $f(c) \leq f(x)$ हो। तब f(c), फलन f का स्थानीय निम्नतम मान कहलाता है।

उभयांत मान और इष्टतमीकरण   45

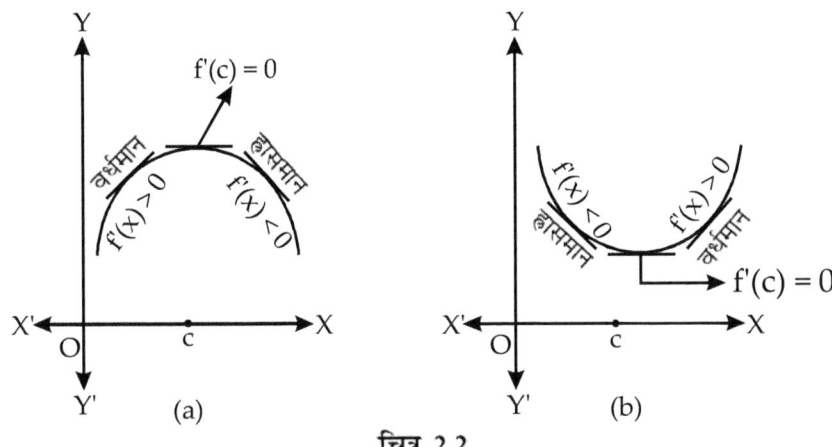

चित्र 2.2

ज्यामितीय दृष्टिकोण से, उपर्युक्त परिभाषा का अर्थ है कि यदि $x = c$, फलन f का स्थानीय उच्चतम बिंदु है, तो c के आसपास का आलेख चित्र 2.2(a) के अनुसार होगा। अंतराल $(c-h, c)$ में फलन f वर्धमान (अर्थात् $f'(x) > 0$) और अंतराल $(c, c+h)$ में फलन ह्रासमान (अर्थात् $f'(x) < 0$) है।

इससे यह निष्कर्ष निकलता है कि $f'(c)$ अवश्य ही शून्य होना चाहिए।

इसी प्रकार, यदि c, फलन f का स्थानीय निम्नतम बिंदु है तो c के आसपास का आलेख चित्र 2.2(b) के अनुसार होगा। यहाँ अंतराल $(c-h, c)$ में f ह्रासमान (अर्थात् $f'(x) < 0$) है और अंतराल $(c, c+h)$ में f वर्धमान (अर्थात् $f'(x) > 0$) है। यह पुनः सुझाव देता है कि $f'(c)$ अवश्य ही शून्य होना चाहिए।

प्रश्न 3. रेखाचित्र द्वारा प्रथम अवकलन परीक्षण की व्याख्या कीजिए।

उत्तर— माना एक फलन f किसी खुले अंतराल I पर परिभाषित है। माना f अंतराल I में स्थित क्रांतिक बिंदु c पर संतत है। तब

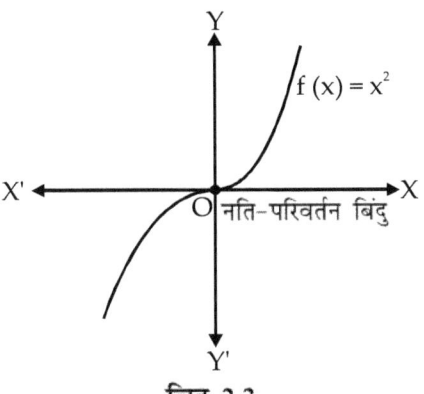

चित्र 2.3

(i) x के बिंदु c से होकर बढ़ने के साथ-साथ, यदि $f'(x)$ का चिह्न धन से ऋण में परिवर्तित होता है अर्थात् यदि बिंदु c के बाईं ओर तथा उसके पर्याप्त निकट के

प्रत्येक बिंदु पर f'(x) > 0 और c के दाईं ओर तथा पर्याप्त निकट के प्रत्येक बिंदु पर f'(x) < 0 हो तो c स्थानीय उच्चतम एक बिंदु है।

(ii) x के बिंदु c से होकर बढ़ने के साथ-साथ यदि f'(x) का चिह्न ऋण से धन में परिवर्तित होता है, अर्थात् यदि बिंदु c के बाईं ओर तथा उसके पर्याप्त निकट के प्रत्येक बिंदु पर f'(x) < 0 और c के दाईं ओर तथा उसके पर्याप्त निकट के प्रत्येक बिंदु पर f'(x) > 0 हो तो स्थानीय निम्नतम बिंदु है।

(iii) x के बिंदु c से होकर बढ़ने के साथ यदि f'(x) का चिह्न परिवर्तित नहीं होता है तो c न तो स्थानीय उच्चतम बिंदु है और न स्थानीय निम्नतम बिंदु। वास्तव में, इस प्रकार के बिंदु को नति-परिवर्तन बिंदु (Point of Inflection) कहते हैं।

यदि c फलन f का एक स्थानीय उच्चतम बिंदु है तो f(c) फलन f का स्थानीय उच्चतम मान है। इसी प्रकार, यदि c फलन f का एक स्थानीय निम्नतम बिंदु है, तो f(c) फलन f का स्थानीय निम्नतम मान है। चित्र 2.3 और चित्र 2.4 प्रथम अवकलन परीक्षण ज्यामितीय व्याख्या करते हैं।

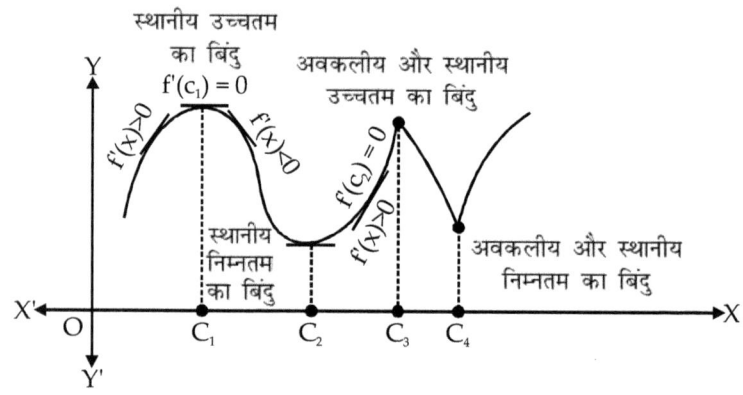

चित्र 2.4

उदाहरण: $f(x) = 2x^3 - 6x^2 + 6x + 5$ द्वारा प्रदत्त फलन f के स्थानीय उच्चतम और स्थानीय निम्नतम बिंदु ज्ञात कीजिए।

हल— यहाँ $f(x) = 2x^3 - 6x^2 + 6x + 5$

या $f'(x) = 6x^2 - 12x + 6 = 6(x-1)^2$

या $f'(x) = 0 \Rightarrow x = 1$

तालिका 2.1

x के मान		$f'(x) = 6x^2 - 12x + 6 = 6(x-1)^2$ का चिह्न
1 के निकट	दाईं ओर (माना 1.1)	> 0
	बाईं ओर (माना 0.9)	> 0
−1 के निकट	दाईं ओर (माना −0.9)	> 0
	बाईं ओर (माना −1.1)	> 0

इस प्रकार केवल $x = 1$ ही f का क्रांतिक बिंदु है। इस बिंदु पर f के स्थानीय उच्चतम या स्थानीय निम्नतम के लिए परीक्षण करने पर हम पाते हैं कि सभी $x \in R$ के लिए $f'(x) \geq 0$ और विशेष रूप से 1 के समीप और 1 के बाईं ओर तथा दाईं ओर के मानों के लिए $f'(x) > 0$ है। इसलिए प्रथम अवकलज परीक्षण से बिंदु $x = 1$ न तो स्थानीय उच्चतम का बिंदु है और न ही स्थानीय निम्नतम का बिंदु है। अतः $x = 1$ एक नति-परिवर्तन (inflection) बिंदु है।

प्रश्न 4. द्वितीय अवकलन परीक्षण को संक्षेप में स्पष्ट कीजिए।

उत्तर— माना f, किसी अंतराल I में परिभाषित एक फलन है तथा $c \in I$ है। माना f, c पर दो बार लगातार अवकलनीय है। तब

(i) यदि $f'(c) = 0$ और $f''(c) < 0$ तो $x = c$ स्थानीय उच्चतम का एक बिंदु है। इस दशा में f का स्थानीय उच्चतम मान $f(c)$ है।

(ii) यदि $f'(c) = 0$ और $f''(c) > 0$ तो $x = c$ स्थानीय निम्नतम का एक बिंदु है। इस दशा में f का स्थानीय निम्नतम मान $f(c)$ है।

(iii) यदि $f'(c) = 0$ और $f''(c) = 0$ है तो यह परीक्षण असफल हो जाता है।

इस स्थिति में हम पुनः प्रथम अवकलज परीक्षण पर वापस जाकर यह ज्ञात करते हैं कि c उच्चतम, निम्नतम या नति-परिवर्तन का बिंदु है।

बिंदु c पर f दो बार लगातार अवकलनीय है इससे हमारा तात्पर्य यह है कि c पर f के द्वितीय अवकलज का अस्तित्व है।

उदाहरण: $f(x) = 3x^4 + 4x^3 - 12x^2 + 12$ द्वारा प्रदत्त फलन f के स्थानीय उच्चतम और स्थानीय निम्नतम मान ज्ञात कीजिए।

हल— यहाँ

$f(x) = 3x^4 + 4x^3 - 12x^2 + 12$

या $f'(x) = 12x^3 + 12x^2 - 24x = 12x(x-1)(x+2)$

या $x = 0$, $x = 1$ और $x = -2$ पर $f'(x) = 0$ है।

अब $f''(x) = 36x^2 + 24x - 24 = 12(3x^2 + 2x - 1)$

अतः $\begin{cases} f''(0) = -12 < 0 \\ f''(1) = 48 > 0 \\ f''(-2) = 84 > 0 \end{cases}$

इसलिए, द्वितीय अवकलज परीक्षण द्वारा $x = 0$ स्थानीय उच्चतम बिंदु है और f का स्थानीय उच्चतम मान $f(0) = 12$ है। जबकि $x = 1$ और $x = -2$ स्थानीय निम्नतम बिंदु हैं और स्थानीय निम्नतम मान $f(1) = 7$ और $f(-2) = -20$ हैं।

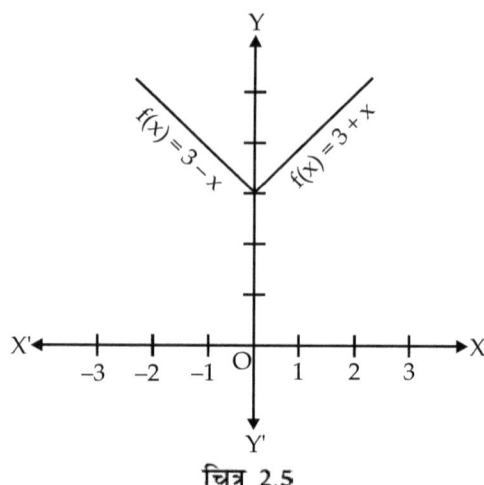

चित्र 2.5

प्रश्न 5. एक बंद (संवृत्त) अंतराल में फलन के उच्चतम और निम्नतम मानों को कैसे ज्ञात किया जाता है?

अथवा

संवृत्त अंतराल में फलन के उच्चतम और निम्नतम मानों को ज्ञात करने की विधियाँ कौन-कौन सी हैं?

अथवा

निरपेक्ष उच्चतम तथा निरपेक्ष निम्नतम को ज्ञात करने की विधियाँ बताइए।

उत्तर– माना $f(x) = x + 2, x \in (0,1)$ द्वारा प्रदत्त एक प्रलन f है।

यहाँ $(0, 1)$ पर फलन संतत है और इस अंतराल में न तो इसका कोई उच्चतम मान है और न ही इसका कोई निम्नतम मान है।

तथापि, यदि हम f के प्रांत को संवृत्त अंतराल $[0, 1]$ तक बढ़ा दें तब भी f का शायद कोई स्थानीय उच्चतम (निम्नतम) मान नहीं होगा परंतु इसका निश्चित ही उच्चतम मान $3 = f(1)$ और निम्नतम मान $2 = f(0)$ है। $x = 1$ पर f का उच्चतम मान 3, $[0, 1]$ पर f का निरपेक्ष उच्चतम मान (महत्तम मान) (absolute maximum value) या सार्वत्रिक अधिकतम मान (global maximum or greatest value) कहलाता है। इसी प्रकार, $x = 0$ पर f का निम्नतम मान 2, $[0, 1]$ पर f का निरपेक्ष निम्नतम मान (न्यूनतम मान) (absolute minimum value) या सार्वत्रिक न्यूनतम मान (global minimum or least value) कहलाता है।

एक संवृत्त अंतराल $[a, b]$ पर परिभाषित किसी संतत फलन f के संगत चित्र 2.6 में प्रदर्शित आलेख पर विचार कीजिए कि $x = b$ पर फलन f का स्थानीय निम्नतम है तथा स्थानीय निम्नतम मान $f(b)$ है। फलन का $x = c$ पर स्थानीय उच्चतम बिंदु है तथा स्थानीय उच्चतम मान $f(c)$ है।

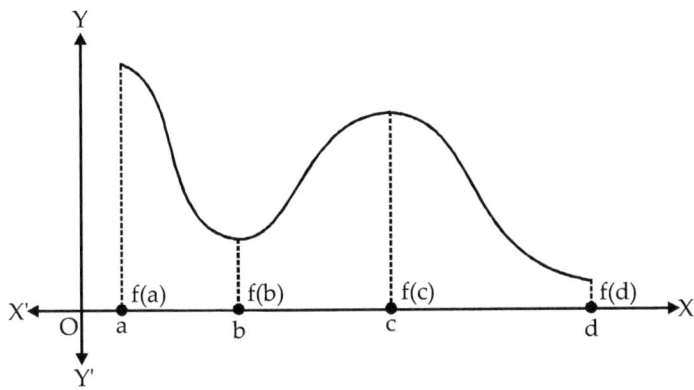

चित्र 2.6

साथ ही आलेख से यह भी स्पष्ट है कि f का निरपेक्ष उच्चतम मान f(a) तथा निरपेक्ष निम्नतम मान f(d) है। इसके अतिरिक्त ध्यान दीजिए कि f का निरपेक्ष उच्चतम (निम्नतम) मान स्थानीय उच्चतम (निम्नतम) मान से भिन्न है।

संवृत्त अंतराल में किसी फलन के निरपेक्ष उच्चतम मान और निरपेक्ष निम्नतम मान ज्ञात करने के लिए विधि निम्नलिखित है–

व्यावहारिक विधि (Working Rule)

चरण 1: दिए गए अंतराल में f के सभी क्रांतिक बिंदु ज्ञात कीजिए अर्थात् x के वह सभी मान ज्ञात कीजिए जहाँ या तो $f'(x) = 0$ या f अवकलनीय नहीं है।

चरण 2: अंतराल के अंत्य बिंदु लीजिए।

चरण 3: इन सभी बिंदुओं पर (चरण 1 व 2 में सूचीबद्ध) f के मानों की गणना कीजिए।

चरण 4: चरण 3 में गणना से प्राप्त f के मानों में से उच्चतम और निम्नतम मानों को लीजिए। यही उच्चतम मान, f के निरपेक्ष उच्चतम मान और निम्नतम मान होंगे।

प्रश्न 6. नति-परिवर्तन बिंदु किस प्रकार ज्ञात किया जा सकता है? उदाहरण सहित समझाइए।

उत्तर– यदि किसी बिंदु पर प्रथम तथा द्वितीय अवकलज शून्य हो तो उसे नति-परिवर्तन बिंदु कहा जाता है। वह बिंदु जिस पर कोई वक्र अपनी वक्रता बदलता है, नति-परिवर्तन बिंदु कहलाता है।

नति-परिवर्तन बिंदु पर कोई भी वक्र अपने झुकाव की दिशा नहीं बदलता, बल्कि केवल अपनी ढाल का स्वरूप बदलता है। प्रत्येक नति-परिवर्तन बिंदु पर वक्र के पहले क्रम का व्युत्पन्न या तो किसी उच्चतम बिंदु पर पहुँचता है या फिर किसी न्यूनतम बिंदु पर। किसी भी नति-परिवर्तन बिंदु के लिए उपयुक्त दशा है–

$f''(x) = 0$ और $f'''(x) \neq 0.$

इस प्रकार, यदि किसी फलन में बिंदु x पर $f'(x) = 0, f''(x = 0)$ तथा $f'''(x) \neq 0$ हैं तो इस बिंदु को स्तब्ध अथवा नति-प्रधान कहा जाएगा। इस चरण में हम एक महत्त्वपूर्ण परिणाम सामने रखते हैं–

यदि कोई विरस फलन पहले उत्तल है और फिर अवतल, तो नति-परिवर्तन बिंदु एक उच्चतम बिंदु $f'(x)$ को जन्म देता है। इसी प्रकार, यदि फलन पहले अवतल है और फिर उत्तल तो नति-परिवर्तन बिंदु एक निम्नतम बिंदु $f'(x)$ को जन्म देता है।

उदाहरण–

फलन $f(x) = x^3 + 2$ के लिए नति-परिवर्तन बिंदु इस प्रकार होगा–

यहाँ, $f'(x) = 3x^2, f''(x) = 6x$ और $f'''(x) = 6 \neq 0$

जब $f''(x) = 6x = 0,\ x = 0.$ अर्थात् इस फलन में नति-परिवर्तन बिंदु उद्गम स्थल पर है।

प्रश्न 7. दो चरों वाले फलन के उभयांत मानों की विभिन्न स्थितियों का वर्णन कीजिए।

उत्तर– उभयांत मानों के लिए प्रथम क्रम स्थिति–माना $y = f(x)$ और इष्टतमीकरण के लिए प्रथम क्रम स्थिति है $f'(x) = 0.$

अब, $dy = f'(x).$

इस प्रकार, इष्टतमीकरण के लिए प्रथम क्रम स्थिति होनी चाहिए $dy = 0.$

माना कोई द्विचर फलन $y = f(x_1, x_2)$ हैं।

तब $dy = f_1dx_1 + f_2dx_2.$

इष्टतमीकरण हेतु प्रथम-क्रम स्थिति है–

$dy = f_1dx_1 + f_2dx_2 = 0$

चूँकि dx_1 और dx_2 दोनों शून्य के बराबर नहीं हैं, उपर्युक्त समीकरण तभी जारी रह सकता है जब $f_1 = f_2 = 0.$

अतएव, किसी द्विचर फलन के इष्टतमीकरण हेतु प्रथम-क्रम स्थिति है–

$f_1 = 0$ और $f_2 = 0.$

द्वितीय क्रम स्थिति और उभयांतों का मान–दो चरों के एक फलन के उभयांत मानों की द्वितीय-क्रम स्थिति इस प्रकार है–

- उच्चिष्ठ के लिए द्वितीय क्रम स्थिति है–

$$\frac{\partial^2 z}{\partial x^2} < 0, \frac{\partial^2 z}{\partial y^2} < 0 \text{ और } \left(\frac{\partial^2 z}{\partial x^2}\right)\left(\frac{\partial^2 z}{\partial y^2}\right) - \frac{\partial^2 z}{\partial x \partial y} > 0$$

- निम्निष्ठ के लिए द्वितीय क्रम स्थिति है–

$$\frac{\partial^2 z}{\partial x^2} > 0, \frac{\partial^2 z}{\partial y^2} > 0 \text{ और } \left(\frac{\partial^2 z}{\partial x^2}\right)\left(\frac{\partial^2 z}{\partial y^2}\right) - \frac{\partial^2 z}{\partial x \partial y} > 0.$$

दो से अधिक चर होने की स्थिति में उभयांतक मान–सर्वप्रथम, दो चरों के उदाहरण को लेते हैं।

$$q = au^2 + 2huv + bv^2$$
$$= au^2 + huv + huv + bv^2$$

इसे निम्न रूप में रखा जा सकता है–

$$q=[v]\begin{bmatrix}a & h\\ h & b\end{bmatrix}\begin{bmatrix}u\\ v\end{bmatrix}$$

चूँकि x और v के मान पर ध्यान नहीं दिया जाता इसलिए, क्रम 2×2 का व्यूह, अर्थात्

$\begin{bmatrix}a & h\\ h & b\end{bmatrix}$ हमें q धनात्मक अथवा ऋणात्मक होने के लिए वांछित दशाएँ प्रदान करता है।

(i) q धनात्मक चिह्न रखेगा

यदि $|a|>0$ और $\begin{bmatrix}a & h\\ h & b\end{bmatrix}>0$

(ii) q ऋणात्मक चिह्न रखेगा

यदि $|a|<0$ और $\begin{bmatrix}a & h\\ h & b\end{bmatrix}>0$

अब, $|a|$ और $\begin{bmatrix}a & h\\ h & b\end{bmatrix}$ की स्थिति को देखते हैं।

सारणिक $|a|$ H का उप-सारणिक है जिसमें यह मुख्य कर्ण का प्रथम अवयव है और H का प्रथम पद मुख्य लघुपद कहलाता है।

सारणिक $\begin{bmatrix}a & h\\ h & b\end{bmatrix}$ को भी H के उप-सारणिक के रूप में लिया जा सकता है। चूँकि इसमें H के मुख्य कर्ण पर प्रथम और द्वितीय अवयव शामिल हैं, इसे H का द्वितीय मुख्य लघुपद कहा जाता है। दो चरों के फलन के उदाहरण में केवल दो मुख्य लघुपद ही उपलब्ध होते हैं।

n चरों और उभयांतकों का मान–जब हमारे पास n स्वतंत्र चर हों तो वस्तुगत फलन को इस रूप में व्यक्त किया जा सकता है–

$z=f(x_1, x_2 ... x_n)$

सकल अवकल तब होगा, जब

$dz=f_1dx_1+f_2dx_2...+f_ndx_n$

यहाँ निम्निष्ठ अथवा उच्चिष्ठ के लिए प्रथम-क्रम स्थिति यह होनी चाहिए कि सभी n प्रथम-क्रम के आंशिक व्युत्पन्न शून्य हो जाएँ (क्योंकि $dz=0$), और इसलिए

$f_1=f_2=...=f_n=0$

द्वितीय क्रम स्थिति के लिए

(i) d^2z धनात्मक चिह्न रखेगा (अर्थात्, फलन निम्निष्ठ मान रखेगा), यदि हैसियन सारणिक

$$|H| = \begin{bmatrix} f_{11} & -- & f_{1n} \\ f_{21} & f_{22} & f_{2n} \\ -- & -- & -- \\ f_{n1} & f_{n2} & f_{nn} \end{bmatrix}$$ के सभी n मुख्य लघुपद धनात्मक हों।

(ii) d^2z ऋणात्मक चिह्न रखेगा (अर्थात् फलन उच्चिष्ठ मान रखेगा), यदि H के n मुख्य लघुपदों में एकांतकर चिह्न हों - सबसे पहला ऋणात्मक हो।

तालिकाबद्ध रूप से,

$z = f(x_1, x_2,...,x_n)$ निम्नवत् होने के लिए–

तालिका 2.2

स्थिति	**भूयिष्ठ**	**अल्पिष्ठ**
प्रथम-क्रम स्थिति	$dz = 0$, अर्थात् $f_1 = f_2 =...= f_n = 0$	$dz = 0$, अर्थात् $f_1 = f_2 =...= f_n = 0$
द्वितीय-क्रम स्थिति	$d^2z < 0$, अर्थात् $\|H_1\| < 0, \|H_2\| > 0, \|H_3\| > 0,...$	$d^2z < 0$, अर्थात् $\|H_1\| > 0, \|H_2\| > 0, \|H_3\| > 0,...$

प्रश्न 8. अनिबाधित इष्टतमीकरण से आप क्या समझते हैं? विस्तारपूर्वक बताइए।

अथवा

प्रथम-क्रम स्थिति तथा द्वितीय-क्रम स्थिति पर व्याख्यात्मक टिप्पणी लिखिए।

अथवा

मिश्रित आंशिक अवकलज किसे कहते हैं?

उत्तर– अनिबाधित इष्टतमीकरण का संबंध उन समस्याओं से होता है जिनका प्रांत किसी भी प्रतिबंध से संपीड़ित न हो। इष्टतमीकरण व्यवहार मे लाने के दौरान हम एक चर अथवा अनेक चरों वाले किन्हीं गणितीय फलनों को उच्चिष्ठ अथवा निम्निष्ठ करते हैं। किसी फलन को इष्टतमीकृत करने के लिए हमें अनिवार्य प्रथम-क्रम स्थितियों को ज्ञात करना पड़ता है जिनसे कि उक्त चरों के इष्टतम मान ज्ञात किए जा सकें। परंतु यह पता लगाने के लिए कि वह मान उच्चिष्ठ है अथवा निम्निष्ठ, हमें यथेष्ट द्वितीय-क्रम स्थिति को पता लगाकर लिखना होता है। अत: अनिबाधित इष्टतमीकरण समस्या में इष्टतमीकरण (अर्थात् या तो निम्निष्ठ अथवा उच्चिष्ठ) समस्याओं का कार्य-व्यवहार होता है जहाँ लक्ष्य फलन का प्रांत किसी भी प्रतिबंध से सीमित नहीं होता। ऐसी अनेक यथार्थ जीवन की आर्थिक समस्याएँ हैं जिनके लिए अनिबाधित इष्टतमीकरण आवश्यक है। लाभ इष्टतमीकरण से संबंधित किसी भी समस्या के लिए हम अनिबाधित इष्टतमीकरण की तकनीक का प्रयोग करते हैं।

प्रथम-क्रम स्थिति—माना फलन $y = f(x)$ है।

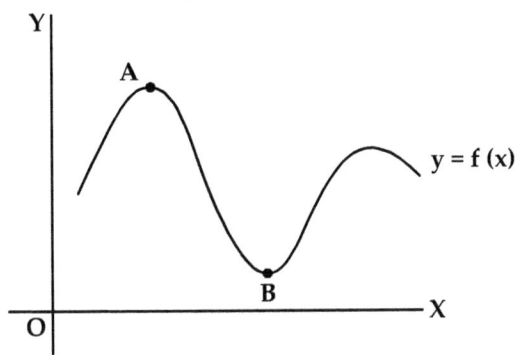

चित्र 2.7: इष्टतम हेतु प्रथम-क्रम स्थिति

इस फलन में उच्चिष्ठ बिंदु A और निम्निष्ठ बिंदु B है। यहाँ दो बिंदुओं पर y का मान स्तब्ध रहना चाहिए। हम कह सकते हैं कि y के उभयांतक हेतु यह एक अनिवार्य स्थिति है कि तत्काल $dy = 0$ क्योंकि x बदल जाता है। यह स्थिति किसी उभयांतक के लिए प्रथम-क्रम स्थिति का अवकल रूप कहलाती है। यह स्थिति किसी उच्चिष्ठ अथवा किसी निम्निष्ठ के लिए अनिवार्य है परंतु यथेष्ट नहीं। अतएव, यह स्पष्ट है कि यह स्थिति उच्चिष्ठ एवं निम्निष्ठ दोनों के लिए अनिवार्य प्रथम-क्रम स्थिति समान ही होती है।

हम देखेंगे कि उपर्युक्त स्थिति प्रथम-क्रम स्थिति $\frac{dy}{dx} = 0$ अथवा $f'(x) = 0$ के अवकलित रूप के समकक्ष है। हमें ज्ञात होता है कि जब $x(dx = 0)$ में कोई परिवर्तन नहीं होता तो dy स्वत: शून्य होगा। प्रथम-क्रम स्थिति में जिसकी अपेक्षा होती है वह यह है कि dy शून्य हो क्योंकि x परिवर्तनशील है, यथा जब x के यादृच्छिक (धनात्मक अथवा ऋणात्मक, लेकिन शून्य नहीं) अत्यंत सूक्ष्म परिवर्तन होते हैं। इस प्रकार की स्थिति में, $dx \neq 0$ के साथ, dy शून्य हो सकता है यदि और केवल यदि $f'(x) = 0$. इस प्रकार, "dx के यादृच्छिक शून्येतर मानों के लिए" अवकलित स्थिति $f'(x) = 0$ और अवकल स्थिति $dy = 0$ वस्तुत: समकक्ष हैं।

अब मान लीजिए, $y = f(x_1, x_2, ..., x_n)$ तब इस दशा में, इष्टतमीकरण हेतु प्रथम-क्रम स्थिति n–समीकरण द्वारा प्रदान की जाती है, यथा—

$$\frac{\partial y}{\partial x_1} = f^1(x) = 0, \frac{\partial y}{\partial x_2} = f^2(x) = 0, ..., \frac{\partial y}{\partial x_n} = f^n(x) = 0.$$

इन n–समीकरणों से हमें $x_1^*, x_2^*, ..., x_n^*$ मिलते हैं।

द्वितीय-क्रम स्थिति—मान लीजिए, फलन $z = f(x, y)$ दो प्रथम-क्रम के आंशिक अवकलजों को जन्म दे सकता है यथा $f_x = \frac{\partial z}{\partial x}$ और $f_y = \frac{\partial z}{\partial y}$. चूँकि f_x स्वयं x का (साथ ही y का भी) एक फलन है, हम f_{xx} अथवा $\frac{\partial^2 z}{\partial x^2}$ द्वारा इंगित किसी विशिष्ट द्वितीय-क्रम के (अथवा दूसरे) आंशिक अवकलज द्वारा x के लिहाज से f_x की परिवर्तन दर माप सकते हैं,

जबकि y नियत रहेगा। $f_{xx} = \frac{\partial}{\partial x}(f_x)$ अथवा $\frac{\partial^2 z}{\partial x^2} = \frac{\partial}{\partial x}\left(\frac{\partial z}{\partial x}\right)$ चिह्नांकन f_{xx} में एक दोहरा अधिलेख यह दर्शाता है कि मूल फलन f को x के लिहाज से दो बार अंशत: अवकलित किया गया है, जबकि चिह्नांकन $\frac{\partial^2 z}{\partial x^2}$ आंशिक संकेत-चिह्न के प्रयोग को छोड़कर $\frac{\partial^2 z}{\partial x^2}$ के चिह्नांकन से मिलता-जुलता है। एक पूर्णत: अनुरूप रीति से, हम y के लिहाज से f_y की परिवर्तन दर इंगित करने के लिए द्वितीय आंशिक अवकलज $f_{yy} = \frac{\partial}{\partial y}(f_y)$ अथवा $\frac{\partial^2 z}{\partial y^2} = \frac{\partial}{\partial y}\left(\frac{\partial z}{\partial y}\right)$ का प्रयोग कर सकते हैं, जहाँ x नियत रखा जाएगा।

यहाँ दो और आंशिक व्युत्पन्न लिखे जा सकते हैं $f_{xy} = \frac{\partial^2 z}{\partial x \partial y} = \frac{\partial}{\partial x}\left(\frac{\partial z}{\partial y}\right)$ और $f_{yx} = \frac{\partial^2 z}{\partial y \partial x} = \frac{\partial}{\partial y}\left(\frac{\partial z}{\partial x}\right)$। इनको अन्योन्य (या मिश्रित) आंशिक अवकलज कहा जाता है क्योंकि प्रत्येक "दूसरे" चर के लिहाज से एक प्रथम-क्रम के आंशिक अवकलज की परिवर्तन दर को मापता है। हम यह भी देख सकते हैं कि सकल अवकल समीकरण का प्रयोग कर हमें

$$d^2z = d(dz) = \frac{\partial(\partial z)}{\partial x}dx + \frac{\partial(\partial z)}{\partial y}dy$$ प्राप्त होता है।

d^2z की अवधारणा का प्रयोग कर हम निम्नवत् $z = f(x, y)$ के किसी भूयिष्ठक के लिए द्वितीय-क्रम की यथेष्ट स्थिति बता सकते हैं: dx और dy के यादृच्छिक मानों के लिए $d^2z < 0$, दोनों शून्य नहीं ... (क)।

इसके पीछे तर्काधार काफी कुछ एक चर उदाहरण हेतु d^2z स्थिति के तर्काधार जैसा ही है और इसे चित्र 2.7 के माध्यम से स्पष्ट किया जा सकता है, जो कि एक पृष्ठ का विहंगावलोकन प्रस्तुत करता है। मान लीजिए, पृष्ठ पर बिंदु A – प्रांत में बिंदु (x_0, y_0) के ऊपर सीधे अवस्थित बिंदु – प्रथम-क्रम स्थिति का पालन करता है तब बिंदु A किसी उच्चिष्ठ हेतु एक संभावित प्रत्याशी है। यह वस्तुत: अर्हत है अथवा नहीं, A के सामीप्य में पृष्ठ संस्थिति पर निर्भर करता है। यदि पृष्ठ अचर के साथ-साथ किसी भी दिशा में A से दूर कोई अत्यंत सूक्ष्म झुकाव z में ह्रास के रूप में परिणत होता है – यानी, यदि dx और dy के यादृच्छिक मानों के लिए dz < 0, दोनों शून्य नहीं – तो A एक गुंबद का शीर्ष होता है। दिया है कि बिंदु A पर dz = 0, तथापि, A के सामीप्य में बिंदु पर स्थिति dz < 0 इस शर्त के समान है कि dz ह्रासमान है, यानी dx और dy के सादृच्छिक मानों हेतु $d^2z = d(dz) < 0$, दोनों शून्य नहीं। इस प्रकार (क) में z के एक उच्चिष्ठ के रूप में स्तब्ध मान पहचानने के लिए एक यथेष्ट स्थिति पाई जाती है। अनुरूप तर्क दर्शाएगा कि z = f(x, y) के एक निम्निष्ठ के रूप में मान से तादात्म्य स्थापित करने के लिए एक प्रतिपक्षी द्वितीय-क्रम की यथेष्ट स्थिति निम्नवत् होती है: dx और dy के यादृच्छिक मानों के लिए $d^2z > 0$ दोनों शून्य नहीं ...(ख)।

इसके लिए कारण, क्योंकि (क) और (ख) यथेष्ट स्थितियाँ हैं परंतु अनिवार्य स्थितियाँ नहीं, यह है कि d^2z के लिए किसी उच्चिष्ठ अथवा किसी निम्निष्ठ पर शून्य मान लेना पुनः संभव है। इसी कारण से, द्वितीय-क्रम की अनिवार्य स्थितियाँ निम्नवत् अप्रत्यायक विषमताओं के साथ बताई जानी चाहिए – z के उच्चिष्ठ के लिए: dx और dy के यादृच्छिक मानों के लिए $d^2z \leq 0$, दोनों शून्य नहीं;

z के निम्निष्ठ के लिए: dx और dy के यादृच्छिक मानों के लिए $d^2z \geq 0$, दोनों शून्य नहीं ...(ग)।

कार्यगत सुविधा के लिहाज से, द्वितीय-क्रम की अवकल्य स्थितियों को द्वितीय-क्रम के अवकलजों पर तुल्य स्थितियों में रूपांतरित किया जा सकता है। द्विचर उदाहरण में, यह द्वितीय आंशिक अवकलजों f_{xx}, f_{yy} और f_{xy} के चिह्नों पर प्रतिबंध आवश्यक बना देगा। वास्तविक रूपांतरण में द्विघात रूपों का ज्ञान अपेक्षित होगा। परंतु हम यहाँ मुख्य परिणाम पहले प्रस्तुत कर सकते हैं: dx और dy के लिए, दोनों शून्य नहीं, हमें प्राप्त होते हैं–

$d^2z < 0$ यदि और केवल यदि $f_{xx} < 0, f_{yy} < 0$ और $f_{xx}f_{yy} > f_{xy}^2$

$d^2z > 0$ यदि और केवल यदि $f_{xx} > 0, f_{yy} > 0$ और $f_{xx}f_{yy} > f_{xy}^2$

यहाँ d^2z का चिह्न केवल f_{xx} और f_{yy} पर ही निर्भर नहीं रहता, जिनका कि संबंध बिंदु A के इर्द-गिर्द पृष्ठ संस्थिति से होता है, परंतु अन्योन्य आंशिक अवकलज f_{xy} पर भी करता है। इस परवर्ती आंशिक अवकलज द्वारा निभाई गई भूमिका यह सुनिश्चित करने के लिए है कि विचाराधीन पृष्ठ सभी संभावित दिशाओं में एक ही प्रकार की संस्थिति के साथ (दो-आयामी) अनुप्रस्थ परिच्छेद प्रदान करे।

तालिका 2.3: आनुपाती उभयांतक हेतु स्थितियाँ : $z = f(x, y)$

स्थिति	उच्चिष्ठ	निम्निष्ठ
प्रथम-क्रम की अनिवार्य स्थिति	$f_x = f_y = 0$	$f_x = f_y = 0$
द्वितीय-क्रम की यथेष्ट स्थिति	$f_{xx}, f_{yy} < 0$ और $f_{xx}f_{yy} > f_{xy}^2$	$f_{xx}, f_{yy} > 0$ और $f_{xx}f_{yy} > f_{xy}^2$

उपर्युक्त परिणाम, प्रथम-क्रम स्थिति के साथ, हमें तालिका 2.3 बनाने में सहायक होता है। यह जान लेना आवश्यक है कि उनमें दिए गए सभी द्वितीय आंशिक अवकलजों का स्तब्ध बिंदु पर मूल्यांकन किया जाना है, जहाँ $f_x = f_y = 0$ तथा द्वितीय-क्रम की यथेष्ट स्थिति किसी उभयांतक के लिए आवश्यक नहीं होती। विशेष रूप से, यदि कोई स्तब्ध मान उस स्थिति के उल्लंघन में $f_{xx}f_{yy} > f_{xy}^2$ द्वारा अभिलक्षित है तो वह स्तब्ध मान तीसरे पर भी एक उभयांत मान सिद्ध हो सकता है। दूसरी ओर, एक प्रकार के उल्लंघन की स्थिति में, $f_{xx}f_{yy} > f_{xy}^2$ द्वारा अभिलक्षित एक स्थिर बिंदु के साथ, हम उस बिंदु की एक अवतल बिंदु के रूप में पहचान कर सकते हैं क्योंकि d^2z का चिह्न उस स्थिति में अनिश्चित होगा (dx और dy के उन्हीं मानों के लिए धनात्मक, किंतु दूसरों के लिए ऋणात्मक होगा)।

n–चर के उदाहरण में हम उपर्युक्त द्वितीय-क्रम की स्थिति का सामान्यीकरण कर सकते हैं। प्रथम-क्रम स्थिति की संतुष्टि लक्ष्य फलन के स्तब्ध मानों के रूप में z के कुछ निश्चित मानों को उद्दिष्ट करती है। यदि z के किसी स्तब्ध मान पर हम पाते हैं कि d^2z धनात्मक

निश्चित है तो यह इस तथ्य को सिद्ध करने के लिए यथेष्ट होगा कि z का मान एक निम्निष्ठ है। सादृश्य रूप से, d^2z की ऋणात्मक निश्चितता स्तब्ध मान को उच्चिष्ठ होने के लिए एक यथेष्ट स्थिति होती है।

जब हमारे पास n विकल्प चर हों तो लक्ष्य फलन को $z = f(x_1, x_2, ..., x_n)$ के रूप में व्यक्त किया जा सकता है।

तब सकल अवकल होगा $dz = f_1 dx_1 + f_2 dx_2 + ... + f_n dx_n$ ताकि उभयांतक हेतु अनिवार्य स्थिति (यादृच्छिक dx_i हेतु $dz = 0$) का अर्थ हो कि n प्रथम-क्रम के आंशिक अवकलजों का शून्य होना अपेक्षित है।

द्वितीय-क्रम का अवकल d^2z पुन: एक द्विचर रूप होगा, जिसको एक $n \times n$ व्यूह-रचना में व्यक्त किया जा सकता है। उस व्यूह-रचना के गुणांक जो समुचित रूप से व्यवस्थित होंगे,

अब मुख्य लघु पदों $|H_1| = f_{11}, |H_2| = \begin{bmatrix} f_{11} & f_{12} \\ f_{21} & f_{22} \end{bmatrix}, ..., |H_n| = |H|$ के साथ (सममिति)

हैसियन $|H| = \begin{bmatrix} f_{11} & f_{12} & ... & f_{1n} \\ f_{21} & f_{22} & ... & f_{2n} \\ ... & ... & ... & ... \\ f_{n1} & f_{n2} & ... & f_{nn} \end{bmatrix}$ देंगे।

उभयांत मान हेतु द्वितीय-क्रम की यथेष्ट स्थिति, पहले की ही भाँति यह है कि सभी n मुख्य लघुपद धनात्मक हों (z में एक निम्निष्ठ हेतु) और वे यथावत् चिह्न एकांतर लें (z में एक उच्चिष्ठ हेतु) तथा पहला वाला ऋणात्मक हो।

संक्षेप में, तब यदि हम सारणिक जाँच पर ध्यान केंद्रित करें – तालिका 2.4 में दिए गए समान निष्कर्ष प्राप्त होते हैं, जो कि विकल्प चरों की किसी भी संख्या के लक्ष्य फलन के लिए युक्तिसंगत है। विशेष उदाहरणों के रूप में, हम $n = 1$ अथवा $n = 2$ ले सकते हैं। जब $n = 1$ तो लक्ष्य फलन होगा $z = f(x)$ और उच्चिष्ठीकरण हेतु स्थिति, $f_1 = 0$ और $|H_1| < 0$ बदलकर $f'(x) = 0$ और $f''(x) < 0$ हो जाती है। इसी प्रकार, जब $n = 2$ हो तो लक्ष्य फलन $z = f(x_1, x_2)$ होगा ताकि उच्चिष्ठ हेतु प्रथम-क्रम स्थिति $f_1 = f_2 = 0$ हो, जबकि द्वितीय-क्रम स्थिति $f_{11} < 0$ और $\begin{bmatrix} f_{11} & f_{12} \\ f_{21} & f_{22} \end{bmatrix} = f_{11} f_{22} - f_{12}^2 > 0$ हो जाएगी।

जो कि ऊपर दी गई जानकारी का एक पुनर्कथन मात्र है।

तालिका 2.4: आनुपातिक इष्टतम हेतु सारणिक जाँच : $z = f(x_1, x_2, ... x_n)$

स्थिति	उच्चिष्ठ	निम्निष्ठ
प्रथम-क्रम की अनिवार्य स्थिति	$f_1 = f_2 = ... = f_n$	$f_1 = f_2 = ... = f_n$
द्वितीय-क्रम की यथेष्ट स्थिति	$(-1)^i |H_i| > 0 \forall i = 1, ..., n$	$|H_i| > 0 \forall i = 1, ..., n$

प्रश्न 9. अर्थशास्त्र में इष्टतमीकरण से संबंधित अनुप्रयोग बताइए।

अथवा

आंशिक अवकलनों का अर्थशास्त्र में उपयोग बताइए।

उत्तर– आर्थिक अनुप्रयोग जो अनिबाधित इष्टतमीकरण समस्या की तकनीकों को स्पष्ट करते हैं, वे निम्न हैं–

- **उपभोक्ता व्यवहार का सिद्धांत**–उपभोक्ता व्यवहार के अध्ययन के लिए दो प्रस्ताव हैं - प्रथम अभिगम (approach) से संस्थापित व्यवहार (approach classical) वाचक है तथा मुख्य (cardinal) शुद्ध व्यवहारिक उपयोगिता प्रस्ताव के नाम से जाना जाता है तथा दूसरा अभिगम क्रमवाचक उपयोगिता प्रस्ताव है (ordinal utility approach) तथा सामान्यतया अनधिमान वक्र अभिगत (indifference curve approach) के नाम से जाना जाता है। दोनों अभिगमों में उपभोक्ता हमेशा विवेकी व्यवहार में विश्वास रखता है, क्योंकि वह अपने आयव्ययक (budget) नियंत्रण में से अधिकतम उपयोगिता (संतोष) प्राप्त करता है। मार्शल के अनुसार, ह्रासमान सीमांत उपयोगिता का नियम (law of diminishing marginal utility) धन के मामले का अतिरिक्त एक सार्विक (universal) नियम है। आधुनिक अर्थशास्त्रियों के अनुसार, उपयोगिता के विचार को नकारा नहीं जाता लेकिन उपभोक्ता, वस्तुओं को अधिमान के क्रम में व्यवस्थित कर सकता है (उपयोगिता प्रणाली का क्रमसूचक कुल योग पर आधारित है तथा इसकी तुलना की जा सकती है)। हम एक साधारण मामले को मान कर चलते हैं जिसमें उपभोक्ता केवल दो वस्तुओं q_1 तथा q_2 खरीदता है। उपभोक्ता की आय Y है तथा इन दो वस्तुओं की कीमतें क्रमशः p_1 तथा p_2 हैं।

$$u = f(q_1, q_2)$$

$$Y = p_1q_1 + p_2q_2$$

$$\Rightarrow q_2 = \frac{Y - p_1q_1}{p_2}$$

$$\therefore u = f\left(q_1, \frac{Y - p_1q_1}{p_2}\right)$$

फलन में अधिकतमता लाने के लिए $\frac{du}{dq_1} = 0$ और $\frac{d^2u}{dq_1^2} < 0$

क्योंकि $du = \frac{\partial u}{\partial q_1}.dq_1 + \frac{\partial u}{\partial q_2}.dq_2$

$$\therefore \frac{du}{dq_1} = \frac{\partial u}{\partial q_1} + \frac{\partial u}{\partial q_2}.\frac{dq_2}{dq_1}$$

जहाँ, $\dfrac{dq_2}{dq_1}$ = प्रतिस्थापन की सीमांत दर = $\dfrac{-p_1}{p_2}$

$\therefore \dfrac{du}{dq_1} = f_1 + f_2\left(\dfrac{-p_1}{p_2}\right) = 0$

अथवा $\dfrac{f_1}{f_2} = \dfrac{p_1}{p_2}$ (समानुपात का नियम)

$\therefore \dfrac{d^2u}{dq_1^2} = f_{11} + f_{12}\left(\dfrac{-p_1}{p_2}\right) + f_{22}\left(\dfrac{-p_1}{p_2}\right)\left(\dfrac{-p_1}{p_2}\right) + f_{21}\left(\dfrac{-p_1}{p_2}\right)$

$= f_{11} + 2f_{12}\left(\dfrac{-p_1}{p_2}\right) + f_{22}\left(\dfrac{p_1}{p_2}\right)^2 < 0$ चूँकि $\left[f_{12}\left(\dfrac{-p_1}{p_2}\right) = f_{21}\left(\dfrac{-p_1}{p_2}\right)\right]$

अब लॉगरेंज (Lagrange) के गुणांक के उपयोग द्वारा भी वही निष्कर्ष प्राप्त किया जा सकता है। यहाँ उपभोग फलन तथा बजट (budget) नियंत्रण निम्न फलन बनाते हैं–

$v = f(q_1, q_2) + \lambda\,(Y - p_1q_1 - p_2q_2)$

जहाँ λ लॉगरेंज के अनिर्धारित गुणांक को संकेतित करता है।

यहाँ, $\dfrac{\partial v}{\partial q_1} = f_1 - \lambda p_1 = 0$ ...(i)

$\dfrac{\partial v}{\partial q_2} = f_2 - \lambda p_2 = 0$ ...(ii)

और $\dfrac{\partial v}{\partial \lambda} = Y - p_1q_1 - p_2q_2 = 0$ ...(iii)

समी. (i) को (ii) द्वारा भाग करने पर हम पाते हैं $\dfrac{f_1}{p_1} = \dfrac{f_2}{p_2}$

समी. (i), (ii) तथा (iii) का पूर्ण अवकलज है–

$f_{11}dq_1 + f_{12}dq_2 - p_1d_\lambda = \lambda dp_1$

$f_{21}dq_1 + f_{22}dq_2 - p_2d_\lambda = \lambda dp_2$

$-p_1dq_1 - p_2dq_2 = -dy + q_1dp_1 + q_2dp_2$

उपभोग की अधिकतम कीमत के लिए दूसरी कोटि की अवस्था है कि हेसियन (Hessian) संबद्ध सीमांतित सारणिक धनात्मक होना चाहिए यथा

$\begin{vmatrix} f_{11} & f_{12} & -p_1 \\ f_{21} & f_{22} & -p_2 \\ -p_1 & -p_2 & 0 \end{vmatrix} > 0$

- **लागत**–यदि दो वस्तुओं की x_1 तथा x_2 मात्राओं के उत्पादन के लिए संयुक्त कीमत फलन $c = f(x_1, x_2)$ द्वारा दिया गया हो तब c के आंशिक अवकलज सीमांत लागत फलन हैं–

$\frac{\delta c}{\delta x_1}$, x_1 से संबंधित सीमांत लागत है।

$\frac{\delta c}{\delta x_2}$, x_2 से संबंधित सीमांत लागत है।

अधिकतम मामलों में, सीमांत लागतें धनात्मक होती हैं। माना कि C (एक वस्तु को उत्पादित करने की कुल लागत) $= wL + rK$ है।

जहाँ, w मजदूरी दर है, L श्रम की इकाइयाँ हैं, r ब्याज दर है, K पूँजी की इकाइयाँ हैं।

तब, यहाँ $q_0 = f(L, K) \Rightarrow q_0 - f(L, K) = 0$

अथवा $\lambda\,[q_0 - f(L, K)] = 0$

नया फलन $z = wL + rK + \lambda\,[q_0 - f(L, K)]$

$$\therefore \frac{\partial z}{\partial L} = w - \lambda \frac{\delta f(L,K)}{\partial L} = 0$$

अथवा $w - \lambda f_L = 0$

$$\frac{\partial z}{\partial K} = r - \lambda f_k = 0$$

तथा $$\frac{\partial z}{\partial \lambda} = q_0 - f(L,K) = 0$$

यहाँ, $$\frac{f_L}{f_K} = \frac{w}{r}\left(\frac{\text{श्रम (L) की सीमांत कीमत}}{\text{पूँजी (capital) की सीमांत कीमत}} = \frac{\text{मजदूरी आँकड़े}}{\text{ब्याज}}\right)$$

दूसरी (पर्याप्त) अवस्था इस धारणा द्वारा पूर्ण हो जाती है कि $\frac{\partial^2 q}{\partial L^2} > 0, \frac{\partial^2 q}{\partial K^2} > 0$

तथा $\frac{\partial^2 q}{\partial L^2} \times \frac{\partial^2 q}{\partial K^2} - \left(\frac{\partial^2 q}{\partial L \partial K}\right)^2 > 0$ न्यूनतम बिंदु की पुष्टि हुई है।

- **उत्पादक का सांत फलन**–एक फर्म के समपरिमाण (Isoquants), फर्म के उपभोक्ता अनधिमान वक्रों (indifference curves) के प्रतिरूप (Counter Parts) हैं। समपरिमाण ऐसे वक्र हैं जो उत्पादन के दो अवयवों (factors) के अलग-अलग समुच्चयों (combinations) को संकेतित करते हैं जो कि उत्पादन की उसी निर्गत के योग्य हैं। दूसरे शब्दों में, समपरिमाण सभी आगत संयोजनों (x_1 तथा x_2) के बिंदु पथ हैं जो कि उत्पादक को उसी स्तर की निर्गत देते हैं। वे वक्र अनंत संख्या में हो

सकते हैं। अलग-अलग समपरिमाण निर्गत के अलग-अलग स्तर प्रदर्शित करते हैं जो कि उत्पादन के अवयवों के अलग-अलग संयोजनों से पाए जा सकते हैं। एक अवयव का तकनीकी प्रतिस्थापन (technical substitution), समपरिमाण की ढाल के रूप में भी जाना जाता है अर्थात् $\frac{dx_2}{dx_1}$ (x_2 के लिए x_1 के तकनीकी प्रतिस्थापन की सीमांत दर जो कि उत्पादक, अवयव x_1 की एक अतिरिक्त इकाई पाने के लिए इसे अवस्था के अधीन छोड़ देता है कि उत्पादन की मात्रा अपरिवर्तित रहेगी।)

$$Q = f(x_1, x_2)$$

$$\Rightarrow dQ = \frac{\partial Q}{\partial x_1}.dx_1 + \frac{\partial Q}{\partial x_2}.dx_2$$

उसी समपरिमाण (Isoquant) पर, निर्गत $dQ = 0$ अपरिवर्तित रहती है।

$$\therefore \quad \frac{\text{प्रथम अवयव की सीमांत कीमत}}{\text{दूसरे अवयव की सीमांत कीमत}} = \text{तकनीकी प्रतिस्थापन की सीमांत दर}$$

$$= \frac{-dx_2}{dx_1}$$

$$\text{सांत फलन की अवस्था में: } \frac{\text{प्रथम अवयव की सीमांत कीमत}}{\text{दूसरे अवयव की सीमांत कीमत}} = \frac{\text{प्रथम अवयव की कीमत}}{\text{दूसरे अवयव की कीमत}}$$

दूसरी कोटि की अवस्थाएँ उपभोग फलन के उदाहरण द्वारा प्राप्त की जा सकती हैं।

- **फर्म का सांत फलन**—एक उत्पादक फर्म जब न्यूनतम लागत पर अधिकतम लाभ प्राप्त करती है, तब यह सांत फलन में कही जाती है। यदि उद्यमी (entrepreneur) लाभ अधिकतमता तथा हानि न्यूनतमता प्राप्त कर लेता है तब उसकी और आगे बढ़ने की प्रवृत्ति नहीं होती। अत: जब फर्मों की वृद्धि की अथवा अपने उत्पादन में कमी लाने की प्रवृत्ति नहीं होती तो फर्में सांत फलन की स्थिति में कही जाती हैं। दूसरे शब्दों में जब एक फर्म अपनी लाभ अधिकतमता पा लेती है तो यह सांत फलन में कही जाती है। कुल आय तथा कुल लागत के बीच का अंतर लाभ है।

लागत बाध्यता के अधीन लाभ की अधिकतमता—इस मामले में कुल लागत तथा मूल्य लिए गए हैं (c_0, w, r, p) जहाँ c_0 दी गई लागत, w दी गई मजदूरी की दर, r पूँजी दिया गया मूल्य, p निर्गत का मूल्य हैं तथा निर्मय (problem) को निम्नलिखित द्वारा अभिव्यक्त किया जा सकता है—

$$\pi = R - C$$

$$= p \times q - \text{कुल लागत}$$

π की अधिकतमता के लिए (कुल लाभ)

$$\frac{\delta\pi}{\partial q} = \frac{\partial R}{\partial q} - \frac{\partial C}{\partial q}$$

$$\Rightarrow 0 = MR - MC$$

(सीमांत आय = सीमांत लागत एक आवश्यक अवस्था है)

और $\frac{\partial^2\pi}{\partial q^2} = \frac{\partial^2 R}{\partial q^2} - \frac{\partial^2 C}{\partial q^2}$

दूसरा अवकलज < 0

सीमांत आय (MR) की ढाल (Slope), सीमांत लागत (MC) की ढाल अथवा सीमांत लागत (MC) से कम होनी चाहिए अथवा सीमांत क्रय मूल्य की ढाल (MC), सीमांत आय (MR) की ढाल को नीचे से काटती है। जी.पी.एच. की पुस्तकों का मुख्य उद्देश्य ज्ञान के साथ-साथ अच्छे नम्बर दिलाना है।

प्रश्न 10. समता निबाधित इष्टतमीकरण से क्या तात्पर्य है? संक्षेप में बताइए।

उत्तर– हमें उच्चिष्ठीकृत करने हेतु एक लक्ष्य फलन $f: R^n \to R$ दिया गया है, जो कि k निबाधों के अधीन है। यानी, हमारे पास k फलन है, $g^1: R^n \to R, g^2: R^n \to R, \ldots, g^k: R^n \to R$ और हम चाहते हैं–

सभी $x \in R^n$ पर $f(x)$ को इस प्रकार उच्चिष्ठीकृत करना कि $g^1(x) = 0, \ldots, g^k(x) = 0$.

अधिक सघनता से, निबाध फलनों को (उन्हें घटक फलनों के रूप में देखते हुए) एक फलन $g: R^n \to R$ में समूहकृत करें, जहाँ $g(x) = (g^1(x), \ldots, g^k(x))$ तब हम चाहते हैं–

सभी $x \in R^n$ पर $f(x)$ को इस प्रकार उच्चिष्ठीकृत करना कि $g(x)_{1\times k} = \theta_{1\times k}$. इस समस्या से हमारा अभिप्राय समता निबाधित इष्टतमीकरण से है।

लैग्रेंज की प्रमेय किसी स्थानिक इष्टतम x^* हेतु अनिवार्य स्थितियाँ प्रदान करती है। स्थानिक से हमारा अभिप्राय यह है कि मान $f(x^*)$ x^* वाले किसी खुले समुच्चय U में रखे सभी x हेतु अन्य मानों $f(x)$ के मुकाबले इस प्रकार उच्चिष्ठ अथवा निम्निष्ठ है कि x k निबाधों को संतुष्ट करता है। इस प्रकार, विचाराधीन समस्या किसी खुले समुच्चय U हेतु सभी $x \in S$ पर $f(x)$ को एक उच्चिष्ठ अथवा निम्निष्ठ हेतु अनिवार्य स्थितियाँ प्रदान करना है, जहाँ $S = U \cap \{x \in R^n \mid g(x) = \theta\}$.

प्रश्न 11. निम्नलिखित को स्पष्ट कीजिए।

(i) लैग्रेंज प्रमेय

(ii) द्वितीय क्रम स्थिति

(iii) द्वितीय क्रम इष्टतम प्रमेय

उत्तर– (i) मान लीजिए, $f: R^n \to R$ और $g^1: R^n \to R, g^2: R^n \to R, \ldots, g^k: R^n \to R$, $k < n$ एक बार निरंतर अवकल्य फलन हैं। मान लीजिए, x^* किसी खुले समुच्चय

$U \subseteq R^n$ के लिए समुच्चय $S = U \cap \{x \in R^n | g^i(x) = 0, i = 1,..., k\}$ पर f एक उच्चिष्ठ अथवा निम्निष्ठ है। तब वास्तविक संख्याएँ $\mu^*, \lambda_1^*,..., \lambda_k^*$, सभी शून्य नहीं मिलती हैं, जैसे–

$\mu Df(x^*) + \sum_{i=1}^{k} \lambda_i^* Dg^i(x^*) = \theta_{1\times n}$.

इसके अतिरिक्त, यदि श्रेणी $(Dg(x^*)) = k$, तो हम $\mu = 1$ रख सकते हैं।

टिप्पणियाँ–

- स्थिति श्रेणी $(Dg(x^*)) = k$ निबाध अर्हता कहलाती है। प्रमेय के प्रथम भाग के अनुसार, किसी भी स्थानिक उच्चिष्ठ अथवा निम्निष्ठ पर f और $g^i, i = 1,..., k$ की निरंतर अवकल्यता की अवधारणा के अंतर्गत, सदिश $Df(x^*), Dg^1(x^*),..., Dg^k(x^*)$ रैखीय रूप से निर्भर हैं। निबाध अर्हता मूल रूप से यह कल्पना करती है कि सदिश $Dg^1(x^*),..., Dg^k(x^*)$ रैखीय रूप से स्वतंत्र हैं। उस स्थिति में, $\mu Df(x^*) + \sum_{i=1}^{k} \lambda_i^* Dg^i(x^*) = \theta_{1\times n}$ दर्शाता है कि μ शून्य के बराबर नहीं हो सकता है, क्योंकि तब $\sum_{i=1}^{k} \lambda_i^* Dg^i(x^*) = \theta_{1\times n}$, जो रैखीय स्वतंत्रता के साथ-साथ दर्शाता है: $\lambda_i^* = 0, i = 1,..., k$. किंतु यह संभव नहीं है। अतः, यदि निबाध अर्हता जारी रहता है तो $\mu \neq 0$ और हम उसे μ से भाग दे सकते हैं।
- अधिकांश अनुप्रयोगों में निबाध अर्हता जारी रहती है। हम प्रायः पहले यह जाँच करते हैं कि क्या यह जारी है और फिर आगे बढ़ते हैं। मान लीजिए, यह जारी है। ध्यान दीजिए कि $\mu Df(x^*) + \sum_{i=1}^{k} \lambda_i^* Dg^i(x^*) = \theta_{1\times n}$ निम्नलिखित n समीकरणों को शामिल करता है–

  $(\partial f(x^*)/\partial x_j) + \sum_{i=1}^{k} \lambda_i^* (\partial g^i(x^i)/\partial x_j) = 0, j = 1,..., n$.

नोट–यह एक लैग्रेंजी प्रमेय

$L(x, \lambda) = f(x) + \sum_{i=1}^{k} \lambda_i g^i(x)$, को निर्धारित करके और प्रथम-क्रम अनिवार्य स्थिति

$$(\partial L(x, \lambda)/\partial x_i) = (\partial f(x)/\partial x_j) + \sum_{i=1}^{k} \lambda_i (\partial g^i(x)/\partial x_j) = 0, j = 1,..., n$$

$$(\partial L(x, \lambda)/\partial \lambda_1) = g^i(x) = 0, i = 1,..., k$$

को हल करके, जो कि $(n+k)$ चरों $x_1,..., x_n, \lambda_1,..., \lambda_k$ में $(n+k)$ समीकरण है, समता निबाध उच्चिष्ठ अथवा निम्निष्ठ ज्ञात करने के लिए 'प्रायिक' प्रक्रिया की ओर प्रवृत्त करता है।

(ii) ये स्थितियाँ लैग्रेंजी फलन के हैसियन की निश्चितता अथवा अर्ध-निश्चितता द्वारा चित्रांकित की जाती हैं, जो कि इस निबाधित इष्टतमीकरण समस्या पर दृष्टिपात करने हेतु उपयुक्त फलन होता है। इसके अतिरिक्त, हमें सभी x हेतु द्विघात रूपों के लिए उपयुक्त

विषमता की जाँच नहीं करनी पड़ती है; केवल वही x उपयुक्त होते हैं जो निबाधों (Constraint) को संतुष्ट करते हैं। आमतौर पर द्वितीय क्रम स्थितियाँ स्थानिक भूयिष्ठक अथवा अल्पिष्ठक के इर्द-गिर्द लक्ष्य फलन के वक्रता-परिवर्तन का प्रग्रहण करती हैं, यथा जैसे-जैसे हम x^* से किसी निकटवर्ती x की ओर बढ़ते हैं तो रेखाचित्र वक्रता प्राप्त करता है। निबाधित इष्टतमीकरण में, हम x^* से किसी भी यादृच्छिक x सन्निकट की ओर नहीं जा सकते हैं; झुकाव किसी x की ओर ही होना चाहिए जो कि निबाधों को संतुष्ट करता है। यथा, इस प्रकार के झुकाव को सभी $g^i(x)$, 0 पर ही छोड़ देने चाहिए। दूसरे शब्दों में, $dg^i(x) = Dg^i(x) \cdot dx = 0$, जहाँ dx एक सदिश $x - x^*$ है जो कि $Dg^i(x)$ के अनुरूप आयताकार ही होना चाहिए। इस प्रकार, उन सभी सदिशों x पर उपयुक्त द्विघात रूप को मूल्यांकन करना यथेष्ट होगा जो निबाधित फलनों के सभी अनुपातों के अनुरूप आयताकार हों।

चूँकि $L(x, \lambda) = f(x) + \sum_{i=1}^{k} \lambda_i g^i(x)$

$D^2 L(x, \lambda)_{n \times n} = D^2 f(x)_{n \times n} + \sum_{i=1}^{k} \lambda_i D^2 g^i(x)_{n \times n}$

जहाँ,

$$D^2 f(x) = \begin{pmatrix} f_{11}(x) & \cdots & f_{1n}(x) \\ \vdots & \ddots & \vdots \\ f_{n1}(x) & \cdots & f_{nn}(x) \end{pmatrix} \text{ और } D^2 g^i(x) = \begin{pmatrix} g^i_{11}(x) & \cdots & g^i_{1n}(x) \\ \vdots & \ddots & \vdots \\ g^i_{n1}(x) & \cdots & g^i_{nn}(x) \end{pmatrix}$$

अतः

$$D^2 L(x, \lambda)_{n \times n} = \begin{pmatrix} f_{11}(x) + \sum_{i=1}^{k} \lambda_i g^i_{11}(x) & \cdots & f_{1n}(x) + \sum_{i=1}^{k} \lambda_i g^i_{1n}(x) \\ \vdots & \ddots & \vdots \\ f_{n1}(x) + \sum_{i=1}^{k} \lambda_i g^i_{n1}(x) & \cdots & f_{nn}(x) + \sum_{i=1}^{k} \lambda_i g^i_{nn}(x) \end{pmatrix}$$

x चरों के लिहाज से L का द्वितीय क्रम व्युत्पन्न है।

नोट— $D^2 L(x, \lambda)$ सममित है, अतः हम इस द्विघात रूप को अपने प्रयोग में ले सकते हैं।

किसी दिए गए $x^* \in R^n$ पर, $Dg(x^*)_{k \times n} = \begin{pmatrix} Dg^1(x^*) \\ \vdots \\ Dg^k(x^*) \end{pmatrix}$

अतः x पर निबाधित फलनों के सभी अनुपात सदिशों के अनुरूप आयताकार सभी सदिश x^* को समुच्चय $Dg(x^*)$ का शून्य अंतराल, $N(Dg(x^*)) = \{x \in R^n \mid Dg(x^*) x = \theta_{k \times 1}\}$

(iii) मान लीजिए, कोई $(x^*_{n \times 1}, \lambda^*_{k \times 1})$ इस प्रकार है कि अनुस्थिति $(Dg(x^*)) = k$ और $Df(x^*) + \sum_{i=1}^{k} Dg^i(x^*) = \theta$.

- **एक अनिवार्य स्थिति**–यदि f बिंदु x^* स्थिति S पर कोई स्थानिक उच्चिष्ठ (क्रमशः, स्थानिक निम्निष्ठ) रखता है, तो सभी $x \in N(Dg(x^*))$ के लिए $x^T D^2 L(x^*, \lambda^*) x \leq 0$ (क्रमशः ≥ 0)।
- **एक यथेष्ट स्थिति**–यदि $x^T D^2 L(x^*, \lambda^*) x < 0$ (क्रमशः > 0 के लिए), सभी $x \in N(Dg(x^*)), x \neq \theta$ के लिए, तब x^* S पर f को एक नियमनिष्ठ स्थानिक उच्चिष्ठ (क्रमशः नियमनिष्ठ स्थानिक निम्निष्ठ) है।

इस प्रमेय का अर्थ है कि उच्चिष्ठ के लिए द्वितीय क्रम स्थिति ऐसी होनी चाहिए कि समस्या का सीमावर्ती हैसियन आव्यूह ऋणात्मक अर्ध-निश्चित (अनिवार्य) अथवा ऋणात्मक निश्चित (यथेष्ट), बशर्ते प्रथम-क्रम अनिवार्य स्थिति दी गई हो और निम्निष्ठ के लिए यह धनात्मक अर्ध-निश्चित (अनिवार्य) अथवा धनात्मक निश्चित (यथेष्ट) हो, बशर्ते प्रथम-क्रम अनिवार्य स्थिति दी गई हो, जहाँ सीमावर्ती हैसियन ही x और λ लिहाज से $L(x, \lambda)$ के द्वितीय अवकलजों का आव्यूह हो।

प्रश्न 12. विषमता निबाधित इष्टतमीकरण से आप क्या समझते हैं?

उत्तर– माना कोई समस्या समुच्चय $\{x \in R^n | g^i(x) \geq 0, i = 1, ..., k\}$, पर $f: R^n \rightarrow R$ का उच्चिष्ठ अथवा निम्निष्ठ ज्ञात करने की है, जहाँ $g^i: R^n \rightarrow R$ निबाध फलन हैं। इष्टतम पर, निबाधों को अब, पहले की भाँति, बंधनकारी (अथवा अनम्य का प्रभावी), यथा $g^i(x) = 0$ अथवा सुनम्य (या अबंधनकारी), यथा $g^i(x) > 0$ होने दिया जाता है। इस समस्या से हमारा अभिप्राय विषमता निबाधित इष्टतमीकरण से है।

उदाहरण– $x_1 \geq 0, x_2 \geq 0, I - p_1 x_1 - p_2 x_2$ के अधीन Max. $U(x_1, x_2)$. यदि हम नहीं जानते कि उपयोगिता उच्चिष्ठ पर किसी I के लिए $x_i = 0$ या नहीं अथवा $x_i > 0$ या नहीं, तब स्पष्ट रूप से हम लैग्रेंज की प्रमेय का प्रयोग नहीं कर सकते। इसी प्रकार, यदि वहाँ कोई चरमसुख बिंदु है तो हम पहले से नहीं जानते कि वहाँ आयव्ययक निबाधित इष्टतम पर आयव्ययक निबाध बंधनकार है अथवा सुनम्य। पुनः, तब हम लैग्रेंज की प्रमेय का प्रयोग नहीं कर सकते, जिसके प्रयोग के लिए हमें सुनिश्चित करना होता है कि निबाध बंधनकारी है।

आकृति $g^i(x) \geq 0$ के एक निबाध की सामान्य प्रकृति पर ध्यान दीजिए। यदि हमारे पास एक निबाध $h(x) \leq 0$ है तो यह $-h(x) \geq 0$ के समतुल्य होता है और $h(x) \leq c$ के सदृश कुछ भी $c - h(x) \geq 0$ के समतुल्य होता है।

विषमता निबाधों की इष्टतमीकरण समस्याओं को हल करने के लिए हम कुह्न-टकर सिद्धांत का प्रयोग करते हैं। मुख्य परिणाम एक प्रथम-क्रम अनिवार्य स्थिति होती है जो कि लैग्रेंज की प्रमेय की इस स्थिति से किंचित् भिन्न होती है; मुख्य अंतर यह है कि लैग्रेंज की प्रमेय में प्रथम-क्रम स्थितियाँ $g^i(x) = 0, i = 1, ..., k$ के स्थान पर कुह्न-टकर सिद्धांत में स्थितियाँ $\lambda_i g^i(x) = 0, i = 1, ..., k$ आ जाती हैं।

प्रश्न 13. कुह्न-टकर सिद्धांत तथा कुह्न-टकर (KT) प्रमेय पर विशेष चर्चा कीजिए।

उत्तर- कुह्न-टकर सिद्धांत–माना हमारी समस्या समुच्चय $\{x \in R^n | g^i(x) \geq 0, i = 1,...,k\}$ पर $f : R^n \to R$ का उच्चिष्ठ अथवा निम्निष्ठ ज्ञात करने की है, जहाँ $g^i : R^n \to R$ k निबाध फलन हैं। मुख्य प्रमेय, हालाँकि, स्थानिक उच्चिष्ठों अथवा निम्निष्ठों से क्रिया-व्यवहार रखती है।

मान लीजिए कि k निबाधों का l इष्टतम x^* पर बंधनकारी है। संगत फलनों को $(g^i)i \in \Phi$ के रूप में दर्शाएँ, जहाँ Φ बंधनकारी निबाधों के सूचकांकों का समुच्चय है। मान लीजिए, $g_\Phi : R^n \to R^l$ वह फलन है जिसके l घटक बंधनकारी निबाधों के निबाध फलन हैं। यथा, $g_\Phi(x) = (g^i(x))_{i \in \Phi}$.

$$Dg_\Phi(x) = \begin{pmatrix} Dg^i(x) \\ \vdots \\ Dg^m(x) \end{pmatrix},$$ जहाँ i,...,m बंधनकारी निबाधों के सूचकांक हैं।

अत: $Dg_\Phi(x) l \times n$ आव्यूह है।

कुह्न-टकर (KT) प्रमेय–मान लीजिए, $f : R^n \to R$ और $g^i : R^n \to R, i = 1,....,k$ पहले निरंतर अवकल्य फलन थे। मान लीजिए, x^* किसी अनिर्णीत समुच्चय $U \subseteq R^n$ के लिए, समुच्चय $S = U \cap \{x \in R^n | g^i(x) \geq 0, i = 1,...,k\}$ का एक उच्चिष्ठ है।

तब वहाँ वास्तविक संख्याएँ μ, λ_1^*, ...,.λ_k^*, सभी शून्य नहीं, इस प्रकार होती हैं कि

$$\mu Df(x^*) + \sum_{i=1}^{k} \lambda_i^* Dg^i(x^*) = \theta_{1 \times n}.$$

इसके अतिरिक्त, यदि किसी i के लिए $g^i(x^*) > 0$, तो $\lambda_i^* = 0$. यदि इसके अलावा, श्रेणी $Dg_\Phi(x^*) = 1$, तो हम μ को 1 के बराबर मान सकते हैं।

इसके अलावा किसी I के लिए $\lambda_i^* \geq 0, i = 1,...,k$ और $\lambda_i^* > 0$ का अर्थ होगा: $g^i(x^*) = 0$.

मान लीजिए, निबाध अर्हता, श्रेणी $Dg_\Phi(x^*) = 1$, इष्टतम पर मिलती है। तब कुह्न-टकर समीकरण $n + k$ चरों $x_1,...,x_n, \lambda_1,...,\lambda_k$ में निम्नलिखित $(n + k)$ समीकरण होते हैं–

अनुपूरक सुनम्यता के साथ $\lambda_i g^i(x^*) = 0, i = 1,...,k, \lambda_i^* \geq 0, g^i(x^*) \geq 0$ ...(1)

$$Df(x^*) + \sum_{i=1}^{k} \lambda_i^* Dg^i(x^*) = \theta \quad ...(2)$$

यदि x^* S पर f का एक स्थानिक अल्पिष्ठ है, तो $-f(x^*)$ एक स्थानिक उच्चिष्ठ मान प्राप्त कर लेता है। इस प्रकार, इष्टतमीकरण के लिए, जबकि समी. (1) वही रहता है, समी. (2) $-Df(x^*) + \sum_{i=1}^{k} \lambda_i^* Dg^i(x^*) = \theta$ में बदल जाता है। ...(2')

समी. (1) और (2) को कुह्न-टकर स्थितियों के नाम से जाना जाता है। चूँकि कुह्न-टकर प्रमेय की स्थितियाँ स्थानीय इष्टतमों हेतु यथेष्ट स्थितियाँ नहीं हैं, यहाँ ऐसे बिंदु हो सकते हैं जो स्थानिक इष्टतम न होते हुए भी समी. (1) और (2) अथवा (2') को संतुष्ट करते हों। इस विधि में लक्ष्य फलनों और निबाधों की अवतलता की जाँच करने की आवश्यकता नहीं पड़ती और किसी द्वितीय क्रम स्थिति को जाँचने की आवश्यकता भी नहीं पड़ती।

प्रश्न 14. अबाधित तथा बाधित इष्टतमकारी में एन्वेलप प्रमेय का विस्तारपूर्वक अध्ययन कीजिए।

उत्तर– एन्वेलप प्रमेय–यह प्रमेय किसी भूयिष्ठिकरण समस्या के परिणाम में एक मापदंड पर अवकलन के प्रभाव को निर्धारित करती है। औपचारिक रूप से, किसी फलन को भूयिष्ठिक बनाने के लिए x को चुनने की समस्या पर विचार कीजिए। जहाँ a एक मापदंड है। अब हम भूयिष्ठिकरण के समाधान को x (a) द्वारा निरूपित तथा अधिकतम मूल्य फलन V (a) को $V(a) = \max._{(x)} F(x; a) = F(x(a); a)$ करेंगे।

एन्वेलप प्रमेय में कहा गया है कि $\frac{dV(a)}{da} = \frac{\partial F(x(a);a)}{\partial a}\Big|x = x(a)$ इसलिए मूल्य फलन के अवकलज उद्देश्य के आंशिक अवकलज होंगे जिसे इष्टतमीकरण के समाधान के लिए मूल्यांकित किया जाता है।

अबाधित इष्टतम मामले में एन्वेलप प्रमेय–माना कोई द्वि-चर फलन F(x, t) है और हमें x के संदर्भ में F(x, t) को भूयिष्ठिक बनाना है। जाहिर है कि समाधान t पर निर्भर करेगा; माना कि अधिकतम मूल्य u(t) है जो कि x = q(t) पर प्राप्त होता है तब $u(t) = f(q(t), t) = \max._{(x)} f(x, t)$. अब हम विचार करेंगे कि u(t) के लिए क्या होता है जब t बदलता है। शृंखला नियम से $u'(t) = \frac{\partial F}{\partial x} q'(t) + \frac{\partial F}{\partial t}$ जहाँ $\frac{\partial F}{\partial x}$ (q (t), t) पर मूल्यांकित किया जाता है क्योंकि q (t) x का भूयिष्ठिक विकल्प है इसलिए हम पाते हैं $\partial F/\partial x = 0$. जब x = q (t),

इस प्रकार $u'(t) = \frac{\partial F}{\partial t}$ अर्थात् t के संदर्भ में u का अवकलन t के संदर्भ में F के आंशिक अवकलन के बराबर होगा जब x को इष्टतम मूल्य q(t) पर मूल्यांकित किया जाएगा। इसी परिणाम को सरलतम उदाहरण के रूप में एन्वेलप प्रमेय के नाम से जाना जाता है।

बाधित इष्टतम मामले में एन्वेलप प्रमेय–माना कोई उद्देश्य फलन $u = F(x, y, \alpha)$ जिसे भूयिष्ठक बनाना है बशर्ते की फलन $h(x, y, \alpha) = 0$ अत: इस इष्टतम प्रयोग पर लॉगरैंज फलन $L = F(x,y,\alpha) + \lambda[0 - h(x,y,\alpha)]$ होगा। यहाँ प्रथम क्रम स्थिति होगी $\frac{\partial L}{\partial x} = \frac{\partial F}{\partial x} - \lambda \frac{\partial h}{\partial x} = 0, \frac{\partial L}{\partial y} = \frac{\partial F}{\partial y} - \lambda \frac{\partial h}{\partial y} = 0$ और $\frac{\partial L}{\partial \lambda} = -h(x,y,\alpha) = 0$. इन्हें हल करने पर हम पाते हैं $x = x^*(\alpha); y = y^*(\alpha)$ और $\lambda = \lambda^*(\alpha)$. इन हलों को उद्देश्य फलन में

प्रतिस्थापित करने पर हम पाते हैं $u^* = F(x^*(\alpha), y^*(\alpha), \alpha) = V(\alpha)$ अबाधित इष्टतमीकरण के विपरीत बाधित इष्टतमीकरण में $\frac{\partial F}{\partial x}$ और $\frac{\partial F}{\partial y}$ शायद शून्य के बराबर नहीं होते हैं इसलिए हम तत्काल यह नहीं पा सकते कि $\frac{dV}{d\alpha} = \frac{\partial V}{\partial \alpha}$. यदि हम x और y के समाधानों को निबाध में प्रतिस्थापित करते हैं तब हम पाते हैं $h(x^*(\alpha), y^*(\alpha), \alpha) = 0$. यदि हम इसे α के संदर्भ में अवकलित करें तब हम पाएँगे कि $\frac{\partial h}{\partial x}\frac{\partial x^*}{\partial \alpha} + \frac{\partial h}{\partial y}\frac{\partial y^*}{\partial \alpha} + \frac{\partial h}{\partial \alpha} = 0$. लॉगरैंज की अभिव्यक्ति के लिए प्रत्येक भाग में λ का गुणा करने पर और $\frac{dV}{d\alpha}$ की अभिव्यक्ति के लिए परिणाामी अभिव्यक्ति को रखाने पर हम पाते हैं $\frac{dV}{d\alpha} = \left(\frac{\partial F}{\partial x} - \lambda\frac{\partial h}{\partial x}\right)\left[\frac{\partial x^*}{\partial \alpha}\right] + \left(\frac{\partial F}{\partial y} - \lambda\frac{\partial h}{\partial y}\right)\left[\frac{\partial y^*}{\partial \alpha}\right] + \frac{\partial F}{\partial \alpha} - \lambda\frac{\partial h}{\partial \alpha} = \frac{\partial L}{\partial \alpha}$. प्रथम क्रम स्थिति का उपयोग करने पर हम पाते हैं $\frac{dV}{d\alpha} = \frac{\partial L}{\partial \alpha}$. यही बाधित इष्टतमीकारी मामले में एन्वेलप प्रमेय है।

संख्यात्मक प्रश्न

प्रश्न 1. निम्नलिखित दिए गए फलनों के उच्चतम अथवा निम्नतम मान ज्ञात कीजिए।

(i) $f(x) = (2x - 1)^2 + 3$

(ii) $f(x) = 9x^2 + 12x + 2$

उत्तर– (i) दिया है, $f(x) = (2x - 1)^2 + 3$

$f'(x) = 2(2x - 1)(2)$

$f'(x) = 8x - 4$

फलनों के उच्चतम अथवा निम्नतम मानों के लिए–

$f'(x) = 0$

$\Rightarrow 8x - 4 = 0$

$\Rightarrow x = 1/2$

अब $x = \frac{1}{2}^{+}$ पर $f'(x) > 0$ तथा $x = \frac{1}{2}^{-}$ पर $f'(x) < 0$ अतः $x = \frac{1}{2}$ बिंदु पर फलन $(2x - 1)^2 + 3$ निम्नतम है।

अतः निम्नतम मान होगा, $f\left(\frac{1}{2}\right) = \left[\left(2 \times \frac{1}{2}\right) - 1\right]^2 + 3 = (1 - 1)^2 + 3 = 3$

(ii) दिया है, $f(x) = 9x^2 + 12x + 2$
$f'(x) = 18x + 12$
फलनों के उच्चतम एवं निम्नतम मानों के लिए–
$f'(x) = 0$
$\Rightarrow 18x + 12 = 0$
$\Rightarrow x = \dfrac{-2}{3}$

अब $x = \dfrac{-2}{3}^+$ पर $f'(x) > 0$ तथा $x = \dfrac{-2}{3}^-$ पर $f'(x) < 0$

अतः $x = \dfrac{-2}{3}$ बिंदु पर फलन $9x^2 + 12x + 2$ निम्नतम होगा।

तथा निम्नतम मान है: $f\left(\dfrac{-2}{3}\right) = 9 \times \left(\dfrac{-2}{3}\right)^2 + 12\left(\dfrac{-2}{3}\right) + 2$

$= 9 \times \dfrac{4}{9} - \dfrac{24}{3} + 2$
$= 4 - 8 + 2 = -2$

प्रश्न 2. निम्नलिखित दिए गए फलनों का द्वितीय अवकलज परीक्षण द्वारा उच्चतम अथवा निम्नतम मान तथा बिंदु निकालिए।

(i) $f(x) = -(x-1)^2 + 10$
(ii) $g(x) = x^3 + 1$

उत्तर– (i) दिया है, $f(x) = -(x-1)^2 + 10$
$f'(x) = -2(x-1)$
$f'(x) = -2x + 2$
फलनों के उच्चतम अथवा निम्नतम बिंदु के लिए
$f'(x) = 0$
$\Rightarrow -2x + 2 = 0$
$\Rightarrow x = 1$
अब,
$f''(x) = -2$
$f''(x)\big]_{x=1} = -2$
यहाँ -2 ऋणात्मक है इसलिए फलन $-(x-1)^2 + 10$ उच्चतम है।
अतः उच्चतम बिंदु होगा $f(1) = -(1-1)^2 + 10 = 10$

(ii) दिया है, $g(x) = x^3 + 1$
$g'(x) = 3x^2$
फलनों के उच्चतम एवं निम्नतम मानों के लिए
$g'(x) = 0$

$\Rightarrow 3x^2 = 0$

$\Rightarrow x = 0$

अब

$g''(x) = 6x^2$

$g''(x)\big]_{x=0} = 6(0)^2 = 0$

अत: यह फलन न तो उच्चतम है और न ही निम्नतम है। यह नति-परिवर्तन बिंदु है तथा इसका मान होगा

$g(0) = (0)^3 + 1 = 1$

प्रश्न 3. निम्नलिखित फलन का उच्चतम तथा निम्नतम मान ज्ञात कीजिए–

$y = 3x^4 - 10x^3 + 6x^2 + 5$

उत्तर– यहाँ,

प्रथम क्रम स्थिति–

$12x^3 - 30x^2 + 12x = 0$

या $3x(4x-2)(x-2) = 0$

अत: $x = 0$ या $x = 2$ या $x = \frac{1}{2}$

द्वितीय क्रम स्थिति–

$x = 0$, पर $f''(x) = 12 > 0$

$x = 2$, पर $f''(x) = 36 > 0$

तथा $x = \frac{1}{2}$, पर $f''(x) = -9 < 0$

अत: फलन $x = \frac{1}{2}$ पर उच्चतम है तथा $x = 0$ और $x = 2$ पर न्यूनतम है।

प्रश्न 4. यदि लाभ फलन $p(x) = 41 - 72x - 18x^2$ से प्रदत्त है तो किसी कंपनी द्वारा अर्जित उच्चतम लाभ ज्ञात कीजिए।

उत्तर– दिया है, $p(x) = 41 - 72x - 18x^2$

$p'(x) = -72 - 36x$

फलन के उच्चतम बिंदु के लिए

$p'(x) = 0$

$-72 - 36x = 0$

$-36x = 72$

$x = -2$

अत: कंपनी द्वारा अर्जित उच्चतम लाभ होगा

$p(-2) = 41 - 72(-2) + 18(-2)^2$

= 41 + 144 + 72
= 257 इकाई

प्रश्न 5. अंतराल $[0, 2\pi]$ के किन बिंदुओं पर फलन sin2x अपना उच्चतम मान प्राप्त करेगा?

उत्तर— दिया है, sin2x
माना
$f(x) = \sin 2x$
$\Rightarrow f'(x) = 2\cos 2x$
स्थिर बिंदुओं के लिए
$f'(x) = 0$
$2\cos 2x = 0$
$\cos 2x = 0$

$2x = (2x+1)\dfrac{\pi}{2}$

$x = (2x+1)\dfrac{\pi}{4}$

अगर $x = 0$

$\Rightarrow x = \dfrac{\pi}{4}$

अगर $x = 1$

$\Rightarrow x = \dfrac{3\pi}{4}$

अगर $x = 2$

$\Rightarrow x = \dfrac{5\pi}{4}$

अगर $x = 3$

$\Rightarrow x = \dfrac{7\pi}{4}$

अब $f''(x) = -4\sin 2x$

$f''(x)\Big]_{x=\frac{\pi}{4}} = -4\sin 2\left(\dfrac{\pi}{4}\right)$

$= -4\sin\dfrac{\pi}{2}$

$= -4$ (उच्चतम)

$$f''(x)\Big]_{x=\frac{3\pi}{4}} = -4\sin \cancel{2}\left(\frac{3\pi}{\cancel{4}}\right) = -4\sin\frac{3\pi}{2}$$

$$\Rightarrow -4\sin\left(\pi+\frac{\pi}{2}\right) = 4\sin\frac{\pi}{2} = 4$$ (निम्नतम)

$$f''(x)\Big]_{x=\frac{5\pi}{4}} = -4\sin \cancel{2}\left(\frac{5\pi}{\cancel{4}}\right) = -4\sin\frac{5\pi}{2}$$

$$\Rightarrow -4\sin\left(2\pi+\frac{\pi}{2}\right) = -4\sin\frac{\pi}{2} = -4$$ (उच्चतम)

$$f''(x)\Big]_{x=\frac{7\pi}{4}} = -4\sin \cancel{2}\left(\frac{7\pi}{\cancel{4}}\right) = -4\sin\frac{7\pi}{2}$$

$$\Rightarrow -4\sin\left(2\pi+\frac{3\pi}{2}\right) = -4\sin\frac{3\pi}{2} = -4\sin\left(\pi+\frac{\pi}{2}\right) = 4\sin\frac{\pi}{2} = 4$$ (निम्नतम)

अतः $[0, 2\pi]$ के मध्य फलन sin2x बिंदुओं $x = \frac{\pi}{4}$ तथा $\frac{5\pi}{4}$ पर उच्चतम मान प्राप्त करेगा।

प्रश्न 6. फलन $\sin x + \cos x$ का उच्चतम मान क्या है?

उत्तर– दिया है, $\sin x + \cos x$

माना

$f(x) = \sin x + \cos x$

$\Rightarrow f'(x) = \cos x - \sin x$

उच्चतम बिंदु के लिए

$f'(x) = 0$

$\Rightarrow \cos x - \sin x = 0$

$\Rightarrow \cos x = \sin x$

$$\Rightarrow \frac{\sin x}{\cos x} = 1$$

$\Rightarrow \tan x = 1$

$$\Rightarrow \tan x = \tan\frac{\pi}{4}$$

$$\Rightarrow x = \frac{\pi}{4}$$

$$\Rightarrow x = n\pi + \frac{\pi}{4}$$

अगर $n = 0$

तब

$\Rightarrow x = \dfrac{\pi}{4}$

अगर $n = 1$

तब

$\Rightarrow x = \pi + \dfrac{\pi}{4}$

$\Rightarrow x = \dfrac{5\pi}{4}$

उच्चतम मान के लिए
$f(x) = \sin x + \cos x$

$f\left(\dfrac{\pi}{4}\right) = \sin \dfrac{\pi}{4} + \cos \dfrac{\pi}{4}$

$\Rightarrow \dfrac{1}{\sqrt{2}} + \dfrac{1}{\sqrt{2}} = \dfrac{1+1}{\sqrt{2}} = \dfrac{2}{\sqrt{2}} = \sqrt{2}$

प्रश्न 7. विवेचन करें कि $x^{1/x}$ उच्चतम मान रखता है अथवा न्यूनतम।

उत्तर– दिया है, $x^{1/x}$

माना, $y = x^{1/x}$

दोनों तरफ log से गुणा करने पर

$y = x^{1/x} \rightarrow \log y = \dfrac{1}{x} \log x$

दोनों तरफ अवकलन करने पर

$\therefore \dfrac{1}{y} \cdot \dfrac{dy}{dx} = \dfrac{1}{x^2} - \dfrac{1}{x^2} \log x = \dfrac{1}{x^2}(1 - \log x)$ ...(i)

$\therefore$ जब $\dfrac{dy}{dx} = 0, 1 - \log x = 0 \therefore x = e.$

पुनः, $-\dfrac{1}{y^2} \cdot \left(\dfrac{dy}{dx}\right)^2 + \dfrac{1}{y} \cdot \dfrac{d^2y}{dx^2}$

$= \dfrac{x^2\left(-1/x\right) - (1 - \log x)2x}{x^4}$

$= \dfrac{-3 + 2\log x}{x^2}$

जब $x = e, \dfrac{d^2y}{dx^2} = e^{1/e} \cdot \dfrac{-3+2}{e^3} = -e^{1/e}\Big/e^3$

जो कि ऋणात्मक है।

$\therefore x = e$ के लिए, फलन उच्चतम है और उच्चतम मान $e^{1/e}$ है।

प्रश्न 8. एक कंपनी को अपने उत्पादन की 200 इकाइयों का आदेश मिला है और वह अपने दोनों संयंत्रों को मिलाकर इस आदेश की आपूर्ति करना चाहती है। उसकी दोनों संयंत्रों का संयुक्त लागत फलन इस प्रकार है–

$C = f(x_1, x_2) = 2x_1^2 + x_1x_2 + x_2^2 + 500$, जहाँ x_1 तथा x_2 क्रमशः पहले व दूसरे संयंत्र के उत्पादन हैं। फर्म का उद्देश्य लागत को न्यूनतम करना है। शर्त यही है कि दोनों संयंत्रों से मिलाकर 200 इकाइयों की आपूर्ति हो। दोनों संयंत्रों के उत्पादन x_1 और x_2 का आकलन करें।

उत्तर– वह फलन जिसे इष्टतम करना है, उद्देश्यात्मक फलन कहलाता है। यहाँ लागत को न्यूनतम करना है, अतः $C = f(x_1, x_2) = 2x_1^2 + x_1x_2 + x_2^2 + 500$ यह फलन हमारा उद्देश्यात्मक फलन है। उत्पादन फलन एक प्रतिबंधित फलन (Constraint function) के रूप में दिया हुआ है जिसकी प्रतिबंधित सीमा 200 इकाई है। इस प्रश्न को हल करने के लिए हम एक नए फलन Z की रचना करते हैं जिसका सूत्र निम्नलिखित है–

$Z = f(x_1, x_2) + \lambda(G - x_1 - x_2)$

जहाँ, $\lambda =$ लॉगरैंज गुणक तथा नियंत्रित फलन $(G) = x_1 + x_2 = 200$

$\therefore Z = 2x_1^2 + x_1x_2 + x_2^2 + 500 + \lambda[200 - x_1 - x_2]$

अनुकूलतम (इष्टतम स्थिति) के लिए प्रथम कोटि के आंशिक अवकलज शून्य होने चाहिए।

$\dfrac{\partial Z}{\partial x_1} = 4x_1 + x_2 - \lambda = 0$ ...(1)

$\dfrac{\partial Z}{\partial x_2} = x_1 + 2x_2 - \lambda = 0$ ...(2)

$\dfrac{\partial Z}{\partial \lambda} = 200 - x_1 - x_2 = 0$ ...(3)

समी. (1), (2) और (3) को एक साथ हल करके हम पाते हैं $x_1 = 50, x_2 = 150$ और $\lambda = 350$.

न्यूनतम लागत के लिए दूसरी कोटि की अवस्था है कि हैसियन (Hessian) संबद्ध सीमांतित सारणिक ऋणात्मक होना चाहिए।

यथा $\begin{vmatrix} 0 & \frac{\partial G}{\partial x_1} & \frac{\partial G}{\partial x_2} \\ \frac{\partial G}{\partial x_1} & \frac{\partial^2 Z}{\partial x_1^2} & \frac{\partial^2 Z}{\partial x_1 x_2} \\ \frac{\partial G}{\partial x_2} & \frac{\partial^2 Z}{\partial x_2 x_1} & \frac{\partial^2 Z}{\partial x_2^2} \end{vmatrix} < 0$

यहाँ, $\frac{\partial G}{\partial x_1} = 1, \frac{\partial G}{\partial x_2} = 1, \frac{\partial^2 Z}{\partial x_1^2} = \frac{\partial}{\partial x_1}\left(\frac{\partial Z}{\partial x_1}\right) = 4,$

$$\frac{\partial^2 Z}{\partial x_1 x_2} = \frac{\partial}{\partial x_1}\left(\frac{\partial Z}{\partial x_2}\right) = 1, \frac{\partial^2 Z}{\partial x_2 x_1} = \frac{\partial}{\partial x_2}\left(\frac{\partial Z}{\partial x_1}\right) = 1, \frac{\partial^2 Z}{\partial x_2^2} = \frac{\partial}{\partial x_2}\left(\frac{\partial Z}{\partial x_2}\right) = 2$$

$$\therefore \begin{vmatrix} 0 & 1 & 1 \\ 1 & 4 & 1 \\ 1 & 1 & 2 \end{vmatrix} = 0(8-1) - 1(2-1) + 1(1-4) = 0 - 1 - 3 = -4 < 0$$

अत: बिंदु (50, 150) पर उद्देश्यात्मक फलन न्यूनतम है।

प्रश्न 9. एक दो वस्तु उत्पादक फर्म की माँग एवं लागत वक्र इस प्रकार हैं–

$$\left.\begin{aligned} \mathbf{Q_1 = 40 - 2P_1 - P_2} \\ \mathbf{Q_2 = 35 - P_1 - P_2} \end{aligned}\right\} \text{माँग वक्र}$$

$\mathbf{C = Q_1^2 + 2Q_2^2 + 10} \Rightarrow$ **लागत वक्र**

(a) अधिकतम लाभ की प्रथम कोटि की शर्त को पूरा करने वाले उत्पादन स्तर ज्ञात करें।

(b) द्वितीय कोटि की पर्याप्तता शर्त की जाँच करें। क्या इस समस्या में एक विलक्षण अधिकतम समाधान होगा?

(c) अधिकतम लाभ का स्तर क्या होगा?

उत्तर– दिया है–

$Q_1 = 40 - 2P_1 - P_2$ ...(i)

$Q_2 = 35 - P_1 - P_2$ ...(ii)

उपरोक्त दोनों माँग वक्रों से, हम दो कीमत P_1 और P_2 निकाल सकते हैं।

दोनों समीकरणों को घटा करने पर हमें प्राप्त होता है–

$Q_1 - Q_2 = 5 - P_1 \Rightarrow P_1 = 5 - Q_1 + Q_2$

P_1 का मान समी. (ii) में रखने पर हमें प्राप्त होता है–

$P_2 = 35 - Q_2 - P_1 = 35 - Q_2 - 5 + Q_1 - Q_2 = 30 + Q_1 - 2Q_2$

यहाँ हमने मात्रा के संदर्भ में कीमत की गणना की है, हम पूर्णत: मात्रा के संदर्भ में लाभ भी प्राप्त कर सकते हैं—

$$\pi = P_1Q_1 + P_2Q_2 - Q_1^2 - Q_2^2 - 10$$
$$= (5 - Q_1 + Q_2)Q_1 + (30 + Q_1 - 2Q_2)Q_2 - Q_1^2 - Q_2^2 - 10$$
$$= 5Q_1 - Q_1^2 + Q_1Q_2 + 30Q_2 + Q_1Q_2 - 2Q_2^2 - Q_1^2 - Q_2^2 - 10$$
$$= -2Q_1^2 + 2Q_1Q_2 + 5Q_1 - 3Q_1 - 3Q_2^2 + 30Q_2 - 10$$

अब, प्रत्येक उत्पादन स्तर के सापेक्ष लाभ वक्र का अवकलन करने पर हमें प्राप्त होता है—

$$\pi_1 = -4Q_1 + 2Q_2 + 5 = 0, \pi_2 = 2Q_1 - 6Q_2 + 30 = 0$$

दोनों समीकरणों को एक साथ हल करने पर हमें प्राप्त होता है $Q_2 = \dfrac{13}{2}$

इसलिए, $-4Q_1 + 2 \times \dfrac{13}{2} + 5 = 0$ अथवा $Q_1 = \dfrac{9}{2}$

अत: उत्पादन स्तर हैं $Q_1 = \dfrac{9}{2}, Q_2 = \dfrac{13}{2}$

द्वितीय क्रम स्थिति द्वारा हमें प्राप्त होता है—

$\pi_{11} = -4, \pi_{12} = \pi_{21} = 2, \pi_{22} = -6$

इसलिए हैसियन है, $|H| = \begin{vmatrix} -4 & 2 \\ 2 & -6 \end{vmatrix} = 24 - 4 = 20 > 0$

अत: $|H_1| < 0$ और $|H_2| > 0$। अत: यह दिखाता है कि लाभ अधिकतम है। अधिकतम लाभ निकालने के लिए, हम Q_1 तथा Q_2 को समीकरण में रख सकते हैं अथवा इष्टतम कीमत निकाल सकते हैं—

$$P_1 = 5 - Q_1 + Q_2 \Rightarrow 5 - \dfrac{9}{2} + \dfrac{13}{2} = 7$$
$$P_2 = 30 + Q_1 - 2Q_2 \Rightarrow 30 + \dfrac{9}{2} - 2\left(\dfrac{13}{2}\right) = \dfrac{43}{2}$$
$$\therefore \pi_{max} = P_1Q_1 + P_2Q_2 - Q_1^2 - Q_2^2 - 10$$
$$= 7 \times \dfrac{9}{2} + \dfrac{43}{2} \times \dfrac{13}{2} - \left(\dfrac{9}{2}\right)^2 - \left(\dfrac{13}{2}\right)^2 - 10 = 98.75$$

प्रश्न 10. एक आगम अधिकतम करने वाला एकाधिकारी चाहता है कि लाभ कम से कम 1500 अवश्य हो। उसके माँग और लागत फलन ये हैं—

$P = 304 - 2q$ और

$C = 500 + 4q + 8q^2$

उसका उत्पादन और कीमत स्तर ज्ञात करें। यदि उसने अधिकतम लाभ कमाने के उद्देश्य से काम किया होता तो उस दशा में उत्पादक-कीमत स्तरों से तुलना भी करें।

[दिसम्बर-2011, प्रश्न 1]

उत्तर– यहाँ $P = 304 - 2q$, $R(q) = 304q - 2q^2$
$C = 500 + 4q + 8q^2$
लाभ $= R(q) - C$
$= 304q - 2q^2 - 500 - 4q - 8q^2$
$= 304q - 10q^2 - 4q - 500 = 300q - 10q^2 - 500$

लाभ कम से कम 1500 अवश्य होना चाहिए।

$\therefore 300q - 10q^2 - 500 \geq 1500$

या $300q - 10q^2 - 500 - 1500 \geq 0$

या $-10q^2 + 300q - 2000 \geq 0$

या $-q^2 + 30q - 200 \geq 0$

या $-q^2 + 10q + 20q - 200 \geq 0$

या $(q - 10)(-q + 20) \geq 0$

या $q \geq 10, q \leq 20$

अत:, $P = 304 - 2q = 304 - 2 \times 20 = 304 - 40 = 264$

या $P = 304 - 2q = 304 - 2 \times 10 = 304 - 20 = 284$

इसलिए, $284 \leq p \leq 264$ कीमत स्तर पर उत्पादन स्तर $10 \leq q \leq 20$ होगा।

वैकल्पिक रूप से, लाभ की उच्चिष्ठता $P = 300q - 10q^2 - 50$ शामिल है–

$\dfrac{dp}{dq} = 300 - 20q = 0 \Rightarrow q = 15$ तथा $\dfrac{dp^2}{d^2q} = -20$

अत: $\dfrac{dp^2}{d^2q} < 0$. लाभ उच्चतम है।

अब, $P = 304 - 2q = 304 - 2 \times 15 = 304 - 30 = 274$.

प्रश्न 11. $Z = 2x_1^2 - x_1 x_2 + 4x_2^2 + x_1 x_3 + x_3^2 + 2$ के चरम मान (मानों) का पता लगाइए और हर्बन आव्यूह के प्रयोग से जाँच कीजिए कि क्या चरम मान अधिकतम है/हैं या न्यूनतम।

[जून-2012, प्रश्न 3]

उत्तर– दिया है, $Z = 2x_1^2 - x_1 x_2 + 4x_2^2 + x_1 x_3 + x_3^2 + 2$ ...(i)

प्रथम क्रम स्थिति के लिए, हमें x_1, x_2 तथा x_3 के सापेक्ष समी. (i) का अवकलन तथा इसे शून्य के बराबर रखना होगा। अर्थात्

$$\frac{\partial z}{\partial x_1} = 4x_1 - x_2 + x_3 = 0, \frac{\partial z}{\partial x_2} = -x_1 + 8x_2 = 0 \text{ तथा } \frac{\partial z}{\partial x_3} = x_1 + 2x_3 = 0.$$

उपरोक्त तीनों समीकरणों को हल करने पर हमें निम्नलिखित मान प्राप्त होते हैं—

$(x_1, x_2, x_3) = (0, 0, 0)$ जिसका अर्थ है $z = 2$

हैसियन के निम्नलिखित सारणिक को प्राप्त करने के लिए द्वितीय क्रम आंशिक अवकलन को पुन: व्यवस्थित किया जा सकता है—

$$|A| = \begin{vmatrix} 4 & -1 & 1 \\ -1 & 8 & 0 \\ 1 & 0 & 2 \end{vmatrix}.$$

इसलिए $|A|$ के प्रमुख पद हैं—

$|A_{11}| = 4 > 0; |A_{22}| = \begin{vmatrix} 8 & 0 \\ 0 & 2 \end{vmatrix} = 16 > 0; |A_{33}| = |A| = 70 > 0$

फलस्वरूप, $z = 2$ निम्नतम है।

प्रश्न 12. $Z = xy$, (अधिकतम मूल्य ज्ञात करें) बशर्ते कि $x + 2y = 2$.

उत्तर— माना $f(x, y) = xy$ और $g(x, y) = x + 2y - 2$. बिंदु (x, y) जो कि $f(x, y)$ को उच्चिष्ठ करेंगे बशर्ते कि $x + 2y = 2$ वही बिंदु होंगे जो कि समीकरण $\nabla f(x, y) = \lambda \nabla g(x, y)$ और $g(x, y) = 0$ को संतुष्ट करेंगे।

अत: हम पाते हैं,

$y = \lambda$ ...(1)

$x = \lambda$ ...(2)

$x + 2y = 2$ ...(3)

समी. (1) और (2) से हम पाते हैं—

$x = y$ ...(4)

समी. (3) और (4) से हम पाते हैं $y + 2y = 2 \Rightarrow 3y = 2 \Rightarrow y = \frac{2}{3}$ अब समी. (3) से $x + 2 \times \frac{2}{3} = 2 \Rightarrow x = 2 - \frac{4}{3} \Rightarrow x = \frac{2}{3}$ और इसलिए हम पाते हैं $f\left(\frac{2}{3}, \frac{2}{3}\right) = \frac{4}{9}$

क्योंकि, $f\left(\frac{2}{3}, \frac{2}{3}\right) > f(0, 0)$

इसलिए $f(x, y)$ बिंदु $\left(\frac{2}{3}, \frac{2}{3}\right)$ पर उच्चिष्ठ होगा।

अत: अधिकतम मूल्य $= \frac{4}{9}$.

प्रश्न 13. प्रांत $-\infty < x < +\infty$ में $y = x^3 - x$ के इष्टतम मान ज्ञात कीजिए।

उत्तर– अनिवार्य प्रथम-क्रम स्थिति $\dfrac{dy}{dx} = 0$ देती है, जिसको $3x^2 - 1 = 0$ ...(i) में रूपांतरित किया जा सकता है। समी. (i) से हम इष्टतम या तो $x^* = +\dfrac{1}{\sqrt{3}}$, या फिर $x^* = -\dfrac{1}{\sqrt{3}}$ पर पहुँच जाते हैं। x के इन मानों को रखकर हमें इष्टतम y, यानी y^* प्राप्त होता है जो या तो $y^* = -0.3849$ या $y^* = 0.3849$ है।

प्रश्न 14. $y = x^3 - 2x^2 + x - 6$ के उभयांत मान ज्ञात कीजिए और निर्धारित कीजिए कि वे भूयिष्ठ हैं अथवा अल्पिष्ठ।

उत्तर– दिया है, $y = x^3 - 2x^2 + x - 6$

तब प्रथम क्रम स्थितिनुसार, $\dfrac{dy}{dx} = 3x^2 - 4x + 1 = 0$

$\Rightarrow 3x^2 - 4x + 1 = 0 \Rightarrow 3x^2 - 3x - x + 1 = 0$
$\Rightarrow 3x(x-1) - 1(x-1) = 0 \Rightarrow (3x-1)(x-1) = 0$
$\Rightarrow 3x - 1 = 0$ और $x - 1 = 0 \Rightarrow x = \dfrac{1}{3}$ और $x = 1$

अब द्वितीय क्रम-स्थिति के अनुसार, $\dfrac{d^2y}{dx^2} = 6x - 4$

यदि $x = 1$, तब $6 \times 1 - 4 = 2 > 0$

और यदि $x = \dfrac{1}{3}$ तब $6 \times \left(\dfrac{1}{3}\right) - 4 = -2 < 0$

अत: $x = 1$ पर फलन का अल्पिष्ठ प्राप्त होता है और $x = \dfrac{1}{3}$ पर फलन का भूयिष्ठ प्राप्त होता है।

प्रश्न 15. $z = x^2 - 2x - y^2$ के उभयांत मान ज्ञात कीजिए और निर्धारित कीजिए कि वे भूयिष्ठ हैं अथवा अल्पिष्ठ।

उत्तर– दिया है, $z = x^2 - 2x - y^2$

यहाँ, $f_x = \dfrac{\partial z}{dx} = 2x - 2$ और $f_y = \dfrac{\partial z}{dy} = -2y$

अब प्रथम-क्रम स्थितिनुसार–

$2x - 2 = 0 \Rightarrow x = 1$

और $-2y = 0 \Rightarrow y = 0$

अब $f_{xx} = 2 > 0$ और $f_{yy} = -2 < 0$ एवं $f_{xy} = 0$

चूँकि f_{xx} और f_{yy} दोनों 0 से अधिकतम एवं न्यूनतम नहीं हैं अत: हैसियन व्यूह के द्वारा प्रस्तुत करने पर हम प्राप्त करते हैं—

$$|H| = \begin{bmatrix} 2 & 0 \\ 0 & 2 \end{bmatrix}$$

अत: $|H_1| = f_{11} = 2 > 0$ और $|H_2| = 2 \times 2 - 0 = 4 > 0$

अत: $x = 1$ और $y = 0$ पर दिए गए फलन z का अल्पिष्ठ मान प्राप्त होता है।

प्रश्न 16. निम्नलिखित की अन्तय (extreme) कीमतें ज्ञात कीजिए।
(i) $u = x^3 + x^2 - xy + y^2 + 4.$
(ii) $f(x, y) = x^3 + y^3 - 3x - 27y + 24.$

उत्तर— (i) प्रथम कोटि अवस्थाएँ $u = x^3 + x^2 - xy + y^2 + 4$

यहाँ, $\dfrac{\partial u}{\partial x} = 3x^2 + 2x - y = 0$ ...(i)

तथा $\dfrac{\partial u}{\partial y} = -x + 2y = 0$ ...(ii)

समी. (i) तथा (ii) को हल करते हुए प्रथम कोटि अवस्थाओं (आवश्यक अवस्था) से हम दो क्रांतिक बिंदु $(0, 0)$ तथा $(-1/2, -1/4)$ पाते हैं।

इसके आगे $\dfrac{\partial^2 u}{\partial x^2} = 6x + 2, \dfrac{\partial^2 u}{\partial y^2} = 2, \dfrac{\partial^2 u}{\partial x \partial y} = -1$

यहाँ, $\dfrac{\partial^2 u}{\partial x^2}(0,0) = 2 > 0$ तथा $\dfrac{\partial^2 u}{\partial y^2} > 0$

तथा $\dfrac{\partial^2 u}{\partial x^2}\left(\dfrac{\partial^2 u}{\partial y^2}\right) - \left(\dfrac{\partial^2 u}{\partial x \partial y}\right)^2 = 2 \times 2 - (-1)^2 = 4 - 1 = 3 > 0$

अत: $(0, 0)$ u की एक न्यूनतमता के लिए अवस्था की तुष्टि करता है, बिंदु $(0, 0)$ पर न्यूनतम कीमत 4 है। इसी तरह, $(-1/2, -1/4)$ के लिए हमारे पास है—

$\dfrac{\partial^2 u}{\partial x^2} = 6(-1/2) + 2 = -1, \dfrac{\partial^2 u}{\partial y^2} = 2$

$\therefore \left(\dfrac{\partial^2 u}{\partial x^2}\right)\left(\dfrac{\partial^2 u}{\partial y^2}\right) - \left(\dfrac{\partial^2 u}{\partial x \partial y}\right)^2 = (-1)(2) - (-1)^2 = -2 - 1 = -3 < 0$

अत: $(-1/2, -1/4)$ हमें पल्याण (Saddle) बिंदु प्रदान करता है।

(ii) दिया है, $u = x^3 + y^3 - 3x - 27y + 24$

यहाँ, $\dfrac{\partial u}{\partial x} = 3x^2 - 3 = 0 \Rightarrow x^2 = 1$ अथवा $x = \pm 1$

और $\frac{\partial u}{\partial y} = 3y^2 - 27 = 0 \Rightarrow y^2 = 9$ अथवा $y = \pm 3$

तब क्रांतिक बिंदु हैं (1, 3) (1, –3) (–1, 3) (–1, –3)

(क्रांतिक बिंदु वह बिंदु होते हैं जहाँ उच्चिष्ठ बिंदु, निम्निष्ठ बिंदु अथवा पलायन बिंदु में से कोई एक बिंदु होता है।)

यहाँ, $\frac{\partial^2 u}{\partial x^2} = 9x, \frac{\partial^2 u}{\partial y^2} = 6y, \quad \frac{\partial^2 u}{\partial x \partial y} = 0.$

$\therefore (1,3)$ पर $\frac{\partial^2 u}{\partial x^2} = +9 > 0; \quad \frac{\partial^2 u}{\partial y^2} = +18 > 0$

$(1,-3)$ पर $\frac{\partial^2 u}{\partial x^2} = +9 > 0; \quad \frac{\partial^2 u}{\partial y^2} = -18 < 0$

$(-1,-3)$ पर $\frac{\partial^2 u}{\partial x^2} = -9 < 0; \quad \frac{\partial^2 u}{\partial y^2} = -18 < 0$

$(-1,3)$ पर $\frac{\partial^2 u}{\partial x^2} = -9 < 0; \quad \frac{\partial^2 u}{\partial y^2} = +18 > 0$

क्रांतिक बिंदुओं पर $\left(\frac{\partial^2 u}{\partial x^2}\right)\left(\frac{\partial^2 u}{\partial y^2}\right) - \left(\frac{\partial^2 u}{\partial x \partial y}\right)^2$:

(1 , 3) पर $9 \times 18 - 0 > 0$

(1, –3) पर $9 \times (-18) - 0 < 0$ (पल्याण बिंदु)

(–1, –3) पर $-9 \times (-18) - 0 > 0$

(–1, 3) पर $(-9) \times (18) - 0 < 0$ (पल्याण बिंदु)

$\therefore$ (1, –3) तथा (–1, 3) पर पल्याण बिंदु (Saddle point) हैं।

अतः f (1, 3) पर न्यूनतम है तथा f (–1, –3) पर अधिकतम है।

प्रश्न 17. $A = \begin{bmatrix} \alpha_1 & 0 \\ 0 & \alpha_2 \end{bmatrix}$ कोटि 2 का एक व्यापक विकर्ण आव्यूह है। इसका संगत द्विघाती समघात क्या होगा?

उत्तर– यहाँ या तो हम X^tAX का परिकलन कर सकते हैं, अर्थात्

$$X^t AX = [x \; y]\begin{bmatrix} \alpha_1 & 0 \\ 0 & \alpha_2 \end{bmatrix}\begin{bmatrix} x \\ y \end{bmatrix} = \alpha_1 x^2 + \alpha_2 y^2, \text{ या}$$

x^2 का गुणांक $= \alpha_1$, y^2 का गुणांक $= \alpha_2$, xy का गुणांक $= 0$

तब हम द्विघाती समघात के नियम से इच्छित समघात प्राप्त कर सकते हैं।

$\therefore$ इच्छित समघात $\alpha_1 x^2 + \alpha_2 y^2$ है।

प्रश्न 18. 24 सेमी. भुजा वाले वर्ग के आकार के कागज में से प्रत्येक कोने पर x सेमी. भुजा वाला वर्ग काट दीजिए और किनारों को ऊपर की ओर इस प्रकार मोड़ दीजिए कि एक खुला डिब्बा बन जाए। तब x का वह मान ज्ञात कीजिए, जिससे डिब्बे का आयतन उच्चिष्ठ हो।

उत्तर– स्पष्ट है कि एक डिब्बा बनाने के लिए $0 < x < 12$ और इस तरह बनाए गए डिब्बे की लंबाई $24 - 2x$, चौड़ाई $24 - 2x$ और ऊँचाई x होगी।

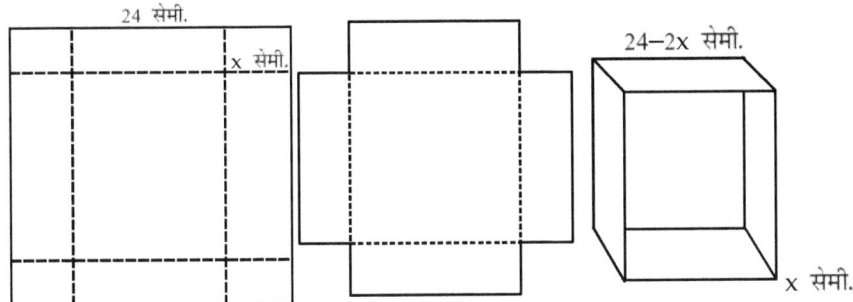

आयतन f(x), x का फलन होगा और $f(x) = (24 - x)^2 x, 0 < x < 12.$

$= 4x^3 - 96x^2 + 24^2x$

$\therefore \quad f'(x) = 12x^2 - 192x + 24^2 = 12(x - 4)(x - 12)$

अब, $f'(x) = 0 \Rightarrow x = 12$ या $x = 4$

चूँकि 12 हमारे फलन f के प्रांत में नहीं है, इसलिए 4 ही एकमात्र क्रांतिक बिंदु है।

अब $\quad f''(x) = 24x - 192$

इसलिए $f''(4) = 96 - 192 < 0$

अर्थात् $x = 4$, f का उच्चिष्ठ बिंदु है।

f का उच्चिष्ठ मान f(4) (अर्थात् डिब्बे का आयतन)= 1024 घन सेमी. है।

प्रश्न 19. फलन की अधिकतमता तथा न्यूनतमता जाँचिए।

$\mathbf{f(x, y) = 16 - (x - 2)^2 - (y - 2)^2}$

उत्तर– दिया है, $f(x, y) = 16 - (x - 2)^2 - (y - 2)^2$

माना, $u = 16 - (x - 2)^2 - (y - 2)^2$

यहाँ, $\dfrac{\partial u}{\partial x} = -2x + 4 = 0$ तथा $\dfrac{\partial u}{\partial y} = -2y + 4 = 0$

अधिकतमता/न्यूनतमता के लिए $x = 2$ तथा $y = 2$

अत: (2, 2) बिंदु पर हमारे पास उच्चिष्ठा अथवा न्यूनतमता है।

अब, $\dfrac{\partial^2 u}{\partial x^2} = -2 < 0$ अर्थात् ऋणात्मक है,

$\dfrac{\partial^2 u}{\partial y^2} = -2 < 0$ अर्थात् ऋणात्मक है,

और $\dfrac{\partial^2 u}{\partial x \partial y} = \dfrac{\partial}{\partial x}\left(\dfrac{\partial u}{\partial y}\right) = \dfrac{\partial}{\partial x}[-2y+4] = 0.$

यहाँ, $\dfrac{\partial^2 u}{\partial x^2}\left(\dfrac{\partial^2 u}{\partial y^2}\right) - \left(\dfrac{\partial^2 u}{\partial x \partial y}\right)^2 = (-2)(-2) - 0 = +4 > 0$

अत: (2, 2) पर u की अधिकतमता है।
यदि $x = 2$ तथा $y = 2$ तब $u = -x^2 + 4x - y^2 + 4y + 8$
$= -(2)^2 + 4(2) - 4 + 8 + 8 = 16$
∴ (2, 2) बिंदु पर फलन में अधिकतम कीमत है।

प्रश्न 20. ज्ञात कीजिए—

(i) $z = x^4 + 8xy + 3y^3$, dz

(ii) $z = \dfrac{(x-y)}{x+1}$

(iii) $z = f(x, y) = 6x^3 + 7y$
तथा $y = g(x) = 4x^2 + 3x + 8$

उत्तर— (i) $dz = \dfrac{\partial z}{\partial x}.dx + \dfrac{\partial z}{\partial y}.dy$

∴ $dz = (4x^3 + 8y)\,dx + (8x + 9y^2)\,dy.$

(ii) यहाँ, $\dfrac{\partial z}{\partial x} = \dfrac{(x+1)(1) - (x-y)(1)}{(x+1)^2} = \dfrac{y+1}{(x+1)^2}$

और $\dfrac{\partial z}{\partial y} = \dfrac{(x+1)(-1) - (x-y)(0)}{(x+1)^2} = \dfrac{-1(x+1)}{(x+1)^2} = \dfrac{-1}{(x+1)}$

∴ $dz = \dfrac{y+1}{(x+1)^2}.dx - \dfrac{1}{(x+1)}.dy.$

(iii) यहाँ, $\dfrac{dz}{dx} = \dfrac{\partial z}{\partial x}.\dfrac{dx}{dx} + \dfrac{\partial z}{\partial y}.\dfrac{dy}{dx}$

अब $\dfrac{\partial z}{\partial x} = 18x^2,\ \dfrac{\partial z}{\partial y} = 7$

∴ $\dfrac{dz}{dx} = 18x^2 + 7 \times \{8x + 3\}$ $\qquad\left[\therefore \dfrac{dy}{dx} = 8x + 3\right]$

$= 18x^2 + 56x + 21.$

प्रश्न 21. फलन $z = 3x^2 - xy + 2y^2 - 4x - 7y + 12$ को इष्टतम बनाएँ।

उत्तर— क्रांतिक बिंदुओं के लिए, हम प्रथम कोटि के आंशिक अवकलज ज्ञात करेंगे तथा इन्हें शून्य के बराबर रखेंगे—

$$\frac{\partial z}{\partial x} = 6x - y - 4 = 0$$

$$\frac{\partial z}{\partial y} = -x + 4y - 7 = 0$$

इन दोनों समीकरणों को हल करते हुए हम पाते हैं, $x = 1, y = 2$

अब $\frac{\partial^2 z}{\partial x^2} = 6 [>0], \frac{\partial^2 z}{\partial y^2} = +4 (>0)$

$$\frac{\partial^2 z}{\partial y \partial x} = -1, \frac{\partial^2 z}{\partial x \partial y} = -1$$

$$\therefore \frac{\partial^2 z}{\partial x^2} \cdot \frac{\partial^2 z}{\partial y^2} - \left(\frac{\partial^2 z}{\partial x \partial y}\right)^2 = 6 \times 4 - 1 = 24 - 1 = 23 > 0$$

अतः बिंदु (1, 2) पर फलन एक सापेक्ष न्यूनतम पर है।
न्यूनतम कीमत

$$z = 3(1)^2 - (1)(2) + 2(4) - 4(1) - 7(2) + 12$$
$$= 3 - 2 + 8 - 4 - 14 + 12 = 3.$$

प्रश्न 22. निम्नलिखित फलनों को इष्टतम बनाएँ—
$x + y = 72$ लेते हुए $z = 4x^2 - 2xy + 6y^2$

उत्तर— यहाँ, $F = z + \lambda [72 - x - y]$

$$\Rightarrow F = 4x^2 - 2xy + 6y^2 + \lambda [72 - x - y]$$

$$\therefore \frac{\partial F}{\partial x} = 8x - 2y - \lambda = 0$$

$$\frac{\partial F}{\partial y} = -2x + 12y - \lambda = 0$$

और $\frac{\partial F}{\partial \lambda} = 72 - x - y = 0$

यहाँ, $8x - 2y = -2x + 12y = \lambda$

$\Rightarrow 10x = 14y$

$\Rightarrow x = 1.4y$

$\therefore 72 - 1.4y - y = 0$

$\Rightarrow 2.4y = 72, \Rightarrow y = 30$

$\therefore x = 1.4\{30\} = 42$

$\therefore \lambda = 8(42) - 2(30) = 276$

$\therefore z = 4(42)^2 - 2(42)(30) + 6(30)^2 + 276(72 - 42 - 30) = 9936.$

प्रश्न 23. एक फर्म, जो कि वस्तुएँ उत्पादित करती है, का लाभ फलन है–

$\pi = 64x - 2x^2 + 4xy - 4y^2 + 32y - 14$

दोनों वस्तुओं में से हरेक के लिए लाभ अधिकतमता के लिए निर्गत का स्तर तथा अधिकतम लाभ भी ज्ञात कीजिए।

उत्तर– क्रांतिक बिंदुओं के लिए प्रथम कोटि के आंशिक अवकलज शून्य के बराबर हैं।

$\dfrac{\partial \pi}{\partial x} = 64 - 4x + 4y = 0, \ \dfrac{\partial \pi}{\partial y} = 4x - 8y + 32 = 0$

हल करने पर $x = 40$ तथा $y = 24$

यहाँ, $\dfrac{\partial^2 \pi}{\partial x^2} = -4(<0), \dfrac{\partial^2 \pi}{\partial y^2} = -8(<0), \dfrac{\partial^2 \pi}{\partial x \partial y} = 4$

$\therefore \dfrac{\partial^2 \pi}{\partial x^2} \cdot \dfrac{\partial^2 \pi}{\partial y^2} - \left(\dfrac{\partial^2 \pi}{\partial x \partial y}\right)^2 = (-4)(-8) - 16 = 32 - 16 = 16 > 0$

अत: जब $x = 40$ तथा $y = 24$ अधिकतमता की पुष्टि होती है।

यहाँ, $\pi = 64x - 2x^2 + 4xy - 4y^2 + 32y - 14$

$= 64(40) - 2(40)^2 + 4(40)(24) - 4(24)^2 + 32(24) - 14 = 1650.$

प्रश्न 24. एक फर्म दो वस्तुओं (X और Y) को निर्मित करती है और उन्हें संबंधित बाजारों में बेचती है। इन वस्तुओं के कीमत फलन क्रमश: $P_x = 26 - 2x - 2y$ और $P_y = 26 - x - 4y$ हैं जहाँ x और y वस्तुओं की मात्राएँ हैं। लागत फलन $C = x + 2y$ है। अधिकतम लाभ की स्थिति में उत्पादन की मात्राएँ ज्ञात कीजिए। यदि फर्म बाजार में दोनों वस्तुओं के लिए एक ही कीमत ले तब उस स्थिति में भी लाभ की स्थिति ज्ञात कीजिए।

उत्तर– यहाँ, कुल आय $TR = x$ से आय $R_1 + y$ से आय R_2

$\therefore TR = (26 - 2x - 2y).x + (26 - x - 4y).y$

$= 26x - 2x^2 - 2xy + 26y - xy - 4y^2$

$= 26x - 2x^2 - 3xy + 26y - 4y^2$

और कुल लागत $TC = x + 2y$

$\therefore \pi = TR - TC$

$= 26x - 2x^2 - 3xy + 26y - 4y^2 - x - 2y$

$\Rightarrow \pi = 25x - 2x^2 - 3xy + 24y - 4y^2$

अब क्रांतिक बिंदुओं के लिए

$$\frac{\partial \pi}{\partial x} = 25 - 4x - 3y = 0$$

$$\frac{\partial \pi}{\partial y} = -3x + 24 - 8y = 0$$

दोनों समीकरणों को हल करके हम पाते हैं, $y = \frac{21}{23}$ तथा $x = \frac{128}{23}$

और $\frac{\partial^2 \pi}{\partial x^2} = -4,\ \frac{\partial^2 \pi}{\partial y^2} = -8,\ \frac{\partial^2 \pi}{\partial x \partial y} = -3$

$$\therefore \frac{\partial^2 \pi}{\partial x^2} \cdot \frac{\partial^2 \pi}{\partial y^2} - \left(\frac{\partial^2 \pi}{\partial x \partial y}\right)^2 = (-4)(-8) - (-3)^2 = 32 - 9 = 23(>0)$$

अतः $x = \frac{128}{23}$ तथा $y = \frac{21}{23}$ पर उच्चिष्ठ की पुष्टि होती है।

अब यदि उत्पादक दोनों वस्तुओं की एक ही कीमत वसूल करे तब $P_x = P_y$

$\Rightarrow 26 - 2x - 2y = 26 - x - 4y$

$\Rightarrow 26 - 2x - 2y - 26 + x + 4y = 0$

$\Rightarrow -x + 2y = 0$

$\Rightarrow x - 2y = 0$ (नियंत्रित फलन)

$\Rightarrow x = 2y$

अब $\pi = 25x - 2x^2 - 3xy + 24y - 4y^2$ (वास्तविक फलन)

यहाँ, F = वास्तविक फलन + λ (नियंत्रित फलन)

$\therefore F = 25x - 2x^2 - 3xy + 24y - 4y^2 + \lambda[x - 2y]$

यहाँ, $\frac{\partial F}{\partial x} = 25 - 4x - 3y + \lambda = 0,\ \frac{\partial F}{\partial y} = -3x + 24 - 8y - 2\lambda = 0$

$\Rightarrow \lambda = 4x + 3y - 25,\ 2\lambda = -3x - 8y + 24$

$\therefore -3x - 8y + 24 = 8x + 6y - 50$

$\Rightarrow 11x + 14y = 74$

क्योंकि x = 2y (प्राप्त किया गया है)
तब, 22y + 14y = 74

$\Rightarrow 36y = 74$ अथवा $y = \dfrac{74}{36} = \dfrac{37}{18}$

$\therefore x = \dfrac{74}{18}$

अतः $x = \dfrac{74}{18}$ और $y = \dfrac{37}{18}$ रखने पर

$\pi = 25 \times \dfrac{74}{18} - 2\left(\dfrac{74}{18}\right)^2 - 3\left(\dfrac{74}{18}\right)\left(\dfrac{37}{18}\right) + 24\left(\dfrac{37}{18}\right) - 4\left(\dfrac{37}{18}\right)^2 = \dfrac{1369}{18} = 76.05$

लाभ प्राप्त किया जा सकता है।

प्रश्न 25. एक फर्म का उत्पादन फलन $Q = 8LK - L^2 - K^2, L > 0$ द्वारा दिया गया है तथा $K > 0$. श्रम (L) तथा पूँजी (K) की सीमांत उत्पादकताएँ ज्ञात कीजिए तथा प्रदर्शित कीजिए कि

$L\dfrac{\partial Q}{\partial L} + K\dfrac{\partial Q}{\partial K} = 2Q$.

उत्तर– दिया है, $Q = 8LK - L^2 - K^2$

$\therefore \dfrac{\partial Q}{\partial L} = 8K - 2L =$ श्रम की सीमांत उत्पादकता

और $\dfrac{\partial Q}{\partial K} = 8L - 2K =$ पूँजी की सीमांत उत्पादकता

$\therefore L\left[\dfrac{\partial Q}{\partial L}\right] + K\left[\dfrac{\partial Q}{\partial K}\right]$

$= 8KL - 2L^2 + 8LK - 2K^2 = 16KL - 2L^2 - 2K^2$

$= 2\left[8KL - L^2 - K^2\right] = 2Q$.

प्रश्न 26. एक उत्पादन फलन $P = \left(aK^{-\alpha} + bL^{-\alpha}\right)^{-1/\alpha}$ द्वारा दिया जाता है जहाँ a, b तथा α अचर मूल्य हैं, P = निर्गत (उत्पादन), K = पूँजी तथा L = श्रम हैं। उत्पादन दर dP ज्ञात कीजिए।

उत्तर– दिया गया उत्पादन फलन है: $P = \left(aK^{-\alpha} + bL^{-\alpha}\right)^{-1/\alpha}$

$\therefore \dfrac{\partial P}{\partial L} = -\dfrac{1}{\alpha}\left(aK^{-\alpha} + bL^{-\alpha}\right)^{-\frac{1}{\alpha}-1} \times b(-\alpha)L^{-\alpha-1}$

और $\frac{\partial P}{\partial K} = -\frac{1}{\alpha}\left(aK^{-\alpha} + bL^{-\alpha}\right)^{-\frac{1}{\alpha}-1} \times a(-\alpha)K^{-\alpha-1}$

∴ (उत्पादन दर) $dP = \frac{\partial P}{\partial L}.dL + \frac{\partial P}{\partial K}.dK$

$= L^{-\alpha-1} \times b\left(aK^{-\alpha} + bL^{-\alpha}\right)^{-\frac{1}{\alpha}-1} dL + K^{-\alpha-1} \times a\left(aK^{-\alpha} + bL^{-\alpha}\right)^{-\frac{1}{\alpha}-1} dK.$

प्रश्न 27. एक एकाधिकारी प्रतियोगिता की स्थिति में उत्पादक इस प्रकार कीमत निर्धारित करते हैं कि उनके माँग फलन निम्नलिखित हैं और कुल लागत फलन $TC = q_1^2 + 5q_1q_2 + q_2^2$ है।

जहाँ $q_1 = 14 - .25p_1$

$q_2 = 24 - .5p_2$

निर्गत उत्पादन तथा लाभ अधिकतमता के लिए निर्गत उत्पादन स्तर ज्ञात कीजिए।

उत्तर– यहाँ, $\pi = p_1q_1 + p_2q_2 - TC$

$\pi = (14 - q_1) \times 4q_1 + (24 - q_2) \times 2q_2 - q_1^2 - 5q_1q_2 - q_2^2$

$\pi = 56q_1 - 5q_1^2 + 48q_2 - 3q_2^2 - 5q_1q_2$

अब, लाभ अधिकतमता के लिए–

$\frac{\partial \pi}{\partial q_1} = 56 - 10q_1 - 5q_2 = 0$

$\frac{\partial \pi}{\partial q_2} = 48 - 6q_2 - 5q_1 = 0$

अतः हल करने पर हम पाते हैं, $q_1 = 2.75$ तथा $q_2 = 5.7$

अब $\frac{\partial^2 \pi}{\partial q_1^2} = -10 (<0), \frac{\partial^2 \pi}{\partial q_2^2} = -6 (<0)$

और $\frac{\partial^2 \pi}{\partial q_1 \partial q_2} = -5$

तब अधिकतमता के लिए $\frac{\partial^2 \pi}{\partial q_1^2}.\frac{\partial^2 \pi}{\partial q_2^2} - \left(\frac{\partial^2 \pi}{\partial q_1 \partial q_2}\right)^2 = (-10)(-6) - 25 = 60 - 25$

$= 35 > 0$

अतः जब $q_1 = 2.75$ तथा $q_2 = 5.7$ तब अधिकतमता की पुष्टि होती है।

∴ $p_1 = 56 - 4(2.75) = 45$

$p_2 = 48 - 2(5.7) = 36.6$

∴ $\pi = 45(2.75) + 36.6(5.7) - (2.75)^2 - 5(2.75)(5.7) - (5.7)^2 = 213.94$

प्रश्न 28. दो वस्तुओं x तथा y के माँग फलन हैं $p_1 = 8 - 2x$ तथा $p_2 = 14 - y^2$ तथा संयुक्त आय फलन $C = 10 + 4x + 2y$ है। एकाधिकारी की लाभ अधिकतमता के लिए उनकी मात्राएँ निर्धारित कीजिए।

उत्तर– कुल आय (TR) = $R_1 + R_2$ (एक वस्तु से आय R_1 + दूसरी वस्तु से आय R_2)

$\therefore TR = p_1 q_1 + p_2 q_2$

$\therefore TR = p_1 x + p_2 y$

$\therefore TR = (8 - 2x)x + (14 - y^2)y$

$= 8x - 2x^2 + 14y - y^3$

यहाँ, कुल लागत $TC = 10 + 4x + 2y$

$\therefore \pi = TR - TC$ (कुल आय – कुल लागत)

$= 8x - 2x^2 + 14y - y^3 - 10 - 4x - 2y$

प्रथम कोटि की अवस्था,

$\dfrac{\partial \pi}{\partial x} = 8 - 4x - 4 = 0 \Rightarrow x = 1$

तथा $\dfrac{\partial \pi}{\partial y} = 14 - 3y^2 - 2 = 0$

$\therefore y^2 = 4 \Rightarrow y = +2$ तथा -2 (-2 संभव नहीं है)

और $\dfrac{\partial^2 \pi}{\partial x^2} = -4 < 0$, $\dfrac{\partial^2 \pi}{\partial y^2} = -6y = -12 < 0$, y की धनात्मक लागत के लिए

तथा $\dfrac{\partial^2 \pi}{\partial x \partial y} = 0$

$\therefore \left[\dfrac{\partial^2 \pi}{\partial x^2}\right]\left[\dfrac{\partial^2 \pi}{\partial y^2}\right] - \left[\dfrac{\partial^2 \pi}{\partial x \partial y}\right]^2 = (-4)(-12) - 0 = 48 > 0$

अत: अधिकतमता की पुष्टि होती है।

जब $x = 1$ तथा $y = 2$

तब, $p_1 = 8 - 2x = 6$

$p_2 = 14 - y^2 = 14 - 4 = 10$

$\therefore TR = 6 + 20 = 26$

और $TC = 10 + 4 + 4 = 18$

$\therefore \pi = TR - TC$

$= 26 - 18 = 8.$

3

अध्याय

समाकलन गणित और आर्थिक प्रावैगिकी
(Integral Calculus and Economic Dynamics)

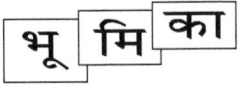

भूमिका

गणित में 'गत्यात्मक' गति की अवधि और परिवर्तन के विचारों को दर्शाता है। जब समय चर केवल असतत् मान को ग्रहण करता है, तो आर्थिक गत्यात्मक की समस्याओं को हल करने के लिए हम अंतर समीकरणों अथवा अवकल समीकरणों का प्रयोग करते हैं। इस प्रक्रिया में सजातीय एवं विजातीय उदाहरणों को लेते हुए प्रथम एवं द्वितीय क्रम रेखीय अंतर समीकरणों अथवा अवकल समीकरणों के हलों पर विचार किया जाता है।

प्रश्न 1. प्रावैगिकी से आप क्या समझते हैं?

उत्तर— समय के साथ परिवर्तनशील घटनाओं को प्रावैगिकी विश्लेषण के कार्यक्षेत्र में रखा जाता है। किसी भी प्रावैगिकी अर्थशास्त्रीय प्रतिमान में मूल उद्देश्य किसी चर के समय-पथ की पहचान उसकी परिवर्तन दर के आधार पर करनी होती है। उदाहरण के लिए, किसी देश की राष्ट्रीय आय y समय के साथ बदल जाती है। इस परिवर्तन की दर को देखने के लिए हमें समय के अनुसार से उसके परिवर्तन को देखने तथा y द्वारा अपनाए गए समय-पथ को ज्ञात करने की आवश्यकता पड़ती है। इस प्रकार, यदि हम अवकलन $\dfrac{dy}{dt}$ जानते हैं, तो समाकलन की तकनीक का प्रयोग कर $y = y(t)$ जैसे फलन पर पहुँच पाना संभव हो जाता है, जो कि अवकलन प्रक्रिया का विपरीत होता है।

प्रावैगिकी प्रयोग प्रायः अवकलन एवं अवकल समीकरणों की सहायता से किए जाते हैं। 'समय' को स्वतंत्र चर के रूप में लेकर उनके हल प्राप्त करने का प्रयास किया जाता है। सरल समाकल, अनिश्चित व निश्चित दोनों, आर्थिक प्रावैगिकी की कुछ महत्त्वपूर्ण संकल्पनाओं को परिभाषित करने हेतु अनेक प्रसंगों में मदद करते हैं।

प्रश्न 2. समाकलन की अवधारणा को स्पष्ट कीजिए। इसकी विभिन्न विधियों का उल्लेख कीजिए।

उत्तर— अवकलन के व्युत्क्रम प्रक्रम को समाकलन कहते हैं (Integration is the reverse process of differentiation)। अवकलन में दिए हुए फलन का अवकल गुणांक ज्ञात करते हैं। समाकलन में उन फलनों को ज्ञात किया जाता है जिनका अवकल गुणांक दिया हुआ फलन होता है। जिस फलन का समाकलन किया जाता है, उसे समाकल्य कहते हैं। समाकलन द्वारा प्राप्त फलन को समाकल कहते हैं। $\int f'(x)dx = f(x)$ में (x) समाकल्य है और $f(x)$ समाकल है। यदि फलन की किसी अचर मूल्य (constant) से गुणा हो या भाग हो तो समाकलन करते समय उसे समाकलन चिह्न $\left(\int\right)$ से बाहर निकाल लेते हैं। उदाहरण के लिए,

$$\int af(x)\,dx = a\int f(x)dx$$

अवकलन, फलन $F(x)$ में अवकलज $F'(x)$ को ज्ञात करने की प्रक्रिया है। अवकलन की प्रक्रिया के विपरीत कार्य करने को तथा अवकलज से मूल फलन ज्ञात करने को समाकलन अर्थात् प्रति (anti) अवकलन कहते हैं। पाए गए मूल फलन $F(x)$ को समाकल अर्थात् $F'(x)$ का प्रति अवकलज कहते हैं।

माना कि $f(x) = F'(x)$, $f(x)$ के प्रति अवकलज को गणितानुसार $\int_{a}^{b} f(x)dx = F(x) + c$ के रूप में व्यक्त किया जाता है।

अवकलन गणित से हमने दिए हुए फलनक $f(x)$ के अवकलन गुणांक $f'(x)$ का गणन करना सीखा है, जिस प्रक्रिया को $\dfrac{d}{dx}[f(x)] = f'(x)$ अथवा $d[f(x)] = f'(x)dx$ द्वारा पहचाना जाता है।

समाकलन गणित (integral calculus) में प्रश्न (problem) प्रतिलोम संक्रिया (inverse operation) पर निर्भर करता है अर्थात् ऐसा फलन ज्ञात करना जिसका अवकल फलन $f'(x) = F(x)$ दिया गया है।

$$d[f(x)] = f'(x)dx = F(x)dx$$

$$\int f'(x)dx = \int F(x)dx = f(x)$$

$f'(x)$ का समाकल अथवा $F(x)dx$ बराबर है $f(x)$ के

यदि, $f(x) = e^x$ तब, $f'(x)dx = e^x dx$

$$\int e^x dx = e^x$$

यदि फलन $f(x)$ का x से संबंधित अवकल $g(x)$ है, तब हम यह कहेंगे कि $g(x)$ का समाकल (integral) $f(x)$ है तथा हम इसे लिखते हैं: $\int g(x)dx = f(x)$

यदि $f(x)$ एक सतत् फलन है और इसकी सततता अंतराल (a, b) में है तथा यह फलन अवकलन करने योग्य है और $\frac{d}{dx} f(x) = F(x)$ तब फलन $F(x)$ का $f(x)$ अपरिमित समाकल होगा। उदाहरण के लिए–

$$\frac{d}{dx}\log x = \frac{1}{x} \text{ और } \int \frac{1}{x} dx = \log x + c$$

समाकलन की निम्न विधियाँ इस प्रकार हैं–

- **स्थानापन्न विधि (Method of Substitution)**–यदि किसी फलन $f(x)$ को इस प्रकार व्यक्त किया जा सके कि $f(x) = g(t).\frac{dt}{dx}$ जहाँ किसी अन्य फलन $t = \phi(x)$ के लिए G(f), g(t) का प्रति अवकल गुणांक आसानी से प्राप्त किया जा सकता है।

  $$\frac{d}{dx}G\{\phi(x)] = \frac{d}{dx}G(t) = G'(t).\frac{dt}{dx} = g(t).\frac{dt}{dx} = f(x)$$

  x के दो गुणन अथवा भाग की दशा वाले अवकल फलनों जैसे कि $\int 12x^2\left(x^3+2\right)$ का समाकलन साधारण नियमों द्वारा सीधे तरीके से नहीं किया जा सकता तथापि यदि एक समाकल्य (integrand) को दूसरे समाकल्य के अचर गुणनफल फलन U तथा अवकलन $\frac{du}{dx}$ द्वारा व्यक्त किया जा सके तो प्रतिस्थापन क्रिया (substitution) द्वारा समाकल्य $f(x)$ को U के फलन तथा उसके अवकल $\frac{du}{dx}$ द्वारा प्रस्तुत करके, x से संबंधित समाकलित करते हुए, समाकलन किया जा सकता है।
- **विभाजन विधि**–जब कोई फलन दो फलनों का गुणन हो तथा प्रतिस्थापन के तरीके द्वारा सीधे मूल्यांकित न हो सकता हो तब हम समाकलन करते समय विभाजन विधि

का प्रयोग करते हैं। विभाजन विधि द्वारा समाकलन के लिए नियम एक गुणन के अवकलन नियम के प्रतिलोम (inverse) पर आधारित है। माना U और V दो फलन हैं जिनका गुणन दिया है और उसका समाकलन करना है, उस स्थिति में हम पहला फलन वह लेते हैं जिसका सरलता से अवकलज प्राप्त हो सके और दूसरा फलन वह लिया जाता है जिसका आसानी से समाकलन किया जा सके। निम्न सूत्र लगाकर समाकलन किया जा सकता है।

विभाजन विधि = पहला फलन × दूसरे फलन का समाकलन $-\int$ पहले फलन का अवकलज × दूसरे फलन का समाकलन।

पहला फलन प्रायः वह लिया जाता है जो अवकलन के बाद समाप्ति की दिशा में बढ़े।

यदि u तथा v, x के फलन हैं, तब गुणन के अवकलन के लिए प्रयोग होने वाले नियम से—

$$\frac{d}{dx}(uv) = u\frac{dv}{dx} + v\frac{du}{dx} \Rightarrow u\frac{dv}{dx} = \frac{d}{dx}(uv) - v\frac{du}{dx}$$

समाकलन करते हुए—

$$\int u\frac{dv}{dx}dx = \int \frac{d}{dx}(uv) - \int v\frac{du}{dx}dx \Rightarrow \int u\frac{dv}{dx}dx = uv - \int v\frac{du}{dx}dx$$

माना कि $w = \frac{dv}{dx}$, तब x से संबंधित समाकलन करते हुए $\int w\, dx = v$

$$\int u.w\, dx = u.\int w\, dx - \int \left\{\frac{du}{dx}(w\, dx)\right\}dx$$

यह गुणनफल के दो फलनों का विभाजन द्वारा समाकलन करने का नियम है।

- **आंशिक भिन्न विधि (Method of Partial Fraction)**—ऐसे फलन जो $\frac{f(x)}{\phi(x)}$ के आकार के हैं और $f(x)$ की कोटि $\phi(x)$ की कोटि से कम हैं तब वे फलन उचित फलन कहलाते हैं, उनका समाकलन सरलता से हो जाता है परंतु स्थिति विपरीत हो अर्थात् $f(x)$ की कोटि $\phi(x)$ से अधिक हो तब उस दशा में या तो भाग देकर अथवा $f(x)$ को गुणनखंड द्वारा रेखीय गुणन में तोड़ कर उसे समाकलन योग्य बना लेते हैं। इस विधि को हम आंशिक भिन्न विधि कहते हैं।

प्रश्न 3. अनिश्चित समाकलन से क्या अभिप्राय है? इसके विभिन्न गुणधर्म बताइए।

उत्तर— ज्यामितीय दृष्टि से अनिश्चित समाकलन वक्रों के परिवार का समूह है जिसमें प्रत्येक सदस्य y अक्ष के अनुदिश ऊपर की तरफ अथवा नीचे की तरफ स्वयं के समांतर स्थानांतरित करके प्राप्त किया जा सकता है।

माना कि $f(x) = 2x$ तो $\int f(x)dx = x^2 + C$ तथा C के विभिन्न मानों के लिए हम विभिन्न समाकलन पाते हैं। परंतु ज्यामितीय दृष्टि से ये सभी समाकलन समान हैं। इस प्रकार

$y = x^2 + C$, जहाँ C एक स्वेच्छ अचर है, समाकलनों के एक परिवार को निरूपित करता है। C, को विभिन्न मान प्रदान करके हम परिवार के विभिन्न सदस्य प्राप्त करते हैं। इन सबका सम्मिलित रूप अनिश्चित समाकलन है। स्पष्टतया प्रत्येक समाकलन एक परवलय को निरूपित करता है जिसका अक्ष y-अक्ष के अनुदिश है।

अनिश्चित समाकलन के कुछ गुणधर्म निम्नलिखित हैं–

(i) $\int [f(x) + g(x)] dx = \int f(x) dx + \int g(x) dx$

(ii) किसी भी वास्तविक संख्या k, के लिए $\int k f(x) dx = k \int f(x) dx$

अधिक व्यापकत:, यदि $f_1, f_2, f_3, ..., f_n$ फलन हैं तथा $k_1, k_2, ..., k_n$ वास्तविक संख्याएँ हैं तो

$\int [k_1 f_1(x) + k_2 f_2(x) + ... + k_n f_n(x)] dx$
$= k_1 \int f_1(x) dx + k_2 \int f_2(x) dx + ... + k_n \int f_n(x) dx$

प्रश्न 4. सीमांकित समाकलन अथवा निश्चित समाकलन से आप क्या समझते हैं? निश्चित समाकल संक्रिया के प्रमुख नियम क्या हैं?

अथवा

समाकलन गणित में मूल प्रमेय क्या है?

उत्तर– यदि $\int F(x) dx = f(x)$ तब उस स्थिति में $\int_a^b F(x) dx$ का अर्थ है $\{f(x)\}_a^b = f(b) - f(a)$ जहाँ a और b फलन की दो सीमाएँ हैं जिन्हें क्रमश: न्यून सीमा (lower limit) और उच्च सीमा (upper limit) कहते हैं। इस स्थिति में $\int_a^b F(x) dx$ को निश्चित समाकलन कहते हैं।

अत: $\int_a^b F(x) dx = f(b) - f(a)$

समाकलन $\int_a^b F(x) dx$ a से b तक F(x) का सीमांकित समाकल कहलाता है। संख्याएँ a तथा b, F(x) की सीमाएँ कहलाती हैं, a निचली सीमा कहलाती है तथा b ऊपरी सीमा कहलाती है। समाकलन के अचर मूल्य का सीमांकित अवकलन की किसी भी स्थिति में कोई महत्त्व नहीं है।

नोट– a से b के बीच में f(x) का सीमांकित समाकल $\int_a^b f(x) dx$ द्वारा द्योतित होता है। यदि एक फलन f सीमा [a, b] के सीमित अंतराल में सतत् (continuous) है तथा $\int f(x) dx = \phi(x)$, तब $\int_a^b f(x) dx = |\phi(x)|_a^b = \phi(b) - \phi(a)$

यह समाकलन गणित (Integral Calculus) का मूल प्रमेय (Fundamental theorem) कहलाता है।

निश्चित समाकल संक्रिया के प्रमुख नियम निम्नलिखित हैं–

नियम 1: यदि दो प्रतिबंधक समान हों तो समाकल का मान शून्य होगा।

$$\int_a^b f(x)dx = 0$$

नियम 2: समाकलन के प्रतिबंधकों को पलट देने से समाकल का चिह्न बदल जाता है।

$$\int_a^b f(x)dx = -\int_b^a f(x)dx$$

नियम 3: निश्चित समाकल को उपसमाकलों के योग के रूप में व्यक्त किया जा सकता है।

$$\int_a^c f(x)dx = \int_a^b f(x)dx + \int_b^c f(x)dx$$

नियम 4: $\int_a^b -f(x)dx = -\int_a^b f(x)dx$

नियम 5: $\int_a^b Kf(x)dx = K\int_a^b f(x)dx$

नियम 6: $\int_a^b [f(x) \pm g(x)]dx = \int_a^b f(x)dx \pm \int_a^b g(x)dx.$

प्रश्न 5. निश्चित समाकल के आर्थिक अनुप्रयोग बताइए।

उत्तर– निश्चित समाकल के आर्थिक अनुप्रयोग निम्नलिखित हैं–

- **उपभोक्ता की बचत–**मार्शल ने अपने तुष्टिगुण विश्लेषण में यह माना है कि प्रत्येक उपभोक्ता विवेकशील है और वह अपने सीमित साधनों से अधिकतम संतुष्टि प्राप्त करना चाहता है। तुष्टिगुण की माप की जा सकती है और इसे मुद्रा द्वारा मापकर गणनावाचक संख्या में व्यक्त किया जा सकता है। मुद्रा की सीमांत उपयोगिता स्थिर रहती है। किसी वस्तु के उपभोग से वंचित रहने की अपेक्षा उपभोक्ता उसके लिए जितनी मुद्रा देने के लिए तैयार है और जितनी मुद्रा वास्तव में अदा करता है, दोनों का अंतर उपभोक्ता की बचत कहलाता है। उपभोक्ता की बचत कुल तुष्टिगुण और कुल विनिमय मूल्य का अंतर है।

  उपभोक्ता की बचत = कुल तुष्टिगुण - कुल कीमत = सीमांत तुष्टिगुण फलन का समाकलन - वस्तु की प्रति इकाई कीमत × उपभोग इकाइयों की संख्या

  कुल तुष्टिगुण = माँग फलन का समाकलन = $\int_0^{x_0} f(x)dx$

  कुल कीमत = $p_0 \times x_0$

डॉ. मार्शल के अनुसार, "कीमत में वह अधिकता, जो कोई उपभोक्ता एक वस्तु के बिना उपयोग के स्थान पर सीमित क्रय के लिए वास्तविक व्यय करता है इस अतिरेक तुष्टिकरण की आर्थिक माप कहलाती है। इसे उपभोक्ता अतिरेक भी कहा जा सकता है।"

मान लीजिए कि $p = f(x)$ एक वस्तु का माँग फलन है तथा उपभोक्ता वस्तु की x_0 मात्रा को p_0 कीमत $[p_0 = f(x_0)]$ पर क्रय करता है। इसका यह अर्थ है कि p_0 कीमत पर x_0 मात्रा का उपभोक्ता क्रय करने तथा उत्पादक विक्रय करने के लिए तैयार हैं।

अत: उपभोक्ता का व्यय = $p_0 x_0$

ऐसे उपभोक्ता भी हैं जो p_0 से अधिक कीमत देने को तैयार हैं। x मात्रा का क्रय कर चुके ये उपभोक्ता और अधिक मात्रा dx को कीमत $f(x)$ पर क्रय करने को तैयार होंगे। अत: व्यय $f(x)dx$ होगा। अत: कुल व्यय जो वे x_0 मात्रा के लिए देने को तैयार होंगे: $\int_0^{x_0} f(x)dx$

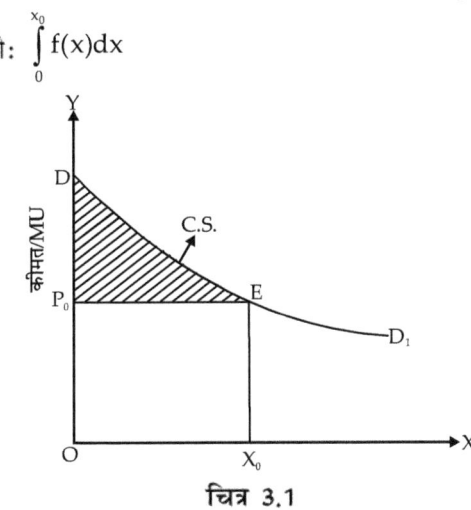

चित्र 3.1

इसलिए उपभोक्ता अधिशेष है C.S. = $\int_0^{x_0} f(x)dx - p_0 x_0$

= उपभोक्ता की कुल कीमत – विनिमय की कुल कीमत

= कुल उपयोगिता – कुल दत्त मूल्य

= ΣMU – कीमत × क्रय किए एकांकों की संख्या

∴ उपभोक्ता अधिशेष = क्षेत्रफल $ODEX_0$ – क्षेत्रफल OP_0EX_0 = $\int_0^{x_0} p.dx - p_0 x_0$

- **पूँजी गठन**—पूँजी गठन का अर्थ है एक निश्चित अवधि में वास्तविक पूँजी के स्टॉक में परिवर्तन।

पूँजी गठन की दर = $\dfrac{dK}{dt}$, यदि हम पूँजी गठन की दर का समाकलन ज्ञात करते हैं तब उस स्थिति में पूँजी स्टॉक प्राप्त होगा।

एक विशेष समयावधि में, अर्थशास्त्र में पूँजी गठन की दर उस समयावधि में हुए वास्तविक निवेश के समान होती है।

$$\frac{dK}{dt} = I(t)$$

यदि हमें कुल पूँजी स्टॉक का गणन करना है, तब हम पूँजी निर्माण फलन दर का समाकलन करते हैं।

$$K(t) = \int I(t)dt = \int \frac{dK}{dt} \times dt \Rightarrow K(t) = \int dK.$$

- **चक्रवृद्धि ब्याज के अंतर्गत वर्तमान मूल्य अथवा अवमूल्यित मान**—पूँजी सिद्धांत में एक मूल अवधारणा धन की एक निर्दिष्ट राशि का वर्तमान अथवा अवमूल्यित अथवा पूँजीगत मान है जो कि किसी भावी तिथि पर उपलब्ध होगा। यदि वार्षिक ब्याज दर (r) 100 प्रतिशत है, तो अगले वर्ष उपलब्ध x रुपए का वर्तमान मूल्य Y होगा $\frac{x}{1+r}$, क्योंकि अब $\left(\frac{x}{1+r}\right)$ रुपए निर्धारित 100 प्रतिशत की वार्षिक ब्याज दर से एक वर्ष बाद x रुपए हो जाएँगे। इसी प्रकार, t वर्षों हेतु उपलब्ध x रुपए का वर्तमान मूल्य होगा—

$$Y = \frac{x}{(1+r)^t}$$

यदि ब्याज प्रति वर्ष 100 प्रतिशत पर एक वर्ष n बार संयोजित किया जाता है तो वर्तमान मूल्य होगा—

$$Y = \frac{x}{\left(1+\frac{r}{n}\right)^{nt}} = x\left(1+\frac{r}{n}\right)^{nt} \qquad \ldots(i)$$

यदि ब्याज अविरत रूप से संयोजित किया जाता है, तो $n \to \infty$ और समी. (i) का अविरत प्रस्थानी हो जाता है—

$$Y = x\, e^{-rt}$$

परिणाम प्रयोग करने पर: $\lim_{n\to\infty}\left(1+\frac{k}{n}\right)^{nx} = e^{kx}.$

अब एक परियोजना पर विचार कीजिए जो t = 1, 2, ..., T के लिए भावी अवधि t पर आय x(t) देती है। यथा, 7 वर्षों के लिए परियोजना से जुड़ा आय प्रवाह है: x(1), x(2), ..., (x)T वार्षिक संयोजित ब्याज पर इस आय प्रवाह का वर्तमान या अवमूल्यित मान है—

$$Y = \sum_{t=1}^{T} \frac{x(t)}{(1+r)^t} \qquad \ldots(ii)$$

जब आय प्रवाह अवधि T तक x(t) प्रति अवधि की दर से अविरत होता है और ब्याज अविरत रूप से संयोजित किया जाता है तो वर्तमान मूल्य का व्यंजक होता है—

$$Y = \int_0^T x(t)e^{-rt}dt \qquad ...(iii)$$

यहाँ वर्तमान मूल्य का परिमाण आय-प्रवाह विस्तार के वर्षों की संख्या (समय क्षितिज) और ब्याज दर (बट्टा कारक) पर निर्भर करता है।

हमें T अवधियों हेतु उपलब्ध राशि x(T) के वर्तमान मूल्य तथा इस प्रकार अवधि T तक आय का प्रवाह x(t) प्रति अवधि के वर्तमान मूल्य के बीच भेद को ध्यान में रखना चाहिए। चित्र 3.2 में, पूर्ववर्ती t = T पर भुजमान है, जबकि परवर्ती t = T तक वर्ग के अंतर्गत छायांकित क्षेत्र है।

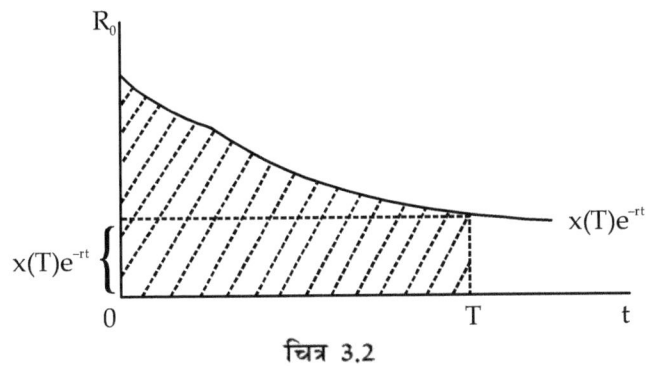

चित्र 3.2

ब्याज का एक विशिष्ट उदाहरण सदा के लिए एक नियत आय R रुपए देने वाली एक परिसंपत्ति (कोई बंधपत्र या भूखंड) का मूल्यनिर्धारण है। इस प्रकार की परिसंपत्ति का बाजार मूल्य Y बेमियादी उपज का वर्तमान मूल्य है।

$$Y = \int_0^\infty Re^{-rt}dt = R\int_0^\infty e^{-rt}dt$$

विषम समाकलों के मूल्यांकन हेतु नियम को स्मरण करते हुए—

$$\int_0^\infty e^{-rt}dt = \lim_{b \to \infty}\int_0^b e^{-rt}dt = \lim_{b \to \infty}\left(-\frac{1}{r}e^{-rb} + \frac{1}{r}\right) = \frac{1}{r}$$

इस प्रकार, बाजार मूल्य है—

$$Y = \frac{R}{r}.$$

प्रश्न 6. अवकलन समीकरण क्या होते हैं? विस्तार से समझाइए।

उत्तर— अवकलन समीकरण वह समीकरण होता है जिसमें आश्रित तथा स्वतंत्र चलराशियाँ होती हैं तथा आश्रित चर मूल्यों के एक या एक से अधिक स्वतंत्र चर मूल्यों के सापेक्ष में विभिन्न गुणांक होते हैं।

उदाहरण के लिए: $F(x, y^1, y^{11} \ldots\ldots\ldots\ldots y^{(n)}) = 0$

अथवा $F\left\{x, f(x), \dfrac{dy}{dx}, \dfrac{d^2y}{dx^2}\ldots\ldots\ldots\right\} = 0$

एक अवकलन समीकरण का क्रम उस समीकरण में शामिल विभिन्न गुणांकों का उच्चतम क्रम होता है। कोई भी समीकरण एक रेखीय कहलाएगा जब आश्रित चल राशियों के गुणांक प्रथम कोटि के हों, अन्यथा वह गैर-रेखीय (non-linear) कहलाएगा।

परिभाषा—अंतराल I पर परिभाषित वास्तविक अथवा संमिश्र मान फलन $y = \phi(x)$ को अवकल समीकरण $g(x, y, y', \ldots\ldots\ldots, y^{(n)}) = 0$ का हल या समाकल कहा जाता है यदि $\phi(x)$, n बार अवकलनीय हो और यदि I के सभी x के लिए $x, \phi(x), \phi'(x), \ldots\ldots\ldots, \phi^{(n)}(x)$ इस समीकरण को संतुष्ट करते हों।

उदाहरण के लिए, सीमांत आय $(MR) = \dfrac{dR}{dx}$ अर्थात् कुल आय फलन का अवकलज (Differential) सीमांत आय होता है।

$MR = \dfrac{dR}{dx}$ जहाँ R कुल आय फलन और x उत्पादन की मात्रा है।

$\dfrac{dR}{dx} = f(x)$

इस समीकरण में स्वतंत्र चर मूल्य x तथा आश्रित चर मूल्य R का x के सापेक्ष अवकलज $\dfrac{dR}{dx}$ है, यह समीकरण अवकलन समीकरण कहलाता है।

यदि अवकलन समीकरण के दोनों पक्षों का समाकलन (integration) कर दिया जाए तब आश्रित चर मूल्य और स्वतंत्र चर मूल्य के बीच फलनात्मक संबंध प्राप्त हो जाता है, उदाहरण के लिए—

$\dfrac{dR}{dx} = 2 - 3x + x^2$ (अवकलज समीकरण)

$\int dR = \int (2 - 3x + x^2) dx$

$R = 2x - \dfrac{3x^2}{2} + \dfrac{x^3}{3} + K$

जब $x = 0, R = 0$

$\therefore 0 = 0 - 0 + 0 + K \Rightarrow K = 0$

$\therefore R = 2x - \dfrac{3x^2}{2} + \dfrac{x^3}{3}$ (आय फलन)

अवकलन समीकरण एक ऐसा समीकरण है जो कि एक फलन $Y = f(t)$ और इसके एक अथवा अधिक अवकलजों के साथ व्यक्त अथवा अंतर्निहित संबंध रखता है। अवकलन

समीकरण के उदाहरणों के अंतर्गत $\frac{dy}{dt} = 5t + 9$, $y^1 = 12y$ अथवा $y^{11} - 2y^1 + 19 = 0$ ले सकते हैं।

ऐसे समीकरण जिनमें एक मात्र स्वतंत्र चर हो जैसे कि ऊपर हैं, वे साधारण अवकलन समीकरण कहलाते हैं। एक अवकलन समीकरण का समाकलन अथवा हल बिना अवकलज अथवा अवकलन का समीकरण होता है जो कि अंतराल के आधोपांत परिभाषित होता है तथा अवकलन समीकरण को स्वतंत्र चर मूल्यों की सभी कीमतों पर संतुष्ट करता है। अवकलन समीकरण की घात वह अधिकतम कोटि होती है जो समीकरण में उच्चतम अवकलज की कोटि होती है। अवकलन समीकरण की घात, उच्चतम अवकलज की घात के बराबर होती है।

अवकलन समीकरणों की घात को नीचे दर्शाया गया है–

(i) $\left(\frac{dy}{dt}\right)^4 - 5t^5 = 0$ प्रथम कोटि, चौथी घात

(ii) $\frac{d^2y}{dt^2} + \left(\frac{dy}{dt}\right)^3 + t^2 = 0$ द्वितीय कोटि, प्रथम घात

अवकलन समीकरणों को दो भागों में बाँटा जा सकता है–

(क) सामान्य अवकलन समीकरण, और (ख) आंशिक अवकलन समीकरण

एक अवकलन समीकरण का हल जिसमें स्वतंत्र काल्पनिक स्थिरांक अवकलन समीकरण के क्रम के बराबर हों तो उसे सामान्य हल कहा जाता है। सामान्य हल में स्थिरांकों (constants) को यदि कोई विशेष मूल्य दिया जाता है तो समीकरण विशेष हल कहा जाता है। एक ऐसा हल जिसमें कोई कृत्रिम स्थिरांक न हो तथा इसके बिना पूर्ण निकालना संभव न हो तो उस हल को आंशिक हल (singular solution) कहा जाता है।

एक अवकलन समीकरण का हल अथवा समाकलन एक आश्रित तथा स्वतंत्र चर है, जिसमें उसके अवकलन गुणांक सम्मिलित न हों, लेकिन दिए गए अवकलन समीकरण को संतुष्ट करें। अलग-अलग अवकलन समीकरणों के अलग-अलग हल होते हैं। अवकलन समीकरण के व्यापक हल में समीकरण की कोटि के बराबर विवेकाधीन अचर अवश्य होने चाहिए। अवकलन समीकरण का एक विशेष हल, वह हल है जो व्यापक हल में विवेकाधीन अचरों को विशेष कीमत लगाकर पाया जाए। जी.पी.एच. की पुस्तकों का मुख्य उद्देश्य ज्ञान के साथ-साथ अच्छे नम्बर दिलाना है।

प्रश्न 7. प्रथम तथा द्वितीय कोटि रैखिक अवकल समीकरण को किस प्रकार हल किया जाता है?

अथवा

रैखिक प्रथम-कोटि अवकल समीकरण को लिखिए और इनके सामान्य समाधान को निकालें।   [दिसम्बर-2012, प्रश्न 1 (a)]

उत्तर– प्रथम कोटि रैखिक अवकल समीकरण– हम अवकल समीकरण को रैखिक कहते हैं, यदि आश्रित चर और इसके सभी समाकलज केवल प्रथम घात में हों और जिसमें ऐसा कोई पद न हो जो इन दोनों का गुणनफल हो।

उदाहरण के लिए, समीकरण $\dfrac{dy}{dx} + \dfrac{2y}{x} = x^3$ और $\dfrac{d^2y}{dx^2} + \dfrac{dy}{dx} = x\sin x$ रैखिक अवकल समीकरण है पर $y\dfrac{dy}{dx} + x^2 = 10$ रैखिक अवकल समीकरण नहीं है, क्योंकि इसमें पद $y\dfrac{dy}{dx}$ है।

प्रथम कोटि के रैखिक अवकल समीकरण का व्यापक रूप यह है–

$$a(x)\dfrac{dy}{dx} = b(x)y + c(x) \qquad \ldots(1)$$

जहाँ $a(x)$, $b(x)$ और $c(x)$ किसी अंतराल $I \subseteq R$ में संतत वास्तविक मान फलन है।

यदि $c(x)$ अभिन्नत: (identically) शून्य हो, तो समी. (1) निम्नलिखित रूप का हो जाता है–

$$a(x)\dfrac{dy}{dx} = b(x)y \qquad \ldots(2)$$

समी. (2) को रैखिक समघात अवकल समी. (Linear homogeneous differential equation) कहा जाता है। यदि $c(x)$ शून्य नहीं है तो समी. (1) को असमघात (non-homogeneous) रैखिक अवकल समीकरण कहा जाता है। यदि x के मानों के लिए $a(x) \neq 0$ तो समी. (1) को $a(x)$ से भाग देने पर इसे और अधिक उपयोगी रूप

$$\dfrac{dy}{dx} + P(x)y = Q(x) \qquad \ldots(3)$$

में रखा जा सकता है, जहाँ P और Q केवल x वाले फलन या अचर हैं।

सामान्यत: समी. (3) यथातथ नहीं होता पर, हम सदा ही एक ऐसा समाकलन गुणक $\mu(x)$ प्राप्त कर सकते हैं जो इस समीकरण को यथातथ समीकरण बना देता है जो कि रैखिक समीकरणों का एक उपयोगी गुणधर्म है।

मान लीजिए कि समी. (3) को निम्नलिखित अवकल रूप में लिखा गया है–

$$dy + [P(x)y - Q(x)]dx = 0 \qquad \ldots(4)$$

मान लीजिए $\mu(x)$ समी. (4) का एक समाकलन गुणक है।

तब $\mu(x)dy + \mu(x)[P(x)y - Q(x)]dx = 0 \qquad \ldots(5)$

हम यह जानते हैं कि समी. (5) एक यथातथ अवकल होता है, यदि

$$\dfrac{\partial}{\partial x}[\mu(x)] = \dfrac{\partial}{\partial y}[\mu(x)\{P(x)y - Q(x)\}] \qquad \ldots(6)$$

या $\dfrac{d\mu}{dx} = \mu P(x)$

यह एक पृथक्करणीय समीकरण है जिससे हम $\mu(x)$ ज्ञात कर सकते हैं। यहाँ

$$\frac{d\mu}{\mu} = P(x)dx \Rightarrow ln|\mu| = \int P(x)dx \qquad \ldots(7)$$

जिससे पता चलता है कि $\mu(x) = e^{\int P(x)dx}$ समी. (4) का एक समाकलन गुणक है। वस्तुतः $\mu(x)$ ज्ञात करने में $Q(x)$ का कोई महत्त्व नहीं है, क्योंकि समी. (6) से हम यह पाते हैं कि $\frac{\partial}{\partial y}\{\mu(x) Q(x)\} = 0$. इस तरह $\int e^{P(x)dx}dy + \int e^{P(x)dx}[P(x)y - Q(x)]dx$ और $e^{\int P(x)dx} + \int e^{P(x)dy}P(x)dx$ दोनों ही यथातथ अवकल हैं।

अब हम समी. (3) को निम्नलिखित रूप में लिखते हैं—

$$e^{\int Pdx}\left(\frac{dy}{dx} + Py\right) = Qe^{\int Pdx}$$

जिसे इस रूप में भी लिखा जा सकता है: $\frac{d}{dx}\left(y\, e^{\int Pdx}\right) = Q\, e^{\int Pdx}$

इस समीकरण का समाकलन करने पर हमें प्राप्त होता है—

$y\, e^{\int Pdx} = \int Q\, e^{\int Pdx}dx + \alpha$, जहाँ α एक समाकलन अचर है।

$$\therefore y = e^{-\int Pdx} . \int Qe^{\int Pdx}dx + \alpha e^{-\int Pdx} \qquad \ldots(8)$$

आदि मान समस्या में आदि प्रतिबंधों को लागू करके समी. (8) में अचर α ज्ञात किया जा सकता है। संबंध (8) से समी. (3) का व्यापक हल प्राप्त हो जाता है और इसका प्रयोग समी. (3) के रूप के समीकरणों का हल प्राप्त करने के लिए एक सूत्र के रूप में किया जा सकता है।

यदि हमें रैखिक समघात समीकरण का व्यापक हल प्राप्त करना हो तो समी. (8) में $Q = 0$ रखकर इसे $y = \alpha\, e^{-\int Pdx}$ के रूप में प्राप्त किया जा सकता है।

यहाँ समी. (8) के दाएँ पक्ष का पहला पद समी. (3) के असमघात पद Q के कारण है। इसे रैखिक असमघात समीकरण का विशेष समाकल (particular integral) कहा जाता है। अर्थात्, समी. (3) का विशेष हल $e^{-\int Pdx} . \int Qe^{\int Pdx}dx$ है। विशेष समाकल में कोई स्वेच्छ अचर नहीं होता।

द्वितीय कोटि रैखिक अवकल समीकरण—द्वितीय कोटि रैखिक अवकल समीकरण का सामान्य रूप

$$P(x)\frac{d^2y}{dx^2} + Q(x)\frac{dy}{dx} + R(x)y = G(x) \qquad \ldots(1)$$

है, जहाँ P, Q, R और G, x के दिए हुए फलन हैं।

द्वितीय कोटि रैखिक अवकल समीकरणों को निम्न दो विधियों द्वारा हल किया जाता है–

(i) **स्वतंत्र चर की परिवर्तन विधि**–यहाँ हम चरों के उन रूपांतरणों पर विचार करेंगे, जिनके अधीन समी. (1) समाकलनीय रूप में बदल जाता हो। इसके लिए पहले हम स्वतंत्र चर के रूपांतरण पर विचार करेंगे।

समी. (1) को $P(x) \neq 0$ से भाग देकर इसे हम निम्नलिखित रूप में रख सकते हैं–

$$\frac{d^2y}{dx^2} + p\frac{dy}{dx} + qy = r \qquad \ldots(2)$$

जहाँ p, q और r केवल x के फलन हैं।

अब हम संबंध

$$z = g(x) \qquad \ldots(3)$$

द्वारा स्वतंत्र चर x को z में परिवर्तित करेंगे। संबंध (3) का प्रयोग करने पर हमें यह प्राप्त होता है–

$$\frac{dy}{dx} = \frac{dy}{dz} \cdot \frac{dz}{dx} \qquad \ldots(4)$$

और

$$\frac{d^2y}{dx^2} = \frac{d}{dx}\left(\frac{dy}{dz} \cdot \frac{dz}{dx}\right) = \frac{d^2y}{dz^2}\left(\frac{dz}{dx}\right)^2 + \frac{dy}{dz} \cdot \frac{d^2z}{dx^2} \qquad \ldots(5)$$

समी. (2), समी. (4) और समी. (5) को एक साथ लेने पर हमें यह प्राप्त होता है–

$$\frac{d^2y}{dz^2}\left(\frac{dz}{dx}\right)^2 + \frac{dy}{dz} \cdot \frac{d^2z}{dx^2} + p\frac{dy}{dz} \cdot \frac{dz}{dx} + qy = r$$

$$\Rightarrow \frac{d^2y}{dz^2} + \left(\frac{\frac{d^2z}{dx^2} + p\frac{dz}{dx}}{\left(\frac{dz}{dx}\right)^2}\right)\frac{dy}{dz} + \left(\frac{q}{\left(\frac{dz}{dx}\right)^2}\right)y = \frac{r}{\left(\frac{dz}{dx}\right)^2} \qquad \ldots(6)$$

हम समी. (6) को इस रूप में लिख सकते हैं–

$$\frac{d^2y}{dz^2} + p_1\frac{dy}{dz} + q_1 y = r_1 \qquad \ldots(7)$$

$$\left.\begin{aligned} \text{जहाँ, } p_1 &= \frac{\dfrac{d^2z}{dx^2} + p\dfrac{dz}{dx}}{\left(\dfrac{dz}{dx}\right)^2} \\ q_1 &= \left(\frac{q}{\left(\dfrac{dz}{dx}\right)^2}\right) \\ r_1 &= \frac{r}{\left(\dfrac{dz}{dx}\right)^2} \end{aligned}\right\} \quad ...(8)$$

हालाँकि यहाँ p_1, q_1 और r_1, x के फलन हैं, पर संबंध (3) की सहायता से इन्हें हम z के फलनों में व्यक्त कर सकते हैं।

ऊपर दिए गए व्यापक रूप में समी. (7) को आसानी से हल नहीं किया जा सकता। इसे हल करने के लिए हम या तो $\dfrac{dy}{dz}$ के गुणांक पर या y के गुणांक पर कुछ प्रतिबंध लगा देते हैं। दूसरे शब्दों में, क्योंकि z स्वेच्छ है, इसलिए हम ऐसा z ले सकते हैं जो कुछ प्रतिबंधों को संतुष्ट करता हो। अतः अब हम निम्नलिखित दो संभावनाओं पर चर्चा करेंगे–

- $q_1 = a^2$ (जहाँ a एक अचर है)

  इस स्थिति में समी. (7) निम्नलिखित रूप का हो जाता है–

$$\frac{d^2y}{dz^2} + p_1\frac{dy}{dz} + a^2y = r_1 \quad ...(9)$$

अब, $q_1 = a^2$

$$\Rightarrow \frac{q}{\left(\dfrac{dz}{dx}\right)^2} = a^2 \Rightarrow \sqrt{q} = a\left(\frac{dz}{dx}\right) \Rightarrow adz = \sqrt{q}dx$$

$$\Rightarrow az = \int \sqrt{q}dx \quad ...(10)$$

यदि z के इस मान के लिए p_1 भी अचर हो जाता हो तो समी. (9) का समाकलन किया जा सकता है। किसी अन्य रूप में समी. (9) का आसानी से समाकलन नहीं किया जा सकता।

- $p_1 = 0$

  इस स्थिति में समी. (7) निम्न रूप का हो जाता है–

$$\frac{d^2y}{dz^2} + q_1 y = r_1 \qquad \ldots(11)$$

अब, $p_1 = 0$

$$\Rightarrow \frac{d^2z}{dx^2} + p\frac{dz}{dx} = 0$$

$$\Rightarrow \frac{dz}{dx} = e^{-\int p\,dx} \,dx \qquad \ldots(12)$$

$$\Rightarrow z = \int e^{-\int p\,dx} \,dx \qquad \ldots(13)$$

यदि z के इस मान पर q_1 एक अचर या अचर बटा z^2 हो जाता हो, तो समी. (11) का समाकलन किया जा सकता है।

(ii) परतंत्र चर की परिवर्तन विधि—यहाँ समीकरण

$$\frac{d^2y}{dx^2} + p\frac{dy}{dx} + qy = r \qquad \ldots(14)$$

लीजिए, जहाँ p, q और r, x के फलन हैं।

मान लीजिए y = vz, जहाँ v और z दोनों ही x के फलन हैं। ...(15)

तब, $\dfrac{dy}{dx} = v\dfrac{dz}{dx} + \dfrac{dv}{dx}z$ और $\dfrac{d^2y}{dx^2} = v\dfrac{d^2z}{dx^2} + \dfrac{d^2v}{dx^2}z + 2\dfrac{dv}{dx}\dfrac{dz}{dx}$

$y, \dfrac{dy}{dx}$ और $\dfrac{d^2y}{dx^2}$ के इन मानों को समी. (14) में प्रतिस्थापित करने पर हमें यह प्राप्त होता है—

$$\left(\frac{d^2v}{dx^2}z + 2\frac{dv}{dx}\frac{dz}{dx} + v\frac{d^2z}{dx^2}\right) + p\left(v\frac{dz}{dx} + \frac{dv}{dx}z\right) + q\,vz = r$$

$$\Rightarrow v\left(\frac{d^2z}{dx^2} + p\frac{dz}{dx} + qz\right) + \frac{dv}{dx}\left(2\frac{dz}{dx} + pz\right) + z\frac{d^2v}{dx^2} = r$$

$$\Rightarrow \frac{d^2v}{dx^2} + \left(p + \frac{2}{z}\frac{dz}{dx}\right)\frac{dv}{dx} + \frac{1}{z}\left(\frac{d^2z}{dx^2} + p\frac{dz}{dx} + qz\right)v = \frac{r}{z} \qquad \ldots(16)$$

यदि z ज्ञात हो, तो समी. (16) एक ऐसा समीकरण होगा जिसमें v परतंत्र चर है।

अतः समी. (16) को हल करने के लिए या तो v के गुणांक पर या $\dfrac{dv}{dx}$ के गुणांक पर हम प्रतिबंध लगाते हैं। पहले हम यह मान लें कि समी. (16) में v का गुणांक शून्य है अर्थात् हम एक ऐसा z मालूम करें, जिससे कि

$$\frac{d^2z}{dx^2}+p\frac{dz}{dx}+qz=0 \qquad ...(17)$$

यहाँ समी. (17) ठीक वही है जो कि मूल समी. (14) है, अंतर केवल यही है कि यहाँ दायाँ पक्ष शून्य है और y के स्थान पर z का प्रयोग किया गया है। अतः हम z के लिए इस समीकरण को हल कर सकते हैं। v का गुणांक शून्य लेने पर समी. (16) निम्न रूप का हो जाता है–

$$\frac{d^2v}{dx^2}+\left(\frac{2}{z}\frac{dz}{dx}+p\right)\frac{dv}{dx}=\frac{r}{z} \qquad ...(18)$$

जो कि $\frac{dv}{dx}$ में एक रैखिक समीकरण है और इसका समाकलन गुणक यह होगा–

$$e^{\int\left(\frac{2}{z}\frac{dz}{dx}+p\right)dx}=e^{2l n z+\int pdx}=z^2e^{\int pdx}$$

अतः समाकलन करने पर समी. (18) से यह प्राप्त होता है–

$$z^2e^{\int pdx}\frac{dv}{dx}=A+\int z\,r\,e^{\int pdx}dx$$

$$\Rightarrow\frac{dv}{dx}=\frac{A}{z^2}e^{-\int pdx}+\frac{1}{z^2}e^{-\int pdx}\left[\int z\,r\,e^{\int pdx}dx\right]$$

इस समीकरण का फिर से समाकलन करने पर हमें यह प्राप्त होता है–

$$v=B+\int\frac{A}{z^2}e^{-\int pdx}dx+\int\frac{1}{z^2}e^{-\int pdx}\left\{\int z\,r\,e^{\int pdx}\right\}dx \qquad ...(19)$$

जहाँ A और B स्वेच्छ अचर हैं।

इस तरह हम यह पाते हैं कि यदि समी. (17) को संतुष्ट करने वाला z का एक मान ज्ञात हो, तो समी. (19) से v प्राप्त किया जा सकता है और इस तरह समी. (15) से समी. (14) के हल y को लिखा जा सकता है। दूसरे शब्दों में, यदि समी. (14) के संगत समघात समीकरण का कोई हल प्राप्त किया जा सकता हो, तो समी. (14) का पूर्ण हल भी प्राप्त किया जा सकता है।

यदि हम समी. (14) का हल प्राप्त नहीं कर पा रहे हों, तो इस स्थिति में कभी-कभी रूपांतरित समी. (16) से प्रथम अवकलज (अर्थात् $\frac{dv}{dx}$ का गुणांक) को हटा देना उपयोगी सिद्ध होता है। दूसरे शब्दों में, हम एक ऐसा z प्राप्त करने की कोशिश करते हैं जो निम्नलिखित संबंध को संतुष्ट करता हो–

$$2\frac{dz}{dx}+pz=0$$

जिनका समाकलन करने पर यह प्राप्त होता है–

$$z=e^{-\frac{1}{2}\int pdx} \qquad ...(20)$$

इस तरह, विचाराधीन स्थिति में समी. (16) यह हो जाता है–

$$\frac{d^2v}{dx^2}+\frac{1}{z}\left(\frac{d^2z}{dx^2}+p\frac{dz}{dx}+qz\right)v=\frac{r}{z} \quad ...(21)$$

समी. (20) और (21) का संयोजन करने पर हमें यह प्राप्त होता है–

$$\frac{d^2v}{dx^2}+q_1v=r_1 \quad ...(22)$$

$$\left.\begin{aligned} \text{जहाँ,}\quad q_1 &= q-\frac{1}{2}\frac{dp}{dx}-\frac{1}{4}p^2 \\ \text{और}\quad r_1 &= r\,e^{1/2\int pdx} \end{aligned}\right] \quad ...(23)$$

समी. (22) को समी. (14) का प्रसामान्य रूप (normal form) माना जाता है और समी. (4) को समी. (22) में रूपांतरित करने को प्रथम अवकलज का अपनयन (removing) कहा जाता है।

प्रश्न 8. अंतर समीकरण से आप क्या समझते हैं? अर्थशास्त्र में अंतर समीकरण किस प्रकार सामने आ सकते हैं?

उत्तर– एक अंतर समीकरण वह समीकरण है जिसके अंतर्गत आश्रित चर मूल्य और समय अंतर स्वतंत्र चर मूल्य के बीच एक संबंध स्थापित होता है। समय अंतर चर मूल्य की धारणा को हम एक उदाहरण द्वारा स्पष्ट कर सकते हैं। प्रो. केंज (J.M. Keynes) यह मानकर चले थे कि एक अर्थव्यवस्था में वर्तमान उपभोग, अर्थव्यवस्था की वर्तमान आय पर निर्भर करता है जबकि वास्तविक जीवन में आय प्राप्ति और उपभोग व्यय के बीच समय अंतर रहता है। उदाहरण के लिए किसी व्यक्ति को जुलाई मास में कार्य करने का पारिश्रामिक अगस्त में प्राप्त होगा अर्थात् अगस्त का व्यय, जुलाई की आय पर निर्भर करता है, इस समय अंतर को लेकर जो संबंध चर मूल्यों के बीच स्थापित किया जाता है, उसे हम अंतर समीकरण कहते हैं जैसे $c_t = f(y_{t-1})$.

एक अंतर समीकरण आश्रित चर मूल्य तथा एक पश्चतित (lagged) स्वतंत्र चर मूल्य अथवा (चर मूल्यों) में ऐसे संबंध व्यक्त करता है जो असतत् (discrete) समय अंतरालों में बदलते हैं, उदाहरणत: $I_t = f(Y_{t-1})$ जहाँ I तथा Y दोनों को हर वर्षांत मापा (measured) जाता है। अंतर समीकरण की कोटि, वृहत्तम समयों के हुए विलम्ब द्वारा निर्धारित होती है। प्रथम कोटि का अंतर समीकरण एक अवधि के समय अंतराल को व्यक्त करता है, दूसरी कोटि का अंतर समीकरण दो समय अवधियों के समय अंतरालों को इत्यादि। जैसे समय t से t + 1 में परिवर्तन Y में परिवर्तन के साथ होता है, Y का यह प्रथम कोटि समय अंतर तब निम्न प्रकार से लिखा जाता है–

$$\frac{\Delta Y}{\Delta t}=Y_{t+1}-Y_t.$$

जहाँ $\Delta, \frac{d}{dt}$ को प्रतिस्थापित (replacing) करने वाला सकारक (operator) है जो कि अवकलन समीकरणों में सतत् परिवर्तन के माप के लिए प्रयोग में लाया जाता है। अंतर

समीकरण (difference equation) का हल Y को t की हर कीमत के लिए परिभाषित करता है तथा इसमें अंतर अभिव्यंजना (difference expression) अंतर्विष्ट नहीं है।

अंतर समीकरण का प्रयोग x के विभिन्न असतत् मानों के लिए किसी अज्ञात फलन y(x) के मानों को हल करने के लिए किया जाता है। हम किसी फलन y(x) को इस प्रकार प्राप्त करते हैं कि यह x के सभी मानों के लिए समीकरण को संतुष्ट करे।

अर्थशास्त्र में अंतर समीकरण को निम्न उदाहरण द्वारा समझा जा सकता है—

माना किसी देश विशेष की राष्ट्रीय आय y किसी आधार वर्ष से आरंभ कर (माना) दस वर्ष की अवधि में एक अचर दर g पर बढ़ती रही है। किसी अवधि t पर y की वृद्धि दर को $\left(\dfrac{y_t - y_{t-1}}{y_{t-1}}\right)$ के रूप में दर्शाया जा सकता है। यह वही अभिव्यक्ति है जो किसी समय-बिंदु विशेष पर y की वृद्धि दर देता है। तो फलनीय रूप से, हम अभिव्यक्ति $\dfrac{dy(t)/dt}{y}$ देख चुके हैं जब y को एक सतत् चर के रूप में लिया गया था। y को असतत् के रूप में लेकर हम सन्निकट पूर्ववर्ती काल (अवधि t – 1) में अर्जित स्तर पर वर्तमान अवधि (अवधि t) में आय की वृद्धि के रूप में अंश ज्ञात करते हैं। इसकी पूर्व अवधि की आय y_{t-1} से अनुपात वृद्धि की वर्तमान दर देती है। चूँकि आय की वृद्धि दर g, दस वर्ष के अंतराल पर अचर है (यथा, t से स्वतंत्र), तब इसे इस प्रकार लिखा जा सकता है—

$$\dfrac{y_t - y_{t-1}}{y_{t-1}} = g, \quad t = 1, 2, 3, 4, \ldots, 10$$

अथवा, $y_t = (1 + g) y_{t-1}$, $t = 1, 2, \ldots, 10$ ...(i)

समी. (i) दी गई भिन्न अवधियों t और (t – 1) में चर y के मानों से संबंध रखता है। यह एक अंतर समीकरण का उदाहरण है।

संगत चर (y_t और y_{t-1}) के मानों में एक एकावधि विलम्ब है। इसलिए, यह एक प्रथम-क्रम अंतर समीकरण का उदाहरण है। किसी अंतर समीकरण का क्रम विलम्बित अवधियों की अधिकतम संख्या द्वारा निर्धारित किया जाता है। अंतर समीकरणों के कुछ उदाहरण इंगित क्रमों के साथ नीचे दिए गए हैं—

$y_{t-3} - 3y_{t-4} = 0$ क्रम 1.
$y_t = a(y_{t-1} - y_{t-2}) + 10$ क्रम 2.
$\log y_{t+9} - y_{t+7}(y_{t+6})^3 + 6y_t = 0$ क्रम 9.
$18 y_{t+4} - y_t = 2^t - 5^{5+1}$ क्रम 4.
$y_{t+3} + a y_{t+1} = b y_{t-1} + c$ क्रम 4.

निम्नलिखित स्वरूप के किसी अंतर समीकरण पर विचार कीजिए—

$y = a_1 y_{t-1} + a_2 y_{t-2} + \ldots + a_n y_{t-n} + b$

जहाँ $a_1, a_2, \ldots, a_n$ और b अचर हैं।

इसे nवाँ क्रम रेखीय अचर गुणांक अंतर समीकरण कहते हैं ($a_n \neq 0$ मानते हुए, अन्यथा क्रम n से कम होगा)। यह रेखीय है क्योंकि आश्रित चर y किसी भी घात तक नहीं बढ़ा है

और यहाँ कोई गुणनखंड पद नहीं हैं, अचर गुणांक क्योंकि $a_1, ..., a_n$ अचर हैं और t के साथ नहीं बदलते हैं। यह समीकरण सजातीय होगा यदि $b = 0$ यदि $b \neq 0$, तो यह विजातीय होगा।

प्रश्न 9. प्रथम-क्रम अंतर समीकरणों को हल करने की विधि विस्तारपूर्वक बताइए।

उत्तर— किसी अंतर समीकरण को हल करने में हम किसी दी गई आरंभिक स्थिति से एक समय-पथ ज्ञात करते हैं। प्रथम-क्रम अंतर समीकरण यह रूप लेता है—

सभी t के लिए $y_t = f(t, y_{t-1})$

हम इस प्रकार का कोई भी समीकरण दिए गए समीकरण के अनुसार y का आरंभिक मान (माना y_0) लेकर उत्तरोत्तर फलन से हल कर सकते हैं, जिसे पुनर्प्रवाही विधि भी कहा जाता है।

इस प्रकार, $y_1 = F(1, y_0)$
$y_2 = F(2, y_1) = f(2, f(1, y_0))$ इत्यादि।

यहाँ यदि कोई मान y_0 दिया हो, तो एक अनन्य हल पथ $y_1, y_2, ...$ होता है।

तथापि, इस प्रकार की विधि से हल का प्रयोग करना हमें इस हल के गुणधर्मों के विषय में काफी कुछ बताता है। हमें एक सामान्य सूत्र अपनाना चाहिए, जो कि तब सामने आता है जब f का स्वरूप सरल हो।

माना की अचर गुणांक वाला एक प्रथम-क्रम रेखीय अंतर समीकरण निम्न है—

$y_t = ay_{t-1} + b_t$, जहाँ $t = 1, ...$ के लिए b_t अचर है।

जब पुनर्प्रवाही विधि का प्रयोग किया जाता है तब हम एक अभिरचना निम्नवत् देखेंगे—

$$y_t = ay_0 + \sum_{k=1}^{t} a^{t-k} b_k \qquad ...(i)$$

और इस प्रकार के समीकरण का एक अनन्य हल पथ होता है। यह जाँच करने के लिए कि क्या हमें उपर्युक्त सूत्रण से अनन्य हल मिल रहा है, हम यह सत्यापित करेंगे कि यह मूल समीकरण को संतुष्ट करता है। चूँकि हमारे पास है—

$$ay_{t-1} + b_t = a\left(a^{t-1}y_0 + \sum_{k=1}^{t-1} a^{t-k} b_k\right) + b_t$$

$$= a^t y_0 + \sum_{k=1}^{t-1} a^{t-k} b_k + b_t$$

$$= a^t y_0 + \sum_{k=1}^{t} a^{t-k} b_k = y_t$$

अतः प्राप्त हुआ हल सही है।

समी. (i) लेकर हम निम्नलिखित की विशेष स्थिति की जाँच कर सकते हैं—
सभी $k = 1 ...$ के लिए $b_k = b$
हमें प्राप्त होता है—

$$y_t = a^t y_0 + b \sum_{j=0}^{t-1} a^{t-1}$$

ज्यामितीय श्रृंखला संकलन के परिणाम का प्रयोग कर पद $\sum_{j=0}^{t-1} a^{t-1}$ को $1 + a + a^2 + \ldots$ $+ a^{t-1}$ के रूप में विस्तारित किया जा सकता है ताकि प्राप्त हो–

$1 + a + a^2 + \ldots + a^{n-1} = (1 - a^n)/(1 - a)$

यदि $a \neq 1$ इस प्रकार, हमें प्राप्त होता है $y_t = a^t y_0 + b(1 - a^t)/(1 - a)$

यदि $a \neq 1$

किसी भी दिए गए मान y_0 के लिए, अंतर समीकरण $y_t = ay_{t-1} + b$, का अनन्य हल होगा $y_t = a^t (y_0 - b/(1 - a)) + b/(1 - a)$ जहाँ $a \neq 1$

साम्य या स्थिर मान–किसी दिए गए मान y_0 के लिए y_t का मान t के साथ बदलता है। परंतु y_0 का कोई मान ऐसा हो सकता है जिसके लिए y_t बदलता नहीं है। तब इस प्रकार का हल होता है $y^* = b/(1 - a)$ और y_t अचर, $b/(1 - a)$ के बराबर है।

y^* को हम y का साम्य या स्थिर मान कहते हैं और हल पुनः इस प्रकार लिखते हैं–

$y_t = a^t(y_0 - y^*) + y^*$

उदाहरण–

हल करें–

$$y_{t+1} = \alpha\, y_t + \beta \qquad \ldots(ii)$$

जहाँ α और β अचर हैं।

कालांतर में y_t के किसी स्थिर अथवा साम्य मान को खोजें जिसे उपर्युक्त समीकरण को संगत रूप से संतुष्ट करते हुए किसी भी t के लिए पुनः लिखा जा सकता हो। संभवतः हम $\bar{y}$ को y_t तथा y_{t+1} के लिए साम्य मान के रूप में लेंगे, जैसे–

$$\bar{y} = \alpha\bar{y} + \beta \text{ अथवा, } \bar{y} = \frac{\beta}{1-\alpha}$$

उपर्युक्त समीकरण को समझने के लिए हमें परिवर्तनशील गुणक को याद रखने की आवश्यकता है।

$$C_t = \alpha Y_{t-1} + \beta \qquad \ldots(iii)$$

मान लीजिए, प्रत्येक t के लिए निवेश को $\bar{I}$ पर नियत किया जाए ताकि हमें प्राप्त हो–

$$Y_t = C_t + I_t = C_t + \bar{I}$$
$$= \alpha\, Y_{t-1} + (\beta + \bar{I})$$
$$= \alpha\, Y_{t-1} + \beta' \text{ जहाँ } \beta' = \beta + \bar{I}$$

उपर्युक्त संबंध में समी. (iii) का प्रयोग कर हमें प्राप्त होता है–

$Y_{t+1} = \alpha Y_t + \beta'$

यदि कोई साम्य हमें $\bar{Y}$ प्राप्त होती है तो हल इस प्रकार लिखा जा सकता है–

$$\bar{Y} = \alpha\bar{Y} + \beta'$$
$$= \frac{\beta'}{1-\alpha} = \frac{\beta + \bar{I}}{1-\alpha}$$

यहाँ $\frac{1}{1-\alpha}$ कीन्सी गुणक (Keynesian Multiplier) है।

यहाँ हमने y_t के स्थिर स्तर, यथा $\overline{y}$ के लिए समी. (ii) को हल किया है। किंतु यह जरूरी नहीं कि y का यथार्थ पथ $\overline{y}$ की ओर अभिसरित हो। यदि y_t किसी स्थिति में $\overline{y}$ तक पहुँचता है तो $(y_t - \overline{y}) \to 0$.

यदि y_t और y_{t+1} के ये मान जारी रहें तो हम लिख सकते हैं–

$$g_t = y_t - \overline{y} \qquad \text{...(iv)}$$

चूँकि y_t और $\overline{y}$ समी. (ii) को संतुष्ट करते हैं, हमें प्राप्त होते हैं–

$y_{t+1} = \alpha y_t + \beta$ और $\overline{y} = \alpha \overline{y} + \beta$

इस प्रकार, $y_{t+1} - \overline{y} = \alpha(y_t - \overline{y})$.

समी. (iv) से, $g_t = y_t - \overline{y}$

अथवा $g_{t+1} = y_{t+1} - \overline{y}$

अथवा $g_{t+1} = \alpha g_t$ ...(v)

चूँकि $g_{t+1} = \alpha g_t$

$g_t = \alpha g_{t-1}$

.

.

.

.

$g_1 = \alpha g_0$

वापस प्रतिस्थापित करके,

$g_{t+1} = \alpha^2 g_{t-1} = \alpha^3 g_{t-2} \ldots\ldots\ldots\ldots\ldots$

हमें प्राप्त होता है–

$g_{t+1} = \alpha^{t-1} g_0$

$g_1 = \alpha^1 g_0$ और $t = 0, 1, 2 \ldots\ldots\ldots\ldots\ldots$

इस प्रकार, रूप $y_t = \alpha y_{t-1}$ के किसी भी अंतर समीकरण में एक हल $y_t = \alpha^t y_0$, होता है, जहाँ y_0 किसी चुने गए आरंभिक बिंदु पर y का मान है।

सामान्य हल–

मान लीजिए, हम इस समीकरण को हल करना चाहते हैं–

$$y_{t+1} + ay_t = C \qquad \text{...(vi)}$$

इसके सामान्य हल में विशिष्ट हल (y_p) और अनुपूरक फलन (y_c) होंगे, यथा $y_g = y_p + y_c$. इस उपागम में y_p घटक y का अंतःस्थायी साम्य स्तर दर्शाता है जबकि y_c का घटक उस साम्यावस्था से समय-पथ में विचलन दर्शाता है। इस हल को एक यादृच्छिक अचर की विद्यमानता के कारण सामान्य हल कहा जाता है। एक निश्चित हल प्राप्त करने के लिए हमें एक आरंभिक स्थिति की आवश्यकता होती है।

पहले हम इसे अनुपूरक फलन से हल करेंगे। समी. (vi) से, हम इसका लघुकृत रूप प्राप्त कर सकते हैं, जैसे–

$y_{t+1} + ay_t = 0$ ...(vii)

उपर्युक्त से यह देखा जाता है कि $y_t = \alpha^t y_0$ अंतर समीकरण का एक हल है। उस स्थिति में हमें $y_{t+1} = a^{t+1}y_0$ भी प्राप्त होता है। हम इसे परिवर्तित कर इस प्रकार लिखते हैं–

$y_t = Ab^t$ और $y_{t+1} = Ab^{t+1}$

इनके समी. (vii) में प्रतिस्थापन से हमें प्राप्त होता है–

$Ab^{t+1} + aAb^t = 0$

अथवा, $Ab^t(b + a) = 0$

अथवा, $(b + a) = 0$

अथवा, $b = -a$

यहाँ हमें जाँच हल में $b = -a$ इस प्रकार रखना चाहिए कि अनुपूरक हल निम्नवत् लिखा जा सके–

$y_c = Ab^t = A(-a)^t$

अब हम विशिष्ट हल को इस प्रकार पुन: आकलित करेंगे कि यह सामान्य हल के संगत हो। अब y के सरलतम मान पर विचार कीजिए। यदि y_t इस प्रकार कोई साम्य मान k रखे कि यह कालांतर में अचर रहे, हमें $y_t = k$ तथा $y_{t+1} = k$ प्राप्त होते हैं। जाँच हल में इन मानों का प्रतिस्थापन हमें देता है–

$k + ak = C$ अथवा, $k = \dfrac{C}{1+a}$

चूँकि मान, k समीकरण को संतुष्ट करता है, विशिष्ट हल को निम्नवत् लिखा जा सकता है–

$a \neq 0$ के लिए $y_p = k = \dfrac{C}{1+a}$

$a = -1$ की स्थिति में, तथापि, विशिष्ट हल परिभाषित नहीं है अत: समी. (vi) का कोई अन्य हल तलाशना होगा।

k को समी. (vi) में प्रतिस्थापित करने से हमें प्राप्त होता है–

$k + 1 + ak = C \Rightarrow k(a + 1) + 1 = C$

अथवा, $k = \dfrac{C-1}{a+1} = C_t$ और $y_p = C_t$

सामान्य हल को निम्नलिखित में से किसी एक रूप में लिखा जा सकता है–

$y_t = A(-a)^t + \dfrac{C}{1+a}$ यदि $a \neq -1$

अथवा $y_t = A(-a)^t + C_t = A + C_t$ यदि $a = -1$

यहाँ उपर्युक्त हल अब भी अनिश्चायक रहता है। ऐसा यादृच्छिक अचर A की विद्यमानता की वजह से है। इसके निराकरण के लिए हमें आरंभिक स्थिति $(y_t = y_0)$ की सहायता लेनी पड़ती है। तद्नुसार, $t = 0$ लेकर, हमें प्राप्त होता है–

$$y_0 = A + \frac{C}{1+a}$$

$$A = y_0 - \frac{C}{1+a}$$

इसी कारण, निश्चित हल हो जाता है–

$a \neq -1$ के लिए $y_t = \left(y_0 - \frac{C}{1+a}\right)(-a)^t + \frac{C}{1+a}$

अथवा, $a = -1$ के लिए $y_t = y_0 + C_t$.

प्रश्न 10. द्वितीय-क्रम अंतर समीकरणों को हल करने में शामिल चरणों की व्याख्या कीजिए।

उत्तर– एक सामान्य द्वितीय-क्रम अंतर समीकरण निम्नलिखित रूप ले लेता है–

$y_{t+2} = f(t, y_t, y_{t+1})$

ठीक वैसे ही जैसा कि प्रथम-क्रम समीकरण के उदाहरण में होता है, किसी द्वितीय-क्रम समीकरण में भी एक अनन्य हल प्राप्त होगा, जो कि उत्तरोत्तर (पुनर्प्रवाही) फलन द्वारा निकाला जा सकता है। यदि y_0 और y_1 दिया हो तो सभी $t \geq 2$ के लिए y_t का एक अनन्य रूप से निर्धारित मान आता है। यहाँ एक द्वितीय-क्रम समीकरण के लिए हमें प्रथम-क्रम प्रतिस्थानी में लिए गए मान के स्थान पर दो आरंभिक मानों, y_0 और y_1 की आवश्यकता होती है।

सजातीय समीकरण– निम्नलिखित द्वितीय-क्रम अचर गुणांक समीकरण पर विचार कीजिए–

$y_{t+2} + ay_{t+1} + by_t = 0$ ...(i)

उपर्युक्त समीकरण के हमें दो हल प्राप्त करने की आवश्यकता है।

यदि हम अनुमान लगाएँ कि समीकरण यह रूप लेगा: $u_t = m^t$ इसलिए ताकि u_t एक हल हो, हमें प्राप्त होना चाहिए–

$m^t(m^2 + am + b) = 0$

अथवा, यदि $m \neq 0$

$m^2 + am + b = 0$

इसको अंतर समीकरण का विशिष्ट (अथवा सहायक) समीकरण कहा जाता है और इसके हल हैं–

$$-(1/2)a \pm \sqrt{((1/4)a^2 - b)}$$

सजातीय समीकरणों के हलों का व्यवहार– घटक $\sqrt{((1/4)a^2 - b)}$ पर दृष्टिपात कर हम तीन उदाहरणों की पहचान करते हैं–

- **सुस्पष्ट यथार्थ मूल–** यदि $a^2 > 4b$, तो विशिष्ट समीकरण सुस्पष्ट यथार्थ मूल रखता है और इस सजातीय समीकरण का सामान्य हल होता है–
  $Am_1^t + Bm_2^t$, जहाँ m_1 और m_2 दो मूल हैं।

- **पुनरावृत्त मूल**—यदि $a^2 = 4b$, तो विशिष्ट समीकरण एक मात्र मूल रखता है और इस सजातीय समीकरण का सामान्य हल होता है—
  $(A + Bt)m^t$, जहाँ $m = -(1/2)a$ ही मूल है।
- **सम्मिश्रित मूल**—यदि $a^2 < 4b$, तो इस विशिष्ट समीकरण में बहुचर मूल हैं और इस सजातीय समीकरण का सामान्य हल होगा—

$Ar^t \cos(\theta t + \omega)$, जहाँ A और ω अचर हैं, $r = \sqrt{b}$ और $\cos\theta = -a/(2\sqrt{b})$.

अथवा विकल्पत:, $C_1 r^t \cos(\theta t) + C_2 r^t \sin(\theta t)$, जहाँ $C_1 = A\cos\omega$ और $C_2 = -A\sin\omega$ [इस सूत्र के प्रयोग से कि $\cos(x + y) = (\cos x)(\cos y) - (\sin x)(\sin y)$]।

जब विशिष्ट समीकरण में बहुचर मूल होता है तो वह दोलायमान होता है। समय t पर Ar^t आयाम है (जो आरंभिक स्थितियों पर निर्भर करता है) t और r वृद्धि कारक है। $\theta/2\pi$ दोलनों की प्रायिकता है और ω प्रावस्था है (यह भी आरंभिक स्थितियों पर निर्भर करती है)।

यदि $|r| < 1$, तो दोलन मंद हैं; यदि $|r| > 1$ तो वे विस्फोटक हैं।

स्थिरता—हम अवकल समीकरणों के किसी सिद्धांत को स्थिर कहते हैं यदि उसका दूरगामी व्यवहार आरंभिक स्थितियों के प्रति संवेदनशील न हो।

इस द्वितीय-क्रम समीकरण पर विचार कीजिए—

$y_{t+2} + ay_{t+1} + by_t = c_t$

सामान्य हल इस प्रकार लिखें—

$y_t = Au_t + Bv_t + u_t^*$

जहाँ A और B आरंभिक स्थितियों द्वारा निर्धारित होते हैं।

यह हल स्थिर होगा यदि A और B के सभी मानों के लिए प्रथम दो पद 0 तक $t \to \infty$, के रूप में पहुँचते हैं। इस दशा में, किन्हीं भी आरंभिक स्थितियों के लिए, समीकरण का हल विशिष्ट हल u_t^* तक पहुँचता है। यदि सभी A और B के लिए प्रथम दो पद शून्य पर पहुँचते हैं, तो u_t और v_t अवश्य ही शून्य तक पहुँचने चाहिए। यह निश्चित करने के लिए कि u_t शून्य पर पहुँचे, हम A = 1 और B = 0 ले सकते हैं। दूसरी ओर, यह निश्चित करने के लिए कि v_t शून्य पर पहुँचे, हम A = 0 और B = 1 ले सकते हैं। ऐसा होने के लिए इसकी एक अनिवार्य एवं यथेष्ट स्थिति यह है कि विशिष्ट समीकरण के मूलों के मापांक दोनों 1 से कम हों। यहाँ किसी मिश्रित संख्या $\alpha + \beta i$ का मापांक $+\sqrt{(\alpha^2 + \beta^2)}$ होता है, जो कि संख्या का अचर मान होगा यदि संख्या वास्तविक है।

दो प्रकार की स्थितियाँ देखी जाती हैं—
- यदि विशिष्ट समीकरण बहुचर मूल रखता है तो प्रत्येक मूल का मापांक $\sqrt{b}$ होगा (मूल हैं: $\alpha \pm \beta i$, जहाँ $\alpha = -a/2$ और $\beta = \sqrt{b - (1/4)a^2}$) है। अत: स्थिरता के लिए हमें $b < 1$ चाहिए।

- यदि विशिष्ट समीकरण वास्तविक मूल रखता है तो प्रत्येक मूल का मापांक उसका अचर मान होगा। अत: स्थिरता के लिए हमें चाहिए कि प्रत्येक मूल के अचर मान 1 से कम हों, अथवा $\left|-a/2+\sqrt{a^2/4-b}\right|<1$ और $\left|-a/2-\sqrt{a^2/4-b}\right|<1$

विजातीय समीकरण–मूल समीकरण $y_{t+2} + ay_{t+1} + by_t = c_t$ का सामान्य हल ज्ञात करने के लिए हमें उसके हलों में से एक को ज्ञात करना होगा। मान लीजिए कि $b \neq 0$

किसी हल का रूप c_t पर निर्भर करता है।

मान लीजिए कि सभी t के लिए $c_t = c$ तब $y_t = C$ एक हल होगा यदि–

$C = c/(1 + a + b)$ और यदि $1 + a + b \neq 0$;

यदि $1 + a + b = 0$ तो $y_t = C_t$ की जाँच करें; यदि वह कोई हल नहीं देता है तो हमें $y_t = Ct^2$ लेकर जाँच करनी होगी।

प्रश्न 11. निम्नलिखित पदों की संक्षेप में व्याख्या कीजिए।
 (i) आर्थिक विकास संबंधी सोलो का प्रतिमान
 (ii) हैरोड-डोमार-एक त्रिज्य निदर्शन
 (iii) लूतातंतु निदर्शन
 (iv) गुणक और त्वरक के बीच अंतर्क्रिया संबंधी सैम्युलसन का निदर्शन

उत्तर– (i) एक उत्पादन फलन पर विचार करें–

$q = f(K, L)$

जहाँ q = उत्पादन, K = पूँजी और L = श्रम है। यह निर्दिष्ट है कि उत्पादन फलन $q = AL^\alpha K^{1-\alpha}$ का रूप ले ले, जहाँ A का धनात्मक अचर है और $0 < \alpha < 1$. उत्पादन के एक अचर खंड s को "बचा" लिया जाता है ($0 < s < 1$ के साथ) और जमा पूँजी बढ़ाने में प्रयोग किया जाता है। इस प्रकार, जमा पूँजी इस अवकल समीकरण के अनुसार बदलती है–

$K'(t) = sAL(t)^\alpha K(t)^{1-\alpha}$ और $t = 0$ पर मान K_0 ले लेती है। श्रमिक बल $t = 0$ पर $L_0 > 0$ है और एक अचर दर λ पर बढ़ता है, जिससे $\dfrac{L'(t)}{L(t)} = \lambda$

हम इस उदाहरण को L के लिए हल कर सकते हैं। फिर इस प्राप्त मान को K प्राप्त करने के लिए $K'(t)$ हेतु समीकरण में प्रतिस्थापित करेंगे।

यहाँ L हेतु समीकरण पृथक्करणीय है और हम लिख सकते हैं–

$\dfrac{dL}{L} = \lambda dt.$

समाकलन करके हमें प्राप्त होता है–

$\log L = \lambda t + C$ अथवा $L = Ce^{\lambda t}$

आरंभिक स्थिति दी हो तो हमें प्राप्त होता है $C = L_0$

इस परिणाम को $K'(t)$ हेतु समीकरण में प्रतिस्थापित करके प्राप्त होता है–

$K'(t) = sA\left(K(t)\right)^{1-\alpha} \left(L_0 e^{\lambda t}\right)^\alpha = sA(L_0)^\alpha e^{\alpha \lambda t} \left(K(t)\right)^{1-\alpha}$

यह समीकरण पृथक्करणीय है और इस प्रकार लिखा जा सकता है—

$$K^{\alpha-1}dK = sA(L_0)^\alpha e^{\alpha\lambda t}dt.$$

दोनों ओर समाकलन करके हमें प्राप्त होता है—

$$\frac{K^\alpha}{\alpha} = sA(L_0)^\alpha \frac{e^{\alpha\lambda t}}{\alpha\lambda} + C$$

ताकि $K(t) = \left(sA(L_0)^\alpha \dfrac{e^{\alpha\lambda t}}{\lambda} + C\right)^{\frac{1}{\alpha}}$

दिया है $K(0) = K_0$, हम निष्कर्ष निकाल सकते हैं कि $C = (K_0)^\alpha - \dfrac{sA(L_0)}{\lambda}$

इस प्रकार, $K(t) = \left[sA(L_0)^\alpha \dfrac{e^{\alpha\lambda t}-1}{\lambda} + (K_0)^\alpha\right]^{\frac{1}{\alpha}}$ सभी t के लिए।

इस उदाहरण का एक रोचक अभिलक्षण है—पूँजी-श्रम अनुपात का निर्गमन। हमें प्राप्त होता है—

$$\frac{K(t)}{L(t)} = \frac{\left[sA(L_0)^\alpha \dfrac{e^{\alpha\lambda t}-1}{\lambda} + (K_0)^\alpha\right]^{\frac{1}{\alpha}}}{L_0 e^{\lambda t}}$$ सभी t के लिए।

चूँकि $t \to \infty, \dfrac{K(t)}{L(t)}$ अब $\left(\dfrac{sA}{\lambda}\right)^{\frac{1}{\alpha}}$ में बदल जाता है।

(ii) कोई अर्थव्यवस्था एक उत्पादन फलन $Q_t = bK_t$ के माध्यम से पूँजी K के साथ एक वस्तु Q बनाती है, जहाँ b = पूँजी की अचर उत्पादकता है। t और t+1 के बीच पूँजी संचय निम्नलिखित द्वारा दर्शाया जाता है—

$I_t = K_{t+1} - K_t$, जहाँ I_t = t में निवेश

बचत $S_t = sQ_t$.

आय का साम्य स्तर बचत और निवेश की समानता पर निर्धारित किया जाता है। अतः,

$S_t = I_t$ अथवा $sQ_t = K_{t+1} - K_t$.

चूँकि $Q_t = bK_t$, हमें प्राप्त होते हैं $sbK_t = K_{t+1} - K_t$

अथवा $K_{t+1} = (1 + sb)K_t$, एक सजातीय प्रथम-क्रम रेखीय अंतर समीकरण। इस प्रकार, इस समीकरण हेतु हल इस समीकरण द्वारा दिया जाता है—

$K_t = (1 + sb)^t K_0$.

चूँकि b निदर्शन में पूँजी की उत्पादकता है, हम लिखते हैं—

$\dfrac{1}{b}$ = पूँजी निर्गत अनुपात = v (माना)

अब $K_t = \left(1 + \dfrac{s}{v}\right)^t K_0$ और $Q_t = \left(1 + \dfrac{s}{v}\right)^t Q_0$

यहाँ $\frac{S}{V}$ = औचित्य प्रमाणित वृद्धि दर है जो दो मूल प्राचलों s और v द्वारा स्थापित की जाती है। s और v दिए गए हों तो हम उत्पादन वृद्धि दर ज्ञात कर सकते हैं।

(iii) इस निदर्शन का अनिवार्य अभिलक्षण यह है कि उत्पादन या आपूर्ति किसी एकावधि विलम्ब के साथ मूल्य के अनुकूल होती है। इस प्रकार की विलम्बित आपूर्ति अनुक्रिया प्रायः कृषिगत उत्पादों के लिए अनुपालित (observed) की जाती है।

हम मानकर चलते हैं कि (1) बाजार माँग एवं आपूर्ति फलन रेखीय हैं और समय के साथ नहीं बदलते, (2) किसी अवधि t में माँग उसी अवधि में प्रचलित मूल्य के प्रति अनुक्रिया दर्शाती है, परंतु t में आपूर्ति उस मूल्य पर निर्भर करती है जो गत अवधि, $(t-1)$ में प्रचलित रहा; तथा (3) बाजार इस अर्थ में प्रतियोगी होता है कि मूल्य जो प्रत्येक अवधि में प्रचलित रहा, वही मूल्य होता है जो माँग एवं आपूर्ति में समीकृत होता हो। इस प्रकार, इस निदर्शन को निम्नलिखित समीकरणों को रखने वाले के रूप में निर्धारित किया जा सकता है–

$D_t = a - b P_t; a, b > 0$ ...(i)

$S_t = -\alpha + \beta P_{t-1}; \alpha, \beta > 0, \alpha < a$ ...(ii)

सभी t के लिए $D_t = S_t$ ...(iii)

प्रथम समीकरण हमें अवधि t में सरल माँग वक्र देता है। द्वितीय आपूर्ति में विलम्ब दर्शाता है। t में आपूर्ति, S_t, सन्निकट पूर्वावधि, P_{t-1}, के मूल्यों द्वारा निर्धारित की जाती है। अंतिम समीकरण प्रत्येक अवधि में बाजार में लाभ कमाने की स्थिति है। ये तीनों समीकरण मिलकर मूल्य में एक प्रथम-क्रम अचर गुणांक विजातीय अंतर समीकरण को जन्म देते हैं।

$a - bP_t = -\alpha + \beta P_{t-1}$

$\Rightarrow -bP_t = -\alpha - a + \beta P_{t-1}$

$\Rightarrow P_t = \left(\frac{-\beta}{b}\right) P_{t-1} + \frac{a+\alpha}{b}$ ...(iv)

ज्ञात a, b, α और β के साथ, आरंभिक मूल्य P_0 का विशिष्टीकरण हमें समीकरण को हल करने में मदद करता है, जैसे–

$P_t = \left(P_0 - \frac{a+\alpha}{b+\beta}\right)\left(-\frac{\beta}{b}\right)^t + \frac{a+\alpha}{b+\beta}$ ...(v)

यहाँ स्पष्ट है कि कालांतर में P का व्यवहार $\left(-\frac{\beta}{b}\right)$ पर निर्णायक रूप से निर्भर करता है।

चूँकि यह पद ऋणात्मक है $(b, \beta > 0)$, समय-पथ हमेशा दोलायमान रहेगा।

अब हम P* द्वारा अचर $\frac{a+\alpha}{b+\beta}$ को इंगित करेंगे।

तब, $\left(\frac{\beta}{b}\right) > 1$ मूल्य अपसरण करता है।

$\left(\frac{\beta}{b}\right)=1$ मूल्य समान रूप से दोलायमान अर्थात् घटता-बढ़ता है।

$\left(\frac{\beta}{b}\right)<1$ मूल्य P^* की ओर अभिसारित होता है।

केवल अंतिम स्थिति में ही (जैसे-जैसे t बढ़ता है, P_t चलकर P^* पर पहुँचता है), सिद्धांत स्थिर है। इस प्रकार, स्थिरता हेतु स्थिति है $\left(\frac{\beta}{b}\right)<1.$ इस प्रतिमान को **मक्कड़ जाल प्रतिमान** (Cobweb Model) के नाम से जाना जाता है क्योंकि जब हम बाद के समय में मूल्य और मात्रा का पता लगाते हैं तब माँग और पूर्ति के वक्रों में एक जाल सा बुनने लगता है।

(iv) सैम्युलसन के गुणक-त्वरक अंतर्क्रिया प्रतिमान की स्थायित्व की शर्त निम्नलिखित हैं–

$C_t = C_0 + cY_{t-1}, 0 < c < 1.$

$I_t = I_0 + v(C_t - C_{t-1}); v > 0.$

$Y_t = C_t + I_t$

संकेत Y, C और I क्रमशः राष्ट्रीय आय, उपभोग एवं निवेश को इंगित करते हैं। यह गुणक और त्वरक के बीच अंतर्क्रिया संबंधी सैमुएल्सन का निदर्शन है। प्रथम समीकरण किसी एकावधि विलम्ब वाला उपभोग फलन है, द्वितीय त्वरक प्रकार का निवेश फलन है। $C_0 + I_0$ स्वायत्त उपभोग और निवेश के स्तर हैं। उपभोग हेतु प्रवणता, c और त्वरक गुणांक, v को अचर मान लिया जाता है। अंतिम समीकरण समष्टि-संतुलन फलन की अवस्था है। तीनों समीकरण मिलकर Y में निम्नलिखित अंतर समीकरण को जन्म देते हैं–

$$Y_t - c(1 + v)Y_{t-1} + cvY_{t-2} = C_0 + I_0 \quad \text{...(i)}$$

सजातीय भाग हेतु विशिष्ट समीकरण हैं–

$$m^2 - c(1 + v)m + cv = 0$$

मूल हैं, $m_1, m_2 = \frac{1}{2}\left(c(1+v) \pm \sqrt{c^2(1+v)^2 - 4cv}\right)$ ...(ii)

m_1 और m_2 दोनों धनात्मक हैं क्योंकि द्विघात समीकरणों के सिद्धांत से हम जानते हैं कि $m_1 + m_2 = c(1 + v) > 0$ और $m_1m_2 = cv > 0.$ चूँकि $c(1+v) - cv \neq 1,$ तब विशिष्ट हल है $\frac{C_0 + I_0}{1-c}.$ c और v के मानों पर निर्भर करते हुए तीन प्रकार के हल संभव हैं–

- $c^2(1 + v)^2 > 4cv$ अथवा $c(1 + v)^2 > 4v$, मूल वास्तविक और सुस्पष्ट है।

  यहाँ, $Y_t = A_1m_1^t + A_2m_2^t + \frac{C_0 + I_0}{1-c}; A_1, A_2 \neq 0$ एवं अचर।

- $c(1 + v)^2 = 4v$, मूल वास्तविक और मान $\frac{1}{2}c(1+v)$ के बराबर हैं।

इस स्थिति में–

$$Y_t = (A_t + A_2 t)\left(\frac{c(1+v)^2}{2}\right) + \frac{C_0 + I_0}{1-c};$$

- $c(1+v)^2 < 4v$, मूल बहुचर हैं। समी. (ii) से हम देखते हैं कि मूल निम्न समीकरण के साथ रूप $(a \pm ib)$ वाले हैं–

$$a = \frac{1}{2}c(1+v)$$

$$b = \frac{1}{2}\sqrt{4cv - c^2(1+v)^2}$$

$$\left(\because \sqrt{c^2(1+v)^2 - 4cv} = \sqrt{i^2\left(4cv - c^2(1+v)^2\right)} = i\sqrt{4cv - c^2(1+v)^2} = ib\right)$$

मूलों का मापांक $r = \sqrt{a^2 + b^2} = \sqrt{cv}$

हमारा हल है–

$$Y_t = \left(\sqrt{cv}\right)^2 \left(A_1 \cos(t\theta) + A_2 \sin(t\theta)\right) + \frac{C_0 + I_0}{1-c}$$

जहाँ $\theta = \tan^{-1}\left(\frac{\sqrt{4cv - c^2(1+v)^2}}{c(1+v)}\right)$

इस स्थिति में, हमें राष्ट्रीय आय Y का एक चक्रीय समय-पथ मिलता है। यदि $\sqrt{cv} < 1$ हो, तो जैसे-जैसे t बढ़ेगा $\left(\sqrt{cv}\right)^t$ शून्य होने लगेगा तथा Y_t मान $\frac{C_0 + I_0}{1-c}$ तक पहुँच जाएगा।

इस प्रकार, स्थिरता हेतु स्थिति (Y में मंद दोलन) $\sqrt{cv} < 1$ है, यथा उपभोग हेतु सीमांत प्रवणता तथा त्वरक गुणांक का गुणनफल इकाई से कम होना चाहिए।

प्रश्न 12. समाकलन के विभिन्न नियम लिखिए।

उत्तर– समाकलन के विभिन्न नियम निम्नलिखित हैं–

(1)	$\frac{d}{dx}\left(\frac{x^{n+1}}{n+1}\right) = x^n, n \neq -1$	$\Rightarrow \int x^n dx = \frac{x^{n+1}}{n+1} + C, n \neq -1$
(2)	$\frac{d}{dx}(\log x) = \frac{1}{x}$	$\Rightarrow \int \frac{1}{x} dx = \log \lvert x \rvert + C$
(3)	$\frac{d}{dx}(e^x) = e^x$	$\Rightarrow \int e^x dx = e^x + C$

Contd...

Contd...

(4)	$\dfrac{d}{dx}\left(\dfrac{a^x}{\log_e a}\right) = a^x, a > 0, a \neq 1$	$\Rightarrow \int a^x dx = \dfrac{a^x}{\log a} + C$
(5)	$\dfrac{d}{dx}(-\cos x) = \sin x$	$\Rightarrow \int \sin x\, dx = -\cos x + C$
(6)	$\dfrac{d}{dx}(\sin x) = \cos x$	$\Rightarrow \int \cos x\, dx = \sin x + C$
(7)	$\dfrac{d}{dx}(\tan x) = \sec^2 x$	$\Rightarrow \int \sec^2 x\, dx = \tan x + C$
(8)	$\dfrac{d}{dx}(-\cot x) = \csc^2 x$	$\Rightarrow \int \csc^2 x\, dx = -\cot x + C$
(9)	$\dfrac{d}{dx}(\sec x) = \sec x \tan x$	$\Rightarrow \int \sec x \tan x\, dx = \sec x + C$
(10)	$\dfrac{d}{dx}(-\csc x) = \csc x \cot x$	$\Rightarrow \int \csc x \cot x\, dx = -\csc x + C$
(11)	$\dfrac{d}{dx}(\log \sin x) = \cot x$	$\Rightarrow \int \cot x\, dx = \log|\sin x| + C$
(12)	$\dfrac{d}{dx}(-\log \cos x) = \tan x$	$\Rightarrow \int \tan x\, dx = -\log|\cos x| + C$
(13)	$\dfrac{d}{dx}(\log(\sec x + \tan x)) = \sec x$	$\Rightarrow \int \sec x\, dx = \log|\sec x + \tan x| + C$
(14)	$\dfrac{d}{dx}(\log(\csc x - \cot x)) = \csc x$	$\Rightarrow \int \csc x\, dx = \log|\csc x - \cot x| + C$
(15)	$\dfrac{d}{dx}\left(\sin^{-1}\dfrac{x}{a}\right) = \dfrac{1}{\sqrt{a^2 - x^2}}$	$\Rightarrow \int \dfrac{1}{\sqrt{a^2 - x^2}}\,dx = \sin^{-1}\left(\dfrac{x}{a}\right) + C$
(16)	$\dfrac{d}{dx}\left(\cos^{-1}\dfrac{x}{a}\right) = -\dfrac{1}{\sqrt{a^2 - x^2}}$	$\Rightarrow \int -\dfrac{1}{\sqrt{a^2 - x^2}}\,dx = \cos^{-1}\left(\dfrac{x}{a}\right) + C$
(17)	$\dfrac{d}{dx}\left(\dfrac{1}{a}\tan^{-1}\dfrac{x}{a}\right) = \dfrac{1}{a^2 + x^2}$	$\Rightarrow \int \dfrac{1}{a^2 + x^2}\,dx = \dfrac{1}{a}\tan^{-1}\left(\dfrac{x}{a}\right) + C$
(18)	$\dfrac{d}{dx}\left(\dfrac{1}{a}\cot^{-1}\dfrac{x}{a}\right) = -\dfrac{1}{a^2 + x^2}$	$\Rightarrow \int -\dfrac{1}{a^2 + x^2}\,dx = \dfrac{1}{a}\cot^{-1}\left(\dfrac{x}{a}\right) + C$
(19)	$\dfrac{d}{dx}\left(\dfrac{1}{a}\sec^{-1}\dfrac{x}{a}\right) = \dfrac{1}{x\sqrt{x^2 - a^2}}$	$\Rightarrow \int \dfrac{1}{x\sqrt{x^2 - a^2}}\,dx = \dfrac{1}{a}\sec^{-1}\left(\dfrac{x}{a}\right) + C$
(20)	$\dfrac{d}{dx}\left(\dfrac{1}{a}\csc^{-1}\dfrac{x}{a}\right) = -\dfrac{1}{x\sqrt{x^2 - a^2}}$	$\Rightarrow \int -\dfrac{1}{x\sqrt{x^2 - a^2}}\,dx = \dfrac{1}{a}\csc^{-1}\left(\dfrac{x}{a}\right) + C$

संख्यात्मक प्रश्न

प्रश्न 1. निम्नलिखित समाकलनों को ज्ञात कीजिए।

(i) $\int \dfrac{1}{x^{1/3}} dx$

(ii) $\int 5^x dx$

(iii) $\int \dfrac{1}{x^{3/2}} dx$

(iv) $\int x^{-6} dx$

(v) $\int \dfrac{1}{\sqrt[n]{x}} dx$

(vi) $\int e^{3\log x} dx$

उत्तर— (i) यहाँ, $\int \dfrac{1}{x^{1/3}} \cdot dx = \int x^{-1/3} \cdot dx = \dfrac{x^{\left(-\frac{1}{3}+1\right)}}{\left(-\dfrac{1}{3}+1\right)} + c$ $\left[\because \int x^n = \dfrac{x^{n+1}}{n+1} + c\right]$

$= \dfrac{x^{2/3}}{\dfrac{2}{3}} + c = \dfrac{3}{2} x^{2/3} + c.$

(ii) यहाँ, $\int 5^x dx = \dfrac{5^x}{\log 5} + c$ $\left[\because \int a^x dx = \dfrac{a^x}{\log a} + c\right]$

(iii) यहाँ, $\int \dfrac{1}{x^{3/2}} dx = \int x^{-3/2} dx = \dfrac{x^{\left(-\frac{3}{2}+1\right)}}{\left(-\dfrac{3}{2}+1\right)} + c$ $\left[\because \int x^n = \dfrac{x^{n+1}}{n+1} + c\right]$

$= \dfrac{x^{-1/2}}{-\dfrac{1}{2}} + c = -2 x^{-1/2} + c.$

(iv) यहाँ, $\int x^{-6} dx = \dfrac{x^{(-6+1)}}{(-6+1)} + c$ $\left[\because \int x^n = \dfrac{x^{n+1}}{n+1} + c\right]$

$= -\dfrac{x^{-5}}{5} + c.$

(v) यहाँ, $\int \dfrac{1}{\sqrt[n]{x}} dx = \int \dfrac{1}{x^{1/n}} dx = \int x^{-1/n} dx$ $\left[\because \int x^n = \dfrac{x^{n+1}}{n+1} + c\right]$

$$= \frac{x^{\left(-\frac{1}{n}+1\right)}}{\left(-\frac{1}{n}+1\right)} + c = \frac{x^{\left(\frac{n-1}{n}\right)}}{\left(\frac{n-1}{n}\right)} + c = \frac{n}{n-1} x^{\left(\frac{n-1}{n}\right)} + c.$$

(vi) यहाँ, $\int e^{3\log x} dx = \int e^{\log x^3} dx$ $[\because \quad m \log n = \log n^m]$

$$= \int x^3 dx = \frac{x^{3+1}}{3+1} + c = \frac{x^4}{4} + c$$

प्रश्न 2. विभाजन विधि द्वारा निम्नलिखित समाकलन ज्ञात कीजिए।

(i) $\int x e^{2x} dx$

(ii) $\int x^2 e^{-x} dx$

(iii) $\int x \sec^2 x \, dx$

(iv) $\int \sec^3 x \, dx$

उत्तर— (i) माना $I = \int \underset{I}{x} \underset{II}{e^{2x}} dx$

विभाजित समाकलन से हमें प्राप्त होता है—

$$I = x \int e^{2x} dx - \int \left[\frac{d}{dx}(x) \int e^{2x} dx\right] dx$$

$$= \frac{x e^{2x}}{2} - \int \frac{1 \cdot e^{2x}}{2} dx = \frac{x e^{2x}}{2} - \frac{1}{2} \int e^{2x} dx$$

$$= \frac{x e^{2x}}{2} - \frac{1}{2} \frac{e^{2x}}{2} + c = \frac{x e^{2x}}{2} - \frac{1}{4} e^{2x} + c.$$

(ii) माना $I = \int \underset{I}{x^2} \underset{II}{e^{-x}} dx$

विभाजित समाकलन से हमें प्राप्त होता है—

$$I = x^2 \int e^{-x} dx - \int \left[\frac{d}{dx}(x^2) \int e^{-x} dx\right] dx = \frac{x^2 e^{-x}}{(-1)} - \int 2x \cdot \frac{e^{-x}}{(-1)} dx$$

$$= -x^2 e^{-x} + 2 \int \underset{I}{x} \underset{II}{e^{-x}} dx \quad\quad\quad\quad [\text{पुनः विभाजित समाकलन करने पर}]$$

$$= -x^2 e^{-x} + 2 \left[x \int e^{-x} dx - \int \left(\frac{d}{dx}(x) \int e^{-x} dx\right) dx\right]$$

$$= -x^2 e^{-x} + 2 \left[\frac{x e^{-x}}{-1} - \int \frac{1 \cdot e^{-x}}{-1} dx\right]$$

$$= -x^2 e^{-x} - 2xe^{-x} + 2\int e^{-x} dx = -x^2 e^{-x} - 2xe^{-x} + \frac{2e^{-x}}{-1} + c$$

$$= -e^{-x}\left(x^2 + 2x + 2\right) + c.$$

(iii) माना $f(x) = x$ और $g(x) = \sec^2 x$

$$\therefore \int x \sec^2 x\, dx = x\int \sec^2 x\, dx - \int\left[\int \sec^2 x\, dx\right] 1\, dx$$

$$= x\tan x - \int \tan x\, dx$$

$$= x\tan x + \log\cos x$$

(iv) दिया है $\int \sec^3 x\, dx = \int \sec x \sec^2 x\, dx$

विभाजित समाकलन करने पर हमें प्राप्त होता है—

$$\int \sec^3 x\, dx = \sec x \tan x - \int \tan x (\sec x \tan x)\, dx$$

$$= \sec x \tan x - \int \sec x (\sec^2 x - 1)\, dx$$

$$\therefore \quad 2\int \sec^3 x\, dx = \sec x \tan x + \int \sec x\, dx$$

अतः $\int \sec^3 x\, dx = \frac{1}{2}\sec x \tan x + \frac{1}{2}\log \tan\left(\frac{\pi}{4} + \frac{x}{2}\right).$

प्रश्न 3. प्रतिस्थापन विधि द्वारा निम्नलिखित समाकलन ज्ञात कीजिए।

(i) $\int \dfrac{4(x+1)(x+\log x)^3}{x}\, dx$

(ii) $\int \sqrt{e^x - 1}\, dx$

(iii) $\int \dfrac{x + \sqrt{x+1}}{x+2}\, dx$

(iv) $\int \dfrac{1}{\left(\sqrt{x} + \sqrt{x+1}\right)}\, dx$

उत्तर— (i) माना $I = \int \dfrac{4(x+1)(x+\log x)^3}{x}\, dx$

$$= \int 4\left(\frac{x+1}{x}\right)\cdot(x + \log x)^3\, dx = 4\int\left(1 + \frac{1}{x}\right)(x + \log x)^3\, dx$$

$x + \log x = z$ रखने पर $\Rightarrow \left(1 + \dfrac{1}{x}\right) dx = dz$

$$\therefore \quad I = 4\int z^3 \, dz = 4 \cdot \frac{z^4}{4} + c = z^4 + c$$

$$= (x + \log x)^4 + c. \qquad [\because \; z = x + \log x]$$

(ii) माना $I = \int \sqrt{e^x - 1} \, dx$

$\sqrt{e^x - 1} = z$ रखने पर $\Rightarrow e^x - 1 = z^2 \Rightarrow e^x \cdot dx = 2z \, dz$

$$\Rightarrow dx = \frac{2z \, dz}{e^x} \Rightarrow dx = \frac{2z \, dz}{1 + z^2}$$

$$\therefore \quad I = \int z \cdot \frac{2z}{1+z^2} \, dz \qquad [\because \; z^2 + 1 = e^x]$$

$$= 2\int \frac{z^2}{1+z^2} \, dz$$

$$= 2\int \frac{1 + z^2 - 1}{1 + z^2} \, dz \qquad \text{[अंश में 1 जोड़ने और घटाने पर]}$$

$$= 2\int \left(1 - \frac{1}{1+z^2}\right) dz = 2\left[\int 1 \, dz - \int \frac{1}{1+z^2} \, dz\right] = 2\left[z - \tan^{-1} z\right] + c$$

$$= 2\left[\sqrt{e^x - 1} - \tan^{-1} \sqrt{e^x - 1}\right] + c \qquad [\because \; z = \sqrt{e^x - 1}]$$

(iii) माना $I = \int \frac{x + \sqrt{x+1}}{x+2} \, dx$

$\sqrt{x+1} = z$ रखने पर $\Rightarrow x + 1 = z^2 \Rightarrow x = z^2 - 1 \Rightarrow dx = 2z \, dz$

$$\therefore \quad I = \int \frac{\left[(z^2 - 1) + z\right]}{(z^2 - 1 + 2)} 2z \, dz = 2\int \frac{(z^2 - 1 + z)z}{z^2 + 1} \, dz$$

$$= 2\int \frac{(z^3 - z + z^2)}{z^2 + 1} \, dz = 2\int \left[(z+1) - \frac{2z+1}{z^2+1}\right] dz$$

$$= 2\int \left(z + 1 - \frac{2z}{z^2+1} - \frac{1}{z^2+1}\right) dz$$

$$= 2\int z \, dz + 2\int 1 \, dz - 2\int \frac{2z}{z^2+1} \, dz - 2\int \frac{1}{z^2+1} \, dz$$

$$= 2 \cdot \frac{z^2}{2} + 2z - 2\log|z^2 + 1| - 2\tan^{-1} z + c$$

$$= z^2 + 2z - 2\log|z^2 + 1| - 2\tan^{-1} z + c$$

$$= (x+1) + 2\sqrt{x+1} - 2\log|x+2| - 2\tan^{-1}\sqrt{x+1} + c. \qquad [\because \; (z = \sqrt{x+1})]$$

(iv) माना $I = \int \dfrac{1}{\left(\sqrt{x} + \sqrt{x+1}\right)} dx$

$= \int \dfrac{1}{\left(\sqrt{x} + \sqrt{x+1}\right)} \times \dfrac{\left(\sqrt{x} - \sqrt{x+1}\right)}{\left(\sqrt{x} - \sqrt{x+1}\right)} dx$ [परिमेयकरण करने पर]

$= \int \dfrac{\left(\sqrt{x} - \sqrt{x+1}\right)}{x - (x+1)} dx = \int \dfrac{\sqrt{x} - \sqrt{x+1}}{-1} dx = -\int \sqrt{x}\, dx + \int \sqrt{x+1}\, dx$

$= -\int x^{1/2} dx + \int (x+1)^{1/2} dx = -\left[\dfrac{x^{\frac{1}{2}+1}}{\frac{1}{2}+1}\right] + \left[\dfrac{(x+1)^{\frac{1}{2}+1}}{\frac{1}{2}+1}\right] + c$

$= -\dfrac{2}{3} x^{3/2} + \dfrac{2}{3}(x+1)^{3/2} + c.$

प्रश्न 4. निश्चित समाकलन ज्ञात कीजिए।

(i) $\int_1^2 \dfrac{dx}{(x+1)(x+2)}$

(ii) $\int_a^b \dfrac{\log x}{x} dx$

(iii) $\int_0^a \dfrac{x^3}{\sqrt{a^2 - x^2}} dx$

उत्तर— (i) $\int_1^2 \dfrac{dx}{(x+1)(x+2)} = \int_1^2 \left[\dfrac{1}{x+1} - \dfrac{1}{x+2}\right] dx$

$= \left[\log\left|\dfrac{x+1}{x+2}\right|\right]_1^2 = \log\dfrac{3}{4} - \log\dfrac{2}{3} = \log\left(\dfrac{9}{8}\right)$

(ii) $\log x = t$, रखने पर, ताकि $\dfrac{1}{x} dx = dt.$

$\therefore \int \dfrac{\log x}{x} dx = \int t\, dt = \dfrac{1}{2} t^2 = \dfrac{1}{2}(\log x)^2$

अतः $\int_a^b \dfrac{\log x}{x} dx = \dfrac{1}{2}\left[(\log x)^2\right]_a^b = \dfrac{1}{2}\left[(\log b)^2 - (\log a)^2\right]$

$= \dfrac{1}{2}(\log b - \log a)(\log b + \log a) = \dfrac{1}{2}\left(\log\dfrac{b}{a}\right)(\log(ab)).$

(iii) $a^2 - x^2 = t^2$, रखने पर, ताकि $-2x\,dx = 2t\,dt$

$$\therefore \int \frac{x^3}{\sqrt{a^2-x^2}} dx = \int \frac{x^2}{\sqrt{a^2-x^2}} x\,dx = \int \frac{a^2-t^2}{t}(-t)dt$$

$$= \int (t^2 - a^2)dt = \frac{1}{3}t^3 - a^2 t = \frac{1}{3}(a^2-x^2)^{3/2} - a^2(a^2-x^2)^{1/2}$$

अतः $\int_0^a \frac{x^3}{\sqrt{a^2-x^2}} dx = \left[\frac{1}{3}(a^2-x^2)^{3/2} - a^2(a^2-x^2)^{1/2}\right]_0^a$

$$= 0 - \frac{1}{3}a^3 + a^3 = \frac{2}{3}a^3$$

प्रश्न 5. दिया गया है $Y_0 = 4$, तब $3Y_t = 12 - 2Y_{t-1}$, अंतर समीकरण को हल कीजिए।

उत्तर— यहाँ, $Y_t = 4 - \frac{2}{3} Y_{t-1}$

अब $a = -\frac{2}{3}, b = 4$

तब सूत्र द्वारा, $Y_t = a^t \left[Y_0 - \frac{b}{1-a}\right] + \frac{b}{1-a}$

$\Rightarrow Y_t = \left(-\frac{2}{3}\right)^t \left\{4 - \frac{4}{1+\frac{2}{3}}\right\} + \frac{4}{1+\frac{2}{3}} \Rightarrow Y_t = \left(-\frac{2}{3}\right)^t \left\{4 - \frac{12}{5}\right\} + \frac{12}{5}$

$\Rightarrow Y_t = \left(-\frac{2}{3}\right)^t \left\{\frac{8}{5}\right\} + \frac{12}{5}.$

प्रश्न 6. एक अर्थव्यवस्था t वर्षों में आय Y_t उत्पन्न करती है। अर्थव्यवस्था बद्ध है तथा $Y_t = C_t + I_t$ जहाँ C_t, tवें वर्ष का उपभोग तथा I_t, tवें वर्ष का निवेश है। ऐसा विश्वास किया जाता है कि हर वर्ष का $\frac{2}{3}$ वाँ हिस्से का उपभोग किया जाता है और t + 1वें वर्ष में आय tवें वर्ष के निवेश की समानुपातिक है अर्थात् $Y_{t+1} = k\,I_t$ जहाँ k एक अचर है।

(i) निवेश I_t के लिए अंतर समीकरण प्राप्त करें। समीकरण को हल करते हुए वह स्थिति k ज्ञात करें जिसके लिए निवेश (आय) वर्ष प्रतिवर्ष बढ़ेगी।

(ii) यदि $k = 3.1, I_0 = 10$, तो I_t के लिए कीमतें जब $t = 0, 1, 2 \ldots$ हों ज्ञात करें।

उत्तर— दिया है, $Y_t = C_t + I_t$

$C_t = \frac{2}{3} Y_t$ तथा $Y_{t+1} = kI_t$

$\therefore Y_t = \frac{2}{3} Y_t + I_t$

$\Rightarrow \dfrac{1}{3} Y_t = I_t \Rightarrow Y_t = 3I_t$

अथवा $Y_{t+1} = 3I_{t+1}$

क्योंकि $Y_{t+1} = kI_t$

$\therefore 3I_{t+1} = kI_t$

$\Rightarrow I_{t+1} = \dfrac{k}{3} I_t$

यहाँ, $a = k/3, b = 0$

$\therefore I_t = \left(\dfrac{k}{3}\right)^t [I_0] \Rightarrow I_t = \left(\dfrac{k}{3}\right)^t [10]$

यदि $k = 3.1$, तब $I_t = \left(\dfrac{3.1}{3}\right)^t [10]$

जब $t = 0, I_t = 10$

$t = 1, I_t = 10\left[\dfrac{3.1}{3}\right] = 10.33$

$t = 2, I_t = 10\left[\dfrac{3.1}{3}\right]^2 = 10.68$

.
.
.

प्रश्न 7. कोई उपभोक्ता धनराशि P का R% वार्षिक ब्याज दर जो कि हर बाद वाले वर्ष के अंत में भुगतान की जाती है, बाद वाले बचत खाते में निवेश करता है। वह हर वर्ष एक निश्चित धनराशि I को वर्ष के अंत में अगले तीस वर्षों तक निकालता है। अंतर समीकरण ज्ञात कीजिए जब Y_t धन की वह मात्रा है जो खाते में प्रारंभिक निवेश के t वर्षों के उपरांत पड़ी है तथा समीकरण को हल कीजिए।

उत्तर– माना Y_t धन की वह मात्रा है जो प्रारंभिक निवेश $Y_0 = P$ के t वर्षों के बाद बचत खाते में पड़ी है।

यहाँ, $Y_t = (1+r) Y_{t-1} - I$

जहाँ, $r = \dfrac{R}{100}, a = 1 + r, b = -I$

समीकरण का हल $Y_t = a^t \left\{Y_0 - \dfrac{b}{1-a}\right\} + \dfrac{b}{1-a}$

$\therefore Y_t = (1+r)^t \left\{P - \dfrac{(-I)}{1-1-r}\right\} + \dfrac{(-I)}{1-(1+r)}$ $Y_t = (1+r)^t \left[P - \dfrac{I}{r}\right] + \dfrac{I}{r}$.

समाकलन गणित और आर्थिक प्रावैगिकी

प्रश्न 8. समीकरण का हल ज्ञात कीजिए।

$Y_t = 5Y_{t-1} + 6$

जहाँ दिया गया है कि $Y_0 = \dfrac{5}{2}$

उत्तर- $Y_t = 5Y_{t-1} + 6$

यहाँ, $a = 5, b = 6$

हल करने के लिए नियम

$$Y_t = a^t \left\{ Y_0 - \dfrac{b}{1-a} \right\} + \dfrac{b}{1-a}$$

$$\therefore Y_t = (5)^t \left[\dfrac{5}{2} - \dfrac{6}{1-5} \right] + \dfrac{6}{1-5} \qquad \left\{ \because Y_0 = \dfrac{5}{2} \right\}$$

$$= 5^t \left[\dfrac{10+6}{4} \right] - \dfrac{6}{4} = 5^t(4) - \dfrac{3}{2} = -\dfrac{3}{2} + 4(5)^t.$$

प्रश्न 9. समीकरण हल कीजिए—

$Y_{x+2} - 4Y_{x+1} + 3Y_x = 5^x$

उत्तर- $Y_{x+2} - 4Y_{x+1} + 3Y_x = 5^x$

व्यापक हल के लिए, पहले हम कोटि पूरक फलन ज्ञात कर रहे हैं।

$Y_{x+2} - 4Y_{x+1} + 3Y_x = 0$

$\Rightarrow \beta^x (\beta^2 - 4\beta + 3) = 0 \qquad \left[Y_x = \beta^x \text{ करते हुए} \right]$

$\Rightarrow \beta^x (\beta - 3)(\beta - 1) = 0$

तब $\beta = 3, \beta = 1$

$\therefore$ कोटि पूरक फलन, $CF, Y_x = C_1(1)^x + C_2(3)^x$

$\therefore Y_x = C_1 + C_2(3)^x$

विशिष्ट फलन ज्ञात करने के लिए $Y_x = C5^x$

$\therefore C5^{x+2} - 4C5^{x+1} + 3C5^x = 5^x$

$\Rightarrow 25C5^x - 20C5^x + 3C5^x = 5^x$

$\Rightarrow 25C - 20C + 3C = 1$

$\Rightarrow 8C = 1$

तब $C = \dfrac{1}{8}$

∴ विशिष्ट हल $Y_x = \frac{1}{8} 5^x$

अतः पूर्ण हल = कोटि पूरक फलन (CF) + विशिष्ट हल (Particular solution)

$= C_1 + C_2 (3)^x + \frac{1}{8} (5)^x.$

प्रश्न 10. यदि $Y_t = C_t + I_t$

$$C_t = 10 + .5 Y_{t-1}$$

$$I_t = 20 + 2(Y_t - Y_{t-1})$$

अंतर समीकरण को रूप देते हुए तथा हल करते हुए Y द्वारा बनाया गया समय पथ ज्ञात कीजिए।

उत्तर— यहाँ, $Y_t = C_t + I_t$

तब, $Y_t = 10 + .5 Y_{t-1} + 20 + 2(Y_t - Y_{t-1})$

$\Rightarrow Y_t = 10 + .5 Y_{t-1} + 20 + 2Y_t - 2Y_{t-1}$

$\Rightarrow Y_t - 2Y_t = -1.5 Y_{t-1} + 30$

$\Rightarrow -Y_t = -\frac{3}{2} Y_{t-1} + 30$

$\Rightarrow Y_t = \frac{3}{2} Y_{t-1} - 30$

यहाँ, $a = \frac{3}{2}$, $b = -30$

हल के लिए नियम है—

$$Y_t = a^t \left[Y_0 - \frac{b}{1-a} \right] + \frac{b}{1-a}$$

तब, $Y_t = \left(\frac{3}{2}\right)^t \left\{ Y_0 + \frac{30}{1-\frac{3}{2}} \right\} + \frac{(-30)}{1-\frac{3}{2}}$

$\Rightarrow Y_t = \left(\frac{3}{2}\right)^t [Y_0 - 60] + 60 \Rightarrow Y_t = \left(\frac{3}{2}\right)^t Y_0 + 60 \left[1 - \left(\frac{3}{2}\right)^t \right]$

जब $t = 0$ तब $Y_t = Y_0$

तथा जब, $t = 1$ तब $Y_t = \frac{3}{2} Y_0 - 30.$

प्रश्न 11. मान लीजिए कि हैरॉड मॉडल (Harrod model) में MPS = .12 है और पूँजी उत्पादन का अनुपात 2.12 है। Y_t तथा प्रमाणित वृद्धि दर ज्ञात कीजिए।

उत्तर– यहाँ, $Y_t = \left(\frac{a}{a-s}\right)^t Y_0$

$$\therefore Y_t = \left(\frac{2.12}{2.12-.12}\right)^t Y_0 \qquad [a = 2.12, s = .12]$$

$$\Rightarrow Y_t = \left(\frac{2.12}{2}\right)^t Y_0$$

$$\Rightarrow Y_t = (1.06)^t Y_0$$

और प्रमाणित वृद्धि दर $= \frac{s}{a-s} = \frac{.12}{2.12-.12} = \frac{.12}{2} = .06.$

प्रश्न 12. हम निम्नलिखित माँग एवं आपूर्ति फलनों के साथ एक बाजार में मूल्य के व्यवहार का अन्वेषण करना चाहते हैं–

$\mathbf{D_t = 86 - 0.8P_t}$

$\mathbf{S_t = -10 + 0.2P_{t-1}}$

उत्तर– प्रत्येक अवधि ($D_t = S_t$) में बाजार लाभार्जन मानते हुए, हमारे पास हैं–

$86 - 0.8p_t = -10 + 0.2p_{t-1}$

$\Rightarrow (-0.8)P_t = 0.2P_{t-1} - 96$

अथवा $P_t = (-0.25)P_{t-1} + 120$

इसका हल है–

$$P_t = \left(P_0 - \frac{120}{1+0.25}\right)(-0.25)^t + \frac{120}{1+0.25} \qquad \left\{\begin{matrix} \because a = -0.25 \\ b = 120 \end{matrix}\right\}$$

$\Rightarrow P = (P_0 - 96)\ (-0.25) + 96$ {$\because$ t = 1 के लिए}

चूँकि $|-0.25| = 0.25 < 1$, P का समय-पथ दोलायमान तो है परंतु अभिसरण करता है। बाजार स्थिर है तथा कालांतर में मूल्य साम्य मान 96 पर पहुँच जाता है।

प्रश्न 13. समीकरण

$(1+y^2)dx + (1+x^2)dy = 0$, जहाँ $y(0) = -1$ को हल कीजिए।

उत्तर– दिए हुए समीकरण को इस रूप में लिखा जा सकता है: $\frac{dx}{1+x^2} + \frac{dy}{1+y^2} = 0$

समाकलन करने पर हमें प्राप्त होता है: $\tan^{-1} x + \tan^{-1} y = c$. आदि प्रतिबंध अर्थात् $x = 0$ पर $y = -1$ लागू करके हम c का मान प्राप्त कर सकते हैं जिसका प्रयोग अभीष्ट विशेष

हल प्राप्त करने में किया जाता है। अब क्योंकि $\tan^{-1} 0 = 0$ और $\tan^{-1}(-1) = -\frac{\pi}{4}$, इसलिए $c = 0 - \frac{\pi}{4}$. अत: आदि मान समस्या का हल $\tan^{-1} x + \tan^{-1} y = -\frac{\pi}{4}$ है।

प्रश्न 14. इस अवकल समीकरण को हल कीजिए–

$$\frac{dx}{dt} = B(x-a)(x-b) \text{ जहाँ } a \neq b.$$

उत्तर– दिया है, $\frac{dx}{dt} = B(x-a)(x-b) \Rightarrow \frac{dx}{(x-a)(x-b)} = Bdt$

दोनों तरफ समाकलन करने पर, हमें प्राप्त होता है $\int \frac{dx}{(x-a)(x-b)} = \int Bdt$

माना कि $\frac{1}{(x-a)(x-b)} = \frac{A}{(x-a)} + \frac{B}{(x-b)}$

$\Rightarrow 1 = A(x-b) + B(x-a) \Rightarrow 1 = Ax - Ab + Bx - Ba$

$\Rightarrow 1 = x(A+B) - (Ab + aB)$

तुलना करने पर, $A + B = 0 \Rightarrow B = -A$

अत: $Ab - aA = -1$ अथवा $Aa - Ab = 1$

जिससे $A(a-b) = 1$

अथवा $A = \frac{1}{a-b}$ तथा $B = \frac{-1}{a-b}$

$$\therefore \frac{1}{(x-a)(x-b)} = \frac{1}{(a-b)}\left[\frac{1}{(x-a)} - \frac{1}{(x-b)}\right]$$

अब, $\int \frac{dx}{(x-a)(x-b)} = \int Bdt \Rightarrow \frac{(\log|x-a| - \log|x-b|)}{(a-b)} = Bt$

जो दिए हुए समीकरण का हल है।

प्रश्न 15. इस समीकरण को हल कीजिए–

$$\mathbf{ydx + x(1 - x^2y^4)dy = 0.}$$

उत्तर– $ydx + x(1 - x^2y^4)dy = 0$

$\Rightarrow ydx = (-x + x^3y^4)dy$

$\Rightarrow \frac{dx}{dy} + \frac{x}{y} = x^3y^3$

x^3 से भाग देने पर, हमें प्राप्त होगा $x^{-3}\dfrac{dx}{dy} + \dfrac{x^{-2}}{y} = y^3$

$x^{-2} = z$ रखने पर,

$\therefore -2x^{-3}\dfrac{dx}{dy} = \dfrac{dz}{dy}$ अथवा $x^{-3}\dfrac{dx}{dy} = \dfrac{-1}{2}\dfrac{dz}{dy}$

$\therefore \dfrac{-1}{2}\dfrac{dz}{dy} + \dfrac{z}{y} = y^3$

अथवा $\dfrac{dz}{dy} - \dfrac{2z}{y} = -2y^3$ ...(i)

यहाँ $P = \dfrac{-2}{y}$ तथा $Q = -2y^3$

तब, I.F. $= e^{\int P dy} = e^{\int \frac{-2}{y} dy}$

$= e^{-2\log y} = e^{\log y^{-2}} = \dfrac{1}{y^2}$

समी. (i) को I.F. से गुणा करने पर–

$\therefore \dfrac{1}{y^2}\dfrac{dz}{dy} - \dfrac{2z}{y^3} = -2y$

अथवा $\dfrac{z}{y^2} = -2\int y\, dy$

अथवा $\dfrac{z}{y^2} = -y^2 + c$ अथवा $z = -y^4 + cy^2$ अथवा $x^{-2} = -y^4 + cy^2$

जो दिए हुए समीकरण का हल है।

प्रश्न 16. समीकरण $(x^2 + y^2)dx - 2xy\,dy = 0$ को हल कीजिए।

उत्तर– दिए हुए समीकरण को निम्न रूप में लिखा जा सकता है–

$\Rightarrow \dfrac{dy}{dx} = \dfrac{x^2 + y^2}{2xy}$ ...(1)

समी. (1) में $y = vx$ प्रतिस्थापित करने पर हम पाते हैं $v + x\dfrac{dv}{dx} = \dfrac{1+v^2}{2v}$

$\Rightarrow x\dfrac{dv}{dx} = \dfrac{1+v^2}{2v} - v = \dfrac{1+v^2 - 2v^2}{2v} = \dfrac{1-v^2}{2v} \Rightarrow \dfrac{2v}{1-v^2}\dfrac{dv}{dx} = \dfrac{1}{x}$

इसका समाकलन करने पर हमें प्राप्त होता है–

$l n|x|.|1-v^2|=l n|c|$, जहाँ c समाकलन अचर है।

$\Rightarrow x(1-v^2)=c$

v का मान प्रतिस्थापित करके हम समी. (1) के हल को $x^2-y^2=cx$ के रूप में लिख सकते हैं।

प्रश्न 17. समीकरण $x\frac{dy}{dx}+y=x^3$ को हल कीजिए।

उत्तर– दिए हुए समीकरण को इस रूप में लिखा जा सकता है–

$$\frac{dy}{dx}+\frac{1}{x}y=x^2 \quad ...(1)$$

यह एक रैखिक समीकरण है। समी. (1) से इसकी तुलना करने पर हमें $P=\frac{1}{x}$ प्राप्त होता है। अतः समाकलन गुणक $=e^{\int Pdx}=e^{\int\frac{1}{x}dx}=e^{l n x}=x.$

समी. (1) को x से गुणा करने पर हमें प्राप्त होता है $x\frac{dy}{dx}+y=x^3$ अर्थात् $\frac{d}{dx}(xy)=x^3$ जो यथातथ है।

समाकलन करने पर हमें अभीष्ट हल के रूप में $xy=\frac{x^4}{4}+c$, जहाँ c एक अचर है, प्राप्त होता है।

प्रश्न 18. समीकरण $y'-y=2e^x$ को हल कीजिए।

उत्तर– यहाँ समीकरण $\frac{dy}{dx}+ay=ke^{mx}$ से तुलना करने पर हम पाते हैं कि

$a=-1, k=2$ और $m=1$ और $m+a=1-1=0\Rightarrow m=-a.$

अतः इसका विशेष समाकल $2xe^x$ है।

और समाकलन गुणक $e^{\int pdx}=e^{-\int dx}=e^{-x}(\because p=-1)$

अतः अभीष्ट हल y = विशेष समाकल + ce^x

अर्थात् $y=2xe^x+ce^x$.

प्रश्न 19. अवकल समीकरण $\frac{dy}{dx}+2y=2x^2+3$ का विशेष हल ज्ञात कीजिए।

उत्तर– यहाँ Q(x) घात 2 वाला एक बहुपद है।

मान लीजिए कि विशेष हल निम्न रूप का है–

$$y_P(x)=\sum_{i=0}^{2}P_ix^i=P_0+P_1x+P_2x^2$$

दिए हुए समी. में $y_P(x)$ का प्रतिस्थापन करने पर हमें प्राप्त होता है—
$$(P_1 + 2P_2 x) + 2(P_0 + P_1 x + P_2 x^2) = 2x^2 + 3 \qquad ...(1)$$
समी. (1) के दोनों पक्षों के समान घात वाले x के गुणांकों की तुलना करने पर हमें प्राप्त होता है—

x^2 का गुणांक— $2P_2 = 2$ या $P_2 = 1$

x का गुणांक— $2P_2 + 2P_1 = 0$ या $P_1 = -1$

x^0 का गुणांक— $P_1 + 2P_0 = 3$ या $P_0 = 2$

अतः अभीष्ट विशेष हल यह होगा—
$$y_P(x) = x^2 - x + 2.$$

प्रश्न 20. समीकरण $\dfrac{dy}{dx} + y = e^x + x + \sin x$ का व्यापक हल ज्ञात कीजिए।

उत्तर— दिया है, $\dfrac{dy}{dx} + y = e^x + x + \sin x \qquad ...(1)$

यहाँ, $Q(x) = Q_1(x) + Q_2(x) + Q_3(x)$

जहाँ, $Q_1(x) = e^x$, $Q_2(x) = x$ और $Q_3(x) = \sin x$

हम कह सकते हैं कि यदि y_1, y_2 और y_3 क्रमशः समीकरण—

$$\dfrac{dy}{dx} + y = e^x \qquad ...(2)$$

$$\dfrac{dy}{dx} + y = x \qquad ...(3)$$

और $\dfrac{dy}{dx} + y = \sin x \qquad ...(4)$

के विशेष हल हों, तो $y_p = y_1 + y_2 + y_3$ दिए हुए समीकरण का एक विशेष हल होगा।

समी. (2) लीजिए। मान लीजिए इसका विशेष हल $y_1 = re^x$ है। समी. (2) में इसे प्रतिस्थापित करने पर हमें प्राप्त होता है $re^x + re^x = e^x \Rightarrow r = \dfrac{1}{2}$

$$\therefore y_1 = \dfrac{1}{2} e^x \qquad ...(5)$$

हम मान लेते हैं कि समी. (3) का विशेष हल $y_2 = a_1 x + a_0$ है। समी. (3) में इसे प्रतिस्थापित करने पर हमें प्राप्त होता है—

$$a_1 + a_1 x + a_0 = x \qquad ...(6)$$

समी. (6) के दोनों पक्षों के समान घात वाले x के गुणांकों की तुलना करने पर हमें प्राप्त होता है—

$a_0 + a_1 = 0$

$a_1 = 1$

या $a_0 = -1, a_1 = 1$

अतः $y_2 = x - 1$ ...(7)

समी. (4) के लिए हम यह मान लेते हैं कि इसका विशेष हल $y_3 = c\sin x + d\cos x$ है। समी. (4) में इसे प्रतिस्थापित करने पर हमें प्राप्त होता है–

$c\cos x - d\sin x + c\sin x + d\cos x = \sin x$ ...(8)

समी. (8) के दोनों पक्षों के $\text{six}\, x$ और $\cos x$ के गुणांकों की तुलना करने पर हमें प्राप्त होता है–

$c - d = 1$

$c + d = 0$

$\Rightarrow c = \frac{1}{2}$ और $d = -\frac{1}{2}$

$\therefore y_3 = \frac{1}{2}\sin x - \frac{1}{2}\cos x$ ...(9)

अतः समी. (1) का विशेष हल समी. (5), (7) और (9) से निम्न रूप में प्राप्त किया जा सकता है–

$$\therefore y_p(x) = y_1 + y_2 + y_3 = \frac{1}{2}e^x + x - 1 + \frac{1}{2}(\sin x - \cos x)$$

समी. (1) के समघात भाग अर्थात्

$\frac{dy}{dx} + y = 0$ का रूप $\frac{1}{y}\frac{dy}{dx} + 1 = 0$ है।

इस समीकरण का समाकलन करने पर हमें प्राप्त होता है $l\text{n}y + x = l\text{n}\alpha$, जहाँ α एक अचर है।

अर्थात् $\frac{y}{\alpha} = e^{-x}$ या $y = \alpha e^{-x}$

अतः समी. (1) का व्यापक हल $y = \alpha e^{-x} + \frac{1}{2}e^x + x - 1 + \frac{1}{2}(\sin x - \cos x)$ होगा।

प्रश्न 21. समीकरण $y(axy + e^x)dx - e^x dy = 0$ को हल कीजिए।

उत्तर– दिए हुए समीकरण को इस रूप में रखा जा सकता है–

$e^x \frac{dy}{dx} = e^x y + axy^2 \Rightarrow \frac{dy}{dx} - y = axe^{-x}y^2$ ...(1)

यह बर्नौली समीकरण है, जहाँ $n = 2$

इसे हल करने के लिए मान लीजिए $y^{1-2} = v$ अर्थात् $v = \frac{1}{y}$

$$\therefore \frac{dv}{dx} = -\frac{1}{y^2}\frac{dy}{dx}$$

तब समी. (1) यह हो जाता है–

$$-\frac{dv}{dx} - v = axe^{-x} \Rightarrow \frac{dv}{dx} + v = -axe^{-x} \quad ...(2)$$

यह एक रैखिक समीकरण है जिसका समाकलन गुणक $= e^{\int 1dx} = e^x$.

इस समाकलन गुणक से समी. (2) के दोनों पक्षों को गुणा करने से हमें प्राप्त होता है

$$\frac{d}{dx}(ve^x) = -ax$$

x के सापेक्ष समाकलन करने पर हमें प्राप्त होता है $ve^x = -\int ax\,dx + c = -\frac{ax^2}{2} + c.$

v के स्थान पर $\frac{1}{y}$ रखकर अभीष्ट हल को $e^x = y\left(c - \frac{ax^2}{2}\right)$ के रूप में व्यक्त किया जा सकता है।

प्रश्न 22. समीकरण $x^6 \frac{d^2y}{dx^2} + 3x^5 \frac{dy}{dx} + a^2y = \frac{1}{x^2}$, जहाँ $x > 0$ को हल कीजिए।

उत्तर– दिए हुए समीकरण को इस रूप में लिखा जा सकता है–

$$\frac{d^2y}{dx^2} + \frac{3}{x}\frac{dy}{dx} + \frac{a^2}{x^6}y = \frac{1}{x^8}.$$

यहाँ स्वतंत्र चर x को z में परिवर्तित करने पर हमें यह प्राप्त होता है–

$$z = \int e^{\int \frac{-3}{x}dx} = -\frac{1}{2x^2}.$$

z के इस मान पर q_1, a^2 हो जाता है। तब समी. $\frac{d^2y}{dz^2} + q_1y = r_1$, $\frac{d^2y}{dz^2} + a^2y = -2z$ हो जाएगा।

इसका सहायक समीकरण यह है: $m^2 + a^2 = 0 \Rightarrow m = \pm ia.$

यहाँ, पूरक फलन $(C.F.) = A\cos az + B\sin az.$

विशेष समाकल $(P.I.) = \frac{1}{D^2 + a^2}(-2z) = -\frac{2}{a^2}\left(1 + \frac{D^2}{a^2}\right)^{-1} z$

$$= -\frac{2}{a^2}\left(1 - \frac{D^2}{a^2} + \ldots\right)z = -\frac{2z}{a^2}$$

अतः दिए हुए अवकल समीकरण का पूर्ण हल यह होगा $y = A\cos az + B\sin az - \frac{2z}{a^2}$

$$= A\cos\left(\frac{a}{2x^2}\right) - B\sin\left(\frac{a}{2x^2}\right) + \frac{1}{a^2 x^2}.$$

प्रश्न 23. समीकरण $\dfrac{d^2 y}{dx^2} - 4x\dfrac{dy}{dx} + (4x^2 - 1)y = -3e^{x^2}\sin x$ को हल कीजिए।

उत्तर— यहाँ, $p = -4x, q = 4x^2 - 1, r = -3e^{x^2}\sin x$

$y = vz$ का प्रतिस्थापन करके परतंत्र चर की परिवर्तन विधि को लागू करने पर हमें यह प्राप्त होता है $z = e^{-\frac{1}{2}\int p\,dx} = e^{-\frac{1}{2}\int(-4x)dx} = e^{2 \cdot \frac{x^2}{2}} = e^{x^2}$

$$q_1 = q - \frac{1}{2}\frac{dp}{dx} - \frac{1}{4}p^2 = 4x^2 - 1 + 2 - 4x^2 = 1$$

और $r_1 = \dfrac{-3e^{x^2}\sin x}{e^{x^2}} = -3\sin x$

अतः v से संबंधित समीकरण यह होगा $\dfrac{d^2 v}{dx^2} + v = -3\sin x$

इसका सहायक समीकरण यह है $m^2 + 1 = 0 \Rightarrow m = \pm i$

यहाँ, पूरक फलन $(\text{C.F.}) = A\cos x + B\sin x$

और विशेष समाकल $(\text{P.I.}) = \dfrac{1}{D^2 + 1}(-3\sin x) = (-3)\dfrac{1}{D^2 + 1}\sin x = \dfrac{3}{2}x\cos x$

$\therefore v = \text{C.F.} + \text{P.I.} = A\cos x + B\sin x + \dfrac{3}{2}x\cos x$

और दिए हुए समीकरण का पूर्ण पूर्वग (complete primitive) यह होगा—

$$y = vz = e^{x^2}\left[A\cos x + B\sin x + \frac{3}{2}x\cos x\right].$$

प्रश्न 24. (लूतातंतु) कॉबवेब मॉडल के लिए माँग और आपूर्ति, निम्न प्रकार है। सांत फलन कीमत का पता लगाइए और निर्धारण कीजिए कि क्या सांत फलन स्थिर है या नहीं—

(i) $Q_{dt} = 18 - 3P_t \qquad Q_{st} = -3 + 4P_{t-1}$

(ii) $Q_{dt} = 19 - 6P_t \qquad Q_{st} = 6P_{t-1}^{-5}$

उत्तर— (i) पहले तो हम प्रत्येक समय अवधि के लिए यह मानेंगे कि

$Q_{dt} = Q_{st}$ ...(1)

$\therefore 18 - 3P_t = -3 + 4P_{t-1} \Rightarrow 3P_t + 4P_{t-1} = 21$ ...(2)

माना कि समी. (2) में $t \to t+1$, तब हम पाते हैं–

$3P_{t+1} + 4P_t = 21$ अथवा $P_{t+1} + \frac{4}{3}P_t = 7$ ...(3)

यह $\alpha = \frac{4}{3}$ तथा $c = 7$ के साथ प्रथम क्रम स्थिति का अंतर समीकरण है जिसका हल होगा $P_t = A(-\alpha)^t + \frac{c}{1+\alpha}$ यथा $P_t = A\left(-\frac{4}{3}\right)^t + 3$ ...(4)

यहाँ $t = 0$ पर $P_0 = A + 3 \Rightarrow A = P_0 - 3$ ...(5)

समी. (4) और (5) से हम पाते हैं $P_t = (P_0 - 3)\left(-\frac{4}{3}\right)^t + 3$ ...(6)

अब हम सांत फलन कीमत का पता लगाने के लिए माँग और आपूर्ति फलन में $P_t = P_{t-1} = \overline{P}$ रखेंगे तथा बराबर रखने पर हम पाते हैं कि $18 - 3\overline{P} = -3 + 4\overline{P} \Rightarrow \overline{P} = 3$

अतः, $\overline{P} = 3$ अपेक्षित सांत फलन कीमत है। अब यह निर्धारण करने के लिए कि क्या सांत फलन स्थिर है या नहीं; हम समी. (6) से पाते हैं कि $b = -\frac{4}{3} < 0$ और क्योंकि

$|b| = \left|-\frac{4}{3}\right| = \frac{4}{3} > 1$

अतः समय पथ विभिन्न तथा दोलन विस्फोटक है।

(ii) पहले तो हम प्रत्येक समय अवधि के लिए यह मानेंगे कि

$Q_{dt} = Q_{st}$ ...(7)

$\therefore 19 - 6P_t = 6P_{t-1} - 5 \Rightarrow P_t + P_{t-1} = 4$ ...(8)

माना कि समी. (8) में $t \to t+1$, तब हम पाते हैं, $P_{t+1} + P_t = 4$ ...(9)

यह $\alpha = 1$, $c = 4$ के साथ प्रथम क्रम स्थिति का अंतर समीकरण है जिसका हल होगा—

$P_t = A(-\alpha)^t + \frac{c}{1+\alpha} \Rightarrow P_t = A(-1)^t + 2$ ...(10)

यहाँ $t = 0$ पर $P_0 = A + 2 \Rightarrow A = P_0 - 2$ ...(11)

समी. (10) और (11) से हम पाते हैं $P_t = (P_0 - 2)(-1)^t + 2$ ...(12)

अब हम सांत फलन कीमत का पता लगाने के लिए माँग और आपूर्ति फलन में $P_t = P_{t-1} = \overline{P}$ रखेंगे तथा बराबर रखने पर हम पाते हैं कि $19 - 6\overline{P} = 6\overline{P} - 5 \Rightarrow \overline{P} = 2$

अत: $\overline{P} = 2$ अपेक्षित सांत फलन कीमत है। अब यह निर्धारण करने के लिए कि क्या सांत फलन स्थिर है या नहीं हम समी. (12) से पाते हैं कि $b = -1 < 0$ क्योंकि $|b| = 1 = 1$ अत: समय पथ विभिन्न और दोलन स्थिर है।

प्रश्न 25. निम्नलिखित समीकरण को हल कीजिए।
$x^2 dy + y(x+y)dx = 0$.

उत्तर— यहाँ, $\dfrac{dy}{dx} = \dfrac{-y(x+y)}{x^2}$

प्रतिस्थापन $y = vx$ करने पर हमें प्राप्त होता है—

$v + \dfrac{xdv}{dx} = \dfrac{-vx(x+vx)}{x^2} \Rightarrow v + \dfrac{xdv}{dx} = -v - v^2 \Rightarrow \dfrac{xdv}{dx} = -2v - v^2$

$\Rightarrow \dfrac{dv}{v(2+v)} = \dfrac{-dx}{x} \Rightarrow \dfrac{2dv}{v(2+v)} = \dfrac{-2dx}{x} \Rightarrow \left(\dfrac{1}{v} - \dfrac{1}{2+v}\right)dv = \dfrac{-2dx}{x}$

$\Rightarrow \left(\dfrac{1}{v} - \dfrac{1}{2+v}\right)dv + \dfrac{2dx}{x} = 0$

दोनों तरफ समाकलन करने पर हमें प्राप्त होता है—

$\log v - \log 2 + v + 2 \log x = \log c \Rightarrow \log \dfrac{y}{x} - \log\left(2 + \dfrac{y}{x}\right) + \log x^2 = \log c$

$\Rightarrow \log \dfrac{xy}{2+yx} = \log c \Rightarrow \dfrac{xy}{2+yx} = c$

प्रश्न 26. हल कीजिए—

$y_t = 3y_{t-1} - 2y_{t-2}$, यदि $y_0 = 4$ तथा $y_{t-1} = 6$ दिया हुआ है।

उत्तर— दिया है, $y_t - 3y_{t-1} + 2y_{t-2} = 0$

$m^2 - 3m + 2 = 0$ विशेष समीकरण है।

$(m-2)(m-1) = 0$

$\therefore m = 2, 1$

ये मूल वास्तविक और अलग हैं।

इसलिए सामान्य हल है: $y_t = A(2)^t + B(1)^t$

एकपक्षीय स्थिरांक अब प्रारंभिक स्थितियों के अनुसार निर्धारित होगा। अत:

$y_0 = A(2)^0 + B(1)^0 = A + B = 4$,

$y_{t-1} = A(2)^{-1} + B(1)^{-1} = \dfrac{A}{2} + B = 6$

$A + B = 4$

A + 2B = 12

फलस्वरूप A = – 4, B = 8 तथा $y_t = -4(2)^t + 8(1)^t$.

प्रश्न 27. सीमांत आयात प्रवृत्ति M'(y) = 0.1 और y = 0 होने पर M = 20 दिया गया है। आयात फलन M(y) का आकलन करें। [दिसम्बर-2011, प्रश्न 3 (a)]

उत्तर– आयात फलन, $M(y) = \int M'(y)dy = \int 0.1 dy = 0.1y + c$

अब प्रश्नानुसार, $20 = (0.1)(0) + c \Rightarrow c = 20$

∴ आयात फलन है $M(y) = 0.1y + 20$

प्रश्न 28. सीमांत उपभोग प्रवृत्ति $C'(y) = 0.8 + 0.1 y^{-\frac{1}{2}}$ और y = 100 होने पर C = y है। उपभोग फलन C(y) का आकलन करें। [दिसम्बर-2011, प्रश्न 3 (b)]

उत्तर– उपभोग फलन, $C(y) = \int C'(y)dy = \int \left(0.8 + 0.1y^{-\frac{1}{2}}\right)dy$

$= 0.8y + \dfrac{0.1 y^{\frac{1}{2}}}{\frac{1}{2}} + C = 0.8y + 0.2y^{\frac{1}{2}} + C$

अब प्रश्नानुसार, $100 = 0.8(100) + 0.2(100)^{\frac{1}{2}} + C$

$\Rightarrow 100 = 80 + 2 + C \Rightarrow C = 18$

∴ उपभोग फलन है $C(y) = 0.8y + 0.2y^{\frac{1}{2}} + 18$

प्रश्न 29. यदि निवेश की दर $I(t) = 12t^{\frac{1}{3}}$ है, जहाँ 't' समय है। मान लीजिए कि प्रारंभिक पूँजी स्टॉक, K_0, 25 है। [जून-2012, प्रश्न 9]

(i) पूँजी स्टॉक के काल-पथ का पता लगाइए।

(ii) समय अंतराल [0, 1] और [1, 3] के दौरान, पूँजी संचयन की राशि का पता लगाइए।

उत्तर– (i) पूँजी का काल-पथ दिया हुआ है $K(t) = \int I(t)dt = \int 12t^{\frac{1}{3}} dt$

$= 12 \dfrac{t^{\frac{4}{3}}}{\frac{4}{3}} + c = 9t^{\frac{4}{3}} + c$

t = 0 पर $K(t) = K_0 = 25 \Rightarrow c = 25$

∴ $K(t) = 9t^{\frac{4}{3}} + 25$

(ii) समय अंतराल [0,1] के दौरान पूँजी संचय है–

$\int_0^1 I(t)dt = \int_0^1 12t^{\frac{1}{3}} dt = \left|\dfrac{12t^{\frac{4}{3}}}{\frac{4}{3}}\right|_0^1 = 9$

तथा समय अंतराल [1,3] के दौरान पूँजी संचय है—

$$\int_1^3 I(t)dt = \int_1^3 12t^{1/3} dt = \left| \frac{12t^{4/3}}{4/3} \right|_1^3$$

$$= \frac{12 \times 27 \times 3}{4} - \frac{12 \times 1 \times 3}{4}$$

$$= 243 - 9 = 234.$$

प्रश्न 30. मान लीजिए उत्पादन फलन $Q = f(L, K)$, कोटि 2 का समघाती है। यदि $Q =$ उत्पादन, $K =$ पूँजी और $L =$ श्रम हो तो ज्ञात कीजिए—

(a) इस फलन की कोटि 2 समरूपता प्रकृति को व्यक्त करने के लिए एक समीकरण लिखिए।

(b) ϕK के संदर्भ में Q की अभिव्यक्ति प्राप्त कीजिए।

(c) MPP_K फलन प्राप्त कीजिए। क्या MPP_K रेखी एकरूपता मामले जैसे अकेला K का फलन है?

(d) क्या MPP_K फलन, K और L में समघाती है? यदि हो तो किस कोटि का।

उत्तर— (a) $j^2 Q = f(jK, jL)$ ...(i)

(b) माना $j = \frac{1}{L}$. तब समी. (i) हो जाता है।

$$\frac{Q}{L^2} = f\left(\frac{K}{L}, 1\right) = \phi\left(\frac{K}{L}\right) = \phi(K)$$

अर्थात् $Q = L^2 \phi(K)$

(c) $MPP_K = \frac{\partial Q}{\partial K} = L^2 \phi'(K) \left(\frac{\partial K}{\partial K}\right) = L^2 \phi'(K)\left(\frac{1}{L}\right) = L\phi'(K)$ ...(ii)

अत: अब MPP_K L तथा K दोनों पर निर्भर करता है।

(d) यदि समी. (ii) में, MPP_K में K तथा L दोनों को j गुणा बढ़ाते हैं तब—

$$(jL)\phi'\left(\frac{jK}{jL}\right) = jL\phi'\left(\frac{K}{L}\right) = jL\phi'(K) = j.MPP_K$$

अत: K तथा L में MPP_K कोटि 1 का समघाती है।

प्रश्न 31. एक उत्पाद फलन है—

$-y = f(x_1, x_2) = x_1^{2/3} x_1^{1/5}$ जहाँ x_1, y_2 आदान और y उत्पादन है। उत्पादन कीमत p तथा आदान कीमतें w_1 और w_2 हैं।

(i) यदि $p = 15, w_1 = 5$ और $w_2 = 3$ तो दोनों आदानों के फलन के रूप में लाभ फलन की रचना करें।

(ii) x_2 का अभीष्ट प्रयोग स्तर 32 है। लाभ फलन का प्रयोग कर x_1 का अभीष्ट मान निकालें।

(iii) सिद्ध करें कि x_1 और x_2 के उपर्युक्त अभीष्ट मानों के प्रयोग पर वास्तव में लाभ-फलन अपने उच्चतम स्तर पर होता है, दिया गया है कि—

$$\frac{\partial^2 \pi(x_1, x_2)}{\partial x_1 \partial x_2} = \frac{-3}{40}$$

उत्तर— (i) दिया गया उत्पाद फलन

$y = f(x_1, x_2)$

$= x_1^{2/3} x_2^{1/5}$

$= (15)^{2/3} (5)^{1/5}$

(ii) लाभ फलन

$y = f(x_1, x_2)$

$= x_1^{2/3} x_2^{1/5}$

$= x_1^{2/3} (32)^{1/5}$

(iii) x_1 और x_2 के दिए गए अभीष्ट मानों में जहाँ x_1 और x_2 आदान हैं, दिया गया फलन

$= \dfrac{\partial^2 \pi(x_1 x_2)}{\partial x_1 \partial x_2}$

$= \dfrac{\partial^2 \pi(x_1^{2/3}, x_1^{1/5})}{\partial x_1^{2/3}, x_2^{1/5}}$

उपर्युक्त दिए गए फलन में x_1 व x_2 का मान रखने पर हमें अभीष्ट लाभ फलन अपने उच्चतम स्तर पर प्राप्त होगा, जो दिया गया है

$= \dfrac{-3}{40}$

4

अध्याय

रैखिक बीजगणित एवं अर्थशास्त्रीय अनुप्रयोग (Linear Algebra and Economics Application)

भूमिका

आर्थिक संबंधों के विश्लेषण में प्राय: न्यादर्श या नमूने के अंदर अंतर्संबद्ध चरों की एक बड़ी संख्या का समावेश अपेक्षित होता है। परिणामत: अन्वेषण के अधीन अधिकांश समस्याओं को ज्ञात करना दुर्वहनीय हो जाता है। ऐसे में रेखीय बीजगणित अपनी संक्षिप्त प्रस्तुति एवं हल यंत्रावली हेतु साधन उपलब्ध कराने में विभिन्न तरीकों से मदद करता है। रैखिक बीजगणित के अंतर्गत व्यूह एवं सारणिक विधि का प्रयोग समीकरण पद्धति को हल करने के लिए किया जाता है।

अर्थशास्त्र में निवेश-निर्गम आव्यूह और भुगतान आव्यूह जैसे शब्दों का प्राय: प्रयोग होता है। आव्यूहों का रैखिक रूपांतरणों से निकट का संबंध है। युगपत् रैखिक समीकरण निकाय को आव्यूह समीकरण में रूपांतरित किया जा सकता है और आव्यूहों की सहायता से इन्हें हल किया जा सकता है।

प्रश्न 1. सदिश की अवधारणा को स्पष्ट कीजिए।

उत्तर– माना किसी तल अथवा त्रि-विमीय अंतरिक्ष में l कोई सरल रेखा है। तीर के निशानों की सहायता से इस रेखा को दो दिशाएँ प्रदान की जा सकती हैं। इन दोनों में से निश्चित दिशा वाली कोई भी एक रेखा दिष्ट रेखा कहलाती है [आकृति 4.1 (1), (2)] देखें।

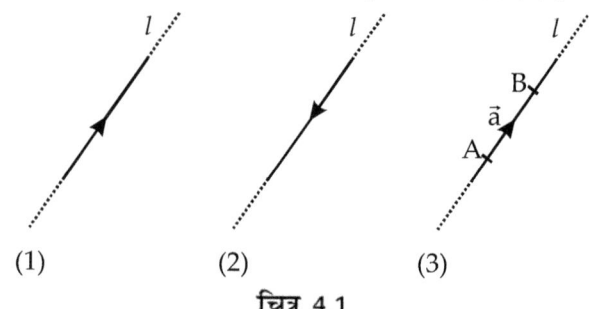

चित्र 4.1

यदि हम रेखा 'l' को रेखाखंड AB तक प्रतिबंधित कर देते हैं तब दोनों मे से किसी एक दिशा वाली रेखा 'l' पर परिमाण निर्धारित हो जाता है। इस प्रकार हमें एक दिष्ट रेखाखंड प्राप्त होता है (आकृति 4.1(3)। अतः एक दिष्ट रेखाखंड में परिमाण एवं दिशा दोनों होते हैं।

अर्थात् हम कह सकते हैं एक ऐसी राशि जिसमें परिमाण एवं दिशा दोनों होते हैं, सदिश कहलाती है।

एक दिष्ट रेखाखंड सदिश होता है (आकृति 4.1 (3)), जिसे $\overrightarrow{AB}$ अथवा साधारणतः $\vec{a}$, के रूप में निर्दिष्ट किया जाता है और इसे सदिश '$\overrightarrow{AB}$' अथवा सदिश '$\vec{a}$' के रूप में पढ़ा जाता है।

वह बिंदु A जहाँ से सदिश $\overrightarrow{AB}$ प्रारंभ होता है, प्रारंभिक बिंदु कहलाता है और वह बिंदु B जहाँ पर सदिश $\overrightarrow{AB}$, समाप्त होता है अंतिम बिंदु कहलाता है। किसी सदिश के प्रारंभिक एवं अंतिम बिंदुओं के बीच की दूरी सदिश का परिमाण (अथवा लंबाई) कहलाती है और इसे $|\overrightarrow{AB}|$ अथवा $|\vec{a}|$ के रूप में निर्दिष्ट किया जाता है। तीर का निशान सदिश की दिशा को निर्दिष्ट करता है।

स्थिति सदिश (Position Vector)

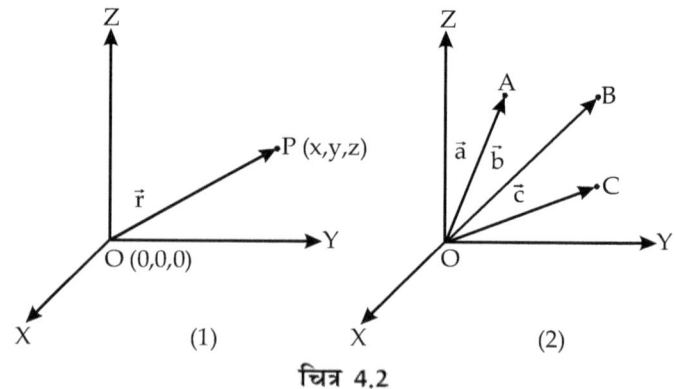

चित्र 4.2

मूल बिंदु O (0, 0, 0) के सापेक्ष एक ऐसा बिंदु P लिया गया है जिसके निर्देशांक (x, y, z) हैं। तब सदिश $\overrightarrow{OP}$ जिसमें O और P क्रमश: प्रारंभिक एवं अंतिम बिंदु हैं, O के सापेक्ष बिंदु P की स्थिति सदिश कहलाता है। अत: $\overrightarrow{OP}$ (अथवा $\vec{r}$) का परिमाण निम्नलिखित रूप से प्राप्त होता है—

$$|\overrightarrow{OP}| = \sqrt{x^2 + y^2 + z^2}$$

व्यवहार में मूल बिंदु O के सापेक्ष, बिंदुओं A, B, C इत्यादि के स्थिति सदिश क्रमश: $\vec{a}, \vec{b}, \vec{c}$ से निर्दिष्ट किए जाते हैं [आकृति 4.2 (2)]।

दिक्-कोसाइन (Direction Cosines)

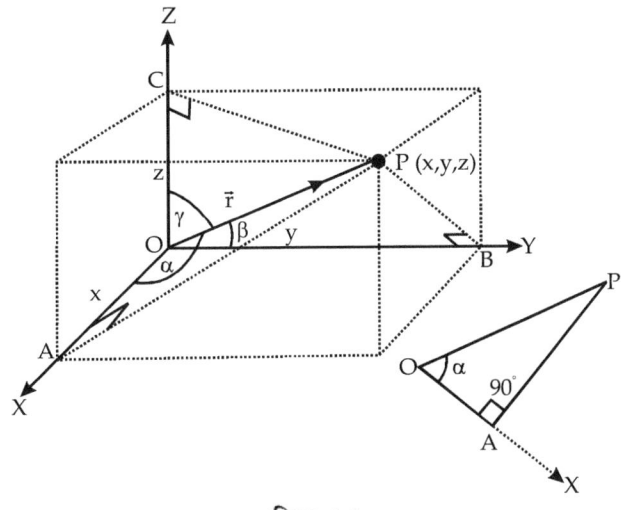

चित्र 4.3

एक बिंदु P(x, y, z) की स्थिति सदिश $\overrightarrow{OP}$ अथवा $\vec{r}$ है जैसा कि उपरोक्त आकृति 4.3 में दर्शाया गया है। सदिश $\vec{r}$ द्वारा x, y एवं z-अक्ष की धनात्मक दिशाओं के साथ बनाए गए क्रमश: कोण α, β एवं γ दिशा कोण कहलाते हैं। इन कोणों के कोसाइन मान अर्थात् $\cos\alpha, \cos\beta$ एवं $\cos\gamma$ सदिश $\vec{r}$ के दिक्-कोसाइन कहलाते हैं और सामान्यत: इनको क्रमश: l, m एवं n से निर्दिष्ट किया जाता है।

आकृति 4.3 से हम देखते हैं कि त्रिभुज OAP एक समकोण त्रिभुज है और इस त्रिभुज से $\cos\alpha = \dfrac{x}{r}$ r को $|r|$ के लिए प्रयोग किया गया है। इसी प्रकार समकोण त्रिभुजों OBP एवं OCP से हम $\cos\beta = \dfrac{y}{r}$ एवं $\cos\gamma = \dfrac{z}{r}$ लिख सकते हैं। इस प्रकार बिंदु P के निर्देशांकों को (lr, mr, nr) के रूप में अभिव्यक्त किया जा सकता है। दिक्-कोसाइन के समानुपाती संख्याएँ lr, mr एवं nr सदिश $\vec{r}$ के दिक्-अनुपात कहलाते हैं और इनको क्रमश: a, b तथा c से निर्दिष्ट किया जाता है।

प्रश्न 2. सदिशों का योगफल करने के विभिन्न नियम बताइए। सदिश के गुणधर्म क्या हैं?

अथवा

त्रिभुज नियम से आप क्या समझते हैं? यह समांतर चतुर्भुज नियम से किस प्रकार भिन्न है?

उत्तर– सदिश $\overrightarrow{AB}$ से साधारणत: हमारा तात्पर्य है बिंदु A से बिंदु B तक विस्थापन। माना एक लड़की बिंदु A से बिंदु B तक चलती है और उसके बाद बिंदु B से बिंदु C तक चलती है।

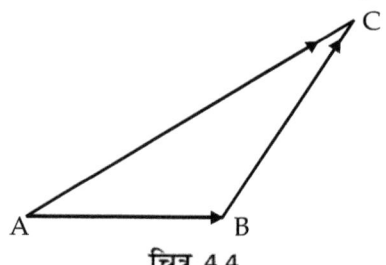

चित्र 4.4

जैसा कि चित्र 4.4 में दर्शाया गया है। बिंदु A से बिंदु C तक लड़की द्वारा किया गया कुल विस्थापन सदिश, $\overrightarrow{AC}$ से प्राप्त होता है और इसे $\overrightarrow{AC} = \overrightarrow{AB} + \overrightarrow{BC}$ के रूप में अभिव्यक्त किया जाता है।

यह सदिश योग का त्रिभुज नियम कहलाता है।

यदि हमारे पास दो सदिश $\vec{a}$ तथा $\vec{b}$ हैं [आकृति 4.5(1)], तो उनका योग ज्ञात करने के लिए उन्हें ऐसी स्थिति में लाया जाता है ताकि एक का प्रारंभिक बिंदु दूसरे के अंतिम बिंदु के संपाती हो जाए [आकृति 4.5(2)]।

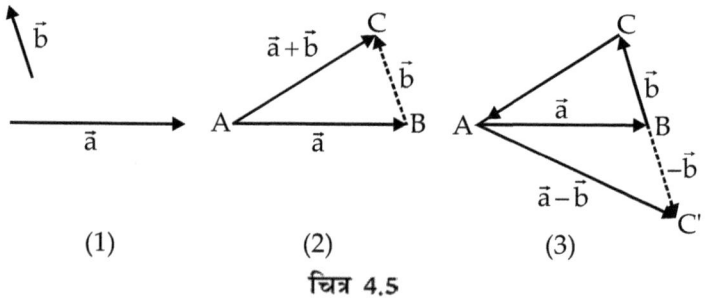

चित्र 4.5

उदाहरणत: आकृति 4.5(2) में, सदिश $\vec{b}$ के परिमाण एवं दिशा को परिवर्तित किए बिना इस प्रकार स्थानांतरित किया है ताकि इसका प्रारंभिक बिंदु, $\vec{a}$ के अंतिम बिंदु के संपाती हो, तब त्रिभुज ABC की तीसरी भुजा AC पर निरूपित सदिश $\vec{a} + \vec{b}$ हमें सदिशों $\vec{a}$ तथा $\vec{b}$ का योग (अथवा परिणामी) प्रदान करता है, अर्थात् त्रिभुज ABC में हम पाते हैं कि $\overrightarrow{AB} + \overrightarrow{BC} = \overrightarrow{AC}$ [आकृति 4.5(2)]।

अब पुनः $\overrightarrow{AC} = -\overrightarrow{CA}$ अतः उपर्युक्त समीकरण से हम पाते हैं कि
$\overrightarrow{AB} + \overrightarrow{BC} + \overrightarrow{CA} = \overrightarrow{AA} = \vec{0}$

इसका तात्पर्य यह है कि किसी त्रिभुज की भुजाओं को यदि एक क्रम में लिया जाए तो यह शून्य परिणामी की ओर प्रेरित करता है क्योंकि प्रारंभिक एवं अंतिम बिंदु संपाती हो जाते हैं [आकृति 4.5(3)]।

चित्र 4.5(3) में एक सदिश $\overrightarrow{BC'}$ की रचना इस प्रकार की गई है ताकि इसका परिमाण सदिश $\overrightarrow{BC}$, के परिमाण के समान हो परंतु इसकी दिशा $\overrightarrow{BC}$ की दिशा के विपरीत हो। अर्थात् $\overrightarrow{BC'} = -\overrightarrow{BC}$ अब त्रिभुज नियम का अनुप्रयोग करते हुए [आकृति 4.5(3)] से हम पाते हैं कि

$$\overrightarrow{AC'} = \overrightarrow{AB} + \overrightarrow{BC'} = \overrightarrow{AB} + (-\overrightarrow{BC}) = \vec{a} - \vec{b}$$

सदिश $\overrightarrow{AC'}$, $\vec{a}$ तथा $\vec{b}$ के अंतर को निरूपित करता है।

समांतर चतुर्भुज नियम

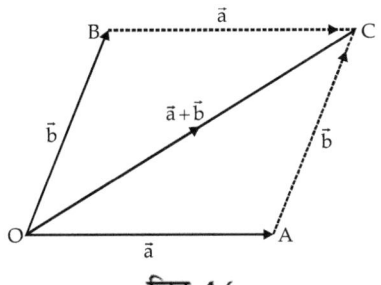

चित्र 4.6

यदि हमारे पास एक समांतर चतुर्भुज की दो संलग्न भुजाओं से निरूपित किए जाने वाले (परिमाण एवं दिशा सहित) दो सदिश $\vec{a}$ तथा $\vec{b}$ हैं (आकृति 4.6) तब समांतर चतुर्भुज की इन दोनों भुजाओं के उभयनिष्ठ बिंदु से गुजरने वाला विकर्ण इन दोनों सदिशों के योग $\vec{a} + \vec{b}$ को परिमाण एवं दिशा सहित निरूपित करता है। यह सदिश योग का समांतर चतुर्भुज नियम कहलाता है।

सदिश योगफल के गुणधर्म (Properties of vector addition) –

गुणधर्म 1: दो सदिशों $\vec{a}$ तथा $\vec{b}$ के लिए

$$\vec{a} + \vec{b} = \vec{b} - \vec{a}$$

गुणधर्म 2: तीन सदिशों $\vec{a}, \vec{b}$ और $\vec{c}$ के लिए

$$(\vec{a} + \vec{b}) + \vec{c} = \vec{a} + (\vec{b} + \vec{c})$$

प्रश्न 3. किसी अदिश से सदिश का गुणन किस प्रकार किया जाता है? रेखाचित्र द्वारा स्पष्ट कीजिए।

उत्तर– माना $\vec{a}$ एक दिया हुआ सदिश है और λ एक अदिश है। सदिश $\vec{a}$ का अदिश λ, से गुणनफल जिसे $\lambda\vec{a}$ के रूप में निर्दिष्ट किया जाता है, सदिश $\vec{a}$ का अदिश λ से गुणन कहलाता है। $\lambda\vec{a}$ भी सदिश $\vec{a}$ के सरेख एक सदिश है। λ के मान धनात्मक अथवा ऋणात्मक

होने के अनुसार $\lambda\vec{a}$ की दिशा, $\vec{a}$ के समान अथवा विपरीत होती है। $\lambda\vec{a}$ का परिमाण $\vec{a}$ के परिमाण का $|\lambda|$ गुणा होता है, अर्थात्

$$|\lambda\vec{a}| = |\lambda||\vec{a}|$$

एक अदिश से सदिश के गुणन की ज्यामितीय परिदृश्यकरण रूप की कल्पना आकृति 4.7 में दी गई है।

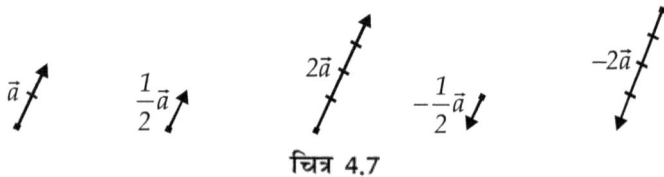

चित्र 4.7

जब $\lambda = -1$, तब $\lambda\vec{a} = -\vec{a}$ जो एक ऐसा सदिश है जिसका परिमाण $\vec{a}$ के समान है और दिशा $\vec{a}$ की दिशा के विपरीत है। सदिश $-\vec{a}$ सदिश $\vec{a}$ का ऋणात्मक प्रतिलोम कहलाता है और हमेशा $\vec{a} + (-\vec{a}) = (-\vec{a}) + \vec{a} = \vec{0}$ होता है।

यदि $\lambda = \dfrac{1}{|\vec{a}|}$ तथा $\vec{a} \neq 0$, अर्थात् $\vec{a}$ एक शून्य सदिश नहीं है तब

$$|\lambda\vec{a}| = |\lambda||\vec{a}| = \frac{1}{|\vec{a}|}|\vec{a}| = 1$$

इस प्रकार $\lambda\vec{a}$, $\vec{a}$ की दिशा में मात्रक सदिश को निरूपित करता है। हम इसे $\hat{a} = \dfrac{1}{|\vec{a}|}\vec{a}$ के रूप में लिखते हैं।

किसी भी अदिश k के लिए $k\vec{0} = \vec{0}$ होता है।

प्रश्न 4. निम्नलिखित पर संक्षिप्त टिप्पणी कीजिए–

(i) आंतरिक और मानक गुणनफल

(ii) सदिश समष्टि अथवा वरिमाएँ

(iii) जनित्र तथा आधार

(iv) द्विघात रूप

(v) सदिश अवकलन

उत्तर– (i) आंतरिक गुणनफल–माना V क्षेत्र F पर एक सदिश समष्टि है।

फलन $\langle , \rangle : V \times V \to F : \langle , \rangle (x, y) = \langle x, y \rangle$ को V पर एक आंतर गुणनफल कहेंगे यदि यह निम्नलिखित शर्तों को संतुष्ट करता हो–

(IP1) $\langle x, x \rangle \geq 0 \ \forall \ x \in V$.

(IP2) $\langle x, x \rangle = 0$ यदि और केवल यदि $x = 0$.

(IP3) $< x + y, z > \; = \; < x, y > + < y, z >$ सभी $x, y, z \in V$ के लिए।

(IP4) $< ax, y > = a < x, y >$, $a \in F$ और $x, y \in V$ के लिए।

(IP5) $< y, x > = < x, y >$ सभी $x, y \in V$ के लिए।

(यहाँ $< x, y >$ संख्या $< x, y >$ के संमिश्र संयुग्मी को प्रकट करता है।)

अदिश $< x, y >$ को सदिश y के साथ सदिश x का आंतर गुणनफल कहते हैं।

ऐसे सदिश समष्टि V को, जिस पर आंतर गुणनफल परिभाषित किया गया हो, उसे आंतर गुणन समष्टि (inner product space) कहा जाता है तथा इसे $(V, <, >)$ से प्रकट करते हैं।

इस संबंध में यहाँ हम एक टिप्पणी दे रहे हैं।

उदाहरण के लिए मान लीजिए $a \in F$. तब $a = \vec{a}$ होता है यदि केवल $a \in R$. अतः IP5 के अनुसार–

- $< x, x > \in R \; \forall \; x \in V$, क्योंकि $< x, x > = < x, x >$.
- यदि $F = R$ तो $< x, y > = < y, x > \; \forall \; x, y \in V$.

मानक गुणनफल–यदि $(V, <, >)$ एक आंतर गुणन समष्टि हो और $x \in V$ हो तो सदिश x का मानक $\sqrt{< x, x >}$ से परिभाषित होता है। इसे हम $\|x\|$ से प्रकट करते हैं।

अतः $\|x\| = \sqrt{< x, x >}$

उदाहरण के लिए: IP1 के अनुसार,

$< x, x > \geq 0 \; \forall \; x \in V$.

इस तरह $\|x\| \geq 0 \; \forall \; x \in V$.

IP2 के अनुसार, $\|x\| = 0$ यदि और केवल यदि $x = 0$

किसी $a \in C$ के लिए

$\|ax\| = |a| \|x\|$,

क्योंकि $\|ax\| = \sqrt{< ax, ax >} = \sqrt{a \vec{a} < x, x >} = \sqrt{|a|^2 < x, x >}$

$= |a| \sqrt{< x, x >} = |a| \|x\|$

$x \in V$ को एक मात्रक सदिश (unit vector) कहते हैं यदि $\|x\| = 1$

(ii) एक समुच्चय V को क्षेत्र F पर एक सदिश समष्टि तब कहा जाता है जबकि इस पर दो संक्रियाएँ अर्थात् योग और F के अवयवों से V के अवयव के गुणन ऐसे हों कि इन पर निम्नलिखित गुण लागू हों–

(VS1) + एक द्वि–आधारी संक्रिया है, अर्थात् $u + v \in V \; \forall \; u, v \in V$

(VS2) + साहचर्य है, अर्थात् $(u + v) + w = u + (v + w) \; \forall \; u, v, w \in V$

(VS3) V का + के सापेक्ष एक तत्समक अवयव होता है, अर्थात् $\exists 0 \in V$ जिससे कि $0 + v = v = v + 0 \; \forall \; v \in V$

(VS4) V के प्रत्येक अवयव का + सापेक्ष एक प्रतिलोम अवयव होता है : प्रत्येक $u \in V$ के लिए $\exists v \in V$ जिससे कि $u + v = 0$. v को u का योज्य प्रतिलोम कहा जाता है और इसे $-u$ के रूप में लिखा जाता है।

(VS5) + क्रमविनिमेय है, अर्थात् $u + v = v + u \forall u, v \in V$

(VS6) $\because F \times V \to V \therefore (a, v) = a.v$

एक सुपरिभाषित संक्रिया है अर्थात् $\forall a \in F$ और $v \in V, a.v \in V$

(VS7) $\forall a \in F$ और $u, v \in V, a.(u + v) = a.\, u + a.\, v$

(VS8) $\forall \alpha, \beta \in F$ और $v \in V.(\alpha + \beta), v = \alpha.\, v + \beta.\, v$

(VS9) $\forall \alpha, \beta \in F$ और $v \in V.\ (\alpha\beta), v = \alpha.\ (\beta, v)$

(VS10) सभी $v \in V$ के लिए $1.\, v = v$

जब V, R पर सदिश समष्टि होता है तो इसे वास्तविक सदिश समष्टि भी कहा जाता है। इसी प्रकार यदि V को C पर परिभाषित किया जाए तो इसे संमिश्र सदिश समष्टि कहेंगे।

उपरोक्त परिभाषा में दिए गए $a \in F$ और $v \in V$ के गुणनफल को प्राय: a, v से नहीं बल्कि av से दर्शाते हैं।

(iii) माना कोई सदिश $x = \begin{pmatrix} x_1 \\ x_2 \end{pmatrix}$ है। इसे $u = \begin{pmatrix} u_1 \\ u_2 \end{pmatrix}, v = \begin{pmatrix} v_1 \\ v_2 \end{pmatrix}, w = \begin{pmatrix} w_1 \\ w_2 \end{pmatrix}$ आदि सदिशों से उत्पन्न किया जा सकता है, जैसा कि निम्नवत् है–

$$\begin{pmatrix} x_1 \\ x_2 \end{pmatrix} = c_1 \begin{pmatrix} u_1 \\ u_2 \end{pmatrix} + c_2 \begin{pmatrix} v_1 \\ v_2 \end{pmatrix} + c_3 \begin{pmatrix} w_1 \\ w_2 \end{pmatrix}$$

c_1, c_2 एवं c_3 हेतु सभी संभव मानों को निर्दिष्ट करके हम दो-आयामी वरिमा $\begin{pmatrix} x_1 \\ x_2 \end{pmatrix}$ से संबंधित सभी संभव दो-अवयव सदिश प्राप्त कर सकते हैं। इस स्थिति में u, v और w दो-आयामी वरिमाओं (E^2) के 'जनित्र' हैं।

उदाहरण–सदिश $\begin{pmatrix} 2 \\ 5 \end{pmatrix}$ इसके जनित्र ज्ञात कीजिए।

हल– $2\begin{pmatrix} 1 \\ 0 \end{pmatrix} + 5\begin{pmatrix} 0 \\ 1 \end{pmatrix}$ अथवा $2\begin{pmatrix} 1 \\ 1 \end{pmatrix} + 3\begin{pmatrix} 0 \\ 1 \end{pmatrix}$ अथवा $\begin{pmatrix} 1 \\ 0 \end{pmatrix} + \begin{pmatrix} 1 \\ 1 \end{pmatrix} + 4\begin{pmatrix} 0 \\ 1 \end{pmatrix}$

अथवा $2\begin{pmatrix} 1 \\ 2 \end{pmatrix} + 1\begin{pmatrix} 0 \\ 1 \end{pmatrix} + 3\begin{pmatrix} 0 \\ 1 \end{pmatrix}$ के रूप में व्यक्त किया जा सकता है।

इस प्रकार, हम $\begin{pmatrix} 1 \\ 0 \end{pmatrix}$ और $\begin{pmatrix} 0 \\ 1 \end{pmatrix}$ अथवा $\begin{pmatrix} 1 \\ 1 \end{pmatrix}$ और $\begin{pmatrix} 0 \\ 1 \end{pmatrix}$ अथवा $\begin{pmatrix} 1 \\ 0 \end{pmatrix}, \begin{pmatrix} 1 \\ 1 \end{pmatrix}$ और $\begin{pmatrix} 0 \\ 1 \end{pmatrix}$ अथवा $\begin{pmatrix} 1 \\ 2 \end{pmatrix}, \begin{pmatrix} 0 \\ 1 \end{pmatrix}$ और $\begin{pmatrix} 0 \\ 1 \end{pmatrix}$ जैसे सदिश $\begin{pmatrix} 2 \\ 5 \end{pmatrix}$ से प्राप्त कर सकते हैं।

अब अदिशों $c_1, c_2,$ आदि के उपयुक्त चयन के पश्चात् इन सदिशों का अदिश गुणनफल ज्ञात किया जाएगा और अंत में इस प्रकार प्राप्त सदिशों के योग स्वरूप सदिश $\begin{pmatrix} 2 \\ 5 \end{pmatrix}$ प्राप्त होगी।

सदिश समष्टि V के उपसमुच्चय B को V का आधार तत्त्व कहा जाता है, यदि
(1) B रैखिकतः स्वतंत्र हो और
(2) B.V को जनित्र करता हो अर्थात् [B] = V.

यहाँ (1) से यह अर्थ निकलता है कि V का प्रत्येक सदिश B से परिमित संख्या में लिए गए सदिशों का एक एकघात संचय होता है।

इस तरह $B \subseteq V, V$ का एक आधार होता है, जबकि B रैखिकतः स्वतंत्र हो और V का प्रत्येक सदिश B से परिमित संख्या में लिए गए सदिशों का एक एकघात संचय हो।

(iv) माना एक समीकरण $ax^2 + bx + c = 0, a, b, c \in R, a \neq 0$ दिया है।

ऐसे समीकरणों को हल करते समय हम द्विघात रूप से परिचित होते हैं। समीकरण का बायाँ पक्ष R पर एक चर वाला एक द्विघात फलन है। समीकरण के दो घात वाले पद, अर्थात् ax^2 को कोटि (order) एक का द्विघाती रूप कहा जाएगा। इसकी कोटि एक है क्योंकि इसमें केवल एक चर है।

R पर दो चरों x और y वाला व्यापक द्विघात समीकरण

$(ax^2 + 2hxy + by^2) + 2gx + 2fy + c = 0$, a, b, c, f, g, h $\in$ R, जहाँ a, h, b में से कम से कम एक शून्येतर अवश्य है। इसका बायाँ पक्ष कोटि 2 वाला द्विघात फलन या द्विघात बहुपद है। इस समीकरण के दो घात वाले पदों अर्थात् व्यंजक $ax^2 + 2hxy + by^2$ को कोटि दो वाला द्विघाती रूप कहा जाता है, क्योंकि इसमें दो चर x और y हैं।

R पर तीन चरों वाला व्यापक द्विघात समीकरण

$(ax^2 + by^2 + cz^2 + 2hxy + 2gxz + 2fyz) + 2ux + 2vy + 2wz + d = 0$, a, b, c, d, f, g, h, u, v w $\in$ R, जहाँ a, b, c, f, g, h में से कम से कम एक शून्येतर अवश्य है। इसका बायाँ पक्ष तीन चरों वाला एक द्विघात फलन या द्विघात बहुपद है। इस समीकरण के दो घात वाले पद, अर्थात् कोष्ठक के अंदर लिखा हुआ व्यंजक, कोटि 3 वाला द्विघाती रूप कहलाता है।

शून्येतर समघात $\sum_{ij=1}^{n} a_{ij} x_i x_j$ को R पर कोटि n वाला द्विघाती रूप कहते हैं, जहाँ a_{ij} वास्तविक अचर है और $x_1, x_2, \ldots, x_n$ वास्तविक चर हैं।

अतः हम कह सकते हैं कि दो घात वाले रूप बहुपद को द्विघाती रूप कहते हैं तथा इसकी कोटि इसमें आने वाले चरों की संख्या होती है।

उदाहरण के लिए, $x^2 - 3y^2 + 4xz$ कोटि 3 का द्विघाती रूप है।

(v) कुछ उच्चिष्ठ एवं निम्निष्ठ समस्याओं में सदिशों एवं व्यूहों वाले व्यंजनों को अवकलित किया जाना आवश्यक होता है जैसे रेखीय फलनों, द्विघात रूपों एवं द्विरेखीय रूपों के सदिश अवकलज।

किसी रैखिक फलन का सदिश अवकलन–

रूप a'x का व्यंजन, जहाँ a, n×1 हो और x हो, तो वह एक रैखिक फलन कहलाता है।

$$\text{रैखिक फलन } a'x = [a_1 \ a_2 \ \dots \ a_n] \begin{bmatrix} x_1 \\ x_2 \\ \vdots \\ x_n \end{bmatrix}$$

$$= a_1x_1 + a_2x_2 + \dots + a_n x_n \text{ के लिए,}$$

अदिश x_i, $i = 1, 2, ..., n$, के संदर्भ में a'x का आंशिक अवकलज होगा $\frac{\partial}{\partial z}(x'Bz) = B'x$ यानी, आंशिक अवकलज सदिश a के अवयव हैं।

इस प्रकार, यदि n आंशिक अवकलज एक सदिश a के रूप में व्यवस्थित होते हैं तो सदिश अवकलन की प्रक्रिया $\frac{\partial(a'x)}{\partial x} = a$ द्वारा परिभाषित की जाती है जहाँ $\frac{\partial(a'x)}{\partial x}$ सदिश x के अवयवों के संदर्भ में a'x को अवकलित करने की संक्रिया दर्शाता है।

फलनों के किसी सदिश का सदिश अवकलन–यदि y कोई n-आयामी स्तंभ सदिश हो जिसका प्रत्येक अवयव x के m अवयवों का फलन है अर्थात् यदि $y_i = f(x_1, x_2, \dots, x_m)$ तथा $i = 1, 2, ..., n$, तो प्रत्येक y_i प्रत्येक x_j के संदर्भ में अंशतः अवकलित किया जा सकता है और ये आंशिक अवकलज निम्नवत् किसी m×n व्यूह में व्यवस्थित किए जा सकते हैं–

$$\frac{\partial y}{\partial x} = \begin{vmatrix} \frac{\partial y_1}{\partial x_1} & \frac{\partial y_2}{\partial x_1} & \cdots & \frac{\partial y_n}{\partial x_1} \\ \frac{\partial y_1}{\partial x_2} & \frac{\partial y_2}{\partial x_2} & \cdots & \frac{\partial y_n}{\partial x_2} \\ \vdots & \vdots & \ddots & \vdots \\ \frac{\partial y_1}{\partial x_m} & \frac{\partial y_2}{\partial x_m} & \cdots & \frac{\partial y_n}{\partial x_m} \end{vmatrix}$$

किसी द्विघात रूप का सदिश अवकलन–रूप x'Ax, का व्यंजन, जहाँ a एक n × n सममित व्यूह हो, यह एक द्विघात रूप होता है। द्विघात रूप x'Ax को निम्नवत् विस्तारित किया जा सकता है–

$$x'Ax = [x_1 \quad x_2 \quad \cdots \quad x_n] \begin{bmatrix} a_{11} & a_{12} & \cdots & a_{1n} \\ a_{21} & a_{22} & \cdots & a_{2n} \\ \vdots & \vdots & \ddots & \vdots \\ a_{n1} & a_{n2} & \cdots & a_{nn} \end{bmatrix} \begin{bmatrix} x_1 \\ x_2 \\ \vdots \\ x_n \end{bmatrix}$$

$$= a_{11}x_1^2 + a_{12}x_1x_2 + 2a_{13}x_1x_3 + \cdots + 2a_{1n}x_1x_n + a_{22}x_2^2 + 2a_{23}x_2x_3 + \cdots +$$

$$2a_{2n}x_2x_n + \cdots + a_{nn}x_n^2.$$

x के अवयवों के संदर्भ में आंशिक अवकलजों को निम्न प्रकार से लिखा जा सकता है—

$$\frac{\partial}{\partial x_1}(x'Ax) = 2(a_{11}x_1 + a_{12}x_2 + \cdots + a_{1n}x_n)$$

$$\frac{\partial}{\partial x_2}(x'Ax) = 2(a_{21}x_1 + a_{22}x_2 + \cdots + a_{2n}x_n)$$

....

$$\frac{\partial}{\partial x_n}(x'Ax) = 2(a_{n1}x_1 + a_{n2}x_2 + \cdots + a_{nn}x_n)$$

उपरोक्त समीकरणों के समुच्चय की दाहिनी ओर Ax के अवयव हैं, जो कि एक n-आयामी स्तंभ सदिश हैं अर्थात् दाहिनी ओर x'A के अवयव जो कि एक n-आयामी पंक्ति सदिश हैं। इस प्रकार,

$$\frac{\partial}{\partial x}(X'AX) = 2AX \quad \text{अथवा} \quad \frac{\partial}{\partial x}(X'AX) = 2X'A$$

अतः इन दो रूपों के बीच पसंद प्रायः उस प्रसंग पर निर्भर करती है जिसमें अवकलन होता है, क्योंकि व्यूहों को केवल तभी समीकृत किया जा सकता है जब वे एक ही क्रम के हों तथा किसी पंक्ति सदिश को किसी स्तंभ सदिश के समान नहीं रखा जा सकता।

प्रश्न 5. वास्तविक सदिशों की रैखिक स्वतंत्रता को स्पष्ट कीजिए।

उत्तर— यदि V क्षेत्र F पर एक सदिश समष्टि हो और यदि $v_1,....,v_n$ V में हों तो इन्हें F पर रैखिकतः आश्रित तब कहा जाता है, जब F में ऐसे अवयव $\alpha_1,........,\alpha_n$ हों कि $\alpha_1 v_1 + \alpha_2 v_2 + ... + \alpha_n v_n = 0$ जहाँ, किसी i के लिए $\alpha_i \neq 0$ और यदि सदिश $v_1,....,v_n$ क्षेत्र F पर रैखिकतः आश्रित न हों तो इन्हें F पर रैखिकतः स्वतंत्र कहा जाता है।

रैखिकतः स्वतंत्र समुच्चय $v_1,....,v_n$ के लिए भी एक एकघात संचय $0.v_1 + 0.v_2 + ... + 0.v_n = 0$ होता है, जिसमें सभी अदिश शून्य हैं। वस्तुतः यही एक विधि है जिससे कि शून्य को रैखिकतः स्वतंत्र सदिशों के एकघात संचय के रूप में लिखा जा सकता है।

अतः यहाँ रैखिक स्वतंत्रता के लिए निम्नलिखित निकष (criterion) दे देना आवश्यक हो जाता है : समुच्चय $v_1, v_2,....,v_n$ रैखिकतः स्वतंत्र हैं यदि और केवल यदि

$\alpha_1 v_1 + \alpha_2 v_2 + \cdots + \alpha_n v_n = 0 => \alpha_i = 0 \div i.$

प्रायः इस निकष का प्रयोग समुच्चय की रैखिक स्वतंत्रता स्थापित करने में किया जाता है।

अतः यह देखने के लिए कि $v_1,....,v_n$ रैखिकतः स्वतंत्र है या रैखिकतः आश्रित, प्रायः निम्नलिखित प्रक्रिया अपनाई जाती है—

(i) मान लीजिए कि

$$\sum_{i=1}^{n} \alpha_i v_i = 0, \alpha_i \text{ अदिश हैं।}$$

(ii) यह सिद्ध करने का प्रयास किया जाता है कि प्रत्येक $\alpha_i = 0$.

यदि यह सिद्ध हो जाता हो, तो यह कहा जा सकता है कि दिया हुआ समुच्चय रैखिकत: स्वतंत्र है। परंतु, इसके विपरीत, यदि यह प्राप्त किया जा सके कि $\alpha_1, \alpha_2, \ldots, \alpha_n$ में भी शून्य नहीं है, जिससे कि

$$\sum_{i=1}^{n} \alpha_i v_i = 0,$$

तो हम इस नतीजे पर पहुँचते हैं कि $v_1, \ldots, v_n$ रैखिकत: आश्रित है।

प्रश्न 6. विशिष्ट मान समस्या से आप क्या समझते हैं? इसके अनुप्रयोग बताइए।

उत्तर— एक समस्या जो रेखीय बीजगणित के अनुप्रयोग में प्रायिक रूप से सामने आती है वह यह है कि एक अदिश प्राचल λ को किस प्रकार ज्ञात किया जाए। इसके लिए $Ax = \lambda x$ को संतुष्ट करता सदिश $x \neq 0$ होता है, जहाँ A कोई दिया गया n-वाँ क्रम वर्ग व्यूह है। इस प्रकार की समस्या विशिष्ट मान समस्या कहलाती है।

n तथा λ का एक साथ हल निकालने के लिए, समी. $Ax = \lambda x$ की पद्धति को $(A - \lambda I)x = 0$ के रूप में लिखा जा सकता है जहाँ λ क्रम n का एक इकाई व्यूह है। इस पद्धति से x हेतु नगण्येतर हल प्राप्त करने के लिए अनुस्थिति इस प्रकार होगी—

$(A - \lambda I) < n.$

माना $(A - \lambda I) = 0$

अर्थात् यदि और केवल यदि
$$\begin{vmatrix} a_{11} - \lambda & a_{12} & \cdots & a_{1n} \\ a_{21} & a_{22} - \lambda & \cdots & a_{2n} \\ \vdots & \vdots & \ddots & \vdots \\ a_{n1} & a_{n2} & \cdots & a_{nn} - \lambda \end{vmatrix} = 0$$

उपरोक्त समीकरण हमें λ में एक nवें अंश का बहुपद समीकरण देता है। इसे A का 'विशिष्ट समीकरण' कहा जाता है और बाएँ पक्ष को 'विशिष्ट बहुपद' कहते हैं।

माना एक समीकरण $\lambda^2 - \lambda(a_{11} - \lambda) + (a_{11}a_{22} - a_{12}a_{21}) = 0$ है तथा $c_0 \lambda^2 + c_1 \lambda + c_2 = 0$ जहाँ, $c_0 = 1, c_1 = -(a_{11} + a_{22}), c_2 = a_{11}a_{22} - a_{12}a_{21}$ के रूप में है। द्विघात समीकरण के मूल निर्धारित करने संबंधी ज्ञान व्यवहार में लाकर हम इसे निम्न प्रकार से लिख सकते हैं—

मूलों का योग $= \lambda_1 + \lambda_2 = -\dfrac{c_1}{c_0} = a_{11} + a_{22}$

तथा मूलों का गुणनफल $= \lambda_1 \lambda_2 = \dfrac{c_2}{c_0} = a_{11}a_{22} - a_{12}a_{21} = |A|$

यदि A क्रम-n वाला हो, तो विशिष्ट समीकरण $[A - \lambda I] = 0$ को
$c_0 \lambda^n + c_1 \lambda^{n-1} + c_2 \lambda^{n-2} + \cdots + c_{n-1} \lambda + c_n = 0$ के रूप में लिखा जा सकता है,

जहाँ $c_0 = 1, c_1 = -\sum_{I=1}^{n} a_{ii}$ और $c_n = (-1)^n |A|$

c_2 = क्रम –i वाले A के सभी मुख्य लघुपद।

c_j = क्रम $(..1)^j \sum$ क्रम –j के सभी मुख्य लघुपद।

इस प्रकार, यदि विशिष्ट मूल हों $\lambda_1, \lambda_2, ..., \lambda_n$

तो $\sum_{i=1}^{n} \lambda i = \sum_{i=1}^{n} a_{ii} =$ पदांक (A) और $\lambda_1.\lambda_2. ..... .\lambda_n = \prod^{n}{}_{i=1} \lambda_i = |A|$

माना एक समीकरण $Ax = \lambda x$ जिसे x द्वारा निर्धारित करना है। यहाँ λ इस प्रकार चुना जाता है कि $[A = \lambda_1]$ अनन्य हो अर्थात् अनुस्थिति n से कम वाला। इससे यह सुनिश्चित होता है कि $[A = \lambda_1]X = 0$ एक नगण्येतर हल वाले समीकरणों की एक सजातीय पद्धति है। परंतु यह हल अनन्येतर होगा। इसे कुछ अतिरिक्त प्रतिबंधों के माध्यम से अनन्य बनाया जा सकता है। इसके अलावा, नगण्येतर हल x^i का एक समुच्चय λ_i के मूल के सदृश्य होगा।

विकर्णीकरण–वास्तविक सममित व्यूहों का एक सामान्य गुणधर्म यह है कि उनके मूल हमेशा वास्तविक होते हैं तथा संबद्ध विशिष्ट सदिश परस्पर आयताकार होते हैं। इसका अर्थ यह है कि इस प्रकार का व्यूह सदा P, n विशिष्ट सदिशों के व्यूह द्वारा विकर्णीकृत होगा।

यदि हम किसी 2×2 व्यूह को $P = \left(x^1 x^2\right) = \begin{bmatrix} 1/\sqrt{2} & 1/\sqrt{2} \\ 1/\sqrt{2} & -1/\sqrt{2} \end{bmatrix}$ के रूप में परिभाषित करते हैं, तो $P'P = I$, अर्थात् P एक आयताकार व्यूह है।

$$\text{और } P'AP = \begin{bmatrix} 1/\sqrt{2} & 1/\sqrt{2} \\ 1/\sqrt{2} & -1/\sqrt{2} \end{bmatrix} \begin{bmatrix} 2 & 1 \\ 1 & 2 \end{bmatrix} \begin{bmatrix} 1/\sqrt{2} & 1/\sqrt{2} \\ 1/\sqrt{2} & -1/\sqrt{2} \end{bmatrix}$$

$$= \begin{bmatrix} 3 & 0 \\ 0 & 1 \end{bmatrix} = \begin{bmatrix} \lambda_1 & 0 \\ 0 & \lambda_2 \end{bmatrix} = A$$

अर्थात् $P'AP = \Lambda$, जहाँ Λ अपने विकर्णी अवयवों के रूप में A के विशिष्ट मान वाला विकर्णी व्यूह है।

प्रश्न 7. सारणिक की संकल्पना को स्पष्ट करते हुए इसके विभिन्न गुणधर्मों को बताइए।

अथवा

सारणिकों की विशेषताओं पर चर्चा कीजिए।

उत्तर– सारणिक ऐसा क्रम है जिसमें $n \times n$ संख्याओं को पंक्तिबद्ध तथा पृष्ठबद्ध (कॉलमों) करके लिखा जाता है। सारणिक में पंक्तियों तथा पृष्ठों की संख्या बराबर होती है। सारणिक का एक निश्चित संख्यात्मक मान होता है जो कि |A| द्वारा द्योतित किया जाता है। प्रथम कोटि का सारणिक वह है जिसमें एक पंक्ति (Row) तथा एक ही पृष्ठ (Column) हो।

द्वितीय कोटि के सारणिक में दो पंक्तियाँ और दो पृष्ठ होते हैं। इस प्रकार सारणिक की कोटि (Order) यदि 4 हो तब उसमें पंक्तियाँ तथा पृष्ठ दोनों ही चार होंगे।

सारणिक को हल करने के लिए हम लघुपदों (Minors) और सहगुणनखंडों (Co-factors) का गणन करते हैं। लघुपद ज्ञात करते समय उस पंक्ति और उस पृष्ठ के सभी अवयव (Elements) समाप्त कर दिए जाते हैं।

$M_{11} = a_{22}, M_{12} = a_{21}, M_{21} = a_{12}$ और $M_{22} = a_{11}$

सहगुणनखंड (Co-factor) = $(-1)^{i+j}$ लघुपद (Minor)

$\therefore C_{ij} = (-1)^{i+j} M_{ij}$

जहाँ तब हम पाते हैं, i = पंक्तियों (Rows) की संख्या, j = पृष्ठों (Columns) की संख्या

$C_{11} = (-1)^2 a_{22}, C_{12} = (-1)^3 a_{21}, C_{21} = (-1)^3 a_{12}, C_{22} = (-1)^4 a_{11}$

सारणिक का मान ज्ञात करने के लिए हम निम्न सूत्र का प्रयोग करते हैं–

$\Delta = a_{11} c_{11} + a_{12} c_{12}$

$\Delta = a_{21} c_{21} + a_{22} c_{22}$

$\Delta = a_{11} c_{11} + a_{21} c_{21}$

$\Delta = a_{12} c_{12} + a_{22} c_{22}$

इस प्रकार हम एक सारणिक को किसी भी पंक्ति या किसी भी पृष्ठ से खोल सकते हैं। निष्कर्ष यह है कि सारणिक का मान ज्ञात करने के लिए हम किसी भी पंक्ति अथवा किसी भी पृष्ठ का प्रयोग कर सकते हैं। n कोटि का सारणिक निम्नलिखित है–

$$\Delta = \begin{vmatrix} a_{11} & a_{12} & - & - & - & a_{1n} \\ a_{21} & a_{22} & - & - & - & a_{2n} \\ - & - & - & - & - & - \\ - & - & - & - & - & - \\ - & - & - & - & - & - \\ a_{n1} & a_{n2} & - & - & - & a_{nn} \end{vmatrix}$$

जहाँ n (≥ 2) है। $1 \leq i, j \leq n$, के लिए हम परिभाषित करते हैं।

a_{ij} का लघुपद = M_{ij} जो कि Δ से पाया गया सारणिक है जिसे iवीं पंक्ति और jवें पृष्ठ (Column) को निकाल कर प्राप्त किया गया है।

a_{ij} का सहगुणनखंड $(-1)^{i+j} M_{ij}$ द्वारा परिभाषित किया जाता है तथा A_{ij} के रूप में लिखा जाता है। उदाहरणतः यदि $\Delta = \begin{vmatrix} 1 & 4 & 7 \\ 6 & 9 & 3 \\ 0 & 8 & 7 \end{vmatrix}$

तब, $M_{12} = a_{12}$ का लघुपद $(4) = \begin{vmatrix} 6 & 3 \\ 0 & 7 \end{vmatrix} = 42 - 0 = 42$

$M_{23} = a_{23}$ का लघुपद $(3) = \begin{vmatrix} 1 & 4 \\ 0 & 8 \end{vmatrix} = 8 - 0 = 8$

$M_{21} = a_{21}$ का लघुपद (6) $= \begin{vmatrix} 4 & 7 \\ 8 & 7 \end{vmatrix} = 28 - 56 = -28$

$\therefore A_{12} = a_{12}$ का सहगुणनखंड $= (-1)^{1+2} M_{12} = -1 \times 42 = -42$

$A_{22} = a_{22}$ का सहगुणनखंड $= (-1)^{2+2} M_{22} = 7 - 0 = 7$

अब, हम वर्गाकार मैट्रिक्स परिभाषित करेंगे–

$$\text{माना, } A = \begin{vmatrix} a_{11} & a_{12} & - & - & - & a_{1n} \\ a_{21} & a_{22} & - & - & - & a_{2n} \\ - & - & - & - & - & - \\ - & - & - & - & - & - \\ - & - & - & - & - & - \\ a_{n1} & a_{n2} & - & - & - & a_{nn} \end{vmatrix} \quad n \geq 2 \text{ वर्ग की वर्गाकार मैट्रिक्स है।}$$

A के सारणिक को $a_{i1} A_{i1} + a_{i2} A_{i2} + \ldots\ldots\ldots + a_{in} A_{in}$ द्वारा परिभाषित करते हैं $= \sum_{j=1}^{n} a_{ij} A_{ij}$

जहाँ i, j और n के बीच में कोई संख्या है। उपरोक्त व्यंजक की iवीं पंक्ति को मूल घटकों के पदों में परिभाषित किया जाता है। इस परिभाषा से यह स्पष्ट हो जाता है कि A का सारणिक पहली, दूसरी..., nवीं पंक्तियों में से किसी के भी घटक द्वारा व्यक्त किया जा सकता है। वर्गाकार मैट्रिक्स का सारणिक इस प्रकार परिभाषित किया जाता है कि इसकी कीमतों को nवें पृष्ठ में से किसी भी अवयव के पदों में व्यक्त किया जा सके। वर्गाकार मैट्रिक्स के सारणिक को समरूप से jवें पृष्ठ $(1 \leq j \leq n)$ के अवयवों के रूप में परिभाषित किया जा सकता है जैसे–

$$a_{ij} A_{ij} + \ldots\ldots\ldots\ldots + a_{nj} A_{nj} = \sum_{j=1}^{n} a_{ij} A_{ij}$$

वर्गाकार मैट्रिक्स A के सारणिक को |A| द्वारा अथवा सारणिक A लिखा जाता है। जैसे–

$$\begin{matrix} a_{11} & a_{12} & - & - & - & a_{1n} \\ a_{21} & a_{22} & - & - & - & a_{2n} \\ - & - & - & - & - & - \\ - & - & - & - & - & - \\ a_{n1} & a_{n2} & - & - & - & a_{nn} \end{matrix}$$

सारणिकों की विशेषताएँ अथवा गुणधर्म (Properties of Determinants)–सारणिकों के गुणधर्म इस प्रकार हैं–

(i) अगर सारणिकों में पक्तियों को पृष्ठों में और पृष्ठों को पंक्तियों में लिखा जाए तो सारणिकों का मान अपरिवर्तित रहता है।

$$\text{माना कि } \Delta = \begin{vmatrix} a_1 & b_1 & c_1 \\ a_2 & b_2 & c_2 \\ a_3 & b_3 & c_3 \end{vmatrix}$$

पहली पंक्ति से सारणिक को विकसित करते हुए–

$$\Delta = a_1 (b_2 c_3 - b_3 c_2) - b_1 (a_2 c_3 - a_3 c_2) + c_1 (a_2 b_3 - b_2 a_3)$$

पहले पृष्ठ (कॉलम) से सारणिक को विकसित करते हुए–

$$\Delta = a_1 (b_2 c_3 - b_3 c_2) - a_2 (b_1 c_3 - b_3 c_1) + a_3 (b_1 c_2 - b_2 c_1)$$

दोनों का मान एक जैसा है, अतः सारणिक की पंक्तियों और पृष्ठों को आसानी से अंतर-बदल किया जा सकता है, सारणिक की कीमत एक जैसी रहती है।

(ii) अगर दो पंक्तियों या पृष्ठों का स्थान परिवर्तन किया जाए तो चिह्न बदल जाता है।

$$\Delta = \begin{vmatrix} a_1 & b_1 & c_1 \\ a_2 & b_2 & c_2 \\ a_3 & b_3 & c_3 \end{vmatrix} = a_1 (b_2 c_3 - b_3 c_2) - b_1 (a_2 c_3 - a_3 c_2) + c_1 (a_2 b_3 - b_2 a_3)$$

माना कि Δ', Δ की कोई भी पक्तियों (अथवा पृष्ठों) के अंतर-बदल द्वारा प्राप्त किया गया सारणिक है। यदि पहला और तीसरा पृष्ठ अंतर-बदल किया जाए–

$$\text{तब } \Delta' = \begin{vmatrix} c_1 & b_1 & a_1 \\ c_2 & b_2 & a_2 \\ c_3 & b_3 & a_3 \end{vmatrix} = c_1 (b_2 a_3 - a_2 b_3) - b_1 (c_2 a_3 - a_2 c_3) + a_1 (c_2 b_3 - b_2 c_3)$$

$$= -\Delta$$

(iii) अगर दो पंक्तियों या पृष्ठों का मान एक जैसा है तो सारणिक का मान शून्य हो जाता है।

$$\Delta = \begin{vmatrix} a_1 & b_1 & c_1 \\ a_2 & b_2 & c_2 \\ a_2 & b_2 & c_2 \end{vmatrix}$$

$$\Delta = a_1 (b_2 c_2 - b_2 c_2) - b_1 (a_2 c_2 - a_2 c_2) + c_1 (a_2 b_2 - a_2 b_2)$$

$$= 0 + 0 + 0 = 0$$

(iv) अगर पंक्ति या पृष्ठ को किसी मानक (λ) से गुणा करें तब नए सारणिक का मान पुराने सारणिक के मान का λ गुना होगा।

$$\Delta = \begin{vmatrix} a_1 & b_1 & c_1 \\ a_2 & b_2 & c_2 \\ a_3 & b_3 & c_3 \end{vmatrix}$$

$$\Delta' = \begin{vmatrix} a_1 & b_1 & \lambda c_1 \\ a_2 & b_2 & \lambda c_2 \\ a_3 & b_3 & \lambda c_3 \end{vmatrix}$$

यहाँ, $\Delta' = \lambda \Delta$

(v) सारणिक के किसी पंक्ति या पृष्ठ का प्रत्येक अवयव यदि दो संख्याओं का योग हो तो सारणिक को दो सारणिकों में व्यक्त किया जा सकता है जिनकी कोटि समान है।

$$\Delta = \begin{vmatrix} a_1+\alpha_1 & b_1+\beta_1 & c_1+\gamma_1 \\ a_2 & b_2 & c_2 \\ a_3 & b_3 & c_3 \end{vmatrix}$$

पहली पंक्ति को विकसित करते हुए हम पाते हैं–

$\Delta = (a_1+\alpha_1)(b_2c_3 - b_3c_2) - (b_1+\beta_1)(a_2c_3 - a_3c_2) + (c_1+\gamma_1)(a_2b_3 - b_2a_3)$

$= a_1(b_2c_3 - b_3c_2) + \alpha_1(b_2c_3 - b_3c_2) - b_1(a_2c_3 - a_3c_2) - \beta_1(a_2c_3 - a_3c_2) + c_1$

$(a_2b_3 - b_2a_3) + \gamma_1 (a_2b_3 - b_2a_3)$

$$\Delta = \begin{vmatrix} a_1 & b_1 & c_1 \\ a_2 & b_2 & c_2 \\ a_3 & b_3 & c_3 \end{vmatrix} + \begin{vmatrix} \alpha_1 & \beta_1 & \gamma_1 \\ a_2 & b_2 & c_2 \\ a_3 & b_3 & c_3 \end{vmatrix}$$ रखने पर,

तब $\Delta = a_1(b_2c_3 - b_3c_2) - b_1(a_2c_3 - a_3c_2) + c_1(a_2b_3 - b_2a_3) + \alpha_1(b_2c_3 - b_3c_2)$

$-\beta_1(a_2c_3 - a_3c_2) + \gamma_1 (a_2b_3 - b_2a_3)$

(vi) अगर सारणिक की एक पंक्ति या पृष्ठ के तत्त्व को स्थिर राशि से गुणा करें और उसे दूसरी पंक्ति में जोड़ें तो सारणिक का मान अपरिवर्तित रहता है।

यदि एक सारणिक की एक पंक्ति (अथवा पृष्ठ) के हर अवयव में एक अथवा अधिक पंक्तियों (अथवा पृष्ठों) के संगत अवयवों के सम-गुणनों को जोड़ दिया जाता है तब सारणिक की कीमत नहीं बदलती।

माना कि $\Delta = \begin{vmatrix} a_1 & b_1 & c_1 \\ a_2 & b_2 & c_2 \\ a_3 & b_3 & c_3 \end{vmatrix}$

मान लीजिए कि Δ' सारणिक, Δ सारणिक के पृष्ठों में से दूसरे के अवयवों को p बार तथा तीसरे के अवयवों को q बार, पहले पृष्ठ में जोड़ कर पाया गया है।

$$\Delta' = \begin{vmatrix} a_1+pb_1+qc_1 & b_1 & c_1 \\ a_2+pb_2+qc_2 & b_2 & c_2 \\ a_3+pb_3+qc_3 & b_3 & c_3 \end{vmatrix}$$

$\Delta' = a_1 + bp_1 + qc_1 (b_2c_3 - c_2b_3) - b_1 (a_2c_3 + pb_2c_3 + qc_2c_3 - a_3c_2 - pb_3c_2 -$
$qc_3c_2) + c_1 (a_2b_3 + pb_2b_3 + qc_2b_3 - b_2a_3 - pb_3b_2 - qc_3b_2)$

हल करते हुए हम पाते हैं–

$= a_1(b_2c_3 - b_3c_2) - b_1(a_2c_3 - a_3c_2) + c_1(a_2b_3 - b_2a_3) = \Delta$

(vii) अगर सारणिक का विस्तार किसी पंक्ति अथवा पृष्ठ के गलत लघुपदों के साथ किया जाए तो सारणिक का मान शून्य होगा।

$|AB| = |A|.|B|$

प्रश्न 8. रैखिक समीकरण निकाय को हल करने के लिए क्रेमर द्वारा प्रस्तुत नियम की उदाहरण सहित व्याख्या कीजिए।

उत्तर– n चरों $x_1, x_2, ..., x_n$ में n रैखिक समीकरणों का निम्नलिखित निकाय लीजिए–

$$a_{11}x_1 + a_{12}x_2 + ... + a_{1n}x_n = b_1$$
$$a_{21}x_1 + a_{22}x_2 + ... + a_{2n}x_n = b_2$$
$$\vdots$$
$$a_{n1}x_1 + a_{n2}x_2 + ... a_{nn}x_n = b_n.$$

यह $AX = B$ के समान है,

जहाँ $A = [a_{ij}]$, $X = \begin{bmatrix} x_1 \\ x_2 \\ \vdots \\ x_n \end{bmatrix}$, $B = \begin{bmatrix} b_1 \\ b_2 \\ \vdots \\ b_n \end{bmatrix}$

मान लीजिए रैखिक समीकरण निकाय का आव्यूह समीकरण $AX = B$ है, जहाँ–

$A = [a_{ij}]$, $X = \begin{bmatrix} x_1 \\ x_2 \\ \vdots \\ x_n \end{bmatrix}$, $B = \begin{bmatrix} b_1 \\ b_2 \\ \vdots \\ b_n \end{bmatrix}$

मान लीजिए A के स्तंभ $C_1, C_2, ..., C_n$ हैं। यदि $\Delta(A) \neq 0$, तो दिए हुए निकाय का एक और केवल एक ही हल होता है। यह है–

$$x_1 = \frac{D_1}{D}, ..., x_n = \frac{D_n}{D}, \text{ जहाँ}$$

$D_i = \Delta(C_1, ..., C_{i-1}, B, C_{i+1}, ..., C_n)$

$= A$ के iवें स्तंभ के स्थान पर B को प्रतिस्थापित करने पर प्राप्त आव्यूह का सारणिक और $D = \Delta(A)$

क्योंकि $|A| \neq 0$, A^{-1} का अस्तित्व है। अब,

$AX = B \Rightarrow A^{-1}AX = A^{-1}B \Rightarrow IX = (1/D) \text{ Adj}(A) B$

$$\Rightarrow X = (1/D) \begin{bmatrix} C_{11} & C_{21} & \cdots & C_{n1} \\ C_{12} & C_{22} & \cdots & C_{n2} \\ \vdots & \vdots & \cdots & \vdots \\ C_{1n} & C_{2n} & \cdots & C_{nn} \end{bmatrix} \begin{bmatrix} b_1 \\ b_2 \\ \vdots \\ b_n \end{bmatrix}$$

इस तरह $\begin{bmatrix} x_1 \\ x_2 \\ \vdots \\ x_n \end{bmatrix} = (1/D) \begin{bmatrix} C_{11}b_1 + C_{21}b_2 + ... + C_{n1}b_n \\ C_{12}b_1 + C_{22}b_2 + ... + C_{n2}b_n \\ \vdots \quad \vdots \quad \quad \vdots \\ C_{1n}b_1 + C_{2n}b_2 + ... + C_{nn}b_n \end{bmatrix}$

अब $D_i = \Delta(C_1, ..., C_{i-1}, B, C_{i+1}, ..., C_n)$.

iवें स्तंभ के द्वारा प्रसार करने पर हमें $D_i = C_{1i}b_2 + C_{2i}b_2 + ... + C_{ni}b_n$ प्राप्त होता है।

इस तरह $\begin{bmatrix} x_1 \\ x_2 \\ \vdots \\ x_n \end{bmatrix} = \frac{1}{D}\begin{bmatrix} D_1 \\ D_2 \\ \vdots \\ D_n \end{bmatrix}$

जिससे क्रेमर-नियम प्राप्त होता है, अर्थात् $x_1 = \frac{D_1}{D}, x_2 = \frac{D_2}{D}, ..., x_n = \frac{D_n}{D}$

उदाहरण–क्रेमर-नियम की सहायता से निम्नलिखित निकाय को हल कीजिए–

$2x + 3y - z = 2$

$x + 2y + z = -1$

$2x + y - 6z = 4$

हल–दिया हुआ निकाय $AX = B$ के तुल्य है, जहाँ–

$$A = \begin{bmatrix} 2 & 3 & -1 \\ 1 & 2 & 1 \\ 2 & 1 & -6 \end{bmatrix}, X = \begin{bmatrix} x \\ y \\ z \end{bmatrix}, B = \begin{bmatrix} 2 \\ -1 \\ 4 \end{bmatrix}$$

इसलिए क्रेमर-नियम लागू करने पर, हमें

$$x = \frac{\begin{vmatrix} 2 & 3 & -1 \\ -1 & 2 & 1 \\ 4 & 1 & -6 \end{vmatrix}}{\begin{vmatrix} 2 & 3 & -1 \\ 1 & 2 & 1 \\ 2 & 1 & -6 \end{vmatrix}}, y = \frac{\begin{vmatrix} 2 & 2 & -1 \\ 1 & -1 & 1 \\ 2 & 4 & -6 \end{vmatrix}}{\begin{vmatrix} 2 & 3 & -1 \\ 1 & 2 & 1 \\ 2 & 1 & -6 \end{vmatrix}}, z = \frac{\begin{vmatrix} 2 & 3 & 2 \\ 1 & 2 & -1 \\ 2 & 1 & 4 \end{vmatrix}}{\begin{vmatrix} 2 & 3 & -1 \\ 1 & 2 & 1 \\ 2 & 1 & -6 \end{vmatrix}}$$

प्राप्त होता है। परिकलन करने पर हमें $x = -23, y = 14, z = -6$ प्राप्त होता है।

प्रश्न 9. निम्नलिखित सारणिक पदों की संक्षेप में व्याख्या कीजिए–

(i) लघुपद एवं सहखंड

(ii) दो सारणिकों का गुणनफल

(iii) निकटस्थ एवं प्रतिलोम सारणिक

(iv) सममित एवं विषम सममित सारणिक

(v) संगत समीकरण

उत्तर– (i) सारणिक के अवयव a_{ij} का लघुपद एक सारणिक है जो iवीं पंक्ति और jवाँ स्तंभ, जिसमें अवयव a_{ij} स्थित है, को हटाने से प्राप्त होता है। अवयव a_{ij} के लघुपद को M_{ij} के द्वारा व्यक्त किया जाता है।

$n(n \geq 2)$ क्रम के सारणिक के अवयव का लघुपद $n - 1$ क्रम का सारणिक होता है।

उदाहरण–सारणिक $\Delta = \begin{vmatrix} 1 & 2 & 3 \\ 4 & 5 & 6 \\ 7 & 8 & 9 \end{vmatrix}$ में अवयव 6 का लघुपद ज्ञात कीजिए।

हल–क्योंकि 6 दूसरी पंक्ति एवं तृतीय स्तंभ में स्थित है। इसलिए इसका लघुपद = M_{23} है।

अत: $M_{23} = \begin{vmatrix} 1 & 2 \\ 7 & 8 \end{vmatrix} = 8 - 14 = -6$ (Δ से R_2 और C_3 हटाने पर)

एक अवयव a_{ij} का सहखंड जिसे A_{ij} द्वारा व्यक्त किया जाता है, जहाँ
$A_{ij} = (-1)^{i+j} M_{ij}$, होता है तथा a_{ij} का लघुपद M_{ij} है।

उदाहरण–सारणिक $\begin{vmatrix} 1 & -2 \\ 4 & 3 \end{vmatrix}$ के सभी अवयवों के लघुपद व सहखंड ज्ञात कीजिए।

हल–अवयव a_{ij} का लघुपद M_{ij} है।
यहाँ $a_{11} = 1$, इसलिए $M_{11} = a_{11}$ का लघुपद = 3
M_{12} = अवयव a_{12} का लघुपद = 4
M_{21} = अवयव a_{21} का लघुपद = -2
M_{22} = अवयव a_{22} का लघुपद = 1
अब a_{ij} का सहखंड A_{ij} है। इसलिए
$A_{11} = (-1)^{1+1} M_{11} = (-1)^2 (3) = 3$
$A_{12} = (-1)^{1+2} M_{12} = (-1)^3 (4) = -4$
$A_{21} = (-1)^{2+1} M_{21} = (-1)^3 (-2) = 2$
$A_{22} = (-1)^{2+2} M_{22} = (-1)^4 (1) = 1$

(ii) एक ही क्रम के दो सारणिकों का गुणनफल उसी क्रम का एक अन्य सारणिक होता है। अर्थात्–

$\begin{vmatrix} a_1 & b_1 \\ a_2 & b_2 \end{vmatrix} \times \begin{vmatrix} c_1 & d_1 \\ c_2 & d_2 \end{vmatrix} = \begin{vmatrix} a_1c_1 + b_1c_2 & a_1d_1 + b_1d_2 \\ a_2c_1 + b_2c_2 & a_2d_1 + b_2d_2 \end{vmatrix}$

हम इसे एक संख्यात्मक उदाहरण द्वारा समझ सकते हैं–

$\begin{vmatrix} 4 & 5 & 9 \\ 1 & 2 & 3 \\ 3 & 0 & 1 \end{vmatrix} \times \begin{vmatrix} 2 & 1 & 5 \\ 3 & 2 & 1 \\ 1 & 6 & 4 \end{vmatrix}$

$= \begin{vmatrix} 4 \times 2 + 5 \times 3 + 9 \times 1 & 4 \times 1 + 5 \times 2 + 9 \times 6 & 4 \times 5 + 5 \times 1 + 9 \times 4 \\ 1 \times 2 + 2 \times 3 + 3 \times 1 & 1 \times 1 + 2 \times 2 + 3 \times 6 & 1 \times 5 + 2 \times 1 + 3 \times 4 \\ 3 \times 2 + 0 \times 3 + 1 \times 1 & 3 \times 1 + 0 \times 2 + 1 \times 6 & 3 \times 5 + 0 \times 1 + 1 \times 4 \end{vmatrix} = \begin{vmatrix} 32 & 68 & 61 \\ 11 & 23 & 19 \\ 7 & 9 & 19 \end{vmatrix}$

(iii) किसी सारणिक Δ का 'निकटस्थ' सारणिक Δ होता है, जिसके अवयव Δ के सदृश अवयवों के सहगुणनखंड होते हैं।

माना $\Delta = \begin{vmatrix} a_1 & b_1 & c_1 \\ a_2 & b_2 & c_2 \\ a_3 & b_3 & c_3 \end{vmatrix}$ तो, $\Delta' = \begin{vmatrix} A_1 & B_1 & C_1 \\ A_2 & B_2 & C_2 \\ A_3 & B_3 & C_3 \end{vmatrix}$

जहाँ $A_1, B_1, C_1, \ldots$ सारणिक Δ के $a_1, b_1, c_1, \ldots$ के अपने-अपने सहगुणनखंड हैं।
यहाँ $\Delta = \Delta^2$ जब $\Delta \neq 0$ होता है।

(iv) यदि कोई सारणिक इस रूप में लिखा जाए कि $\begin{vmatrix} a_{11} & a_{12} & a_{13} \\ a_{21} & a_{22} & a_{23} \\ a_{31} & a_{32} & a_{33} \end{vmatrix}$ हो तथा जिसमें किसी अवयव का अनुलग्न उसकी स्थिति दर्शाता है। उदाहरणार्थ, अवयव a_{12} का अनुलग्न 12 इंगित करता है कि अवयव पहली पंक्ति में और दूसरे स्तंभ में है और यदि सभी $i, j = 1, 2, 3$ के लिए $a_{ij} = a_{ji}$; तो सारणिक को सममित कहा जाता है।

इस प्रकार, $\begin{vmatrix} a & h & g \\ h & b & f \\ g & f & c \end{vmatrix}$ एक सममित सारणिक है।

स्थिति–(1) किसी भी सारणिक का वर्ग एक सममित सारणिक होता है।
(2) सममित सारणिक का निकटस्थ भी सममित होता है।

सारणिक $\begin{vmatrix} a_{11} & a_{12} & a_{13} \\ a_{21} & a_{22} & a_{23} \\ a_{31} & a_{32} & a_{33} \end{vmatrix}$ को

'विषम' कहा जाएगा, यदि $a_{ij} = -a_{ji}\ \forall i, j = 1, 2, 3$ और $i \neq j$

इस प्रकार, $\begin{vmatrix} a & -b & -g \\ h & b & -f \\ g & f & c \end{vmatrix}$ एक विषम सारणिक है।

और यदि $a_{ij} = 0\ \forall\ i = j$ के साथ, $a_{ij} = -a_{ji}\ \forall\ i, j = 1, 2, 3$ और $i \neq j$

तो सारणिक को विषम-सममित कहते हैं।

स्थिति–(1) तृतीय क्रम (अधिक सामान्य रूप से विषम क्रम) का प्रत्येक विषम-सममित सारणिक शून्य होता है।

(2) द्वितीय क्रम (अधिक सामान्य रूप से सम क्रम) का प्रत्येक विषम-सममित सारणिक का पूर्ण वर्ग होता है।

(v) जब रेखीय समीकरणों की कोई पद्धति एक या एक से अधिक हल रखती है तो इन समीकरणों को 'संगत' या 'अनुकूल' कहा जाता है; अन्यथा उन्हें 'असंगत' अथवा 'विसंगत' कहा जाता है।

समीकरणों $a_i x + b_i y + c_i z = k_i$ जहाँ $i = 1, 2, 3$ की पद्धति के क्रेमर नियम के अनुसार अनन्य हल है: $x = \dfrac{\Delta_1}{\Delta}, y = \dfrac{\Delta_2}{\Delta}, z = \dfrac{\Delta_3}{\Delta}$ जहाँ $\Delta \neq 0$ और Δ_i (i = 1, 2, 3) अवयवों k_1, k_2, k_3 वाले स्तंभ द्वारा गुणांक सारणिक में iवें स्तंभ को बदलकर प्राप्त सारणिक हो।

इस प्रकार, उपर्युक्त समीकरण संगत होंगे, यदि $\Delta \neq 0$.

यदि $\Delta = 0$ और सारणिकों $\Delta_1, \Delta_2, \Delta_3$ में कम-से-कम एक शून्येतर हो तो ये समीकरण कोई हल नहीं रखते और इस कारण असंगत होते हैं।

प्रश्न 10. व्यूहों की संकल्पना को स्पष्ट कीजिए।

अथवा

व्यूहों की सदिश समष्टि पर टिप्पणी कीजिए।

अथवा

आव्यूहों की परिभाषा दीजिए।

उत्तर— चार चरों वाले तीन युगपत् समीकरणों (Simultaneous Equations) का निकाय दस प्रकार है—

$x - 2y + 4z + t = 0$

$x + \dfrac{1}{2} y + 11t = 0$

$3y - 5z = 0$

चर x, y, z और t के गुणांकों (Coefficients) को पंक्तियों (rows) और स्तंभों (Columns) में एक आयताकार (Rectangular) व्यवस्था में निम्न रूप से लिखा जा सकता है—

1	−2	4	1	(प्रथम समीकरण के गुणांक)
1	1/2	0	11	(द्वितीय समीकरण के गुणांक)
0	3	−5	0	(तृतीय समीकरण के गुणांक)

संख्याओं की इस प्रकार की आयताकार व्यवस्था को आव्यूह (Matrix) कहा जाता है।

आव्यूह को प्राय: वर्ग कोष्ठक [ ] या गोल कोष्ठक ( ) के अंदर रखा जाता है, जैसे—

$$\begin{bmatrix} 1 & -2 & 4 & 1 \\ 1 & \dfrac{1}{2} & 0 & 11 \\ 0 & 3 & -5 & 0 \end{bmatrix} \text{ या } \begin{pmatrix} 1 & -2 & 4 & 1 \\ 1 & \dfrac{1}{2} & 0 & 11 \\ 0 & 3 & -5 & 0 \end{pmatrix}$$

आव्यूह के विभिन्न स्थानों पर लिखी गई संख्याओं को आव्यूह के अवयव (Element) कहते हैं। एक ही संख्या आव्यूह के दो या दो से अधिक स्थानों पर हो सकती है। उदाहरण के लिए,

ऊपर दिए गए आव्यूह में संख्या 1 तीन अलग-अलग स्थानों पर लिखी गई है। ऊपर दिए गए आव्यूह में तीन क्षैतिज (Horizontal) पंक्तियाँ हैं और प्रत्येक पंक्ति में 4 अवयव हैं। इन क्षैतिज पंक्तियों को आव्यूह की पंक्तियाँ (rows) कहते हैं। इस आव्यूह में चार खड़ी पंक्तियों को, जिनमें से प्रत्येक में 3 अवयव हैं, आव्यूह के स्तंभ (Columns) कहते हैं। इस तरह हम यह देखते हैं कि इस आव्यूह में तीन पंक्तियाँ और चार स्तंभ है। हम कहते हैं कि यह आव्यूह 3×4 कोटि का है या यह 3×4 आव्यूह है। पंक्तियों को ऊपर से नीचे की ओर गिना जाता है। स्तंभों को बाईं से दाईं ओर गिना जाता है। इस तरह, पहली पंक्ति (1, –2, 4, 1) है, दूसरी पंक्ति (1, 1/2, 0, 11) है।

इस प्रकार, ऊपर दिए गए उदाहरण में पहला स्तंभ $\begin{bmatrix} 1 \\ 1 \\ 0 \end{bmatrix}$ है, दूसरा स्तंभ $\begin{bmatrix} -2 \\ 1/2 \\ 3 \end{bmatrix}$ है, आदि।

ध्यान दीजिए कि प्रत्येक पंक्ति 1×4 आव्यूह है और प्रत्येक स्तंभ 3×1 आव्यूह।

आव्यूह की परिभाषा–($m \times n$ कोटि का आव्यूह जहाँ m और n कोई भी दो प्राकृतिक संख्याएँ हैं) मान लीजिए F एक क्षेत्र है। m पंक्तियों और n स्तंभों में व्यवस्थित F के m n अवयवों की आयताकार सारणी (Rectangular array) को F पर $m \times n$ कोटि का आव्यूह अथवा $m \times n$ आव्यूह कहा जाता है।

$$A = \begin{bmatrix} a_{11} & a_{12} \ldots\ldots & a_{1n} \\ a_{21} & a_{22} \ldots\ldots & a_{2n} \\ \cdot & \cdot & \cdot \\ \cdot & \cdot & \cdot \\ \cdot & \cdot & \cdot \\ a_{m1} & a_{m2} \ldots\ldots & a_{mn} \end{bmatrix}$$

यह आवश्यक नहीं है कि m n अवयव अलग-अलग ही हों।

iवीं पंक्ति और jवें स्तंभ में प्रतिच्छेद (Intersection) पर स्थित अवयव को (i, j)वाँ अवयव कहा जाता है। उदाहरण के लिए, ऊपर दिए गए $m \times n$ आव्यूह में (2, n)वाँ अवयव a_{2n} है जो कि 2वीं पंक्ति और nवें स्तंभ के प्रतिच्छेद पर स्थित है।

इस आव्यूह का संक्षिप्त संकेतन $[a_{ij}]_{m \times n}$ है या केवल $[a_{ij}]$ (यदि m और n का उल्लेख करना आवश्यक न हो)। हम आव्यूहों को अंग्रेजी के बड़े अक्षर A, B, C, ...आदि से भी दर्शाते हैं। F पर सभी $m \times n$ आव्यूहों के समुच्चय को $M_{m \times n}$ (F) से दर्शाते हैं।

यदि $m = n$ हो तो हम आव्यूह को वर्ग आव्यूह (Square matrix) कहते हैं। F पर सभी $n \times n$ आव्यूहों के समुच्चय को M_n (F) से प्रकट किया जाता है।

$m \times n$ आव्यूह में प्रत्येक पंक्ति एक $1 \times n$ आव्यूह है और इसे पंक्ति सदिश (Row Vector) भी कहते हैं। इसी प्रकार प्रत्येक स्तंभ एक $m \times 1$ आव्यूह है और इसे स्तंभ सदिश (Column Vector) भी कहते हैं।

प्रश्न 11. व्यूह अथवा मैट्रिक्स कितने प्रकार के होते हैं? प्रत्येक की संक्षेप में टिप्पणी दीजिए।

उत्तर– मैट्रिक्स अथवा व्यूह निम्नलिखित प्रकार होते हैं–

(1) वर्ग व्यूह (Square Matrix)–यदि पंक्तियों तथा पृष्ठों की संख्या समान हो तो उस व्यूह को वर्ग व्यूह कहते हैं अर्थात् $m = n$ हो तो अंकायत को n क्रम का वर्ग समूह कहते हैं। अन्य व्यूह जहाँ $m \neq n$ हो तो वे आयताकार व्यूह कहलाते हैं।

यदि किसी मैट्रिक्स (व्यूह) में पंक्तियों तथा पृष्ठों की संख्या एक समान हो तो यह वर्गाकार मैट्रिक्स कहलाता है।

$[6], \begin{bmatrix} 2 & 0 \\ 6 & 8 \end{bmatrix}, \begin{bmatrix} 4 & 3 & 9 \\ 3 & 6 & 2 \\ 2 & 3 & 1 \end{bmatrix}$ यह तीनों क्रमश: $1 \times 1, 2 \times 2$ तथा 3×3 कोटियों के वर्गाकार

मैट्रिक्स हैं। एक $n \times n$ कोटि का वर्गाकार मैट्रिक्स (व्यूह) n पंक्तियों वाला वर्गाकार मैट्रिक्स भी कहा जाता है। वर्गाकार मैट्रिक्स (व्यूह) $(a_{ij})_{m \times n}$ में, वह रेखा, जिसमें $a_{11}, a_{22} \ldots\ldots\ldots a_{nn}$ अवयव अंतर्विष्ट हों, उसे वर्गाकार व्यूह का मुख्य विकर्ण (Principal Diagonal) कहा जाता है।

(2) सदिश व्यूह (Vector Matrix)–$1 \times n$ क्रम का व्यूह जिसमें केवल एक पंक्ति हो उसे साधारणत: पंक्ति सदिश (Row Vector) कहते हैं। $\beta = [\beta_1, \beta_2 \ldots\ldots\ldots \beta_n]$ इसी प्रकार $n \times 1$ क्रम का व्यूह जिसमें केवल एक स्तंभ हो उसे स्तंभ या पृष्ठ सदिश (Column Vector) कहते हैं।

यदि एक मैट्रिक्स में केवल एक ही पंक्ति हो, उदाहरणत: मैट्रिक्स $[1, 5, 3, 4], [2, 1]$ तथा $[4, 0, -3]$ मैट्रिक्स के वर्ग क्रमश: $1 \times 4, 1 \times 2$ तथा 1×3 हैं। यदि एक मैट्रिक्स में एक ही पृष्ठ हो तो उसे पृष्ठ मैट्रिक्स कहते हैं। उदाहरणत:–

$\begin{bmatrix} 13 \\ 12 \\ 6 \end{bmatrix}_{3 \times 1} \begin{bmatrix} 2 \\ 0 \end{bmatrix}_{2 \times 1} \begin{bmatrix} 6 \\ 21 \\ 3 \\ 9 \end{bmatrix}_{4 \times 1} \alpha = \begin{bmatrix} \alpha_1 \\ \alpha_2 \\ \vdots \\ \alpha_n \end{bmatrix}$

(3) शून्य व्यूह (Null Matrix)–यह वह व्यूह है जिसका प्रत्येक अवयव शून्य है। इसे 0 द्वारा प्रदर्शित किया जाता है।

उदाहरणत: $\begin{bmatrix} 0 & 0 & 0 \\ 0 & 0 & 0 \end{bmatrix}_{2 \times 3} \begin{bmatrix} 0 \\ 0 \\ 0 \end{bmatrix}_{3 \times 1} \begin{bmatrix} 0 & 0 & 0 \\ 0 & 0 & 0 \\ 0 & 0 & 0 \end{bmatrix}_{3 \times 3}$

(4) विकर्णी व्यूह (Diagonal Matrix)–एक n क्रम के वर्ग व्यूह में अवयव के अनुदिश को विकर्ण कहते हैं। एक वर्गाकार व्यूह को जिसके विकर्ण के अवयवों के अतिरिक्त सभी अवयव शून्य हों उसे विकर्णी व्यूह कहते हैं।

उदाहरणतः $\begin{bmatrix} 2 & 0 & 0 \\ 0 & 6 & 0 \\ 0 & 0 & 11 \end{bmatrix}$ तीसरी कोटि का विकर्णी समुच्चय (व्यूह) है।

(5) अदिश व्यूह (Scalar Matrix)—यदि k कोई अदिश संख्या है और A कोई व्यूह है तो KA एक ऐसा व्यूह कहा जाता है जिसका प्रत्येक अवयव A के प्रत्येक संगत अवयव का k गुणा होता है। यथा: $KA = [K a_{ij}]$

ऐसे वर्गाकार व्यूह को भी अदिश व्यूह कहते हैं जिसके विकर्ण के सभी अवयव बराबर हों तथा अन्य सभी शून्य हों।

उदाहरणतः $\begin{bmatrix} 2 & 0 \\ 0 & 2 \end{bmatrix}_{2 \times 2}$, $\begin{bmatrix} 6 & 0 & 0 \\ 0 & 6 & 0 \\ 0 & 0 & 6 \end{bmatrix}_{3 \times 3}$ अदिश व्यूह हैं।

(6) एकवत् या सत्समकारी व्यूह (Unit or Identity Matrix)—n क्रम के ऐसे वर्ग समूह को n क्रम का एकवत् व्यूह कहते हैं जिसके मुख्य विकर्ण (Principal Diagonal) के संपूर्ण स्थानों पर एक इकाई हो और इसके अतिरिक्त अन्य स्थानों में शून्य हों। इसको I या I_n से प्रकट करते हैं। माना A, n क्रम का कोई वर्ग व्यूह और I, n क्रम का एकवत् व्यूह है तब:
IA = AI', A

उदाहरणतः $\begin{bmatrix} 1 & 0 \\ 0 & 1 \end{bmatrix}$, $\begin{bmatrix} 1 & 0 & 0 \\ 0 & 1 & 0 \\ 0 & 0 & 1 \end{bmatrix}$ एकवत् या सत्समकारी व्यूह के उदाहरण हैं।

(7) पक्षांतरणित व्यूह (Transposed Matrix)—किसी व्यूह के स्तंभ (पृष्ठ) तथा पंक्तियों को परिवर्तित कर देने पर प्राप्त व्यूह को उस व्यूह का पक्षांतरण (Transpose) कहा जाता है। यदि व्यूह A की पंक्तियों तथा स्तंभों को इस प्रकार परिवर्तित किया जाए कि प्रथम पंक्ति, प्रथम स्तंभ और प्रथम स्तंभ, प्रथम पंक्ति बन जाए तो वह व्यूह पक्षांतरणित व्यूह A' कहा जाता है।

उदाहरणतः $A = \begin{bmatrix} 2 & 6 \\ 3 & 2 \\ 1 & 3 \end{bmatrix}$ तब $A' = \begin{bmatrix} 2 & 3 & 1 \\ 6 & 2 & 3 \end{bmatrix}$

(8) सममित व्यूह (Symmetric Matrix)—यदि वर्ग व्यूह A के लिए A = A' तब A सममित व्यूह कहा जाता है। एकवत् व्यूह एक सममित व्यूह है क्योंकि I = I'

उदाहरणतः $A = \begin{bmatrix} 2 & 3 \\ 3 & 4 \end{bmatrix}$, $A' = \begin{bmatrix} 2 & 3 \\ 3 & 4 \end{bmatrix}$

अतः A = A' = सममित व्यूह।

प्रश्न 12. व्यूहों की विभिन्न संक्रियाओं की विस्तार से चर्चा कीजिए।

उत्तर– व्यूहों की विभिन्न संक्रियाएँ निम्नलिखित हैं–

व्यूहों की समानता–दो व्यूह A और B 'समान' कहलाते हैं यदि वे एक ही क्रम में हों। एक ही क्रम के दो व्यूह 'समान' कहे जाते हैं यदि उन दोनों के सदृश अवयव समान हों।

उदाहरण–

$$\begin{bmatrix} 1^2 & 2^2 \\ 3^2 & 4^2 \end{bmatrix} = \begin{bmatrix} 1 & 4 \\ 9 & 16 \end{bmatrix}$$

यदि दो व्यूह एक ही क्रम के न हों तो वे 'समानता हेतु समविन्यासी नहीं' कहे जाते हैं।

व्यूहों का योग एवं व्यवकलन–यदि दो व्यूह A और B एक ही क्रम (m × n) के हों तो उन्हें जोड़ा और घटाया जा सकता है। यदि $A = [a_{ij}]$ और $B = [b_{ij}]$, तो $A + B = [a_{ij} + b_{ij}]$ और $A - B = [a_{ij} - b_{ij}]$

दूसरे शब्दों में, सदृश अवयव जोड़े अथवा घटाए जाते हैं। प्राप्त होने वाला नया व्यूह भी उसी क्रम (m × n) का होगा।

स्थिति–(1) $A + B = B + A$ (अतः व्यूहों का योग क्रम-विनिमेय होता है)

(2) $(A + B) + C = A + (B + C)$ जहाँ C तृतीय व्यूह है।

$[A = B]^T = A^T + B^T$

(3) $A + 0 = 0 + A = A$, इस प्रकार, शून्य-व्यूह, व्यूह-बीजगणित में वही भूमिका निभाता है जो साधारण बीजगणित में शून्य।

व्यूहों का गुणनफल–यदि किसी व्यूह A के स्तंभों की संख्या किसी अन्य व्यूह B की पंक्तियों की संख्या के बराबर हो, तो व्यूह A और B 'गुणनफल AB हेतु समविन्यासी' कहे जाते हैं अर्थात्

यदि $A = [a_{ij}]_{m \times n}$ और $B = [b_{jk}]_{n \times p}$,

तो $AB = [c_{ik}]_{m \times p}$ जहाँ $c_{ik} = \sum_{j=1}^{n} a_{ij} b_{jk}$

स्थिति–(1) सामान्य तौर पर, $AB \neq BA$ अर्थात् गुणों के आधार पर व्यूहों का क्रम-विनिमेय नहीं होता।

(2) समविन्यासी व्यूहों के लिए, $(AB) C = A (BC)$ अर्थात् व्यूहों की गुणा साहचर्य होती है।

(3) $(B + C) D = BD + CD$ अर्थात् व्यूहों की गुणा योग के संदर्भ में वितरणात्मक होती है।

(4) $(AB)^T = B^T . A^T$

निकटस्थ एवं प्रतिलोम व्यूह–यदि $A = [a_{ij}]_{n \times n}$ एक वर्गाकार व्यूह हो तो इस व्यूह का पक्षांतरण $[A_{ij}]_{n \times n}$ जिसके अवयव |A| में सदृश अवयव के सहगुणनखंड हों, A का

'निकटस्थ' व्यूह कहलाता है तथा adj.A से दर्शाया जाता है। यह $\left[A_{ji}\right]_{n \times n}$ के बराबर होता है। यदि $A = \left[a_{ij}\right]_{n \times n}$ कोई वर्गाकार व्यूह हो, तो व्यूह $\left[\dfrac{A_{ji}}{|A|}\right]_{n \times m}$ और $\left[\dfrac{adj.A}{|A|}\right]A$ का 'प्रतिलोम व्यूह' कहलाता है।

उदाहरण के लिए यदि $A = \begin{bmatrix} a_{11} & a_{12} & a_{13} \\ a_{21} & a_{22} & a_{23} \\ a_{31} & a_{32} & a_{33} \end{bmatrix}$ तो

$Adj.A = \begin{bmatrix} A_{11} & A_{21} & A_{31} \\ A_{12} & A_{22} & A_{32} \\ A_{13} & A_{23} & A_{33} \end{bmatrix}$ [जहाँ A_{ij} , $|A|$ में a_{ij} का निकटस्थ है।]

और A का प्रतिलोम $\begin{bmatrix} \dfrac{A_{11}}{|A|} & \dfrac{A_{21}}{|A|} & \dfrac{A_{31}}{|A|} \\ \dfrac{A_{12}}{|A|} & \dfrac{A_{22}}{|A|} & \dfrac{A_{32}}{|A|} \\ \dfrac{A_{13}}{|A|} & \dfrac{A_{23}}{|A|} & \dfrac{A_{33}}{|A|} \end{bmatrix}$ होगा।

व्यूह का पदांक—किसी वर्गाकार व्यूह का पदांक उसके विकर्णी अवयवों का योग होता है।

पदांक $tr(A) = a_{11} + a_{22} + \cdots + a_{nn} = n\sum_{i=1}^{n} a_{ii}$

स्थिति—(1) $tr(A+B) = tr(A) + tr(B)$

(2) $tr(A') = tr(A)$

(3) $tr(AB) = tr(BA)$ और

(4) $tr(ABC) = tr(BCA) = tr(CAB)$.

उपव्यूह और लघुपद—किसी दिए गए $m \times n$ व्यूह A की कुछ पंक्तियों एवं स्तंभों के विलोप से प्राप्त कोई भी व्यूह A का 'उपव्यूह' कहलाता है।

माना $\begin{bmatrix} a_1 & b_1 \\ a_2 & b_2 \end{bmatrix}$, $\begin{bmatrix} a_1 & b_1 & c_1 & d_1 \\ a_2 & b_2 & c_2 & d_2 \\ a_3 & b_3 & c_3 & d_3 \end{bmatrix}$ का एक उपव्यूह है।

$(m-r)$ पंक्तियों और $(n-r)$ स्तंभों का विलोपकर किसी $m \times n$ व्यूह A से प्राप्त, क्रम 'r' के चौकोर व्यूह का सारणिक क्रम 'r' के A का 'लघुपद' कहलाता है।

अत: $\begin{bmatrix} a & h \\ h & b \end{bmatrix}$ क्रम 2 के $\begin{bmatrix} a & h & g \\ h & b & f \\ g & f & c \end{bmatrix}$ का एक लघुपद है।

व्यूहों के योग अथवा अंतर का पक्षांतरण– व्यूहों के किसी योग अथवा अंतर का पक्षांतरण उन व्यूहों के पक्षांतरण का योग अथवा अंतर होता है। अर्थात्

$$(A_{m\times n} \pm B_{m\times n} \pm C_{m\times n})' = A'_{m\times n} \pm B'_{m\times n} \pm C'_{m\times n}$$

व्यूहों के गुणनफल का पक्षांतरण–व्यूहों के किसी गुणनफल का पक्षांतरण विपरीत क्रम में व्यूहों के पक्षांतरण के गुणनफल के बराबर होता है अर्थात्

$$\left[A_{m\times n} B_{n\times p} C_{p\times q}\right]' = C'_{q\times p} B'_{p\times n} A'_{n\times m}$$

प्रश्न 13. निम्नलिखित पर संक्षिप्त टिप्पणी कीजिए–

(i) व्यूह विपरिवर्तन

(ii) सममित तथा विषम सममित आव्यूह

(iii) यथाप्रभ व्यूह

(iv) विभक्त व्यूह

(v) व्यूह की अनुस्थिति

(vi) रैखिक निर्भरता (स्वतंत्रता) और किसी व्यूह की अनुस्थिति

उत्तर– (i) $|A| \neq 0$ के साथ चौकोर व्यूह $A_{n\times n}$ एक 'एकेतर व्यूह' कहलाता है। $A_{n\times n}$ को 'एकल व्यूह' कहा जाता है यदि $|A| = 0$ हो।

किसी एकेतर व्यूह A का प्रतिलोम $A^{-1} = \frac{1}{|A|}.\text{Adj}A$ से दर्शाया जाता है।

व्यूह विपरिवर्तन के गुणधर्म–(1) किसी व्यूह का प्रतिलोम, यदि अस्तित्व रखता हो तो अनन्य होता है।

(2) वह आवश्यक और यथेष्ट स्थिति जिसमें कोई वर्गाकार व्यूह A का प्रतिलोम अस्तित्व रखता है, यह है कि A एकेतर हो।

(3) $[AB]^{-1} = B^{-1} A^{-1}$

(4) $(A^{-1}) = A$

(5) $(A^{-1})^T = (A^T)^{-1}$

(ii) एक वर्ग आव्यूह $A = [a_{ij}]$ सममित कहलाता है यदि $A' = A$ अर्थात् i व j के हर संभव मानों के लिए $[a_{ij}] = [a_{ji}]$ हो।

एक वर्ग आव्यूह $A = [a_{ij}]$ विषम सममित आव्यूह कहलाता है, यदि $A' = -A$ अर्थात् i तथा j के हर संभव मानों के लिए $a_{ji} = -a_{ij}$ हो। अब, यदि हम $i = j$ रखें, तो $a_{ii} = -a_{ii}$ होगा। अत: $2a_{ii} = 0$ या $a_{ii} = 0$ समस्त i के लिए।

इसका अर्थ यह हुआ कि किसी विषम सममित आव्यूह के विकर्ण के सभी अवयव शून्य होते हैं।

(iii) वह सममित व्यूह जो स्वयं से गुणा किए जाने पर स्वयं को पुनरुत्पन्न करता है वह 'यथाप्रभ व्यूह' कहलाता है।

अर्थात्, A को एक यथाप्रभ व्यूह कहा जाएगा यदि $AA = A$.

(iv) किसी व्यूह को उप-व्यूहों में विभाजित कर देना प्राय: सुविधाजनक रहता है। इन उप-व्यूहों को फिर मूल व्यूह पर संक्रियाएँ करने में अदिशों के रूप में लिया जा सकता है। किसी व्यूह का विभाजन पंक्तियों एवं स्तंभों के बीच क्षैतिज एवं ऊर्ध्वाधर रेखाओं द्वारा दर्शाया जाता है। अत: $m \times n$ व्यूह A को निम्नवत् विभाजित किया जा सकता है: $A = (A_1 \vdots A_2)$

यदि उन्हें समविन्यस्त रूप से विभाजित किया जाता है तो विभाजित व्यूहों को जोड़ा, घटाया अथवा गुणा किया जा सकता है। यदि किसी $m \times n$ व्यूह A को विभाजित किया जाता है तो $A = (A_1 \vdots A_2)$ जहाँ A_1 है $m \times n_1$, A_2 है $m \times n_2$ और $n_1 + n_2 = n$। यदि $m \times n$ व्यूह B को विभाजित किया जाता है तो $B = (B_1 \vdots B_2)$, जहाँ B_1 है $m \times n_1$, B_2 है $m \times n_2$ और $n_1 + n_2 = n$, है अत: $A \pm B = [A_1 \pm B_1 \ \vdots \ A_2 \pm B_2]$

इसी प्रकार, यदि $A = \begin{bmatrix} A_1 \\ \cdots \\ A_2 \end{bmatrix}$, जहाँ A है $m \times n$, A_1 है $m_1 \times n$, A_2 है $m_2 \times n$

और $m_1 + m_2 = m$ तथा $B = \begin{bmatrix} B_1 \\ \cdots \\ B_2 \end{bmatrix}$, जहाँ B है $m \times n$, B_1 है $m_1 \times n$, B_2 है $m_2 \times n$

और $m_1 + m_2 = m$ तो $A \pm B = \begin{bmatrix} A_1 \pm B_1 \\ \cdots \\ A_2 \pm B_2 \end{bmatrix}$

विभाजन प्राय: संकल्पनात्मक रूप से सुविधाजनक रहता है जब व्यूहों को जोड़ा अथवा घटाया जाना हो, परंतु व्यूह विभाजन के संगठनात्मक लाभ मुख्यत: गुणा व अन्य अधिक जटिल संक्रियाओं से जुड़े होते हैं। विभक्त व्यूहों को गुणा के लिए समविन्यासी रूप से ही विभाजित किया जाना चाहिए। यदि क्रम $m \times n$ का व्यूह A विभक्त है $A = (A_1 \ \vdots \ A_2)$, जहाँ A_1 है $m \times n_1$, A_2 है $m \times n_2$ और $n_1 + n_2 = n$ और $n \times p$ व्यूह B, तो विभक्त होगा–

$B = \begin{bmatrix} B_1 \\ \cdots \\ B_2 \end{bmatrix}$, जहाँ B_1 है $n_1 \times p$ और B_2 है $n_2 \times p$ तब

$$AB = \begin{bmatrix} A_1 & \vdots & A_2 \end{bmatrix} \begin{bmatrix} B_1 \\ \cdots \\ B_2 \end{bmatrix} = A_1B_1 + A_2B_2$$

(v) किसी संख्या 'r' को व्यूह A की अनुस्थिति उस स्थिति में कहा जाएगा, जब

(1) हमारे पास A का कम-से-कम एक $(r \times r)$ उपव्यूह हो जिसका सारणिक शून्य के बराबर न हो; और

(2) A के प्रत्येक $(r+1)$ पंक्तिबद्ध वर्गाकार उपव्यूह का सारणिक शून्य हो।

अन्य शब्दों में, किसी व्यूह की अनुस्थिति A में स्थित उच्चतम-क्रम एकेतर वर्गाकार व्यूह के क्रम के बराबर होती है। इसके अतिरिक्त, किसी व्यूह की अनुस्थिति को एक व्यूह में पंक्तियों की अधिकतम संख्या के रूप में भी परिभाषित किया जा सकता है।

विशेषताएँ अथवा स्थिति—(1) किसी व्यूह की अनुस्थिति उसकी पंक्तियों अथवा स्तंभों की संख्या - जो भी कम हो उससे अधिक नहीं हो सकती।

(2) किसी स्तंभ अथवा पंक्ति व्यूह की अनुस्थिति अधिकतम 1 होगी बशर्ते व्यूह कोई शून्य व्यूह न हो, जहाँ अनुस्थिति सदा शून्य रहती है।

(3) किसी व्यूह के पक्षांतरण की अनुस्थिति उस व्यूह की अनुस्थिति के समान ही होती है।

(vi) किसी व्यूह की पंक्तियों (स्तंभों) के सदिशों को रैखिक रूप से पराश्रित या निर्भर तब कहा जाता है जब उनका कोई रैखिक संयोजन एक शून्य सदिश अथवा शून्य पंक्ति (स्तंभ) हो। अर्थात्—

$$\begin{bmatrix} a_{11} & a_{12} & a_{13} \\ a_{21} & a_{22} & a_{23} \\ a_{31} & a_{32} & a_{33} \end{bmatrix}$$

पंक्तियों 1, 2 व 3 का रैखिक संयोजन किन्हीं चरों k_1, k_2 व k_3 द्वारा पहली, दूसरी व तीसरी पंक्तियों को गुणा करके तथा उन्हें जमा करके प्राप्त किया जाता है जहाँ कम-से-कम एक अचर शून्येतर होता है। इस प्रकार, नई पंक्ति होगी—

$$\begin{bmatrix} k_1 a_{11} + k_2 a_{21} + k_3 a_{31} & k_1 a_{12} + k_2 a_{22} + k_3 a_{32} & k_1 a_{13} + k_2 a_{23} + k_3 a_{33} \end{bmatrix}$$

$$= \begin{bmatrix} c_1 & c_2 & c_3 \end{bmatrix} \text{ (माना)}$$

पंक्तियाँ रैखिक रूप निर्भर होती हैं यदि तीनों अवयव $c_1, c_2, c_3, k_1, k_2, k_3$ के कुछ मानों के लिए शून्य के बराबर होते हैं। वस्तुतः, k_1, k_2, k_3 सभी शून्य के बराबर नहीं होने चाहिए बल्कि इनमें कम-से-कम एक शून्येतर होना ही चाहिए।

अतः रैखिक स्वतंत्रता की अवधारणा के संदर्भ में, किसी व्यूह की स्थिति निम्नवत् भी परिभाषित की जा सकती है—

व्यूह A की अनुस्थिति ($\rho(A)$ द्वारा इंगित), A में रैखिक रूप से स्वतंत्र पंक्तियों (अथवा स्तंभों) की अधिकतम संख्या होती है।

प्रश्न 14. आगत-निर्गत विश्लेषण के मुख्य अभिलक्षणों का उल्लेख कीजिए।

उत्तर— आगत-निर्गत विश्लेषण प्रोफेसर लियोन्टिफ द्वारा किया गया प्रयास था, जिसमें उन्होंने 'उत्पादन' के 'अनुभवजन्य' विश्लेषण में 'सामान्य साम्य' दृश्य घटना का ध्यान रखा। आगत-निर्गत विश्लेषण के मुख्य अभिलक्षण निम्नलिखित हैं—

प्रथम, उक्त विश्लेषण में प्राय: अनन्य रूप से उत्पादन से ही वास्ता रहता है। समस्या अनिवार्यत: प्रौद्योगिकीय होती है। उपलब्ध संसाधनों की मात्राएँ एवं प्रौद्योगिकी की स्थिति निश्चित होने पर यह विश्लेषण उद्योगों द्वारा विभिन्न आगतों के प्रयोग तथा उनसे अवकलित निर्गतों से ही संबंध रखता है।

आगत-निर्गत विश्लेषण का दूसरा विशिष्ट अभिलक्षण इसका अनुभवजन्य अन्वेषण के प्रति समर्पित होना है। यह मुख्यत: वह है जो उसे वॉलरा व बाद के सामान्य साम्य सिद्धांतियों के कार्य से भिन्न दर्शाता है। आगत-निर्गत एक निदर्श अपनाता है, जो कि कहीं अधिक सरल और इस अर्थ में अधिक संकुचित भी है कि यह प्रायिक सामान्य साम्य सिद्धांत के मुकाबले कहीं कम दृश्य घटनाओं को संवेष्ठित करने का प्रयास करता है। इसकी संकीर्णता अर्थव्यवस्था के उत्पादन पक्ष पर ही अपना अनन्य जोर देती है।

तीसरा विशिष्ट अभिलक्षण उसका सामान्य साम्य दृश्य घटना संबंधी महत्त्व है, जहाँ हर वस्तु अन्य सभी वस्तुओं पर निर्भर करती है। इस प्रकार, दो-उद्योग निदर्श में कोयला इस्पात उद्योग के लिए एक आगत या निवेश है और इस्पात कोयला उद्योग के लिए एक आगत है, यद्यपि दोनों ही अपने-अपने उद्योगों का उत्पादन हैं। आगत-निर्गत विश्लेषण के अनुसार, उत्पादन की 'आरंभिक' अवस्थाओं में चल रहे कुछ उद्योग और कुछ अन्य 'बाद की' अवस्थाओं में चल रहे उद्योग ज्ञात करना संभव नहीं होता है। कोयले के उत्पादन के लिए इस्पात की आवश्यकता पड़ती है; जबकि इस्पात के उत्पादन के लिए कोयला आवश्यक होता है। यह कहना कठिन होगा कि उत्पादन के पदानुक्रम में कोयला उद्योग या इस्पात उद्योग पहले है या बाद में।

मूल समस्या, तब यह देखना है कि अंतिम उपभोग के लिए क्या छोड़ा जा सकता है और प्रत्येक उत्पादन का कितना भाग उन उत्पादनकारी गतिविधियों के दौरान प्रयोग कर लिया जाएगा जो इन वास्तविक उत्पादनों को प्राप्त करने हेतु आरंभ की गईं। इन समस्या का समाधान भावी उत्पादन अपेक्षाओं के पूर्वानुमान में प्रयोग किया जा सकता है यदि उपयोज्य माँग अनुमान किसी तरह प्राप्त किए जा सकें। विशेष रूप से, इसे 'पिछड़े क्षेत्रों' में आर्थिक विकास संबंधी समस्याओं के साथ-साथ सैन्य संघटन संबंधी समस्या को भी शामिल कर आर्थिक नियोजन हेतु प्रयोग किया जा सकता है। एक काफी संतुलित उद्देश्य जो कि यह पहले ही सफलतापूर्वक पूरा करना शुरू कर चुका है, राष्ट्रीय आय लेखाकरण हेतु एक बहुत ही व्याख्यात्मक विस्तृत प्राधार उपलब्ध कराता है। जी.पी.एच. की पुस्तकों का मुख्य उद्देश्य ज्ञान के साथ-साथ अच्छे नम्बर दिलाना है।

प्रश्न 15. आगत-निर्गत तालिका का निर्माण किस प्रकार होता है? व्याख्या कीजिए।

उत्तर– आगत-निर्गत तालिका विभिन्न उद्योगों के बीच कुल उत्पादों एवं कुल आगतों का प्रबंध दर्शाती है। माना कि किसी अर्थव्यवस्था में केवल 4 उत्पादनकारी क्षेत्र हैं और साथ ही, प्रत्येक क्षेत्र के उत्पादन को सभी क्षेत्रों में आगतों के रूप में या फिर अंतिम उपभोग हेतु प्रयोग किया जा रहा है माना–

- X_1, X_2, X_3 और X_4 इन 4 क्षेत्रों के कुल उत्पादन हैं।
- F_1, F_2, F_3 और F_4 इन क्षेत्रों के उत्पादन हेतु अंतिम माँग, उपभोग, पूँजी-निर्यात की मात्राएँ हैं।
- X_{ij}, iवें उद्योग के उत्पादन की मात्रा है जो कि jवें उद्योग द्वारा एक मध्यवर्ती आगत के रूप में प्रयोग की जाती है $(i, j = 1, 2, 3, 4)$।

- L प्राथमिक कारक (यहाँ, श्रम) की दी गई मात्रा दर्शाता है और L; iवें उद्योग में प्रयुक्त प्राथमिक कारक की मात्रा है।

तब तालिका 4.1 सरलीकृत अर्थव्यवस्था के लिए आगत-निर्गत तालिका प्रस्तुत करती है–

तालिका 4.1: आगत-निर्गत तालिका

उत्पादनकारी क्षेत्र संख्या	क्षेत्र का कुल उत्पादन	उत्पादनकारी क्षेत्रों की आगत वांछनीयताएँ				अंतिम प्रयोगों हेतु वांछनीयताएँ
		X_1	X_2	X_3	X_4	
1	X_1	X_{11}	X_{12}	X_{13}	X_{14}	F_1
2	X_2	X_{21}	X_{22}	X_{23}	X_{24}	F_2
3	X_3	X_{31}	X_{32}	X_{33}	X_{34}	F_3
4	X_4	X_{41}	X_{42}	X_{43}	X_{44}	F_4
प्राथमिक आगत (श्रम)	कुल प्राथमिक आगत = L	L_1	L_2	L_3	L_4	

तालिका 4.1 में सभी मदें गति या प्रवाह हैं, यथा भौतिक इकाइयाँ प्रति वर्ष हैं। चूँकि किसी पंक्ति में सभी प्रविष्टियाँ एक ही भौतिक इकाइयों से मापी जाती हैं, पंक्तियों के आर-पार जोड़ सार्थकता दर्शाता है। 'कुल उत्पादन' स्तंभ श्रम का समग्र निवेश और प्रत्येक वस्तु का उत्पादन दर्शाता है। दूसरी ओर, एक ही स्तंभ में मदें एक ही इकाइयों से नहीं मापी जाती हैं, अत: स्तंभों के नीचे जोड़ कर लेना ठीक नहीं होगा। परंतु प्रत्येक स्तंभ, समग्रता से (यथा, एक सदिश के रूप में) लिए जाने पर सार्थक आवश्यक हो जाता है। तीसरा स्तंभ प्रथम उद्योग के निवेश अथवा लागत प्राधार का विवरण देता है: प्रथम उद्योग के उत्पादन की X_1 इकाइयाँ प्रथम माल की X_{11} इकाइयों के प्रयोग से उत्पादित हुईं, इसी प्रकार, द्वितीय माल की X_{21} इकाइयाँ, तृतीय माल की X_{31} इकाइयाँ, चतुर्थ माल की X_{41} इकाइयाँ और श्रम की L_1 इकाइयाँ हैं। अन्य स्तंभों, यथा स्तंभ 4, 5 व 6 के लिए, ऐसे ही अर्थ निकलेंगे। 'अंतिम माँग' अथवा 'अंतिम प्रयोगों हेतु वांछनीयता' यथा स्तंभ (7) वह उपभोक्ता-वस्तु दर्शाता है जिसका विवरण उपभोग एवं सरकारी व्यय के लिए उपलब्ध है। सुविधा की दृष्टि से यह मानकर चला जाता है कि श्रम सीधे उपभोग नहीं किया जाता है। अब माना कि प्रत्येक उद्योग के उत्पादन की प्रत्येक इकाई 1 डॉलर मूल्य रखी गई है और श्रम की प्रत्येक इकाई 1 डॉलर की वेतन दर प्राप्त करती है। फिर उपर्युक्त तालिका की प्रत्येक प्रविष्टि मौद्रिक मूल्य (न कि किसी भौतिक मूल्य) में व्यक्त की जा सकती है। तब स्तंभों का जोड़ कर लेना संभव हो जाता है। प्रत्येक स्तंभ का योग संबद्ध उद्योग की कुल लागत बताता है। इस प्रकार, उद्योग 1 की आय होगी X_1 इकाइयाँ $(= X_{11} + X_{12} + X_{13} + X_{14} + F_1)$ और उस उद्योग की लागत होगी $(X_{11} + X_{21} + X_{31} + X_{41} + L_1)$ इकाइयाँ। यह अन्य उद्योगों के लिए भी सत्य होगा। स्पष्टत: ये मूल्य अंततोगत्वा प्रतिस्पर्धात्मक साम्य मूल्य होते हैं। (अंततोगत्वा, प्रतिस्पर्धात्मक साम्य मूल्य औसत लागत के बराबर होता है और यहाँ न लाभ होता है न हानि)।

उपर्युक्त तालिका में दी गई मदें स्वयं को चार उद्योगों की बिक्री दर्शाती हैं और उनकी परस्पर बिक्री को 'गैर-सकल-घरेलू-उत्पाद' मदों के रूप में दर्शाया जाना चाहिए - क्योंकि ये लेन-देन

मध्यवर्ती कार्य-विवरण कहलाते हैं, जिन पर कि राष्ट्रीय आय लेखाकरण पर विचार नहीं किया जाता है। 'अंतिम माँग' स्तंभ सकल-घरेलू-उत्पाद (GNP) के उत्पादन पक्ष को दर्शाता है, क्योंकि अंतिम कार्य-विवरण सकल-घरेलू-उत्पाद लेखाकरण में शामिल किया जाता है। श्रम पंक्ति सकल-घरेलू-उत्पाद का कारक लागत पक्ष दर्शाता है। अंतर-औद्योगिक बिक्री कतई कोई कल्याणकारी महत्त्व नहीं रखती है। सामाजिक लाभ अंतिम उपभोग से प्राप्त होते हैं और सामाजिक लागत श्रम के प्रयोग से आती है। अर्थव्यवस्था को एक ऐसी मशीन के रूप में देखा जा सकता है जो श्रम का उपभोग कर अंतिम उपभोग को जन्म देती है।

उपर्युक्त तालिका एक विशिष्ट प्रौद्योगिकी प्रस्तुत करती है, उत्पाद प्राप्त करने के लिए आगतों का एक विशिष्ट संयोजन। यदि कोई अवयव, किसी भी पंक्ति के साथ-साथ, बदलता है तो अन्य अवयवों को तद्नुसार बदलना पड़ता है ताकि उस उद्योग का वही कुल उत्पादन कायम रखा जा सके। इस प्रकार, कोई विशिष्ट प्रौद्योगिकी एक स्तंभ सदिश द्वारा अभिलक्षित होती है। इस सदिश के किन्हीं भी अवयवों में बदलाव एक नए सदिश में परिणत होता है और इसी कारण वह नई प्रौद्योगिकी प्रस्तुत करता है।

उपर्युक्त तालिका से, चार उद्योगों हेतु उत्पादन फलन को निम्नवत् लिखा जा सकता है–

$X_1 = f_1 (X_{11}, X_{21}, X_{31}, X_{41}, L_1)$;

$X_2 = f_2 (X_{12}, X_{22}, X_{32}, X_{42}, L_2)$;

$X_3 = f_3 (X_{13}, X_{23}, X_{33}, X_{43}, L_3)$; और

$X_4 = f_4 (X_{14}, X_{24}, X_{34}, X_{44}, L_4)$.

सामान्य पदों में, यदि हमारे पास उत्पादनकारी क्षेत्रों की 'n' संख्या हो तो क्षेत्र 'n' का उत्पादन फलन $X_n = f_n (X_{1n}, X_{2n}, X_{3n}, X_{4n}, L_n)$ द्वारा दर्शाया जाएगा। पंक्तियों को आर-पार हमेशा जोड़ सकते हैं, जो कि मूलतः प्रत्येक उत्पाद की माँग और आपूर्ति के बीच समानता को दर्शाता है। सामान्य पदों में,

$X_1 = X_{11} + X_{12} + ... + X_{1n} + F_1$;

$X_2 = X_{21} + X_{22} + ... + X_{2n} + F_2$;

....

....

$X_n = X_{n1} + X_{n2} + ... + X_{nn} + F_n$; और

$L = L_1 + L_2 + ... + L_n$

यथा, $X_1 = \sum_{j=1}^{n} X_{ij} + F_i$ और $L = \sum_{i=1}^{n} L_i$.

यहाँ, X_i = iवें क्षेत्र का कुल उत्पादन, X_{ij} = jवें क्षेत्र में आगत के रूप में प्रयुक्त jवें क्षेत्र का उत्पादन और F_i = iवें क्षेत्र हेतु अंतिम माँग।

उपर्युक्त पहचान बताती है कि किसी विशिष्ट क्षेत्र के समग्र उत्पादन को अर्थव्यवस्था के उत्पादनकारी क्षेत्रों में से किसी एक में आगत के रूप में और/अथवा किसी अंतिम माँग के रूप में इस्तेमाल किया जा सकता है। मूल रूप से, इसलिए आगत-निर्गत विश्लेषण इन युगपत् समीकरणों का हल ज्ञात करने के लिए उपयोग में किया जाता है।

प्रश्न 16. आगत-निर्गत विश्लेषण की विभिन्न सीमाएँ क्या हैं जिनके कारण इसकी आलोचना की जाती है?

उत्तर— आगत-निर्गत विश्लेषण का आर्थिक नियोजन में महत्त्व होते हुए भी इसकी कुछ सीमाएँ हैं। इस विश्लेषण की निम्न आलोचनाएँ की जाती हैं–

- इस विश्लेषण के अवास्तविक मान्यताओं पर आधारित होने के कारण इसके प्रयोग से अर्थव्यवस्था में स्थिरता नहीं रहती है। अत: यह विश्लेषण आर्थिक दृष्टिकोण से त्रुटिपूर्ण है।
- कुछ उद्योगों में एक सी या समान पूँजी का विनियोग होता है, कुछ में अधिक पूँजी का और कुछ में बहुत कम या नगण्य उपयोग होता है। इस प्रकार के तकनीकी परिवर्तन समान उत्पाद के विचार को अवास्तविक बना देते हैं।
- यह विश्लेषण अत्यधिक सरल और संकीर्ण है क्योंकि यह उत्पादन को ही अधिक महत्त्वपूर्ण मानकर चलता है। यह स्पष्ट नहीं करता कि किसी अर्थव्यवस्थाओं के आगत-निर्गत एक विशेष प्रकार के क्यों होते हैं?
- यह विश्लेषण उत्पादन के अवरोध जैसे पूँजी की कमी या लागत वृद्धि आदि का भी सही-सही प्रदर्शन नहीं करता।
- यह विश्लेषण आर्थिक क्षेत्र में होने वाली बाधाओं, बढ़ती हुई कीमतों आदि पर भी विचार नहीं करता है।
- इस विश्लेषण का आधार कुछ समीकरण होते हैं जिनको सरलता से नहीं बनाया जा सकता।
- यह विश्लेषण अंतिम माँग के संबंध में जो धारणा लेकर चला है वह वास्तविकता से परे है।
- यह विश्लेषण बहुत अधिक तकनीकी एवं गणितीय पद्धतियों पर आधारित है। अत: इससे सही निष्कर्ष प्राप्त करना कठिन है।

प्रश्न 17. निम्नलिखित पदों पर संक्षिप्त टिप्पणी कीजिए–
(i) गुणांक व्यूह एवं मुक्त निदर्श
(ii) मुक्त निदर्श हेतु समाधान
(iii) सकल उत्पादन का निर्धारण
(iv) हॉकिन्स-साइमन शर्तें
(v) गुणांक व्यूह और प्रतिबंधित निदर्श

उत्तर— (i) व्यूह चिह्नांकन में हमारा मुक्त निदर्श $X = AX + F$ से दर्शाया जाता है, जहाँ A आगत गुणांक व्यूह है, F अंतिम माँग सदिश और x कुल उत्पादन व्यूह है।

$[a_{ij}]$ द्वारा निर्दिष्ट आगत गुणांक व्यूह अथवा 'प्रौद्योगिकी व्यूह' काफी महत्त्व रखता है। प्रत्येक अवयव गैर-ऋणात्मक होना चाहिए, यथा हम ऋणात्मक आगतों की संभावना को नियम-विरुद्ध द्योतित करते हैं। परंतु उद्योगों के बीच संपूर्ण अन्योन्याश्रित कायम रखने के लिए $[a_{ij}]$ व्यूह का प्रत्येक अवयव धनात्मक ही होना चाहिए तथा कोई भी अवयव इकाई से आगे नहीं जा सकता है, यथा हम ऋणात्मक उत्पादनों की संभावना को नियम-विरुद्ध मानते हैं। इन व्यूहों

का प्रत्येक स्तंभ किसी विशिष्ट उपभोक्ता-वस्तु की । इकाई के उत्पादन हेतु आगत वांछनीयताओं को निर्दिष्ट करता है; इस प्रकार, प्रत्येक स्तंभ में अवयवों का योग इकाई से कम ही होना चाहिए। संकेत रूप में इस तथ्य को इस प्रकार कहा जा सकता है—

$\sum_{i=1}^{n} a_{ij} < 1$, $(j = 1, 2, ..., n)$, और प्रत्येक a_{ij} गैर-ऋणात्मक होता है, यथा शून्य अथवा शून्य से बड़ा होता है। jवीं उपभोक्ता-वस्तु की किसी इकाई को उत्पादित करने में आवश्यक प्राथमिक आगतों की लागत (जिसको कि 'मान योजित' भी कहा जाता है) होगी $\left(1 - \sum_{i=1}^{n} a_{ij}\right)$. [जिसमें कि सभी a_{ij} मान पदों में हैं]। यदि यह सत्य न हो तो इसका अर्थ यह है कि किसी उद्योग द्वारा प्रयुक्त मध्यवर्ती उत्पादों का कुल मान उसकी आगत के मान से अधिक रहा। अतः उस उद्योग द्वारा योजित मान ऋणात्मक था। अब, यह असंभव नहीं है, परंतु यदि हम यह मान लें कि वेतन ऋणात्मक नहीं हो सकता, तो इसका अर्थ होगा कि उद्योग घाटे में जा रहा होगा (वस्तुतः, अचर मान में हानियाँ उसके वेतन बिल की अपेक्षा अधिक)। ऐसा उद्योग जिसमें योजित मान ऋणात्मक हो, चर लागतों (मध्यवर्ती आगतें और वेतन बिल) को लेकर नहीं चलता है और हमें प्रारंभिक व्यष्टि-सिद्धांत से ज्ञात है कि इस प्रकार की स्थिति में हानियाँ उद्योग बंद करके ही घटाई जा सकती हैं। इस प्रकार, हम इस प्रकार के उद्योग का विवरण अपनी प्रौद्योगिकी में किसी भी तरह से नहीं देना चाहते। मापदंडानुसार सतत् आय की अवधारणा दिए होने पर हम प्रौद्योगिकी की किसी अचर गुणांक व्यूह से व्याख्या करते हैं। ध्यातव्य है कि हम यह सन्निहित अवधारणा भी रखते हैं कि हमारे पास कोई बाह्यताएँ नहीं हैं। उत्पादन में बाह्यता देखी जा सकती है यदि उदाहरणार्थ—कोई कारखाना नदी में अपना अपजल इसलिए बहा देता है कि वहाँ स्थित एक अन्य कारखाने को प्रयोग से पहले जल को साफ करने हेतु संसाधन लगाने पड़ें। इस स्थिति में, परवर्ती कारखाने की संसाधन वांछनीयता केवल उसके उत्पादन पर ही नहीं बल्कि पूर्ववर्ती की गतिविधि पर भी निर्भर करेगी।

(ii) माना, n उद्योगों वाली एक अर्थव्यवस्था में यदि उत्पादनकारी क्षेत्र 1 को n उद्योगों की मात्रा आगत वांछनीयताओं के साथ-साथ बहिर्जात क्षेत्र की अंतिम माँग को भी पूरा करने हेतु यथेष्ट उत्पादन करना हो, तो उत्पादन स्तर X_1 को निम्नलिखित समीकरण संतुष्ट करने होंगे—

$X_1 = a_{11}X_1 + a_{12}X_2 + ... + a_{1n}X_n + F_1$, अथवा

$(1 - a_{11}) X_1 - a_{12}X_2 - ... - a_{1n}X_n = F_1$

n उद्योगों के संपूर्ण समुच्चय हेतु यथातथ्य उत्पादन स्तर, इसलिए n रैखिक समीकरणों के निम्नलिखित समुच्चय द्वारा संकेत रूप में दर्शाया जाता है—

$(1 - a_{11}) X_1 - a_{12}X_2 - ... - a_{1n}X_n = F_1$
$-a_{21} X_1 + (1 - a_{22})X_2 - ... - a_{1n}X_n = F_2$
....
$- a_{n1}X_1 - a_{n2}X_2 - ..... + (1 - a_{nn}) X_n = F_n$

व्यूह चिह्नांकन में इसे इस प्रकार लिखा जा सकता है—

$$\begin{pmatrix} 1-a_{11} & -a_{12} & \cdots & -a_{1n} \\ -a_{21} & -a_{22} & \cdots & -a_{2n} \\ \cdots & \cdots & \ddots & \cdots \\ -a_{n1} & -a_{n2} & \cdots & 1-a_{nn} \end{pmatrix} \begin{pmatrix} X_1 \\ X_2 \\ \vdots \\ X_n \end{pmatrix} = \begin{pmatrix} F_1 \\ F_2 \\ \vdots \\ F_n \end{pmatrix}$$

जैसे $[I - A] X = F$ और $X = [I - A]^{-1} F$

यहाँ A ही आगत गुणांकों का प्रदत्त व्यूह है, जबकि X और F प्रत्येक उत्पादनकारी क्षेत्र के उत्पादन एवं अंतिम माँग संबंधी सदिश हैं। यदि $|I - A| \neq 0$, तो $[I - A]^{-1}$ अस्तित्व रखता है, हम तब दो व्यूहों X और F में से एक को बहिर्जात रूप से दिया जाने वाला मानकर इनमें से किसी का भी आकलन कर सकते हैं।

ध्यातव्य है कि आगत-निर्गत विश्लेषण में की गई अवधारणाएँ समस्या को हल करने में काफी साथ देती हैं। उदाहरण के लिए, रैखिक सजातीय फलन की अवधारणा के साथ यह संभव है कि प्रत्येक उत्पादनकारी क्षेत्र का एक रैखिक समीकरण लिखा जाए, जिसे फिर आसानी से व्यूह चिह्नांकन में बदला जा सकता है। दूसरी ओर, जब तक आगत गुणांक अचर (जैसा कि माना गया) रहेंगे, व्यूह A नहीं बदलेगा अथवा $[I - A]$ परिवर्तित नहीं होगा।

अतएव, $X = [I - A]^{-1} F$, का हल ज्ञात करने में केवल एक व्यूह प्रतिलोम को प्रदर्शित करने की आवश्यकता होती है बेशक हमें वैकल्पिक विकास लक्ष्यों के अनुसार हजारों भिन्न-भिन्न अंतिम माँग सदिशों पर विचार करना हो। इसलिए, नियत तकनीकी गुणांक की इस प्रकार की अवधारणा का अर्थ है–आगणनात्मक प्रयास में यथेष्ट बचत।

(iii) मान लीजिए, X का अर्थ है स्तंभ व्यूह $\begin{pmatrix} X_1 \\ X_2 \end{pmatrix}$, F का अर्थ है स्तंभ व्यूह $\begin{pmatrix} F_1 \\ F_2 \end{pmatrix}$, और a का अर्थ है a_{ij} गुणांकों का आव्यूह $\begin{pmatrix} a_{11} & a_{12} \\ a_{21} & a_{22} \end{pmatrix}$ तब $X = [I - A]^{-1} F$ से हमें X के प्रत्येक अवयव का मान प्राप्त होता है। इससे पूर्व हमें $[I - A]^{-1}$ के मूल्यांकन की आवश्यकता होगी।

यहाँ, $I - A = \begin{pmatrix} 1 & 0 \\ 0 & 1 \end{pmatrix} - \begin{pmatrix} a_{11} & a_{12} \\ a_{21} & a_{22} \end{pmatrix} = \begin{pmatrix} 1-a_{11} & -a_{12} \\ -a_{21} & 1-a_{22} \end{pmatrix};$

सहगुणनखंडों का व्यूह $= \begin{pmatrix} 1-a_{22} & a_{21} \\ a_{12} & 1-a_{11} \end{pmatrix};$

इस व्यूह अथवा $[I - A] = \begin{pmatrix} 1-a_{22} & a_{12} \\ a_{21} & 1-a_{11} \end{pmatrix}$ के निकटस्थ व्यूह का पक्षांतरण करते हैं।

माना $D = |I - A| = [I - A]$ व्यूह का सारणिक है। यह मानकर चलें कि $D \neq 0$, यथा, $[I - A]$ एकेतर है। तब प्रतिलोम व्यूह को इस रूप में लिखा जा सकता है–

$$[I - A]^{-1} = \begin{pmatrix} \dfrac{1-a_{22}}{D} & \dfrac{a_{12}}{D} \\ \dfrac{a_{21}}{D} & \dfrac{1-a_{11}}{D} \end{pmatrix} = \frac{1}{D} \begin{pmatrix} 1-a_{22} & a_{12} \\ a_{21} & 1-a_{11} \end{pmatrix}$$

अतएव $\begin{pmatrix} X_1 \\ X_2 \end{pmatrix} = \frac{1}{D} \begin{pmatrix} 1-a_{22} & a_{12} \\ a_{21} & 1-a_{11} \end{pmatrix} \begin{pmatrix} F_1 \\ F_2 \end{pmatrix}$

अथवा $X_1 = \dfrac{(1-a_{22})F_1 + a_{12}F_2}{D}$, $X_2 = \dfrac{a_{21}F_1 + (1-a_{22})F_2}{D}$

जहाँ, $D = \begin{vmatrix} 1-a_{11} & -a_{12} \\ -a_{21} & 1-a_{22} \end{vmatrix} = (1-a_{11})(1-a_{22}) - a_{12}a_{21}$.

(iv) अनेक बार आगत-निर्गत समाधान ऋणात्मक संख्याओं से व्यक्त उत्पादन दे देता है। यदि हमारा समाधान ऋणात्मक उत्पादन बनाता है तो इसका अर्थ होगा कि उत्पादन के प्रति इकाई उत्पादन में उस उत्पाद की एक इकाई से अधिक लग रहा है, यह निश्चित रूप से एक अयथार्थपरक स्थिति है। इस प्रकार की व्यवस्था व्यवहार्य नहीं है। हॉकिन्स-साइमन शर्त ऐसी संभाव्यताओं से रक्षा करती है। हमारा मूल समीकरण है $X = [I - A]^{-1}F$, इस प्रकार कि यह समाधान, व्यूह $[I - A]$ के रूप में ऋणात्मक संख्याएँ न दे, जो कि वास्तव में हैं—

$$\begin{pmatrix} 1-a_{11} & -a_{12} & \cdots & -a_{1n} \\ -a_{21} & -a_{22} & \cdots & -a_{2n} \\ \vdots & \cdots & \ddots & \vdots \\ -a_{n1} & -a_{n2} & \cdots & 1-a_{nn} \end{pmatrix}$$

इस प्रकार होना चाहिए कि—

(1) व्यूह का सारणिक हमेशा धनात्मक हो; और
(2) विकर्णी अवयव: $(1-a_{11}), (1-a_{22}),..., (1-a_{nn})$ सभी धनात्मक हों अथवा दूसरे शब्दों में, अवयव $a_{11}, a_{22},..., a_{nn}$ सभी एक से कम हों।

इस प्रकार, किसी क्षेत्र के उत्पादन की एक इकाई को अपने निजी उत्पादन की एक इकाई से अधिक प्रयोग नहीं करना चाहिए, इन्हें हॉकिन्स-साइमन शर्तें कहते हैं। इनके अलावा, प्रथम शर्त जिसका निहितार्थ है $D > 0$, यह अर्थ जताती है कि (2 उद्योग उदाहरण के लिए)

$\begin{vmatrix} 1-a_{11} & -a_{12} \\ -a_{21} & 1-a_{22} \end{vmatrix} > 0$ अथवा $(1-a_{11})(1-a_{22}) - a_{12}a_{21} > 0$. इस शर्त का अर्थ है कि किसी

उपभोक्ता-वस्तु की एक इकाई के उत्पादन हेतु उस वस्तु की प्रत्यक्ष एवं अप्रत्यक्ष वांछनीयता भी एक से कम होनी चाहिए। दूसरी ओर, निर्वचन सदा यह होता है कि उपभोक्ता-वस्तुओं के सभी उपसमूह 'आत्मनिर्भर', प्रत्यक्ष या परोक्ष रूप से होने चाहिए।

(v) यदि मुक्त निदर्श के बहिर्जात क्षेत्र (अंतिम माँग बिल) को अंतर्जात क्षेत्रों के समूह में समाहित किया जा सकता हो तो यह निदर्श एक प्रतिबंधित निदर्श में बदल जाता है। इस प्रकार के निदर्श में अंतिम माँग बिल और प्राथमिक आगतें नहीं दिखाई देतीं, बल्कि इनके स्थान पर हमें इस नवकल्पित उद्योग, प्राथमिक आगत श्रम को उत्पन्न करते 'घरेलू उद्योग' की आगत वांछनीयताएँ एवं उत्पादन प्राप्त होंगे। अंतिम माँग क्षेत्र को एक अंतर्जात क्षेत्र माना जाएगा। इस प्रकार, n उद्योगों के स्थान पर (n + 1) उद्योग होंगे और आवश्यकताओं की पूर्ति हेतु सभी उत्पादनशील।

उदाहरण के लिए, घरों में उन श्रम-सेवाओं के नियत अनुपात में ही प्रत्येक उपभोक्ता-वस्तु का उपभोग किया जाएगा जो कि वे प्रदान करते हों।

माना चार उद्योग हैं, जिनसे हमें समीकरणों का निम्नलिखित समुच्चय प्राप्त होगा–
$X_0 = a_{00}X_0 + a_{01}X_1 + a_{02}X_2 + a_{03}X_3$; $X_1 = a_{10}X_0 + a_{11}X_1 + a_{12}X_2 + a_{13}X_3$;
$X_2 = a_{20}X_0 + a_{21}X_1 + a_{22}X_2 + a_{23}X_3$ और $X_3 = a_{30}X_0 + a_{31}X_1 + a_{32}X_2 + a_{33}X_3$.
अतः उपरोक्त समीकरण निम्नलिखित सजातीय समुच्चय देता है–

$$\begin{pmatrix} 1-a_{00} & -a_{01} & -a_{02} & -a_{03} \\ -a_{10} & 1-a_{11} & -a_{12} & -a_{13} \\ -a_{20} & -a_{21} & 1-a_{22} & -a_{23} \\ -a_{30} & -a_{31} & -a_{32} & 1-a_{33} \end{pmatrix} \begin{pmatrix} X_0 \\ X_1 \\ X_2 \\ X_3 \end{pmatrix} = \begin{pmatrix} 0 \\ 0 \\ 0 \\ 0 \end{pmatrix}$$

चूँकि आगत गुणांक व्यूह की चार पंक्तियाँ रैखिक रूप से पराश्रित हो जाती हैं इसलिए $|I-A|$ शून्य हो जाएगा। इस प्रकार समाधान अनिश्चायक है। इसका अर्थ यह है कि प्रतिबंधित निदर्श में प्रत्येक क्षेत्र का कोई उत्पादन-मिश्रण अस्तित्व नहीं रखता।

प्रश्न 18. रैखिक आयोजना की अवधारणा को स्पष्ट कीजिए।

उत्तर– रैखिक आयोजना में रेखीय निर्मेयों का एक वर्ग देखा जाता है जहाँ इष्टतमीकृत किए जाने वाले दोनों ही लक्ष्य फलन रैखिक होते हैं और संसाधनों के अनुरूप चरों के बीच सभी संबंध भी रैखिक होते हैं।

इष्टतमीकरण निर्मेयों में दो मूल अभिलक्षण होते हैं, यथा–

- वह लक्ष्य फलन जो हम भूयिष्ठीकृत या अल्पिष्ठीकृत करना चाहते हों।
- यह लक्ष्य फलन प्रभाविता के माप संबंधी व्यवहार का वर्णन करता है और उस माप व उन चरों के बीच संबंध का प्रगहण करता है जो उसमें परिवर्तन लाते हैं। समूह चरों को निर्णय चरों और प्राचलों के रूप में वर्गीकृत किया जा सकता है। निर्णय चर निर्णयकर्त्ता द्वारा सीधे नियंत्रित होता है। इस प्रकार, निबाध ही निर्णय चरों एवं प्राचलों के बीच संबंध होते हैं। इस प्रकार, किसी भी रैखिक-आयोजना निर्मेय में हम एक लक्ष्य फलन और निबाधों का समुच्चय पाते हैं। अधिकांश निर्मेयों में निबाध उस निर्मेय की प्रकृति से आते हैं जिस पर हम काम कर रहे होते हैं। उदाहरण के लिए, यदि हम वांछित लक्ष्य (भूयिष्ठीकरण अथवा अल्पिष्ठीकरण) प्राप्त करना चाहते हैं तो हम कठिनाइयों, अवरोध आदि निबाधों को ध्यान में रखते हुए ऐसा करते हैं।

किसी भी रैखिक-आयोजना निर्मेय के प्रतिपादन में इन शर्तों का पालन करना होता है–

- लक्ष्य फलन अवश्य ही रैखिक हो। अर्थात् जाँच करनी चाहिए कि क्या सभी चर 1 की घात रखते हैं और वे जोड़े अथवा घटाए जाते हैं (न कि भाग अथवा गुणा किए जाते हैं)।
- हमारा उद्देश्य किसी रैखिक फलन का भूयिष्ठीकरण अथवा अल्पिष्ठीकरण ही होना चाहिए। इस उद्देश्य को निर्णयकर्त्ता का लक्ष्य अवश्य ही निरूपित करना चाहिए।
- निबाध भी निश्चित रूप से रैखिक ही होने चाहिए। इसके अतिरिक्त, निबाध निम्नलिखित रूपों में ही होना चाहिए ($\leq, \geq$, अथवा =, यानी रैखिक-आयोजना निबाध सदा प्रतिबंधित होते हैं) जो कि रैखिक आयोजना को मानक रूप में देते हैं–

भूयिष्ठक $c^T x$ बशर्ते कि $Ax = b$ हो।

क्योंकि $x \geq 0$

साध्य एवं इष्टतम समाधान—निर्णय चरों के लिए समाधान मान, जहाँ सभी निबाध संतुष्ट हों, 'साध्य समाधान' कहलाता है। अधिकांश समाधान लघुगणक पहले एक साध्य समाधान ज्ञात कर लेने के बाद ही आगे बढ़ते हैं, फिर इसमें सुधार का प्रयास करते हैं और अंतत: एक साध्य समाधान से दूसरे साध्य समाधान हेतु निर्णय चर बदलते हैं। यह प्रक्रिया तब तक चलती रहती है जब तक कि लक्ष्य फलन अपने भूयिष्ठक अथवा अल्पिष्ठक पर नहीं पहुँच जाता। इस परिणाम को 'इष्टतम समाधान' कहा जाता है। इष्टतमीकरण प्रक्रिया का मूल उद्देश्य उन चरों के मान ज्ञात करना होता है जो निबाधों को संतुष्ट करते समय लक्ष्य फलन को अल्पिष्ठीकृत अथवा भूयिष्ठीकृत करते हैं। इस परिणाम को 'इष्टतम समाधान' कहा जाता है।

प्रश्न 19. रैखिक प्रोग्रामन समस्या का संरूपण किस प्रकार किया जाता है?

उत्तर— रैखिक प्रोग्रामन समस्या का संरूपण निम्न प्रकार से किया जाता है—(1) निर्णय चर (Decision Variable), (2) उद्देश्य फलन (Objective Function), और (3) व्यवरोध (Constraints)।

रैखिक प्रोग्रामन समस्या के संरूपण के लिए कुछ विशेष एवं लोकप्रिय समस्याओं और उनके संगत गणितीय संरूप इस प्रकार हैं—

(1) **आहार समस्या (Diet Problem)**—उदाहरण के लिए, दो अलग-अलग खाद्य पदार्थों F_1 और F_2 में विटामिन A और विटामिन B हैं। एक इकाई खाद्य पदार्थ F_1 में 2 इकाई विटामिन A और 3 इकाई विटामिन B होता है। एक इकाई खाद्य पदार्थ F_2 में 4 इकाई विटामिन A और 3 इकाई विटामिन B होता है। एक इकाई खाद्य पदार्थ F_1 पर ₹3 का खर्च बैठता है और एक इकाई खाद्य पदार्थ F_2 पर ₹2.50 का खर्च बैठता है। एक व्यक्ति के लिए प्रतिदिन कम-से-कम 40 इकाई विटामिन A की और 50 इकाई विटामिन B की आवश्यकता होती है। यह मान लेने पर कि प्रतिदिन कम-से-कम जितनी मात्रा में विटामिन A और विटामिन B की आवश्यकता होती है उससे अधिक मात्रा में विटामिन A और विटामिन B को ले लेने पर कोई नुकसान नहीं होता, न्यूनतम लागत पर खाद्य पदार्थ F_1 और F_2 का इष्टतम मिश्रण निम्न प्रकार होगा, जो कि विटामिन A और विटामिन B की दैनिक न्यूनतम आवश्यकता की पूर्ति कर देता है।

मान लीजिए Z, कुल लागत को प्रकट करता है।

x_1 = खाद्य पदार्थ F_1 की इकाइयों की संख्या, और

x_2 = खाद्य पदार्थ F_2 की इकाइयों की संख्या

खाद्य पदार्थ F_1 की x_1 इकाइयों में और खाद्य पदार्थ F_2 की x_2 इकाइयों में विटामिन A की इकाइयों की संख्या $2x_1 + 4x_2$ है, अब क्योंकि प्रतिदिन विटामिन A की न्यूनतम आवश्यकता 40 इकाई है,

इसलिए $2x_1 + 4x_2 \geq 40$

इसी प्रकार F_1 और F_2 में विटामिन B की इकाइयों की संख्या $3x_1 + 2x_2$ होगी।

अब क्योंकि विटामिन B की दैनिक न्यूनतम आवश्यकता 50 इकाई की है, इसलिए

$3x_1 + 2x_2 \geq 50$

और, क्योंकि एक इकाई F_1 और F_2 की कीमत क्रमशः `3 और `2.50 है, इसलिए कुल खर्च यह होगा–

$Z = 3x_1 + 2.5x_2$

क्योंकि x_1 और x_2 की ऋणात्मक खरीद निरर्थक है, इसलिए हमें यह प्राप्त होगा–

$x_1 \geq 0, x_2 \geq 0$

इस तरह, समस्या यह हो जाती है–ऐसी दो वास्तविक संख्याएँ x_1और x_2 ज्ञात की जाएँ, जिससे कि

$2x_1 + 4x_2 \geq 40$

$3x_1 + 2x_2 \geq 50$

$x_1, x_2 \geq 0$

और जिसके लिए उद्देश्य फलन $Z = 3x_1 + 2.5x_2$ न्यूनतम हो।

(2) उत्पाद-मिश्रण समस्या (Product-mix Problems)–उदाहरण के लिए, एक फर्म दो उत्पाद A और B बनाती है। उत्पाद A की एक इकाई को मशीन-I से बनाने में 2 घंटे लगते हैं और मशीन-II से बनाने में 3 घंटे लगते हैं। उत्पाद B की एक इकाई को मशीन-I से बनाने में 3 घंटे लगते हैं और मशीन-II से बनाने में 1 घंटा लगता है। मशीन-I और मशीन-II का कार्य करने की दैनिक क्षमता क्रमशः 12 घंटे और 8 घंटे है। A की एक इकाई को और B की एक इकाई को बेचने पर क्रमशः `4 और `5 लाभ होता है। समस्या यह है कि उत्पाद A और उत्पाद B को प्रतिदिन कितना बनाया जाए जिससे कि लाभ का अधिकतमीकरण किया जा सके।

हल–मान लीजिए उत्पाद A का दैनिक उत्पादन x_1 है और उत्पाद B का दैनिक उत्पादन x_2 है। इस समस्या में व्यवरोध (Constraints) प्रतिदिन मशीन-I और मशीन-II पर समय की सीमित उपलब्धता है। उत्पाद की एक इकाई को मशीन-I से बनाने में 2 घंटे लगते हैं और मशीन-II से बनाने में 3 घंटे लगते हैं। दूसरे शब्दों में, उत्पाद A की x_1 इकाई को मशीन-I से बनाने में $2x_1$ घंटे लगेंगे और इसी तरह, उत्पाद B की x_2 इकाई को मशीन-I से बनाने में $3x_2$ घंटे लगेंगे। इस तरह, मशीन-I को प्रतिदिन $(2x_1 + 3x_2)$ घंटे काम करने की आवश्यकता होगी। इसी प्रकार मशीन-II को प्रतिदिन $(3x_1 + x_2)$ घंटे काम करने की आवश्यकता होगी क्योंकि मशीन-I एक दिन में 12 घंटे से अधिक काम नहीं कर सकती और मशीन-II एक दिन में 8 घंटे से अधिक काम नहीं कर सकती, इसलिए–

$2x_1 + 3x_2 \leq 12$

$3x_1 + x_2 \leq 8$

क्योंकि कोई निर्माता ऋणात्मक राशि में उत्पादन नहीं कर सकता है इसलिए यहाँ हम यह प्रतिबंध लगा लेते हैं कि चर x_1 और x_2 के केवल ऋणेतर मान (Non-negative Values) ही होंगे अर्थात् $x_1 \geq 0, x_2 \geq 0$

दैनिक लाभ यह होता है $Z = 4x_1 + 5x_2$

क्योंकि हमारा उद्देश्य लाभ का अधिकतमीकरण करना है, इसलिए उत्पादन-मिश्रण समस्या का रैखिक प्रोग्रामन निदर्श (Model) यह हो जाएगा–

ऐसे x_1, x_2 ज्ञात कीजिए जिससे कि $Z = 4x_1 + 5x_2$ अधिकतम हो जाए, जबकि प्रतिबंध यह है–

$2x_1 + 3x_2 \leq 12$
$3x_1 + x_2 \leq 8$
$x_1, x_2 \geq 0$

चरों x_1 और x_2 को निर्णय चर (Decision Variable) कहा जाता है, Z को उद्देश्य फलन (Objective Function) कहा जाता है और असमिकाओं को व्यवरोध (Constraints) कहा जाता है।

प्रश्न 20. रैखिक प्रोग्रामन समस्या को हल करने की मुख्य विधियों का अवलोकन कीजिए।

उत्तर- रैखिक प्रोग्रामन समस्या को हल करने की प्रमुख विधियाँ निम्नलिखित हैं–

(1) सरल विधि (Simple Method)–सरल विधि इस गुणधर्म पर आधारित है कि किसी रैखिक-आयोजना निर्मेय का इष्टतम समाधान यदि अस्तित्व रखता हो तो वह सदा किसी मूल साध्य समाधानों में पाया जा सकता है।

उदाहरण– भूयिष्ठ बनाएँ: $z = x + y$, बशर्ते कि $x + y \leq 5$
$x + 3y \leq 12, x \geq 0, y \geq 0$.

चरण 1: गैर-ऋणात्मक सुस्त चरों के योग से विषमताओं को समताओं में बदल दें। माना s_1 और s_2 सुस्त चर हैं, जो विषमताओं को समताओं में बदल देते हैं।
तब, $x + y + s_1 = 5$ और $3x + 2y + s_2 = 10$ जहाँ $s_1 \geq 0$ और $s_2 \geq 0$.
उक्त निर्मेय को निम्नवत् लिखा जा सकता है–
भूयिष्ठ बनाएँ: $z = 5x + 6y + 0\, s_1 + 0\, s_2$
बशर्ते कि $x + y + s_1 + 0\, s_2 = 5$
$2x + 3y + 0\, s_1 + s_2 = 12$
$x \geq 0, y \geq 0, s_1 \geq 0, s_2 \geq 0$.

चरण 2: उक्त निर्मेय को एक सरल तालिका में रखने पर–

तालिका 4.2: सरल तालिका

			5	6	0	0	
C_j	मूल चर	मूल चर के मान	x	y	s_1	s_2	अनुपात
(1)	(2)	(3)	(4)	(5)	(6)	(7)	(8)
0	s_1	5	1	1	1	0	5/1 = 5
0	s_2	12	2	3	0	1	12/3 = 4
	z_j	0	0	0	0	0	
	$C_j - z_j$	–	5	6	0	0	

पहला स्तंभ C_j द्वारा इंगित किया जाता है, जो कि स्तंभ (2) में सूचीबद्ध मूल चरों के लक्ष्य फलन के गुणांक दर्शाता है। दूसरा स्तंभ समाधान में मूल चर दर्शाता है। तीसरा स्तंभ, स्तंभ (2) में सूचीबद्ध मूल चरों के मान दर्शाता है।

स्तंभ (4), (5), (6) और (7) क्रमश: 4 चर x, y, s_1 और s_2 दर्शाते हैं। पंक्ति लक्ष्य फलन में अपने-अपने चरों के गुणांक दर्शाती है। इस पंक्ति को लक्ष्य पंक्ति कहा जाता है। स्तंभ (8) को अनुपात स्तंभ कहते हैं। z_j पंक्ति में अवयव उस स्तंभ के अवयवों से लक्ष्य स्तंभ (C_j स्तंभ) के संयुक्त होते अवयवों की गुणा करके और जोड़कर प्राप्त किए जाते हैं। इसी प्रकार, z_j पंक्ति के अन्य अवयव पूर्ण शून्य हैं क्योंकि C_j स्तंभ में सभी अवयव शून्य हैं। पंक्ति $C_j - z_j$ को यथार्थ मूल्यांकन पंक्ति अथवा सूचकांक पंक्ति के रूप में जाना जाता है।

चरण 3: (क) $(C_j - z_j)$ का यथार्थ मूल्यांकित परिगणित करें। किसी भी स्तंभ के अंतर्गत यथार्थ मूल्यांकन में कोई भी अवयव प्राप्त करने के लिए उस स्तंभ की प्रविष्टियों को लक्ष्य फलन (C_j) की प्रविष्टियों से गुणा करें और सबको जोड़ दें। आगे, इस जोड़ को तालिका के शीर्ष पर सूचीबद्ध लक्ष्य पंक्ति में दिए गए अवयव से घटा दें।

(ख) यह जाँच कर लेने के बाद कि सभी अवयवों की यथार्थ मूल्यांकन पंक्ति शून्य अथवा ऋणात्मक है, इष्टतम समाधान ज्ञात हो जाता है। परंतु यदि कोई धनात्मक अवयव विद्यमान हो तो वह दर्शाता है कि एक बेहतर आयोजना निरूपित की जा सकती है।

(ग) आयोजना को दोहराएँ।

(1) मुख्य स्तंभ–वह स्तंभ जिसके अंतर्गत यथार्थ मूल्यांकन पंक्ति का सबसे बड़ा धनात्मक अवयव आता है, मुख्य स्तंभ होता है।

(2) मुख्य पंक्ति और मुख्य संख्यांक–प्रतिस्थापन अनुपात बनाने के लिए अचर स्तंभ के अवयवों को मुख्य स्तंभ के सदृश गैर-ऋणात्मक अवयवों से भाग कर दें। वह पंक्ति जिसमें प्रतिस्थापन अनुपात अल्पतम है, मुख्य पंक्ति है। मुख्य पंक्ति और मुख्य स्तंभ के प्रतिच्छेदन पर अवस्थित संख्या ही मुख्य संख्यांक होती है।

(3) मुख्य पंक्ति का रूपांतरण–मुख्य पंक्ति के सभी अवयवों (अचर स्तंभ से आरंभ कर) को मुख्य संख्या से भाग दें। परिणामित संख्याएँ अगली तालिका की सदृश पंक्ति को रूपांतरित करेंगी।

(4) मुख्येतर पंक्तियाँ निम्नलिखित नियम को प्रयोग कर रूपांतरित कर दी जाती हैं–

$$\text{नया संख्यांक} = \text{पुराना संख्यांक} - \frac{\text{मुख्य पंक्ति में सदृश संख्या} \times \text{मुख्य स्तंभ में सदृश संख्या}}{\text{मुख्य संख्यांक}}$$

(5) चरण (3) और (4) के परिणामों से एक नई तालिका तैयार होती है जो एक नए मूल समाधान को निरूपित करेगी। इस नई तालिका में पिछली तालिका की मुख्य पंक्ति के चर पिछली तालिका के स्तंभ के चर का स्थान ले लेंगे।

तब चरण (3) और (4) को कोई इष्टतम स्तंभ प्राप्त होने तक दोहराया जाता रहेगा।

(2) ग्राफीय विधि (Graphical Method)–इस विधि को समझने के लिए यहाँ हम उत्पाद-मिश्रण समस्या लेंगे। समस्या ऐसे x_1, x_2 ज्ञात करने की है जो $Z = 4x_1 + 5x_2$ का अधिकतमीकरण कर दे जबकि व्यवरोध ये हों–

$2x_1 + 3x_2 \leq 12$
$3x_1 + x_2 \leq 8$
$x_1, x_2 \geq 0$

अब हम कार्तीय समतल (Cartesian Plane) में x_1-अक्ष और x_2-अक्ष द्वारा निरूपित क्षैतिज अक्ष और ऊर्ध्वाधर अक्ष खींचकर ग्राफ बनाएँगे क्योंकि कोई भी बिंदु जो प्रतिबंध $x_1 \geq 0$ और $x_2 \geq 0$ को संतुष्ट करता है, केवल प्रथम चतुर्थांश (First Quadrant) में स्थित होता है, इसलिए अपेक्षित युग्म (x_1, x_2) का पता लगाने का काम केवल प्रथम चतुर्थांश के बिंदुओं तक ही सीमित रह जाता है। असमिकाओं—

$2x_1 + 3x_2 \leq 12$
$3x_1 + x_2 \leq 8$

का ग्राफ खींचते हैं जैसा कि चित्र 4.8 में दिखाया गया है।

$x_1 \geq 0, x_2 \geq 0$ और $2x_1 + 3x_2 \leq 12$ को संतुष्ट करने वाले बिंदु-समुच्चय को x_1-अक्ष से ऊपर और x_2-अक्ष के दाईं ओर अर्थात् त्रिभुज AOD से निरूपित किया गया है। इसी प्रकार, $x_1 \geq 0, x_2 \geq 0$ और $3x_1 + x_2 \leq 8$ को संतुष्ट करने वाले बिंदु समुच्चय को त्रिभुज COE से निरूपित किया गया है। सुसंगत प्रदेश (Feasible Region) या हल समष्टि (समुच्चय) (Solution Space/Set) ग्राफ का वह क्षेत्र होती है जिसमें सभी व्यवरोधों को संतुष्ट करने वाले सभी मान-युग्म (Pair of Values) होते हैं। यहाँ पर सुसंगत प्रदेश दोनों अक्षों और रेखाओं $2x_1 + 3x_2 \leq 12$ और $3x_1 + x_2 \geq 8$ से परिबद्ध होगा और यह ग्राफ का सर्वनिष्ठ छायादार भाग होगा। यहाँ सर्वनिष्ठ भाग को OABC से निरूपित किया गया है। इस बहुभुज के चार कोने या चरम बिंदु ये हैं—$O(0,0), A(0,4), B\left(\frac{12}{7}, \frac{20}{7}\right), C\left(\frac{8}{3}, 0\right)$.

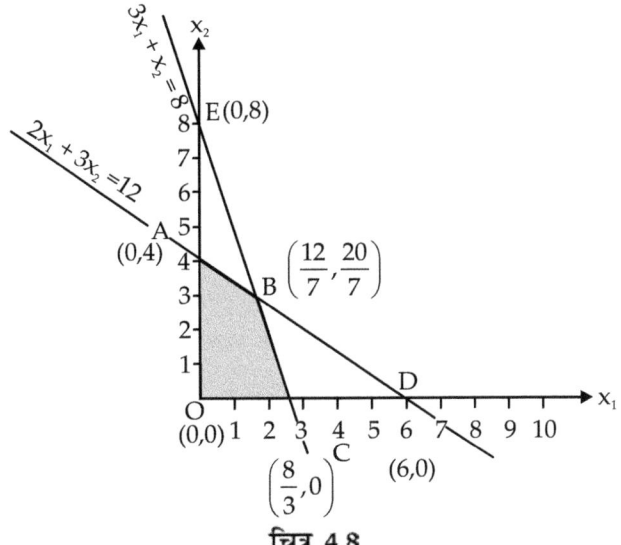

चित्र 4.8

इन कोने के चार बिंदुओं पर उद्देश्य फलन का मान ज्ञात करने पर इष्टतम हल सुसंगत प्रदेश के एक चरम बिंदु (Extreme Point) पर स्थित होगा।

चरम बिंदु   उद्देश्य फलन का मान $(Z = 4x_1 + 5x_2)$
$O(0, 0)$ $Z = 0$
$A(0, 4)$ $Z = 20$

$B\left(\frac{12}{7},\frac{20}{7}\right)$ $\qquad Z=\frac{148}{7}$

$C\left(\frac{8}{3},0\right)$ $\qquad Z=\frac{32}{3}$

यहाँ हम देखते हैं कि Z का अधिकतम मान बिंदु $B\left(\frac{12}{7},\frac{20}{7}\right)$ पर है और अधिकतम मान यह है: $Z=\frac{148}{7}$

इसलिए $x_1=\frac{12}{7}, x_2=\frac{20}{7}$

अत: उत्पाद A का दैनिक उत्पादन $\frac{12}{7}$ है और उत्पाद B का दैनिक उत्पादन $\frac{20}{7}$ है और, अधिकतम लाभ ₹ $\frac{148}{7}$ का है।

प्रश्न 21. रैखिक आयोजना में द्वयात्मकता की अवधारणा को स्पष्ट कीजिए।

उत्तर– प्रत्येक रैखिक आयोजना किसी अन्य से अंतरंग रूप से जुड़ी होती है जिसे उसका "द्वय" कहा जाता है। तादात्म्य की दृष्टि से, मूल निर्मेय को 'आद्य निर्मेय' कहा जाता है। आद्य निर्मेय और उसके द्वय के बीच संबंध निम्नवत् बताया जा सकता है–

- द्वय में अनेक चर होते हैं क्योंकि मूल निर्मेय में निबाध होते हैं।
- द्वय में अनेक निबाध होते हैं क्योंकि मूल निर्मेय में चर होते हैं।
- किसी भूयिष्ठीकरण निर्मेय का द्वय एक अल्पिष्ठीकरण निर्मेय होता है और इसका विपरीत भी सत्य है।
- मूल निर्मेय के लक्ष्य फलन के गुणांक द्वय के निबाधों के अचर पदों के रूप में दृष्टिगत होते हैं और मूल निबाधों के अचर पद द्वय के लक्ष्य फलन के गुणांक होते हैं।
- मूल गुणांकों में किसी एकल चर के गुणांक द्वय में किसी एकल निबाध के गुणांक बन जाते हैं। दर्शाए जाने पर, मूल निर्मेय के निबाधों में गुणांकों का प्रत्येक स्तंभ द्वय में गुणांकों की एक पंक्ति बन जाती है।
- विषमताओं के लिहाज से, द्वय मूल निर्मेय में विद्यमान विषमताओं का विलोम होता है, बशर्ते ऐसा न हो कि गैर-ऋणात्मक होने वाले चरों को प्रतिबंधित करतीं विषमताएँ आद्य और द्वय में समान अवयव रखती हों।

उदाहरण–मान लीजिए कि आद्य निर्मेय है–

भूयिष्ठ बनाएँ: $z = c_1 x_1 + c_2 x_2$

बशर्ते कि $a_{11} x_1 + a_{12} x_2 \le b_1$

$a_{21} x_1 + a_{22} x_2 \le b_2$

$a_{31} x_1 + a_{32} x_2 \le b_3$

$x_1 \ge 0, x_2 \ge 0$

हमें ऊपर उल्लिखित 6 नियमों को प्रयोग में लाकर इस निर्मेय का द्वय बनाना पड़ता है। चूँकि मूल निर्मेय में 3 निबाध हैं, इसलिए हमारी द्वय निर्मेय में 3 चर होंगे। माना y_1, y_2 और y_3 द्वय चर हैं। पुनः चूँकि मूल निर्मेय में दो चर हैं, द्वय निर्मेय में 2 निबाध होंगे चूँकि मूल निर्मेय एक भूयिष्ठीकरण निर्मेय है, निबाध b_1, b_2 और b_3 द्वय के लक्ष्य फलन में गुणांकों के रूप में नजर आएँगे और चर c_1 और c_2 द्वय के निबाधों की दाईं ओर अचर पदों के रूप में दिखाई देंगे। इसके अलावा, निबाधों में गुणांकों $\begin{pmatrix} a_{11} \\ a_{21} \\ a_{31} \end{pmatrix}$ का प्रथम स्तंभ द्वय के निबाधों में गुणांकों की प्रथम पंक्ति होगी। इसी प्रकार, गुणांकों का दूसरा स्तंभ द्वय के निबाधों में गुणांकों की दूसरी पंक्ति होगी। पुनः, चूँकि मूल निर्मेय में निबाध पूरी तरह से "बराबर से कम" प्रकार के होते हैं, द्वय निर्मेय में निबाध "बराबर से बड़े" प्रकार के हो जाएँगे।

द्वय निर्मेय फिर निम्नवत् होगी–

भूयिष्ठ बनाएँ: $w = b_1 y_1 + b_2 y_2 + b_3 y_3$

बशर्ते कि $a_{11} y_1 + a_{21} y_2 + a_{31} y_3 \geq c_1$

$a_{21} y_1 + a_{22} y_2 + a_{32} y_3 \geq c_2$

$y_1 \geq 0, y_2 \geq 0, y_3 \geq 0.$

प्रश्न 22. द्वयात्मकता से संबंधित विभिन्न प्रमेय बताइए।

उत्तर– द्वयात्मकता से संबंधित विभिन्न प्रमेय निम्नलिखित हैं–

प्रमेय 1: द्वय का द्वय आद्य होता है।

प्रमेय 2: यदि x^* आद्य निर्मेय का कोई साध्य समाधान हो और v^* द्वय निर्मेय का कोई साध्य समाधान, तो $Cx^* = bv^*$

प्रमेय 3: यदि x^* आद्य निर्मेय हेतु एक साध्य समाधान हो और v^* द्वय निर्मेय हेतु साध्य समाधान हो, अर्थात्

$Cx^* = bv^*$ हो

तो दोनों x^* अपनी-अपनी निर्मेयों हेतु इष्टतम समाधान देंगे।

प्रमेय 4: आद्य निर्मेय हेतु कोई साध्य समाधान x^* इष्टतम होगा यदि और केवल यदि हमारे पास द्वय निर्मेय हेतु एक साध्य समाधान v^* हो, जैसे $Cx^* = b^1v^*$. इस प्रमेय को 'आधारभूत द्वयात्मकता प्रमेय' कहा जाता है।

प्रमेय 5: यदि आद्य प्रमेय में कोई अपरिबद्ध लक्ष्य फलन हो तो द्वय कोई साध्य समाधान नहीं देगा।

प्रमेय 6: यदि द्वय निर्मेय कोई साध्य समाधान नहीं रखती और आद्य निर्मेय एक साध्य समाधान रखती हो तो आद्य लक्ष्य फलन अपरिबद्ध होगा।

संख्यात्मक प्रश्न

प्रश्न 1. यदि $a_1 = (2\ 3\ 4\ 7), a_2 = (0\ 0\ 0\ 1)$ तथा $a_3 = (1\ 0\ 1\ 0)$ हो तो $a_1 + 2a_2 + 3a_3$ निकालिए।

उत्तर– दिया है, $a_1 = (2\quad 3\quad 4\quad 7)$, $a_2 = (0\quad 0\quad 0\quad 1)$, तथा $a_3 = (1\quad 0\quad 1\quad 0)$.

$\therefore\ a_1 + 2a_2 + 3a_3 = (2\quad 3\quad 4\quad 7) + 2(0\quad 0\quad 0\quad 1) + 3(1\quad 0\quad 1\quad 0)$

$= (2\quad 3\quad 4\quad 7) + (0\quad 0\quad 0\quad 2) + (3\quad 0\quad 3\quad 0)$

$= (5\quad 3\quad 7\quad 9)$

प्रश्न 2. निम्नलिखित सदिशों के मानक ज्ञात कीजिए–

(i) (2, 5)

(ii) (–2, 2).

उत्तर– (i) माना $a = (2,5)$

$\therefore \|a\| = (2)^2 + (5)^2 = 4 + 25 = 29$

(ii) माना $a = (-2, 2)$

$\therefore \|a\| = (-2)^2 + (2)^2 = 4 + 4 = 8$

प्रश्न 3. निम्नलिखित सदिश समूहों का आंतरिक गुणनफल ज्ञात कीजिए–

(i) (2 3 4) तथा (4 5 5)

(ii) (–2 –3 4) तथा (4 5 –6)

उत्तर– (i) माना $a = (2\quad 3\quad 4)$ तथा $b = (4\quad 5\quad 5)$

$\therefore \langle a, b\rangle = \langle(2\quad 3\quad 4), (4\quad 5\quad 5)\rangle$

$= 2 \times 4 + 3 \times 5 + 4 \times 5 = 8 + 15 + 20 = 43$

(ii) माना $a = (-2\quad -3\quad 4)$ तथा $b = (4\quad 5\quad -6)$

$\therefore \langle a, b\rangle = \langle(-2 - 3\quad 4), (4\quad 5 - 6)\rangle$

$= (-2 \times 4) + (-3 \times 5) + (4 \times -6) = (-8) + (-15) + (-24)$

$= -8 - 15 - 24 = -47$

प्रश्न 4. दिखाइए कि R_2 में उपस्थित सदिश (1, 2, 0), (0, 3, 1) तथा (–1, 0, 1) रैखिक स्वतंत्र हैं।

उत्तर– माना $x, y, z \in R$ इस प्रकार,

$x(1,2,0) + y(0,3,1) + z(-1,0,1) = (0,0,0)$

$\Rightarrow (x,2x,0) + (0,3y,y) + (-z,0,z) = (0,0,0)$

$\Rightarrow (x-z, 2x+3y, y+z) = (0,0,0)$

$\Rightarrow x - z = 0,\ 2x + 3y = 0,\ y + z = 0$

$\Rightarrow x + 0y - z = 0,\ 2x + 3y + 0z = 0,\ 0x + y + z = 0$

अब, $\begin{vmatrix} 1 & 0 & -1 \\ 2 & 3 & 0 \\ 0 & 1 & 1 \end{vmatrix} = 1 \neq 0.$

इस प्रकार, दिए हुए समीकरण में केवल तुच्छ हल निहित है जो कि $x = y = z = 0$ है।

अत:, दिया हुआ सदिश रैखिक स्वतंत्र है।

प्रश्न 5. माना $V = R^4(R)$ तथा $W = \{(a, b, c, d) \in R^4 : a = b + c, c = b + d\}$, है तो W के आधार तथा विमा निकालें।

उत्तर— माना $\alpha_1 = (1,1,0,-1)$ तथा $\alpha_2 = (0,1,-1,-2)$. तब $\alpha_1, \alpha_2 \in W$ और ये रैखिक स्वतंत्र हैं। अत:

$x(1,1,0,-1) + y(0,1,-1,-2) = (0,0,0,0)$

$\Rightarrow (x, x+y, -y, -x-2y) = (0,0,0,0) \Rightarrow x = 0, y = 0.$

अब, हमें सिद्ध करना है कि W, α_1 और α_2 द्वारा रैखिक विस्तृत है।

माना $(a, b, c, d) \in W$ एकपक्षीय हैं, तब

$a = b + c$ और $c = b + d$ \hfill ...(1)

हम देख सकते हैं कि $a(1,1,0,-1) - c(0,1,-1,-2)$

$= (a, a - c, c, -a + 2c)$

$= (a, b, c, d)$, समी. (1) द्वारा

इसलिए W, $\{\alpha_1, \alpha_2\}$ द्वारा विस्तृत है।

अत:, $\{\alpha_1, \alpha_2\}$, W का एक आधार है तथा विमा $W = 2$ है।

$\therefore\ x = 3$ तथा $y = -2$.

प्रश्न 6. यदि $\begin{bmatrix} 1 & 0 \\ 2 & 3 \end{bmatrix} = \begin{bmatrix} x & y \\ z & 3 \end{bmatrix}$ तो x, y और z क्या हैं?

उत्तर— पहले हम देखते हैं कि दोनों आव्यूह समान कोटि के हैं, अर्थात् 2×2. दो आव्यूहों को समान होने के लिए यह आवश्यक है कि दोनों आव्यूहों के (i, j)वें अवयव सभी i, j के लिए समान हों। अत: हमें $x = 1, y = 0, z = 2$ प्राप्त होंगे।

प्रश्न 7. $\begin{bmatrix} 1 & 4 & 5 \\ 0 & 1 & 0 \end{bmatrix}$ **और** $\begin{bmatrix} 0 & 1 & 0 \\ 1 & 4 & 5 \end{bmatrix}$ **का योग ज्ञात कीजिए।**

उत्तर– ध्यान दीजिए कि दोनों आव्यूह समान कोटि के हैं (वरना इनका योग नहीं किया जा सकता)। इनका योग है $\begin{bmatrix} 1+0 & 4+1 & 5+0 \\ 0+1 & 1+4 & 0+5 \end{bmatrix} = \begin{bmatrix} 1 & 5 & 5 \\ 1 & 5 & 5 \end{bmatrix}$.

प्रश्न 8. $\overline{A^t}$ **ज्ञात कीजिए, जहाँ** $A = \begin{bmatrix} 1 & i \\ 2+i & -3-2i \end{bmatrix}$.

उत्तर– पहले तो, $A^t = \begin{bmatrix} 1 & 2+i \\ i & -3-2i \end{bmatrix}$

फिर, $\overline{A^t} = \begin{bmatrix} 1 & 2-i \\ -i & -3+2i \end{bmatrix}$.

प्रश्न 9. मान लीजिए

$$A = \begin{bmatrix} 1 & 0 & 0 \\ 7 & 0 & 8 \\ 0 & 0 & 9 \end{bmatrix}; \quad B = \begin{bmatrix} 2 & 1 \\ 3 & 5 \\ 4 & 0 \end{bmatrix}$$

यदि AB परिभाषित हो, तो उसे ज्ञात कीजिए।

उत्तर– AB परिभाषित हैं, क्योंकि A के स्तंभों की संख्या = 3 = B की पंक्तियों की संख्या।

तब, $$AB = \begin{bmatrix} 1.2+0.3+0.4 & 1.1+0.5+0.0 \\ 7.2+0.3+8.4 & 7.1+0.5+8.0 \\ 0.2+0.3+9.4 & 0.1+0.5+9.0 \end{bmatrix} = \begin{bmatrix} 2 & 1 \\ 46 & 7 \\ 36 & 0 \end{bmatrix}$$

प्रश्न 10. मान लीजिए $A = \begin{bmatrix} 1 & 1 \\ 0 & 1 \end{bmatrix}$, $B = \begin{bmatrix} 1 & 0 \\ 1 & 1 \end{bmatrix}$ **तब A, B के लिए** $(A+B)^2$ **और** $A^2 + 2AB + B^2$ **को ज्ञात कीजिए। क्या ये दोनों बराबर हैं? (यहाँ** A^2 **का अर्थ है A. A.)**

उत्तर– यहाँ, $A+B = \begin{bmatrix} 2 & 1 \\ 1 & 2 \end{bmatrix}$

$$\therefore (A+B)^2 = \begin{bmatrix} 2 & 1 \\ 1 & 2 \end{bmatrix}\begin{bmatrix} 2 & 1 \\ 1 & 2 \end{bmatrix} = \begin{bmatrix} 5 & 4 \\ 4 & 5 \end{bmatrix}$$

और, $A^2 = \begin{bmatrix} 1 & 1 \\ 0 & 1 \end{bmatrix}\begin{bmatrix} 1 & 1 \\ 0 & 1 \end{bmatrix} = \begin{bmatrix} 1 & 2 \\ 0 & 1 \end{bmatrix}$, $B^2 = \begin{bmatrix} 1 & 0 \\ 1 & 1 \end{bmatrix}\begin{bmatrix} 1 & 0 \\ 1 & 1 \end{bmatrix} = \begin{bmatrix} 1 & 0 \\ 2 & 1 \end{bmatrix}$,

$$2AB = 2\begin{bmatrix} 2 & 1 \\ 1 & 1 \end{bmatrix} = \begin{bmatrix} 4 & 2 \\ 2 & 2 \end{bmatrix} \qquad \left[\text{क्योंकि } AB = \begin{bmatrix} 2 & 1 \\ 1 & 1 \end{bmatrix}\right]$$

$$\therefore \quad A^2 + 2AB + B^2 = \begin{bmatrix} 1 & 2 \\ 0 & 1 \end{bmatrix} + \begin{bmatrix} 4 & 2 \\ 2 & 2 \end{bmatrix} + \begin{bmatrix} 1 & 0 \\ 2 & 1 \end{bmatrix} = \begin{bmatrix} 6 & 4 \\ 4 & 4 \end{bmatrix}$$

$$\therefore \quad (A+B)^2 \neq A^2 + 2AB + B^2.$$

प्रश्न 11. $A = \begin{bmatrix} 1 & 2 & 6 \\ 5 & 4 & 1 \\ 7 & 3 & 2 \end{bmatrix}$ के लिए $|A|$ ज्ञात कीजिए।

उत्तर— हम $|A| = \begin{vmatrix} 1 & 2 & 6 \\ 5 & 4 & 1 \\ 7 & 3 & 2 \end{vmatrix}$ ज्ञात करना चाहते हैं। मान लीजिए A_{ij}, A की iवीं पंक्ति और jवें स्तंभ को हटा देने पर प्राप्त आव्यूह को प्रकट करता है।

तब, $A_{11} = \begin{bmatrix} 4 & 1 \\ 3 & 2 \end{bmatrix}, A_{12} = \begin{bmatrix} 5 & 1 \\ 7 & 2 \end{bmatrix}, A_{13} = \begin{bmatrix} 5 & 4 \\ 7 & 3 \end{bmatrix}$

अतः $|A_{11}| = 4 \times 2 - 1 \times 3 = 5$, $|A_{12}| = 5 \times 2 - 1 \times 7 = 3$, $|A_{13}| = 5 \times 3 - 4 \times 7 = -13$

इस तरह, $|A| = (-1)^{1+1} \times 1 \times |A_{11}| + (-1)^{1+2} \times 2 \times |A_{12}| + (-1)^{1+3} \times 6 \times |A_{13}| = 5 - 6 - 78 = -79$.

प्रश्न 12. $\Delta(A)$ ज्ञात कीजिए, जहाँ A है

(i) $\begin{bmatrix} 1 & 6 & 0 \\ 2 & 7 & 2 \\ 1 & 6 & 0 \end{bmatrix}$ (ii) $\begin{bmatrix} 1 & 2 & -1 & -3 \\ 2 & 4 & 5 & 0 \\ 0 & 2 & -1 & -2 \\ -1 & 0 & 0 & 1 \end{bmatrix}$

उत्तर— (i) क्योंकि A की पहली पंक्ति और तीसरी पंक्ति (R_1 और R_3) समान हैं, इसलिए $|A| = 0$.

(ii) यहाँ,

$$|A| = \begin{vmatrix} 1 & 2 & -1 & -3 \\ 2 & 4 & 5 & 0 \\ 0 & 2 & -1 & -2 \\ -1 & 0 & 0 & 1 \end{vmatrix} = \begin{vmatrix} 1 & 2 & -1 & -3 \\ 2 & 4 & 5 & 0 \\ 0 & 2 & -1 & -2 \\ 0 & 2 & -1 & -2 \end{vmatrix} \quad R_1 \text{ को } R_4 \text{ में जोड़ने पर}$$

$= 0$, क्योंकि $R_3 = R_4$.

प्रश्न 13. मान लीजिए $A = \begin{bmatrix} a & b & b & b \\ b & a & b & b \\ b & b & a & b \\ b & b & b & a \end{bmatrix}$, जहाँ $a, b \in R$. $|A|$ ज्ञात कीजिए।

उत्तर— यहाँ, $|A| = \begin{vmatrix} a & b & b & b \\ b & a & b & b \\ b & b & a & b \\ b & b & b & a \end{vmatrix}$

$= \begin{vmatrix} a+3b & a+3b & a+3b & a+3b \\ b & a & b & b \\ b & b & a & b \\ b & b & b & a \end{vmatrix}$ (दूसरी, तीसरी और चौथी पंक्तियों को पहली पंक्ति में जोड़ने पर)

$= \begin{vmatrix} a+3b & 0 & 0 & 0 \\ b & a-b & 0 & 0 \\ b & 0 & a-b & 0 \\ b & 0 & 0 & a-b \end{vmatrix}$ (पहले स्तंभ को अन्य सभी स्तंभों से घटाने पर)

$= (a+3b) \begin{vmatrix} a-b & 0 & 0 \\ 0 & a-b & 0 \\ 0 & 0 & a-b \end{vmatrix}$ (पहली पंक्ति के द्वारा प्रसार करने पर)

$= (a+3b)(a-b)^3$.

प्रश्न 14. आव्यूह

$A = \begin{bmatrix} 0 & 2 & -1 \\ 3 & 4 & 1 \\ 2 & 1 & 6 \end{bmatrix}$ के सहखंड C_{12} और C_{23} ज्ञात कीजिए।

उत्तर— यहाँ, $C_{12} = (-1)^{1+2} |A_{12}| = -\begin{vmatrix} 3 & 1 \\ 2 & 6 \end{vmatrix} = -16$

और $C_{23} = (-1)^{2+3} |A_{23}| = -\begin{vmatrix} 0 & 2 \\ 2 & 1 \end{vmatrix} = 4.$

प्रश्न 15. आव्यूह $A = \begin{bmatrix} \cos\theta & 0 & \sin\theta \\ 0 & 1 & 0 \\ \sin\theta & 0 & \cos\theta \end{bmatrix}$ का सहखंडज ज्ञात कीजिए।

उत्तर— यहाँ, $C_{11} = (-1)^{1+1} \begin{vmatrix} 1 & 0 \\ 0 & \cos\theta \end{vmatrix} = \cos\theta,$

$C_{12} = (-1)^{1+2} \begin{vmatrix} 0 & 0 \\ \sin\theta & \cos\theta \end{vmatrix} = 0,$

$C_{13} = \begin{vmatrix} 0 & 1 \\ \sin\theta & 0 \end{vmatrix} = -\sin\theta$

इसी प्रकार, $C_{21} = 0$, $C_{22} = \cos^2\theta + \sin^2\theta = 1$, $C_{23} = 0$ और $C_{31} = -\sin\theta$, $C_{32} = 0$, $C_{33} = \cos\theta$

$\therefore \text{Adj}(A) = \begin{bmatrix} \cos\theta & 0 & -\sin\theta \\ 0 & 1 & 0 \\ \sin\theta & 0 & \cos\theta \end{bmatrix}^t = \begin{bmatrix} \cos\theta & 0 & -\sin\theta \\ 0 & 1 & 0 \\ -\sin\theta & 0 & \cos\theta \end{bmatrix}$

प्रश्न 16. मान लीजिए

$A = \begin{bmatrix} \cos\theta & 0 & -\sin\theta \\ 0 & 1 & 0 \\ \sin\theta & 0 & \cos\theta \end{bmatrix}$ तब A^{-1} ज्ञात कीजिए।

उत्तर— यहाँ, $\det(A) = (-1)^{2+2} 1 \times \begin{bmatrix} \cos\theta & -\sin\theta \\ \sin\theta & \cos\theta \end{bmatrix}$ (दूसरी पंक्ति से प्रसार करने पर)

$= \cos^2\theta + \sin^2\theta = 1$

क्योंकि $\text{Adj}(A) = \begin{bmatrix} \cos\theta & 0 & \sin\theta \\ 0 & 1 & 0 \\ -\sin\theta & 0 & \cos\theta \end{bmatrix}$

इसलिए $A^{-1} = \dfrac{1}{\det(A)} \text{Adj}(A) = \text{Adj}(A)$ यथा $\begin{bmatrix} \cos\theta & 0 & \sin\theta \\ 0 & 1 & 0 \\ -\sin\theta & 0 & \cos\theta \end{bmatrix}.$

प्रश्न 17. प्रदर्शित करें कि—

(a) $\begin{vmatrix} 1 & 1 & 1 \\ a^2 & b^2 & c^2 \\ a^3 & b^3 & c^3 \end{vmatrix} = (a-b)(b-c)(c-a)(ab+bc+ca)$

(b) $\begin{vmatrix} a & b & c \\ a^2 & b^2 & c^2 \\ bc & ca & ab \end{vmatrix} = (a-b)(b-c)(c-a)(ab+bc+ca)$

उत्तर— (a) यहाँ, $\begin{vmatrix} 1 & 0 & 0 \\ a^2 & b^2-a^2 & c^2-b^2 \\ a^3 & b^3-a^3 & c^3-b^3 \end{vmatrix}$ विस्तार करते हुए $c_2 = c_2 - c_1$, $c_3 = c_3 - c_2$

$\Delta = \begin{vmatrix} 1 & 0 & 0 \\ a^2 & (b-a)(b+a) & (c-b)(c+b) \\ a^3 & (b-a)(b^2+ab+a^2) & (c-b)(c^2+bc+b^2) \end{vmatrix}$

$= (b-a)(c-b) \begin{vmatrix} 1 & 0 & 0 \\ a^2 & b+a & c+b \\ a^3 & b^2+a^2+ab & c^2+b^2+bc \end{vmatrix}$

$= (b-a)(c-b)[bc^2 + b^3 + b^2c + ac^2 + ab^2 + abc - a^2c - b^2c - abc - a^2b - b^3 - ab^2]$
$= (b-a)(c-b)[bc^2 + ac^2 - a^2c - a^2b]$

अब, दाईं ओर $= (b-a)(c-b)(c-a)(ab+bc+ca)$
$= (b-a)(c-b)[abc + bc^2 + c^2a - a^2b - abc - ca^2]$
$= (b-a)(c-b)[bc^2 + c^2a - a^2b - a^2c]$.

(b) $\begin{vmatrix} a & b & c \\ a^2 & b^2 & c^2 \\ bc & ca & ab \end{vmatrix}$

पृष्ठ (1) को a से, (2) को b से तथा (3) को c से गुणा करते हुए—

$\Delta = \begin{vmatrix} a^2 & b^2 & c^2 \\ a^3 & b^3 & c^3 \\ abc & abc & abc \end{vmatrix} \times \frac{1}{abc} = abc \begin{vmatrix} a^2 & b^2 & c^2 \\ a^3 & b^3 & c^3 \\ 1 & 1 & 1 \end{vmatrix} \times \frac{1}{abc}$

$= \begin{vmatrix} a^2 & b^2 & c^2 \\ a^3 & b^3 & c^3 \\ 1 & 1 & 1 \end{vmatrix}$

$$= \begin{vmatrix} 1 & 1 & 1 \\ a^2 & b^2 & c^2 \\ a^3 & b^3 & c^3 \end{vmatrix}$$ (दो पंक्तियों का स्थान परिवर्तन करते हुए सारणिक के चिह्न अपरिवर्तित रहेंगे।)

$$= \begin{vmatrix} 1 & 0 & 0 \\ a^2 & b^2-a^2 & c^2-a^2 \\ a^3 & b^3-a^3 & c^3-a^3 \end{vmatrix} \begin{matrix} R_2 - R_1, \\ R_3 - R_1 \end{matrix}$$

$$= (b-a)(c-a)\begin{vmatrix} 1 & 0 & 0 \\ a^2 & (b+a) & (c+a) \\ a^3 & (b^2+bc+c^2) & (c^2+ac+a^2) \end{vmatrix}$$

$= (a-b)(b-c)(c-a)(ab+bc+ca)$.

प्रश्न 18. निम्नलिखित व्यूहों का वर्गीकरण कीजिए–

(a) $\begin{bmatrix} 1 & 0 \\ 0 & 1 \end{bmatrix}$
(b) $\begin{bmatrix} 1 & 0 & 0 \\ 2 & 3 & 0 \\ 3 & 5 & -2 \end{bmatrix}$
(c) $\begin{bmatrix} 1 & -1 & 3 \end{bmatrix}$

(d) $\begin{bmatrix} 1 & 0 & 0 \\ 0 & 1 & 0 \\ 0 & 0 & 1 \end{bmatrix}$
(e) $\begin{bmatrix} 0 & 0 & 0 \\ 0 & 0 & 0 \\ 0 & 0 & 0 \end{bmatrix}$
(f) $\begin{bmatrix} -2 \\ 3 \\ 5 \end{bmatrix}$

(g) $\begin{bmatrix} 1 & -1 & 10 \\ 0 & 2 & -5 \\ 0 & 0 & 3 \end{bmatrix}$

उत्तर– (a) I_2 = कोटि 2 का समानिका समूह

(b) निचला त्रिकोणीय समूह

(c) पंक्ति समूह

(d) I_3 = कोटि 3 का समानिका समूह

(e) शून्य समूह

(f) पृष्ठ समूह

(g) ऊपरी त्रिकोणीय समूह

प्रश्न 19. (1) यदि $A = \begin{bmatrix} 0 & 2 & 3 \\ 2 & 1 & 4 \end{bmatrix}$ तथा $B = \begin{bmatrix} 7 & 6 & 3 \\ 1 & 4 & 3 \end{bmatrix}$ तब $2A + 3B$ ज्ञात कीजिए।

(2) यदि $A = \begin{bmatrix} 2 & 0 & 4 \\ 6 & 2 & 8 \\ 2 & 4 & 6 \end{bmatrix}, B = \begin{bmatrix} 8 & 4 & -2 \\ 0 & -2 & 0 \\ 2 & 2 & 6 \end{bmatrix}, C = \begin{bmatrix} 8 & 2 & 0 \\ 0 & 2 & -6 \\ -8 & 4 & -10 \end{bmatrix}$

तब, $3A + 2B - 3C$ ज्ञात कीजिए।

(3) यदि $A = \begin{bmatrix} 8 & 4 \\ 3 & 7 \end{bmatrix}, B = \begin{bmatrix} 3 & 2 \\ 1 & 5 \end{bmatrix}$, व्यूह X ज्ञात कीजिए जबकि $2A + 4B - 3X = 0$.

उत्तर— (1) यहाँ, $2A = 2\begin{bmatrix} 0 & 2 & 3 \\ 2 & 1 & 4 \end{bmatrix} = \begin{bmatrix} 0 & 4 & 6 \\ 4 & 2 & 8 \end{bmatrix}$

और $3B = 3\begin{bmatrix} 7 & 6 & 3 \\ 1 & 4 & 3 \end{bmatrix} = \begin{bmatrix} 21 & 18 & 9 \\ 3 & 12 & 9 \end{bmatrix}$

$\therefore 2A + 3B = \begin{bmatrix} 21 & 22 & 15 \\ 7 & 14 & 17 \end{bmatrix}$.

(2) यहाँ, $3A = \begin{bmatrix} 6 & 0 & 12 \\ 18 & 6 & 24 \\ 6 & 12 & 18 \end{bmatrix}, 2B = \begin{bmatrix} 16 & 8 & -4 \\ 0 & -4 & 0 \\ 4 & 4 & 12 \end{bmatrix}$

तब, $3A + 2B - 3C = \begin{bmatrix} 22 & 8 & 8 \\ 18 & 2 & 24 \\ 10 & 16 & 30 \end{bmatrix} - 3\begin{bmatrix} 8 & 2 & 0 \\ 0 & 2 & -6 \\ -8 & 4 & -10 \end{bmatrix}$

$= \begin{bmatrix} 22 & 8 & 8 \\ 18 & 2 & 24 \\ 10 & 16 & 30 \end{bmatrix} + \begin{bmatrix} -24 & -6 & 0 \\ 0 & -6 & 18 \\ 24 & -12 & 30 \end{bmatrix} = \begin{bmatrix} -2 & 2 & 8 \\ 18 & -4 & 42 \\ 34 & 4 & 60 \end{bmatrix}$.

(3) दिया है, $2A + 4B - 3X = 0$

$2A + 4B + (-3X) = 0$

$3X$ दोनों ओर जमा करते हुए,

$2A + 4B = 0 + 3X$ अथवा $X = \frac{1}{3}[2A + 4B] = \frac{2}{3}\begin{bmatrix} 8 & 4 \\ 3 & 7 \end{bmatrix} + \frac{4}{3}\begin{bmatrix} 3 & 2 \\ 1 & 5 \end{bmatrix}$

$$= \begin{bmatrix} \dfrac{16}{3} & \dfrac{8}{3} \\ \dfrac{6}{3} & \dfrac{14}{3} \end{bmatrix} + \begin{bmatrix} \dfrac{12}{3} & \dfrac{8}{3} \\ \dfrac{4}{3} & \dfrac{20}{3} \end{bmatrix} = \begin{bmatrix} \dfrac{28}{3} & \dfrac{16}{3} \\ \dfrac{10}{3} & \dfrac{34}{3} \end{bmatrix}.$$

प्रश्न 20. समीकरणों को हल कीजिए–
$2x - y + 3z = 1$
$x + 2y - z = 2$
$5y - 5z = 3$

उत्तर– दिए गए समीकरण हैं–
$2x - y + 3z = 1$
$x + 2y - z = 2$
$0x + 5y - 5z = 3$

माना कि $A = \begin{bmatrix} 2 & -1 & 3 \\ 1 & 2 & -1 \\ 0 & 5 & -5 \end{bmatrix}, X = \begin{bmatrix} x \\ y \\ z \end{bmatrix}, B = \begin{bmatrix} 1 \\ 2 \\ 3 \end{bmatrix}$

दिया गया निकाय, $AX = B$

अब $|A| = \begin{vmatrix} 2 & -1 & 3 \\ 1 & 2 & -1 \\ 0 & 5 & -5 \end{vmatrix} = 2(-10 + 5) + (-5 + 0) + 3(5 - 0) = -10 - 5 + 15 = 0$

अत: निकाय का एक मात्र हल नहीं होगा।
यहाँ A के लिए हमारे पास है–
$A_{11} = -5$, $A_{12} = 5$, $A_{13} = 5$, $A_{21} = 10$, $A_{22} = -10$,
$A_{23} = -10$, $A_{31} = -5$, $A_{32} = 5$, $A_{33} = 5$.

∴ सहखंडज $A = \begin{bmatrix} -5 & 5 & 5 \\ 10 & -10 & -10 \\ -5 & 5 & 5 \end{bmatrix} = \begin{bmatrix} -5 & 10 & -5 \\ 5 & -10 & 5 \\ 5 & -10 & 5 \end{bmatrix}$

और (सहखंडज A) $B = \begin{bmatrix} -5 & 10 & -5 \\ 5 & -10 & 5 \\ 5 & -10 & 5 \end{bmatrix} \begin{bmatrix} 1 \\ 2 \\ 3 \end{bmatrix} = \begin{bmatrix} -5 + 20 - 15 \\ 5 - 20 + 15 \\ 5 - 20 + 15 \end{bmatrix} = \begin{bmatrix} 0 \\ 0 \\ 0 \end{bmatrix} = 0$

∴ (सहखंडज A) B = 0 = शून्य व्यूह है।
अत: निकाय के अनंत हल होंगे।
अब माना कि $y = k$

तब समी. (3) $5k - 5z = 3$ से अथवा $z = \dfrac{5k-3}{5}$

अब समी. (2) से $x + 2k - \dfrac{5k-3}{5} = 2 \Rightarrow x = \dfrac{-5k+7}{5}$

तब यहाँ अनंत हल होंगे: $x = \dfrac{-5k+7}{5}, y = k, z = \dfrac{5k-3}{5}$

प्रश्न 21. निम्नलिखित राष्ट्रीय आय का नमूना है–
$Y = C + I + G$
$C = a + b(Y - T)$
$T = d + tY$

जहाँ Y, C तथा T अंतर्जात चर मूल्य तथा I और G वाहिर्जात चर मूल्य हैं। a, b, d और t अचर मूल्य हैं। अंतर्जात मूल्यों के नमूने को हल कीजिए।

उत्तर– दिए गए समीकरणों के निकाय को लिखा जा सकता है जैसे–
$Y - C + 0T = I + G$
$bY - C - bT = -a$
$tY + 0C - T = -d$

अब, $\Delta = \begin{vmatrix} 1 & -1 & 0 \\ b & -1 & -b \\ t & 0 & -1 \end{vmatrix}$

$= 1(1 - 0) - (-1)(-b + bt) + 0(0 + t) = 1 - b + bt \neq 0$

अतः हम क्रेमर नियम लागू कर सकते हैं–

यहाँ, $\Delta_1 = \begin{vmatrix} I+G & -1 & 0 \\ -a & -1 & -b \\ -d & 0 & -1 \end{vmatrix}$

$= I + G(1 - 0) - (-1)(a - bd) + 0(0 - d) = I + G + a - bd$

$\Delta_2 = \begin{vmatrix} 1 & I+G & 0 \\ b & -a & -b \\ t & -d & -1 \end{vmatrix}$

$= 1(a - bd) - (I + G)(-b + bt) + 0(-bd + at) = a - b(d - I - G) - (I + G)bt$

$\Delta_3 = \begin{vmatrix} 1 & -1 & I+G \\ b & -1 & -a \\ t & 0 & -d \end{vmatrix}$

$= 1(d - 0) - (-1)(-bd + at) + (I + G)(0 + t) = d - bd + at + (I + G)t$

रैखिक बीजगणित एवं अर्थशास्त्रीय अनुप्रयोग   199

अत: क्रेमर नियम से हम पाते हैं–

$$Y = \frac{\Delta_1}{\Delta} = \frac{I+G+a-bd}{1-b+bt}$$

$$C = \frac{\Delta_2}{\Delta} = \frac{a-b(d-I-G)-(I+G)bt}{1-b+bt}$$

$$T = \frac{\Delta_3}{\Delta} = \frac{d+(-bd+at)+(I+G)t}{1-b+bt}$$

प्रश्न 22. दो वस्तुओं के बाजार मॉडलों की कीमतों और मात्राओं के संतुलन ज्ञात कीजिए: $x_{d1} = -2 - p + q$, $x_{s1} = -2 - q$; $x_{d2} = -3 - p - q$, $x_{s2} = -9 + p + q$ जहाँ p कीमत है तथा q मात्रा है।

उत्तर– बाजार मॉडल 1 के संतुलन के लिए–
$-2 - p + q = -2 - q \Rightarrow -p + 2q = 0$ ...(i)
बाजार मॉडल 2 के संतुलन के लिए–
$-3 - p - q = -9 + p + q \Rightarrow 2p + 2q = 6 \Rightarrow p + q = 3$ ...(ii)
समीकरणों के उपरोक्त निकायों को व्यूह रूप में इस प्रकार लिखा जा सकता है–

$$\begin{bmatrix} -1 & 2 \\ 1 & 1 \end{bmatrix} \begin{bmatrix} p \\ q \end{bmatrix} = \begin{bmatrix} 0 \\ 3 \end{bmatrix}$$

यहाँ, $|A| = -1 - 2 = -3 \neq 0$ अत: A' विद्यमान है।

तब, $A^{-1} = \frac{1}{-3} \begin{bmatrix} 1 & -2 \\ -1 & -1 \end{bmatrix}$

अब, $\begin{bmatrix} p \\ q \end{bmatrix} = A^{-1} B = \frac{1}{-3} \begin{bmatrix} 1 & -2 \\ -1 & -1 \end{bmatrix} \begin{bmatrix} 0 \\ 3 \end{bmatrix} = \begin{bmatrix} 2 \\ 1 \end{bmatrix}$

अत: संतुलन कीमत तथा मात्रा क्रमश: 2 तथा 1 हैं।

प्रश्न 23. एक कंपनी तीन वस्तुएँ x, y और z उत्पादित करती है जिनमें से हर एक तीन प्रकार के निवेशों A, B तथा C से बनाई जाती है। x के हर यूनिट के लिए A का एक यूनिट, B के 7 यूनिट और C के 3 यूनिट की आवश्यकता होती है। Y के हर यूनिट के लिए A के 4 यूनिट, B के 3 यूनिट और C के 1 यूनिट की आवश्यकता होती है और आगे Z के एक यूनिट के लिए A के 2 यूनिट, B के 4 यूनिट और C के 2 यूनिट की आवश्यकता होती है। एक विशेष दिन के उत्पादन में कंपनी A के 105 यूनिट, B के 135 यूनिट और C के 55 यूनिट प्रयुक्त हुए।

एक व्यूह समीकरण बनाएँ तथा व्यूह बीजगणित का प्रयोग करते हुए x, y, z ज्ञात करें जहाँ क्रमश: x, y, z वस्तुओं के उत्पादित यूनिट हैं।

उत्तर— क्योंकि x के 1 यूनिट के लिए A, A के एक यूनिट की आवश्यकता है, कुल x वस्तु में उत्पादन के लिए $1 \times x = x$ की आवश्यकता है, उसी प्रकार y में उत्पादन के लिए कुल मात्रा 4y और z में उत्पादन के लिए 2z है।

अब, $x + 4y + 2z = 105$

$7x + 3y + 4z = 135$

$3x + y + 2z = 55$

$$\Rightarrow \begin{bmatrix} 1 & 4 & 2 \\ 7 & 3 & 4 \\ 3 & 1 & 2 \end{bmatrix} \begin{bmatrix} x \\ y \\ z \end{bmatrix} = \begin{bmatrix} 105 \\ 135 \\ 55 \end{bmatrix}$$

$$\Rightarrow \begin{bmatrix} x \\ y \\ z \end{bmatrix} = \begin{bmatrix} 1 & 4 & 2 \\ 7 & 3 & 4 \\ 3 & 1 & 2 \end{bmatrix}^{-1} \begin{bmatrix} 105 \\ 135 \\ 55 \end{bmatrix} \qquad \ldots(i)$$

यहाँ, सहगुणनखंड व्यूह $= \begin{bmatrix} 2 & -2 & -2 \\ -6 & -4 & 11 \\ 10 & 10 & -25 \end{bmatrix}$

$\Delta = 1 \times 2 - 4 \times 2 + 2 \times (-2) = -10$

और सहखंडज व्यूह $= \begin{bmatrix} 2 & -6 & 10 \\ -2 & -4 & 10 \\ -2 & 11 & -25 \end{bmatrix}$

अतः समी. (i) से—

$$\begin{bmatrix} x \\ y \\ z \end{bmatrix} = \frac{-1}{10} \begin{bmatrix} 2 & -6 & 10 \\ -2 & -4 & 10 \\ -2 & 11 & -25 \end{bmatrix} \begin{bmatrix} 105 \\ 135 \\ 55 \end{bmatrix} = \frac{-1}{10} \begin{bmatrix} 210 - 810 + 550 \\ -210 - 540 + 550 \\ -210 + 1485 - 1375 \end{bmatrix}$$

$$= \frac{-1}{10} \begin{bmatrix} -50 \\ -200 \\ -100 \end{bmatrix} = \begin{bmatrix} 5 \\ 20 \\ 10 \end{bmatrix}$$ अतः x = 5, y = 20 और z = 10

प्रश्न 24. एक दुकान द्वारा 20 टेबल पंखे, 30 छत के पंखे और 10 पैडस्टल पंखे एक महीने में बेचे जाते हैं। टेबल पंखे की कीमत ₹300, छत के पंखे की कीमत ₹400 और पैडस्टल पंखे की कीमत ₹500 है। दुकान को इसकी कीमत टेबलफैन के लिए

₹220, छत के पंखे के लिए ₹325 तथा पैडस्टल पंखे के लिए ₹400 देने पड़ते हैं। दुकान को एक महीने में मिलने वाले लाभ को ज्ञात कीजिए।

उत्तर— मान लीजिए कि 3 व्यूह ABC हैं जैसे—

$$A = [20\ 30\ 10],\ B = \begin{bmatrix} 300 \\ 400 \\ 500 \end{bmatrix}\ \text{तथा}\ C = \begin{bmatrix} 220 \\ 325 \\ 400 \end{bmatrix}$$

तब π = कुल आय (TR) – कुल कीमत (TC)

$\therefore \pi = A \times B - A \times C$

$$\Rightarrow \pi = \begin{bmatrix} 20 & 30 & 10 \end{bmatrix}_{1\times 3} \begin{bmatrix} 300 \\ 400 \\ 500 \end{bmatrix}_{3\times 1} - \begin{bmatrix} 20 & 30 & 10 \end{bmatrix}_{1\times 3} \begin{bmatrix} 220 \\ 325 \\ 400 \end{bmatrix}_{3\times 1}$$

$= [20 \times 300 + 30 \times 400 + 10 \times 500] - [20 \times 220 + 30 \times 325 + 10 \times 400]$

$= [6000 + 12000 + 5000] - [4400 + 9750 + 4000]$

$= [23000] - [18150] = 4850$

दुकान को 1 माह में ₹4850 का लाभ होता है।

प्रश्न 25. निम्नलिखित कार्य विवरण व्यूह के लिए, हर एक उद्योग की निश्चित माँगों क्रमशः 18 तथा 44 यूनिटों के लिए सकल उत्पाद ज्ञात कीजिए।

उद्योग	में आगत		अंतिम माँग
	I	II	
I	16	20	4
II	8	40	32

उत्तर— यहाँ आगत-निर्गत सारणी इस प्रकार होगी—

उद्योग	में आगत		अंतिम माँग	सर्वजोड़
	I	II	-	
I	16	20	4	40
II	8	40	32	80

माना कि A आगत-निर्गत व्यूह को निरूपित करता है—

क्योंकि (प्रौद्योगिक व्यूह) $a_{ij} = \dfrac{X_{ij}}{X_j}$

$$\therefore A = \begin{bmatrix} \dfrac{16}{40} & \dfrac{20}{80} \\ \dfrac{8}{40} & \dfrac{40}{80} \end{bmatrix} = \begin{bmatrix} \dfrac{2}{5} & \dfrac{1}{4} \\ \dfrac{1}{5} & \dfrac{1}{2} \end{bmatrix}$$

यदि $X = \begin{bmatrix} X_1 \\ X_2 \end{bmatrix}$, अंतिम माँग $= \begin{bmatrix} 18 \\ 44 \end{bmatrix}$

तब हमें X के लिए हल करना है–

यहाँ, $X = AX + D$

$$\Rightarrow \begin{bmatrix} X_1 \\ X_2 \end{bmatrix} = \begin{bmatrix} \dfrac{2}{5} & \dfrac{1}{4} \\ \dfrac{1}{5} & \dfrac{1}{2} \end{bmatrix} \begin{bmatrix} X_1 \\ X_2 \end{bmatrix} + \begin{bmatrix} 18 \\ 44 \end{bmatrix}$$

$$\Rightarrow X_1 = \frac{2}{5} X_1 + \frac{1}{4} X_2 + 18$$

$$\Rightarrow X_2 = \frac{1}{5} X_1 + \frac{1}{2} X_2 + 44$$

$$\Rightarrow \frac{3}{5} X_1 - \frac{1}{4} X_2 = 18$$

$$\Rightarrow -\frac{1}{5} X_1 + \frac{1}{2} X_2 = 44$$

X_1 और X_2 के लिए हल करते हुए हम पाते हैं,
$X_1 = 80$, और $X_2 = 120$

हम वैकल्पिक का भी प्रयोग कर सकते हैं–

$X = \{I - A\}^{-1} D$ ...(i)

जहाँ, $I = \begin{bmatrix} 1 & 0 \\ 0 & 1 \end{bmatrix}$ और $A = \begin{bmatrix} .4 & .25 \\ .2 & .5 \end{bmatrix}$

$\therefore [I - A] = \begin{bmatrix} .6 & -.25 \\ -.2 & .5 \end{bmatrix}$

$\therefore \Delta = .6 \times .5 - .2 \times .25 = .25$

सहगुणनखंड व्यूह $= \begin{bmatrix} .5 & .2 \\ .25 & .6 \end{bmatrix}$

$\therefore$ सहखंडज व्यूह = सहगुणनखंड व्यूह का पक्षांतरण

$= \begin{bmatrix} .5 & .25 \\ .2 & .6 \end{bmatrix}$

$\therefore [I - A]^{-1} = \dfrac{\begin{bmatrix} .5 & .25 \\ .2 & .6 \end{bmatrix}}{.25}$

$$\therefore\ X = \frac{\begin{bmatrix} .5 & .25 \\ .2 & .6 \end{bmatrix}_{2\times 2}}{.25}\begin{bmatrix} 18 \\ 44 \end{bmatrix}_{2\times 1} \qquad \text{(समी. (i) से)}$$

$$= \frac{\begin{bmatrix} 9+11 \\ 3.6+26.4 \end{bmatrix}_{2\times 1}}{.25}$$

$$= \frac{1}{.25}\begin{bmatrix} 20 \\ 30 \end{bmatrix} = \begin{bmatrix} 80 \\ 120 \end{bmatrix}$$

अत: सकल उत्पाद = 80, 120 है।

प्रश्न 26. अर्थव्यवस्था के तीन खंडों का निम्नलिखित गुणांक व्यूह A तथा निश्चित माँग सदिश F है।

$$\textbf{जहाँ, } \mathbf{A} = \begin{bmatrix} \mathbf{0.3} & \mathbf{0.2} & \mathbf{0.2} \\ \mathbf{0.2} & \mathbf{0.1} & \mathbf{0.5} \\ \mathbf{0.2} & \mathbf{0.4} & \mathbf{0.2} \end{bmatrix}, \mathbf{F} = \begin{bmatrix} \mathbf{80} \\ \mathbf{30} \\ \mathbf{50} \end{bmatrix}$$

निश्चित माँग की पूर्ति के लिए हर खंड का ठोस उत्पादन ज्ञात कीजिए।

उत्तर– माना कि निश्चित माँग पूर्ण करने के लिए तीन खंडों का ठोस उत्पादन क्रमश: X_1, X_2 तथा X_3 है।

तीन खंडों का संतुलन व्यूह समीकरण होगा–

$AX + F = IX$

अर्थात् $(I - A)X = F \Rightarrow X = (I - A)^{-1} F$

$$\text{यहाँ, } I - A = \begin{bmatrix} 1 & 0 & 0 \\ 0 & 1 & 0 \\ 0 & 0 & 1 \end{bmatrix} - \begin{bmatrix} 0.3 & 0.2 & 0.2 \\ 0.2 & 0.1 & 0.5 \\ 0.2 & 0.4 & 0.2 \end{bmatrix}$$

$$= \begin{bmatrix} 0.7 & -0.2 & -0.2 \\ -0.2 & 0.9 & -0.5 \\ -0.2 & -0.4 & 0.8 \end{bmatrix}$$

$$\therefore |I - A| = \begin{vmatrix} 0.7 & -0.2 & -0.2 \\ -0.2 & 0.9 & -0.5 \\ -0.2 & -0.4 & 0.8 \end{vmatrix}$$

$= 0.7\,(0.9 \times 0.8 - 0.4 \times 0.5) + 0.2\,(-0.2 \times 0.8 - 0.2 \times 0.5) - 0.2\,(0.2 \times 0.4 + 0.9 \times 0.2) = 0.26 \neq 0$

∴ $(I-A)^{-1}$ विद्यमान है।

अतः $X = (I-A)^{-1} F$

$$= \frac{1}{0.26} \begin{bmatrix} 0.52 & 0.24 & 0.28 \\ 0.26 & 0.52 & 0.39 \\ 0.26 & 0.32 & 0.59 \end{bmatrix} \begin{bmatrix} 80 \\ 30 \\ 50 \end{bmatrix}$$

$$= \frac{1}{0.26} \begin{bmatrix} 62.8 \\ 55.9 \\ 59.9 \end{bmatrix} = \begin{bmatrix} 241.54 \\ 215 \\ 230.38 \end{bmatrix}$$

अतः $X_1 = 241.54$, $X_2 = 215$ तथा $X_3 = 230.38$.

प्रश्न 27. एक आगत गुणांक व्यूह इस प्रकार दर्शाया गया है—

$$A = \begin{pmatrix} a_{11} & a_{12} & a_{13} \\ a_{21} & a_{22} & a_{23} \\ a_{31} & a_{32} & a_{33} \end{pmatrix} = \begin{pmatrix} 0.2 & 0.3 & 0.2 \\ 0.4 & 0.1 & 0.2 \\ 0.1 & 0.3 & 0.2 \end{pmatrix}$$ प्रौद्योगिकी व्यूह ज्ञात कीजिए।

उत्तर— यहाँ, प्रौद्योगिकी व्यूह $\begin{pmatrix} 0.2 & 0.3 & 0.2 \\ 0.4 & 0.1 & 0.2 \\ 0.1 & 0.3 & 0.2 \end{pmatrix}$

इसका $I - A = \begin{pmatrix} (1-a_{11}) & -a_{12} & -a_{13} \\ -a_{21} & (1-a_{22}) & -a_{23} \\ -a_{31} & -a_{32} & (1-a_{33}) \end{pmatrix}$

$$= \begin{pmatrix} (1-0.2) & -0.3 & -0.2 \\ -0.4 & (1-0.1) & -0.2 \\ -0.1 & -0.3 & (1-0.2) \end{pmatrix} = \begin{pmatrix} 0.8 & -0.3 & -0.2 \\ -0.4 & 0.9 & -0.2 \\ -0.1 & -0.3 & 0.8 \end{pmatrix}.$$

प्रश्न 28. मान लीजिए, $[A] = \begin{bmatrix} 0.8 & 0.2 \\ 0.9 & 0.7 \end{bmatrix}$, तो जाँच कीजिए कि क्या कोई समाधान इस समूह के लिए संभव होगा या नहीं?

उत्तर— दिया है, $[A] = \begin{bmatrix} 0.8 & 0.2 \\ 0.9 & 0.7 \end{bmatrix}$

तब, $[I-A] = \begin{bmatrix} 1-0.8 & -0.2 \\ -0.9 & 1-0.7 \end{bmatrix} = \begin{bmatrix} 0.2 & -0.2 \\ -0.9 & 0.3 \end{bmatrix}$

यहाँ, [I – A] का मान = 0.2 × 0.3 – 0.2 × 0.9 = 0.06 – 0.18 = –0.12 < 0
अतः इस संबंध के लिए कोई समाधान संभव नहीं होगा।

प्रश्न 29. आगत निर्गत व्यूह और अंतिम माँग सदिश

$A = \begin{pmatrix} 0.05 & 0.25 & 0.34 \\ 0.33 & 0.10 & 0.12 \\ 0.19 & 0.38 & 0 \end{pmatrix}$, $D = \begin{bmatrix} 1800 \\ 200 \\ 900 \end{bmatrix}$ के रूप में दिए होने पर तीन उद्योगों के उत्पादन स्तर ज्ञात कीजिए।

उत्तर – दिया है,

$A = \begin{pmatrix} 0.05 & 0.25 & 0.34 \\ 0.33 & 0.10 & 0.12 \\ 0.19 & 0.38 & 0 \end{pmatrix}$

$|I - A| = \begin{pmatrix} 0.95 & -0.25 & -0.34 \\ -0.33 & 0.90 & -0.12 \\ -0.19 & -0.38 & 1 \end{pmatrix}$

∴ $|I - A|$ = 0.95 [0.90 × 1 – 0.12 × 0.38] + 0.25 (–0.33 × 1 – 0.12 × 0.19) – 0.34 (0.33 × 0.38 + 0.90 × 0.19)

= 0.95 (0.8544) + 0.25 (–0.3528) – 0.34 (0.2964) = 0.6227

अतः $X_1 = \dfrac{1}{0.6227}[0.05 \times 1800 + 0.25 \times 200 + 0.34 \times 900] = 713$

$X_2 = \dfrac{1}{0.6227}[0.33 \times 1800 + 0.10 \times 200 + 900 \times 0.12] = 1160$

$X_3 = \dfrac{1}{0.6227}[0.19 \times 1800 + 0.38 \times 200 + 0 \times 900] = 671$

अतः उत्पादन स्तर: X_1 = 713, X_2 = 1160, X_3 = 671.

प्रश्न 30. कुल उपलब्ध श्रम आपूर्ति = 1000 इकाइयाँ दिए होने पर उपभोग संभाव्यता रेखापथ निर्धारित कीजिए जहाँ प्रौद्योगिकी व्यूह निम्नवत् है–

$A = \begin{bmatrix} 0.4 & 0.5 \\ 0.4 & 0.3 \end{bmatrix}$ और $L = \begin{bmatrix} 0.2 \\ 0.2 \end{bmatrix}$.

उत्तर – दिया है, $A = \begin{bmatrix} 0.4 & 0.5 \\ 0.4 & 0.3 \end{bmatrix}$

यहाँ, $[I - A] = \begin{bmatrix} 0.6 & -0.5 \\ -0.4 & 0.7 \end{bmatrix} = 0.42 - 0.2 = 0.22$

तब, $X_1 = \dfrac{1}{0.22}[0.6F_1 - 0.5F_2]$

$X_2 = \dfrac{1}{0.22}[-0.4F_1 - 0.7F_2]$

श्रम आपूर्ति समीकरण में X_1 और X_2 का मान रखने पर प्राप्त होता है—
$1000 = 0.2\, X_1 + 0.2\, X_2$

$\Rightarrow 1000 = 0.2\{\dfrac{1}{0.22}(0.6F_1 - 0.5F_2)\} + 0.2\{\dfrac{1}{0.22}(-0.4F_1 + 0.7F_2)\}$

$\Rightarrow 1000 = \dfrac{0.2}{0.22}(0.6F_1 - 0.5F_2 - 0.4F_1 + 0.7F_2)$

$\Rightarrow 1000 = 0.9[0.2F_1 + 0.2F_2] \Rightarrow 1111.11 = 0.2F_1 + 0.2F_2$

जो वांछित उपभोग संभाव्यता रेखापथ है।

प्रश्न 31. यदि आगत (input) व्यूह और अंतिम-माँग सदिश हो।

$A = \begin{bmatrix} 0.05 & 0.25 & 0.34 \\ 0.33 & 0.10 & 0.12 \\ 0.19 & 0.30 & 0 \end{bmatrix} \quad D = \begin{bmatrix} 1800 \\ 200 \\ 900 \end{bmatrix}$

(i) अवयवों 0.33, 0, और 200 के आर्थिक अर्थ का वर्णन कीजिए।

(ii) क्या ऊपर दिए गए आँकड़े हॉकिन्स-साइमन शर्त को संतुष्ट करते हैं?

उत्तर— दिया है, $A = \begin{bmatrix} 0.05 & 0.25 & 0.34 \\ 0.33 & 0.10 & 0.12 \\ 0.19 & 0.30 & 0 \end{bmatrix} \quad D = \begin{bmatrix} 1800 \\ 200 \\ 900 \end{bmatrix}$

(i) यहाँ $a_{21} = 0.33$ का आर्थिक अर्थ यह है कि क्षेत्र 1 को 1 इकाई के उत्पादन के लिए क्षेत्र 2 से 0.33 इकाई की आवश्यकता है, $a_{33} = 0$ का आर्थिक अर्थ यह है कि क्षेत्र 3 को स्वयं से किसी इकाई की आवश्यकता नहीं है और 200 का आर्थिक अर्थ यह है कि वह क्षेत्र 2 की अंतिम माँग है।

(ii) यहाँ, $I - A = \begin{bmatrix} 1 & 0 & 0 \\ 0 & 1 & 0 \\ 0 & 0 & 1 \end{bmatrix} - \begin{bmatrix} 0.05 & 0.25 & 0.34 \\ 0.33 & 0.10 & 0.12 \\ 0.19 & 0.30 & 0 \end{bmatrix}$

$= \begin{bmatrix} 0.95 & -0.25 & -0.34 \\ -0.33 & 0.90 & -0.12 \\ -0.19 & -0.30 & 1 \end{bmatrix}$

यहाँ सभी विकर्ण अवयव और 0.95, 0.90, 1 धनात्मक हैं।

और $|I - A| = 0.95(0.90 - 0.036) + 0.25(-0.33 - 0.0228) - 0.34(0.099 + 0.171)$

$= 0.95(0.864) + 0.25(-0.3528) - 0.34(0.27)$

$= 0.8208 - 0.0882 - 0.0918 = 0.6408 > 0.$

अतः यहाँ हॉकिन्स-साइमन शर्तें संतुष्ट हैं।

प्रश्न 32. निम्नलिखित समीकरण को हल करने के लिए क्रेमर नियम का प्रयोग करें–

$4x + 3y - 2z = 1$
$x + 2y = 6$
$3x + z = 4$

उत्तर– दिया है,

$4x + 3y - 2z = 1$
$x + 2y = 6$
$3x + z = 4$

यहाँ, $AX = B$ के प्रारूप में हम पाते हैं–

$A = \begin{bmatrix} 4 & 3 & -2 \\ 1 & 2 & 0 \\ 3 & 0 & 1 \end{bmatrix}, X = \begin{bmatrix} x \\ y \\ z \end{bmatrix}$ और $B = \begin{bmatrix} 1 \\ 6 \\ 4 \end{bmatrix}$

यहाँ, $|D| = 4(2 \times 1 - 0 \times 0) - 3(1 \times 1 - 0 \times 3) - 2(1 \times 0 - 2 \times 3)$

$= 4(2) - 3(1) - 2(-6) = 8 - 3 + 12 = 17 \neq 0$

अतः हम क्रेमर नियम का प्रयोग कर सकते हैं–

यहाँ, $D_1 = \begin{bmatrix} 1 & 3 & -2 \\ 6 & 2 & 0 \\ 4 & 0 & 1 \end{bmatrix}$

$\therefore |D_1| = 1(2 \times 1 - 0 \times 0) - 3(6 \times 1 - 0 \times 4) - 2(6 \times 0 - 2 \times 4)$

$= 1(2) - 3(6) - 2(-8) = 2 - 18 + 16 = 0$

$D_2 = \begin{bmatrix} 4 & 1 & -2 \\ 1 & 6 & 0 \\ 3 & 4 & 1 \end{bmatrix}$

$\therefore |D_2| = 4(6 \times 1 - 0 \times 4) - 1(1 \times 1 - 0 \times 3) - 2(1 \times 4 - 6 \times 3)$

$= 4(6) - 1(1) - 2(-14) = 24 - 1 + 28 = 51$

$D_3 = \begin{bmatrix} 4 & 3 & 1 \\ 1 & 2 & 6 \\ 3 & 0 & 4 \end{bmatrix}$

$\therefore$ $|D_3| = 4(2 \times 4 - 0 \times 6) - 3(1 \times 4 - 6 \times 3) + 1(1 \times 0 - 2 \times 3)$
$= 4(8 - 0) - 3(4 - 18) + 1(-6) = 32 + 42 - 6 = 68$

अतः क्रेमर के नियम का उपयोग करते हुए–

$x = \dfrac{|D_1|}{|D|} = \dfrac{0}{17} = 0$

$y = \dfrac{|D_2|}{|D|} = \dfrac{51}{17} = 3$ और

$z = \dfrac{|D_3|}{|D|} = \dfrac{68}{17} = 4.$

प्रश्न 33. यदि आगत गुणांक है आव्यूह $A = \begin{bmatrix} 0.2 & 0.3 & 0.2 \\ 0.4 & 0.1 & 0.2 \\ 0.1 & 0.3 & 0.2 \end{bmatrix}$ और अंतिम माँग वेक्टर $\begin{bmatrix} 3 & 0 \\ 1 & 5 \\ 1 & 0 \end{bmatrix}$

(i) तीन उद्योगों के समाधान उत्पादन स्तरों का पता लगाइए।
(ii) जाँच कीजिए कि क्या सिस्टम हॉकिन्स-साइमन शर्त को संतुष्ट करता है?

उत्तर– यहाँ,

$I - A = \begin{bmatrix} 1 & 0 & 0 \\ 0 & 1 & 0 \\ 0 & 0 & 1 \end{bmatrix} - \begin{bmatrix} 0.2 & 0.3 & 0.2 \\ 0.4 & 0.1 & 0.2 \\ 0.1 & 0.3 & 0.2 \end{bmatrix} = \begin{bmatrix} 0.8 & -0.3 & -0.2 \\ -0.4 & 0.9 & -0.2 \\ -0.1 & -0.3 & 0.8 \end{bmatrix}$

$\therefore |I - A| = 0.8(0.72 - 0.06) + 0.3(-0.32 - 0.02) - 0.2(0.12 + 0.09)$
$= 0.8(0.66) + 0.3(-0.34) - 0.2(0.21) = 0.528 - 0.102 - 0.042 = 0.384$

(i) सकल निर्गत सदिश $X = (I - A)^{-1} D$ के द्वारा दिया जाता है।

जहाँ, $D = \begin{bmatrix} 3 & 0 \\ 1 & 5 \\ 1 & 0 \end{bmatrix}$

adj. $I - A$ के लिए
$a_{11} = (-1)^{1+1}(0.72 - 0.06)$ $= 0.66$
$a_{12} = (-1)^{1+2}(-0.32 - 0.02)$ $= -0.34$

रैखिक बीजगणित एवं अर्थशास्त्रीय अनुप्रयोग

$a_{13} = (-1)^{1+3} (0.12 + 0.09)$ $= 0.21$
$a_{21} = (-1)^{2+1} (-0.24 - 0.06)$ $= 0.30$
$a_{22} = (-1)^{2+2} (0.64 - 0.02)$ $= 0.62$
$a_{23} = (-1)^{2+3} (-0.24 - 0.03)$ $= 0.27$
$a_{31} = (-1)^{3+1} (0.06 + 0.18)$ $= 0.24$
$a_{32} = (-1)^{3+2} (-0.16 - 0.08)$ $= 0.24$
$a_{33} = (-1)^{3+3} (0.72 - 0.12)$ $= 0.60$

अतः $\text{adj. } (I - A) = \begin{bmatrix} 0.66 & -0.34 & 0.21 \\ 0.30 & 0.62 & 0.27 \\ 0.24 & 0.24 & 0.60 \end{bmatrix}^T$

$= \begin{bmatrix} 0.66 & 0.30 & 0.24 \\ -0.34 & 0.62 & 0.24 \\ 0.21 & 0.27 & 0.60 \end{bmatrix}$

यहाँ, $(I - A)^{-1} = \dfrac{\text{adj. } (I - A)}{|I - A|} = \dfrac{1}{0.384} \begin{bmatrix} 0.66 & 0.30 & 0.24 \\ -0.34 & 0.62 & 0.24 \\ 0.21 & 0.27 & 0.60 \end{bmatrix}$

$\therefore X = \dfrac{1}{0.384} \begin{bmatrix} 0.66 & 0.30 & 0.24 \\ -0.34 & 0.62 & 0.24 \\ 0.21 & 0.27 & 0.60 \end{bmatrix} \begin{bmatrix} 3 & 0 \\ 1 & 5 \\ 1 & 0 \end{bmatrix} = \dfrac{1}{0.384} \begin{bmatrix} 2.52 & 1.5 \\ -0.16 & 3.1 \\ 1.5 & 1.35 \end{bmatrix}$

$= \begin{bmatrix} 6.56 & 3.91 \\ -0.42 & 8.07 \\ 3.91 & 3.52 \end{bmatrix}$

$x_1 = 6.56$, $x_2 = 3.91$, $y_1 = -0.42$, $y_2 = 8.07$, $z_1 = 3.91$, $z_2 = 3.52$ अपेक्षित उत्पादन स्तर हैं।

(ii) यहाँ सभी विकर्ण अवयव यथा $0.8, 0.9, 0.8$ धनात्मक हैं और $|I - A| = 0.384 > 0$. अतः यहाँ हॉकिन्स-साइमन शर्तें संतुष्ट हैं।

प्रश्न 34. $P = 2x + y$ का अधिकतमीकरण कीजिए जबकि प्रतिबंध ये हों–
$x + 3y \geq 6$
$x - 3y \leq 3$
$3x + 4y \leq 24$
$-3x + 2y \leq 6$
$5x + y \geq 5$
$x, y \geq 0$

उत्तर– व्यवरोध असमिकाओं के ग्राफ को चित्र में दिखाया गया है–

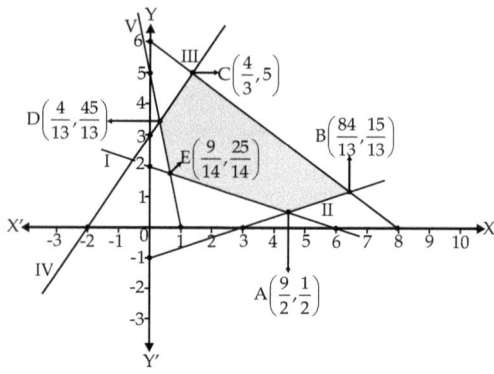

(1) I और II रेखाएँ बिंदु A $(9/2, 1/2)$ पर प्रतिच्छेद करती हैं।

(2) II और III रेखाएँ बिंदु B $(84/13, 15/13)$ पर प्रतिच्छेद करती हैं।

(3) III और IV रेखाएँ बिंदु C $(4/3, 5)$ पर प्रतिच्छेद करती हैं।

(4) IV और V रेखाएँ बिंदु D $(4/13, 45/13)$ पर प्रतिच्छेद करती हैं।

(5) V और I रेखाएँ बिंदु E $(9/14, 25/14)$ पर प्रतिच्छेद करती हैं।

अब हम बिंदु A, B, C, D और E से P बिंदु को इस प्रकार मूल्यांकित करेंगे–

$P(A) = 2\ (9/2) + 1/2 = 19/2$

$P(B) = 2\ (84/13) + 15/13 = 183/13$

$P(C) = 2\ (4/3) + 5 = 23/3$

$P(D) = 2\ (4/13) + 45/13 = 53/13$

$P(E) = 2\ (9/14) + 25/14 = 43/14$

अत: हम देख सकते हैं कि P का अधिकतम मान $183/13$ है जो कि $x = 84/13$ तथा $y = 15/13$ पर आएगा।

प्रश्न 35. आहार समस्या का कोई उदाहरण लेकर एक रैखिक आयोजना निरूपित कीजिए।

उत्तर– आहार समस्या का उदाहरण निम्न प्रकार से है–

एक आहार में कम-से-कम कार्बोहाइड्रेट की 4000 इकाइयाँ, फैट की 500 इकाइयाँ और प्रोटीन की 300 इकाइयाँ सम्मिलित होनी चाहिए। दो भोज्य पदार्थ A और B उपलब्ध हैं। भोज्य पदार्थ A का मूल्य प्रति इकाई 2 डॉलर एवं भोज्य पदार्थ B का मूल्य प्रति इकाई 4 डॉलर पड़ता है। भोज्य पदार्थ A में कार्बोहाइड्रेट की 10 इकाई, फैट की 20 इकाई एवं प्रोटीन की 15 इकाई हैं। जबकि भोज्य पदार्थ B में कार्बोहाइड्रेट की 25 इकाई, फैट की 10 इकाई और प्रोटीन की

20 इकाई हैं तो हमें एक रैखिक आयोजना इस प्रकार बनानी है कि वांछित आहार में दोनों भोज्य पदार्थों की मात्रा न्यूनतम आवश्यकताओं को पूर्ण करती हो।

उपर्युक्त उदाहरण को निम्न तालिका में दर्शाया गया है–

भोज्य प्रकार	कार्बोहाइड्रेट	फैट	प्रोटीन	प्रति इकाई मूल्य (डॉलर में)
A	10	20	15	2
B	25	10	20	4
आवश्यकता	4000	500	300	

माना आहार में A की x इकाई और B की y इकाई है।

कुल व्यय मूल्य $= 2x + 4y$

दी गई आधार समस्या को निम्न प्रकार से रैखिक समीकरणों में दर्शाया गया है–

अल्पिष्ठ ज्ञात करें $z = 2x + 4y$

बशर्ते कि

$10x + 25y \geq 4000$

$20x + 10y \geq 500$

$15x + 20y \geq 300$

$x \geq 0, y \geq 0.$

प्रश्न 36. भूयिष्ठ बनाएँ: $z = 3x_1 + 7x_2 + 6x_3$

बशर्ते कि $2x_1 + 2x_2 + 2x_3 \leq 8$

$x_1 + x_2 \leq 3$

$x_1 \geq 0, x_2 \geq 0, x_3 \geq 0$

तथा दो सुस्त चरों s_1 और s_2 द्वारा उसे समताओं में भी बदलिए।

उत्तर– भूयिष्ठ बनाएँ: $z = 3x_1 + 7x_2 + 6x_3 + 0s_1 + 0s_2$

बशर्ते कि $2x_1 + 2x_2 + 2x_3 + s_1 + 0s_2 = 8$

$x_1 + x_2 + 0x_3 + 0s_1 + s_2 = 3$

$(x_1, x_2, x_3, s_1, s_2) \geq 0.$

				3	7	6	0	0	
	C_j	मूल चर	मूल चर के मान	x_1	x_2	x_3	s_1	s_2	अनुपात
तालिका 1	(1)	(2)	(3)	(4)	(5)	(6)	(7)	(8)	(9)
	0	s_1	8	2	2	2	1	0	8/2 = 4
	0	s_2	3	1	1	0	0	1	3/1 = 3
		z_j	0	0	0	0	0	0	
		C_j-z_j	-	3	7	6	0	0	
तालिका 2	0	s_1	2	0	0	2	1	–2	2/2 = 1
	7	x_2	3	1	1	0	0	1	
		z_j	21	7	7	0	0	7	
		C_j-z_j	-	–4	0	0	0	–7	
तालिका 3	6	x_3	1	0	0	1	1/2	–1	
	7	x_2	3	1	1	0	0	1	
		z_j	27	7	7	6	3	1	
		C_j-z_j	-	–4	0	0	–3	–1	

प्रथम आयोजना में केवल सुस्त चर $s_1 = 8, s_2 = 3, x_1 = 0, x_2 = 0$ और $x_3 = 0$ शामिल किए हैं। इस समाधान में हम पाते हैं कि लक्ष्य फलन का मान शून्य है। आगे, C_j-z_j पंक्ति से यह ज्ञात होना है कि हमारे पास धनात्मक अवयव है। अतएव, एक बेहतर आयोजना निरूपित की जा सकती है।

यथार्थ मूल्यांकन पंक्ति में उच्चतम धनात्मक मान 7 है, जो x_2 स्तंभ में अवस्थित है। फिर x_2 स्तंभ मुख्य स्तंभ है और अगली आयोजना में x_2 को एक मूल चर के रूप में शामिल किया जाता है। अब अचर स्तंभ के अवयवों को मुख्य स्तंभ के गैर-ऋणात्मक अवयवों से भाग देकर हमें स्तंभ (9) के प्रतिस्थापन अनुपात प्राप्त होते हैं। निम्नतम अनुपात द्वितीय स्तंभ (s_2) में दिखाई पड़ता है, जो कि अब मुख्य स्तंभ है। अत: अगली योजना में s_2 के स्थान पर x_2 आ जाएगा। मुख्य संख्यांक 1 है, जो मुख्य पंक्ति और मुख्य स्तंभ के परस्पर परिच्छेद पर अवस्थित है। दूसरी आयोजना तालिका 2 में निरूपित है, जो तालिका 1 के नीचे दी गई है। तालिका 2 में मूल चर हैं s_1 और s_2 तालिका 2 की द्वितीय पंक्ति (x_2 पंक्ति) मुख्य संख्यांक, द्वारा तालिका 1 की दूसरी पंक्ति के अवयवों को भाग देकर प्राप्त की गई है। तालिका 2 की प्रथम पंक्ति (s_1 पंक्ति) के अवयव मुख्येतर पंक्ति के रूपांतरण हेतु नियम का पालन कर प्राप्त किए गए हैं। इनकी गणनाएँ निम्नवत् हैं–

$$8-\frac{3\times 2}{1}=2, \qquad 2-\frac{1\times 2}{1}=0$$

$$2-\frac{1\times2}{1}=0, \qquad 2-\frac{0\times2}{1}=2$$

$$1-\frac{0\times2}{1}=1, \qquad 0-\frac{1\times2}{1}=-2$$

इस प्रकार, द्वितीय तालिका एक मूल समाधान निरूपित करती है जहाँ $x_1 = 0, x_2 = 3, x_3 = 0, s_1 = 2, s_2 = 0$ और जहाँ लक्ष्य फलन का मान 21 है। यथार्थ मूल्यांकन पंक्ति $(C_j\text{-}z_j)$ पर दृष्टिपात कर हमें ज्ञात होता है कि एक अवयव धनात्मक रहता है। यथार्थ मूल्यांकन में उच्चतम धनात्मक संख्या x_3 स्तंभ में अवस्थित है, जो कि अब मुख्य स्तंभ है। चर x_3 को अगली आयोजना में एक मूल चर के रूप में दर्शाना होगा। तालिका 2 में अल्पतम प्रतिस्थापन अनुपात s_1 पंक्ति में आता है। अतएव, यह पंक्ति मुख्य पंक्ति है और नई आयोजना में s_1 के स्थान पर x_3 आ जाएगा। तालिका 2 में s_1 पंक्ति ही मुख्य पंक्ति है और 2 मुख्य संख्यांक है।

तृतीय आयोजना तालिका 3 में दर्शाई गई है, जो कि तालिका 2 के ठीक नीचे दी गई है। तालिका 2 की s_1 पंक्ति के सभी अवयवों को 2, मुख्य संख्यांक से भाग देकर हमें तालिका 3 में प्रथम पंक्ति (x_3 पंक्ति) के सदृश अवयव प्राप्त होते हैं। तालिका 3 की द्वितीय पंक्ति (x_2 पंक्ति) के अवयव मुख्येतर पंक्तियों के रूपांतरण हेतु नियम का प्रयोग कर तालिका 2 की दूसरी पंक्ति (x_2 पंक्ति) के सदृश अवयवों से प्राप्त किए गए हैं। इन गणनाओं को नीचे दर्शाया गया है–

$$3-\frac{2\times0}{2}=3, \qquad 1-\frac{0\times0}{2}=1$$

$$1-\frac{0\times0}{2}=1, \qquad 0-\frac{2\times0}{2}=0$$

$$0-\frac{1\times0}{2}=0, \qquad 1-\frac{(-2)\times0}{2}=1$$

तृतीय आयोजना में मूल समाधान को $x_1 = 0, x_2 = 3, x_3 = 1, s_1 = 0, s_2 = 0$ द्वारा दर्शाया गया है। तालिका की यथार्थ मूल्यांकन पंक्ति से यह ज्ञात होता है कि सभी अवयव या तो शून्य हैं या फिर ऋणात्मक। इसका अर्थ है कि इष्टतम आयोजना प्राप्त होती है और आगे सुधार की कोई जगह नहीं है। अतएव, वांछित इष्टतम समाधान है $x_1 = 0, x_2 = 3$ और $x_3 = 1$ का सदृश मान $z = 27$.

प्रश्न 37. निम्नलिखित आद्य की द्वैती लिखिए–

$Z = 2x_1 + 3x_2 + 5x_3$ का अधिकतमीकरण कीजिए जबकि

$5x_1 + 6x_2 - x_3 \le 3$

$-2x_1 + x_2 + 3x_3 \le 2$

$x_1 + 5x_2 - 3x_3 \le 1$

$-3x_1 + 3x_2 - 7x_2 \le 6$

$x_1, x_2, x_3 \ge 0$

उत्तर— दिए हुए आद्य की द्वैती निम्न है—

$D = 3y_1 + 2y_2 + y_3 + 6y_4$

का न्यूनतमीकरण कीजिए जबकि

$5y_1 - 2y_2 + y_3 + 3y_4 \geq 2$
$6y_1 + y_2 + 5y_3 + 3y_4 \geq 3$
$-y_1 + 3y_2 - 3y_3 - 7y_4 \geq 5$
$y_1, y_2, y_3, y_4 \geq 0.$

प्रश्न 38. $Z = 3x_1 + 5x_2 + 6x_3$ का अधिकतमीकरण कीजिए जबकि

आद्य $\begin{cases} x_1 + x_2 \leq 5 \\ 2x_1 + x_2 - 3x_3 \leq 3 \\ 7x_2 + 2x_3 = 1 \\ x_1, x_2, x_3 \geq 0 \end{cases}$

उत्तर— इस आद्य के तीन व्यवरोध हैं जिनमें से दो व्यवरोध '≤' प्रकार के हैं और तीसरा व्यवरोध एक समीकरण है। हम इस आद्य को इस तरह लिख सकते हैं कि अंतिम व्यवरोध को दो असमिका व्यवरोधों के रूप में रखा जा सके, अर्थात् आद्य को इस रूप में लिखा जा सकता है—

$Z = 3x_1 + 5x_2 + 6x_3$

का अधिकतमीकरण कीजिए जबकि

$x_1 + x_2 \leq 5$
$2x_1 + x_2 - 3x_3 \leq 3$
$7x_2 + 2x_3 \leq 1$
$-7x_2 - 2x_3 \leq -1$
$x_1, x_2, x_3 \geq 0$

अब यह आद्य उचित विहित रूप में है अर्थात्, '≤' प्रकार के व्यवरोधों वाली एक अधिकतमीकरण समस्या है और सभी चर ऋणेतर हैं। अतः द्वैती को इस प्रकार परिभाषित किया जा सकता है—

$D = 5y_1 + 3y_2 + y_3 - y_4$

का न्यूनतमीकरण कीजिए जबकि

$y_1 + 2y_2 \geq 3$
$y_1 + y_2 + 7y_3 - 7y_4 \geq 5$
$-3y_2 + 2y_3 - 2y_4 \geq 6$
$y_1, y_2, y_3, y_4 \geq 0$

यह द्वैती का वह रूप है जिसमें सभी चर ऋणेतर हैं। यदि हम $y_3 - y_4 = u$ लें, जिससे कि चर u अप्रतिबंधित और द्वैत इस रूप में लिखा जा सकता है—

$D = 5y_1 + 3y_2 + u$ का न्यूनतमीकरण कीजिए जबकि

द्वैती $\begin{cases} y_1 + 2y_2 \geq 3 \\ y_1 + y_2 + 7u \geq 5 \\ -3y_2 + 2u \geq 6 \\ y_1, y_2 \geq 0, u \end{cases}$ अप्रतिबंधित

इस तरह हम यह देख सकते हैं कि क्योंकि इस उदाहरण के आद्य का अंतिम व्यवरोध एक समीकरण है इसलिए द्वैत के अंतिम चर के चिह्न पर कोई प्रतिबंध नहीं है। अब हम इस परिणाम को एक व्यापक रूप में प्रस्तुत कर सकते हैं। यदि आद्य का kवाँ व्यवरोध एक समिका व्यवरोध हो, तो kवें द्वैत चर के चिह्न पर कोई प्रतिबंध नहीं होता।

प्रश्न 39. इन आव्यूहों पर विचार करें–

$A = \begin{bmatrix} 1 & 1 & -1 \\ 2 & -3 & 4 \\ 3 & -2 & 3 \end{bmatrix}$ और $B = \begin{bmatrix} -1 & -2 & 3 \\ 6 & 12 & 6 \\ 5 & 10 & 5 \end{bmatrix}$

इस जानकारी के आधार पर इन आव्यूहों A, B, [A + B], [A B] और [B A] के कोटिक्रमांकों का आकलन करें।

उत्तर– दिया है $A = \begin{bmatrix} 1 & 1 & -1 \\ 2 & -3 & 4 \\ 3 & -2 & 3 \end{bmatrix}$ तथा $B = \begin{bmatrix} -1 & -2 & 3 \\ 6 & 12 & 6 \\ 5 & 10 & 5 \end{bmatrix}$

यहाँ $|A| = 1(-3 \times 3 - 4 \times (-2)) - 1(2 \times 3 - 4 \times 3) - 1(2 \times -2 - (-3) \times 3) = -9 + 8 - 6 + 12 + 4 - 9 = 0$

$|B| = -1(12 \times 5 - 6 \times 10) + 2(6 \times 5 - 6 \times 5) + 3(6 \times 10 - 12 \times 5) = 0 + 0 + 0 = 0$

$[A + B] = \begin{bmatrix} 0 & -1 & 2 \\ 8 & 9 & 10 \\ 8 & 8 & 8 \end{bmatrix}$

$\Rightarrow |A + B| = 0(9 \times 8 - 10 \times 8) + 1(8 \times 8 - 10 \times 8) + 2(8 \times 8 - 9 \times 8)$

$\Rightarrow 64 - 80 + 128 - 144 = -32 \neq 0$

$AB = \begin{bmatrix} 1 & 1 & -1 \\ 2 & -3 & 4 \\ 3 & -2 & 3 \end{bmatrix} \begin{bmatrix} -1 & -2 & 3 \\ 6 & 12 & 6 \\ 5 & 10 & 5 \end{bmatrix} = \begin{bmatrix} 0 & 0 & 4 \\ 0 & 0 & 8 \\ 0 & 0 & 12 \end{bmatrix} \Rightarrow |AB| = 0$

तथा $BA = \begin{bmatrix} -1 & -2 & 3 \\ 6 & 12 & 6 \\ 5 & 10 & 5 \end{bmatrix} \begin{bmatrix} 1 & 1 & -1 \\ 2 & -3 & 4 \\ 3 & -2 & 3 \end{bmatrix} = \begin{bmatrix} 4 & -1 & 2 \\ 48 & -42 & 60 \\ 40 & -35 & 50 \end{bmatrix}$

$\Rightarrow |BA| = 4(-42 \times 50 - 60 \times (-35)) + 1(48 \times 50 - 60 \times 40) + 2(48 \times -35 - (-42) \times 40)$
$= 4(0) + 1(0) + 2(0) = 0 + 0 + 0 = 0.$

अतः व्यूहों [A + B] की अनुस्थिति 3 है क्योंकि ये तीसरे क्रम का व्यूह, सारणिक [A + B] से मेल खाते हैं जो कि शून्य नहीं है। अतः दिया हुआ व्यूह क्रम 3 का एक गैर-विलक्षित समूह है।

जबकि व्यूहों A, B, [A B], [B A] की अनुस्थिति 2 है। सर्वोच्च क्रम A, B, [A B], [B A] सारणिक शून्य है तथा इससे अगला द्वितीय क्रम है जो कि शून्य नहीं है।

प्रश्न 40. इस समस्या का समाधान करें –

अधिकतम करें: $10x_1 + 10x_2 + 20x_3 + 20x_4$

संरोधाधीन: $12x_1 + 8x_2 + 6x_3 + 4x_4 \leq 210$

$3x_1 + 6x_2 + 12x_3 + 24x_4 \leq 210$

$x_1, x_2, x_3, x_4 \geq 0$

उत्तर – हमें निम्नलिखित मौलिक समस्या पर विचार करना है –

$10x_1 + 10x_2 + 20x_3 + 20x_4$ को अधिकतम करना है

$12x_1 + 8x_2 + 6x_3 + 4x_4 \leq 210$ के संरोधाधीन से

$3x_1 + 6x_2 + 12x_3 + 24x_4 \leq 210$

$x_1, x_2, \ldots, x_4 \geq 0$

दोनों के साथ

$210y_1 + 210y_2$ न्यूनतम है

संरोधाधीन में

$12y_1 + 3y_2 \geq 10$ ...(1)

$8y_1 + 6y_2 \geq 10$ ...(2)

$6y_1 + 12y_2 \geq 20$ ...(3)

$4y_1 + 24y_2 \geq 20$ ...(4)

$y_1, y_2 \geq 0$

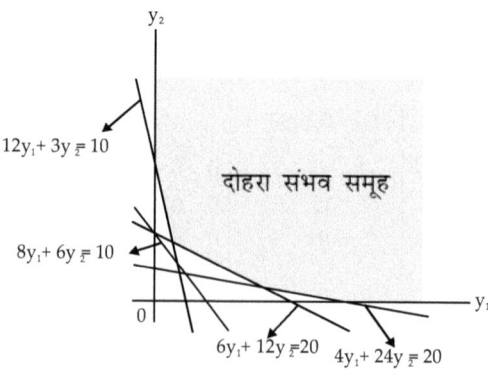

दोहरा इष्टतम वहाँ है जहाँ समी. (1) और (3) एक दूसरे को प्रतिच्छेद करते हैं। चूँकि दूसरा और चौथा दोहरा दबाव इष्टतम बिंदु पर निष्क्रिय है इसलिए इष्टतम x, $x_2 = x_4 = 0$ है।

$y_1, y_2 > 0$ निम्नलिखित पर भी इष्टतम है।

$$\left.\begin{aligned} 12x_1 + 6x_3 &= 210 \\ 3x_1 + 12x_3 &= 210 \end{aligned}\right\} \Rightarrow x_1 = 10, x_3 = 15$$

अत: इष्टतम x, (10, 0, 15, 0) है।

माना दूसरा बिंदु 210, 421 से प्रतिस्थापित किया जाता है।

अब नया दोहरा इष्टतम वहाँ है, जहाँ समी. (3) और (4) प्रतिच्छेद करते हैं। इस बिंदु पर पहली दो बाध्यताएँ निष्क्रिय हैं।

अत: $y_1, y_2 > 0$ निम्नलिखित पर भी इष्टतम है।

$$\left.\begin{aligned} 6x_3 + 4x_4 &= 210 \\ 12x_3 + 24x_4 &= 421 \end{aligned}\right\} \Rightarrow x_3 = 35 - \frac{1}{24}, x_4 = \frac{1}{16}$$

अत: नया इष्टतम है $x = \left(0, 0, 35 - \frac{1}{24}, \frac{1}{16}\right)$

प्रश्न 41. आदान-उत्पाद आव्यूह और अंतिम माँग सदिश इस प्रकार हैं–

$$\mathbf{A} = \begin{bmatrix} \mathbf{0.05} & \mathbf{0.25} & \mathbf{0.34} \\ \mathbf{0.33} & \mathbf{0.10} & \mathbf{0.12} \\ \mathbf{0.19} & \mathbf{0.38} & \mathbf{0.0} \end{bmatrix} \text{ और } \mathbf{d} = \begin{bmatrix} \mathbf{1800} \\ \mathbf{200} \\ \mathbf{900} \end{bmatrix}$$

इस त्रि-उद्योग व्यवस्था के उत्पादन स्तर ज्ञात करें।

उत्तर– हमारे पास,

$$I - A = \begin{bmatrix} 1 & 0 & 0 \\ 0 & 1 & 0 \\ 0 & 0 & 1 \end{bmatrix} - \begin{bmatrix} 0.05 & 0.25 & 0.34 \\ 0.33 & 0.10 & 0.12 \\ 0.19 & 0.38 & 0.0 \end{bmatrix} = \begin{bmatrix} 0.95 & -0.25 & -0.34 \\ -0.33 & 0.90 & -0.12 \\ -0.19 & -0.38 & 1 \end{bmatrix}$$

और $|I - A| = 0.95(0.90 \times 1 - (-0.12) \times (-0.38)) + 0.25\ (1 \times (-0.33) - (-0.12) \times (-0.19)) - 0.34(-0.33 \times (-0.38) - 0.90 \times (-0.19))$

$$= 0.95(0.90 - 0.05) + 0.25(-0.33 - 0.02) - 0.34(0.13 + 0.17)$$

$$= 0.95(0.85) + 0.25(-0.35) - 0.34(0.30) = 0.81 - 0.09 - 0.10 = 0.62$$

अब, अगर अंतिम माँग $D\begin{bmatrix} 1800 \\ 200 \\ 900 \end{bmatrix}$; सदिश है तो त्रि-उद्योग उत्पादन स्तर का निम्नलिखित हल होगा–

$$X = (I-A)^{-1}D \text{ अथवा } X = \frac{\text{adj.}(I-A)}{|I-A|}D$$

जहाँ $\text{adj.}(I-A) = \begin{bmatrix} 0.85 & 0.35 & 0.30 \\ 0.38 & 0.89 & 0.41 \\ 0.34 & 0.23 & 0.77 \end{bmatrix}^T = \begin{bmatrix} 0.85 & 0.38 & 0.34 \\ 0.35 & 0.89 & 0.23 \\ 0.30 & 0.41 & 0.77 \end{bmatrix}$

$\therefore X = \dfrac{1}{0.62} \begin{bmatrix} 0.85 & 0.38 & 0.34 \\ 0.35 & 0.89 & 0.23 \\ 0.30 & 0.41 & 0.77 \end{bmatrix} \begin{bmatrix} 1800 \\ 200 \\ 900 \end{bmatrix} = \dfrac{1}{0.62} \begin{bmatrix} 1912 \\ 1015 \\ 1315 \end{bmatrix} = \begin{bmatrix} 3083.87 \\ 1637.10 \\ 2120.97 \end{bmatrix}$ त्रि-उद्योगों का उत्पादन स्तर का हल है।

प्रश्न 42. (a) इस समस्या का रेखा चित्रीय विधि से समाधान करें—
न्यूनतम करें: $C = 0.6x_1 + x_2$
संरोधाधीन: $10x_1 + 4x_2 \geq 20$

$5x_1 + 5x_2 \geq 20$

$2x_1 + 6x_2 \geq 12$

x_1 और $x_2 \geq 0$ [दिसम्बर-2011, प्रश्न 10]

(b) यह भी बताएँ कि समाधान किसी कोण बिंदु पर ही क्यों होता है?

उत्तर— (a) दिया है

$C = 0.6x_1 + x_2$ जिसे न्यूनतम करना है।

$10x_1 + 4x_2 \geq 20$ के संरोधाधीन से

$5x_1 + 5x_2 \geq 20$

$2x_1 + 6x_2 \geq 12$

$x_1,$ और $x_2 \geq 0.$

चित्र में संभव क्षेत्र छायांकित है।

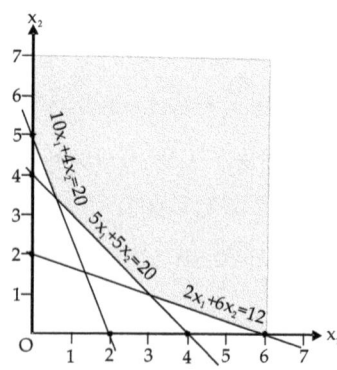

अब, हम संभव क्षेत्र के कोने के बिंदुओं पर C का मान निकालते हैं तथा हमें प्राप्त होता है,

$C(2,5) = 0.6(2) + 5 = 6.20$

$C(4,4)=0.6(4)+4=6.40$

$C(6,2)=0.6(6)+2=5.60$

अतः यह न्यूनतम है तथा C का मान 5.60 है जो (6, 2) पर उपस्थित है।

(b) माना $Ax=b$ का x एक सुसंगत हल है जो कि शून्य तथा बिना शून्य के साथ n–संघटक वेक्टर है।

पुनः माना x_B तथा B क्रमशः m आधारित चर तथा x के सुसंगत हल के बुनियादी चर से संबंधित वेक्टर मैट्रिक्स के वेक्टर हैं।

अतः $x=[x_B,0]$, ...(i)

जहाँ 0 (n –m) संघटक का असशक्त वेक्टर है।

तथा $Ax=b \Rightarrow B.\ x_B=b$ ...(ii)

अब हमें यह सिद्ध करना है कि x एक चरम बिंदु है इसे हम अंतर्विरोध का प्रयोग करके सिद्ध करेंगे।

माना x एक चरम बिंदु नहीं है। यदि X, $Ax=b$ के सभी सुसंगत हल का उत्तल सेट है तब, $x \in X$

यदि x एक चरम बिंदु नहीं है तब X में दो विशिष्ट बिंदु x_1 तथा x_2 इस प्रकार होंगे–

$x=\lambda x_1+(1-\lambda)x_2, 0<\lambda<1$ ...(iii)

किंतु x_1 तथा x_2 इस प्रकार लिए जा सकते हैं–

$x_1=[u_1,v_1]$ और $x_2=[u_2,v_2]$ ...(iv)

जहाँ u_1 तथा u_2 क्रमशः x_1 तथा x_2 के m घटक के वेक्टर हैं तथा v_1, v_2 (n – m) घटक के वेक्टर हैं।

x तथा x_1, x_2 का मान समी. (iii) में रखने पर–

$$[x_B,0]=\lambda[u_1,v_1]+(1-\lambda)[u_2,v_2], 0<\lambda<1$$

$$=[\lambda u_1+(1-\lambda)u_2, \lambda v_1+(1-\lambda)v_2]$$

$0=\lambda v_1+(1-\lambda)v_2, 0<\lambda<1$ ...(v)

अब $1>\lambda>0, 1-\lambda>0$ तथा v_1 और v_2 के 0 घटक ≥ 0

समी. (v) तभी संतुष्ट होगा जब

$v_1=0$ तथा $v_2=0$

$\therefore x_1=[u_1,0], x_2=[u_2,0]$

चूँकि x_1 और x_2X में हैं, इसलिए समी. (ii) से–

$Ax_1=Bu_1=b$ तथा $Ax_2=Bu_2=b$

या $b=Bx_B=Bu_1=Bu_2$

या $x_B=u_1=u_2$

$\therefore x=x_1=x_2$

जो कि $x_1 \neq x_2$ धारणा के विरुद्ध है।

x सभी सुसंगत हल के किसी भी दो अलग बिंदु के उत्तल संयोजन समूह के रूप में प्रकट नहीं किया जा सकता। अत: x एक चरम बिंदु होगा।

प्रश्न 43. आदान-उत्पाद आव्यूह हैं–

$$A = \begin{bmatrix} 0.1 & 0.3 & 0.1 \\ 0.0 & 0.2 & 0.2 \\ 0.0 & 0.0 & 0.3 \end{bmatrix}$$

अंतिम भाग स्तर हैं: F_1, F_2, F_3 इस प्रतिमान से संगत उत्पादन स्तर ज्ञात करें। यदि $F_1 = 20$, $F_2 = 0$ और $F_3 = 100$ तो उत्पादन के स्तर क्या होंगे?

[दिसम्बर-2011, प्रश्न 11]

उत्तर– दिया है, $A = \begin{bmatrix} 0.1 & 0.3 & 0.1 \\ 0.0 & 0.2 & 0.2 \\ 0.0 & 0.0 & 0.3 \end{bmatrix}$ तथा अंतिम माँग व्यूह $F = \begin{bmatrix} 20 \\ 0 \\ 100 \end{bmatrix}$ है।

चूँकि, $I - A = \begin{bmatrix} 1 & 0 & 0 \\ 0 & 1 & 0 \\ 0 & 0 & 1 \end{bmatrix} - \begin{bmatrix} 0.1 & 0.3 & 0.1 \\ 0.0 & 0.2 & 0.2 \\ 0.0 & 0.0 & 0.3 \end{bmatrix} = \begin{bmatrix} 0.9 & -0.3 & -0.1 \\ 0 & 0.8 & -0.2 \\ 0 & 0 & 0.7 \end{bmatrix}$

$\therefore |I - A| = 0.9(0.8 \times 0.7 - (-0.2) \times 0) + 0.3(0 \times 0.7 - 0 \times (-0.2)) - 0.1(0 \times 0 - 0 \times 0.8)$

$= 0.9(0.56 - 0) + 0.3(0 - 0) - 0.1(0 - 0) = 0.50 + 0 - 0 = 0.50$

चूँकि, अंतिम माँग सदिश $F = \begin{bmatrix} 20 \\ 0 \\ 100 \end{bmatrix}$ है तब सकल उत्पादन स्तर निम्नलिखित मॉडल के साथ संगत होंगे–

$$X = (I - A)^{-1} D \text{ अथवा } X = \frac{1}{0.50} \text{adj.}(I - A) \begin{bmatrix} 20 \\ 0 \\ 100 \end{bmatrix}$$

जहाँ $\text{adj}(I - A) = \begin{bmatrix} 0.56 & 0 & 0 \\ 0.21 & 0.63 & 0 \\ 0.14 & -0.18 & 0.72 \end{bmatrix}^T = \begin{bmatrix} 0.56 & 0.21 & 0.14 \\ 0 & 0.63 & -0.18 \\ 0 & 0 & 0.72 \end{bmatrix}$

$\therefore X = \frac{1}{0.50} \begin{bmatrix} 0.56 & 0.21 & 0.14 \\ 0 & 0.63 & -0.18 \\ 0 & 0 & 0.72 \end{bmatrix} \begin{bmatrix} 20 \\ 0 \\ 100 \end{bmatrix} = \frac{1}{0.50} \begin{bmatrix} 25.20 \\ -18 \\ 72 \end{bmatrix} = \begin{bmatrix} 50.40 \\ -36 \\ 144 \end{bmatrix}$

प्रश्न 44. **आपके पास निम्नलिखित प्रौद्योगिकी आव्यूह हैं। संतुलन कीमतों का पता लगाइए यदि मजदूरी दर 100 प्रति दिवस है।**

	इस्पात	कोयला	अंतिम माँग
इस्पात	0.4	0.1	50
कोयला	0.7	0.6	100
श्रम	5	2	

[जून-2012, प्रश्न 1 (b)]

उत्तर– यहाँ तकनीकी आव्यूह $A = \begin{bmatrix} 0.4 & 0.1 \\ 0.7 & 0.6 \end{bmatrix}$ है तथा अंतिम माँग आव्यूह $D = \begin{bmatrix} 50 \\ 100 \end{bmatrix}$ है।

चूँकि, $I - A = \begin{bmatrix} 1 & 0 \\ 0 & 1 \end{bmatrix} - \begin{bmatrix} 0.4 & 0.1 \\ 0.7 & 0.6 \end{bmatrix} = \begin{bmatrix} 0.6 & -0.1 \\ -0.7 & 0.4 \end{bmatrix}$

$\therefore |I - A| = 0.6 \times 0.4 - (-0.1)(-0.7) = 0.24 - 0.07 = 0.17$

चूँकि, $|I - A| \neq 0, (I - A)^{-1}$ अस्तित्व में है।

अत: जब मजदूरी दर प्रति मजदूर प्रति दिन ₹100 है तब संतुलन कीमतें होंगी–

$$\begin{bmatrix} p_1 \\ p_2 \end{bmatrix} = (I - A)^{-1} \begin{bmatrix} l_1 w \\ l_2 w \end{bmatrix}$$

$$= \frac{1}{0.17} \begin{bmatrix} 0.6 & -0.1 \\ -0.7 & 0.4 \end{bmatrix}^T \begin{bmatrix} 100 \times 5 \\ 100 \times 2 \end{bmatrix} = \frac{1}{0.17} \begin{bmatrix} 0.4 & 0.1 \\ 0.7 & 0.6 \end{bmatrix} \begin{bmatrix} 500 \\ 200 \end{bmatrix}$$

$$= \frac{1}{0.17} \begin{bmatrix} 220 \\ 470 \end{bmatrix} = \begin{bmatrix} 1294.12 \\ 2764.71 \end{bmatrix}$$

इस प्रकार संतुलन कीमतें ₹1294.12 तथा ₹2764.71 हैं।

प्रश्न 45. **रैखिक प्रोग्रामन समस्या पर विचार कीजिए।**

अधिकतम करें: (Maximise)

$Z = 5x_1 + 10x_2$

बशर्ते कि

$x_1 + 3x_2 \leq 50$

$4x_1 + 2x_2 \leq 60$

$x_1 \leq 5$

$x_1, x_2 \geq 0$ **[जून-2012, प्रश्न 1 (b)]**

(i) उपर्युक्त रैखिक प्रोग्रामन समस्या के द्वैध को व्यक्त कीजिए।

(ii) दिया गया है कि (5, 15) उपर्युक्त रैखिक प्रोग्रामन समस्या का इष्टतम समाधान है। द्वैध (dual) के लिए इष्टतम समाधान का पता लगाइए।

उत्तर– (i) इस रैखिक प्रोग्रामन समस्या का द्वैध है–

निम्नतम $z' = 50w_1 + 60w_2 + 5w_3$

बशर्ते

$w_1 + 4w_2 + w_3 \geq 5$

$3w_1 + 2w_2 \qquad \geq 10$

$w_1, \quad w_2, \ w_3 \geq 0$

(ii) शिथिलता के सिद्धांत के अनुसार, माना x एक रैखिक प्रोग्रामन समस्या का इष्टतम सिद्धांत है तथा w द्वैध समस्या का इष्टतम समाधान है। माना कि जब हम x को मौलिक समस्या की i^{th} भिन्नता में प्लग करते हैं तब w के सभी i^{th} घटक शून्य होंगे।

हम इस सिद्धांत में द्वैध भी लागू कर सकते हैं जो बताता है कि अगर हम w को द्वैध समस्या में प्लग करें और देखें कि इस समस्या की j^{th} भिन्नता निष्क्रिय है तब x के j^{th} घटक शून्य हैं।

(5, 15) को मौलिक समस्या में प्लग करने पर दूसरी विभिन्नता $4(5)+2(15) \leq 60$, हो जाएगी जो कि निष्क्रिय है। इसलिए पूरक निष्क्रियता के सिद्धांत द्वारा $w_2 = 0$ है।

अब हम द्वैध समस्या की दूसरी विभिन्नता पर प्रकाश डालते हैं, जो हमें बतलाता है कि $3w_1 + 2w_2 \geq 10$. किंतु हम जानते हैं कि $w_2 = 0$ है इसलिए यह $3w_1 \geq 10$ है। अगर यह विभिन्नता निष्क्रिय थी तब पूरक निष्क्रियता सिद्धांत का द्वैध संस्करण कहता है कि $x_2 = 0$. लेकिन यह स्थिति नहीं हो सकती क्योंकि $x_2 = 15 \neq 0$ चूँकि यह विभिन्ता घनिष्ठ है इसलिए $3w_1 = 10$ या $w_1 = 10/3$

इसी प्रकार द्वैध समस्या में प्रथम विभिन्नता निष्क्रिय नहीं हो सकती। इसलिए $w_1 = 10/3$ तथा $w_2 = 0$ का प्रतिस्थापन करने पर हमें $\frac{10}{3} + w_3 = 5$, तथा $w_3 = 5/3$ प्राप्त होता है।

इसलिए $w_1 = 10/3, w_2 = 0$ तथा $w_3 = 5/3$ द्वैध समस्या का इष्टतम समाधान देते हैं।

प्रश्न 46. निम्नलिखित आव्यूह के प्रतिलोम को ज्ञात कीजिए।

$$\mathbf{A} = \begin{bmatrix} 1 & 3 & 2 \\ 3 & 10 & 6 \\ 2 & 5 & 5 \end{bmatrix}.$$

[दिसम्बर-2012, प्रश्न 3]

उत्तर– दिया है $|A| = \begin{vmatrix} 1 & 3 & 2 \\ 3 & 10 & 6 \\ 2 & 5 & 5 \end{vmatrix}$

$$\Rightarrow |A| = (-1)^{1+1}\begin{vmatrix} 10 & 6 \\ 5 & 5 \end{vmatrix} + 3(-1)^{1+2}\begin{vmatrix} 3 & 6 \\ 2 & 5 \end{vmatrix} + 2(-1)^{1+3}\begin{vmatrix} 3 & 10 \\ 2 & 5 \end{vmatrix}$$

$$= (50-30) - 3(15-12) + 2(15-20) = 20 - 9 - 10 = 1 \neq 0$$

अर्थात् A विद्यमान है।

माना $A = [a_{ij}]$ में C_{ij}, a_{ij} का सहगुणनखंड है, तब,

$$C_{11} = (-1)^{1+1}\begin{vmatrix} 10 & 6 \\ 5 & 5 \end{vmatrix} = 20, C_{12} = (-1)^{1+2}\begin{vmatrix} 3 & 6 \\ 2 & 5 \end{vmatrix} = -3,$$

$C_{13} = (-1)^{1+3} \begin{vmatrix} 3 & 10 \\ 2 & 5 \end{vmatrix} = -5, C_{21} = (-1)^{2+1} \begin{vmatrix} 3 & 2 \\ 5 & 5 \end{vmatrix} = -5,$

$C_{22} = (-1)^{2+2} \begin{vmatrix} 1 & 2 \\ 2 & 5 \end{vmatrix} = 1, C_{23} = (-1)^{2+3} \begin{vmatrix} 1 & 3 \\ 2 & 5 \end{vmatrix} = 1,$

$C_{31} = (-1)^{3+1} \begin{vmatrix} 3 & 2 \\ 10 & 6 \end{vmatrix} = -2, C_{32} = (-1)^{3+2} \begin{vmatrix} 1 & 2 \\ 3 & 6 \end{vmatrix} = 0, C_{33} = (-1)^{3+3} \begin{vmatrix} 1 & 3 \\ 3 & 10 \end{vmatrix} = 1$

$\therefore \text{adj.} A = \begin{bmatrix} 20 & -3 & -5 \\ -5 & 1 & 1 \\ -2 & 0 & 1 \end{bmatrix}^T = \begin{bmatrix} 20 & -5 & -2 \\ -3 & 1 & 0 \\ -5 & 1 & 1 \end{bmatrix}$

अतः, $A^{-1} = \dfrac{1}{|A|} \text{adj.} A = \dfrac{1}{1} \begin{bmatrix} 20 & -5 & -2 \\ -3 & 1 & 0 \\ -5 & 1 & 1 \end{bmatrix} = \begin{bmatrix} 20 & -5 & -2 \\ -3 & 1 & 0 \\ -5 & 1 & 1 \end{bmatrix}$

प्रश्न 47. C = 20x + 40y का न्यूनतमीकरण कीजिए जबकि
36x + 6y ≥ 108
3x + 12y ≥ 36
20x + 10y ≥ 100
x ≥ 0, y ≥ 0

उत्तर— व्यवरोध असमिकाओं के ग्राफ को निम्न चित्र में दिखाया गया है—

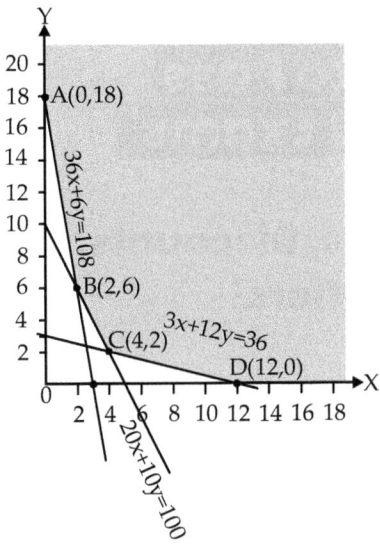

यहाँ,
C (A) = C (0, 18) = 20 × 0 + 40 × 18 = 720
C (B) = C (2, 6) = 20 × 2 + 40 × 6 = 280

C (C) = C (4, 2) = 20 × 4 + 40 × 2 = 160
C (D) = C (12, 0) = 12 × 20 + 0 × 40 = 240

अतः हम देख सकते हैं कि C का न्यूनतम मान 160 है जो कि $x = 4$ तथा $y = 2$ पर आएगा।

5

अध्याय

सांख्यिकीय विधियाँ-I
(Statistical Methods-I)

भूमिका

आर्थिक सिद्धांत आर्थिक नियमों पर विचार करते हैं। ये नियम (या प्राक्कल्पनाएँ) व्यष्टि एवं समष्टि दोनों ही स्तरों पर विभिन्न अभिकर्त्ताओं के आर्थिक व्यवहारों पर गुणात्मक कथन हैं। यद्यपि ऐसे गुणात्मक कथनों की वैधता, उपलब्ध आँकड़ों के द्वारा कठिन इंद्रियानुभविक सत्यापन पर निर्भर करती है।

यदि कोई आर्थिक नियम वास्तविक जगत की परिस्थितियों में सही बैठ रहा है, तो वह सुसंगत आँकड़ों के प्रदर्शित प्रतिरूप में भी परिलक्षित होना चाहिए। ऐसे प्रतिरूपों की पहचान एवं परीक्षण में विभिन्न सांख्यिकीय तकनीकों का अनुप्रयोग किया जाता है। इस प्रकार के उद्देश्य से प्रयुक्त किया जाने वाला प्राथमिक सांख्यिकीय यंत्र प्रतीपगमन प्रतिमान (Regression Model) है। इसलिए, प्रतीपगमन प्रतिमान की विस्तृत जानकारी अनुप्रयोगात्मक अर्थशास्त्र में किसी प्रकार के अनुसंधान को पूरा करने के लिए नितांत आवश्यक समझी जाती है।

प्रश्न 1. सांख्यिकी की परिभाषा दीजिए।

उत्तर— सांख्यिकी से हमारा अभिप्राय तथ्यों के उस समूह से है जो कि अनेक कारणों द्वारा पर्याप्त सीमा तक प्रभावित होते हैं, जो संख्यात्मक रूप में व्यक्त किए जाते हैं, यथोचित शुद्धता के अनुसार गिने अथवा अनुमानित किए जाते हैं, जो किसी पूर्व-निश्चित उद्देश्य के लिए एक सुव्यवस्थित ढंग से एकत्रित किए जाते हैं तथा जो एक-दूसरे के तुलनात्मक रूप में पेश किए जा सकते हैं।

प्रश्न 2. आँकड़ों की सारणीबद्ध प्रस्तुति को दर्शाइए।

उत्तर— आँकड़ों के सारणीकरण को आवृत्तों एवं स्तंभों में सांख्यिकीय आँकड़ों के उस तर्कमूलक एवं योजनाबद्ध व्यवस्थापन के रूप में परिभाषित किया जाता है जो प्रस्तुति को सरलीकृत करने एवं तत्काल तुलना में सहायता करने हेतु अभिकल्पित होता है। सारणीबद्ध प्रस्तुति में त्रुटियों एवं चूकों का तत्काल निराकरण किया जा सकता है। सारणीबद्ध प्रस्तुति में व्याख्यात्मक शब्दों एवं वाक्यांशों की पुनरावृत्ति से बचा जा सकता है। आँकड़ों को प्रस्तुत करने के लिए तैयार की गई किसी तालिका अथवा सारणी में निम्नलिखित भाग होते हैं–

- **शीर्षक**–यह विषय-सूची का संक्षिप्त विवरण होता है और तालिका के शीर्ष पर दर्शाया जाता है।
- **प्रतिपर्ण या मुसन्ना**–तालिका का नितांत बायाँ भाग प्रतिपर्ण या मुसन्ना कहलाता है। यहाँ आवृत्तों के विवरण दर्शाए जाते हैं।
- **स्तंभ-शीर्ष व सिरनामा**–तालिका का ऊपरी भाग जो स्तंभ एवं उप-स्तंभ का विवरण दर्शाता है, वह स्तंभ-शीर्ष कहलाता है। यदि इस ऊपरी भाग की पंक्ति में स्तंभ-शीर्ष, माप की इकाइयाँ एवं स्तंभ संख्या, शामिल होती हैं तो यह भाग सिरनामा या बॉक्स-शीर्ष कहलाता है।
- **विषय-वस्तु**–तालिका का यह भाग आँकड़े एकत्रित करता है।
- **पाद टिप्पणी**–इस भाग में यदि आँकड़ों एवं व्याख्याओं का स्रोत हो तो उसे दर्शाते हैं।

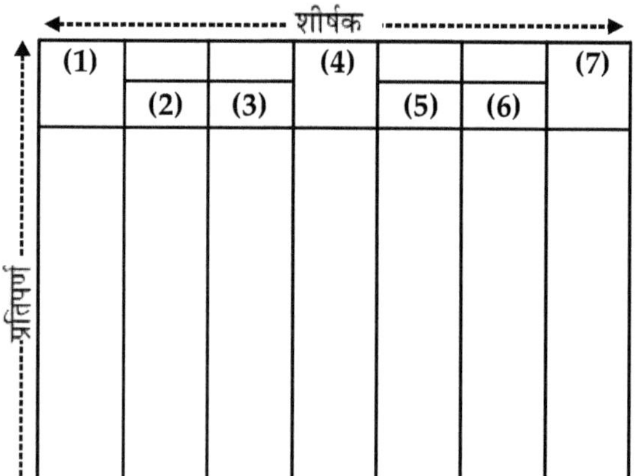

प्रश्न 3. प्राथमिक तथा द्वितीयक आँकड़ों से आप क्या समझते हैं? ये एक-दूसरे से किस प्रकार भिन्न हैं?

उत्तर– प्राथमिक आँकड़े–प्राथमिक आँकड़े वे हैं जो पूछताछ या जाँच के क्षेत्र में सीधे किसी विशिष्ट उद्देश्य से एकत्र किए जाते हैं और इसी कारण ये स्वभाव से प्राथमिक होते हैं।

प्राथमिक समंकों के संपादन के लिए निम्नलिखित चार प्रकार की संपादन क्रियाओं की ओर विशेष रूप से ध्यान देना चाहिए। इन चार प्रकार की संपादन क्रियाओं का उल्लेख **बेले** व **कमिंग्स** ने इस प्रकार किया है–

- प्रश्नावली में दिए गए कुछ प्रश्नों के उत्तरों की सत्यता और यथार्थता की जाँच उनके उत्तरों की आपसी तुलना से की जा सकती है। उत्तर ठीक तथा विश्वसनीय हैं, इसके लिए प्रश्नावली की एक बार पुन: जाँच कर लेनी चाहिए अथवा सूचना देने वालों के पास सूची को दो बार भेज देना चाहिए, जिससे ठीक उत्तर प्राप्त हो सके। प्रश्नावली में अधिकतर अथवा प्रश्नों के उत्तरों में असंगति होने पर उन्हें अस्वीकार कर देना चाहिए।
- प्रश्नावली में दिए गए सभी प्रश्नों के उत्तरों में एकरूपता होनी अति आवश्यक है। लेकिन कभी-कभी प्रश्नों के उत्तरों में एकरूपता का अभाव भी दिखाई देता है, जिससे शुद्ध एवं विश्वसनीय निष्कर्ष प्राप्त नहीं किए जा सकते। प्राप्त समंकों में एकरूपता लाने के लिए अनुसंधानकर्त्ता द्वारा अशुद्धियों का संशोधन किया जाए, ताकि शुद्ध परिणाम प्राप्त हो सकें।
- अनुसंधानकर्त्ता को इस बात का भी विशेष ध्यान रखना चाहिए कि प्रश्नावली में दिए गए सभी प्रश्नों के उत्तर प्राप्त कर लिए गए हैं अथवा नहीं। यदि कुछ प्रश्नों के उत्तर प्राप्त नहीं हुए हों, तो उनकी सूचना देने वालों से संपर्क स्थापित करके प्रश्नावली के सभी प्रश्नों के उत्तर प्राप्त कर लेने चाहिएँ। यदि संभव प्रयत्न करने के बाद भी प्रश्नावली में दिए गए प्रश्नों में से कुछ प्रश्नों के उत्तर प्राप्त नहीं होते, तो उस प्रश्नावली को छोड़ देना चाहिए।
- प्रश्नावली में दिए गए प्रश्नों के उत्तर प्राप्त होने के बाद अनुसंधानकर्त्ता को इस बात की जानकारी प्राप्त कर लेनी चाहिए कि संगृहीत प्राथमिक सामग्री शुद्धता के निर्धारित स्तर के अनुसार है अथवा नहीं। हालाँकि संगृहीत सामग्री की वास्तविकता व शुद्धता का परीक्षण करना संपादन का एक कठिन कार्य है।

द्वितीयक आँकड़े–किसी अन्य संस्था या व्यक्ति द्वारा एकत्रित या विश्लेषित किए गए आँकड़ों को द्वितीयक आँकड़े कहा जाता है। प्रत्येक अध्ययन के समय विशेष अन्वेषण एवं अनुसंधान की आवश्यकता नहीं होती बल्कि ये सांख्यिकीय सूचनात्मक आँकड़े हमें विभिन्न संस्थाओं या समय-समय पर प्रकाशित की गई सूचनाओं से प्राप्त हो सकते हैं। कुछ संस्थाएँ ऐसी भी हैं जिनका मुख्य कार्य समय-समय पर अनुसंधान करना व सूचनाएँ संकलित करना है।

द्वितीयक आँकड़ों की सीमाएँ (Limitations of Secondary Data)—द्वितीयक आँकड़ों की निम्नलिखित सीमाएँ होती हैं—

- हो सकता है कि वे उपयुक्त क्रियाविधि द्वारा संकलित न किए गए हों।
- हो सकता है कि एकत्रित किए गए आँकड़े उद्देश्य के अनुकूल न हों। एक विशेष आधार पर एकत्रित की गई सूचना किसी अन्य अन्वेषण के लिए असंबद्ध अथवा अनुपयुक्त हो सकती है।
- वे पक्षपातपूर्ण अन्वेषण या व्यक्तिगत पूर्वाग्रहों से प्रेरित हो सकते हैं।
- हो सकता है कि वे आँकड़े पुराने हों एवं वर्तमान समय में उपयुक्त न हों।
- हो सकता है कि उनमें पर्याप्त शुद्धता न हो।
- हो सकता है कि अनुसंधान संपूर्ण अवधि के बारे में न हो।

द्वितीयक आँकड़ों के उपयोग में सावधानियाँ (Precautions in the Use of Secondary Data)—द्वितीयक आँकड़ों का उपयोग करने से पूर्व अन्वेषक को निम्न बातों को ध्यान में रखना चाहिए—

- क्या आँकड़े विश्वसनीय हैं?
- क्या आँकड़े अन्वेषण के उद्देश्य के अनुकूल हैं?
- क्या आँकड़े पर्याप्त हैं?
- क्या आँकड़े उचित विधि द्वारा संकलित किए गए हैं?
- किस स्रोत द्वारा आँकड़े एकत्रित किए गए हैं?
- आँकड़े किसने संकलित किए हैं?
- क्या आँकड़े पूर्वाग्रह से प्रभावित हैं?

अतः द्वितीयक आँकड़ों को तब तक प्रत्यक्ष रूप में प्रयोग नहीं करना चाहिए जब तक इन आँकड़ों का उचित परीक्षण न हो जाए।

प्रश्न 4. आरेखों के प्रकारों की उदाहरण सहित व्याख्या कीजिए।

उत्तर— आरेखों के प्रकार—आरेखों का वर्गीकरण सामान्यतः लंबाई, चौड़ाई और ऊँचाई के आधार पर किया जाता है। मोटे तौर पर आरेखों का वर्गीकरण एक-विमितीय (One-dimensional) आरेख तथा द्वि-विमितीय (Two-dimensional) आरेख के रूप में किया जाता है, जिसका वर्णन इस प्रकार है—

(1) एक-विमितीय आरेख—एक-विमितीय आरेख को दंड आरेख भी कहा जाता है जिनका सामान्य रूप से अधिक प्रयोग किया जाता है। इन्हें एक-विमितीय आरेख इसलिए कहा जाता है, क्योंकि इनमें मापदंड का महत्त्व दंडों की ऊँचाई से होता है, चौड़ाई से नहीं। एक-विमितीय आरेखों के प्रकार निम्नलिखित होते हैं—

(क) सरल दंड आरेख (Simple Bar Diagram)—सरल दंड आरेख में एक ही प्रकार के चरों को प्रस्तुत किया जा सकता है, जैसे विद्यार्थी, कीमतें, उत्पादन, जनसंख्या, बिक्री आदि। ये दंड आरेख आड़ी या खड़ी रेखाओं के आधार पर ही बनाए जा सकते हैं, किंतु आड़ी रेखा के आधार पर बनाए गए (उदग्र या खड़े) दंड अधिक प्रचलित हैं। ये सरल दंड आरेख एक चर को प्रस्तुत करने के लिए उपयोग में लाए जाते हैं। इन दंडों में एक रंग भरकर अथवा छायाकरण (Shading) करके इन्हें और अधिक आकर्षक बनाया जा सकता है।

क्षैतिज रेखा पर बनाए गए उद्ग्र दंड वाले आरेख अधिक प्रचलित व उपयोग में लाए जाते हैं। दंडों की चौड़ाई एक समान होनी चाहिए तथा दंडों के बीच का अंतर भी समान होना चाहिए। सरल दंड आरेख बनाते समय श्रेणी के अधिकतम मूल्यों के आधार पर स्केल निर्धारित करना होता है।

(ख) उपविभाजित दंड आरेख—इन आरेखों को अंतर्विभक्त दंड आरेख (Sub-divided Bar Diagram) भी कहा जाता है। इन आरेखों का प्रयोग दिए गए आँकड़ों में चरों के कुल मूल्य एवं उप-विभाजन को प्रदर्शित करने के लिए किया जाता है। सर्वप्रथम कुल मूल्यों को दर्शाते हुए दंड बनाए जाते हैं तथा प्रत्येक दंड को उसके मूल्य के अनुमान के अनुसार विभिन्न विभागों में विभक्त कर दिया जाता है। दंड के प्रत्येक विभाग को अलग-अलग चिह्नों जैसे–बिंदु, रेखाओं या फिर अलग-अलग रंगों द्वारा स्पष्ट अंतर दर्शाने योग्य बनाया जाता है। यहाँ यह ध्यान रखना चाहिए कि प्रत्येक दंड के सभी विभागों का क्रम एक समान हो। अंत में, आरेख के साथ सारणी (Index) का होना भी आवश्यक है जिससे कि दंड के विभागों को स्पष्ट किया जा सके।

उदाहरण–

तालिका 5.1: चलती हुई यात्री गाड़ियों में अपराधों का विवरण

वर्ष	हत्याएँ	डकैती	लूट	योग
2001	108	82	321	511
2002	131	115	386	632
2003	127	114	352	593
2004	102	70	285	457
2005	75	68	245	388

चलती हुई यात्री गाड़ी में अपराध (2001–2005)
स्केल : 1 सेमी. = 200 अपराध

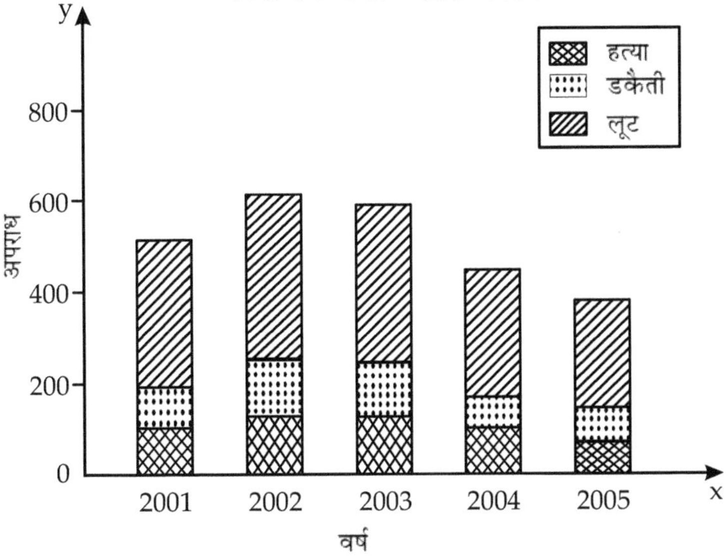

चित्र 5.1: चलती हुई यात्री गाड़ियों में अपराधों का विवरण

(ग) बहुदंड आरेख (Multiple Bar Diagram)—जब दो या दो से अधिक चरों के बीच तुलना की जाती है तब बहुतादंड आरेखों का प्रयोग किया जाता है। बहुदंड आरेख दो या दो से अधिक अंतर्संबंधित आँकड़ों को दर्शाता है। इन आरेखों को मिश्रित दंड आरेख (Compound Bar Diagram) भी कहा जाता है। बहुदंड आरेख बनाने की मूल विधि वही है जो सरल दंड आरेख बनाने की है। इस प्रकार के आरेख बनाने में प्रत्येक मूल्य को दर्शाने के लिए अलग-अलग दंड बनाए जाते हैं। एक स्थान या समय से संबंधित दंडों को एक-दूसरे से मिलाकर बनाया जाता है। थोड़ी जगह छोड़कर या समय से संबंधित दंडों को उसी क्रम में बनाया जाता है। दंडों के अंतर स्पष्ट करने के लिए उन्हें अलग-अलग रंगों तथा चिह्नों से अंकित किया जाता है। दंडों के रंग तथा चिह्नों को स्पष्ट करने के लिए आरेख के साथ-साथ सारणी बनाई जाती है। दंडों के इन युगलों को उदग्र रेखा पर आड़ा अंकित करके भी बनाया जाता है।

उदाहरण—

तालिका 5.2: चलती हुई यात्री गाड़ियों में अपराध का विवरण

वर्ष	हत्या	डकैती	लूट
2001	108	82	321
2002	131	115	386
2003	97	114	352
2004	102	70	285
2005	75	68	245

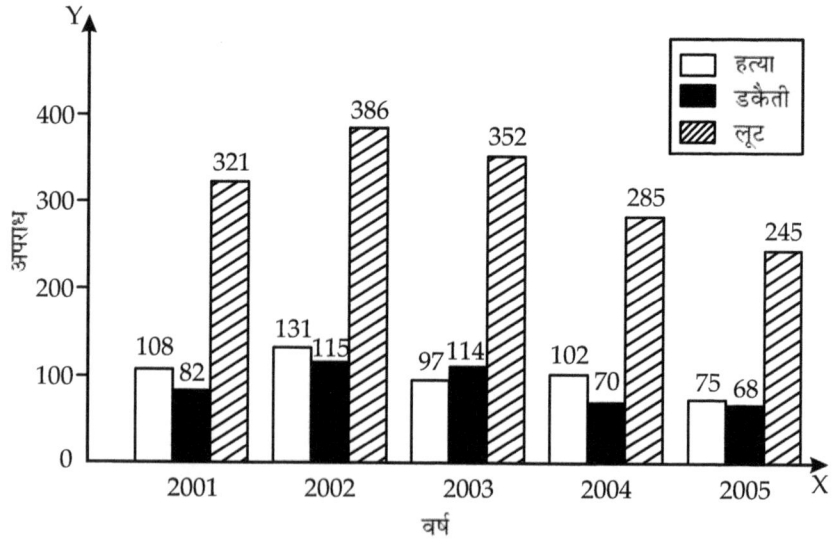

चित्र 5.2: चलती हुई यात्री गाड़ियों में अपराध का विवरण

(2) द्वि-विमितीय आरेख—द्वि-विमितीय आरेख दो विमाओं अर्थात् लंबाई और चौड़ाई के आधार पर बनाए जाते हैं क्योंकि लंबाई और चौड़ाई का गुणनफल, क्षेत्रफल के परिमाण को संकेतित करता है, इस प्रकार के आरेख को क्षेत्रफल आरेख कहा जाता है।

द्वि-विमितीय आरेखों को निम्न वर्गों में विभाजित किया जा सकता है–

(क) आयत चित्र–अखंडित अथवा सतत् श्रेणी का प्रदर्शन आयत चित्र द्वारा किया जा सकता है। इसकी रचना करने के लिए पदों के विभिन्न वर्गों की चौड़ाई तथा आवृत्ति की लंबाई के आयत बनाए जाते हैं। वर्गांतरों (Class-intervals) की सीमाओं को X-अक्ष पर तथा आवृत्तियों को Y-अक्ष पर प्रदर्शित किया जाता है। आयतों की संख्या, वर्गांतरों की संख्या के बराबर होती है और वर्गांतरों के आयत एक-दूसरे से सटे रहते हैं। समावेशी अखंडित श्रेणी (Continuous Inclusive Series) को अपवर्जी अखंडित श्रेणी (Continuous Exclusive Series) में परिवर्तित करके ही रेखाचित्रों द्वारा प्रस्तुत किया जा सकता है।

(ख) वर्ग और वृत्त–वर्ग और वृत्त भी द्वि-विमितीय आरेख हैं क्योंकि ये भी क्षेत्रफल को निरूपित करते हैं। वर्ग की सभी भुजाएँ समान होती हैं, अत: वर्ग की स्थिति में लंबाई और चौड़ाई समान होती है। वर्ग की एक भुजा निर्धारित करने के लिए हम निर्दिष्ट आँकड़ों का वर्गमूल परिकलित करते हैं और फिर वर्ग की संरचना करने के लिए एक अपयुक्त स्केल को अपनाते हैं। यदि एक ही आरेख में एक से अधिक वर्ग बनाए जाएँ तो सभी वर्गों के आधार एक ही रेखा पर लेते हैं। वृत्त भी क्षेत्रफल को निरूपित करता है, जो सूत्र π^2 द्वारा परिकलित किया जाता है। वृत्त की संरचना के लिए हम उस वृत्त की त्रिज्या (radius) ज्ञात करते हैं। विभिन्न वृत्तों के अनुपात ज्ञात करने के लिए हम निर्दिष्ट आँकड़ों के वर्गमूल परिकलित करते हैं। जब एक ही आरेख में, एक से अधिक वृत्त बनाने हों तो विभिन्न वृत्तों के केंद्र-बिंदु एक ही सरल रेखा पर होने चाहिए। जैसा कि निर्दिष्ट आँकड़ों के वर्गमूल ज्ञात करने पर बड़े मान काफी कम हो जाते हैं। सामान्यत: वृत्त आरेख का प्रयोग उस स्थिति में किया जाता है, जब एक ही चर के विभिन्न मानों को बिना किसी उपविभाजन के प्रदर्शित करना हो।

(ग) वृत्त आरेख–वृत्त आरेख को "पाइ चार्ट" अथवा "कोणीय आरेख" भी कहा जाता है। वृत्त आरेख क्षेत्रीय प्रदर्शन के लिए उपयुक्त हैं। इसको बनाना सरल होता है। वृत्त आरेख द्वारा वृत्त, उसके विभागों द्वारा संपूर्ण तथा उनके अंशों का भली-भाँति प्रदर्शन किया जा सकता है। दिए गए आँकड़ों के अनुपात के आधार पर छोटे तथा बड़े वृत्त बनाए जाते हैं। सभी वृत्तों के केंद्र एक ही क्षितिज रेखा पर होने चाहिए तथा उन वृत्तों के आपस में बराबर अंतर छोड़ना चाहिए। केंद्र से सभी वृत्तों का योग 360° या 2π होता है। इसलिए इस आरेख को वृत्त आरेख (कोणीय) अथवा 'पाइ डायग्राम' कहते हैं।

वृत्त आरेख का प्रयोग किसी तथ्य के विभिन्न मूल्यों के प्रतिशत को प्रदर्शित करने के लिए किया जाता है। उदाहरणार्थ, संपूर्ण वृत्त सरकारी व्यय को प्रदर्शित करता है तथा उसके विभिन्न भाग सरकारी व्यय के विभिन्न मदों को दर्शाते हैं, जैसे–कृषि, उद्योग, सुरक्षा, यातायात, शिक्षा आदि तथा इसी प्रकार पारिवारिक व्यय, भोजन, वस्त्र, किराया, शिक्षा आदि को दर्शाते हैं। यदि श्रेणी बहुत अधिक भागों में विभाजित हो या श्रेणी के भागों में अंतर बहुत कम हो तो वृत्त आरेख की तुलना में दंड आरेख अधिक प्रभावी होते हैं।

प्रश्न 5. उपयुक्त आरेखों की सहायता से बारंबारता बहुभुज, प्रायिकता बहुभुज और तोरणों के मध्य अंतर स्पष्ट कीजिए।

उत्तर– बारंबारता बहुभुज–बारंबारता बहुभुज शब्द बहुभुज से लिया गया है। जिसका अर्थ बहुत भुजाओं वाला चित्र होता है। सांख्यिकी में इसका अर्थ बारंबारता बंटन का आलेख है। आयत

चित्र की विभिन्न आयतों के शिखर के मध्य बिंदुओं को सरल रेखाओं से जोड़ने पर हमें बारंबारता बहुभुज प्राप्त होता है, जैसा चित्र 5.3 में दर्शाया गया है। इस चित्र में बहुभुज तथा आयत चित्र के अंतर्गत क्षेत्रफल बराबर रखने के लिए इच्छाधीन दो वर्ग, शून्य बारंबारता सहित, बंटन के दोनों सिरों पर सम्मिलित किए जाते हैं। यह बारंबारता बहुभुज चित्र 5.3 में दर्शाया गया है।

तालिका 5.3

मासिक आय (₹)	परिवारों की संख्या (बारंबारता)
500 लेकिन 550 से कम	5
550 लेकिन 600 से कम	6
600 लेकिन 650 से कम	10
650 लेकिन 700 से कम	12
700 लेकिन 750 से कम	9
750 लेकिन 800 से कम	5
800 लेकिन 850 से कम	3
योग	50

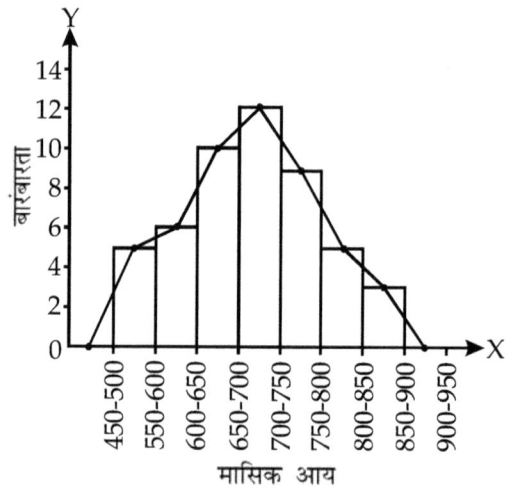

चित्र 5.3: बारंबारता बहुभुज

प्रायिकता बहुभुज—प्रायिकता बहुभुज क्रमागत आयतों के शीर्षों के मध्य-बिंदुओं को मिलाकर प्राप्त किया जा सकता है। किसी प्रायिकता बहुभुज के दो अंत-बिंदुओं को प्रायिकता बंटन के अंत में खाली वर्गों के मध्य-मानों की आधार-रेखा तक मिलाया जाता है।

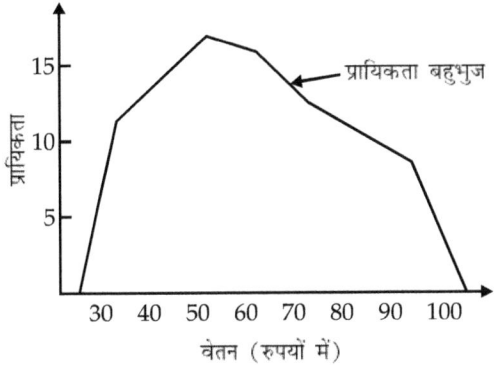

चित्र 5.4: किसी मोहल्ले में अस्थायी श्रमिकों का वितरण दर्शाता प्रायिकता बहुभुज

संचयी बारंबारता वक्र-तोरण—एक संचयी बारंबारता वक्र के आलेख को संचयी बारंबारता वक्र या तोरण कहते हैं। जिस प्रकार एक संचयी बारंबारता वक्र 'से कम' या 'से अधिक' हो सकते हैं, उसी प्रकार 'से कम' या 'से अधिक' तोरण हो सकते हैं।

तोरणों का उपयोग विभिन्न विभाजन मूल्यों के आलेखी निर्धारण के लिए किया जाता है। हम दी हुई सीमाओं के मध्य, प्रेक्षणों का प्रतिशत भी ज्ञात कर सकते हैं। तालिका 5.4 तथा 5.5 में दिए हुए संचयी बारंबारता बंटन, चित्र 5.5 में दर्शाए गए हैं।

तालिका 5.4: 'से कम' संचयी बारंबारता बंटन

मासिक आय (₹)	(बारंबारता)		
	सरल		संचयी
550 से कम	5		5
600 से कम	6	5+6	11
650 से कम	10	5+6+10	21
700 से कम	12	5+6+10+12	33
750 से कम	9	5+6+10+12+9	42
800 से कम	5	5+6+10+12+9+5	47
850 से कम	3	5+6+10+12+9+5+3	50

तालिका 5.5: 'से अधिक' संचयी बारंबारता बंटन

मासिक आय (₹)	(बारंबारता)		
	सरल		संचयी
500 से अधिक	5	3+5+9+12+10+6+5	50
550 से अधिक	6	3+5+9+12+10+6	45
600 से अधिक	10	3+5+9+12+10	39
650 से अधिक	12	3+5+9+12	29
700 से अधिक	9	3+5+9	17
750 से अधिक	5	3+5	8
800 से अधिक	3		3

'से कम' तोरण के लिए हम एक वर्ग अंतराल '500 से कम', शून्य बारंबारता सहित सम्मिलित कर लेते हैं। इसी प्रकार 'से अधिक' तोरण के लिए हम एक वर्ग अंतराल '900 से अधिक', शून्य बारंबारता सहित सम्मिलित कर लेते हैं।

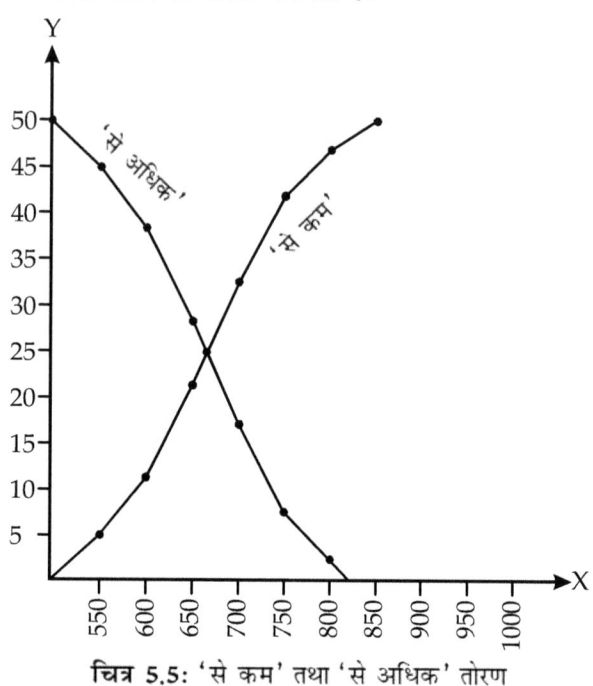

चित्र 5.5: 'से कम' तथा 'से अधिक' तोरण

प्रश्न 6. संक्षेप में केंद्रीय प्रवृत्ति के विभिन्न मापों की व्याख्या कीजिए।

उत्तर– केंद्रीय प्रवृत्ति के मापों का विवरण निम्नलिखित है–

(1) समांतर माध्य अथवा मध्यक (Arithmetic Average or Mean)–सबसे प्रचलित केंद्रीय प्रवृत्ति के माप को औसत या समांतर माध्य या केवल माध्य (जब अस्पष्टता की संभावना न हो) कहते हैं। इसको ज्ञात करने के लिए प्रतिदर्श के सभी मानों को जोड़कर इसे प्रेक्षणों की संख्या से विभाजित किया जाता है। समांतर माध्य का संकेतन चर के संकेत के ऊपर रेखिका (Bar) लगाकर किया जाता है। इस प्रकार $\overline{X}$ का उपयोग प्रतिदर्श में X के मानों के माध्य के लिए किया जाता है। यदि प्रतिदर्श में X के एक विशेष मान X_i की बारंबारता f_i है तो इसका X के मानों के कुल योग में योगदान f_iX_i के बराबर होता है। इस प्रकार हम X के मानों का समांतर माध्य निम्नलिखित सूत्र द्वारा ज्ञात कर सकते हैं–

$$\overline{X} = \frac{1}{N}(f_1X_1 + f_2X_2 + \ldots + f_nX_n) = \frac{\sum_{i=1}^{n} f_iX_i}{N}, \text{ जहाँ पर } N = \sum_{i=1}^{n} f_i$$

जब प्रेक्षण वर्ग अंतरालों में वर्गीकृत हों, जैसा कि संतत चर के लिए होता है, तो एक वर्ग में आने वाले व्यष्टि प्रेक्षणों की पृथक् रूप में पहचान नहीं की जा सकती, अतः इस वर्ग के व्यष्टि प्रेक्षणों का कुल योग में योगदान परिकलित नहीं किया जा सकता है। इस कठिनाई के समाधान

के लिए यह मान लिया जाता है कि एक वर्ग में प्रत्येक प्रेक्षण का मान इस वर्ग के मध्य बिंदु के बराबर है। इस प्रक्रिया द्वारा परिकलित माध्य, वास्तविक माध्य जो कि अपरिष्कृत समंकों से परिकलित किया गया हो, से भिन्न होता है।

(2) माध्यिका (Median) – किसी श्रेणी को आरोही (बढ़ते हुए (ascending)) अथवा अवरोही (घटते हुए (descending)) क्रम से व्यवस्थित करने के बाद जो मध्य मूल्य ज्ञात होता है, उसे माध्यिका कहते हैं।

कॉनर के शब्दों में "माध्यिका श्रेणी का वह चल मूल्य है जो समूह को दो बराबर भागों में इस प्रकार बाँटता है कि एक भाग में सार मूल्य माध्यिका से अधिक और दूसरे भाग में सार मूल्य उससे कम हों।" अर्थात् माध्यिका से पहले तथा माध्यिका के बाद की आवृत्तियाँ सदा समान होती हैं क्योंकि वह मूल्य पूरी श्रेणी को बिल्कुल दो समान भागों में बाँट देता है।

खंडित श्रेणी में माध्यिका $\left(\dfrac{N+1}{2}\right)$ वाँ पद का मूल्य होता है एवं अखंडित श्रेणी में माध्यिका $\left(\dfrac{N}{2}\right)$ वें पद का मूल्य होता है।

(3) भूयिष्ठक अथवा बहुलक (Mode) – भूयिष्ठक वह मूल्य है जो श्रेणी में सबसे अधिक बार आता है। एक अन्य परिभाषा के अनुसार, भूयिष्ठक वह स्थिति बताता है जहाँ आवृत्तियों का जमाव सबसे अधिक होता है।

क्रॉकस्टन एवं कॉउडेन के अनुसार, "किसी वितरण का भूयिष्ठक वह मूल्य है जिसके चारों ओर पद सर्वाधिक केंद्रित हों। वह मूल्यों की श्रेणी का सर्वाधिक प्रतिरूप माना जा सकता है।" जब हम यह कहते हैं कि किसी कारखाने में भूयिष्ठक मजदूरी ₹2,500 है तो इसका साधारणतया यह अर्थ हुआ कि उस कारखाने में सबसे अधिक व्यक्तियों की संख्या ₹2,500 पाने वालों की है।

(4) गुणोत्तर माध्य (Geometric Mean) – किसी श्रेणी का गुणोत्तर माध्य उसके सभी मूल्यों के गुणनफलों का वह मूल (root) होता है जितनी उस श्रेणी में इकाइयाँ हैं।

$$G.M. = \sqrt[n]{X_1 . X_2 . X_3 ...... X_n}$$

जहाँ $X_1, X_2, ... X_n$ श्रेणी के n मदों को सूचित करते हैं।

इस प्रकार 2, 4 और 8 का गुणोत्तर माध्य 4 होगा।

$$G.M. = \sqrt[3]{2 \times 4 \times 8} = \sqrt[3]{4 \times 4 \times 4} = 4$$

गुणोत्तर माध्य की गणना (Computation of Geometric Mean) –

व्यक्तिगत श्रेणी (Individual Series) –

$$G.M. = \text{Anti} \log \left(\dfrac{\Sigma \log X}{N}\right)$$

जहाँ, G.M. = गुणोत्तर माध्य
X = चर के विभिन्न मूल्य
N = प्रेक्षणों की संख्या

खंडित श्रेणी (Discrete Series) –

$$G.M. = \text{Anti} \log \left(\dfrac{\Sigma f (\log X)}{N}\right)$$

जहाँ, f = मदों की आवृत्ति
N = Σf

अखंडित श्रेणी (Continuous Series)—

$$G.M. = \text{Antilog}\left(\frac{\Sigma f(\log m)}{N}\right)$$

जहाँ, $\begin{bmatrix} m = \text{मध्य-बिंदु} \\ N = \Sigma f \end{bmatrix}$

(5) हरात्मक माध्य (Harmonic Mean)—हरात्मक माध्य किसी श्रेणी के विभिन्न पदों के व्युत्क्रमों (reciprocals) के समांतर माध्य का व्युत्क्रम होता है अर्थात् यदि श्रेणी के पदों की संख्या को उन संख्याओं के व्युत्क्रमों के योग से भाग कर दिया जाए तो जो भजनफल प्राप्त होता है, वह उस श्रेणी का हरात्मक माध्य कहा जाता है। किसी मूल्य का व्युत्क्रम वह संख्या है जो संख्या एक को उस मूल्य से भाग देने पर उपलब्ध होती है।

सूत्र के रूप में, $H.M. = \dfrac{N}{\dfrac{1}{a}+\dfrac{1}{b}+\dfrac{1}{c}+.....}$

हरात्मक माध्य की गणना (Computation of Harmonic Mean)—

$$H.M. = \frac{N}{\Sigma\left(\dfrac{1}{X}\right)}$$

जहाँ, $\begin{bmatrix} H.M. = \text{हरात्मक माध्य} \\ N = \text{प्रेक्षणों की संख्या} \\ X = \text{चर के विभिन्न मूल्य} \end{bmatrix}$

खंडित श्रेणी (Discrete Series)—

$$H.M. = \frac{N}{\Sigma\left(\dfrac{f}{X}\right)}$$

जहाँ, $\begin{bmatrix} f = \text{मद की आवृत्ति} \\ N = \Sigma f \end{bmatrix}$

अखंडित श्रेणी (Continuous Series)—

$$H.M. = \frac{N}{\Sigma\left(\dfrac{f}{m}\right)}$$

जहाँ, $\begin{bmatrix} m = \text{मध्य बिंदु} \\ N = \Sigma f \end{bmatrix}$

उदाहरण—एक व्यापारी, प्रत्येक माह के शुरू में ₹5000 मूल्य के बराबर सामान का संग्रहण करता है। 5 उत्तरोत्तर महीनों में वस्तु की प्रति इकाई दर (रुपयों में) इस प्रकार है—10.75, 11.80, 14.00, 11.45 तथा 12.00। व्यापारी पिछले 5 महीनों में संचित सामान की औसत प्रति इकाई कीमत जानना चाहता है। यह परिकलन तालिका 5.6 में प्रस्तुत है—

तालिका 5.6

मास	व्यय की गई राशि (रुपयों में)	प्रति इकाई दर (रुपयों में)
1	5000	10.75
2	5000	11.80
3	5000	14.00
4	5000	11.45
5	5000	12.00
योग	25000	

कुल संग्रहण की प्रति इकाई कीमत = (कुल व्यय की गई राशि) ÷ (कुल क्रय की गई मात्रा)

$$= \frac{5 \times 5000}{\dfrac{5000}{10.75} + \dfrac{5000}{11.80} + \dfrac{5000}{14.00} + \dfrac{5000}{11.45} + \dfrac{5000}{12.00}}$$

$$= \frac{5}{\dfrac{1}{10.75} + \dfrac{1}{11.80} + \dfrac{1}{14.00} + \dfrac{1}{11.45} + \dfrac{1}{12.00}}$$

$$= \frac{1}{\dfrac{1}{5}\left(\dfrac{1}{10.75} + \dfrac{1}{11.80} + \dfrac{1}{14.00} + \dfrac{1}{11.45} + \dfrac{1}{12.00}\right)} = 11.91$$

प्रश्न 7. समांतर माध्य एवं माध्यिका द्वारा बहुलक का गणन किस प्रकार ज्ञात किया जाता है? उदाहरण सहित समझाइए।

उत्तर– बहुलक का समांतर माध्य एवं माध्यिका द्वारा गणन (Mode from Mean and Median)–एक सम्मितीय (Symmetrical) वितरण में समांतर माध्य, माध्यिका और बहुलक एक-से होते हैं, अर्थात् $(\overline{X} = M_d = M_o)$ वक्र की चोटी से उसके दो भाग करने पर दोनों भागों में पूर्णतः समान आवृत्तियाँ होती हैं। समांतर माध्य वक्र के मध्य में होने से उसके बाएँ तथा दाएँ क्षेत्र में समान आवृत्तियाँ पाई जाती हैं। यह संबंध साधारण असम्मितीय वितरण (Skewed distribution) में माध्य, माध्यिका और बहुलक को अलग करता है।

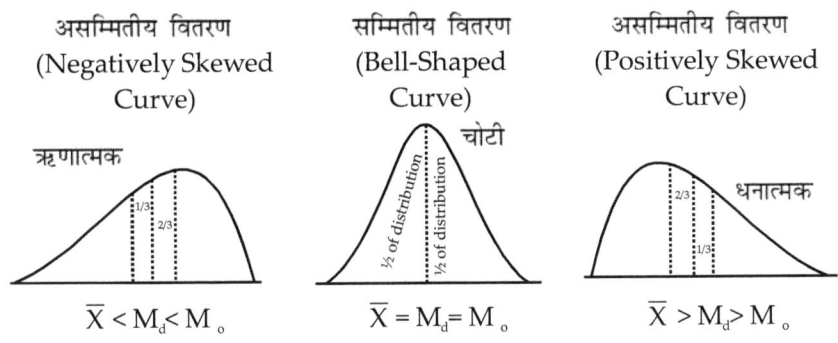

चित्र 5.6

चित्र 5.6 से यह स्पष्ट है कि यदि माध्य-माध्यिका धनात्मक है तो बंटन धनात्मक रूप से विषम है और यदि यह ऋणात्मक है तो बंटन ऋणात्मक रूप से विषम है। माध्यिका और माध्य जितने अधिक दूरस्थ होंगे उतना ही अधिक विषम बंटन होगा। पियरसन बंटन के इस गुणधर्म को विषमता के एक माप को व्युत्पन्न करने के लिए लेते हैं।

तिरछे या झुके हुए वितरण (Symmetrical Distribution) में यदि वितरण आँकड़ों के अधिकतम मूल्य की ओर झुका हुआ है तथा वितरण की आवृत्तियाँ कम मूल्यों पर केंद्रित हैं (Positively Skewed), तो माध्य और माध्यिका बहुलक से अधिक होंगे ($\overline{X}$ और $M_d > M_o$)। दूसरे शब्दों में, बहुलक न्यूनतम होता है, अर्थात् ($\overline{X} > M_d > M_o$)

किंतु असम्मितीय वितरण (Asymmetrical Distribution) में यदि वितरण आँकड़ों के निम्न मूल्य की ओर घटता है तथा वितरण की आवृत्तियाँ अधिक मूल्यों पर केंद्रित (Negatively skewed) हैं तो माध्य और माध्यिका बहुलक से कम होते हैं ($\overline{X}$ और $M_d < M_o$)। दूसरे शब्दों में, बहुलक अधिकतम होता है, अर्थात् ($\overline{X} < M_d < M_o$)

समांतर माध्य, माध्यिका तथा बहुलक के आपस के संबंध यह दर्शाते हैं कि साधारणतः असम्मितीय वितरण में, माध्यिका बहुलक व समांतर माध्यिका के बीच होता है। दोनों दशाओं में माध्यिका बहुलक से 2/3 तथा समांतर माध्य से 1/3 के अंतर पर होता है। कार्ल पियरसन ने यह संबंध निम्न सूत्र में दर्शाया है–

बहुलक = समांतर माध्य – 3 × (समांतर माध्य – माध्यिका)

= समांतर माध्य – 3 × समांतर माध्य + 3 × माध्यिका

= 3 × माध्यिका – 2 × समांतर माध्य

$$\therefore\ M_o = 3M_d - 2\overline{X}$$

यदि वितरण साधारणतः असम्मितीय होता है तो समांतर माध्य और माध्यिका द्वारा प्राप्त बहुलक अन्य विधियों द्वारा प्राप्त मूल्य से अधिक भिन्न नहीं होगा। एक श्रेणी में समान आवृत्ति वाले दो मूल्य हो सकते हैं जिसे द्वि-बहुलक (Bi-modal) श्रेणी कहा जाता है। द्वि-बहुलक वितरण जब स्पष्ट न हों तब इसके मूल्य का निर्धारण उपरोक्त सूत्र द्वारा किया जा सकता है जो समांतर माध्य, माध्यिका तथा बहुलक के संबंधों के आधार पर बना होता है।

उदाहरण–(1) यदि एक असम्मितीय वितरण में समांतर माध्य 58 तथा माध्यिका 61 हो तो बहुलक निकालिए।

(2) यदि एक साधारण असम्मितीय वितरण में बहुलक 12 और माध्यिका 16 हो तो समांतर माध्य का लगभग मूल्य क्या होगा?

हल–(1) बहुलक = 3 × माध्यिका – 2 × समांतर माध्य

= (3 × 61) – (2 × 58) = 67

∴ बहुलक = 67

(2) बहुलक = 3 × माध्यिका – 2 × समांतर माध्य

12 = (3 × 16) – 2 × समांतर माध्य

12 = 48 – 2 × समांतर माध्य

2 × समांतर माध्य = 48 – 12 = 36

$$\therefore\ \text{समांतर माध्य} = \frac{36}{2} = 18$$

अतः, समांतर माध्य = 18

प्रश्न 8. ककुद्वक्रता को स्पष्ट कीजिए।

उत्तर– ककुद्वक्रता का अर्थ है प्रायिकता वक्र के नुकीलेपन का अंश। एक ही औसत, अपकिरणन एवं विषमता रखने वाले दो बंटन भूयिष्ठक के निकट समुष्टियों के संकेंद्रण के भिन्न-भिन्न स्तर रख सकते हैं। भूयिष्ठक के निकट समुक्तियाँ जितनी अधिक सघन होंगी, प्रायिकता बंटन की नोक उतनी ही पैनी होगी। प्रायिकता वितरण का यह अभिलक्षण ही ककुद्वक्रता कहलाता है।

ककुद्वक्रता का एकमात्र अपवर्तक प्रघातों पर आधारित होता है।

ककुद्वक्रता $(\gamma_2) = (\mu_4 / \sigma^4) - 3$, जहाँ μ_4 चतुर्थ-क्रम मध्य प्रघात है।

किसी वितरण की ककुद्वक्रता तीन प्रकार की हो सकती है। चित्र 5.7 इसे स्पष्ट करता है–

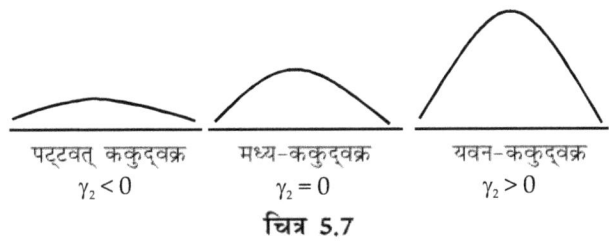

पट्टवत् ककुद्वक्र
मध्य-ककुद्वक्र
$\gamma_2 = 0$
यवन-ककुद्वक्र
$\gamma_2 > 0$

चित्र 5.7

प्रश्न 9. चतुर्थक, पंचमक, अष्टमक, दशमक तथा शतमक को समझाइए।

उत्तर– (1) चतुर्थक (Quartiles)–जब किसी पद समूह को चार समान भागों में विभाजित किया जाए तो प्रत्येक भाग की अंतिम इकाई चतुर्थक कहलाती है। किसी भी श्रेणी या पद समूह में चार चतुर्थक होते हैं। चौथा चतुर्थक मूल्यों की अंतिम सीमा होती है। इसे निकालने की आवश्यकता नहीं पड़ती है क्योंकि वह तो स्वयं मालूम ही रहता है। दूसरा चतुर्थक मध्यका होता है। इस प्रकार गणन की दृष्टि से–

Q_1 = प्रथम चतुर्थक अथवा निचला चतुर्थक (Lower Quartile)

Q_2 = द्वितीयक चतुर्थक अर्थात् मध्यका

Q_3 = तृतीय चतुर्थक अथवा ऊपरी चतुर्थक (Upper Quartile)

नोट: चतुर्थक में Q_1 तथा Q_3 की ही गणना की जाती है।

(2) पंचमक (Quintiles)–यदि विन्यासित श्रेणी को पाँच बराबर भागों में बाँटा जाए तो इस श्रेणी के पदों को पंचमक कहा जाएगा। श्रेणी को पाँच बराबर भागों में विभाजित करने पर चार पंचमक प्राप्त होते हैं। इन्हें Qu_1, Qu_2, Qu_3 तथा Qu_4 कहा जाता है।

(3) अष्टमक (Octiles)–यदि किसी श्रेणी को आठ समान भागों में विभाजित किया जाए तो उसमें प्राप्त सात अष्टमक होंगे। प्रत्येक भाग की अंतिम इकाई के मूल्य को अष्टमक कहते हैं। विभिन्न अष्टमकों के नाम इस प्रकार हैं–O_1, O_2, O_3, O_4, O_5, O_6 तथा O_7 इनमें से O_1 प्रथम चतुर्थक, O_4 मध्यका तथा O_6 तृतीय चतुर्थक ही होते हैं।

(4) दशमक (Deciles)–यदि किसी श्रेणी को दस बराबर भागों में विभाजित किया जाए तो प्रत्येक भाग का मूल्य दशमक कहलाएगा। दशमक नौ होते हैं। इन्हें D_1, D_2, D_3.......D_9 कहा जाता है। इसमें D_5 मध्यका ही होता है।

(5) शतमक (Percentiles)—यदि किसी श्रेणी को सौ बराबर भागों में विभाजित किया जाए तो प्रत्येक भाग के अंतिम पद मूल्य को शतमक कहते हैं। शतमक 99 होते हैं—P_1 से लेकर P_{99} तक। यहाँ P_{35} प्रथम चतुर्थक, P_{50} मध्यका तथा P_{75} तृतीय चतुर्थ ही होता है।

सूत्र (Formulae)—चतुर्थक, पंचमक, अष्टमक, दशमक तथा शतमक की गणना उन्हीं नियमों के अनुसार की जाती है जिनके द्वारा मध्यका ज्ञात किया जाता है।

तालिका 5.7

माप (Measure)	व्यक्तिगत तथा खंडित श्रेणी (Individual and Discrete Series)	सतत् श्रेणी (Continuous Series)	सतत् श्रेणी में प्रयुक्त सूत्र (Formulae to be used sin continuous Series)
(1) Q_1	$\left(\dfrac{N+1}{4}\right)$ th item	$\left(\dfrac{N}{4}\right)$ th item	$Q_1 = L_1 + \dfrac{i}{f}\left(\dfrac{N}{4} - C\right)$
Q_3	$3\left(\dfrac{N+1}{4}\right)$ th item	$3\left(\dfrac{N}{4}\right)$ th item	$Q_3 = L_1 + \dfrac{i}{f}\left(\dfrac{3N}{4} - C\right)$
(2) Qu_1	$\left(\dfrac{N+1}{5}\right)$ th item	$\left(\dfrac{N}{5}\right)$ th item	$Qu_1 = L_1 + \dfrac{i}{f}\left(\dfrac{N}{5} - C\right)$
Qu_2	$2\left(\dfrac{N+1}{5}\right)$ th item	$2\left(\dfrac{N}{5}\right)$ th item	$Qu_2 = L_1 + \dfrac{i}{f}\left(\dfrac{2N}{5} - C\right)$
Qu_4	$4\left(\dfrac{N+1}{5}\right)$ th item	$4\left(\dfrac{N}{5}\right)$ th item	$Qu_4 = L_1 + \dfrac{i}{f}\left(\dfrac{4N}{5} - C\right)$
(3) O_1	$\left(\dfrac{N+1}{8}\right)$ th item	$\left(\dfrac{N}{8}\right)$ th item	$O_1 = L_1 + \dfrac{i}{f}\left(\dfrac{N}{8} - C\right)$
O_7	$7\left(\dfrac{N+1}{8}\right)$ th item	$7\left(\dfrac{N}{8}\right)$ th item	$O_7 = L_1 + \dfrac{i}{f}\left(\dfrac{7N}{8} - C\right)$
(4) D_1	$\left(\dfrac{N+1}{10}\right)$ th item	$\left(\dfrac{N}{10}\right)$ th item	$D_1 = L_1 + \dfrac{i}{f}\left(\dfrac{N}{10} - C\right)$
D_9	$9\left(\dfrac{N+1}{10}\right)$ th item	$9\left(\dfrac{N}{10}\right)$ th item	$D_9 = L_1 + \dfrac{i}{f}\left(\dfrac{9N}{10} - C\right)$
(5) P_1	$\left(\dfrac{N+1}{100}\right)$ th item	$\left(\dfrac{N}{100}\right)$ th item	$P_1 = L_1 + \dfrac{i}{f}\left(\dfrac{N}{100} - C\right)$
P_{99}	$99\left(\dfrac{N+1}{100}\right)$ th item	$99\left(\dfrac{N}{100}\right)$ th item	$P_{99} = L_1 + \dfrac{i}{f}\left(\dfrac{99N}{100} - C\right)$

तालिका 5.7 में दिए गए सूत्रों में–

L_1 = Lower limit of the class having the concerned measure
(संबंधित माप वाले वर्ग की निचली सीमा)

i = Class internal of the concerned class
(संबंधित वर्गांतर का विस्तार)

f = Frequency of the class in which the concerned measure lies
(संबंधित माप वाले वर्ग की आवृत्ति)

N = Number of items in the series
(श्रेणी की पद-संख्या)

प्रश्न 10. प्रकीर्णन या अपकिरण क्या है? प्रकीर्णन के प्रमुख माप कौन-कौन से हैं, प्रत्येक की संक्षेप में व्याख्या कीजिए।

उत्तर– किसी समंकमाला के माध्य से समंकों के बिखराव के माप को अपकिरण कहते हैं। अपकिरण का माप ज्ञात करने के लिए पहले समंकमाला का माध्य निकाला जाता है। फिर उस माध्य से विभिन्न मूल्यों के विचलनों या अंतरों का माध्य ज्ञात करते हैं। अपकिरण, माध्य से निकाले गए मदों के विचलनों का माध्य है।

अपकिरण मापने की प्रमुख विधियाँ निम्नलिखित हैं–

(1) चतुर्थक विचलन (Quartile Deviation)–चतुर्थक विचलन किसी भी श्रेणी के तृतीय (Q_3) व प्रथम चतुर्थक (Q_1) के अंतर का आधा होता है। इसलिए इसे अर्द्ध-अंतर विस्तार भी कहते हैं। सूत्रानुसार,

$$Q.D. = \frac{Q_3 - Q_1}{2}$$

चतुर्थक विचलन का गुणांक (Coefficient of Quartile Deviation)–चतुर्थक विचलन अपकिरण या निरपेक्ष माप है। विभिन्न श्रेणियों के चतुर्थक विचलन की तुलना करने के लिए इसका सापेक्ष माप निकाला जाता है। यह सापेक्ष माप ही चतुर्थक विचलन गुणांक कहलाता है।

सूत्रानुसार,

$$\text{चतुर्थक विचलन का गुणांक} = \frac{Q_3 - Q_1}{Q_3 + Q_1}$$

(2) माध्य विचलन (Mean Deviation)–किसी भी सांख्यिकीय माध्य से समंकमाला के विभिन्न मूल्यों के विचलनों का अंकगणितीय माध्य, माध्य विचलन कहलाता है। माध्य विचलन की गणना में सभी विचलनों को धनात्मक माना जाता है अर्थात् विचलनों के बीजगणितीय चिह्न + तथा – को छोड़ दिया जाता है। दूसरे शब्दों में, निरपेक्ष विचलन ज्ञात किए जाते हैं। माध्य विचलन ज्ञात करने में निम्नलिखित बातों को ध्यान में रखा जाता है–

(क) सैद्धांतिक रूप से माध्य विचलन किसी भी माध्य से निकाला जा सकता है परंतु व्यवहार में समांतर माध्य तथा मध्यका से ही विचलन की माप ज्ञात की जाती है।

(ख) माध्य विचलन ज्ञात करने में विचलनों के बीजगणितीय चिह्नों की उपेक्षा करके सभी विचलनों को धनात्मक माना जाता है।

(ग) सभी निरपेक्ष विचलनों के योग को पदों की संख्या (N) से भाग देने पर माध्य विचलन ज्ञात हो जाता है।

(घ) सूत्र इस प्रकार हैं—

$$\bar{\delta}x = \frac{\Sigma(dx)}{N}$$

$$\delta m = \frac{\Sigma(dm)}{N}$$

$$z = \frac{\Sigma(dz)}{N}$$

माध्य विचलन गुणांक—माध्य विचलन में उसी माध्य का भाग देकर, जिसमें विचलन निकाले गए हैं, उससे माध्य विचलन गुणांक ज्ञात किया जाता है, अर्थात्

(i) समांतर माध्य विचलन गुणांक $= \dfrac{\delta X}{X}$

(ii) मध्यका से माध्य विचलन गुणांक $= \dfrac{\delta m}{M}$

(iii) भूयिष्ठक से माध्य विचलन गुणांक $= \dfrac{\delta z}{Z}$

(3) प्रमाप विचलन (Standard Deviation)—प्रमाप विचलन जिसे मानक विचलन के नाम से भी जाना जाता है कि अवधारणा का प्रयोग सबसे पहले वर्ष 1893 में कार्ल पियर्सन द्वारा किया गया। यह अपकिरण को मापने की सबसे अधिक लोकप्रिय, संतोषप्रद एवं वैज्ञानिक माप है। इसलिए यह अपकिरण की मापों में सर्वाधिक महत्त्वपूर्ण है। व्यवहार में इसी रीति का प्रयोग सबसे अधिक होता है।

प्रमाप विचलन समांतर माध्य से समंकमाला के विभिन्न मूल्यों के विचलनों के वर्गों के समांतर माप का वर्गमूल होता है।

प्रमाप विचलन का गुणांक (Coefficient of Standard Deviation)—दो समंकमालाओं के अपकिरण की तुलना करने के लिए प्रमाप विचलन की सापेक्षिक माप निकाली जाती है। जिसे प्रमाप विचलन का गुणांक कहते हैं। प्रमाप विचलन में समांतर माध्य का भाग देकर प्रमाप विचलन गुणांक ज्ञात किया जाता है। सूत्र के रूप में—

प्रमाप विचलन का गुणांक $= \dfrac{\sigma}{\bar{X}}$

प्रश्न 11. द्विचर आँकड़ों से आप क्या समझते हैं? इन्हें संख्यात्मक रूप में किस प्रकार प्रस्तुत किया जाता है?

उत्तर—एक साथ दो चरों के विषय में जानकारी रखने वाले आँकड़ों को 'द्विचर आँकड़े' कहते हैं। उदाहरण के लिए, हमारे पास किसी विशिष्ट विश्वविद्यालय के छात्रों की लंबाई एवं भार विषयक आँकड़े अथवा वर्षा की मात्रा एवं चावल की उपज विषयक आँकड़े हो सकते हैं।

तालिका 5.8: 10 छात्रों की लंबाई एवं भार दर्शाते द्विचर आँकड़े

	लंबाई (इंच)	भार (किलोग्राम)
1	64	60
2	68	65
3	71	78
4	59	57
5	62	60
6	63	66
7	72	76
8	66	69
9	57	58
10	73	80

तालिका 5.8 दिल्ली विश्वविद्यालय के 10 छात्रों की लंबाई एवं भार संबंधी आँकड़े दर्शाती है। जब द्विचर आँकड़ों में समुक्ति-युग्मों की एक बड़ी संख्या उपलब्ध हो तो आवश्यक हो जाता है कि आँकड़ों को एक द्विचर तालिका के रूप में व्यवस्थित किया जाए। इसी तालिका को द्विचर प्रायिकता सहसंबंध तालिका कहा जाता है। इस प्रकार की तालिका से हम एक चर प्रायिकता तालिका अवकलित कर सकते हैं। दूसरे चर के किसी निर्दिष्ट मान (अथवा वर्ग अंतराल) हेतु द्विचर प्रायिकता बंटन से अवकलित चर प्रायिकता बंटन को 'सोपाधिक बंटन' कहा जाता है।

तालिका 5.9: द्विचर प्रायिकता तालिका (70 पति-पत्नियों की आयु दर्शाती)

		पत्नी की आयु (वर्षों में)						
		18-23	**23-28**	**28-33**	**33-38**	**38-43**	**43-48**	**कुल**
पति की आयु (वर्षों में)	21-26	3						3
	26-31		6					6
	31-36			9	3			12
	36-41			2	15	1		18
	41-46				4	20		24
	46-51						7	7
	कुल	3	6	11	22	21	7	70

प्रथम एवं अंतिम स्तंभ तथा प्रथम एवं अंतिम आवृत्त क्रमशः पतियों एवं पत्नियों की आयु के एक चर प्रायिकता बंटन दर्शाते हैं। नीचे दी गई दो तालिकाएँ क्रमशः पत्नी की आयु 33 व उससे ऊपर परंतु 38 से नीचे होने की स्थिति में पतियों की आयु का सोपाधिक बंटन तथा पति की आयु 36 व उससे ऊपर परंतु 41 से नीचे होने की स्थिति में पत्नियों की आयु का सोपाधिक बंटन दर्शाती हैं।

तालिका 5.10 (क): पतियों की आयु का सोपाधिक बंटन, जब पत्नी की आयु 33-38 हो

पति की आयु	प्रायिकता
21-26	0
26-31	0
31-36	3
36-41	15
41-46	4
46-51	0
कुल	22

तालिका 5.10 (ख): पत्नियों की आयु का सोपाधिक बंटन, जब पति की आयु 36-41 हो

पत्नी की आयु	प्रायिकता
18-23	0
23-28	0
28-33	2
33-38	15
38-43	1
43-48	0
कुल	18

द्विचर प्रायिकता बंटन आँकड़ों की प्रस्तुति को सरल बना देता है। द्विचर आँकड़ों को प्रस्तुत करने का एक अन्य तरीका प्रविक्षेप चित्र होता है। प्रविक्षेप चित्र में प्रत्येक द्विचर समुक्ति को ज्यामितीय रूप से, ग्राफ पेपर पर किसी बिंदु द्वारा निरूपित किया जा सकता है, जहाँ एक चर का मान क्षैतिज अक्ष पर एक छोर से दूसरे छोर तक तथा दूसरे चर का मान ऊर्ध्वाधर अक्ष पर एक छोर से दूसरे छोर तक दर्शाया जाता है।

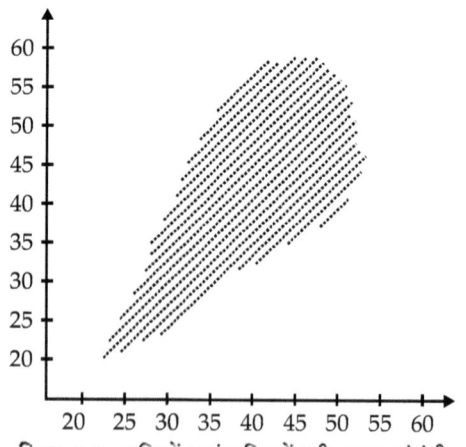

चित्र 5.8: पतियों एवं पत्नियों की आयु संबंधी द्विचर आँकड़े प्रस्तुत करता प्रविक्षेप चित्र

प्रश्न 12. सहसंबंध से आप क्या समझते हैं? सांख्यिकीय विश्लेषण में इसकी महत्ता का विवेचन कीजिए।

अथवा

सहसंबंध की संकल्पना को स्पष्ट कीजिए।

उत्तर– जब एक श्रेणी के परिवर्तन दूसरी श्रेणी के परिवर्तनों पर आश्रित हों तो पारस्परिक आश्रितता (mutual dependence) को ही सांख्यिकीय शब्दावली में सहसंबंध कहा जाता है। अत: एक श्रेणी में परिवर्तन कारण हो जिससे दूसरी श्रेणी में परिवर्तन कार्य अथवा प्रभाव हो, तब ही प्राप्त सहसंबंध सार्थक कहा जा सकता है। आय में परिवर्तन कारण है जिसका प्रभाव व्यय में वृद्धि है। मूल्य वृद्धि कारण है जिससे माँग में कमी होना प्रभाव है; बेरोजगारी कारण है तथा दोषियों की संख्या प्रभाव। इस प्रकार जब दो या अधिक श्रेणियों में इस प्रकार का कारण-कार्य संबंध हो तभी सहसंबंध महत्त्वपूर्ण माना जा सकता है।

सहसंबंध की कुछ परिभाषाएँ इस प्रकार हैं–

कॉनर के अनुसार, "जब दो या दो से अधिक राशियों में इस प्रकार परिवर्तन होता है कि एक में होने वाले परिवर्तनों के फलस्वरूप दूसरी राशि में भी परिवर्तन होने की प्रवृत्ति पाई जाती है, तो यह राशियाँ सह-संबंधित कहलाती हैं।"

बॉडिंग्टन के अनुसार, "जब दो या दो से अधिक समूहों, वर्गों तथा समंकमालाओं के बीच एक निश्चित संबंध होता है तो उसे सहसंबंध कहते हैं।"

किंग के अनुसार, "दो पदमालाओं अथवा समंकों के समूहों के बीच कार्य-करण संबंध ही सहसंबंध कहलाता है।"

महत्त्व (Importance)–सांख्यिकी में सहसंबंध का बहुत महत्त्व है जैसा कि निम्न बातों से स्पष्ट है–

- सहसंबंध से हमें यह पता लग जाता है कि दो चरों में संबंध है या नहीं और यदि है तो उसकी मात्रा तथा दिशा क्या है अर्थात् वह धनात्मक है या ऋणात्मक।
- जब यह ज्ञात हो जाता है कि दो चर आपस में संबंधित हैं तो एक चर के दिए हुए मूल्य के लिए दूसरी श्रेणी के संभावित चर मूल्य का विश्वसनीय अनुमान लगाया जा सकता है। सहसंबंध विश्लेषण पर आधारित अनुमान अधिक विश्वसनीय और निश्चित होते हैं।

प्रश्न 13. सहसंबंध के विभिन्न प्रकीर्ण आरेखों को प्रस्तुत कीजिए।

उत्तर– सहसंबंध की उपस्थिति के विषय में कुछ ज्ञात करने के लिए प्रकीर्ण आरेख (Scatter Diagram) एक सरल दृश्य विधि है। एक संक्षेप चित्र बनाने के लिए X-चर को क्षैतिज रेखा (X-axis) पर तथा Y-चर को उदग्र रेखा (Y-axis) पर मापकर लिया जाता है। तत्पश्चात् X तथा Y मूल्यों की प्रत्येक जोड़ी के अवलोकनों को बिंदु द्वारा अंकित करते हैं। इस प्रकार संपूर्ण आँकड़े बिंदुओं के द्वारा अंकित किए जाते हैं। इसे ग्राफ पेपर पर मूल्यों को अंकित करके ज्ञात किया जा सकता है। जब प्रवृत्ति ऊपर की ओर हो तो **धनात्मक** सहसंबंध तथा जब यह नीचे की ओर हो तो **ऋणात्मक** सहसंबंध माना जाता है।

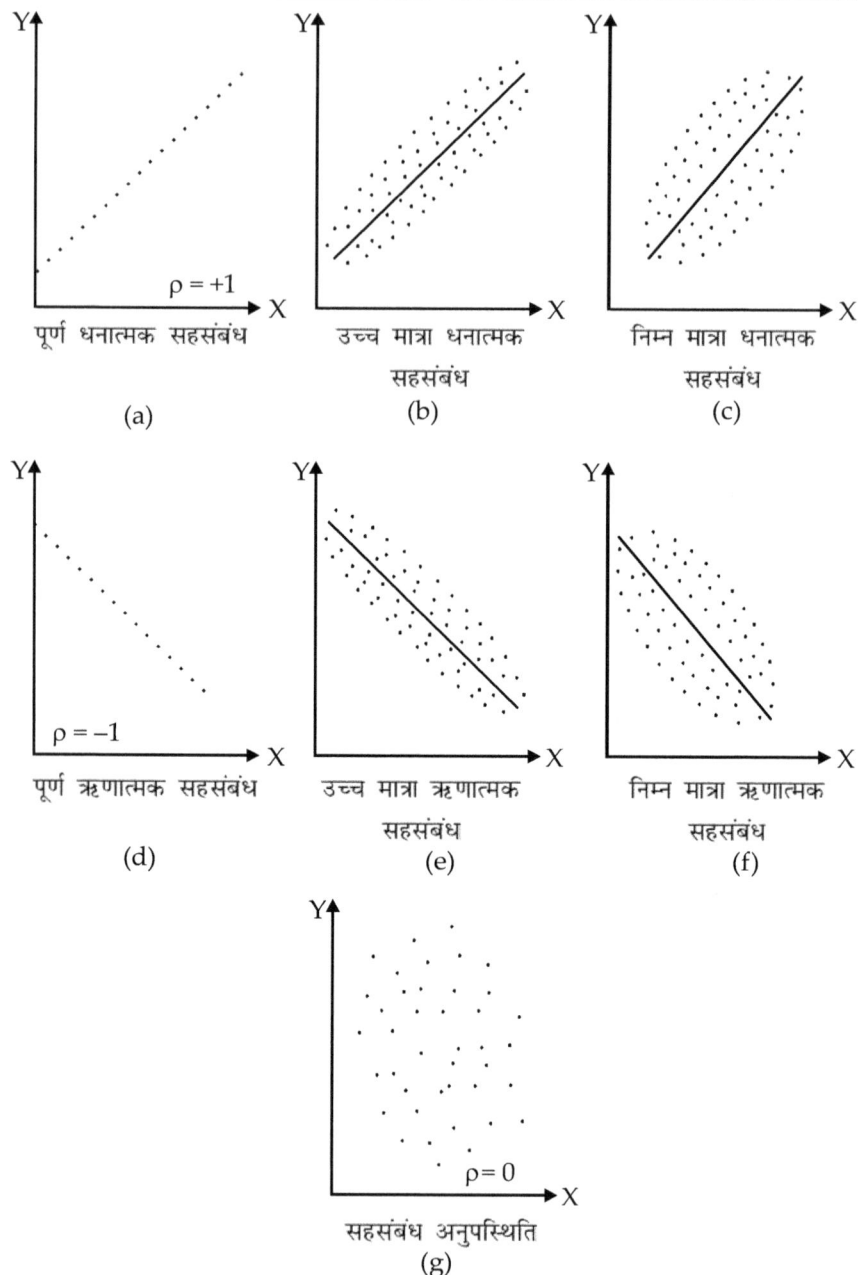

चित्र 5.9: प्रकीर्ण आरेख और सहसंबंध

आरेख (a), (b) तथा (c) चरों की प्रवृत्ति ऊपर की ओर है – ये धनात्मक सहसंबंध दर्शाते हैं। आरेख (d), (e) तथा (f) चरों की प्रवृत्ति नीचे की ओर है – ये ऋणात्मक सहसंबंध दर्शाते हैं। फिर भी (a), (b) तथा (c) में अंतर है तथा इसी प्रकार (d), (e) व (f) में भी अंतर है।

आरेखों के अंकन द्वारा हमें ज्ञात होता है कि (a) एवं (d) में, (b) एवं (e) में तथा (c) एवं (f) में एक निश्चित समानता है। (a) एवं (d) में अंकित बिंदु लगभग एक सरल रेखा में है जो कि **पूर्ण सहसंबंध** व्यक्त करते हैं। (b) एवं (e) में अंकित बिंदु एक सरल रेखा में नहीं है, किंतु यदि हम इन बिंदुओं के मध्य में एक सरल रेखा खींचें (प्रतीपगमन रेखा) तो हमें ज्ञात होगा कि ये बिंदु रेखा के आस-पास हैं। इस प्रकार के प्रकीर्ण आरेख सहसंबंध की उच्च मात्रा दर्शाते हैं। (c) एवं (f) में यदि हम इसी प्रकार की रेखा (प्रतीपगमन रेखा) खींचें तो हम देखेंगे कि अंकित बिंदु रेखा के आस-पास अत्यधिक बिखरे हुए हैं, वे (b) एवं (e) के समान पास-पास नहीं हैं। इस प्रकार के प्रकीर्ण आरेख **सहसंबंध की निम्न मात्रा** दर्शाते हैं। अंत में आकृति (g) में बिंदुओं का इतना अधिक बिखराव है कि इनकी प्रवृत्ति ज्ञात करना असंभव है। ये चित्र **सहसंबंध की अनुपस्थिति या शून्य सहसंबंध** दर्शाते हैं।

प्रश्न 14. कार्ल पियरसन का सहसंबंध गुणांक समझाइए।

उत्तर— कार्ल पियरसन का सहसंबंध गुणांक (Karl Pearson's Coefficient of Correlation)—कार्ल पियरसन नामक प्रसिद्ध प्राणिशास्त्र ने उन्नीसवीं शताब्दी में सहसंबंध ज्ञात करने की इस रीति का प्रतिपादन किया था। यह रीति सर्वोत्तम मानी जाती है क्योंकि इससे सहसंबंध की दिशा और परिणाम का संतोषजनक अंकात्मक माप ज्ञात हो जाता है।

मुख्य लक्षण (Main Features)—कार्ल पियरसन के सहसंबंध-गुणांक के निम्नलिखित प्रमुख लक्षण हैं—

- **दिशा का आभास—**कार्ल पियरसन के सहसंबंध-गुणांक से सहसंबंध की दिशा ज्ञात हो जाती है। गुणांक के धन का चिह्न (+) धनात्मक सहसंबंध का द्योतक है और ऋण का चिह्न (−) ऋणात्मक सहसंबंध प्रदर्शित करता है।

- **मात्रा और सीमाएँ—**इससे सहसंबंध की मात्रा का अंकात्मक माप प्राप्त हो जाता है। इस गुणांक का माप सदा +1 और −1 के बीच रहता है। इसमें +1 होने पर पूर्ण धनात्मक और −1 होने पर पूर्ण ऋणात्मक सहसंबंध पाया जाता है। यदि गुणांक 0 है तो सहसंबंध बिल्कुल नहीं है। जैसे-जैसे इस गुणांक का माप 0 से 1 की ओर बढ़ता जाता है सहसंबंध की मात्रा भी बढ़ती जाती है।

- **आदर्श माप—**यह गुणांक सहसंबंध का आदर्श माप है क्योंकि यह समांतर माध्य और प्रमाप विचलन पर आधारित है जो अनेक बीजगणितीय गुणों के कारण उच्चतर सांख्यिकीय रीतियों के लिए सर्वोपयुक्त माप है।

- **सह-विचरण की मात्रा—**इस गुणांक को ज्ञात करने के लिए प्रत्येक समंकमाला में समांतर माध्य के विचलनों की मात्रा ज्ञात करनी पड़ती है। फिर दोनों मालाओं के तत्संबंधी विचलनों की गुणा करके गुणनफलों के जोड़ को मूल्यों की संख्या से भाग दिया जाता है। इस प्रकार दोनों श्रेणियों के सह-विचरण (Co-variance) की मात्रा ज्ञात हो जाती है। सूत्रानुसार—

  $$\text{Co-variance} = \frac{\sum dx\,dy}{N}$$

  dx तथा dy संकेत X और Y-श्रेणियों के समांतर माध्यों से निकाले गए विचलन हैं। सहसंबंध-गुणांक वास्तव में सह-विचरण के माप का ही गुणांक है। इस प्रकार सहसंबंध-गुणांक सह-विचरण की मात्रा को भी स्पष्ट रूप से व्यक्त करता है।

प्रश्न 15. अनुस्थिति सहसंबंध गुणांक की व्याख्या कीजिए।

उत्तर– कभी-कभी हमें ऐसी सांख्यिकी श्रेणी प्राप्त होती है जिसमें मूल्यों का संख्यात्मक माप नहीं किया जा सकता, किंतु इन्हें एक निश्चित कोटि क्रम के अनुसार रखा जाता है। यह उस परिस्थिति में होता है जब हमारे पास गुणात्मक विशेषताओं से संबंधित जानकारी प्राप्त होती है। जैसे–ईमानदारी, चरित्र, सुंदरता, मौलिकता, बुद्धिमत्ता, नेतृत्व, सहयोग आदि। गुणात्मक तथ्यों को प्रत्यक्ष रूप से अंकों में नहीं मापा जा सकता, किंतु उन्हें क्रमानुसार रखा जा सकता है। विभिन्न इकाइयों को गुणों की अधिकता के आधार पर पहली, दूसरी, तीसरी आदि कोटि प्रदान की जाती है। इन परिस्थितियों में कार्ल पियरसन का सहसंबंध गुणांक का प्रयोग नहीं किया जा सकता। **चार्ल्स एडवर्ड स्पियरमैन** (एक ब्रिटिश मनोवैज्ञानिक) ने 1904 में एक सूत्र का प्रतिपादन किया जिसे **कोटि गुणन आघूर्ण सहसंबंध या कोटि अंतर-सहसंबंध गुणांक** (Co-efficient of Correlation by Rank Differences) कहते हैं। इसे स्पियरमैन का **'कोटि अंतर'** या **'क्रमांतर विधि'** भी कहते हैं। विभिन्न इकाइयों को गुण के आधार पर कोटि प्रदान करने के पश्चात् कोटि अंतर विधि द्वारा सहसंबंध गुणांक निकाला जाता है। यदि श्रेणी के चर मूल्य न ज्ञात हों और केवल उनकी कोटि मालूम हो तो कोटि अंतर-सहसंबंध गुणांक निकाला जा सकता है।

यह विधि केवल व्यक्तिगत श्रेणियों के लिए उपयोगी है, आवृत्ति वितरण के लिए नहीं। इस विधि से प्राप्त परिणाम केवल अनुमानित (Approximate) होते हैं, क्योंकि कोटि विधि में वास्तविक मूल्य नहीं लिए जाते।

विभिन्न मदों के क्रम निर्दिष्ट करने के पश्चात् संगत क्रम मूल्यों के अंतर का गणन किया जाता है तथा निम्न सूत्र का प्रयोग किया जाता है–

$$\rho = 1 - \frac{6\sum D^2}{N^3 - N}$$

जबकि, ρ = सहसंबंध के गुणांक

$\sum D^2$ = संगत क्रमों के अंतरों के वर्गों का योग

N = अवलोकनों की जोड़ी की संख्या

प्रश्न 16. समाश्रयण (प्रतीपगमन) की अवधारणा को स्पष्ट कीजिए।

उत्तर– प्रतीपगमन (Regression) शब्द गाल्टन द्वारा प्रयोग किया गया था। उन्होंने पिता और पुत्रों की ऊँचाईयों का अध्ययन करते समय अध्ययन किया कि सामान्यत: व्यक्तिगत ऊँचाईयों का झुकाव औसत ऊँचाई की ओर है अर्थात् लंबे पिताओं की ऊँचाईयों की अपेक्षा पुत्रों की ऊँचाईयाँ औसत के अधिक निकट होती हैं। इस प्रवृत्ति को प्रतीपगमन या वापिस आना कहा जाता है।

परिभाषा (Definition)–प्रतीपगमन की परिभाषाएँ इस प्रकार हैं–

- **डब्ल्यू.जेड. हिश** के अनुसार, "जब सहसंबंध विश्लेषण दो या अधिक घटनाओं में सह-परिवर्तन की घनिष्ठता का परीक्षण करता है; प्रतीपगमन विश्लेषण इस संबंध की प्रवृत्ति की प्रकृति व मात्रा का माप करके हमें भावी अनुमान लगाने की क्षमता प्रदान करता है।"

- **वालिस तथा रॉबर्ट** के अनुसार, "प्रायः यह ज्ञात करना अधिक महत्त्वपूर्ण होता है कि दो घटनाओं में वास्तविक संबंध क्या है जिससे एक चल मूल्य (स्वतंत्र चल-मूल्य) के ज्ञान के आधार पर दूसरे चल मूल्य (आर्थिक चल-मूल्य) का पूर्वानुमान लगाया जा सके; और इस प्रकार की स्थिति में प्रयोग की जाने वाली उपयुक्त तांत्रिक विधि प्रतीपगमन विश्लेषण कहलाती है।"

उपयोग-उपयोगिता (Use or Utility)—प्रतीपगमन की उपयोगिता केवल पिता और पुत्रों की ऊँचाई तक ही सीमित नहीं है, इनका उपयोग उन सभी क्षेत्रों में किया जाता है जिसमें दो या दो से अधिक संबंधित समंकमालाओं के पद मूल्यों में सामान्य माध्य की ओर वापिस आने की प्रवृत्ति होती है। प्रतीपगमन के आधार पर सामाजिक, आर्थिक व व्यावसायिक क्षेत्रों में विभिन्न तथ्यों से संबंधों का विश्लेषण करके एक पद मूल्य से संबंधित दूसरे आश्रित श्रेणी का मूल्य अनुमान किया जा सकता है।

इन क्षेत्रों में प्रतीपगमन की व्यावहारिक उपयोगिता है। इसकी सहायता से मूल्य के आधार पर माँग का रुख (Trend), वर्षा की मात्रा, बीज, खाद आदि के आधार पर कृषि उपज का तथा पूँजी के बढ़ाने या घटाने पर लाभ इत्यादि का अनुमान लगाया जा सकता है। प्रबंध-अधिकारियों द्वारा व्यवसाय के नियंत्रण-उपकरण (Control-tool) के रूप में प्रतीपगमन विश्लेषण का प्रयोग किया जाता है। इस प्रविधि के आधार पर उचित व्यावसायिक-निर्णय लेना सरल हो जाता है और निर्णय को व्यावहारिकता की कसौटी पर परखा जा सकता है।

जब दो चलों के बीच कारण व प्रभाव (Cause and Effect) का संबंध होता है तो प्रतीपगमन समीकरण (Regression Equation) की सहायता से एक मूल्य पर आधारित दूसरा मूल्य बड़ी सरलता से निकाला जा सकता है।

प्रश्न 17. बहुगुणी प्रतीपगमन विश्लेषण की व्याख्या कीजिए।

उत्तर— जब हमें किसी एक चर पर अनेक स्वतंत्र चरों के सामूहिक प्रभाव का अध्ययन करना होता है तब हम बहुगुणी प्रतीपगमन विश्लेषण को अपनाते हैं। उदाहरण के लिए, एक भूमि के टुकड़े पर गेहूँ की उपज पर (x_1), वर्षा की मात्रा (x_2) तथा खाद की मात्रा (x_3) का गहरा प्रभाव पड़ता है जिसका अध्ययन बहुगुणी प्रतीपगमन की सहायता से किया जा सकता है।

बहुगुणी प्रतीपगमन समीकरण विविध चरों के औसत संबंध को व्यक्त करता है और इस औसत संबंध के आधार पर ही आश्रित चर के लिए सर्वोत्तम अनुमान लगाया जाता है। एक साथ अनेक स्वतंत्र चरों के आश्रित चर पर पड़ने वाले प्रभाव को बहुगुणी प्रतीपगमन समीकरण स्पष्ट करता है।

यह समीकरण निम्न प्रकार लिखा जाता है—

$$y_c = a + b_1x_1 + b_2x_2 + b_3x_3 \ldots\ldots\ldots\ldots$$

यहाँ पर संकेताक्षर

y_c = आश्रित चर का संगणित मूल्य (Computed Value of Dependent Variable)

$x_1, x_2, x_3 \ldots\ldots\ldots$ = स्वतंत्र चर (Independent Variables)

$b_1, b_2, b_3 \ldots\ldots\ldots$ = प्रतीपगमन गुणांक (Regression Coefficient)

उपर्युक्त उदाहरण के लिए बहुगुणी प्रतीपगमन समीकरण निम्न प्रकार लिखा जाता है–

$x_1 = a_{1.23} + b_{12.3}x_2 + b_{13.2}x_3$

यहाँ पर x = गेहूँ की उपज

$a_{1.23}$ = स्थिरांक

$b_{12.3}$ = आंशिक प्रतीपगमन गुणांक जो x_2 में इकाई परिवर्तन का प्रभाव x_1 पर, x_3 को स्थिर मानते हुए मापता है।

$b_{13.2}$ = आंशिक प्रतीपगमन गुणांक जो x_3 में इकाई का x_1 पर प्रभाव, x_2 को स्थिर मानकर मापता है।

x_2 = वर्षा की मात्रा

x_3 = खाद की मात्रा

वास्तविक माध्य (True Mean) से विचलन लेने पर–जब विचलन चरों के समांतर माध्य से लिए जाते हैं तो प्रतीपगमन समीकरण छोटा हो जाता है क्योंकि ऐसी स्थिति में $a_{1.23}$ स्थिरांक का मान्य शून्य हो जाता है। तीन चरों की स्थिति में समीकरण निम्न प्रकार होगा–

$x_1 = b_{12.3}x_2 + b_{13.2}x_3$

न्यूनतम वर्ग विधि द्वारा बहुगुणी प्रतीपगमन समीकरण–जिस प्रकार सरल रेखीय प्रतीपगमन में दो चरों के लिए प्रतीपगमन समीकरण का निर्धारण न्यूनतम वर्ग विधि से करते हैं, उसी प्रकार बहुगुणी प्रतीपगमन समीकरणों का निर्धारण भी न्यूनतम वर्ग विधि से हो सकता है। अंतर सिर्फ इतना है कि वहाँ केवल दो अज्ञात राशियों (a और b) को ज्ञात करना होता है अत: दो समीकरणों से कार्य चल जाता है परंतु यहाँ अज्ञात राशियाँ अधिक होती हैं अत: इन्हें ज्ञात करने के लिए अधिक सामान्य समीकरणों की आवश्यकता होती है।

अज्ञात राशियों को ज्ञात करके उन्हें मूल समीकरण में प्रतिस्थापित कर दिया जाता है और इस प्रकार बहुगुणी प्रतीपगमन समीकरण का निर्धारण कर लिया जाता है।

तीन चरों के प्रतीपगमन विश्लेषण में तीन अज्ञात मानों का परिकलन के लिए तीन प्रसामान्य समीकरण प्रयोग किए जाएँगे।

x_1 का x_2 व x_3 पर बहुगुणी प्रतीपगमन समीकरण हेतु

मूल समीकरण–

$x_1 = a_{1.23} + b_{12.8}x_2 + b_{13.2}x_3$

प्रसामान्य समीकरण–

$$\sum x_1 = Na_{1.23}\ b_{12.3}\sum x_2 + b_{13.2}\sum x_3 \quad ...(i)$$

$$\sum x_1x_2 = a_{1.23}\sum x_2 + b_{12.3}\sum x_2^{\,2} + b_{13.2}\sum x_2x_3 \quad ...(ii)$$

$$\sum x_1x_3 = a_{1.23}\sum x_3 + b_{12.3}\sum x_2x_3 + b_{13.2}\sum x_3 \quad ...(iii)$$

[**नोट**–मूल समीकरण को क्रमश: 1, x_2 व x_3 से गुणा करके योग द्वारा तीनों समीकरणों को प्राप्त किया गया है।]

अन्य बहुगुणी प्रतीपगमन समीकरण–

x_2 का x_1 व x_3 पर बहुगुणी प्रतीपगमन	x_3 का x_1 व x_2 पर बहुगुणी प्रतीपगमन
मूल समीकरण $x_2 = a_{2.13} + b_{21.3}x_1 + b_{23.1}x_3$ सामान्य समीकरण (i) $\sum x_2 = Na_{2.13} + b_{21.3}\sum x_1 + b_{23.1}\sum x_3$ (ii) $\sum x_1x_2 = a_{2.13}\sum x_1 + b_{21.3}\sum x_1^2 + b_{23.1}\sum x_1x_3$ (iii) $\sum x_2x_3 = a_{2.13}\sum x_3 + b_{21.3}\sum x_1x_3 + b_{23.1}\sum x_3^2$ मूल समीकरण को क्रमशः $1, x_1$ व x_3 से गुणा करके योग द्वारा तीनों समीकरणों को प्राप्त किया गया है।	मूल समीकरण $x_3 = a_{13.2} + b_{13.2}x_1 + b_{32.1}x_2$ सामान्य समीकरण (i) $\sum x_3 = Na_{3.12} + b_{31.2}\sum x_1 + b_{32.1}\sum x_2$ (ii) $\sum x_1x_3 = a_{3.12} + \sum x_1 + b_{31.2}\sum x_1^2 + b_{32.1}\sum x_1x_2$ (iii) $\sum x_2x_3 = a_{3.12}\sum x_2 + b_{21.2}\sum x_1x_2 + b_{32.1}\sum x_2^2$ मूल समीकरण को क्रमशः $1, x_1$ व x_2 से गुणा करके योग द्वारा तीनों समीकरणों को प्राप्त किया गया है।

समांतर माध्य से विचलन लेने पर–जब प्रत्येक चर श्रेणी के विचलन मूल समंकों से न लेकर उनके समांतर माध्यों से लिए जाते हैं तो गणन क्रिया सरल हो जाती है। स्थिरांक a का मान शून्य हो जाता है।

यदि $x_1 = \left(x_1 - \bar{x}_1\right); x_2 = \left(x_2 - \bar{x}_2\right); x_3 = \left(x_3 - \bar{x}_3\right)$ है तो x_1 का x_2 व x_3 पर प्रतीपगमन समीकरण निम्न प्रकार होगा–

$x_1 = b_{12.3}x_2 + b_{13.2}x_3$

स्थिरांक $b_{12.3}$ एवं $b_{13.2}$ का मान दो सामान्य समीकरणों से ज्ञात किया जा सकता है–

$$\sum x_1x_2 = b_{12.3}\sum x_2^2 + b_{13.2}\sum x_2x_3$$

$$\sum x_1x_3 = b_{12.3}\sum x_2x_3 + b_{13.2}\sum x_3^2$$

मान्यताएँ–रेखीय बहुगुणी प्रतीपगमन विश्लेषण निम्न मान्यताओं पर आधारित है–

(1) आश्रित चर एक दैव चर है जबकि स्वतंत्र चर दैव चर नहीं है।

(2) विभिन्न स्वतंत्र चरों और आश्रित चर के बीच रेखीय संबंध पाए जाते हैं।

बहुगुणी प्रतीपगमन विश्लेषण आर्थिक और व्यावसायिक समस्याओं के विश्लेषण में बहुत उपयोगी हो गया है।

प्रश्न 18. समाश्रयण के विभिन्न गुणधर्मों को बताइए।

उत्तर– दो समाश्रयण रेखाओं को निम्नवत् परिभाषित किया जा सकता है–

$\hat{Y}_i - \bar{Y} = b_{yx}(X_i - \bar{X})$ [X पर Y] और

$\hat{X}_i - \bar{X} = b_{xy}(Y_i - \bar{Y})$ [Y पर X]

यहाँ b_{xy} और b_{yx} को समाश्रयण के गुणांक कहा जाता है।

समाश्रयण में निम्नलिखित गुणधर्मों पर ध्यान दिया जाता है–

(1) यदि b_{yx} और b_{xy} क्रमशः X पर Y और Y पर X समाश्रयण रेखाओं का प्रावण्य इंगित करते हों, अर्थात् $b_{yx} \times b_{xy} = \gamma^2$.

अर्थात् समाश्रयण के गुणांकों का गुणनफल सहसंबंध गुणांक के वर्ग के बराबर होता है।

(2) $b_{yx} = \gamma \cdot \dfrac{\sigma_y}{\sigma_x}$ और $b_{xy} = \gamma \cdot \dfrac{\sigma_x}{\sigma_y}$

(3) γ, b_{xy} और b_{yx} सभी समान चिह्न रखते हैं। यदि γ शून्य हो तो b_{xy} और b_{yx} शून्य होंगे।

(4) समाश्रयण रेखाओं के बीच कोण सहसंबंध गुणांक (γ) पर निर्भर करता है। यदि $\gamma = 0$ हो तो वे अभिलंब हैं। यदि $\gamma = +1$ अथवा -1 तो वे संपाती हैं। चूँकि γ 0 से 1 तक संख्यात्मक रूप से बढ़ता है, समाश्रयण रेखाओं के बीच कोण 90° से 0° तक घटना शुरू हो जाता है।

प्रश्न 19. निम्नलिखित पर संक्षिप्त नोट प्रस्तुत कीजिए—
 (i) आगणन की मानक त्रुटि
 (ii) गैर-रेखीय समीकरणों को प्राक्कलित करने की विधियाँ
 (iii) आंशिक तथा गुणज सहसंबंध
 (iv) गुणज समाश्रयण

उत्तर— (i) जिस प्रकार साधारण रेखीय प्रतीपगमन में आगणन की शुद्धता के निर्धारण की समस्या रहती है उसी प्रकार की समस्या बहुगुणी रेखीय प्रतीपगमन में भी है। आश्रित चर का जो सर्वोपयुक्त आगणन लगाया गया है वह सत्यता के कितना निकट है यही ज्ञात करने के लिए आगणन की मानक त्रुटि निकालनी होती है। आगणन की मानक त्रुटि आश्रित चर के वास्तविक मूल्यों व संगणित मूल्यों के विचलनों के औसत माप के समान होती है। यह अस्पष्टीकृत विचरण मापांक का वर्गमूल होता है।

यदि वास्तविक तथा अनुमानित मूल्य समान होंगे तो आगणन की मानक त्रुटि शून्य होगी। ऐसी स्थिति में सहसंबंध भी पूर्ण होते हैं तथा प्रतीपगमन समीकरण से ज्ञात आगणन भी पूर्ण होते हैं। तीन चरों के लिए आगणन की मानक त्रुटि की संगणना हेतु निम्न सूत्र का प्रयोग किया जाता है—

x_1 का x_2 व x_3 पर प्रतीपगमन रेखा हेतु—

$$S_{1.23} = \sqrt{\dfrac{\Sigma(x_1 - x_{1e})^2}{N-3}}$$

यहाँ $S_{1.23} = x_1$ की x_2 व x_3 पर आगणन की मानक त्रुटि
x_{1e} = प्रतीपगमन समीकरण के आधार पर x_1 का अनुमानित मूल्य

सह-संबंध गुणांकों से भी आगणन की मानक त्रुटि ज्ञात की जा सकती है। ये सूत्र निम्न प्रकार हैं—

$$S_{1.23} = S_1 \sqrt{\dfrac{1 - r^2_{12} - r^2_{13} - r^2_{23} + 2r_{12}r_{13}r_{23}}{1 - r^2_{23}}}$$

$$S_{2.31} = S_2 \sqrt{\dfrac{1 - r^2_{12} - r^2_{13} - r^2_{23} + 2r_{12}r_{13}r_{23}}{1 - r^2_{13}}}$$

$$S_{3.12} = S_3 \sqrt{\dfrac{1 - r^2_{12} - r^2_{13} - r^2_{23} + 2r_{12}r_{13}r_{23}}{1 - r^2_{12}}}$$

(ii) संबंधों के सभी मापदंडों एवं दूसरों पर एक चर की निर्भरता का प्रग्रहण केवल तभी किया जाता है जब संबंध रेखीय हो। परंतु व्यवहार में, अधिकतर, संबंध गैर-रेखीय होते हैं। ऐसे संबंध परवलयी घातीय और ज्यामितीय हो सकते हैं। उनके आकलन के लिए हम विभिन्न विधियाँ अपनाते हैं–

(1) **परवलयी संबंध**–माना दो चरों के बीच संबंध–

$Y = a + bx + cx^2$ है।

हमारे पास समुक्तियों के x युग्मों $(x_i, y_i); i = 1, 2, ..., n$ पर आँकड़े हैं।

लघुतम वर्गों की विधि प्रयोग करते हुए, अचर a, b, c को निम्नलिखित 3 समीकरणों को हल करके आकलित किया जा सकता है।

$$\sum_{i=1}^{n} y_i = an + b\sum_{i=1}^{n} x_i + c\sum_{i=1}^{n} x_i^2$$

$$\sum_{i=1}^{n} x_i y_i = a\sum_{i=1}^{n} x_i + b\sum_{i=1}^{n} x_i^2 + c\sum_{i=1}^{n} x_i^3$$

$$\sum_{i=1}^{n} x_i^2 y_i = a\sum_{i=1}^{n} x_i^2 + b\sum_{i=1}^{n} x_i^3 + c\sum_{i=1}^{n} x_i^4$$

(2) **घातीय एवं ज्यामितीय वक्र**–इसका समीकरण निम्नलिखित रूप से है–

$y_i = a.b^{x_i}$ (घातीय रूप)

$y_i = a.x_i^b$ (लघुगणकीय रूप)

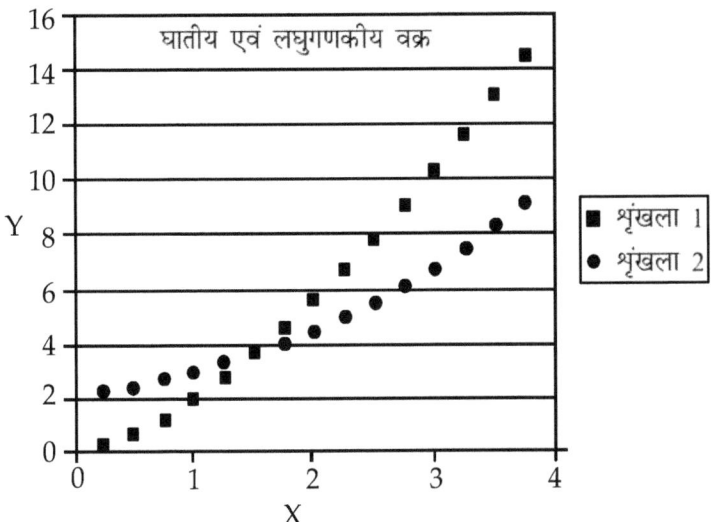

चित्र 5.10

$a = 2, b = 1.5$ और $x = (.25, .5, .75, 1, ... 3.75)$ के लिए श्रृंखला 1 घातीय वक्र निरूपित करती है और श्रृंखला 2 लघुगणकीय वक्र निरूपित करती है।

यदि हम उपर्युक्त समीकरण के घातीय एवं लघुगणकीय रूपों के दोनों पक्षों के लघुगणक लेते हैं तो हमें प्राप्त होते हैं–

$\log y_i = \log a + \log bx_i$ और $\log y_i = \log a + b.\log x_i$.

यदि हम मान लेते हैं कि

$$y_i' = \log y_i, \log a = A$$

$$x_i' = \log x_i, \log b = B,$$

फिर से समीकरण निम्न रूप के सरल द्विचर समीकरण में बदल जाते हैं–

$$y_i' = A + B.x_i$$

$$y_i = A + b.x_1'.$$

(iii) आंशिक सहसंबंध–माना, हमारे पास तीन चरों y, x_1 और x_2 पर आँकड़े हैं। हम मानकर चलते हैं कि वे अपने बीच एक रेखीय संबंध रखते हैं जो निम्न द्वारा निर्दिष्ट होता है–

$$y_1 = a + bx_{1i} + cx_{2i}$$

y और x_1 के बीच आंशिक सहसंबंध प्राप्त करने के लिए हमें इन दोनों से x_2 के प्रभाव का विलोपन करना पड़ता है। तब अवशिष्टों (x_2 के प्रभाव का विलोपन कर दिए जाने के बाद y और x_1 के मान) के बीच गुणनफल प्रघात सहसंबंध गुणांक आंशिक सहसंबंध देता है।

y व x_2 तथा x_1 व x_2 के बीच निम्नवत् द्विचर समाश्रयण पर विचार करते हैं–

$$y = \alpha + \beta_{02}x_2$$

$$x_1 = \alpha' + \beta_{12}x_2$$

लेकिन x_2 चरों y एवं x_1 में प्रसरणों को पूरी तरह स्पष्ट करने में सक्षम नहीं भी हो सकता। इन दोनों में से x_2 के प्रभावों का हम निम्नवत् विलोपन कर देते हैं–

$$e_{yi} = y_i - \left(\hat{\alpha} + \hat{B}_{02}.x_{2i}\right) \qquad i = 1, 2, ..., n$$

$$e_{x1i} = x_i - \left(\hat{\alpha} + \hat{B}_{12}.x_{2i}\right) \qquad i = 1, 2, ..., n$$

e_{yi} और e_{xl} के बीच गुणनफल प्रघात सहसंबंध गुणांक y और x_1 के बीच आंशिक सहसंबंध है। इसे निम्न सूत्र से दर्शाया जाता है–

$$\gamma_{yx_1.x_2} = \frac{\gamma_{yx_1} - \gamma_{yx_2}.\gamma_{x_2x_3}}{\sqrt{\left(1-\gamma^2_{yx_2}\right)\left(1-\gamma^2_{x_1x_2}\right)}}$$

को $\gamma_{yx_1.x_2}$ के प्रभाव का विलोपन करते हुए y और x_1 के बीच आंशिक सहसंबंध के रूप में पढ़ा जाता है।

आंशिक सहसंबंध गुणांक हमेशा −1 और +1 के मध्य अवस्थित होता है।

गुणज सहसंबंध– y_i और $\hat{y}_i\left(= \hat{a} + \hat{b}x_{1i} + \hat{c}x_{2i}\right)$ के बीच गुणनफल प्रघात सहसंबंध गुणांक गुणज सहसंबंध गुणांक देता है।

x_1 और x_2 पर गुणज सहसंबंध गुणांक y निम्नलिखित द्वारा दिया जाता है–

$$R_{y.x_1x_2} = \frac{\sqrt{\gamma^2_{yx_1} + \gamma^2_{y.x_2} - 2\gamma_{yx_1}.\gamma_{x_1x_2}.\gamma_{y.x_2}}}{\sqrt{1-\gamma^2_{x_1x_2}}}$$

गुणज सहसंबंध गुणांक हमेशा धनात्मक माना जाता है।

(iv) गुणज समाश्रयण में हम एक चर के मान का आगणन करते हैं यदि अन्य चरों के मान दिए गए हों। इन तीनों चरों y, x_1 और x_2 को एक उदाहरण द्वारा समझा जा सकता है। अत: हम यह मानकर चलते हैं कि इनके बीच रेखीय संबंध होता है। तदनुसार,

$y = a + bx_1 + cx_2$

जहाँ a, b और c अचर हैं।

त्रुटियों के वर्ग की राशि को कम करने हेतु हम a, b और c की प्राक्कलयिता प्राप्त करने के लिए साधारण वर्ग की विधि प्रयोग में लाते हैं।

इस प्रकार, हमें हल करना है–

$$\underset{\hat{a},\hat{b},\hat{c}}{\text{Min.}}\, E = \sum e_i^2 = \sum_{i=1}^{n}(y_i - \hat{a} - \hat{b}x_{1i} - \hat{c}.x_{2i})^2$$

$\hat{a}, \hat{b}$ और $\hat{c}$ के सापेक्ष E को अवकलित कर हमें निम्नलिखित तीन प्रसामान्य समीकरण प्राप्त होते हैं–

$$\sum(y_i - \hat{a} - \hat{b}x_{1i} - \hat{c}.x_{2i}) = 0 \quad ...(1)$$

$$\sum(y_i - \hat{a} - \hat{b}x_{1i} - \hat{c}.x_{2i})x_{1i} = 0 \quad ...(2)$$

$$\sum(y_i - \hat{a} - \hat{b}x_{1i} - \hat{c}.x_{2i})x_{2i} = 0 \quad ...(3)$$

समी. (1) को n (समुक्तियों की कुल संख्या) से विभाजित कर हमें प्राप्त होता है–

$\bar{y} = \hat{a} + \hat{b}\bar{x}_1 + \hat{c}.\bar{x}_2$ अथवा, $\hat{a} = (\bar{y} - \hat{b}\bar{x}_1 - \hat{c}.\bar{x}_2)$

$\hat{a} = (\bar{y} - \hat{b}\bar{x}_1 - \hat{c}.\bar{x}_2)$ को समी. (2) और (3) में प्रतिस्थापित करने पर हमें प्राप्त होता है–

$$\sum y_i x_{1i} = (\bar{y} - \hat{b}x_1 - \hat{c}.x_2)\sum x_{1i} + \hat{b}\sum x_{1i}^2 + \hat{c}\sum x_{2i}x_{1i} \quad ...(4)$$

$$\sum y_i x_{2i} = (\bar{y} - \hat{b}x_1 - \hat{c}.x_2)\sum x_{2i} + \hat{b}\sum x_{2i}.x_{1i} + \hat{c}\sum x_{2i}^2 \quad ...(5)$$

समी. (4) से,

$$\sum y_i x_{1i} - x\bar{y}.\bar{x} = \hat{b}\left(\sum x_{1i}^2 - x\bar{x}_1^2\hat{b}\sum x_{1i}^2\right) + \hat{c}\left(\sum x_{2i}.x_{1i} - x\bar{x}_1\bar{x}_2\right)$$

दोनों पक्षों को n से भाग देने पर हमें प्राप्त होता है–

$$\text{cov}(y, x_1) = \sigma_{x_1}^2.\hat{b} + \text{cov}(x_1, x_2)\hat{c} \quad ...(6)$$

इसी प्रकार, समी. (5) से हमें प्राप्त होता है–

$$\text{cov}(y, x_2) = \text{cov}(x_1, x_2).\hat{b} + \sigma_{x_2}^2.\hat{c} \quad ...(7)$$

समी. (5) और (6) को हल करके हमें प्राप्त होता है–

$$\hat{b} = \frac{\text{cov}(y,x_1)\sigma_{x_2}^2 - \text{cov}(x_1,x_2).\text{cov}(y,x_2)}{\sigma_{x_1}^2\sigma_{x_2}^2 - \text{cov}(x_1,x_2)^2}$$

$$= \frac{\sigma_{x_1}^2\sigma_{x_2}^2\left\{\frac{\sigma_y}{\sigma_{x_1}}\frac{\text{cov}(y,x_1)}{\sigma_{x_1}\sigma_y} - \frac{\sigma_y}{\sigma_{x_2}}\frac{\text{cov}(x_1,x_2)}{\sigma_{x_1}\sigma_{x_2}}.\frac{\text{cov}(y,x_2)}{\sigma_y.\sigma_{x2}}\right\}}{\sigma_{x_1}^2\sigma_{x_2}^2\left\{1-\left(\frac{\text{cov}(x_1x_2)}{\sigma_{x_1}.\sigma_{x_2}}\right)^2\right\}}$$

$$= \frac{\frac{\sigma_y}{\sigma_{x_1}}\left(\gamma_{yx_1} - \gamma_{x_1x_2}.\gamma_{yx_2}\right)}{1-\gamma_{x_1x_2}^2}$$ [γ_{xy} =चरों x व y के बीच सहसंबंध गुणांक]

और $$\hat{c} = \frac{\sigma_{x_1}^2.\text{cov}(y,x_2) - \text{cov}(x_1,x_2).\text{cov}(y,x_2)}{\sigma_{x_1}^2\sigma_{x_2}^2 - \text{cov}(x_1,x_2)^2}$$

जिसे आगे निम्नवत् सरलीकृत किया जा सकता है–

$$\hat{c} = \frac{\frac{\sigma_y}{\sigma_{x_2}}\left(\gamma_{yx_2} - \gamma_{yx_1}.\gamma_{x_1x_2}\right)}{1-\left(\gamma_{x_1x_2}\right)^2}$$

नोट– $\hat{b}$ और $\hat{c}$ क्रमशः y पर x_1 और x_2 के प्रभाव को बताते हैं।

चूँकि $\hat{b}$ ही x_2 के प्रभावों का विलोपन कर y पर x_1 का प्रति इकाई प्रभाव है अतः यह x_2 के प्रभावों का विलोपन कर y और x_1 का आंशिक समाश्रयण गुणांक देता है। इसे प्रायः $b_{12.3}$ से इंगित किया जाता है। इसी प्रकार, $\hat{e}$ को प्रायः $b_{13.2}$ से दर्शाया जाता है।

यह सामान्य गुणज रेखीय समाश्रयण निम्न रूप ले लेता है–

$Y_i = B_1X_{1i} + B_2X_{2i} + B_3X_{3i} + ... + B_kX_{ki} + u_i \quad i = 1, 2, ..., n$

जहाँ u_i त्रुटि पद है।

प्रश्न 20. उपयुक्त उदाहरण सहित प्रायिकता की बेज प्रमेय को समझाइए।

उत्तर– माना, A_1, A_2, तथा A_3 तीन प्रकार की अपवर्जी तथा निःशेष घटनाएँ हैं तथा D एक घटना है जो इनमें से किसी के भी साथ घटित हो सकती है। यदि वास्तव में D घटित हो जाती है, तब A_i (i = 1, 2, 3) के घटित होने की सप्रतिबंध प्रायिकता निम्नलिखित हैं–

$$P(A_i/D) = \frac{P(A_i \cap D)}{P(D)} = \frac{P(A_i)\times P(D/A_i)}{P(D)}$$

जहाँ पर,

$$P(D) = \sum_{i=1}^{n}(A_i \cap D) = \sum_{i=1}^{n} P(A_i) \times P(D/A_i)$$

अर्थात्

$$P(A_i/D) = P(D/A_i) \times P(D) / \sum_{i=1}^{n} P(A_i) P(D/A_i)$$

यह परिणाम कितनी ही परस्पर अपवर्जी तथा निःशेष घटनाओं के लिए व्यापक बनाया जा सकता है। इसको बेयस प्रमेय कहा जाता है। यह प्रायिकता के सिद्धांत में एक बहुत सशक्त परिणाम है। एक उदाहरण द्वारा इस प्रमेय को अधिक सुस्पष्टता से समझा जा सकेगा।

उदाहरण—एक काबले बनाने वाली फैक्ट्री में तीन मशीनें A, B तथा C हैं। ये कुल उत्पादन का क्रमशः 25 प्रतिशत, 35 प्रतिशत तथा 40 प्रतिशत उत्पादन करती हैं। लेकिन इनके उत्पादन के क्रमशः 5 प्रतिशत, 4 प्रतिशत तथा 2 प्रतिशत काबले दोषपूर्ण होते हैं। एक दिन के उत्पादन में से एक काबले का चयन किया गया तथा वह दोषपूर्ण पाया गया। इस काबले के (i) मशीन A, (ii) मशीन B, तथा (iii) मशीन C द्वारा निर्मित होने की प्रायिकता क्या है?

हल—क्योंकि एक दिन के उत्पादन में सभी तीन मशीनों का उत्पादन सम्मिलित है, इसलिए, मशीन A द्वारा इसके निर्माण की प्रायिकता, $P(A) = 0.25$ है। इसी प्रकार $P(B) = 0.35$ तथा $P(C) = 0.40$ होगा। इसके अतिरिक्त, मान लीजिए, काबले के दोषपूर्ण होने की घटना को D से सूचित करते हैं क्योंकि मशीन A द्वारा 5 प्रतिशत दोषपूर्ण काबले निर्मित होते हैं, इसलिए $P(D/A) = 0.05$ है। इसी प्रकार, $P(D/B) = 0.04$ तथा $P(D/C) = 0.02$ होगा।

इस प्रकार,

$P(D) = P(A) \times P(D/A) + P(B) \times P(D/B) + P(C) \times P(D/C)$
$= 0.25 \times 0.05 + 0.35 \times 0.04 + 0.40 \times 0.02 = 0.0345$

मशीन A द्वारा काबला निर्मित होने की प्रायिकता इस प्रकार होगी; जबकि यह दोषपूर्ण है, अर्थात्

$$P(A/D) = \frac{P(A) \times P(D/A)}{P(D)} = \frac{0.25 \times 0.05}{0.0345} = \frac{0.0125}{0.0345} = 0.362$$

इसी प्रकार,

$$P(B/D) = \frac{P(B) \times P(D/B)}{P(D)} = \frac{0.35 \times 0.04}{0.0345} = \frac{0.0140}{0.0345} = 0.406$$

तथा

$$P(C/D) = \frac{P(C) \times P(D/C)}{P(D)} = \frac{0.40 \times 0.02}{0.0345} = \frac{0.0080}{0.0345} = 0.232$$

उपरोक्त विधि की वैकल्पिक विधि भी अपनाई जा सकती है। ऊपर दी गई प्रायिकताओं को निम्नलिखित सारणी की रचना द्वारा भी प्राप्त किया जा सकता है। तीन घटनाओं, A, B तथा C को क्रमशः A_1, A_2 तथा A_3 से सूचित किया गया है।

A_i	A_1	A_2	A_3	योग
$P(A_i)$	0.25	0.35	0.45	1.00
$P(D/A_i)$	0.05	0.04	0.02	
$P(D \cap A_i)$	0.0125	0.014	0.008	P(D) = 0.0345
$P(A_i / D) = \frac{P(D \cap A_i)}{P(D)}$	0.362	0.406	0.232	1.00

प्रायिकताएँ $P(A_1)$, $P(A_2)$ तथा $P(A_3)$, जिनके मान परीक्षण से पूर्व ज्ञात हैं, को पूर्ववर्ती प्रायिकताएँ (Prior Probabilities) कहते हैं। A_1, A_2 तथा A_3 की सप्रतिबंध प्रायिकताएँ, अर्थात् $P(A_1/ D)$, $P(A_2/ D)$ तथा $P(A_3/ D)$, परीक्षण का परिणाम ज्ञात होने पर प्राप्त प्रायिकताएँ, परवर्ती प्रायिकताएँ (Posterior Probabilities) कहलाती हैं।

किसी समस्या का विश्लेषण करने से पूर्व, एक फर्म का प्रबंधक कुछ घटनाओं की प्रायिकता व्यक्तिपरक (Subjective) आधार पर निर्धारित कर सकता है जो कि उसके अनुभव तथा प्रत्याशा पर निर्भर होती है। इन प्रायिकताओं को पूर्ववर्ती प्रायिकताएँ कहते हैं। इसके बाद परीक्षण किया जाता है तथा D जैसी घटना के घटित होने के आधार पर पूर्ववर्ती प्रायिकताओं का संशोधन किया जाता है। इन संशोधित प्रायिकताओं को परवर्ती प्रायिकताएँ कहते हैं। दूसरे दौर में इन परवर्ती प्रायिकताओं को पूर्ववती प्रायिकताएँ मान कर तथा उसी प्रक्रिया को दोहरा कर, परवर्ती प्रायिकताएँ प्राप्त की जा सकती हैं। इस प्रकार के कुछ संशोधनों के बाद परवर्ती प्रायिकताओं में स्थिर होने की प्रवृत्ति होती है। इस प्रकार व्यक्तिपरक प्रायिकताएँ लगभग वस्तुपरक प्रायिकताएँ बन जाती हैं। व्यवसाय गतिविधियों के विश्लेषण के लिए बेज-प्रमेय बहुत ही उपयोगी है।

प्रश्न 21. प्रायिकता से संबंधी विभिन्न परिभाषाओं पर चर्चा कीजिए।

उत्तर– प्रायिकता शब्द की व्याख्या चार परिभाषाओं के अनुसार की गई है–

(1) पारंपरिक परिभाषा–पारंपरिक परिभाषा के अनुसार, यदि किसी प्रयोग में N परिणाम हैं जो परस्पर अनन्य, सर्वसमावेशी और समानत: संभावित हैं तथा उनके N_A किसी वृत्त A के अनुकूल हैं, तो वृत्त A (P (A)) को निम्नवत् परिभाषित किया जाता है–

$P(A) = N_A/N$

दूसरे शब्दों में, किसी वृत्त A की प्रायिकता A के प्रति अनुकूल परिणामों की संख्या N_A तथा परिणामों की कुल संख्या के अनुपात के बराबर होती है। इस संकल्पना को निम्नलिखित उदाहरण द्वारा समझा जा सकता है–

उदाहरण–दो अनभिनत पासों को एक साथ फेंका जाता है। पासों पर दिखने वाले बिंदुओं का गुणनफल 18 होने की प्रायिकता इस प्रकार है–

दो पासों को एक साथ फेंके जाने पर 36 (N) संभव परिणाम होते हैं। ये परिणाम इस अवधारणा के आधार पर परस्पर अनन्य, सर्वसमावेशी और समान रूप से संभावित होते हैं कि

पासे अनभिनत हैं। अब हम A को निरूपित करते हैं: पासों पर दिखने वाले बिंदुओं का गुणनफल 18 होना चाहिए।

'A' के प्रति अनुकूल वृत्त केवल [(3, 6), (6, 3)] हैं, अत: $N_A = 2$.

प्रायिकता की पारंपरिक परिभाषा के अनुसार,

$P(A) = N_A/N = 1/18$

जब परिणामों में कोई भी वृत्त A के अनुकूल न हो तो $N_A = 0$, P (A) भी मान 0 ले लेता है तथा हम कहते हैं कि वृत्त A असंभव है।

(2) स्वयंसिद्ध परिभाषा–प्रायिकता की स्वयंसिद्ध परिभाषा में हम एक प्रायिकता वरिमा 'S' से शुरुआत करते हैं जहाँ अमूर्त वस्तुओं का समुच्चय 'S' फल या 'परिणाम' कहलाता है। समुच्चय S और इसके उपसमुच्चय 'वृत्त' कहलाते हैं। किसी परिणाम A की प्रायिकता, परिभाषा के अनुसार, A को सौंपी गई एक संख्या P(A) है। इस प्रकार की संख्या निम्नलिखित अभिगृहीतों को संतुष्ट करती है–

(क) $P(A) \geq 0$ यथा P (A) गैर-ऋणात्मक संख्या है।

(ख) किसी वृत्त S की प्रायिकता 1 है, यथा P (S) = 1.

(ग) यदि दो वृत्त A और B कोई उभयनिष्ठ अवयव नहीं रखते हैं अथवा A और B परस्पर अनन्य हैं तो उन परिणामों वाले वृत्त $(A \cup B)$ की प्रायिकता जो A अथवा B में हैं, उनकी प्रायिकताओं के योग के बराबर होगी–

$$P(A \cup B) = P(A) + P(B)$$

(3) अनुभवजन्य परिभाषा–किसी यादृच्छिक प्रयोग के N प्रयासों में यदि कोई वृत्त m बार आता पाया जाता है तो वृत्त के अस्तित्व की आनुपातिक प्रायिकता m/N होगी। यदि यह आनुपातिक प्रायिकता N के अनिश्चित रूप से बढ़ने के साथ, एक परिमित मान p तक पहुँचती है, तब 'p' को वृत्त A की प्रायिकता कहा जाता है।

$$P(A) = \lim_{N \to \infty}\left(\frac{m}{N}\right)$$

(4) वस्तुपरक परिभाषा–प्रायिकता की वस्तुपरक परिभाषा में संख्या P(A) को एक कथन A हेतु निर्दिष्ट किया जाता है जो कि A से संबंधित जानकारी अथवा विश्वास संबंधी हमारी अवस्था का मापदंड है। इस प्रकार की प्रायिकताएँ अधिकतर हमारे दैनिक जीवन एवं बातचीत में प्रयोग की जाती हैं। हमारे कथन प्राय: इस प्रकार के होते हैं–"मुझे 100 प्रतिशत विश्वास है कि मैं परीक्षा में पास हो जाऊँगा", यथा P (परीक्षाएँ पास करने का) = 1 अथवा "50 प्रतिशत संभावना है कि भारत पाकिस्तान से मैच जीत जाएगा", यथा P (भारत पाकिस्तान के विरुद्ध मैच जीतेगा) = ½.

प्रश्न 22. संक्षेप में प्रायिकता संबंधी विभिन्न प्रमेयों की व्याख्या कीजिए।

उत्तर– प्रायिकता संबंधी विभिन्न प्रमेयों की व्याख्या इस प्रकार है–

कुल प्रायिकता की प्रमेय–यदि दो वृत्त A और B परस्पर अनन्य, सर्वसमावेशी और समानत: संभावित हों तो A अथवा B का अस्तित्व, $(A \cup B)$ उनकी प्रायिकता के योग से प्रस्तुत किया जाता है। तदनुसार,

$$P(A \cup B) = P(A) + P(B)$$

इसे 'योग प्रमेय' भी कहते हैं।

जाँच—माना कि किसी यादृच्छिक प्रयोग में n संभावित परिणाम हैं जो कि परस्पर अनन्य, सर्वसमावेशी और समानत: संभावित हैं। जबकि उनमें से m_1 A के अनुकूल है तथा m_2 B के अनुकूल है। प्रायिकता की पारंपरिक परिभाषा से,

$P(A) = m_1/n$ और $P(B) = m_2/n$

चूँकि A और B परस्पर अनन्य और सर्वसमावेशी हैं इसलिए वृत्त A के अनुकूल वृत्तों की संख्या $(A \cup B)$ द्वारा दी जाती है, अत:

$P(A \cup B) = (m_1 + m_2)/n = (m_1/n) + (m_2/n) = P(A) + P(B)$ (इति सिद्धम्)

कुल प्रायिकता की प्रमेय से व्यवकलन—

(1) संपूरक वृत्त की प्रमेय—यदि A, वृत्त A के अस्तित्व को इंगित करता हो तो A^c (A का संपूरक कहा जाएगा) वृत्त A के अनस्तित्व को इंगित करेगा और

$P(A) = 1 - P(A^c)$.

चूँकि A और A^c परस्पर और सर्वसमावेशी वृत्त हैं जहाँ $S = \{A, A^c\}$. कुल प्रायिकता की प्रमेय के प्रयोग से हमें प्राप्त होता है—

$P(S) = P(A) + P(A^c) = 1$

अथवा, $P(A^c) = 1 - P(A)$

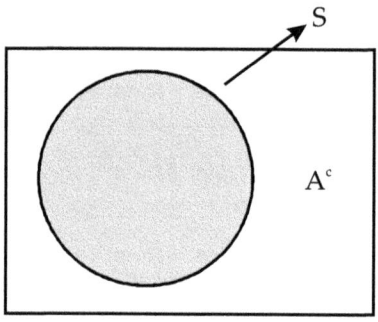

चित्र 5.11

यह प्रमेय बहुत अंत:प्रज्ञात्मक है। यदि किसी अनभिनत सिक्के को उछालते समय चित्त प्राप्त करने की प्रायिकता .5 हो तो पट प्राप्त करने की प्रायिकता स्पष्टत: .5(1 - .5) होगी।

कुल प्रायिकता प्रमेय का विस्तार—कुल प्रायिकता की प्रमेय परस्पर अनन्य वृत्तों की किसी भी संख्या तक विस्तारित की जा सकती है। यदि वृत्त $A_1, A_2, A_3, ..., A_K$ परस्पर अनन्य हों तो उनमें से किसी के भी अस्तित्व की प्रायिकता $\left(\bigcup_{i=1}^{k} A_i\right)$ उनकी प्रायिकताओं के योग द्वारा दी जाती है।

$$P\left(\bigcup_{i=1}^{k} A_i\right) = P(A_1) + P(A_2) + P(A_3) + \cdots + P(A_k)$$

परस्पर अनन्येतर वृत्तों वाली कुल प्रायिकता की प्रमेय—वृत्तों A और B (जो कि अनिवार्यत: परस्पर अनन्य नहीं हैं) में से कम-से-कम एक के अस्तित्व की प्रायिकता निम्नलिखित द्वारा दी जाती है—

$$P(A \cup B) = P(A) + P(B) - P(A \cap B)$$

संकेत '∩' का अर्थ है 'और', यथा (A∩B) का अर्थ है वृत्त A और B का अस्तित्व, जबकि 'U' का अर्थ है 'अथवा', यथा (A∪B) ⇒ वृत्त A अथवा वृत्त B का अस्तित्व।

जाँच—वृत्त (A∪B) का अस्तित्व निम्नलिखित तीन परस्पर अनन्य वृत्तों में से किसी एक के अस्तित्व के सदृश होगा—

$(A∩B^c), (A^c∩B)$ और $(A∩B)$ वेन आकृति के अनुसार,

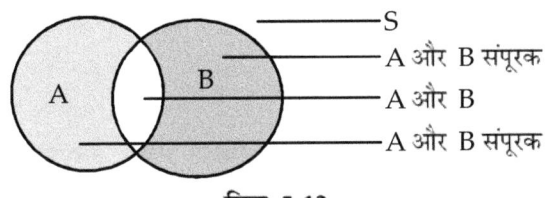

चित्र 5.12

इस प्रकार कुल प्रायिकता की परिभाषा के प्रयोग से हमें प्राप्त होता है—

$$P(A∪B) = P(A∩B^c) + P(A^c∩B) + P(A∩B) \qquad ...(1)$$

पुन:, A का अस्तित्व निम्नलिखित दो परस्पर अनन्य वृत्तों $P(A∩B)$ और $P(A∩B^c)$ में से किसी एक के अस्तित्व के सदृश होता है। तदनुसार हमें प्राप्त होता है—

$$P(A) = P(A∩B) + P(A∩B^c) \qquad ...(2)$$

इसी प्रकार, B के लिए

$$P(B) = P(B∩A) + P(B∩A^c) \qquad ...(3)$$

समी. (1), (2), (3) का प्रयोग कर हम अवकलित कर सकते हैं कि

$$P(A∪B) = P(A) + P(B) - P(A∩B) \quad \text{इति सिद्धम्}$$

उपर्युक्त परिणाम को तीन वृत्तों A, B, C तक विस्तारित किया जा सकता है, जो कि परस्पर अनन्य नहीं हैं।

$$P(A∪B∪C) = P(A) + P(B) + P(C) -$$
$$P(A∩B) - P(A∩C) - P(C∩B) + P(A∩B∩C)$$

नीचे दिए गए चित्र में हम उपरोक्त स्थिति दर्शाते हैं—

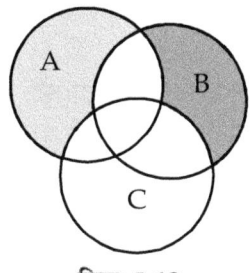

चित्र 5.13

इस संदर्भ में, हमें प्रायिकता के सिद्धांत में दो मानक परिणामों के विषय में पता चलता है—

(1) $P(A \cup B) \leq P(A) + P(B)$ ....बूले की विषमता

(2) $P(A \cap B) \geq P(A) + P(B) - 1$ ....बॉन्फेरोनी की विषमता

संयुक्त प्रायिकता की प्रमेय—वृत्त A और B के एक साथ अस्तित्व की प्रायिकता वृत्त A की प्रायिकता एवं वृत्त B की सोपाधिक प्रायिकता के गुणनफल द्वारा दी जाती है बशर्ते कि A वास्तव में अस्तित्व रखता हो जो कि P(A/B) द्वारा दर्शाया जाता है। P(A/B) वृत्त A के अनुकूल वृत्तों की संख्या के प्रति वृत्त A और B के अनुकूल वृत्तों की संख्या के अनुपात द्वारा दिया जाता है। संकेत रूप में,

$P(A \cap B) = P(A) \times P(B/A)$.

जाँच—माना कि किसी यादृच्छिक प्रयोग में n परस्पर अनन्य, सर्वसमावेशी और समान रूप से संभावित परिणाम हैं, जिनमें m_1, m_2 और m_{12} क्रमशः वृत्तों A, B और $(A \cap B)$ के अनुकूल हैं।

$P(A \cap B) = m_{12}/n$

$= m_1/n \times m_{12}/m_1$

$= P(A) \times P(B/A)$ इति सिद्धम्

इस प्रमेय को 'गुणा प्रमेय' भी कहा जाता है।

संयुक्त प्रायिकता की प्रमेय से व्यवकलन—एक वृत्त, माना B, का अस्तित्व किसी अन्य वृत्त A के अस्तित्व अथवा अनस्तित्व से जुड़ा हो सकता है। अर्थात् हम B के विषय में कह सकते हैं कि इसमें दो परस्पर अनन्य वृत्त $(A \cap B)$ और $(A^c \cap B)$ हैं। कुल प्रायिकता की प्रमेय प्रयोग करने पर—

$P(B) = P(A \cap B) + P(A^c \cap B)$

$= P(A) \times P(B/A) + P(A^c) \times P(B/A^c)$ ....[संयुक्त प्रायिकता की प्रमेय प्रयोग करके]

संयुक्त प्रायिकता प्रमेय का विस्तार—उपर्युक्त प्रमेय के उन उदाहरणों को शामिल करने हेतु विस्तारित किया जाता है जिनमें तीन या तीन से अधिक वृत्त हों। माना तीन वृत्त A, B और C हैं, तब तीन से अधिक वृत्तों के लिए

$P(A \cap B \cap C) = P(A) \times P(B/A) \times P(C/(A \cap B))$ इत्यादि।

प्रश्न 23. सोपाधिक प्रायिकता तथा स्वतंत्रता की अवधारणा को समझाइए।

उत्तर— संयुक्त प्रायिकता की प्रमेय से हम किसी वृत्त, A पर सोपाधिक एक वृत्त B की प्रायिकता प्राप्त करते हैं तथा इसे संकेत रूप में P(B/A) लिखा जाता है।

इसी प्रकार P(B/A) का अर्थ है एक घटना B के होने की संभावना की प्रायिकता जबकि घटना A पहले से हो चुकी है।

स्वतंत्र वृत्तों की अवधारणा—दो वृत्त A और B सांख्यिकीय रूप से स्वतंत्र कहे जाते हैं यदि एक वृत्त का अस्तित्व किसी अन्य वृत्त के अस्तित्व से प्रभावित नहीं होता। इसी प्रकार, अनेक वृत्तों को स्वतंत्र, परस्पर स्वतंत्र अथवा सांख्यिकीय रूप से स्वतंत्र कहा जाता है यदि एक वृत्त का अस्तित्व अन्य वृत्तों के अस्तित्व संबंधी अनुपूरक ज्ञान से प्रभावित नहीं होता। इनका अर्थ है कि—

दो घटनाएँ A और B स्वतंत्र कही जाएँगी यदि और सिर्फ यदि

$P(A \cap B) = P(A)P(B)$ जो कि स्पष्ट है

$P(A/B) = P(A)$ तथा $P(B/A) = P(B)$

प्रश्न 24. प्रायिकता संबंधी निम्नलिखित शब्दों को परिभाषित कीजिए—

(i) न्यादर्श वरिमा

(ii) परस्पर अनन्य वृत्त

(iii) परस्पर सर्वसमावेशी वृत्त

(iv) समानतः संभावित वृत्त

(v) स्वतंत्र वृत्त

(vi) सोपाधिक वृत्त

उत्तर— (i) किसी भी गैर-निर्धारक प्रयोग के सभी संभावित परिणाम उस प्रयोग की न्यादर्श वरिमा रखते हैं और सामान्यतया 'S' से निरूपित किए जाते हैं। उदाहरण के लिए, यदि किसी सिक्के को उछाला जाता है तो चित्त (H) आता है अथवा पट (T)। अतएव, H और T न्यादर्श वरिमा रखते हैं और हम लिख सकते हैं, S = {H, T}.

इसी प्रकार, यदि दो सिक्के उछाले जाते हैं तो S = {(HH), (HT), (TH), (TT)}.

(ii) वृत्तों को परस्पर अनन्य कहा जाता है यदि उनमें से दो या दो से अधिक एक साथ अस्तित्व न रख सकते हों। उदाहरण के लिए, किसी सिक्के को उछालते समय प्रारंभिक वृत्त 'चित्त' और 'पट' परस्पर अनन्य होते हैं। इसी प्रकार, जब कोई पासा फेंका जाता है तो संख्याएँ 1, 2, 3, 4, 5, 6 परस्पर अनन्य होती हैं। इन प्रयोगों से वृत्तों को हम निम्नवत् परिभाषित करते हैं—

A विषम बिंदु-संख्या संबंधी वृत्त,

B सम बिंदु-संख्या संबंधी वृत्त।

ये भी परस्पर अनन्य होते हैं।

(iii) अनेक वृत्तों को परस्पर सर्वसमावेशी कहा जाता है। यदि और केवल यदि उनमें से कम-से-कम एक अनिवार्यतः अस्तित्व रखता हो। उदाहरण के लिए किसी सिक्के को उछालते समय चित्त और पट संबंधी वृत्त परस्पर सर्वसमावेशी होते हैं क्योंकि उनमें से किसी न किसी एक के आने की प्रायिकता निश्चित होती है।

(iv) किसी गैर-निर्धारित वृत्त के परिणाम समान रूप से संभावित कहे जाते हैं यदि उनमें से किसी के भी अस्तित्व की प्रत्याशा किसी अन्य के प्रति अधिमान होने की न हो सकती हो। उदाहरण के लिए, किसी सिक्के को उछालते समय, यदि सिक्का अनभिनत हो तो वृत्त के चित्त अथवा पट आने की संभावना समान होगी।

(v) वृत्तों को एक-दूसरे से स्वतंत्र कहा जाता है यदि एक वृत्त का अस्तित्व दूसरों के अस्तित्व से प्रभावित न होता हो। उदाहरण के लिए, किसी पासे को बार-बार फेंके जाते समय, पहली बार में '3' प्राप्त करने संबंधी वृत्त दूसरी बार में '6' प्राप्त करने से स्वतंत्र होता है।

(vi) जब वृत्त न तो स्वतंत्र हों और न ही परस्पर अनन्य, तो यह सोचा जाना संभव है कि उनमें से एक दूसरे पर निर्भर है। उदाहरण के लिए, यदि बादल छाए हैं तो वर्षा हो भी सकती है और नहीं भी। परंतु यदि वर्षा हो रही है तो तय है कि बादल छाए हैं। इस प्रकार वर्षा संबंधी वृत्त आकाश में बादलों संबंधी वृत्त पर सोपाधिक अर्थात् सशर्त है।

प्रश्न 25. गणितीय प्रत्याशाओं को विस्तारपूर्वक प्रस्तुत कीजिए।

उत्तर– माना चर x प्रायिकताओं $p_1, p_2 p_3, \ldots, p_n$ के साथ मान $x_1, x_2, x_3, \ldots, x_n$ ले सकता है। तब चर की गणितीय प्रत्याशा अथवा प्रत्याशित मान को चर के मानों के भारित योग के रूप में परिभाषित किया जाता है, जहाँ भार चर के मानों की प्रायिकताएँ हैं। किसी चर 'x' के प्रत्याशित मान को E (x) से निरूपित किया जा सकता है। अतएव,

$$E(x) = x_1p_1 + x_2p_2 + x_3p_3 + \cdots + x_np_n = \sum_{i=1}^{n} x_ip_i$$

यहाँ $E(x) = \frac{\sum p_ix_i}{\sum p_i}$, चूँकि $\sum p_i = 1$.

अगर p_i को f_i से प्रतिस्थापित किया जाता है तो यह इस प्रकार है–

$E(x) =$ माध्य $= \bar{x}$

अगर $\phi(x)$ एक असतत् यादृच्छिक चर x का एकल मूल्य फलन है जो कि $\phi(x_1), \phi(x_2), \ldots\ldots, \phi(x_n)$ का मान लेता है, जब x संबंधित संभावनाओं $p_1 + p_2 + \ldots + p_n$ जहाँ $\sum p_i = 1$ के साथ $x_1, x_2, \ldots\ldots, x_n$ का मान लेता है, तब $\phi(x)$ का अपेक्षित मान परिभाषित होगा–

$$E[\phi(x)] = p_1\phi(x_1) + p_2\phi(x_2) + \ldots + p_n\phi(x_n) = \sum_{i=1}^{n} p_i\phi(x_i).$$

प्रत्याशाओं के कुछ गुणधर्म

अगर x एक असतत् यादृच्छिक चर है तथा a स्थिर है तब

(i) $E(a) = a$,

(ii) $E(ax) = aE(x)$,

(iii) $E(x - \bar{x}) = 0$,

(iv) $Var(ax) = a^2 Var(x)$,

(v) $Var(x) = E(x^2) - [E(x)]^2$,

(vi) $|E(x)| \le E(|x|)$.

नियम—

(i) गणितीय प्रत्याशाओं के कई यादृच्छिक चरों के योग, गणितीय प्रत्याशाओं के यादृच्छिक चरों के योग के बराबर होते हैं अर्थात् E(a+b+c+d+.........) = E(a)+E(b)+E(c) +E(d)+........., जहाँ a, b, c, d यादृच्छिक चरों को प्रदर्शित करते हैं।

(ii) दो स्वतंत्र यादृच्छिक चरों के गुणजों की प्रत्याशा, उनके गुणनफल की प्रत्याशाओं के बराबर होती है। अर्थात् $E(xy) = E(x)E(y)$ जहाँ x तथा y दो स्वतंत्र यादृच्छिक चर हैं।

प्रश्न 26. प्रायिकता बंटन से आप क्या समझते हैं? उदाहरण सहित समझाइए।

उत्तर— प्रायिकता बंटन (Probability Distribution) एक ऐसे कथन (Statement) के रूप में परिभाषित किया जाता है जो संबंधित प्रायिकताओं के साथ यादृच्छिक चर के संभावित मानों पर आधारित होता है।

उदाहरण— मान लीजिए किन्हीं दो सिक्कों को एक साथ उछाला जाता है। प्रयोग की प्रतिदर्श समष्टि है—

S = {(H, H), (H, T), (T, H), (T, T)}

यदि हम यादृच्छिक चर X को प्राप्त शीर्षों की संख्या के रूप में परिभाषित करें तब X = 2, (H, H) परिणाम के तद्नुरूप है; X = 1, (H, T) और (T, H) परिणामों के तद्नुरूप है और अंतत: X = 0 परिणाम (T, T) के तद्नुरूप है। अत: X के तीन संभावित मान अर्थात् 0, 1 और 2 हो सकते हैं।

माना कि दोनों सिक्के अनभिनत हैं, तब हम लिख सकते हैं—

$p(X=0) = \dfrac{1}{4}$

$p(X=1) = \dfrac{1}{2}$ (अर्थात् (H, T) या (T, H) आने की प्रायिकता)

$p(X=2) \dfrac{1}{4}$

सारणीबद्ध तरीके से लिखी गई ये प्रायिकताएँ और इनके साथ यादृच्छिक चर के तद्नुरूप मान, यादृच्छिक चर X के प्रायिकता बंटन की रचना करते हैं जहाँ X शीर्षों की संख्या है।

उपर्युक्त उदाहरण में शीर्ष प्राप्त न करना (X = 0), एक शीर्ष प्राप्त करना (X = 1) और दो शीर्ष प्राप्त करने (X = 2) से संबंधित घटनाएँ अन्य सभी संभावनाओं को नकार देती हैं। इसका अर्थ है कि उपर्युक्त तीन के अलावा और कोई भी संभावित परिणाम नहीं हो सकता। अत: उपर्युक्त प्रयोग से प्राप्त प्रायिकता बंटन ने यादृच्छिक चर X के सभी संभावित मानों की गणना कर ली है और उन्हें कुछ विशिष्ट प्रायिकताएँ दी हैं। हम देख सकते हैं कि इन प्रायिकताओं का योग 1 के बराबर है।

प्रश्न 27. प्रायिकता बंटन के विभिन्न प्रकार कौन से हैं? प्रत्येक को समझाइए।

उत्तर— प्रायिकता बंटन दो प्रकार के हो सकते हैं; जो कि इस प्रकार हैं—

(1) असतत् प्रायिकता बंटन— यादृच्छिक चर संबंधी प्रायिकता बंटन से यह पता चलता है कि किस प्रकार प्रायिकताओं को यादृच्छिक चर के मानों पर बंटित किया जाता है। अब, असतत् यादृच्छिक चर के लिए, प्रायिकता बंटन को ऐसे फलन द्वारा परिभाषित किया जाता है जिसे प्रायिकता द्रव्यमान फलन (Probability Mass Function) कहते हैं और इसे p(x) द्वारा दर्शाया जाता है। यह प्रायिकता द्रव्यमान फलन, असतत् यादृच्छिक चर के प्रत्येक मान के लिए प्रायिकता प्रदान करता है।

माना हम अपने इलाके के प्रत्येक परिवार के बच्चों की संख्या पर गौर करते हैं, यहाँ हम बच्चों की संख्या को असतत् यादृच्छिक चर मान सकते हैं। प्रति परिवार में बच्चों की संख्या के लिए असतत् प्रायिकता वितरण का निर्माण, इस यादृच्छिक चर के संभावित मानों के लिए, सापेक्षिक बारंबारता (Relative Frequency) के अभिकलन द्वारा किया जा सकता है। ऐसे प्रायिकता बंटन को तालिका 5.11 में दर्शाया गया है।

तालिका 5.11: प्रति परिवार के आधार पर बच्चों की संख्या का प्रायिकता बंटन

बच्चों की संख्या (x)	p(x)
0	0.10
1	0.15
2	0.23
3	0.25
4	0.14
5	0.13

अतः क्रमबद्ध युग्म (Ordered Pairs) [x, p(x)] का समुच्चय, असतत् यादृच्छिक चर X या असतत् प्रायिकता बंटन का प्रायिकता बंटन कहलाता है।

चूँकि मान p(x), सभी प्रायिकताओं को दर्शाता है और यादृच्छिक चर का कोई-न-कोई मान x अवश्य ही होगा, इसलिए प्रायिकता द्रव्यमान फलन इन दो शर्तों को पूरा करेगा—

(क) किसी भी घटना की प्रायिकता अर्थात् X के किसी मान के लिए प्रायिकता नकारात्मक नहीं हो सकती।

$p(x) \geq 0$

(ख) सभी संभावित परिणामों की प्रायिकताओं का योग 1 के बराबर होता है अर्थात्—

$$\sum_{\text{सभी } x} p(x) = 1$$

(2) सतत् प्रायिकता बंटन— सतत् यादृच्छिक चर X की अपने किसी भी मान विशेष को सही मायने में धारण करने की प्रायिकता शून्य होती है। निश्चय ही, यह एक विचित्र-सा कथन है। इसे समझने के लिए भार (Weight) को यादृच्छिक चर मान कर विचार किया जा सकता है। निस्संदेह भार एक सतत् यादृच्छिक चर है क्योंकि यह निरंतर बदलता रहता है। माना हमें किसी एक व्यक्ति का सही भार नहीं पता लेकिन मोटे तौर पर हम जानते हैं कि उसका भार 60 किलो और 61 किलो के बीच है। इन दो सीमाओं के बीच संभावित भारों की अनंत संख्याएँ शामिल हैं।

इसकी परिभाषा के परिणामस्वरूप व्यक्ति के किसी विशेष भार जैसे (60.3 कि.ग्रा.) के लिए प्रायिकता काफी कम होगी; लगभग शून्य के बराबर। लेकिन हम निश्चित रूप से व्यक्ति के भार जैसे 60 कि.ग्रा. और 61 कि.ग्रा. के बीच के लिए कुछ प्रायिकता तय कर सकते हैं। अत: सतत् यादृच्छिक चर X के लिए किसी अंतराल (न कि किसी विशिष्ट मान) की प्रायिकता तय की जाएगी। यहाँ, हमें फलन p(x) चाहिए जिसे प्रायिकता घनत्व फलन (Probability Density Function) कहते हैं। इस फलन की सहायता से हम प्रायिकता को अभिकलित कर सकते हैं।

$p(a < x < b)$, यहाँ a और b अंतराल (a, b) की सीमाएँ हैं तथा a < b

प्रायिकता घनत्व फलन p(x) को इस ढंग से परिभाषित किया जाता है कि जब x के प्रांत पर अभिकलन किया जाए तो इसके वक्र के नीचे x-अक्ष से परिबद्ध क्षेत्रफल इकाई के बराबर हो। प्रायिकता घनत्व फलन को वास्तविक संख्याओं R के पूरे समुच्चय पर परिभाषित सतत् यादृच्छिक चर के रूप में मान्य होने के लिए निम्नलिखित तीन शर्तों को पूरा करना होगा—

(क) $p(x) > 0$ सभी $x \in R$ के लिए

(ख) $\int_{-\infty}^{+\infty} p(x) dx = 1$

(ग) $p(a < x < b) = \int_a^b p(x) dx$

यद्यपि सतत् यादृच्छिक चर के प्रायिकता बंटन को असतत् यादृच्छिक चर की भाँति सारणी के रूप में नहीं दर्शाया जा सकता, फिर भी प्रायिकता घनत्व फलन p(x) के विशिष्ट रूप से अभिव्यक्त किया जा सकता है।

प्रश्न 28. यादृच्छिक चर की मूल संकल्पना की व्याख्या कीजिए।

उत्तर– जब कोई यादृच्छिक प्रयोग किया जाता है तो हमारी रुचि प्राय: विस्तृत परिणामों की बजाय केवल प्रयोग द्वारा निर्धारित कुछ संख्यात्मक परिणामों पर होती है। ऐसे किसी परिमाण का संदर्भ देना स्वाभाविक है जिसका मान किसी यादृच्छिक परिणाम के रूप में किसी यादृच्छिक प्रयोग के परिणाम द्वारा निर्धारित होता हो। किसी चर को यादृच्छिक कहा जाता है जब उसका अस्तित्व अवसर कारक पर निर्भर करता हो। दूसरे शब्दों में, एक प्रायिकता है कि जब हम सिक्का उछालते हैं तो चर एक विशिष्ट मान लेगा।

माना हमने एक सिक्का उछाला। इसके दो संभावित परिणाम हैं–शीर्ष (Head) या पुच्छ (Tail)। इस प्रयोग की प्रतिदर्श समष्टि में शीर्ष और पुच्छ परिणाम शामिल हैं। यदि S, प्रतिदर्श समष्टि को व्यक्त करता है, तब S = (H, T)

इस प्रयोग में यह सुनिश्चित नहीं है कि परिणाम के रूप में शीर्ष आएगा या पुच्छ। यह संयोगी प्रयोग या यादृच्छिक प्रयोग का एक उदाहरण है। अब माना, हम पुच्छ (T) घटित होने को 0 संख्या और शीर्ष (H) के घटित होने को 1 संख्या द्वारा अभिव्यक्त करते हैं। अगर हम X चर को परिभाषित करें जो किसी परिणाम के घटित होने को व्यक्त करता है। तब चर और इसके संभावित मान हैं: X = (0, 1)

लेकिन, इस चर और चर संबंधी हमारी सामान्य धारणा के बीच एक महत्त्वपूर्ण अंतर है। यहाँ यह निश्चय नहीं होता कि प्रयोग के परिणाम के रूप में क्या चर 0 मान धारण करेगा अथवा

इसका मान 1 होगा। हम तो केवल इन मानों से कुछ प्रायिकताओं को जोड़ सकते हैं। ये प्रायिकताएँ, प्रयोग के विविध परिणामों के घटित होने के संयोग पर निर्भर करती हैं। मान लीजिए कि सिक्का अनभिनत है, तब पुच्छ आने की प्रायिकता $\frac{1}{2}$ है और शीर्ष के लिए भी प्रायिकता $\frac{1}{2}$ है (क्योंकि दोनों परिणामों के आने की संभावना एक जैसी है)। इसी आधार पर, हम $\frac{1}{2}$ की प्रायिकता को 0 और 1 अर्थात् दोनों से जोड़ते हैं। चर की रूढ़ धारणा के मामले में, दूसरी तरु, ऐसी किसी प्रायिकता को चर के किसी मान से नहीं जोड़ा जा सकता।

उपर्युक्त चर्चा के आधार पर हम कह सकते हैं कि यादृच्छिक चर ऐसा चर है जो कुछ प्रायिकताओं से अलग-अलग मान ले सकता है। अतः सिक्के को उछालने के संभावित परिणामों को दर्शाने वाला चर X, यादृच्छिक चर का उदाहरण है।

इसमें निम्नलिखित संकेतों का प्रयोग किया जा सकता है – मान लीजिए X यादृच्छिक चर है और इसके $x_1, x_2, x_3, \ldots x_n$, मान हैं। इस स्थिति में संगत प्रायिकताएँ $p_1, p_2, p_3, \ldots p_n$ होंगी। अतः $p(X = x_1) = P_1$

यादृच्छिक चर भी असतत् या सतत् होते हैं।

- **असतत् यादृच्छिक चर**—जब किसी प्रयोग की प्रतिदर्श समष्टि असतत् है तो संगत यादृच्छिक संख्याएँ भी असतत् होंगी अर्थात् निश्चित रूप से उसके कुछ वियुक्त (Isolated) मान होंगे। उपर्युक्त उल्लिखित यादृच्छिक चर, असतत् यादृच्छिक चर (Discrete Random Variable) के उदाहरण हैं।

- **सतत् यादृच्छिक चर**—सतत् चर का अंतराल में कोई भी मान हो सकता है। इसी तरह से यादृच्छिक चर सतत् होगा जब प्रतिदर्श समष्टि भी सतत् हो।

प्रश्न 29. द्विपद बंटन से आप क्या समझते हैं? विस्तारपूर्वक समझाइए।

उत्तर– द्विपद बंटन (Binomial distribution) असतत् प्रायिकता बंटन का एक उदाहरण है। जेम्स बर्नोली ने वर्ष 1700 में इसे प्रस्तुत किया था। 'बायनोमियल' शब्द दो का संकेत करता है। यह प्रयोग के दो संभावित परिणामों को दर्शाता है अर्थात् किसी घटना का घटित होना या घटित न होना। एक प्रायिकता प्रयोग को बर्नोली प्रयोग कहा जा सकता है, यदि यह निम्नलिखित शर्तों को पूरा करे–

- प्रयोग में n पुनरावृत्त अभिप्रयोगों (repeated trials) का अनुक्रम शामिल हो।
- प्रत्येक अभिप्रयोग का परिणाम ऐसा होना चाहिए जिसे सफलता या असफलता के रूप में वर्गीकृत किया जा सके।
- सफलता की प्रायिकता, जिसे p द्वारा दर्शाया जाता है, पहले से ही ज्ञात हो और यह प्रत्येक अभिप्रयोग में स्थिर रहती हो, परिणामस्वरूप, $q = 1 - p$ द्वारा अभिव्यक्त असफलता की प्रायिकता का भी पता रहता है और यह भी प्रत्येक अभिप्रयोग में स्थिर रहती हो।
- प्रत्येक अभिप्रयोग एक-दूसरे से स्वतंत्र हो।

हम बर्नोली प्रयोग के बारे में कुछ आधार बनाने के लिए एक अनभिनत सिक्का उछालने के उदाहरण पर विचार करते हैं। सिक्का बार-बार उछाला जाता है और आने वाले शीर्षों की संख्या की गिनती की जाती है। मान लीजिए हमने एक अनभिनत सिक्का 5 बार उछाला। यह स्पष्ट है कि प्रयोग में 5 समान अभिप्रयोगों का अनुक्रम शामिल है। प्रत्येक उछाल के दो संभावित परिणाम हैं, शीर्ष (सफलता) और पुच्छ (असफलता)। शीर्ष (सफलता) की प्रायिकता $\frac{1}{2}$ है और एक उछाल से दूसरे उछाल अर्थात् कई बार उछालने पर भी इसमें कोई परिवर्तन नहीं होता। पुच्छ (असफलता) की प्रायिकता भी $\frac{1}{2}$ है और इसकी प्रायिकता में भी पहले की ही भाँति कोई परिवर्तन नहीं होता। अंततः प्रत्येक उछाल दूसरे उछाल से इस तरह बिल्कुल अलग है कि एक उछाल का परिणाम, किसी भी तरह से दूसरे उछाल के परिणाम पर निर्भर नहीं करता। अतः हम पाते हैं कि कुछ निश्चित संख्या में सिक्का उछालने का यह प्रयोग और आने वाले शीर्षों की संख्या पर ध्यान देते हुए यह बर्नोली प्रयोग की सभी शर्तों को भली-भाँति पूरा करता है।

बर्नोली प्रयोग में हम सफलताओं की दी गई संख्या की प्रायिकता जानने के इच्छुक हैं, जैसे n अभिप्रयोग में उभरने वाले x। अब यह स्पष्ट है कि यादृच्छिक चर X, का मान 0, 1, 2, 3, ..., n में से कोई भी हो सकता है। मान लीजिए हम सफलता को S और असफलता को F से दर्शाते हैं। तब x सफलताएँ और $(n-x)$ असफलताएँ अलग-अलग अनुक्रमों में उभर सकती हैं। एक संभावित अनुक्रम है कि पहले वाले x अभिप्रयोग, सभी सफलताएँ हैं और बाकी के $(n-x)$ अभिप्रयोग सारी असफलताएँ हैं। सांकेतिक रूप से, इस अनुक्रम को इस प्रकार दर्शाया जाता है–

$$\frac{SS...S}{x \text{ बार}} \times \frac{FF...F}{(n-x) \text{ बार}}$$

x सफलताओं और $(n-x)$ असफलताओं के उपर्युक्त अनुक्रम की प्रायिकता को, प्रायिकता की गुणन प्रमेय को लागू करके प्राप्त किया जा सकता है। यह प्रायिकता–

$$\frac{PP...P}{x \text{ बार}} \times \frac{(1-P)(1-P)...(1-P)}{(n-x) \text{ बार}} = P^x (1-P)^{n-x} \text{ है।}$$

हम जानते हैं कि x सफलताएँ और (n–x) असफलताएँ, अन्य अनुक्रमों में भी उभर सकती हैं। लेकिन, ऐसा हरेक अनुक्रम जिसमें x सफलताएँ और (n–x) असफलताएँ उभरेगी $P^x(1-P)^{n-x}$ की प्रायिकता को प्राप्त करेंगे। अतः n अभिप्रयोगों में x सफलताओं की प्रायिकता, किसी भी संभावित अनुक्रमों में x सफलताएँ और (n–x) असफलताओं के घटित होने की प्रायिकता हैं। संभावित क्रमों पर प्रायिकता की योगफल प्रमेय को लागू करके, इस प्रायिकता की प्राप्ति की जा सकती है। लेकिन, चूँकि x सफलताओं और (n–x) असफलताओं की प्रायिकता, प्रत्येक संभावित अनुक्रम के लिए एक जैसी है, तो n अभिप्रयोगों में x सफलताओं की अपेक्षित प्रायिकता, संभावित अनुक्रमों की कुल संख्या और अनुक्रम के घटित होने की प्रायिकता का गुणनफल है। अनुक्रमों की कुल संख्या (जिसमें x सफलताएँ और $(n-x)$ असफलताएँ, n अभिप्रयोगों में उभर सकती हैं) मूल रूप से समय में x द्वारा n वस्तुओं के संचय की संख्या प्राप्त करने की समस्या है और इसे ${}^nC_x$ द्वारा दर्शाया जाता है। क्रमचय और संचय (Permutation and Combination) के गणित से हम जानते हैं कि–

$$^nC_x = \frac{n!}{x!(n-x)!}$$

जहाँ,
n! = n(n – 1) (n – 2) [n – (n – 1)]
x! = x(x – 1) (x – 2) [x – (x – 1)]
और
0! = 1

चिह्न '!' को क्रमगुणन (factorial) कहते हैं।
n अभिप्रयोगों में x सफलताओं की प्रायिकता
$p(x) = {}^nC_x p^x (1-p)^{n-x}$ है।
जहाँ x = 0, 1, 2, ... n मानों को ले सकता है।

उपर्युक्त व्यंजक द्विपद बंटन के लिए प्रायिकता द्रव्यमान फलन है। इस फलन का प्रयोग तालिका 5.12 में n अभिप्रयोगों में x = 0, 1, 2, ...n सफलताओं के द्विपद बंटन को दर्शाने के लिए किया गया है। यहाँ हम देखते हैं कि द्विपद बंटन के दो प्राचल n और p हैं। इसका अर्थ है कि यदि n और p के मानों का पता हो तो बंटन पूरी तरह से स्पष्ट होता है।

तालिका 5.12: द्विपद बंटन

सफलताओं की संख्या x	प्रायिकता p(x)
0	$(1-p)^n$
1	$np(1-p)^{n-1}$
2	$\frac{n(n-1)}{2 \times 1} p^2 (1-p)^{n-2}$
:	:
N	p^n
कुल	1

द्विपद बंटन का माध्य ज्ञात करना—मान लीजिए अभिप्रयोग में सफलता की प्रायिकता के रूप में द्विपद प्रयोग में p और अभिप्रयोगों की n संख्या है। इसका अर्थ है असफलता की प्रायिकता 1 – p है।

$$E(X) = \sum_{x=0}^{n} x \, {}^nC_x p^x (1-p)^{n-x}$$

उपर्युक्त को सरल करने पर हम पाते हैं कि द्विपद बंटन का माध्य, np है।
इसी तरह से द्विपद बंटन का प्रसरण—
$V(X) = E[X – E(X)]^2 = E(X^2) – [E(X)]^2$ है।
उपर्युक्त के सरलीकरण से दर्शाया जा सकता है कि द्विपद बंटन का प्रसरण npq होता है। [जो np(1 – p)] के बराबर है।
जहाँ द्विपद बंटन का माध्य और प्रसरण, उसके दो प्राचल n और p हैं।

प्रश्न 30. पॉइसों बंटन क्या है? उदाहरण सहित समझाइए।

अथवा

पॉइसों आबंटन क्या है? उसका माध्य और प्रसरण आकलित करें।

[दिसम्बर-2011, प्रश्न 9]

उत्तर— पॉइसों बंटन (Poisson distribution) एक असतत् प्रायिकता बंटन है। इसका नामकरण फ्रांसीसी गणितज्ञ साइमन पॉइसों के नाम पर हुआ है जिन्होंने 1837 में इस बंटन को निरूपित किया था। यह बंटन असल में द्विपद बंटन का एक विशेष (सीमित) रूप है। जब द्विपद बंटन में सफलता की प्रायिकता p बहुत कम हो और अभिप्रयोगों की संख्या n, इतनी अधिक हो कि प्रत्याशा $\mu = np$ परिमित परिमाण हो तो द्विपद बंटन, पॉइसों बंटन की ओर प्रवृत्त होता है। यह बंटन विशेष रूप से समय या समष्टि के निर्धारित अंतराल में किसी वस्तु आदि के घटित होने की संख्या से संबंधित है। जैसे—माना विचाराधीन यादृच्छिक चर, 1 घंटे में टेलीफोन स्विच बोर्ड पर आने वाली टेलीफोन कॉलों की संख्या है या 100 किलोमीटर की पाइपलाइन में रिसाव की संख्या है या दिल्ली में किसी निर्धारित दिवस पर होने वाली बस दुर्घटनाओं की संख्या है।

पॉइसों बंटन के प्रायिकता द्रव्यमान फलन की प्राप्ति के लिए उदाहरण के रूप में हम एक घंटे में टेलीफोन कॉल x की संख्या पर विचार कर सकते हैं और मान लेते हैं कि प्रति घंटा टेलीफोन कॉलों की प्रत्याशित संख्या (अर्थात् गणितीय प्रत्याशा) λ है। द्विपद बंटन लागू करने के लिए हम एक घंटे के अंतराल को उप-अंतरालों में विभाजित करते हैं और जो इतने छोटे हैं कि उप-अंतराल में टेलीफोन कॉल करने की प्रायिकता p भी काफी छोटी (कम) है और जो एक कॉल से अधिक कॉलों की प्राप्ति पर लगभग शून्य है। अत: प्रत्येक उप-अंतराल को बर्नोली अभिप्रयोग के रूप में माना जा सकता है और जिसके केवल दो संभावित परिणाम हैं अर्थात् या तो टेलीफोन कॉल का आना (सफलता) या टेलीफोन कॉल का न आना (असफलता)। उप-अंतरालों की संख्या को अभिप्रयोगों की कुल संख्या, अर्थात् n के बराबर माना गया है। हम देखते हैं कि टेलीफोन कॉलों की प्रत्याशित संख्या λ वैसी ही रहती है और np के बराबर है। इसलिए उप-अंतराल में टेलीफोन कॉल की प्रायिकता $\frac{\lambda}{n}$ है। अत: एक घंटे में x टेलीफोन कॉलों की प्रायिकता n अभिप्रयोगों में x सफलताओं की प्रायिकता प्राप्त करने जैसी ही है (जब n अनंत की ओर प्रवृत्त हो)। n अभिप्रयोग, n उप-अंतरालों के तदनुरूप है जो एक घंटे को पूरा करते हैं। यह प्रत्येक उप-अभिप्रयोग को अत्यंत छोटा बनाने का परिणाम है ताकि अभिप्रयोगों की कुल संख्या, बहुत बड़ी अनंत की ओर प्रवृत्त हो जाए। यह प्रायिकता, द्विपद बंटन की निम्नलिखित सीमा के रूप में है—

$$\lim_{n \to \infty} {}^nC_x \left(\frac{\lambda}{n}\right)^x \left(1-\frac{\lambda}{n}\right)^{n-x}$$

पॉइसों बंटन का प्रायिकता द्रव्यमान फलन उल्लिखित सीमा से मिल सकता है। यह इस प्रकार है—

$$p(x) = \frac{e^{-\lambda} \lambda^x}{x!} \qquad x = 0, 1, 2 \ldots$$

जहाँ X यादृच्छिक चर है जो विशिष्ट समय अंतराल या लंबाई अंतराल में सफलताओं की संख्या को दर्शाता है।

λ = समय या लंबाई आदि के अंतराल में घटित होने वालों का प्रत्याशित मान या औसत संख्या है।

e = एक स्थिरांक है (प्राकृतिक लघुगुणक का आधार) जिसका मान e = 2.7182... है।

तालिका 5.13: पॉइसों बंटन

पॉइसों यादृच्छिक चर x का मान	प्रायिकता p(x)
0	$e^{-\lambda}$
1	$\dfrac{\lambda e^{-\lambda}}{1!}$
2	$\dfrac{\lambda^2 e^{-\lambda}}{2!}$
:	:
:	:
कुल	1

पॉइसों आवंटन में माध्य तथा विचरण दोनों के मान एक ही होते हैं अर्थात्

माध्य = विचरण = np = m अथवा S.D.$(\sigma) = \sqrt{\text{विचरण}} = \sqrt{np}$

पॉइसों बंटन में, यादृच्छिक चर X घटनाओं की संख्या की कोई ऊपरी सीमा नहीं है। यह असतत् यादृच्छिक चर है जो (X = 0, 1, 2, 3 ...) मानों के असीम अनुक्रमों को धारण कर सकता है। इस बंटन का केवल एक प्राचल λ है। तालिका 5.13 पॉइसों प्रायिकता द्रव्यमान फलन द्वारा जनित पॉइसों बंटन को दर्शाती है।

उदाहरण—एक आँकड़ों का विश्लेषण दर्शाता है कि 15 मिनट के समय में पेट्रोल पंप पर औसत 10 कारें आती हैं। 15 मिनटों में 5 कारें आने की प्रायिकता ज्ञात कीजिए। 3 मिनटों में 1 कार आने की प्रायिकता क्या है?

हल—यहाँ, $\mu = 10$ और $x = 5$, अतः अपेक्षित प्रायिकता है—

$$p(5) = \frac{10^5 e^{-10}}{5!} = 0.0378$$

यदि 15 मिनट में कारों के आने की प्रत्याशित संख्या 10 है तब 3 मिनट में कारों के आने की प्रत्याशित संख्या है, $\dfrac{10}{15} \times 3 = 2$

अतः प्रश्न के दूसरे भाग के लिए, $\mu = 2$ और $x = 1$ है। इसलिए, 3 मिनट में एक कार आने की प्रायिकता है—

$$p(1) = \frac{2e^{-2}}{1!} = 0.2707$$

प्रश्न 31. प्रसामान्य बंटन को समझाइए। इसके महत्त्वपूर्ण गुणधर्म क्या हैं?

अथवा

प्रसामान्य प्रायिकता बंटन फलन क्या है? इसके गुणधर्मों को व्यक्त कीजिए।

[जून-2012, प्रश्न 2 (a)]

अथवा

प्रसामान्य बंटन के गुणधर्मों को लिखिए। मानक प्रसामान्य बंटन के लिए, घनत्व फलन लिखिए।

[दिसम्बर-2012, प्रश्न 2 (b)]

उत्तर– प्रसामान्य बंटन शायद सांख्यिकी और संबंधित विषयों में सर्वाधिक व्यापक रूप से प्रयुक्त बंटन है। इसका प्रयोग व्यक्तियों की लंबाई और भार से संबंधित पूछताछ करने, आई.क्यू. (बौद्धिक विकास) स्तर का निर्धारण करने, मापन की त्रुटि और वर्षा आदि के अध्ययनों में किया जाता है। इब्राहिम दि माइर (Ibrahim de Moivre) ने 1733 में प्रसामान्य बंटन का गणितीय समीकरण दिया। कार्ल फ्रेडरिच गॉस ने भी अलग से समान परिमाण की पुनरावर्त मापन त्रुटियों के अध्ययन से इसके समीकरण को व्युत्पन्न किया। इसी आधार पर कभी-कभी इसे 'गॉसीय वितरण' के रूप में भी देखा जाता है। गणितीय सांख्यिकी के परवर्ती विकास को इस वितरण ने आधार प्रदान किया है।

सतत् यादृच्छिक चर के लिए प्रायिकता द्रव्यमान फलन का प्रतिरूप, प्रायिकता घनत्व फलन है। प्रायिकता घनत्व फलन को हम $p(x)$ द्वारा भी सूचित करते हैं। प्रसामान्य बंटन का अनुगमन करने वाले सतत् यादृच्छिक चर का प्रायिकता घनत्व फलन है–

$$p(x) = \frac{1}{\sigma\sqrt{2\pi}} e^{(-)\frac{1}{2}\left(\frac{x-\mu}{\sigma}\right)^2}$$

जहाँ,

$-\infty < x < \infty$ और

$\pi = 3.17141$ (सन्निकटत:)

$e = 2.71828$ (सन्निकटत:)

यह स्पष्ट है कि प्रसामान्य घनत्व फलन पूरी तरह प्राचल μ और σ से निर्धारित किया जाता है। इसका अर्थ है कि यदि μ और σ के मान दिए हैं तो हम x के विभिन्न मानों के लिए $p(x)$ के मानों की प्राप्ति करके प्रसामान्य वक्र का पता लगा सकते हैं। हम यह भी दिखा सकते हैं कि μ और σ क्रमश: प्रसामान्य बंटन के माध्य और मानक विचलन हैं। जब यादृच्छिक चर X माध्य μ और मानक विचलन σ वाले प्रसामान्य बंटन का अनुगमन करता है तो संकेत के रूप में हम इसे $X \sim N(\mu, \sigma)$ के रूप में लिखते हैं और इसे पढ़ते हैं कि 'चर X माध्य μ और मानक विचलन σ वाले प्रसामान्य बंटन का अनुगामी है।' जैसा कि चित्र 5.14 में दर्शाया गया है, प्रसामान्य वक्र सममित घंटाकार वक्र है।

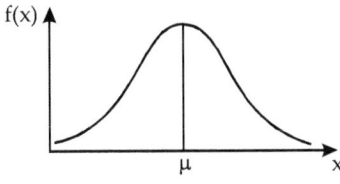

चित्र 5.14: प्रसामान्य वक्र

प्रसामान्य बंटन की महत्त्वपूर्ण विशेषताएँ इस प्रकार हैं—

(1) प्रसामान्य वक्र का परिसर $-\infty$ से $+\infty$ के बीच का है। इसका अर्थ है कि प्रसामान्य यादृच्छिक चर (X) के मान $-\infty$ से $+\infty$ के बीच के हैं।

(2) वक्र अपने माध्य के लिए सममित है अर्थात् $\bar{x} = \mu$ इसका अर्थ है कि $x = \mu + a$ और $x = \mu - a$ के संवात में, p(x) के मान समान रहते हैं (किसी भी मनमाने चयनित 'a' के लिए)।

(3) बंटन की माध्यिका (Median) और बहुलक (Mode) माध्य के साथ संपाती (Coincide) है। अतः माध्य = माध्यिका = बहुलक = μ

(4) प्रसामान्य वक्र का अधिकतम मान $x = \mu$ पर उभरता है। अतः p(x) अधिकतम है जब $x = \mu$

(5) प्रसामान्य वक्र के नति-परिवर्तन बिंदु (Points of Inflexion), $x = \mu + \sigma$ और $x = \mu - \sigma$ पर उभरते हैं। नति-परिवर्तन बिंदु पर, प्रसामान्य वक्र अपना वक्राकार बदल लेता है।

निम्नलिखित गुणधर्म प्रसामान्य बंटन पर मान्य रहते हैं। चित्र 5.15 में हमने माध्य $\mu = 50$ और मानव विचलन $\sigma = 4$ वाला प्रसामान्य वक्र खींचा है—

(क) प्रसामान्य वक्र के नीचे 68.8% क्षेत्रफल $\mu - \sigma$ और $\mu + \sigma$ कोटियों के बीच निहित है। अतः चित्र 5.15 में जब x का परिसर 46 और 54 के बीच है तो 68.8% क्षेत्र ढका हुआ है।

(ख) प्रसामान्य वक्र के नीचे 95.5% क्षेत्रफल $\mu - 2\sigma$ और $\mu + 2\sigma$ कोटियों के बीच निहित है। अतः जब $42 \leq x \leq 58$, तब चित्र 5.15 में 95.5% क्षेत्र ढका हुआ है।

(ग) प्रसामान्य वक्र के नीचे 99.7% क्षेत्रफल (अर्थात् बंटन का लगभग पूरा क्षेत्र) $\mu - 3\sigma$ और $\mu + 3\sigma$ कोटियों के बीच निहित है।

यदि हमारे पास μ और σ के अलग-अलग मान हैं तो चित्र 5.15 में उल्लिखित x की रेंज बदल जाएगी।

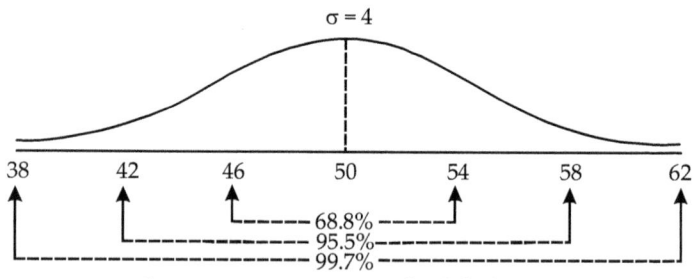

चित्र 5.15: प्रसामान्य वक्र के नीचे क्षेत्रफल

प्रश्न 32. द्विपद बंटन तथा पॉइसों बंटन के गुणधर्म बताइए।

उत्तर— द्विपद बंटन के कुछ महत्त्वपूर्ण गुणधर्म निम्नलिखित हैं—

- किसी यादृच्छिक चर का माध्य, माना X, जो द्विपद बंटन के पश्चात् आता है $\mu = n.p$ और प्रसरण $\sigma^2 = n.p.(1-p) = n.p.q$ होता है।

- $b(x; n, p) = b(n-x, n, 1-p)$
  $b(n-x, n, 1-p) = {}^nC_{n-x}(1-p)^{n-x} \cdot p^x = b(x; n, p)$ [क्योंकि ${}^nC_{n-x} = {}^nC_x$]
- द्विपद बंटन में एक अथवा दो भूयिष्ठक हो सकते हैं। जब $(n+1)p$ कोई पूर्णांक नहीं हो तो भूयिष्ठक ही उसमें दिया गया सबसे बड़ा पूर्णांक होगा। तथापि, जब $(n+1)p$ एक पूर्णांक हो तो $(n+1)p$ और $\{(n+1)p - 1\}$ द्वारा दिए गए दो भूयिष्ठक होते हैं।
- द्विपद बंटन की विषमता $(q-p)/\sqrt{n.p.q.}$, द्वारा दी जाती है, जहाँ $q = (1-p)$।
- द्विपद बंटन की ककुद्वक्रता $(1 - 6pq)/npq$ द्वारा दी जाती है।
- यदि X और Y दो यादृच्छिक चर हैं, जहाँ X प्राचलों (n_1, p) के साथ द्विपद बंटन के अनुवर्तन में आता है और Y प्राचलों (n_2, p) के साथ द्विपद बंटन के अनुवर्तन में आता है, तो यादृच्छिक चर $(X+Y)$ भी प्राचलों (n_1+n_2, p) के साथ द्विपद बंटन के अनुवर्तन में आता है।
- द्विपद बंटन को अतिज्यामितीय बंटन के एक प्रतिबंधक उदाहरण के रूप में प्राप्त किया जा सकता है।
- किसी द्विपद बंटन के प्रघात जनक फलन को निम्नलिखित द्वारा दर्शाया जाता है—

$$M_x(t) = E(e^{tx}) = \sum_{i=0}^{n} e^{tx} f(x) = \sum_{i=0}^{n} e^{tx} \cdot {}^nC_x \cdot p^x (1-p)^{n-x}$$

$$= \sum_{i=0}^{n} {}^nC_x \cdot (pe^t)^x (1-p)^{n-x}.$$

संकलन को सरलता से

$$\{p.e^t + (1-p)\}^n = \{1 + p(e^t - 1)\}^n$$

के द्विपद विस्तार के रूप में पहचाना जा सकता है।

प्रघात जनक फलन के प्रयोग से हम द्विपद बंटन का माध्य एवं प्रसरण ज्ञात कर सकते हैं। यदि हम $M_x(t)$ को t के अनुसार दो बार आकलित करते हैं तो हमें प्राप्त होता है—

$$M'_x(t) = npe^t \left[1 + p(e^t - 1)\right]^{n-1}$$

$$M''_x(t) = npe^t (1 - p + npe^t) \left[1 + p(e^t - 1)\right]^{n-2}$$

और $t = 0$ प्रतिस्थापित कर हमें प्राप्त होता है—

$\mu'_1 = np$ और $\mu'_2 = np(1 - p + np)$.

इस प्रकार, $\mu = n.p$ और

$\sigma^2 = \mu'_2 - (\mu'_1)^2 = np(1-p+np) - (np)^2 = n.p.(1-p)$

पॉइसों बंटन के कुछ महत्त्वपूर्ण गुणधर्म निम्नलिखित हैं—

- पॉइसों बंटन एक असतत् प्रायिकता बंटन है, जिसमें यादृच्छिक चर 0, 1, 2, 3, ... से ∞ जैसे मानों की संख्येय रूप में अनंत संख्या ले लेता है। यह वितरण पूरी तरह से निर्दिष्ट होगा यदि प्राचल λ ज्ञात हो।
- पॉइसों बंटन का माध्य एवं प्रसरण, दोनों λ रहकर एक ही होते हैं।

- द्विपद बंटन जैसा पॉइसों बंटन एक अथवा दो भूयिष्ठक रख सकता है। जब λ कोई पूर्णांक न हो तो भूयिष्ठक λ में स्थित वृहत्तम मान होता है और जब λ एक पूर्णांक हो तो दो भूयिष्ठक होते हैं, λ और $(\lambda-1)$.
- बंटन में विषमता $=1/\sqrt{\lambda}$ और ककुद्‌वक्रता $=1/\lambda$, अतएव हम कह सकते हैं कि पॉइसों बंटन धनात्मक रूप से विषम और यवन-ककुद्‌वक्रता वाला होगा।
- यदि X_1 और X_2 क्रमशः प्राचलों λ_1 और λ_2 वाले पॉइसों बंटन के पश्चात् प्राप्त दो यादृच्छिक चर हों तो यादृच्छिक चर (X_1+X_2) भी प्राचल $(\lambda_1+\lambda_2)$ वाले पॉइसों बंटन पश्चात् प्राप्त होता है।
- पॉइसों बंटन को द्विपद बंटन हेतु सन्निकटता के रूप में प्रयोग किया जा सकता है जब n वृहद् हो परंतु np नियत।
- पॉइसों बंटन के प्रघात जनक फलन को निम्नलिखित द्वारा दर्शाया जाता है–

$$M_x(t)=E\left(e^{tx}\right)$$

$$=\sum_{i=0}^{\infty} e^{tx}.f(x)$$

$$=\sum_{i=0}^{\infty} e^{tx}.\lambda^x e^{-\lambda}/x!$$

$$=e^{-\lambda}\sum_{i=0}^{\infty} e^{tx}.\lambda^x/x!$$

$$=e^{-\lambda}\sum_{i=0}^{\infty}\left(\lambda e^t\right)^x/x!$$

उपर्युक्त व्यंजन में $\sum_{i=0}^{\infty}\left(\lambda e^t\right)^x/x!$ को e^z की मैकलौरिन श्रृंखला के रूप में पहचाना जा सकता है, जहाँ, $z=\lambda e^t$

इस प्रकार, पॉइसों बंटन का प्रघातजनक फलन होगा–

$$Mx(t)=e^{-\lambda}.e^{\lambda et}$$

$M_x(t)$ के अनुसार t को दो बार अवकलित करके हमें प्राप्त होता है,

$$M_x'(t)=\lambda.e^t.e^{\lambda(et-1)}$$

$$M_x''(t)=\lambda.e^t.e^{\lambda(et-1)}+\lambda^2.e^{2t}.e^{\lambda(et-1)}$$

अतएव $\mu'_1=M_x'(0)=\lambda$ और $\mu'_2=M_x''(0)=\lambda+\lambda 2$, और हमें प्राप्त होते हैं

$\mu=\lambda$ और $\sigma^2=\mu'_2-\left(\mu'_1\right)^2=\lambda+\lambda^2-\lambda^2=\lambda$

संख्यात्मक प्रश्न

प्रश्न 1. निम्न आँकड़ों से माध्यिका, प्रथम चतुर्थक तथा तृतीय चतुर्थक ज्ञात कीजिए।

व्यय (रुपयों में)	श्रमिकों की संख्या (f)
800	16
1000	24
1200	26
1400	30
1600	20
1800	5

उत्तर–

आय (रु. में)	श्रमिक (f)	संचयी आवृत्ति (c.f.)
800	16	16
1000	24	40
1200	26	66
1400	30	96
1600	20	116
1800	5	121

माध्यिका सूत्र रखने पर हम पाते हैं–

$$M_d = \left(\frac{N+1}{2}\right) \text{वाँ मद}$$

$$= \left(\frac{121+1}{2}\right) \text{वाँ मद}$$

$= 61$ वाँ मद

$= 61$ वें श्रमिक की आय

$\therefore$ माध्यिका $= ₹1,200$

प्रथम चतुर्थक

$$Q_1 = \left(\frac{N+1}{4}\right) \text{वाँ मद का मान}$$

$$= \left(\frac{121+1}{4}\right) \text{वाँ मद} = 30.5 \text{वाँ मद}$$

श्रमिक की आय = 30.5वाँ मद

∴ प्रथम चतुर्थक, $Q_1 =$ ₹1,000

तृतीय चतुर्थक

$Q_3 = 3\left(\dfrac{N+1}{4}\right)$ वें मद का मान

$= 3\left(\dfrac{121+1}{4}\right)$ वें मद का मान = 91.5 मद

श्रमिक की आय = 91.5वाँ मद

∴ तृतीय चतुर्थक, $Q_3 =$ ₹1,400

अर्थात् माध्यिका $(M_d) =$ ₹1,200, प्रथम चतुर्थक $(Q_1) =$ ₹1,000 तथा तृतीय चतुर्थक (Q_3) = ₹1,400

प्रश्न 2. एक कक्षा की परीक्षा में, 16 विद्यार्थियों द्वारा प्राप्त अंक (अधिकतम अंक 20) निम्नानुसार हैं–

2, 3, 6, 7, 10, 10, 11, 11, 11, 12, 12, 14, 15, 16, 18, 19

Q_1, P_{35} और D_9 ज्ञात कीजिए।

उत्तर– प्राप्त अंक पहले ही आरोही क्रम में रखे हुए हैं।

$Q_1 = \left(\dfrac{N+1}{4}\right)$ वें मद का मान

$= \left(\dfrac{16+1}{4}\right)$ वें मद का मान

$= 4\dfrac{1}{4}$ वें मद का मान

∴ $Q_1 =$ (चौथे मद का मान) $+ \dfrac{1}{4}$ (5वें मद का मान – 4वें मद का मान)

$= 7 + \dfrac{1}{4} \times (10 - 7)$

$= 7 + \dfrac{3}{4} = 7.75$

$P_{35} = \dfrac{35(N+1)}{100}$ वें मद का मान

$= \dfrac{35 \times (16+1)}{100}$ वें मद का मान

$= 5\dfrac{95}{100}$ वें मद का मान $= 5.95$ वें मद का मान

$\therefore P_{35} = 5$ वें मद का मान $+ \dfrac{95}{100}$ (6वें मद का मान - 5वें मद का मान)

$= 10 + \dfrac{95}{100} \times (10 - 10)$

$= 10 + 0 = 10$

$D_9 = \dfrac{9(N+1)}{10}$ वें मद का मान $= \dfrac{9(16+1)}{10}$ वें मद का मान

अथवा $15\dfrac{3}{10}$ वें मद का मान

$D_9 = 15$ वें मद का मान $+ \dfrac{3}{10}$ (16वें मद का मान - 15वें मद का मान)

$= 18 + \dfrac{3}{10} \times (19 - 18) = 18.3$

प्रश्न 3. निम्न वितरण का बिंदु रेखा द्वारा बहुलक मूल्य निकालिए तथा प्राप्त मूल्य की जाँच कीजिए।

अंक	0-10	10-20	20-30	30-40	40-50	50-60
विद्यार्थी	5	12	14	10	8	6

उत्तर–

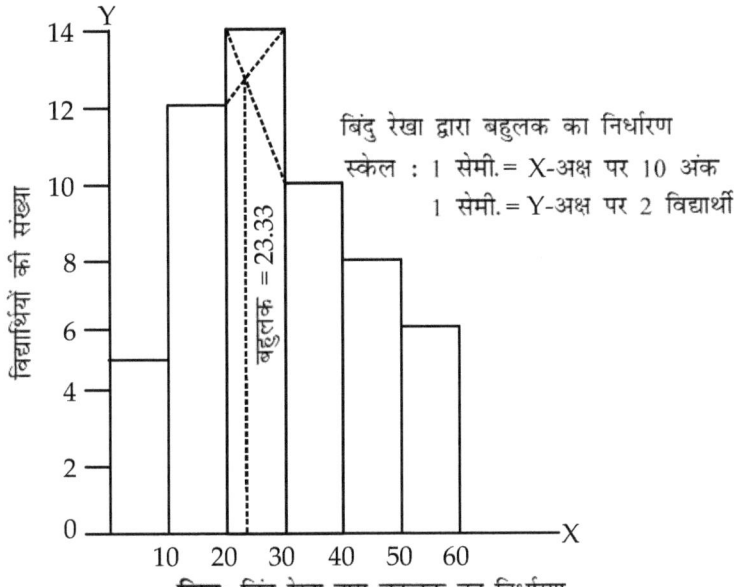

चित्र: बिंदु रेखा द्वारा बहुलक का निर्धारण

सूत्र द्वारा बहुलक की जाँच–
बहुलक 20-30 वर्ग में है।
सूत्र रखने पर–

$$M_0 = L + \frac{f_1 - f_0}{2f_1 - f_0 - f_2} \times i$$

जहाँ,
$l = 20, f_1 = 14, f_0 = 12, f_2 = 10, i = 10$

$$M_0 = 20 + \frac{14 - 12}{2 \times 14 - 12 - 10} \times 10 = 20 + \frac{2}{6} \times 10 = 20 + 3.33$$

∴ बहुलक = 23.33

प्रश्न 4. (क) "से कम" संचयी वक्र, (ख) "से अधिक" संचयी वक्र से आप माध्यिका, प्रथम चतुर्थक एवं तृतीय चतुर्थक के मूल्य किस प्रकार निकालेंगे? उदाहरण की सहायता से समझाइए।

उत्तर– "से कम" संचयी वक्र (Less than ogive) तथा "से अधिक" संचयी वक्र (More than ogive) द्वारा माध्यिका, Q_1 तथा Q_3 के मूल्य निकालने के लिए हम निम्न उदाहरण लेते हैं–

प्राप्तांक	छात्रों की संख्या
0-5	4
5-10	6
10-15	10
15-20	10
20-25	25
25-30	22
30-35	18
35-40	5

प्राप्तांक (से कम)	छात्रों की संख्या
5	4
10	10
15	20
20	30
25	55
30	77
35	95
40	100

सांख्यिकीय विधियाँ-I   281

प्राप्तांक (से अधिक)	छात्रों की संख्या
0	100
5	96
10	90
15	80
20	70
25	45
30	23
35	5

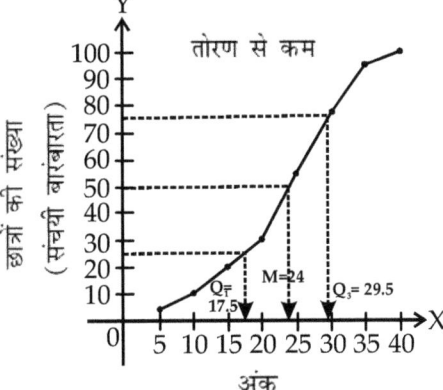

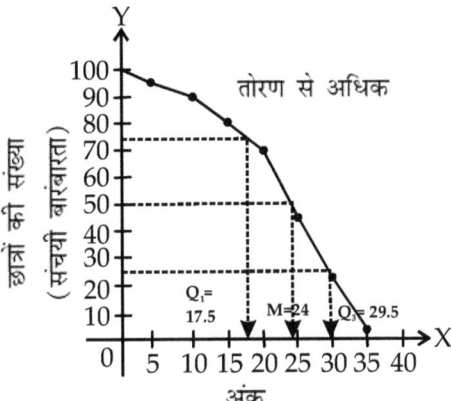

माध्यिका $Q_2 = \left(\dfrac{N}{2}\right)$ वें मद का मान

$Q_2 = \left(\dfrac{100}{2}\right)$ वें मद का मान

$Q_2 =$ 50वें मद का मान

रेखाचित्र द्वारा, माध्यिका = 24 अंक = Q_2

$Q_1 = \left(\dfrac{N}{4}\right)$ वें मद का मान

$Q_1 = \left(\dfrac{100}{4}\right)$ वें मद का मान

$Q_1 =$ 25वें मद का मान

रेखाचित्र द्वारा, माध्यिका $Q_1 =$ 17.5 अंक

$Q_3 = \left(\dfrac{3N}{4}\right)$ वें मद का मान

$Q_3 = \left(\dfrac{3 \times 100}{4}\right)$ वें मद का मान

$Q_3 =$ 75वें मद का मान

रेखाचित्र द्वारा, $Q_3 =$ 29.5 अंक

दोनों तोरण माध्यिका, Q_1 एवं Q_3 के एक ही मूल्य देंगे। 'से अधिक' तोरण की स्थिति में, हम उच्चतम मूल्यों से $\dfrac{N}{4}, \dfrac{N}{2}$ और $\dfrac{3N}{4}$ के मूल्य लेंगे।

प्रश्न 5. यदि भूयिष्ठक 15.3 और माध्यिका 14.2 हों, तो समांतर माध्य का मान आकलित कीजिए।

उत्तर— समांतर माध्य, माध्यिका और भूयिष्ठक में, आनुभविक संबंध है—

$M_o = 3M_d - 2\overline{X}$

M_o और M_d के मान प्रतिस्थापित करने पर,

$15.3 = 3 \times 14.2 - 2\overline{X}$

या $2\overline{X} = 42.6 - 15.3$

या $2\overline{X} = 27.3$

∴ $\overline{X} = 13.65$

अतः समांतर माध्य = 13.65 है।

प्रश्न 6. निम्न मानों का माध्यिका (Median) से माध्य विचलन (Mean Deviation) परिकलित कीजिए।

18, 25, 63, 59, 29, 72, 17, 25, 105, 87

उत्तर— क्योंकि प्रेक्षणों की संख्या 10 है, जो कि एक सम संख्या है, इसलिए प्रेक्षणों को क्रमबद्ध करने के उपरांत, दो मध्यस्थतम प्रेक्षणों का समांतर माध्य ही माध्यिका होगी।

17, 18, 25, 25, 29, 59, 63, 72, 87, 105

माध्यिका = 1/2 (29 + 59) = 44

तालिका: माध्य विचलन का परिकलन

X	$|X-M_d|$
18	26
25	19
63	19
59	15
29	15
72	28
17	27
25	19
105	61
87	43
कुल	$\Sigma|X-M_d|= 272$

माध्यिका से माध्य विचलन = $\dfrac{1}{N}\Sigma|X-M_d|$

= 1/10 × 272

= 27.2

प्रश्न 7. एक एजेंट के द्वारा बीमा किए गए 80 जीवन बीमा निगम की बीमा पॉलिसी धारकों का आवृत्ति बंटन नीचे दिया गया है। माध्यिका से माध्य विचलन गुणांक परिकलित कीजिए।

आयु वर्ग (वर्षों में)	आवृत्ति
16–20	8
21–25	15
26–30	13
31–35	20
36–40	11
41–45	7
46–50	3
51–55	2
56–60	1

उत्तर–

आयु वर्ग (वर्षों में)	आवृत्ति f	संचयी आवृत्ति (c.f.)	वर्ग मध्य बिंदु (M)	$\|M - M_d\|$ $\|M - 31.5\|$	$f\|X - M_d\|$
16–20	8	8	18	13.5	108.0
21–25	15	23	23	8.5	127.5
26–30	13	36	28	3.5	45.5
31–35	20	56	33	1.5	30.0
36–40	11	67	38	6.5	71.5
41–45	7	74	43	11.5	80.5
46–50	3	77	48	16.5	49.5
51–55	2	79	53	21.5	43.0
56–60	1	80	58	26.5	26.5
कुल $\sum f = N = 80$				$\sum f\|M - M_d\|$	$= 582.0$

माध्यिका के नीचे $\frac{N}{2}$ या 40 प्रेक्षण है। इसलिए माध्यिका वर्ग 31–35 या 30.5–35.5 (यथार्थ सीमाओं के पदों में) के अंतर्गत है।

$$M_d = L + \frac{\frac{N}{2} - c.f.}{f} \times i$$

$$= 30.5 + \frac{40 - 36}{20} \times 5 = 31.5 \text{ वर्ष}$$

M_d से माध्य विचलन $= \frac{1}{N} \times \sum f.|X - M_d| = \frac{582}{80} = 7.275$ वर्ष

M_d से माध्य विचलन गुणांक $= \dfrac{M_d \text{ से माध्य विचलन}}{M_d}$

$$= \frac{7.275}{31.5} = 0.23$$

प्रश्न 8. यदि माध्य = 50, विचरण गुणांक = 40 प्रतिशत और वैषम्य गुणांक = –0.4 है, तो मानक विचलन, बहुलक और माध्यिका ज्ञात कीजिए।

उत्तर– सूत्र, $C.V. = \frac{\sigma}{X} \times 100$ में, माध्य और C.V. के मान प्रतिस्थापित करने पर, हमें प्राप्त होता है–

$$40 = \frac{\sigma}{50} \times 100$$

$$\therefore \sigma = \frac{40 \times 50}{100} = 20$$

अतः मानक विचलन $(\sigma) = 20$

फिर, कार्ल पियरसन के सूत्र का प्रयोग करते हुए–

$$Sk_p = \frac{\overline{X} - M_o}{\sigma}$$

$$-0.4 = \frac{50 - M_o}{20}$$

$-0.4 \times 20 = 50 - M_o$
$\Rightarrow -8 = 50 - M_o$
$\Rightarrow M_o = 50 + 8 = 58$

अतः बहुलक $= 58$

आनुभविक संबंध का प्रयोग करते हुए, हमें प्राप्त होता है–

$M_o = 3M_d - 2\overline{X}$

मान प्रतिस्थापित करने पर,

$58 = 3(M_d) - 2 \times 50$
$\Rightarrow 58 = 3(M_d) - 100$
$\Rightarrow 3(M_d)$
$= 58 + 100 = 158$

अतः $(M_d) = \dfrac{158}{3} = 52.67$

प्रश्न 9. निम्न आँकड़ों से सहसंबंध गुणांक ज्ञात कीजिए।

X :	0.1	0.2	0.3	0.4	0.5	0.6	0.7
Y :	30000	50000	60000	80000	100000	110000	130000

उत्तर– X श्रेणी को 10 से गुणा करने पर तथा Y श्रेणी को 10000 से भाग देने पर हमें X तथा Y के निम्न मूल्य प्राप्त होंगे।

X :	1	2	3	4	5	6	7
Y :	3	5	6	8	10	11	13

सहसंबंध गुणांक का गणन

X	काल्पनिक माध्य 4 से विचलन (dx)	dx^2	Y	काल्पनिक माध्य 8 से विचलन (dy)	dy^2	dxdy
1	–3	9	3	–5	25	+15
2	–2	4	5	–3	9	+6
3	–1	1	6	–2	4	+2
4	0	0	8	0	0	0
5	+1	1	10	+2	4	+2
6	+2	4	11	+3	9	+6
7	+3	9	13	+5	25	+15
N = 7	$\sum dx = 0$	$\sum dx^2 = 28$	N = 7	$\sum dy = 0$	$\sum dy^2 = 76$	$\sum dxdy = +46$

सूत्र का प्रयोग: $$\rho = \frac{\Sigma dxdy - \frac{(\Sigma dx)(\Sigma dy)}{N}}{\sqrt{\Sigma dx^2 - \frac{(\Sigma dx)^2}{N}} \times \sqrt{\Sigma dy^2 - \frac{(\Sigma dy)^2}{N}}}$$

जबकि, $\Sigma dxdy = 46, \Sigma dx = 0, \Sigma dy = 0, \Sigma dx^2 = 28, \Sigma dy^2 = 76, N = 7$

अर्थात, $$\rho = \frac{+46 - \frac{(0)(0)}{7}}{\sqrt{28 - \frac{(0)^2}{7}} \times \sqrt{76 - \frac{(0)^2}{7}}} = \frac{+46}{\sqrt{28 \times 76}} = +0.021$$

अत: उच्च धनात्मक सहसंबंध है।

प्रश्न 10. 10 विद्यार्थियों द्वारा अंग्रेजी तथा अर्थशास्त्र के प्राप्तांक का कोटि सहसंबंध गुणांक 0.5 है। बाद में ज्ञात हुआ कि एक विद्यार्थी द्वारा प्राप्त दो विषयों के कोटि अंतर गलती से 7 के स्थान पर 3 लिए गए हैं। सही कोटि सहसंबंध गुणांक प्राप्त कीजिए।

उत्तर– $\rho = 1 - \frac{6\Sigma D^2}{N^3 - N}$

दी गई जानकारी सूत्र में प्रतिस्थापित करने पर–

$$0.5 = 1 - \frac{6\Sigma D^2}{(10)^3 - 10}$$

$$\frac{6\Sigma D^2}{990} = 1 - 0.5 = 0.5$$

$$6\Sigma D^2 = 0.5 \times 990$$

$$\Sigma D^2 = \frac{0.5 \times 990}{6}$$

$$\therefore \Sigma D^2 = 82.5$$

सही $\Sigma D^2 = 82.5-(3)^2+(7)^2 = 82.5-9+49 = 122.5$

सही $\rho = 1-\frac{6\times 122.5}{(10)^3-10} = 1-\frac{735}{990} = +0.2576$

प्रश्न 11. निम्नलिखित परिणामों द्वारा ρ का मान ज्ञात कीजिए।

$N = 10; \Sigma X = 125; \Sigma X^2 = 1585; \Sigma Y = 80; \Sigma Y^2 = 650; \Sigma XY = 1007$

उत्तर– सूत्र का प्रयोग करने पर–

$$\rho = \frac{\Sigma XY - \frac{\Sigma X.\Sigma Y}{N}}{\sqrt{\Sigma X^2 - \frac{(\Sigma X)^2}{N}} \times \sqrt{\Sigma Y^2 - \frac{(\Sigma Y)^2}{N}}}$$

$$= \frac{1007 - \frac{125\times 80}{10}}{\sqrt{1585 - \frac{(125)^2}{10}} \times \sqrt{650 - \frac{(80)^2}{10}}} = \frac{1007-1000}{\sqrt{22.5}\times\sqrt{10}}$$

$$= \frac{7}{4.74\times 3.16} = \frac{7}{14.97} = +0.47$$

प्रश्न 12. पति और पत्नी की आयु के लिए सहसंबंध गुणांक का परिकलन कीजिए।

पति की आयु :	23	27	28	29	30	31	33	35	36	39
पत्नी की आयु :	18	22	23	24	25	26	28	29	30	32

उत्तर–

पति की आयु (X)	पत्नी की आयु (Y)	X^2	Y^2	XY
23	18	529	324	414
27	22	729	484	594
28	23	784	529	644
29	24	841	576	696
30	25	900	625	750
31	26	961	676	806
33	28	1089	784	924
35	29	1225	841	1015
36	30	1296	900	1080
39	32	1521	1024	1248
$\Sigma X = 311$	$\Sigma Y = 257$	$\Sigma X^2 = 9875$	$\Sigma Y^2 = 6763$	$\Sigma XY = 8171$

$N = 10$, $\Sigma X = 311$, $\Sigma Y = 257$

$\Sigma X^2 = 9875$, $\Sigma Y^2 = 6763$, $\Sigma XY = 8171$

सूत्र के प्रयोग द्वारा,

$$\rho = \frac{\Sigma XY - \dfrac{\Sigma X . \Sigma Y}{N}}{\sqrt{\Sigma X^2 - \dfrac{(\Sigma X)^2}{N}} \times \sqrt{\Sigma Y^2 - \dfrac{(\Sigma Y)^2}{N}}}$$

$$\rho = \frac{8171 - \dfrac{311 \times 257}{10}}{\sqrt{9875 - \dfrac{(311)^2}{10}} \times \sqrt{6763 - \dfrac{(257)^2}{10}}}$$

$$= \frac{8171 - 7992.7}{\sqrt{202.9} \times \sqrt{158.1}} = \frac{178.3}{179.1} = +0.996$$

प्रश्न 13. मान लीजिए कि कंपनी का वार्षिक लाभ आर एवं डी व्यय पर निर्भर करता है। यदि निम्नलिखित आँकड़े दिए गए हों तब आर एवं डी व्यय पर लाभ का आकलित समाश्रयण ज्ञात कीजिए।

आर एवं डी व्यय	9	7	5	10	4	5	3	2
लाभ	45	42	41	60	30	34	25	20

उत्तर–

X_i (आर एवं डी व्यय)	Y_i (लाभ)	x_i $(X_i - \bar{X})$	y_i $(Y_i - \bar{Y})$	x_i^2	xy_i
9	45	3.375	7.875	11.39	26.58
7	42	1.375	4.875	1.89	6.70
5	41	– 0.625	3.875	0.39	– 2.42
10	60	4.375	22.875	19.14	100.08
4	30	– 1.625	– 7.125	2.64	11.58
5	34	– 0.625	– 3.125	0.39	1.95
3	25	– 2.625	– 12.125	6.89	31.83
2	20	– 3.625	– 17.125	13.14	62.08
योग = 45	297	0	0	$\sum x_i^2 = 55.87$	$\sum x_i y_i = 238.38$

यहाँ, $\bar{X} = \dfrac{45}{8} = 5.625$,

साख्यिकीय विधियाँ-I 289

और $\overline{Y} = \dfrac{297}{8} = 37.125$

तब $b = \dfrac{\sum x_i y_i}{\sum x_i^2} = \dfrac{238.38}{55.87} = 4.27$

$\therefore a = \overline{Y} - b\overline{X}$

$= 37.125 - 4.27 \times 5.625$

$= 37.125 - 24.019$

$= 13.106$

$\therefore Y_i = 13.106 + 4.27 X_i$

$\therefore$ समाश्रयण समीकरण $Y_i = 13.106 + 4027 X_i$

प्रश्न 14. निम्नलिखित आँकड़ों से द्वि-रैखिक समाश्रयण समीकरणों की प्राप्ति कीजिए—

X	1	2	3	4	5	6	7	8	9
Y	9	8	10	12	11	13	14	16	15

Y के मान का आकलन कीजिए जब X = 6.2 हो।

उत्तर— समाश्रयण समीकरणों की गणना

X	Y	X^2	Y^2	XY
1	9	1	81	9
2	8	4	64	16
3	10	9	100	30
4	12	16	144	48
5	11	25	121	55
6	13	36	169	78
7	14	49	196	98
8	16	64	256	128
9	15	81	225	135
$\sum X = 45$	$\sum Y = 108$	$\sum X^2 = 285$	$\sum Y^2 = 1356$	$\sum XY = 597$

Y पर X का समाश्रयण समीकरण इस प्रकार है—

$X = a + bY$

प्रसामान्य समीकरण है—

$\sum X = na + b\sum Y$

$\sum XY = a\sum Y + b\sum Y^2$

मानों का प्रतिस्थापित करने पर हम पाएँगे—

$45 = 9a + 108b$ ...(i)

$597 = 108a + 1356b$ ...(ii)

समी. (i) एवं (ii) को हल करने पर,
a = –6.4, b = 0.95

अतः Y पर X के लिए अपेक्षित समाश्रयण समीकरण है–
X = 0.95Y – 6.4 ...(iii)

इसी प्रकार, X पर Y का समाश्रयण समीकरण इस प्रकार है–
Y = a + bX

प्रसामान्य समीकरण है–

$\sum Y = na + b\sum X$

$\sum XY = a\sum X + b\sum X^2$

मानों को प्रतिस्थापित करने पर हम पाएँगे–
108 = 9a + 45b ...(iv)
597 = 45a + 285b ...(v)

समी. (iv) एवं (v) को हल करने पर,
a = 7.25, b = 0.95

अतः X पर Y के लिए समाश्रयण समीकरण इस प्रकार है–
Y = 7.25 + 0.95 X ...(vi)

अतः समी. (v) एवं (vi) अपेक्षित द्वि-रैखिक समीकरण है और जब X = 6.2 होगा तब,
Y = 7.25 + 6.2 × 0.95
⇒ Y = 13.14

प्रश्न 15. कृषि उत्पादन की मात्रा वर्षा की मात्रा पर निर्भर करती है। दिए गए आँकड़ों से रैखिक समाश्रयण का परिकलन लघुतर विधि द्वारा ज्ञात कीजिए।

वर्षा (मि.मी. में)	कृषि उत्पादन (टनों में)
60	33
62	37
65	38
71	42
73	42
75	45
81	49
85	52
88	55
90	57

सांख्यिकीय विधियाँ-I 291

उत्तर –

X_i	Y_i	$X_i - \overline{X} = x_i$	$Y_i - \overline{Y} = y_i$	x_i^2	$x_i y_i$
60	33	–15	–12	225	180
62	37	–13	–8	169	104
65	38	–10	–7	100	70
71	42	–4	–3	16	12
73	42	–2	–3	4	6
75	45	0	0	0	0
81	49	6	4	36	24
85	52	10	7	100	70
88	55	13	10	169	130
90	57	15	12	225	180
$\Sigma X_i = 750$	$\Sigma Y_i = 450$	$\Sigma x_i = 0$	$\Sigma y_i = 0$	$\Sigma x_i^2 = 1044$	$\Sigma x_i y_i = 776$

$\overline{X} = \dfrac{750}{10} = 75$ और $\overline{Y} = \dfrac{450}{10} = 45$

$b = \dfrac{\Sigma x_i y_i}{\Sigma x_i^2} = \dfrac{776}{1044} = 0.743$

$a = \overline{Y} - b\overline{X} = 45 - 0.743 \times 75 = -10.73$

समाश्रयण रेखा $\widehat{Y}_i = -10.73 + 0.743 X_i$

प्रश्न 16. निम्नलिखित आँकड़ों से Y की X पर समाश्रयण रेखा ज्ञात कीजिए। जब X = 12 हो तो Y का अनुमान भी परिकलित कीजिए।

X	1	3	4	6	8	9	11	14
Y	1	2	4	4	5	7	8	9

उत्तर –

X	Y	$X - \overline{X} = x$	$Y - \overline{Y} = y$	x^2	xy
1	1	–6	–4	36	24
3	2	–4	–3	16	12
4	4	–3	–1	9	3
6	4	–1	–1	1	1
8	5	1	0	1	0
9	7	2	2	4	4
11	8	4	3	16	12
14	9	7	4	49	28
$\Sigma X = 56$	$\Sigma Y = 40$	$\Sigma x = 0$	$\Sigma y = 0$	$\Sigma x^2 = 132$	$\Sigma xy = 84$

यहाँ,

$$\overline{X} = \frac{56}{8} = 7 \text{ और } \overline{Y} = \frac{40}{8} = 5$$

$$\therefore b = \frac{\sum xy}{\sum x^2} = \frac{84}{132} = 0.64$$

एवं $a = \overline{Y} - b\overline{X} = 5 - (0.64) \times 7 = 0.52$

अत: समाश्रयण रेखा है $Y = 0.52 + 0.64\, X$

जब $X = 12$ हो तब $Y = 0.52 + 0.64 \times 12 = 8.2$ होगा।

प्रश्न 17. किसी पद पर A की नियुक्ति की प्रायिकता $\frac{1}{3}$ है तथा B की $\frac{2}{5}$ है। उनमें से केवल एक ही की नियुक्ति हो, इस बात की प्रायिकता क्या है?

उत्तर – किसी पद पर A या B की नियुक्तियाँ परस्पर अपवर्जी घटनाएँ हैं क्योंकि यदि A की नियुक्ति होती है तो B की नहीं होगी। यदि B की नियुक्ति होती है तो A की नियुक्ति नहीं होगी।

अत: इनमें से किसी एक की नियुक्ति होने की प्रायिकता $= \frac{1}{3} + \frac{2}{5} = \frac{5+6}{15} = \frac{11}{15}$

प्रश्न 18. किसी दौड़ में A के जीतने की प्रायिकता $\frac{1}{3}$ और B के जीतने की प्रायिकता $\frac{1}{4}$ है। उस दौड़ को A और B में से कोई न जीत पाए इसकी प्रायिकता क्या है?

उत्तर – दोनों घटनाएँ परस्पर अपवर्जी हैं क्योंकि जब A जीतता है, तो B नहीं जीतेगा और जब B जीतता है तो A नहीं जीतेगा।

अत: दोनों में से कोई एक जीत सकता है इसकी प्रायिकता $= \frac{1}{3} + \frac{1}{4} = \frac{7}{12}$

अत: उनमें से कोई न जीत पाए, इसकी प्रायिकता $= 1 - \frac{7}{12} = \frac{5}{12}$

प्रश्न 19. किसी दौड़ में A, B, C, D चार घोड़ों के जीतने के अनुकूल संयोगानुपात क्रमश: 1 : 3, 1 : 4, 1 : 5, 1 : 6 हैं। उनमें से किसी भी एक घोड़े के जीतने की प्रायिकता ज्ञात कीजिए।

उत्तर – चूँकि कोई एक घोड़ा ही जीत सकता है और शेष हारेंगे, अत: उनके जीतने की घटनाएँ परस्पर अपवर्जी हैं। यदि A, B, C, D के जीतने की प्रायिकताएँ क्रमश: p_1, p_2, p_3, p_4 हों, तो–

$$p_1 = \frac{1}{1+3} = \frac{1}{4}, p_2 = \frac{1}{1+4} = \frac{1}{5},$$

$$p_3 = \frac{1}{1+5} = \frac{1}{6}, p_4 = \frac{1}{1+6} = \frac{1}{7}$$

∴ अभीष्ट प्रायिकता $= p_1 + p_2 + p_3 + p_4$

$$= \frac{1}{4} + \frac{1}{5} + \frac{1}{6} + \frac{1}{7} = \frac{319}{420}$$

प्रश्न 20. दो पासों की एक फेंक में अंकों का योग 9 अथवा 11 आने की प्रायिकता ज्ञात कीजिए।

उत्तर— ∵ प्रत्येक पासे पर अंकित कोई भी अंक 6 प्रकार से ऊपर आ सकता है,

∴ दो पासों की फेंक में उनके ऊपर अलग-अलग कोई भी अंक आने के कुल ढंग $= 6 \times 6$

$n(S) = 36$

अंकों का योग 9 होने की घटना

$E_1 = \{(3, 6), (4, 5), (5, 4), (6, 3)\}$

$n(E_1) = 4$

$$P(E_1) = \frac{n(E_1)}{n(S)} = \frac{4}{36} = \frac{1}{9}$$

अंकों का योग 11 होने की घटना $(E_2) = \{(5, 6), (6, 5)\}$

$n(E_2) = 2$

$$P(E_2) = \frac{n(E_2)}{n(S)} = \frac{2}{36} = \frac{1}{18}$$

ये परस्पर अपवर्जी घटनाएँ हैं।

अत:

$P(E_1 \cup E_2) = P(E_1) + P(E_2)$

$$= \frac{1}{9} + \frac{1}{18} = \frac{3}{18} = \frac{1}{6}$$

प्रश्न 21. यदि 10 टिकटों पर 1 से 10 तक की (प्रत्येक पर एक) संख्याएँ लिखी हुई हैं। कोई संख्या दोहराई नहीं गई है। यदि A एक ऐसी घटना है जिसमें विषम संख्याएँ हों और B एक ऐसी घटना हो जिसमें 3 से विभाज्य संख्या हों तो दिखाओ कि $P(A \cup B) = P(A) + P(B) - P(A \cap B)$.

उत्तर— प्रतिदर्श समष्टि $= (1, 2, 3, ..., 10)$

प्रतिदर्श समष्टि $A = (1, 3, 5, 7, 9)$

प्रतिदर्श समष्टि $B = (3, 6, 9)$

$\therefore P(A) = \dfrac{5}{10} = \dfrac{1}{2}, P(B) = \dfrac{3}{10}$

$\therefore A \cup B = \{1, 3, 5, 6, 7, 9\}$

$\therefore P(A \cup B) = \dfrac{6}{10} = \dfrac{3}{5}$

$A \cap B = \dfrac{2}{10} = \dfrac{1}{5}$

$\therefore P(A) + P(B) - P(A \cap B) = \dfrac{1}{2} + \dfrac{3}{10} - \dfrac{1}{5} = \dfrac{3}{5}$

अत: $P(A \cup B) = P(A) + P(B) - P(A \cap B)$

प्रश्न 22. एक अस्पताल में डॉक्टरों के 2 स्थान रिक्त हैं। साक्षात्कार हेतु एक डॉक्टर तथा उसकी पत्नी आते हैं। डॉक्टर के चुने जाने की प्रायिकता 1/10 तथा उसकी पत्नी के चुने जाने की प्रायिकता 1/8 है। निम्नलिखित परिस्थितियों में प्रायिकताएँ ज्ञात कीजिए—

(i) दोनों चुन लिए जाएँ।
(ii) केवल एक चुना जाए।
(iii) दोनों में से कोई न चुना जाए।

उत्तर— मान लीजिए D = डॉक्टर के चुने जाने की घटना तथा W = डॉक्टर की पत्नी के चुने जाने की घटना।

(i) दोनों का चुना जाना स्वतंत्र घटनाएँ हैं।

$\therefore P(D \cap W) = P(D) \times P(W) = \dfrac{1}{10} \times \dfrac{1}{8} = \dfrac{1}{80}$

(ii) दोनों में से एक के चुने जाने की प्रायिकता = डॉक्टर चुना जाए और पत्नी न चुनी जाए या पत्नी चुनी जाए और डॉक्टर न चुना जाए—

$= P(D) \times P(W') + P(W) \times P(D')$

$= P(D)(1 - P(W)) + P(W)(1 - P(D))$

$= \dfrac{1}{10}\left(1 - \dfrac{1}{8}\right) + \dfrac{1}{8}\left(1 - \dfrac{1}{10}\right)$

$= \dfrac{1}{10} \times \dfrac{7}{8} + \dfrac{1}{8} \times \dfrac{9}{10}$

$= \dfrac{7}{80} + \dfrac{9}{80} = \dfrac{16}{80} = \dfrac{1}{5}$

(iii) दोनों में कोई न चुना जाए–

$P(D \cap W) = P(D') \times P(W')$

$= \left(1 - \dfrac{1}{10}\right) \times \left(1 - \dfrac{1}{8}\right)$

$= \dfrac{9}{10} \times \dfrac{7}{8}$

$= \dfrac{63}{80}$

प्रश्न 23. किसी विद्यालय की एक कक्षा में 80 विद्यार्थी हैं, जिसमें 50 ने गणित, 40 ने सांख्यिकी और 10 ने दोनों विषय ले रखे हैं। किसी छात्र को यदृच्छया चुना जाता है। प्रायिकता ज्ञात कीजिए कि वह सांख्यिकी का छात्र है।

उत्तर– माना गणित के छात्रों का समुच्चय M तथा सांख्यिकी के छात्रों का समुच्चय S है।

∴ $n(M) = 50, n(S) = 40, n(M \cap S) = 10$

∵ कोई एक छात्र 80 प्रकार से चुना जा सकता है।

∴ $P(M) = \dfrac{50}{80} = \dfrac{5}{8}, P(S) = \dfrac{40}{80} = \dfrac{1}{2}, P(M \cap S) = \dfrac{10}{80} = \dfrac{1}{8}$

अतः सांख्यिकी का छात्र होने की प्रायिकता, यदि वह गणित का छात्र है–

$P(S/M) = \dfrac{P(S \cap M)}{P(M)} = \dfrac{P(M \cap S)}{P(M)} = \dfrac{(1/8)}{(5/8)} = \dfrac{1}{5}$

प्रश्न 24. फलन $p(x) = \dfrac{k}{x}$, x = 3, 4, 5 में k स्थिरांक है। k का मान ज्ञात कीजिए ताकि ये फलन मान्य प्रायिकता द्रव्यमान फलन हो जाएँ।

उत्तर– इस फलन में हम देख सकते हैं कि–

$p(3) = \dfrac{k}{3}$

$p(4) = \dfrac{k}{4}$

$p(5) = \dfrac{k}{5}$

प्रायिकता द्रव्यमान फलन की दूसरी शर्त को पूरा करने के लिए, आवश्यक है कि–

$\Sigma p(x) = \dfrac{k}{3} + \dfrac{k}{4} + \dfrac{k}{5} = 1$

या $k\left(\dfrac{1}{3}+\dfrac{1}{4}+\dfrac{1}{5}\right)=1$

या $k\dfrac{47}{60}=1$

या $k=\dfrac{60}{47}$

जाँच करें कि k का उपर्युक्त मान क्या पहली शर्त को पूरा करता है–

$p(3)=\dfrac{1}{3}\times\dfrac{60}{47}=\dfrac{60}{141}\geq 0$

$p(4)=\dfrac{1}{4}\times\dfrac{60}{47}=\dfrac{60}{188}\geq 0$

$p(5)=\dfrac{1}{5}\times\dfrac{60}{47}=\dfrac{60}{235}\geq 0$

अतः, $k=\dfrac{60}{47}$, प्रायिकता द्रव्यमान फलन के लिए पहली शर्त को पूरा करता है।

प्रश्न 25. k का ऐसा एक मान ज्ञात कीजिए कि निम्नलिखित मान्य प्रायिकता द्रव्यमान फलन बन जाए।

$$p(x)=\dfrac{k}{x^2},\ x=1,2$$

उत्तर– इस फलन में हम देखते हैं कि–

$p(1)=\dfrac{k}{1}$

$p(2)=\dfrac{k}{4}$

प्रायिकता द्रव्यमान फलन की दूसरी शर्त को पूरा करने के लिए आवश्यक है कि–

$\Sigma p(x)=\dfrac{k}{1}+\dfrac{k}{4}=1$

$k\left(1+\dfrac{1}{4}\right)=1$

$k\left(\dfrac{5}{4}\right)=1$

$k=\dfrac{4}{5}$

दूसरी शर्त की जाँच–

$$p(1) = 1 \times \frac{4}{5} = \frac{4}{5} \geq 0$$

$$p(2) = \frac{1}{4} \times \frac{4}{5} = \frac{1}{5} \geq 0$$

अत: $k = \frac{4}{5}$

प्रश्न 26. किसी फैक्टूरी में 120 मजदूरों के प्रतिदर्श में दैनिक मजदूरी प्राप्त करने का माध्य और मानक विचलन क्रमश: ₹11.35 और ₹3.03 हैं। फैक्टूरी में ₹9 और ₹17 के बीच की मजदूरी प्राप्त करने वाले मजदूरों का प्रतिशत बताइए। मान लीजिए कि मजदूरी प्रसामान्य बंटित है।

उत्तर– माना x मजदूरी (दर्शाने वाला) यादृच्छिक चर है। तब x एक प्रसामान्य चर है जिसका माध्य $\mu = 11.35$ और मानक विचलन $\sigma = 3.03$ मानक प्रसामान्य विचर है।

$$z = \frac{x - 11.35}{3.03}$$

जब $x = 9, \ z = \frac{9 - 11.35}{3.03} = \frac{-2.35}{3.03} = -0.78$

तथा जब $x = 17, \ z = \frac{17 - 11.35}{3.03} = \frac{5.65}{3.03} = 1.86$

$$\therefore P(9 \leq x \leq 17) = P(-0.78 \leq z \leq 1.86)$$

$$= P(-0.78 \leq z \leq 0) + P(0 \leq z \leq 1.86)$$

$$= P(0 \leq z \leq 0.78) + P(0 \leq z \leq 1.86)$$

$= 0.2823 + 0.4686$

$= 0.7509 = 75.09\%$

अत: ₹9 और ₹17 के बीच मजदूरी पाने वाले 75.9% मजदूर हैं।

प्रश्न 27. यदि स्वतंत्रता की कोटि 25 के बराबर है तो 1.708 या अधिक का t मान प्राप्त करने की प्रायिकता क्या है?

उत्तर– स्टूडैंट-t बंटन वाली सारणी में, हम स्वतंत्रता की कोटि वाले स्तंभ में नीचे की ओर बढ़ते हैं और 25 के अंक तक पहुँचते हैं और तब साथ वाली पंक्ति में 1.708 के अंक का पता लगाते हैं। 0.05 वाला निम्न प्रायिकता अंक अपेक्षित प्रायिकता है।

प्रश्न 28. किसी परीक्षा में 10 छात्रों के गणित और अर्थशास्त्र में प्राप्तांक इस प्रकार रहे हैं—

क्रमांक	1	2	3	4	5	6	7	8	9	10
गणित	90	30	82	45	32	65	40	88	73	66
अर्थशास्त्र	85	42	75	68	45	63	60	90	62	58

स्पीयर मैन का क्रम कोटि-सहसंबंध गुणांक ज्ञात करें।

उत्तर— स्पीयर मैन क्रम कोटि-सहसंबंध गुणांक की गणना

क्रमांक	गणित में प्राप्तांक R_1	अर्थशास्त्र में प्राप्तांक R_2	अंतर $d = R_1 - R_2$	d^2
1	90	85	5	25
2	30	42	–12	144
3	82	75	7	49
4	45	68	–23	529
5	32	45	–13	169
6	65	63	2	4
7	40	60	–20	400
8	88	90	–2	4
9	73	62	11	121
10	66	58	8	64
				$\sum d^2 = 1509$

सूत्र लागू करने पर, $\rho = 1 - \dfrac{6 \sum d^2}{n^3 - n}$

$$= 1 - \frac{6 \times 1509}{10^3 - 10} = 1 - \frac{9054}{990} = 1 - 9.145 = -8.145.$$

प्रश्न 29. बारह परीक्षार्थियों के कॉलेज (x) और विश्वविद्यालय (y) की परीक्षाओं में प्राप्तांक हैं—

x	41	45	50	68	47	77	90	100	80	100	40	43
y	60	63	60	48	85	56	53	91	74	98	65	43

यदि कॉलेज में 60 अंक पाने वाला छात्र विश्वविद्यालय परीक्षा के दिन बीमार हो तो अनुमानतः उसके कितने अंक आ जाएँगे? [दिसम्बर-2011, प्रश्न 8]

उत्तर— y के आकलन के लिए हम समाश्रयण समीकरण x पर y का प्रयोग कर सकते हैं अर्थात् $y - \bar{y} = b_{yx}(x - \bar{x})$, जहाँ $b_{yx} = \text{cov}(x,y)/\sigma_x^2$. अतः हमें $\bar{x}, \bar{y}, \text{cov}(x,y)$ तथा σ_x^2 ज्ञात करना है।

समाश्रयण की गणना

x	y	X = x–60	Y = y–60	X²	XY
41	60	–19	0	361	0
45	63	–15	3	225	–45
50	60	–10	0	100	0
68	48	8	–12	64	–96
47	85	–13	25	169	–325
77	56	17	–4	289	–68
90	53	30	–7	900	–210
100	91	40	31	1,600	1,240
80	74	20	14	400	280
100	98	40	38	1,600	1,520
40	65	–20	5	400	–100
43	43	–17	–17	289	289
781	796	61	76	6,397	2,485

यहाँ, $\bar{x} = 781/12 = 65.08$, $\bar{y} = 781/12 = 65.08$,

अत: उत्पत्ति में परिवर्तन के कारण विचरण तथा सहविचरण अपरिवर्तित हैं।

$\text{cov}(x,y) = \text{cov}(X,Y) = \sum XY/n - (\sum X/n)(\sum Y/n)$

$= 2485/12 - (61/12)(76/12) = 25184/144$

$\sigma_x^2 = \sum X^2/n - (\sum X/n)^2 = 6397/12 - (61/12)^2 = 73043/144$

इसलिए, $b_{yx} = \dfrac{25184/144}{73043/144} = \dfrac{25184}{73043} = 0.345$

अत: समाश्रयण समीकरण है $y - 66.33 = 0.345(x - 65.08)$;

i.e. $y = 43.88 + 0.345x$

अब, $x = 60, y = 43.88 + 0.345 \times 60 = 64.58 = 65$ (लगभग)

प्रश्न 30. एक संगीत स्पर्धा में तीन निर्णायक A, B, C थे। उन्होंने 10 प्रतियोगियों को इस प्रकार कोटिक्रमांक दिए–

प्रतियोगी	1	2	3	4	5	6	7	8	9	10
निर्णायक A:	1	6	5	10	3	2	4	9	7	8
निर्णायक B:	3	5	8	4	7	10	2	1	6	9
निर्णायक C:	6	4	9	8	1	2	3	10	5	7

कोटिक्रमांक गुणांक विधि द्वारा बताएँ कि निर्णायकों का कौन-सा युग्म संगीत के प्रति समान दृष्टिकोण धारी है। [दिसम्बर-2011, प्रश्न 7]

उत्तर— क्रमांक सहसंबंध गुणांक की गणना

A(x) के द्वारा श्रेणी	B(y) के द्वारा श्रेणी	C(z) के द्वारा श्रेणी	$D_1 = x - y$	D_1^2	$D_2 = y - z$	D_2^2	$D_3 = z - x$	D_3^2
1	3	6	−2	4	−3	9	5	25
6	5	4	1	1	1	1	−2	4
5	8	9	−3	9	1	1	4	16
10	4	8	6	36	−4	16	−2	4
3	7	1	−4	16	6	36	−2	4
2	10	2	−8	64	8	64	0	0
4	2	3	2	4	−1	1	−1	1
9	1	10	8	64	−9	81	1	1
7	6	5	1	1	1	1	−2	4
8	9	7	−1	1	2	4	−1	1
—	—	—	—	200	—	214	—	60

A और B के मध्य क्रमांक सहसंबंध गुणांक हैं—

$$R_{12} = 1 - \frac{6\sum D_1^2}{n(n^2-1)} = 1 - \frac{6 \times 200}{10(10^2-1)} = 1 - \frac{120}{99} = 1 - 1.21 = -0.21$$

B और C के मध्य क्रमांक सहसंबंध गुणांक हैं—

$$R_{23} = 1 - \frac{6\sum D_2^2}{n(n^2-1)} = 1 - \frac{6 \times 214}{10(10^2-1)} = 1 - \frac{6 \times 214}{990} = 1 - 1.30 = -0.30$$

C और A के मध्य क्रमांक सहसंबंध गुणांक हैं—

$$R_{31} = 1 - \frac{6\sum D_3^2}{n(n^2-1)} = 1 - \frac{6 \times 60}{10(10^2-1)} = 1 - \frac{36}{99} = 1 - 0.36 = 0.64$$

अतः C और A के मध्य क्रमांक सहसंबंध गुणांक सबसे अधिक है। इसलिए निर्णायकों का A और C युग्म संगीत के प्रति समान दृष्टिकोण धारी है।

प्रश्न 31. कंप्यूटरों के लिए माइक्रोप्रोसेसरों के निर्माण में प्रयुक्त अर्धचालक में अशुद्धताओं का सांद्रण, प्रसामान्य रूप से बंटित यादृच्छिक चर है जहाँ माध्य 127 भाग (parts) प्रति मिलियन और मानक विचलन 22 है। अर्धचालक तभी स्वीकार्य है जब अशुद्धताओं का सांद्रण 150 भाग प्रति मिलियन से निम्न हो। अर्धचालकों का कितना भाग (अनुपात) प्रयोग के लिए स्वीकार्य है? Z = 1.04 के मान के लिए, मानक प्रसामान्य वक्र के नीचे का क्षेत्रफल 0.3508 है। [जून-2012, प्रश्न 2 (b)]

उत्तर— यहाँ, X: अर्धचालक में अशुद्धताओं का सांद्रण है।

अब, $X \sim N(\mu = 127, \sigma = 22)$ तथा हमें आवश्यकता है $P(X < 150)$.

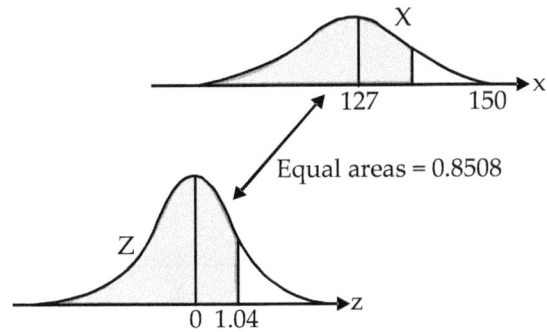

$$P(X<150) = P\left(\frac{x-\mu}{\sigma} < \frac{150-\mu}{22}\right) = P\left(Z < \frac{150-127}{22}\right)$$
$$= P(Z < 1.04) = 0.5 + 0.3508 = 0.8508$$

इस प्रकार, अर्धचालक का 85.08% भाग उपयोग के लिए स्वीकार्य है।

प्रश्न 32. x और y के दिए गए मानों के आधार पर

x	25	25	30	30	16
y	2	3	5	1	8

x पर y का समाश्रयण कीजिए। [जून-2012, प्रश्न 6 (b)]

उत्तर– समाश्रयण समीकरण की गणना

x	y	x^2	y^2	xy
25	2	625	4	50
25	3	625	9	75
30	5	900	25	150
30	1	900	1	30
16	8	256	64	128
$\sum x=126$	$\sum xy=19$	$\sum x^2=3306$	$\sum y^2=103$	$\sum xy=433$

x पर y का समाश्रयण समीकरण है–
y = a+bx
सामान्य समीकरण हैं–
$\sum y = na + b\sum x$
$\sum xy = a\sum x + b\sum x^2$
मानों का प्रतिस्थापन करने पर हमें प्राप्त होता है–
19 = 5a + 126b ...(1)
433 = 126a + 3306b ...(2)
समी. (1) तथा (2) को हल करने पर हमें प्राप्त होता है–
a = 12.62, b = –0.35
अतः x पर y का समाश्रयण समीकरण है–
y = 12.62 – 0.35x.

प्रश्न 33. निम्नलिखित आँकड़ों से, द्वि समाश्रयण समीकरणों X पर Y और Y पर X की प्राप्ति कीजिए—

X	2	4	6	8	10
Y	5	7	9	8	11

[दिसम्बर-2012, प्रश्न 6]

उत्तर— समाश्रयण समीकरण की गणना

x	x^2	y	y^2	xy
2	4	5	25	10
4	16	7	49	28
6	36	9	81	54
8	64	8	64	64
10	100	11	121	110
$\sum x=30$	$\sum x^2=220$	$\sum y=40$	$\sum y^2=340$	$\sum xy=266$

y पर x का समाश्रयण समीकरण होता है—
x = a+by
सामान्य समीकरण हैं—

$\sum x = na + b\sum y$

$\sum xy = a\sum y + b\sum y^2$

मानों को प्रतिस्थापित करने पर हमें प्राप्त होता है—
30 = 5a + 40b ...(1)
266 = 40a + 340b ...(2)
समी. (1) और (2) को हल करने पर हमें प्राप्त होता है—
a = –4.4, b = 1.3
अतः y पर x का आवश्यक समाश्रयण समीकरण है—
x = –4.4 + 1.3y

अब, y पर x का समाश्रयण समीकरण है—
y = a + bx
जहाँ सामान्य समीकरण हैं—

$\sum y = na + b\sum x$

$\sum xy = a\sum x + b\sum x^2$

मानों को प्रतिस्थापित करने पर हमें प्राप्त होता है—
40 = 5a + 30b ...(3)
266 = 30a + 220b ...(4)
समी. (3) और (4) को हल करने पर हमें प्राप्त होता है—
a = 4.1, b = 0.65
अतः x पर y का आवश्यक समाश्रयण समीकरण है—
y = 4.1 + 0.65x.

प्रश्न 34. एक थैले में 8 लाल और 5 सफेद गोले हैं। दो बार 3-3 गोले निकाले जाते हैं (पहली बार निकाले गए को वापस डाले बिना)। इस बात की प्रायिकता ज्ञात करें कि पहली बार तीनों गोले सफेद होंगे और दूसरी बार तीनों लाल होंगे।

[दिसम्बर-2011, प्रश्न 5]

उत्तर– थैले में कुल गोले = 8 + 5 = 13

13 गोलों में से 3 गोले $^{13}C_3$ तरीके से निकाले जा सकते हैं तथा 5 सफेद गोलों में से 3 सफेद गोले $^5C_3$ तरीके से निकाले जा सकते हैं।

अतः 3 सफेद गोले निकालने की प्रायिकता होगी = $P(3W) = \dfrac{^5C_3}{^{13}C_3}$

पहली बार गोले निकालने पर अब थैले में 10 गोले बाकी बचे हैं।

अब, 10 गोलों में से 3 गोले $^{10}C_3$ तरीके से निकाले जा सकते हैं तथा 8 लाल गोलों में से 3 लाल गोले $^8C_3$ तरीके से निकाले जा सकते हैं।

अतः 3 लाल गोले निकालने की प्रायिकता होगी = $\dfrac{^8C_3}{^{10}C_3}$

अतः दोनों घटनाएँ गैर-स्वतंत्र हैं, आवश्यक संभावना होगी–

$P(3W \text{ और } 3R) = \dfrac{^5C_3}{^{13}C_3} \times \dfrac{^8C_3}{^{10}C_3} = \dfrac{5}{143} \times \dfrac{7}{15} = \dfrac{7}{429}.$

प्रश्न 35. मान लीजिए कि x का निम्नलिखित प्रायिकता बंटन है–

x	0	1	2	3	4
P(n)	0.2	0.2	0.1	0.3	0.2

बंटन के माध्य और प्रसरण को ज्ञात कीजिए। [दिसम्बर-2012, प्रश्न 8]

उत्तर–

माध्य की गणना

x	P(n)	x.P(n)
0	0.2	0
1	0.2	0.2
2	0.1	0.2
3	0.3	0.9
4	0.2	0.8
		$\mu = \sum x.P(n) = 2.1$

प्रसरण की गणना

x	$x-\mu$	$(x-\mu)^2$	P(n)	$(x-\mu)^2 . P(n)$
0	-2.1	4.41	0.2	0.882
1	-1.1	1.21	0.2	0.242
2	-0.1	0.01	0.1	0.001
3	0.9	0.81	0.3	0.243
4	1.9	3.61	0.2	0.722
				$\sigma^2 = \sum(x-\mu)^2 P(n) = 2.09$

अतः बंटन का माध्य तथा प्रसरण क्रमशः 2.1 तथा 2.09 हैं।

Feedback is the breakfast of Champions.

Ken Blanchard

You can Help other students.
"Inform any error or mistake in this book."

We and Universe
will reward you for Your Kind act.

Email at : feedback@gullybaba.com
or
WhatsApp on 9350849407

6

अध्याय

सांख्यिकीय विधियाँ-II
(Statistical Methods-II)

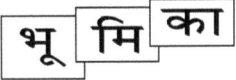

भूमिका

किसी सांख्यिकीय अन्वेषण में, दिलचस्पी आमतौर पर सामान्य परिमाण के मूल्यांकन तथा किसी समूह से आने वाले व्यक्तियों से संबंधित एक अथवा अधिक अभिलक्षणों के अनुसार विचारण के अध्ययन में निहित होती हैं। अध्ययनांतर्गत व्यक्तियों के समूह को समुदाय या समष्टि कहते हैं। इस प्रकार, सांख्यिकी में, समुदाय अध्ययनांतर्गत वस्तुओं, सजीव अथवा निर्जीव, का पूर्ण योग होता है। समुदाय सीमाबद्ध या अनंत हो सकता है। किसी सीमाबद्ध न्यादर्श के लिए, प्रदत्त समष्टि से चुने गए न्यादर्शों हेतु प्रायिकताएँ निर्धारित करना कोई बड़ी समस्या नहीं है। तथापि, वास्तविकता में, जहाँ न्यादर्श आकार के साथ-साथ समष्टि भी बहुत बड़ी हो, सभी संभावित न्यादर्शों की संख्या भी बड़ी होती है। न्यादर्शों के किसी निर्दिष्ट समुच्चय की प्रायिकताएँ निर्धारित करना मुश्किल हो जाता है। अतएव, हमें समस्त समष्टि से न्यादर्श चुनने के सभी संभावित तरीकों के विषय में सोचना पड़ता है।

प्रश्न 1. न्यायदर्शन (sampling) का क्या अर्थ है? समंकों के संग्रहण की "संगणना" तथा "प्रतिदर्श" विधियों से आप क्या समझते हैं?

अथवा

न्यायदर्श सर्वेक्षण के क्या लाभ हैं?

उत्तर— न्यायदर्शन अथवा निदर्शन (प्रतिचयन) का सामान्य अर्थ है संपूर्ण समग्र की वह छोटी इकाई जो संपूर्ण समग्र का प्रतिनिधित्व करती है। निदर्शन समग्र का वह अंश होता है जिसमें अपनी समग्र की समस्त विशेषताओं का स्पष्ट-प्रतिबिम्ब रहता है, अर्थात् एक निदर्शन अपने समस्त समूह का एक लघु-चित्र होता है।

निम्नलिखित उदाहरणों द्वारा संगणना तथा प्रतिदर्श आदि शब्दों को समझा जा सकता है। माना कि हम "दिल्ली के बच्चों पर टी.वी. विज्ञापनों के प्रभाव" का अध्ययन करना चाह रहे हैं। इस स्थिति में हम दिल्ली में रहने वाले बच्चों से जो कि टी.वी. विज्ञापनों को देखते हैं, सूचना तथा समंक एकत्रित करेंगे। वैकल्पिक रूप में यह हमारे अध्ययन हेतु जनसंख्या है। यदि प्रत्येक बच्चे से समंक एकत्रित किए जाएँ तो यह संगणना अनुसंधान कहलाएगा। अन्यथा यदि हम अपने अध्ययन हेतु कुछ छात्रों का ही चयन करें क्योंकि प्रत्येक बच्चे से समंक एकत्रित करना यथेष्ट नहीं है तो इसे प्रतिदर्श अनुसंधान कहा जाएगा। अत: प्रतिदर्श जनसंख्या में से लिया गया एक समूह है जिसकी विशेषताओं के बारे में अध्ययन इसलिए किया जाता है ताकि जनसंख्या के बारे में सूचना ज्ञात हो सके। अत: प्रतिदर्श जनसंख्या में से लिए गए कुछ लोगों का समूह है जो कि सर्वे हेतु चुने गए हैं तथा जनसंख्या व्यक्तिगत लोगों, इकाइयों, पदार्थों आदि का समूह है।

वेबस्टर के अनुसार, "सर्वेक्षण, सूचनाओं के निश्चित क्रम द्वारा संग्रहण तथा निर्वचन है जो कि किसी क्षेत्र अथवा समूह हेतु है।" जब तक कि अनुसंधानकर्त्ता यथेष्ट तथा समुचित रूप से समंकों का संकलन एवं निर्वचन नहीं करता तब तक वह निश्चित सूचना के रूप में परिणित नहीं हो सकता। जनसंख्या के बारे में संख्यात्मक विशेषता "परिमाण" कहलाती है। ये स्थायी तथा अज्ञात होते हैं। उदाहरणार्थ, सभी भारतीय पुरुषों की औसत लंबाई "परिमाण" है। प्रतिदर्श समंक की संख्यात्मक विशेषता यथा माध्य, विचरण या अनुपात "प्रतिदर्श सांख्यिकी" कहलाती है। यह जनसंख्या के परिमाण का आकलन करने हेतु प्रयुक्त किया जाता है। उदाहरणार्थ, दिल्ली में रहने वाले 1000 भारतीय युवाओं की औसत (X) लंबाई "प्रतिदर्श सांख्यिकी" है। प्रतिचयन वह है जिसके अनुसार समग्र में से किसी आधार पर कुछ प्रतिनिधि इकाइयाँ चुन ली जाती हैं और उन चुनी हुई इकाइयों के गहन अध्ययन से निष्कर्ष निकाले जाते हैं।

सर्वेक्षण को दो भागों में विभक्त किया जा सकता है—संगणना तथा प्रतिदर्श सर्वेक्षण। संपूर्ण जनसंख्या का सर्वेक्षण संगणना अनुसंधान कहलाता है। उदाहरणार्थ, यदि हम देश के वस्त्र उद्योग का मजदूरी ढाँचा ज्ञात करना चाह रहे हैं तो इस विधि के अंतर्गत वस्त्र उद्योग में लगे हुए प्रत्येक मजदूर से समंक एकत्रित किए जाएँगे। दूसरी तरफ प्रतिदर्श समग्र में से छाँटी गई इकाइयों का प्रतिनिधि समूह है। वास्तव में, प्रतिदर्श अनुसंधान में संसूचकों, वस्तुओं अथवा इकाइयों का जनसंख्या में से लिया गया नमूना है।

संगणना अनुसंधान के निम्नलिखित लाभ हैं—

- संगणना अनुसंधान में जनसंख्या में से प्रत्येक संसूचक को लिया जाता है तथा सूचना हेतु विभिन्न जनसंख्या आयामों को संकलित किया जाता है।

- संगणना विधि द्वारा प्राप्त समंकों में अत्यधिक शुद्धता और विश्वसनीयता होती है। यह विधि अपवाद स्थितियों यथा बाल मजदूरी, लिंग द्वारा वितरण तथा लोगों का शिक्षा स्तर आदि हेतु प्रयुक्त की जाती है।
- संगणना अनुसंधान पर आधारित सूचनाएँ भविष्य में होने वाले सर्वेक्षणों हेतु आधार प्रदान करती हैं।

प्रश्न 2. न्यादर्श अभिकल्पों से आप क्या समझते हैं? न्यादर्शों को कैसे अभिकल्पित किया जा सकता है?

उत्तर– किसी सर्वेक्षण की योजना बनाने के लिए दो वस्तुओं की आवश्यकता होती है—एक है प्रमाण अर्थात् हमें उन प्रश्नों के उत्तरों की प्रामाणिकता की समीक्षा कर लेनी चाहिए जिनका हम उत्तर खोज रहे हों और दूसरा है लागत और कुशलता को इष्टतमीकृत करना। यह एकदम स्पष्ट है कि लागत न्यादर्श आकार के साथ बढ़ती है जबकि कुशलता, जो कि आकलक के प्रसरण के प्रतिलोम द्वारा मापी जाती है (अर्थात् $v(\overline{x}_n) = \sigma^2/n$) न्यादर्श आकार के साथ घटती है। यदि न्यादर्श आकार बढ़ता है तो यह मान किसी अन्य मान के इर्द-गिर्द संसक्ति होने की प्रवृत्ति रखता है, तद्नुसार प्रसरण घटता है। अब लागत की दृष्टि से न्यादर्शों की कम संख्या वांछित होती है जबकि कुशलता की दृष्टि से न्यादर्शों की बड़ी संख्या वांछित होती है। अत: इन दो विपरीत तथ्यों के दिए होने पर हमें न्यादर्श को अभिकल्पित करना पड़ता है ताकि निबाधों को सामूहिक रूप से इष्टतमीकृत किया जा सके। न्यादर्श को निम्नलिखित बिंदुओं द्वारा अभिकल्पित किया जाता है—

- **उद्देश्य को परिभाषित करना**—सबसे अधिक महत्त्वपूर्ण है सर्वेक्षण के उद्देश्य को परिभाषित करना क्योंकि इसके अभाव में प्रक्रिया शुरू ही नहीं की जा सकती है।
- **समुदाय को परिभाषित करना**—उस समुदाय को परिभाषित करना आवश्यक होता है जिसके न्यादर्श को संकलित किया जाना है ताकि सर्वेक्षण को अधिक सरल बनाया जा सके अन्यथा किसी विस्तारित न्यादर्श समुच्चय के लिए अतिरिक्त लागत आएगी।
- **संकलित किए जाने वाले आँकड़ों का निर्धारण**—सर्वेक्षण आरंभ करने से पूर्व लक्ष्य-समूह को परिभाषित करना होता है अन्यथा संकलित न्यादर्श निरूपक न्यादर्श नहीं होगा।
- **आँकड़े संकलित करने की विधि निर्धारित करना**—आँकड़े संकलित करने की दो विधियाँ देखी जा सकती हैं—प्रश्नोत्तरी विधि और साक्षात्कार विधि। इन दोनों ही विधियों की कुछ हानियाँ हैं। प्रश्नोत्तरी विधि में उत्तरकर्त्ता सभी प्रश्नों के उत्तर संभवत: न दे अथवा अंशत: दे। ऐसी स्थिति में बेहतर विश्लेषणात्मक परिणामों के लिए उन समुक्तियों को निकाला जा सकता है, यद्यपि अपर्याप्त न्यादर्श समुक्तियों संबंधी एक जोखिम हो सकता है।
- **न्यादर्शन इकाइयों का चयन**—न्यादर्शन इकाई को उद्देश्य के आधार पर चुनना होता है ताकि सर्वेक्षण कार्य आसान हो जाए।
- **सर्वेक्षण का अभिकल्पन**—इसमें दो भाग होते हैं—(1) एक मार्गदर्शी सर्वेक्षण करवाना जिसमें मूल सर्वेक्षण से पूर्व लघुस्तरीय सर्वेक्षण किया जाता है ताकि सर्वेक्षण के विषय

में एक संक्षिप्त योजना बन सके; और (2) सुनम्य चर निर्धारित करना जिसमें लक्ष्य-समूह को चुन लेना चाहिए ताकि यथासंभव सही-सही जानकारी प्राप्त हो सके।

- **न्यादर्श निकालना**—किसी न्यादर्श को निकालने का सरलतम तरीका है – प्रत्येक न्यादर्श इकाई की एक प्रदत्त संख्या से पहचान बनाना, फिर इन संख्याओं को एक कलश में रखकर मिला देना और फिर न्यादर्श आकार की वांछित संख्या निकालना। जी.पी.एच. की पुस्तकों का मुख्य उद्देश्य ज्ञान के साथ-साथ अच्छे नम्बर दिलाना है।

प्रश्न 3. न्यादर्श सर्वेक्षण में कितने प्रकार के पूर्वाग्रहों का सामना करना पड़ता है?

उत्तर— न्यादर्श सर्वेक्षण में दो प्रकार के पूर्वाग्रह देखे जाते हैं–

- **कार्यविधिक पूर्वाग्रह**—कार्यविधिक पूर्वाग्रह प्रतिक्रिया को पूर्वाग्रह के रूप में देखा जा सकता है जहाँ लोग ठीक ढंग से उत्तर न देने की प्रवृत्ति रखते हैं अथवा प्रेक्षणात्मक पूर्वाग्रह जिसमें चुना गया है उस न्यादर्श समुदाय का प्रतिनिधि नहीं होता है। दोनों में से कोई भी, बड़े ही प्रायिक रूप से देखा जा सकता है। अन्य प्रकार के कार्यविधिक पूर्वाग्रह भी हो सकते हैं, जैसे गैर-प्रतिक्रियात्मक पूर्वाग्रह जहाँ लोग बिल्कुल जवाब ही नहीं देते और साक्षात्कारकर्त्ता पूर्वाग्रह जहाँ साक्षात्कारकर्त्ता एक पक्षपाती मनःस्थिति के साथ सूचना एकत्र करता है।
- **न्यादर्शन पूर्वाग्रह**—इस तरह के पूर्वाग्रह में तीन प्रकार के न्यादर्शन पूर्वाग्रह देखे जाते हैं–(1) गलत प्रकार के न्यादर्शन का चयन जहाँ संकलित सूचना संभवतः सांख्यिकीय महत्त्व न रखती हो; (2) गलत आँकड़े का चयन जहाँ चुना गया आँकड़ा सांख्यिकीय रूप से सही नहीं होता; और (3) न्यादर्शन इकाइयों का गलत चयन जो कि न्यादर्शन कार्य को दुष्कर बना सकता है।

प्रश्न 4. प्रतिचयन के विभिन्न प्रकारों का वर्णन कीजिए।

उत्तर— समष्टि से प्रतिदर्श चुनने की विधि प्रतिचयन कहलाती है। मुख्यतया प्रतिचयन के दो प्रकार हैं–

(1) **दैव प्रतिचयन (Random Sampling)**—इसे यादृच्छिक प्रतिचयन भी कहते हैं। यह एक ऐसी क्रियाविधि है जिसमें समष्टि के प्रत्येक सदस्य की प्रतिदर्श में चुने जाने की संभावना बनी रहती है। अतः इस संभावना आधारित नजरिए के कारण प्रतिदर्श यादृच्छिक होता है। "यादृच्छिक" शब्द का अर्थ यह नहीं है कि बिना किसी नियम का अनुकरण किए संयोग से प्रतिदर्श की प्राप्ति की गई है।

यादृच्छिक प्रतिचयन, प्रायिकता सिद्धांत के सुनिर्मित सिद्धांतों पर आधारित है। इसके कुछ रूपभेद भी हैं, जो कि इस प्रकार हैं–

(क) **सरल यादृच्छिक प्रतिचयन (Simple Random Sampling)**—यदि समष्टि के सदस्यों की विशेषताओं में काफी अधिक भिन्नता न हो तो हम सरल यादृच्छिक प्रतिचयन की विधि का अनुसरण कर सकते हैं। इस विधि में हम समूची समष्टि को सजातीय समूह मानकर चलते हैं और प्रतिदर्श के लिए सदस्यों के चयन के लिए यादृच्छिक प्रतिचयन के सिद्धांत का अनुसरण करते हैं।

सरल यादृच्छिक प्रतिचयन के दो रूपभेद हैं–(i) सरल यादृच्छिक प्रतिचयन - प्रतिस्थापन के साथ (SRSWR), और (ii) सरल यादृच्छिक प्रतिचयन - बिना प्रतिस्थापन के (SRSWOR)। इनमें अंतर प्रतिदर्श इकाइयों के चयन की विधि के कारण आता है। प्रतिस्थापन वाली सरल यादृच्छिक प्रतिचयन की क्रियाविधि के अनुसार हम समष्टि से एक इकाई का चयन करते हैं, उसके लक्षणों को नोट करने के बाद, पुन: उसे पूर्ण समष्टि में वापस डाल देते हैं जिससे इस इकाई के दोबारा भी चुने जाने की संभावना बनी रहती है। इस तरीके से, समष्टि में इकाइयों की कुल संख्या ज्यों की त्यों ही बनी रहती है। अन्य शब्दों में, समष्टि की रचना (composition) पहले जैसी ही अर्थात् अपरिवर्तित ही रहती है और समष्टि के प्रत्येक सदस्य की प्रतिदर्श में चुने जाने की एक जैसी संभावना होती है। यदि समष्टि का आकार N है तो इसकी प्रायिकता $\frac{1}{N}$ है। दूसरी तरफ ना प्रतिस्थापन वाले सरल यादृच्छिक प्रतिचयन के मामले में, इकाई के एक बार चुने जाने के बाद, इसे समष्टि में दोबारा शामिल नहीं किया जाता। अत: दोबारा चयन के लिए यह अयोग्य हो जाती है जिसके परिणामस्वरूप उत्तरोत्तर इकाइयों के चयन में, समष्टि की रचना बदल जाती है। इसलिए, समष्टि से परवर्ती इकाई चयन के लिए, किसी विशिष्ट इकाई के चुने जाने की प्रायिकता भी बदल जाती है।

उदाहरण के लिए, मान लीजिए, समष्टि का आकार N है और हम SRSWOR के सिद्धांत को लागू करके n आकार के प्रतिदर्श की प्राप्ति करना चाहते हैं। इस विधि में पहली इकाई के चुने जाने से पहले, समष्टि की प्रत्येक इकाई का, प्रतिदर्श में चुने जाने की संभावना एक जैसी (अर्थात् $\frac{1}{N}$) होती है। जब प्रतिदर्श के पहले सदस्य का चयन हो जाता है तो समष्टि के बाकी के प्रत्येक N – 1 सदस्यों की भी प्रतिदर्श में चयन की समान संभावना (अर्थात् $\frac{1}{N-1}$) होती है। इसी तरह प्रतिदर्श के nवें सदस्य के चयन से पहले, समष्टि के बाकी के प्रत्येक सदस्य की, प्रतिदर्श में शामिल किए जाने की प्रायिकता $\frac{1}{N-(n+1)} = \frac{1}{N-n-1}$ होती है।

यहाँ N आकार की समष्टि से, n आकार के प्रतिदर्शों की संख्या जिनका चयन प्रतिस्थापन के साथ किया जा सकता है N^n है और बिना प्रतिस्थापन के प्रतिदर्शों को निकालने की संख्या ^NC_n है।

(ख) क्रमबद्ध यादृच्छिक प्रतिचयन (Systematic Random Sampling)–यादृच्छिक प्रतिचयन के इस रूपभेद में, प्रतिदर्श की केवल पहली इकाई का चयन समष्टि से यादृच्छिक रूप से किया जाता है। इसके बाद की इकाइयों का चयन कुछ निश्चित नियमों का अनुसरण करके किया जाता है। जैसे–माना, हमें कृषि के लिए भूखंडों (plots) के प्रतिदर्श का चयन करना है। क्रमबद्ध यादृच्छिक प्रतिचयन में हम सर्वप्रथम यादृच्छिक रूप से केवल एक भूखंड का चयन करेंगे और इसके बाद प्रत्येक 10वें भूखंड का चयन हम कर सकते हैं।

(ग) स्तरित यादृच्छिक प्रतिचयन (Stratified Random Sampling)–यदि विचाराधीन समष्टि में विजातीय इकाइयों का समावेश हो तो स्तरित यादृच्छिक प्रतिचयन उपयुक्त विधि होगी। यहाँ, हम समष्टि को कुछ निश्चित विजातीय समूहों या स्तरानुसार समूहों में विभाजित करेंगे। दूसरा,

कुछ इकाइयों का चयन, सरल यादृच्छिक प्रतिचयन द्वारा किया जाता है। तीसरे, प्रत्येक स्तर से इकाइयों के चयन के बाद, इन सभी के मिले-जुले रूप से अंतिम प्रतिदर्श की प्राप्ति की जाती है।

उदाहरण के लिए, मान लीजिए हम प्रतिदर्श सर्वेक्षण द्वारा दिल्ली की प्रति व्यक्ति आय का अनुमान लगाना चाहते हैं। जैसा कि हम सभी जानते हैं कि दिल्ली धनी, मध्यम वर्ग और निम्न वर्ग जैसे इलाकों में बँटी हुई है और यह विभाजन इन इलाकों के वासियों की आमदनी के आधार पर है। अब इन इलाकों में से प्रत्येक एक स्तर को गठित कर सकता है जिससे सरल यादृच्छिक प्रतिचयन क्रियाविधि को लागू करके हम कुछ लोगों का चयन कर सकते हैं।

(घ) बहु-चरणीय यादृच्छिक प्रतिचयन (Multi-Stage Random Sampling)– इसमें किसी ऐसी स्थिति पर विचार किया गया है जहाँ हम किसी बड़े शहर, जैसे–दिल्ली में स्थित घरों के प्रतिदर्श से जानकारी प्राप्त करना चाहते हैं। कभी-कभी सभी घरों की सूची आसानी से प्राप्त नहीं हो सकती जिसकी वजह से घरों के प्रतिदर्श की सीधे तौर पर प्राप्ति करना शायद संभव नहीं होगा। ऐसी स्थिति में हमें विभिन्न चरणों में प्रतिदर्श लेने होंगे। आमतौर पर प्रशासनिक प्रयोजनों की वजह से शहर को कुछ निश्चित भौगोलिक क्षेत्रों में बाँट दिया जाता है। शहरों में ऐसे क्षेत्रों को खंड (ब्लॉक) कहते हैं। इसलिए पहले चरण पर ऐसे कुछ खंडों का चयन यादृच्छिक प्रतिचयन द्वारा किया जाता है। इससे अगले चरण में, पहले चरण के चुनिंदा खंडों में से प्रत्येक से कुछ घरों का चयन दोबारा यादृच्छिक प्रतिचयन के सिद्धांत पर किया जाता है। इस तरीके से बड़े शहर के परिवारों के प्रतिदर्श की अंततः प्राप्ति कर ली जाती है। उपर्युक्त उदाहरण द्वि-चरणीय यादृच्छिक प्रतिचयन का मामला है। लेकिन, यदि छानबीन में अपेक्षित हो तो प्रतिचयन की विधि का विस्तार दो चरणों से अधिक भी किया जा सकता है।

(2) अदैव प्रतिचयन (Non-random Sampling)–अदैव प्रतिचयन रीतियाँ प्राय: गैर-प्रायिकता विधियों के नाम से भी जानी जाती हैं। इस विधि में जनसंख्या में से चुनी जाने वाली इकाई की प्रायिकता अज्ञात होती है। इस विधि में अनुसंधानकर्त्ता मुख्यतया व्यक्तिगत निर्णयों पर अधिक आश्रित होता है। इस प्रकार की विधि में प्राय: चयनित इकाइयाँ जनसंख्या का प्रतिनिधित्व नहीं करती हैं। अत: त्रुटि तब अधिक होती है जबकि अनुसंधानकर्त्ता चयनित इकाइयों से प्राप्त परिणामों को संपूर्ण जनसंख्या पर लागू करना चाहता है किंतु अनेक परिस्थितियों में अदैव प्रतिचयन विधियाँ उपयोगी हो सकती हैं। अदैव प्रतिचयन विधियाँ निम्न हैं–

(क) सुविधानुसार प्रतिचयन (Convenience Sampling)–सुविधानुसार प्रतिचयन का आशय उस विधि से है जिसमें अनुसंधानकर्त्ता सुविधा/सहजता से प्राप्त प्रतिदर्शों का चयन करता है। उदाहरणार्थ यदि हम यह जानना चाहते हैं कि कॉल सेंटर में कार्यरत कर्मचारियों की समयोपरि मजदूरी कितनी है तो आस-पास के क्षेत्र के कॉल सेंटर के कर्मचारियों का प्रतिदर्श सहजता से उपलब्ध हो सकता है। इसी तरह कई सामाजिक मुद्दों यथा बजट, चुनाव, कीमतों में वृद्धि आदि पर टी.वी. चैनलों के लोगों द्वारा गलियों में चल रहे लोगों से राय ली जाती है, यही सुविधानुसार निदर्शन है। यह विधि खुले अनुसंधानों अथवा विस्तृत अनुसंधानों हेतु उपयोगी है।

(ख) निर्णयन (सविचार) प्रतिचयन (Judgement/purposive Sampling)– निर्णयन निदर्शन सविचार प्रतिचयन के नाम से भी जाना जाता है। इस रीति के अनुसार

अनुसंधानकर्त्ता संपूर्ण क्षेत्र में से अपनी इच्छानुसार ऐसी इकाइयाँ चुन लेता है, जो उसके विचार में समग्र का प्रतिनिधित्व करती हैं। उदाहरणार्थ उपभोक्ता मूल्य सूचकांक का निर्धारण उपभोक्ताओं द्वारा उपयोग में लाई जाने वाली उपयोग इकाइयों अथवा उनसे संबंधित माल या सेवा का समूह है, से निर्णयन प्रतिदर्श लिया जाता है। इन चयनित सामग्रियों के मूल्यों को कुछ शहरों से संग्रहित किया जाता है। व्यवसाय में प्राय: यह विधि विक्रेता की प्रभावशीलता को ज्ञात करने हेतु उपयोग में लाई जाती है।

(ग) अभ्यंश (क्वोटा) प्रतिचयन (Quota Sampling)–यह रीति मुख्यतया विपणन अनुसंधान हेतु उपयोग में ली जाती है। प्रतिदर्शों को कुछ आधारों यथा आयु, लिंग, भौगोलिक क्षेत्र, शिक्षा, आय, व्यवसाय आदि के आधार पर चुना जाता है। तत्पश्चात् अनुसंधानकर्त्ता उपरोक्त पैमानों के आधार पर बाँटी गई जनसंख्या में स्थायी अभ्यंश (भाग) निर्धारित कर देता है। इस प्रतिचयन का मुख्य उद्देश्य यह है कि जनसंख्या के प्रत्येक समूह को समान प्राथमिकता प्राप्त हो। स्तरित प्रतिचयन का भी समान उद्देश्य होता है। स्तरित प्रतिचयन में जहाँ अनुसंधानकर्त्ता प्रत्येक समूह में से दैव आधार पर नमूनों का चयन करता है, अभ्यंश प्रतिचयन (Quota Sampling) में अनुसंधानकर्त्ता जनसंख्या के प्रत्येक समूह में स्थायी अभ्यंश का निर्धारण करता है जो कि सर्वेक्षण में चुना जाना है। उदाहरणार्थ यदि एक शहर में 10 बाजार केंद्र हैं तथा एक शीतल पेय कंपनी प्रत्येक केंद्र में से 50 प्रतिदर्श लेना चाहती है। यह पूर्णतया अनुसंधानकर्त्ता पर निर्भर करता है कि वह कब एवं किसे नमूने के रूप में करे। अभ्यंश प्रतिचयन की कुछ सीमाएँ भी हैं जो कि निम्न हैं–

(i) अभिनति तथा व्यक्तिगत पक्षपात की संभावना अधिक।
(ii) यदि पैमानों की संख्या अधिक हो तो प्रत्येक समूह हेतु स्थायी अभ्यंश का निर्धारण दुष्कर।
(iii) अनुसंधानकर्त्ता उसी स्थान पर जाना पसंद करेगा जहाँ संसूचक सरलता से सूचना दे, ऐसे में प्रतिनिधि प्रतिदर्श का अभाव।

प्रश्न 5. प्राचल (Parameter) तथा अचल की संकल्पनाएँ बताइए।

अथवा

अचल एवं प्राचल में अंतर स्पष्ट कीजिए।

उत्तर– प्रतिदर्शज–ऐसी स्थितियों में, प्रतिदर्श से प्राप्त सूचना से हम प्राचल का अनुमान बना सकते हैं। प्रतिदर्श संबंधी यह सूचना, प्रतिदर्शज (Statistic) के रूप में संक्षिप्त कर दी जाती है। उदाहरणस्वरूप, प्रतिदर्श माध्य या प्रतिदर्श माध्यिका या प्रतिदर्श बहुलक को प्रतिदर्शज कहते हैं। अत: प्रतिदर्शज की गणना, इकाइयों के ऐसे मानों से की जाती है जो प्रतिदर्श में शामिल किए जाते हैं। इसलिए प्रतिदर्शज को प्रतिदर्श मानों के फलन के रूप में परिभाषित किया जा सकता है। आसानी से समझने के लिए, प्रतिदर्शज को रोमन वर्णमाला के अक्षरों द्वारा दर्शाया जाता है। प्रतिदर्श माध्य को $\bar{x}$ और प्रतिदर्श मानक विचलन को s से दर्शाया जा सकता है। यदि T ऐसा प्रतिदर्शज है जिसे हमें $x_1, x_2, ... x_n$ प्रतिदर्श मानों से प्राप्त करना है, तब $T = f(x_1, x_2, ... x_n)$

प्राचल–आँकड़ों की छानबीन करने में, हमारा ध्यान मुख्य रूप से समष्टि की एक या अधिक विशेषताओं पर केंद्रित रहता है। ऐसी विशेषता के माप को प्राचल (Parameter) कहते

हैं। उदाहरण के रूप में, हम किसी विशेष वर्ष के लिए कुछ क्षेत्रों के व्यक्तियों की माध्य आय जानना चाहते हैं। हम इन व्यक्तियों की आमदनी का मानक विचलन भी जानना चाहेंगे। यहाँ, माध्य और मानक विचलन अर्थात् दोनों प्राचल हैं।

प्राचलों को हम सुविधा के लिए ग्रीक अक्षरों में दर्शाते हैं। जैसे समष्टि माध्य को μ और समष्टि मानक विचलन को σ द्वारा दर्शाया जाता है।

यहाँ सभी समष्टि प्रेक्षणों से प्राचल का मान परिकलित करना अत्यंत महत्त्वपूर्ण है। अत: प्राचल 'माध्य आय' ऐसे सभी विभिन्न व्यक्तियों की आमदनी संबंधी आँकड़ों से परिकलित की जा सकती है जो समष्टि का गठन करते हैं। इसी तरह, 'ऊँचाई और भार संबंधी सहसंबंध गुणांक' प्राचल की गणना के लिए हमें समष्टि की ऊँचाई एवं भार संबंधी सभी युग्मों के मानों की प्राप्ति की आवश्यकता है। अत:, हम प्राचल को समष्टि मानों के फलन के रूप में परिभाषित कर सकते हैं। यदि θ प्राचल है जिसे हमें $X_1, X_2, ... X_N$ समष्टि मानों से प्राप्त करना है, तब—

$$\theta = (X_1, X_2, ... X_N)$$

प्रश्न 6. अचल के न्यादर्श बंटन से आप क्या समझते हैं?

अथवा

प्रतिदर्शी बंटन क्या है? [दिसम्बर-2012, प्रश्न 4 (a)]

उत्तर— यदि हम आकार 'n' की किसी प्रदत्त सीमाबद्ध समष्टि से आकार 'N' का एक न्यादर्श अर्थात् नमूना लेते हैं तो संभावित न्यादर्शों की कुल संख्या होगी—

माना $^NC_n = N!/\{n!(N-n)!\} = k$

यदि प्रत्येक न्यादर्श के लिए अचल का मान आकलित किया जाता है तो अचल के मानों की एक श्रृंखला प्राप्त होगी। यदि न्यादर्शों की संख्या बड़ी हो तो इन्हें प्रायिकता तालिका में व्यवस्थित किया जा सकता है। यदि प्रत्येक समान आकार ('n') के न्यादर्शों की संख्या अनंत हो तो प्राप्त किए जाने वाले अचल का प्रायिकता बंटन अचल का 'न्यादर्शन बंटन' कहलाता है।

किसी भी अन्य बंटन की भाँति, न्यादर्शन वितरण अपना माध्य, मानक विचलन और उच्चतर क्रम की प्रघात रख सकता है। इनमें मानक विचलन का विशेष महत्त्व है जिसे अचल की 'मानक त्रुटि' के रूप में निर्दिष्ट किया जाता है।

प्रश्न 7. मानक त्रुटि से आप क्या समझते हैं? इसकी उपयोगिता क्या है?

उत्तर— किसी अचल के न्यादर्शन के मानक विचलन को 'मानक त्रुटि' कहा जाता है। संक्षेप में इसे S.E. से दर्शाया जाता है। बड़े न्यादर्शों के लिए कुछ सुविदित आँकड़ों की मानक त्रुटियाँ नीचे दी गई हैं, जहाँ 'n' न्यादर्श आकार है, σ^2 समष्टि प्रसरण, P समष्टि अनुपात है तथा $Q = 1 - P$ n_1 एवं n_2 दिए गए अनुपातों से लिए गए क्रमश: दो स्वतंत्र यादृच्छिक न्यादर्शों के आकार दर्शाते हैं।

तालिका 6.1

क्रम संख्या	अचल	मानक त्रुटि
1.	न्यादर्श माध्य : $\bar{x}$	$\sigma/\sqrt{n}$
2.	प्रेक्षित न्यादर्श अनुपात : 'p'	$\sqrt{\frac{PQ}{n}}$
3.	न्यादर्श मानक विचलन : 's'	$\sqrt{\sigma^2/2n}$
4.	न्यादर्श प्रसरण : s^2	$\sigma^2\sqrt{2/n}$
5.	न्यादर्श चतुर्थक	$1.36263\sigma/\sqrt{n}$
6.	न्यादर्श माध्यिका	$1.25331\sigma/\sqrt{n}$
7.	न्यादर्श सहसंबंध गुणांक	$(1-p^2)/\sqrt{n}$, p जहाँ समष्टि सहसंबंध गुणांक है
8.	न्यादर्श प्रघात μ_3	$\sigma^3\sqrt{96/n}$
9.	न्यादर्श प्रघात μ_4	$\sigma^4\sqrt{96/n}$
10.	विचारण का न्यादर्श गुणांक (μ)	$\frac{\nu}{\sqrt{2n}}\sqrt{1+\frac{2\nu^3}{10^4}} \approx \frac{\nu}{\sqrt{2n}}$
11.	दो न्यादर्श माध्यों का अंतर: $(\bar{x}_1-\bar{x}_2)$	$\sqrt{\frac{\sigma_1^2}{n_1}+\frac{\sigma_2^2}{\sqrt{n_2}}}$
12.	दो न्यादर्श मानक-विचलनों का अंतर: (s_1-s_2)	$\sqrt{\frac{\sigma_1^2}{2n_1}+\frac{\sigma_2^2}{\sqrt{2n_2}}}$
13.	दो न्यादर्श अनुपातों का अंतर: (p_1-p_2)	$\sqrt{\frac{P_1Q_1}{n_1}+\frac{P_2Q_2}{n_2}}$

मानक त्रुटि की उपयोगिता—मानक त्रुटि वृहद् न्यादर्श सिद्धांत में एक महत्त्वपूर्ण भूमिका निभाती है और प्राक्कथन की जाँच का आधार तैयार करती है।

- मानक त्रुटि का परिमाण प्राचल के आकलन की परिशुद्धता का एक सूचकांक देता है। मानक त्रुटि को अन्योन्य अचल की विश्वसनीयता अथवा परिशुद्धता के अपवर्तक के रूप में लिया जाता है।
- मानक त्रुटि हमें वे प्रायिक सीमाएँ निर्धारित करने में सक्षम बनाती हैं जिनके भीतर समष्टि प्राचल अवस्थित होने की अपेक्षा की जाती है।

प्रश्न 8. निम्नलिखित पर संक्षिप्त नोट लिखिए–

(i) न्यादर्श माध्य की प्रत्याशा और मानक त्रुटि

(ii) न्यादर्श अनुपात की प्रत्याशा और मानक त्रुटि

उत्तर– (i) माना, आकार 'n' का एक यादृच्छिक न्यादर्श आकार 'N' की एक दी गई सीमाबद्ध समष्टि से लिया जाता है। माना $X_\alpha\ (\alpha = 1,2,...,N)$ समष्टि के αवें सदस्य हेतु चर x का मान है। तब x का समष्टि माध्य $\mu = (1/N)\sum_\alpha X_\alpha$ होगा और समष्टि प्रसरण

$$\sigma^2 = (1/N)\sum_\alpha (X_\alpha - \mu)^2$$

पुन: माना $x_i\ (i = 1, 2, ..., n)$ न्यादर्श के iवें सदस्य (अर्थात्, iवें आहरण में चुना गया सदस्य) हेतु x का मान इंगित करता है। x का न्यादर्श माध्य तब $\bar{x} = \frac{1}{n}\sum_{i=1}^{n} x_i$ होगा। $\bar{x}$ की प्रत्याशा एवं मानक त्रुटि निकालने के लिए हम दो भिन्न उदाहरणों पर विचार कर सकते हैं–

स्थिति I: *स्थानापन्न से यादृच्छिक न्यादर्शन*–आगे की चर्चा के लिए, प्रायिकता सिद्धांत की निम्नलिखित दो प्रमेयों को लेते हैं–(i) यदि $y = bx$, तो $E(y) = bE(x)$ और (ii) यदि x और y दो यादृच्छिक चर हों और z एक तीसरा यादृच्छिक चर इस प्रकार हो कि $z = x + y$, तो $E(z) = E(x) + E(y)$ होगा।

अत: उपर्युक्त दो परिणामों से यह लिखा जा सकता है कि–

$$E(\bar{x}) = \frac{1}{n}\sum_{i=1}^{n} E(x_i) \text{ और } var(\bar{x}) = E\{\bar{x} - E(x)\}^2 = (1/n^2)E\left[\sum_i \{x_i - E(x_i)\}\right]^2$$

$$= (1/n^2)\sum_i E\{x_i - E(x_i)\}^2 + (1/n^2)\sum_{\substack{i,j \\ i \neq j}} E\{x_i - E(x_i)\}\{x_j - E(x_j)\}$$

$$= (1/n^2)\sum_i var(x_i) + (1/n^2)\sum_{\substack{i,j \\ i \neq j}} cov(x_i, x_j)$$

$E(x_i)$ और $var(x_i)$ प्राप्त करने के लिए हम देखते हैं कि x_i मान $X_1, X_2, ..., X_n$, ले सकता है जो कि प्रत्येक प्रायिकता (1/N) के साथ होगा।

इस प्रकार, $E(x_i) = \sum_\alpha X_\alpha P[x_i = X_\alpha] = \sum_\alpha X_\alpha x(1/N) = \mu$ और

प्रत्येक i के लिए $var(x_i) = E(x_i - \mu)^2 = P[x_i = X_\alpha] = \sum_\alpha (X_\alpha - \mu)^2 x(1/N) = \sigma^2$

पुन: $cov(x_i, x_j) = E(x_i - \mu)(x_j - \mu)$

$$= \sum_{\alpha,\alpha'} (X_\alpha - \mu)(X_{\alpha'} - \mu)P\left[x_1 = X_\alpha, x_j = X_{\alpha'}\right]$$

चूँकि स्थानापन्न वाले न्यादर्शन में, समष्टि का संघटन संपूर्ण न्यादर्शन प्रक्रिया में एक ही रहता है, x_j, x_i द्वारा लिए गए मानों को छोड़कर प्रायिकता $(1/N)$ के साथ $X_1, X_2, ..., X_N$ मानों में से कोई एक मान ले सकता है। दूसरे शब्दों में, $i \neq j$ के लिए x_i और x_j स्वतंत्र हैं, ताकि

$$P\left[x_i = X_\alpha, x_j = X_{\alpha'}\right] = P\left[x_i = X_\alpha\right] P\left[x_j = X_{\alpha'}\right] = \left(1/N^2\right)$$

इस प्रकार, $\operatorname{cov}\left(x_i, x_j\right) = \left(1/N^2\right) \sum_{\alpha,\alpha'} (X_\alpha - \mu)(X_{\alpha'} - \mu)$

$$= \left(1/N^2\right) \sum_{\alpha} (X_\alpha - \mu) \sum_{\alpha'} (X_{\alpha'} - \mu) = 0$$

प्रत्येक $i, j (i \neq j)$ के लिए, चूँकि $\sum_{\alpha} (X_\alpha - \mu) = \sum_{\alpha'} (X_{\alpha'} - \mu)$ के माध्य से $X_1, X_2, \ldots, X_N$ के विचलनों का योग शून्य होगा।

इस प्रकार, हमें अंततः प्राप्त होता है–

$$E\left(\bar{x}\right) = (1/n) x\, n\, \mu = \mu$$

और $\operatorname{var}\left(\bar{x}\right) = \left(1/n^2\right) n\, \sigma^2 + \left(1/n^2\right) n(n-1) \times 0 = \sigma^2 / n$

अतः $\bar{x}$ की मानक त्रुटि, $\sigma_x = \sigma / \sqrt{n}$ होगी।

स्थिति II: *स्थानापन्न के बिना यादृच्छिक न्यादर्शन*–पूर्ववत्, प्रत्येक i के लिए, $E(x_i) = \mu$ और $\operatorname{var}(x_i) = \sigma^2$

क्योंकि यहाँ भी x_i एक ही प्रायिकता (1/N) के साथ $X_1, X_2, \ldots, X_N$ मानों में से कोई एक मान ले सकता है। सहप्रसरण शब्द पर, तथापि ध्यान दिए जाने की आवश्यकता है।

यहाँ, $i \neq j$ के लिए,

$$P\left[x_i = X_\alpha, x_j = X_{\alpha'}\right] = P\left[x_i = X_\alpha\right] P\left[x_j = X_{\alpha'}\right]\left[x_i = X_\alpha\right]$$

$= (1/N)(1/(N-1))$ यदि $\alpha \neq \alpha'$ [चूँकि x_j, X_α के सिवाय कोई भी मान ले सकता है जिसको कि समान प्रायिकता $1/(N-1)$ के साथ पहले ही x_i द्वारा ले लिया गया माना जाता है]

$= 0$ यदि $\alpha \neq \alpha'$

इस प्रकार, $\operatorname{cov}\left(x_i, x_j\right) = (1/N(N-1)) \sum_{\substack{\alpha,\alpha' \\ \alpha \neq \alpha'}} (X_\alpha - \mu)(X_{\alpha'} - \mu)$

$$= (1/N(N-1)) \sum_{\alpha} (X_\alpha - \mu) \left\{ \sum_{\alpha'} (X_{\alpha'} - \mu) - (X_\alpha - \mu) \right\}$$

$$= (1/N(N-1)) \left\{ \sum_{\alpha} (X_\alpha - \mu) \sum_{\alpha'} (X_{\alpha'} - \mu) - \sum_{\alpha} (X_\alpha - \mu)^2 \right\}$$

$$= -(1/N(N-1)) N\sigma^2 = -\sigma^2 / (N-1)$$

इस प्रकार, $E\left(\bar{x}\right) = (1/n) n\, \mu = \mu$

और $\operatorname{var}\left(\bar{x}\right) = \left(1/n^2\right) \times n\, \sigma^2 + \left(1/n^2\right) \times n(n-1) \times \left(-\sigma^2 / (N-1)\right)$

$$= \left(\sigma^2 / N\right) \{1 - (n-1)/(N-1)\}$$

$$=\left(\sigma^2/N\right)\{(N-n)/(N-1)\}$$

अतः $\bar{x}$ की मानक त्रुटि है $\sigma_x=\left(\sigma/\sqrt{n}\right)\sqrt{1-\frac{N-n}{N-1}}$

उपरोक्त दोनों उदाहरणों में, मानक त्रुटि n बढ़ने के साथ घटती है। स्थानापन्न के बिना न्यादर्शन में माध्य की मानक त्रुटि, स्थानापन्न के साथ न्यादर्शन में माध्य की मानक त्रुटि से कम होती है। परंतु यदि N, n के मुकाबले बहुत बड़ा हो तो अंतर नगण्य हो जाता है। साथ ही, स्थानापन्न के बिना न्यादर्शन में, $n = N$ होने पर न्यादर्श माध्य की मानक त्रुटि शून्य हो जाती है, जिसकी अपेक्षा इसलिए की जाती है कि अब न्यादर्श माध्य एक अचर बन जाता है अर्थात् यह समष्टि माध्य के बराबर हो जाता है।

(ii) माना N की समष्टि में एक विशिष्ट लक्षण A वाले N_p, सदस्य हैं और लक्षण A नहीं वाले N_q सदस्य हैं। तब P लक्षण A वाली समष्टि में सदस्यों का अनुपात होगा। माना, समष्टि में से आकार n का एक न्यादर्श निकाल लिया जाए और f लक्षण A वाले न्यादर्श में सदस्यों की संख्या है। न्यादर्श अनुपात f/n की प्रत्याशा एवं मानक त्रुटि ज्ञात करने के लिए हम निम्नलिखित प्रक्रिया अपनाते हैं–

समष्टि के αवें सदस्य का मान हम X_α लेते हैं जो कि 1 के बराबर होगा यदि यह सदस्य लक्षण A रखता है अन्यथा 0 के बराबर होगा।

इस प्रकार, हमें एक चर x प्राप्त होता है, जिसका समष्टि मान $(1/N)\sum_\alpha X_\alpha = p$ और समष्टि प्रसरण $(1/N)\sum_\alpha X_\alpha^2 - p^2 = p - p^2 = pq$ होगा।

दूसरी ओर, चर x का न्यादर्श मान $\frac{1}{n}\sum_{i=1}^{n} x_i = f/n$ होगा।

प्रश्न 9. किसी अचल के न्यादर्शन बंटन संबंधी अवधारणा को स्पष्ट कीजिए।

उत्तर– किसी अचल के न्यादर्श बंटन को उस प्रायिकता नियम के रूप में परिभाषित किया जा सकता है जिसका वह अचल पालन करता है, यदि किसी नियत आकार के पुनरावृत्त यादृच्छिक न्यादर्श किसी निर्दिष्ट समष्टि से लिए जाते हैं।

उदाहरण: N इकाइयों वाली एक समष्टि से लिए गए आकार n के एक यादृच्छिक न्यादर्श $x_1, x_2, \ldots, x_n$ को देखते हैं। माना हम अचल $\bar{x}$ (अर्थात् न्यादर्श माध्य) के न्यादर्शन बंटन में रुचि रखते हैं, जहाँ $\bar{x}=\frac{1}{n}\left(x_1+x_2+\ldots\ldots+x_n\right)$.

यदि समष्टि आकार N सीमाबद्ध हो तो समष्टि में कुल N इकाइयों में से न्यादर्श में n इकाइयाँ आहरित करने के संभावित तरीकों की एक सीमाबद्ध संख्या अर्थात् k देखी जाएगी। यद्यपि k न्यादर्श भिन्न हो भी सकते हैं और नहीं भी हो सकते हैं परंतु इनमें से प्रत्येक न्यादर्श समान प्रायिकता के साथ आएगा। इस प्रकार, हम अचल $\bar{x}$ के संभावित मानों का समुच्चय दर्शाती एक तालिका बना सकते हैं और साथ ही यह प्रायिकता भी कि $\bar{x}$ इनमें से प्रत्येक मान

लेगा। अचल $\bar{x}$ का यह प्रायिकता बंटन न्यादर्श माध्य का 'न्यादर्शन बंटन' कहलाता है। उपर्युक्त विधि बहुत प्रचलित है और इससे किसी भी अन्य अचल, जैसे न्यादर्श की माध्यिका अथवा मानक विचलन का न्यादर्शन बंटन प्राप्त किया जा सकता है।

यदि, फिर भी, समष्टि में इकाइयों की संख्या (N) बड़ी हो तो संभावित भिन्न न्यादर्शों की संख्या (k) अधिक होने पर भी न्यादर्शन बंटन ज्ञात करने की उपर्युक्त विधि प्रयोग नहीं की जा सकती है। इस स्थिति में, बड़ी संख्या में न्यादर्शों से प्राप्त $\bar{x}$ के मान आनुपातिक प्रायिकता बंटन के रूप में व्यवस्थित किए जा सकते हैं। इस आनुपातिक प्रायिकता बंटन का सीमाकारी स्वरूप, न्यादर्शों की संख्या को अनंत रूप से बड़ी हो जाने वाली माने जाने पर, 'अचल का न्यादर्शन बंटन' कहलाता है। जब समष्टि किसी सैद्धांतिक बंटन (जैसे द्विपद अथवा प्रसामान्य) द्वारा निर्दिष्ट हो तो न्यादर्शन बंटन को सैद्धांतिक रूप से प्राप्त किया जा सकता है। प्राचलों हेतु 'गोपन सीमांत' ज्ञात करने में और 'सांख्यिकीय प्राक्कथन की जाँच करने' में न्यादर्शन बंटन का ज्ञान आवश्यक है।

प्रश्न 10. असतत् समष्टि बंटनों वाले न्यादर्शन बंटन को संक्षेप में समझाइए।

उत्तर– न्यादर्श योग का न्यादर्शन बंटन : द्विपद उद्गम

माना x_1 और x_2 क्रमशः प्राचलों m_1, P और m_2, P वाले द्विपद रूप में स्वतंत्र रूप से बंटित हैं और कुल योग जो बंटन ले सकता है वह $0, 1, 2, \ldots, m_1 + m_2$ होंगे।

साथ ही, $$P[x_1 + x_2 = k] = \sum_{k_1=0}^{k} P[x_1 = k_1]P[x_2 = k - k_1]$$

$$= \sum_{k_1=0}^{k} \binom{m_1}{k_1}\binom{m_2}{k-k_1} p^k (1-p)^{m_1+m_2-k}$$

$$= p^k (1-p)^{m_1+m_2-k} \sum_{k_1=0}^{k} \binom{m_1}{k_1}\binom{m_2}{k-k_1}$$

यह योग और कुछ नहीं, k_1 को परिवर्तित करने के लिए $(1+t)^{m_1}$ में t^{k_1} और $(1+t)^{m_2}$ में t^{k-k_1} के गुणांकों के गुणनफलों का योग ही है और इस प्रकार $(1+t)^{m_1+m_2}$ में t^k का गुणांक बराबर होता है $\binom{m_1+m_2}{k}$.

इस प्रकार, $$P[x_1 + x_2 = k] = \binom{m_1+m_2}{k} p^k (1-p)^{m_1+m_2-k}$$

यह दर्शाता है कि $x_1 + x_2$ स्वयं प्राचलों $m_1 + m_2$ और P के साथ द्विपद के रूप में बंटित है। सामान्य परिणाम से यह भी ज्ञात होता है कि यदि $x_1, x_2, \ldots, x_n$ प्राचलों $m_1, p; m_2, p; \ldots, m_n, p$ वाले स्वतंत्र रूप से बंटित द्विपद चर हों तो योग $x_1 + x_2 + \ldots$ भी प्राचलों $m_1 + m_2 + \ldots + m_n$ और p वाला एक द्विपद चर होगा।

इसका अर्थ हुआ कि यदि $x_1, x_2,...,x_n$ अचल के प्राचलों वाले किसी द्विपद बंटन से लिया गया एक यादृच्छिक न्यादर्श है तो $x_1 + x_2 +...+ x_n$ भी प्राचलों np और p वाला द्विपद है।

न्यादर्श योग का न्यादर्शन बंटन: पॉइसो उद्‌गम

माना x_1 और x_2 क्रमशः प्राचल x_1 और x_2 वाले पॉइसो रूप में स्वतंत्र रूप से बंटित हैं। योग $x_1 + x_2$ मान 0, 1, 2,... ले सकता है।

साथ ही, $P\left[x_1 + x_2 = k\right] = \sum_{k_1=0}^{k} P\left[x_1 = k_1\right] P\left[x_2 = k - k_1\right]$

$$= \sum_{k_1=0}^{k} \frac{\exp\left[-\lambda_1\right]\lambda_1^{k_1}}{k_1!} \times \frac{\exp\left[-\lambda_2\right]\lambda_2^{k-k_1}}{\left(k-k_1\right)!}$$

$$= \frac{\exp\left[-\lambda_1 - \lambda_2\right]}{k!} \sum_{k_1=0}^{k} \binom{k}{k_1} \lambda_1^{k_1} \lambda_2^{k-k_1}$$

$$= \exp\left[-\left(\lambda_1 + \lambda_2\right)\right] \frac{\left(\lambda_1 + \lambda_2\right)^k}{k!},$$

जो यह दर्शाता है कि $x_1 + x_2$ स्वयं प्राचल $\lambda_1 + \lambda_2$ वाला एक पॉइसो चर है। यह तत्काल सामने आता है कि यदि $x_1, x_2,...,x_n$, स्वतंत्र रूप से बंटित $\lambda_1, \lambda_2, ..., \lambda_n$, वाले पॉइसो चर हों तो योग $x_1 + x_2 +...+ x_n$ भी प्राचल $\lambda_1 + \lambda_2 + ... + \lambda_n$ वाला एक पॉइसो चर होगा।

उपर्युक्त परिणाम, विशेष रूप से, अचल $x_1 + x_2 +...+ x_n$ का न्यादर्शन बंटन देते हैं जब $x_1, x_2,...,x_n$ प्राचल λ वाले एक पॉइसो बंटन से प्राप्त एक यादृच्छिक न्यादर्श हों। यह न्यादर्शन बंटन भी प्राचल $n\lambda$ वाले पॉइसो रूप वाला होता है।

प्रश्न 11. χ^2 (काई-वर्ग) बंटन को परिभाषित कीजिए। इसके विभिन्न गुणधर्म बताइए।

उत्तर– मान लीजिए, X प्रसामान्य दर है जिसकी माध्य (प्रत्याशा) μ और मानक विचलन σ है, तब $z = \frac{X - \mu}{\sigma}$ मानक प्रसामान्य विचर अर्थात् $z \sim N(0, 1)$ है। यदि हम z का वर्ग करें अर्थात् $z^2 = \left(\frac{X - \mu}{\sigma}\right)^2$, तब z^2 ऐसे χ^2 चर के रूप में बंटित है जिसकी स्वतंत्रता की कोटि 1 है और इसे χ_1^2 के रूप में अभिव्यक्त किया जाता है।

यह स्पष्ट है कि चूँकि χ_1^2 वर्गित पद है; अतः $-\infty < z < -\infty$ के लिए χ^2 का मान 0 तथा ∞ के बीच रहेगा (क्योंकि वर्गित पद के नकारात्मक मान नहीं हो सकते)। चूँकि z का माध्य, 0 के बराबर है इसलिए z के अधिकतम मान 0 के सन्निकट होंगे जिसके परिणामस्वरूप χ^2 चर के अधिकाधिक प्रायिकता घनत्व शून्य के निकट हो।

उपर्युक्त उल्लिखित परिणाम को यदि सामान्य रूप में दें तो यदि $z_1, z_2, ..., z_k$ स्वतंत्र मानक प्रसामान्य विचर (अर्थात् 0 माध्य और 1 प्रसरण वाले प्रसामान्य चर) हैं, तब $z = \sum_{i=1}^{k} z_i^2$ ऐसा χ^2 चर है जिसकी स्वतंत्रता की कोटि k है और जिसे χ_k^2 द्वारा सूचित किया जाता है। चित्र 6.1 विभिन्न स्वतंत्रता की कोटि वाले χ^2 चरों के लिए प्रायिकता वक्रों को दर्शाता है।

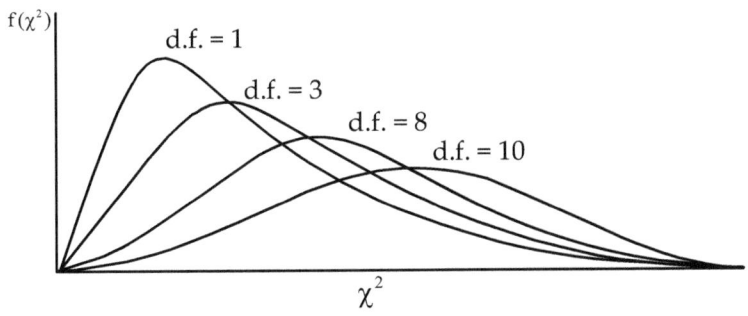

चित्र 6.1: काई स्क्वैयर प्रायिकता वक्र

हमें χ^2 बंटन की निम्नलिखित विशेषताओं को ध्यान में रखना चाहिए–

(1) जैसा कि चित्र 6.1 दर्शाता है, χ^2 धनात्मक विषम बंटन है। इसकी विषमता (तिरछेपन) की कोटि, इसकी स्वतंत्रता की कोटियों पर निर्भर करती है। निम्न स्वतंत्रता की कोटियों के लिए बंटन काफी विषम है। स्वतंत्रता की कोटियों की संख्या जैसे-जैसे बढ़ती जाती है, बंटन भी धीरे-धीरे सममित होता चला जाता है। असल में, 100 से अधिक स्वतंत्रता की कोटियों के लिए, $\sqrt{2\chi^2} - \sqrt{(2k-1)}$ चर को मानक प्रसामान्य विचर के रूप में देखा जा सकता है जहाँ k स्वतंत्रता की कोटि है।

(2) काई-स्क्वैयर बंटन का माध्य k है और इसका प्रसरण 2k है जहाँ k स्वतंत्रता की कोटि है।

(3) यदि z_1 और z_2 दो स्वतंत्र काई-स्क्वैयर बंटन हैं जिनकी स्वतंत्रता की कोटि क्रमशः k_1 और k_2 है, तो $z_1 + z_2$ भी काई-स्क्वैयर चर होगा, जिसकी स्वतंत्रता की कोटि $k_1 + k_2$ के बराबर है।

उदाहरण–34 या अधिक के χ^2 मान प्राप्त करने की प्रायिकता क्या होगी यदि स्वतंत्रता की कोटि 25 है?

हल– χ^2-सारणी से हम देख सकते हैं कि यदि हम 25 के अंक तक पहुँचने के लिए स्वतंत्रता की कोटि कॉलम में नीचे की ओर बढ़ते हैं तो वहाँ 34 से निकटतम अंक 34.382 है और 34.382 की प्रायिकता 0.10 है। अतः अपेक्षित प्रायिकता 0.10 है।

प्रश्न 12. 'स्टूडैंट'-'टी' बंटन को उदाहरण सहित समझाइए।

अथवा

'टी बंटन' पर संक्षेप में टिप्पणी कीजिए।

अथवा

t-परीक्षण क्या है? इस परीक्षण का प्रयोग दो प्रतिदर्शों के बीच के अंतर के महत्त्व की जाँच करने में कैसे किया जाता है?

उत्तर– डब्ल्यू.एस. गौसेट ने टी-बंटन की प्रस्तुति की। इस बंटन को स्टूडैंट-टी बंटन या सरल रूप से टी (t) बंटन के रूप में जाना जाता है।

यदि z_1 मानक प्रसामान्य विचर अर्थात् $z_1 \sim N(0, 1)$ है और z_2 अन्य स्वतंत्र प्रसामान्य विचर है जो ऐसे काई-स्क्वैयर बंटन का अनुगमन करता है जिसकी k (स्वतंत्रता की कोटि) है अर्थात् $z_2 \sim \chi_k^2$, तब चर $t = \dfrac{z_1}{\sqrt{(z_2/k)}} = \dfrac{z_1\sqrt{k}}{\sqrt{z_2}}$

k कोटि बंटन वाले स्टूडैंट-टी बंटन का अनुगामी है।

अलग-अलग स्वतंत्रता की कोटि वाले स्टूडैंट-टी बंटन से संबंधित प्रायिकता वक्रों को चित्र 6.2 में दर्शाया गया है।

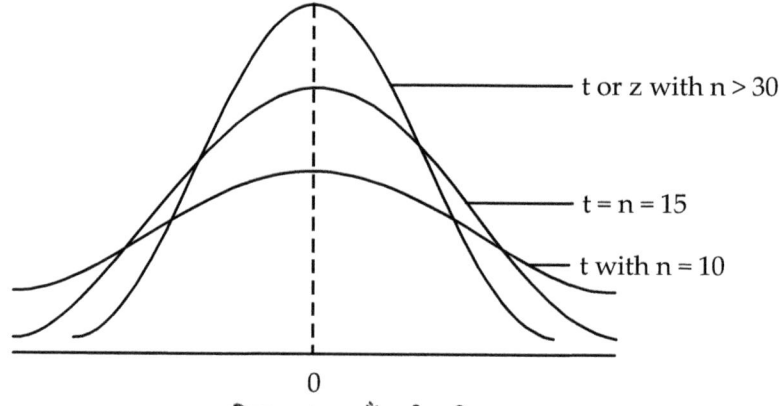

चित्र 6.2: स्टूडैंट-टी प्रायिकता वक्र

इस बंटन की मुख्य विशेषताएँ हैं–

(1) चित्र 6.2 में हम देख सकते हैं प्रसामान्य बंटन की भाँति, स्टूडैंट-टी बंटन भी सममित है और इसके विचरण का परिसर भी $-\infty$ से $+\infty$ के बीच का ही है; लेकिन प्रसामान्य बंटन की तुलना में यह अधिक सपाट है। जैसे-जैसे स्वतंत्रता की कोटि में बढ़ोतरी होती है, स्टूडैंट-'टी' बंटन प्रसामान्य बंटन का अनुगमन करता है।

(2) स्टूडैंट-'टी' बंटन का माध्य शून्य है और इसका प्रसरण $\dfrac{k}{(k-2)}$ है, जहाँ k स्वतंत्रता की कोटि है।

प्रसामान्य बंटन की भाँति, स्टूडैंट-टी बंटन का भी प्रयोग बहुधा सांख्यिकीय अनुमितियों और परिकल्पना-परीक्षण के लिए किया जाता है। इस कार्य में इसके घनत्व फलन का समाकलन

सांख्यिकीय विधियाँ-II

शामिल है जो एक लंबा कार्य है जिसके फलस्वरूप इस मामले में भी, प्रसामान्य बंटन की भाँति, संदर्भ तालिकाएँ निर्मित की गई हैं।

उदाहरण–यदि स्वतंत्रता की कोटि 10 के बराबर है तो (i) 2.764 या अधिक (ii) −2.764 या निम्न के t मान प्राप्त करने की प्रायिकता क्या है?

हल–(i) स्टूडैंट-टी बंटन वाली सारणी में, हम स्वतंत्रता की कोटि वाले स्तंभ में नीचे की ओर बढ़ते हैं और 10 के अंक तक पहुँचते हैं और तब साथ वाली पंक्ति में 2.764 के अंक का पता लगाते हैं। 0.01 वाला निम्न प्रायिकता अंक, अपेक्षित प्रायिकता है।

(ii) चूँकि स्टूडैंट-टी बंटन सममित है, इसलिए −2.764 या इससे कम का t मान प्राप्त करने की प्रायिकता भी 0.01 है।

प्रश्न 13. निम्नलिखित पदों पर संक्षेप में टिप्पणी कीजिए–
(i) मानक प्रसामान्य चर का बंटन
(ii) फिशर का 't'
(iii) 'f' बंटन
(iv) मध्य सीमांत प्रमेय

उत्तर– (i) एक (सतत्) यादृच्छिक चर जो कि प्रसामान्य रूप से माध्य 0 और प्रसरण 1 के साथ बंटित होता है, एक प्रसामान्य विचलन का 'मानक प्रसामान्य चर' कहलाता है। इसे सामान्यतया τ (अथवा z) से इंगित किया जाता है ताकि मानक प्रसामान्य बंटन का प्रायिकता घनत्व फलन निम्नवत् लिखा जा सके–

$$f(\tau) = \frac{1}{\sqrt{2\pi}} \exp(-\tau^2/2), -\alpha < \tau < \alpha$$

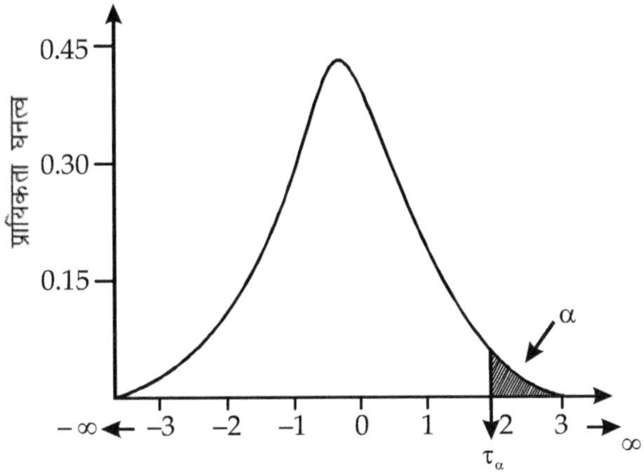

चित्र 6.3: एक मानक प्रसामान्य चर का बंटन

यह बंटन वस्तुत: 0 के पास में सममित है। मानक प्रसामान्य बंटन का प्रायिकता घनत्व फलन होगा–

$$f(\tau) = \frac{1}{\sqrt{2\pi}} \exp(-\tau^2/2), -\alpha < \tau < \alpha$$

इस बंटन के विशेष गुण किसी सामान्य प्रसामान्य बंटन के विशेष गुणों से व्यवकलित किए जा सकते हैं।

τ के मान को τ_α द्वारा इस प्रकार इंगित करने पर–

$$p[\tau > \tau_\alpha] = \alpha$$

यह किसी मानक प्रसामान्य चर का उच्च α–बिंदु (अथवा उच्च $100\alpha\%$ बिंदु) कहलाता है। शून्य के पास में बंटन की सममिति के कारण हमें प्राप्त होता है–

$$\tau_{1-\alpha} = -\tau_\alpha$$

इस प्रकार, किसी मानक प्रसामान्य चर का निम्न α बिंदु, $\tau_{1-\alpha}$ होगा; जहाँ τ का मान इस प्रकार है कि–

$$p[\tau > \tau_{1-\alpha}] = \alpha$$

परिमाण में α बिंदु उच्च है परंतु विपरीत चिह्न रखता है।

नीचे दी गई प्रमेय से यह परिणाम सामने आता है कि यदि x माध्य μ और प्रसरण σ^2 के साथ प्रसामान्यतः बंटित होता है तो $(x-\mu)/\sigma$ एक मानक प्रसामान्य चर होगा। प्रतिलोमतः, यदि $(x-\mu)/\sigma$ एक मानक प्रसामान्य चर हो तो x माध्य μ और प्रसरण σ^2 वाला एक प्रसामान्य चर होगा।

प्रमेय–यदि x को माध्य μ और प्रसरण σ^2 के साथ प्रसामान्य रूप से बंटित किया जाता है तो $y = a + bx$, जहाँ $b \neq 0$, भी माध्य $a + b\mu$ और प्रसरण $b^2\sigma^2$ के साथ प्रसामान्य रूप से बंटित होता है।

जाँच–क्रमशः $f(x)$ और $g(y)$ द्वारा x और y के प्रायिकता घनत्व फलनों को निरूपित करने पर–

$b > 0$ मानते हुए, परिणाम से प्राप्त होता है–

$$p[c < y < d] = p\left[\frac{c-a}{b} < x < \frac{d-a}{b}\right]$$

हमारे पास है $\int_c^d g(y)dy = \int_{(c-a)/b}^{(d-a)/b} f(x)dx = \int_c^d f\left(\frac{y-a}{b}\right)\frac{dx}{dy} \cdot dy$

(रूपांतरण करने पर $y = a + bx$)

यदि $b < 0$ तो हमें, इसी प्रकार, परिणाम से प्राप्त होता है–

$$p[c < y < d] = p\left[\frac{d-a}{b} < x < \frac{c-a}{b}\right]$$

$$\int_c^d g(y)dy = -\int_c^d f\left(\frac{y-a}{b}\right)\frac{dx}{dy} \cdot dy$$

दोनों परिणामों को मिलाने पर हमें प्राप्त होता है–

$$g(y) = f\left(\frac{y-a}{b}\right)\left|\frac{dx}{dy}\right|$$

परंतु $\frac{dx}{dy} = 1\Big/\left(\frac{dy}{dx}\right) = \frac{1}{b}$

और $f(x) = \frac{1}{\sigma\sqrt{2\pi}}\exp\left[-(x-\mu)^2\Big/2\sigma^2\right]$

इस प्रकार, $g(y) = \frac{1}{|b|\sigma\sqrt{2\pi}}\exp\left[-\left(\frac{y-a}{b}-\mu\right)^2\Big/2\sigma^2\right]$

$$= \frac{1}{|b|\sigma\sqrt{2\pi}}\exp\left[-(y-a-b\mu)^2\Big/2b^2\sigma^2\right]$$

जो कि प्रमेय को सिद्ध करता है।

(ii) यह एक मानक प्रसामान्य विचर और अपने विमुक्ति-अंश द्वारा विभाजित एक स्वतंत्र काई-वर्ग विचर के वर्ग मूल का अनुपात होता है। यदि τ एक N(0, 1) हो और χ^2, n विमुक्ति-अंशों वाला एक स्वतंत्र काई-वर्ग विचर हो, तो फिशर का t निम्नलिखित द्वारा दर्शाया जाता है–

$t = \tau\Big/\sqrt{x^2/n}$

और यह n विमुक्ति-अंश के साथ स्टूडेंट-टी के t बंटन पश्चात् आता है।

चूँकि τ और χ^2 स्वतंत्र हैं, उनका संयुक्त घनत्व फलन निम्नलिखित द्वारा दिया जाता है–

$$\frac{1}{\sqrt{2\pi}}.\exp\left(-\tau^2\Big/2\right).\frac{\exp\left(-\chi^2/2\right)\left(\chi^2\right)^{\frac{n}{2}-1}}{2^{n/2}.\tau\left(n\Big/2\right)},$$

$-\infty < \tau < \infty, 0 < \chi^2 < \infty$

एक-से-एक रूपांतरण अंकित करते हुए,

$$\left.\begin{array}{l} t = \tau\Big/\sqrt{\chi^2\Big/n} \\ u = x^r \end{array}\right\}\left(-\infty < t < \infty, 0 < u < \infty\right),$$

ताकि $\tau = t\sqrt{u\Big/n}, \chi^2 = u,$

यह देखते हुए कि जैकबी रूपांतरण निम्नवत् है–

$$J = \begin{vmatrix} \frac{\partial\tau}{\partial t} & \frac{\partial\tau}{\partial u} \\ \frac{\partial\chi^2}{\partial t} & \frac{\partial\chi^2}{\partial u} \end{vmatrix} = \begin{vmatrix} \sqrt{u\Big/n} & \frac{t}{2\sqrt{un}} \\ 0 & 1 \end{vmatrix} = \sqrt{u\Big/n}$$

t और u का संयुक्त प्रायिकता घनत्व फलन निम्नवत् हो जाता है–

$$\frac{1}{\sqrt{2\pi}.2^{\frac{n}{2}}.\Gamma(n/2).\sqrt{n}}\exp\left\{-\frac{u}{2}\left(1+\frac{t^2}{n}\right)\right\}u^{\frac{n}{2}-\frac{1}{2}}$$

$$-\infty < t < \infty, 0 < u < \infty$$

अत: t का प्रायिकता घनत्व फलन होगा–

$$\frac{1}{\sqrt{2\pi}.2^{n/2}.\Gamma(n/2).\sqrt{n}}\left[\int_0^\infty \exp\left\{-\frac{u}{2}\left(1+\frac{t^2}{n}\right)\right\}u^{(n-1)/2}du\right]dt$$

$$=\frac{1}{\sqrt{2\pi}.2^{n/2}.\Gamma(n/2)}.\frac{\Gamma[(n+1)/2]}{\left[\frac{1}{2}\left(1+\frac{t^2}{n}\right)\right]^{(n+1)/2}}$$

$$=\frac{\Gamma[(n+1)/2]}{\sqrt{n}\Gamma(n/2)\Gamma\left(\frac{1}{2}\right)}.\frac{1}{\left[1+\frac{t^2}{n}\right]^{(n+1)/2}}, -\alpha < t < \alpha$$

$$=\frac{1}{\sqrt{n}B\left(\frac{1}{2},\frac{n}{2}\right)\left[1+\frac{t^2}{n}\right]^{(n+1)/2}}, -\alpha < t < \alpha$$

जो कि n df वाले स्टूडैंट–t-बंटन के प्रायिकता फलन के बराबर होता है। यहाँ ध्यान देने योग्य बात यह है कि स्टूडैंट–टी का t, फिशर के 't' का एक विशिष्ट उदाहरण है।

मानक प्रसामान्य बंटन की भाँति, t बंटन $t=0$ के पास सममित होता है। परंतु प्रसामान्य बंटन से भिन्न, यह उसी मानक विचलन के साथ किसी प्रसामान्य बंटन की अपेक्षा अधिक नुकीला होता है।

संकेत $t_{\alpha,n}$, t के मान (df=n के साथ) को इस प्रकार इंगित करने के लिए प्रयोग किया जाएगा कि

$$p[t > t_{\alpha,n}] = \infty$$

$$t_{1-\alpha,n} = -t_{\alpha,n}$$

लघु n के लिए, t बंटन मानक प्रसामान्य बंटन से बहुत अधिक भिन्न होता है, जहाँ $t_{\alpha,n}$ हमेशा $0 < \alpha < 1/2$ होने पर τ_α से बड़ा होता है। n के वृहद् मान के लिए, t बंटन मानक प्रसामान्य रूप की ओर प्रवृत्त होता है और $t_{\alpha,n}$ तब τ_α द्वारा भली-भाँति आकलित किया जा सकता है।

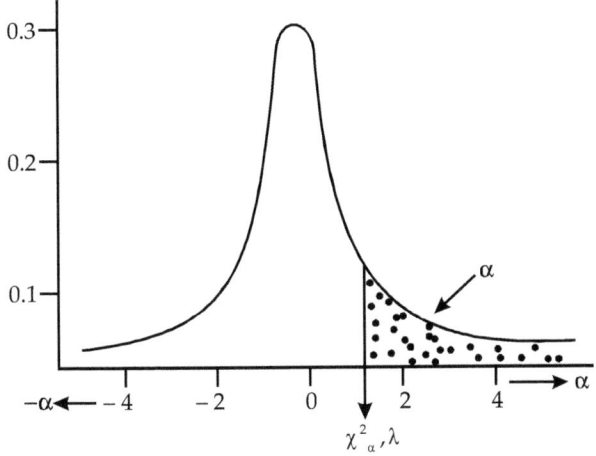

चित्र 6.4: 5 विमुक्ति-अंशों (n = 5) के साथ t बंटन

(iii) यदि X और Y क्रमश: n_1 और n_2 वाले दो स्वतंत्र काई-वर्ग विचर हों तो F अचल निम्नलिखित द्वारा परिभाषित किया जाता है–

$$F = \frac{X/n_1}{Y/n_2}$$

दूसरे शब्दों में, F को अपने-अपने विमुक्ति अंशों द्वारा विभाजित दो स्वतंत्र काई-वर्ग विचरों के अनुपात के रूप में परिभाषित किया जाता है और यह निम्नवत् दिए गए प्रायिकता फलन के साथ (n_1, n_2) df वाले स्यूडेकर के F के पश्चात् आता है–

$$\frac{\left(n_1/n_2\right)^{n_1/2}}{B(n_1/2, n_2/2)} \frac{F^{\frac{n_1}{2}-1}}{\left[1+\frac{n_1}{n_2}F\right]^{\left(\frac{n_1+n_2}{2}\right)}}, 0 \leq F < \infty$$

नोट–(1) F-अचल के न्यादर्शन बंटन में कोई भी समष्टि प्राचल शामिल नहीं होता है और यह केवल विमुक्ति-अंशों n_1 और n_2 पर निर्भर करता है।

(2) (n_1, n_2) df के साथ स्यूडेकर के F बंटन के पश्चात् प्राप्त अचल F को F ~ F (n_1, n_2) द्वारा दर्शाया जाता है।

(iv) प्रायिकता के गणितीय सिद्धांत में मध्य सीमांत प्रमेय को निम्नवत् व्यक्त किया जा सकता है–

यदि $x_i (i = 1, 2, ..., n)$ इस प्रकार स्वतंत्र रूप से बंटित यादृच्छिक चर हों कि $E(x_i) = \mu_i$ और $V(x_i) = \sigma_i^2$ तो यह सिद्ध किया जा सकता है कि कुछ नितांत सामान्य दशाओं में रहकर यादृच्छिक चर $s_n = x_1 + x_2 + ... + x_n$ माध्य μ और मानक विचलन σ के साथ अलाक्षणिक रूप से प्रसामान्य होता है, जहाँ

$$\mu = \sum_{i=1}^{n} \mu_i \quad \text{अथवा} \quad \sigma^2 = \sum_{i=1}^{n} \mu_i^2$$

यह सिद्धांत हमें उन समुक्तियों से कार्य-व्यवहार में मदद करता है जो यादृच्छिक रूप से बंटित न हों।

प्रश्न 14. बिंदु आकलन क्या है? यह अंतराल आकलन से किस प्रकार भिन्न है? एक अच्छे आकलन की विशेषताएँ (गुणधर्म) बताइए।

अथवा

बिंदु आकलन से आप क्या समझते हैं? इसके मापदंडों का वर्णन कीजिए।

अथवा

बिंदु प्राक्कलन पर संक्षिप्त टिप्पणी लिखिए।

उत्तर– आकलक एक सूत्र है और आकल, इस सूत्र के प्रयोग से प्राप्त विशिष्ट मान। जैसे, समष्टि माध्य के आकलन के लिए हम प्रतिदर्श माध्य का प्रयोग करते हैं तब $\frac{1}{n}\sum_i x_i$ आकलक है। माना किसी प्रतिदर्श पर आँकड़ों को एकत्रित किया जाता है और इस सूत्र में प्रतिदर्शी इकाइयों को रखकर, प्रतिदर्श माध्य के लिए, ऐसे किसी विशिष्ट मान की प्राप्ति की जाती है; माना यह 120 है। तब ऐसी स्थिति में 120 समष्टि माध्य का आकल है। यह संभव है कि समान समष्टि से एक अन्य प्रतिदर्श प्राप्त कर, प्रतिदर्श माध्य के लिए सूत्र $\frac{1}{n}\sum_i x_i$ का प्रयोग किया जाए और एक अलग मान जैसे 123 की प्राप्ति की जाए। यहाँ 120 और 123 अर्थात् दोनों समष्टि माध्य के आकल हैं। लेकिन इन दोनों मामलों में आकलक एक ही है अर्थात् $\frac{1}{n}\sum_i x_i$ पारिभाषिक शब्द प्रतिदर्शज, जो प्रतिदर्श मानों के फलन के संदर्भ में प्रयुक्त है, आकलक शब्द का समानार्थक होता है।

ऐसी स्थितियाँ भी हो सकती हैं जब हम प्राचल के लिए एक से अधिक संभावी (potential) आकलकों (एकांतर सूत्र) की प्राप्ति करें। इन प्राचलों में से श्रेष्ठ के चयन के लिए हमें कुछ निर्धारित मानदंडों का अनुसरण करना होगा। इन मानदंडों के आधार पर आकलक को कुछ निश्चित वांछनीय गुणधर्मों को पूरा करना होगा। वैसे तो आकलक के लिए वांछनीय गुणधर्म गिने-चुने हैं लेकिन सर्वाधिक महत्त्वपूर्ण है इसकी अनभिनता (unbiasedness)।

अनभिनता का अर्थ है कि आकल, प्राचल के अज्ञात मान से उच्च या निम्न हो सकता है। लेकिन आकल का प्रत्याशित मान प्राचल के बराबर होना चाहिए। जैसे, प्रतिदर्श माध्य एक प्रतिदर्श से दूसरे प्रतिदर्शज में अलग-अलग होता है लेकिन औसतन यह समष्टि माध्य के बराबर होगा। अन्य शब्दों में $E(\bar{x}) = \mu$

लेकिन, $\frac{1}{n}\sum_{i=1}^{n}(x_i - \bar{x})^2$ समष्टि प्रसरण $\sigma^2 = \frac{1}{N}\Sigma(X_i - \bar{X})^2$ का अनभिनत आकलक नहीं है। दरअसल यदि हम $s^2 = \frac{1}{n-1}\Sigma(x_i - \bar{x})^2$ को परिभाषित करें तब s^2, σ^2 का भी

अनभिनत आकलक है। अतः, प्रतिदर्श मानक विचलन s की, समष्टि मानक विचलन σ से कम होने की प्रवृत्ति है। इस शर्त को संशोधित करने के लिए हम n की बजाए कृत्रिम रूप से किसी छोटी संख्या $(n-1)$ से s को उच्च करने के लिए विभाजित करते हैं।

अंतराल आकलन–यह भी आकलन का एक प्रकार है। एक एकाकी मूल्य के बजाय अंतराल आकलन में मूल्य किसी विस्तार अथवा वर्ग अंतराल में हो सकता है। अंतराल आकलन में सदैव दो मूल्य होते हैं–उच्च मूल्य तथा निम्न मूल्य। इन दो मूल्यों के बीच मापदंड का निर्धारण होता है। यह अंतराल आकलन के रूप में जाना जाता है। अंतराल आकलन का आशय उस अंतराल के अनुमान लगाने से है जिसके मध्य अज्ञात मापदंड अथवा परिमाण प्रायः पाया जाता है।

दिल्ली शहर की औसत आय के आकलन में किसी के द्वारा यह तर्क प्रस्तुत किया जा सकता है कि बिंदु आकलन के बजाय अंतराल आकलन श्रेष्ठ होगा क्योंकि अंतराल के मध्य ही जनसंख्या माध्य होगा। अतएव यह कहने के बजाय कि दिल्ली शहर की औसत आय 2000 प्रतिमाह है, यह कहना अधिक तर्कसंगत होगा कि दिल्ली शहर की औसत आय 1900 से 2100 प्रतिमाह के मध्य होगी। दूसरे उदाहरण में जहाँ बिंदु आकलन के आधार पर यह कहा गया था कि भारत इलेक्ट्रिकल्स के बल्ब का औसत जीवन 4985 घंटे था। यहाँ खरीददार यह सोच सकता है कि औसत जीवन 4985 घंटे से कम ही होगा। बल्ब के औसत जीवन का अंतराल आकलन उत्पादक एवं क्रेता दोनों ही पक्षों को संतुष्ट कर सकेगा।

आकलक के मापदंड अथवा एक अच्छे आकलन की विशेषताएँ निम्नलिखित हैं–

(1) अनभिनत (unbiased) एवं न्यून विचरण–T संख्या θ मापदंड का अदोषपूर्ण अथवा न्यून विचरण है यदि $E(T)=\theta$ हो। यदि $E(T)=\theta+a(\theta)$ तब $a(\theta)-E(T)-\theta$ दोषपूर्ण अथवा पक्षपातपूर्ण माना जाएगा। यदि $a(\theta)>0$ तब पक्षपात सकारात्मक होगा तथा नकारात्मक होगा जब $a(\theta)<0$ हो। हमारा प्रथम प्रयास θ मापदंड के लिए अनभिनत आकलक का चयन होना चाहिए। अनभिनत आकलक के चयन का दूसरा चरण या मापदंड न्यून विचरण है। T आकलक न्यून विचरण वाला तथा अनभिनत है। माना माध्य $(\bar{x})$, μ के लिए न्यून विचरण वाला गैर-पक्षपातपूर्ण (MVUE) आकलक है।

हम जानते हैं कि $\bar{x}=\dfrac{\sum x_i}{n}$ ...(i)

$$\therefore E(\bar{x})=E\left[\frac{\left(\sum x_i\right)}{n}\right]$$

$$=\frac{1}{n}\cdot\left[\sum E(x_i)\right]=\frac{1}{n}\left[\sum \mu\right]$$

$$=\frac{1}{n}\cdot n\mu$$

$$E(\bar{x})=\mu$$

अत: $(\bar{x})$, μ अनभिनत आकलक है।

$(\bar{x})$ का विचरण निम्न है।

$v(\bar{x}) = v\left(\sum x_i / n\right)$ (जहाँ v विचरण है।)

$= \dfrac{1}{n^2} \cdot \left[\sum v(x_i)\right]$ चूँकि $x_i^1 s$ स्वतंत्र है।

$= \dfrac{1}{n^2} \sum \sigma^2$ [जहाँ σ^2 जनसंख्या विचरण है]

$= \dfrac{1}{n^2} \cdot \left[n\sigma^2\right] = \dfrac{\sigma^2}{n}$

यह सिद्ध किया जा सकता है कि $v(\bar{x})$ का न्यून विचरण है तथा μ के आकलकों में से सर्वश्रेष्ठ है।

(2) सततता (Consistency)—यदि T, θ का आकलक है तो T, θ मापदंड के करीब होगा। T सतत् होगा यदि T तथा θ मापदंड के अंतर से प्रतिदर्शों की संख्या n को पर्याप्त मात्रा में बढ़ाकर कम किया जाए।

T मापदंड θ का सतत् आकलक होगा यदि,

(क) $E(T) \to \theta$ और

(ख) $V(T) \to 0$ जब $n \to \infty$

उदाहरणार्थ प्रतिदर्श का माध्य $(\bar{x})$, μ का सतत् आकलक है जैसे $E(\bar{x}) = \mu$ और $V(\bar{x}) = \dfrac{\sigma^2}{n} \to 0$ as $n \to \infty$.

यदि T मापदंड θ का सतत् आकलक है तो T का कोई अनुभाग भी θ का सतत् अनुमानक होगा।

(3) क्षमता (Efficiency)—T सांख्यिकी θ मापदंड का क्षमतावास अनुमानक कहा जाता है क्योंकि किसी स्थायी (n) प्रतिदर्श आकार के लिए इसका दूसरा प्रमाप विभ्रम θ के अन्य अनुमानकों से कम होता है। प्रतिदर्श माध्य तथा प्रतिदर्श माध्यिका दोनों ही μ के सतत् अनुमानक हैं किंतु प्रतिदर्श माध्य का प्रमाप विभ्रम प्रतिदर्श माध्यिका के प्रमाप विभ्रम से कम होता है। अत: प्रतिदर्श माध्यिका सिर्फ μ का सतत् अनुमानक है किंतु प्रतिदर्श माध्य सतत् तथा क्षमतावान दोनों हैं।

(4) यथेष्टता (Sufficiency)—T सांख्यिकी θ का यथेष्ट अनुमानक या आकलक है। यदि T सांख्यिकी θ के बारे में सभी जानकारी रखता है तो हमें θ के किसी अन्य अनुमानक को देखने की आवश्यकता नहीं है। $(\bar{x})$ प्रतिदर्श माध्य μ का यथेष्ट है।

प्रश्न 15. क्रेमर-राव विषमता की व्याख्या कीजिए। राव-ब्लैकवैल प्रमेय के साथ इसका क्या संबंध है?

उत्तर— यदि t, प्राचल $\gamma(\theta)$ के किसी फलन का एक अनभिनत आगणक हो, तो

$$\text{var}(t) \geq \frac{\left[\frac{\partial}{\partial \theta}L(x,\theta)\right]^2}{E\left[\frac{\partial}{\partial \theta}\log L\right]} = \frac{[\gamma'(\theta)]^2}{I(\theta)} \text{ और } I(\theta) = E\left[\left\{\frac{\partial}{\partial \theta}\log L(x,\theta)\right\}^2\right],$$

जहाँ $I(\theta)$ न्यादर्श द्वारा दिए गए θ पर कोई जानकारी है। दूसरे शब्दों में, क्रेमर-राव विषमता $\gamma(\theta)$ के किसी अनभिनत आगणक के प्रसरण को एक निम्न परिबंध $\dfrac{[\gamma'(\theta)]^2}{I(\theta)}$ प्रदान करती है।

क्रेमर-राव विषमता निम्नलिखित प्राक्कल्पनाएँ दिए होने पर सिद्ध होती हैं जो कि क्रेमर-राव विषमता हेतु नियमितता शर्तें कहलाती हैं—

(i) प्राचल वरिमा Θ वास्तविक रेखा $R^1(-\infty,\infty)$ पर एक गैर-ह्रासित मुक्त अंतराल होता है।

(ii) चूँकि सभी $x = (x_1, x_2, ..., x_n)$ और सभी $\theta \in \Theta$ के लिए $\dfrac{\partial}{\partial \theta}L(x,\theta)$ अस्तित्व रखता है। अपवाद समुच्चय यदि कोई हो तो θ से स्वतंत्र होता है।

(iii) समाकलन का परिसर प्राचल θ से स्वतंत्र हो ताकि $f(x,\theta)$ समाकलन चिह्न के अंतर्गत अवकलन विधिसंगत हो।

(iv) समाकलों के एकरूप अभिसरण की दशाएँ हों ताकि समाकलन चिह्न के अंतर्गत अवकलन मान्य हो।

(v) $I(\theta) = E\left[\left\{\dfrac{\partial}{\partial \theta}\log L(x,\theta)\right\}^2\right]$ अस्तित्व रखता है और सभी $\theta \in \Theta$ के लिए धनात्मक होता है।

$\gamma(\theta)$ का एक अनभिनत आगणक t जिसके लिए क्रेमर-राव निम्न परिबंध प्राप्त किया जाता है, एक न्यूनतम प्रसरण प्रतिबंध (MVB) आगणक कहलाता है।

न्यूनतम प्रसरण अनभिनत आगणक (MVUE) और ब्लैकवैलीकरण— क्रेमर-राव विषमता यह ज्ञात करने की एक तकनीक प्रस्तुत करती है कि उक्त अनभिनत आगणक भी एक न्यूनतम प्रसरणबद्ध आगणक (MVUE) है अथवा नहीं। चूँकि यहाँ नियमितता दशाएँ बहुत सख्त होती हैं इसलिए इसका अनुप्रयोग नितांत प्रतिबंधक कहलाता है। इसके अतिरिक्त, न्यूनतम प्रसरण परिबंध (MVB), न्यूनतम प्रसरण अनभिनत आगणक (MVUE) जैसा नहीं होता क्योंकि क्रेमर-राव निम्न परिबंध हमेशा नहीं हो सकता। इसके अतिरिक्त, यदि नियमितता शर्तों का उल्लंघन होता हो तो अल्पतम प्राप्य प्रसरण क्रेमर-राव परिबंध से कम हो सकता है। पर्याप्त अचल के प्रयोग से किसी अनभिनत आगणक से (MVUE) प्राप्त करने की एक विधि है। यह विधि

डी. ब्लैकवैल के नाम पर ब्लैकवैलीकरण कहलाती है। निम्नलिखित प्रमेय में दिया गया परिणाम सी.आर.राव और डी. ब्लैकवैल के कारण ही है।

राव-ब्लैकवैल प्रमेय–माना X और Y इस प्रकार यादृच्छिक चर हैं कि $E(Y) = \mu$ और $\text{var}(Y) = \sigma_Y^2 > 0$.

माना $E(Y|X = x) = \phi(x)$ तब

(i) $E[\phi(x)] = \mu$ और

(ii) $\text{var}[\phi(x)] \leq \text{var}(Y)$

इस प्रकार, राव-ब्लैकवैल प्रमेय हमें यथेष्ट अचल के माध्यम से MVUE प्राप्त करने में मदद करती है। यदि कोई यथेष्ट आगणक किसी प्राचल के लिए अस्तित्व रखता है तो MVUE हेतु अपनी खोज में हम स्वयं को यथेष्ट अचल के फलनों तक परिबद्ध कर सकते हैं।

उक्त प्रमेय निम्नवत् ढंग से कही जा सकती है–

माना $U = U(x_1, x_2, ..., x_n)$ प्राचल $\gamma(\theta)$ का एक अनभिनत आगणक है और माना $T = T(x_1, x_2, ..., x_n)$ प्राचल $\gamma(\theta)$ हेतु यथेष्ट अचल है। $\phi(T) = E(Y|T = t)$ के रूप में परिभाषित यथेष्ट अचल के फलन $\phi(T)$ को देखने पर पता चलता है कि यह θ से स्वतंत्र है (क्योंकि $T, \gamma(\theta)$ हेतु यथेष्ट है)। तब $E\phi(T) = \gamma(\theta)$ और $\text{var}\,\phi(T) \leq \text{var}(U)$.

इस परिणाम का अर्थ है कि किसी अनभिनत आगणक U से आरंभ कर हम उसे $\phi(T) = E(Y|T = t)$ के रूप में दिए गए यथेष्ट अचल के एक फलन $\phi(T)$ को परिभाषित कर उन्नत बना सकते हैं। इस उन्नत आगणक को प्राप्त करने की तकनीक को ब्लैकवैलीकरण कहा जाता है।

इसके अतिरिक्त यदि यथेष्ट अचल T भी संपूर्ण हो तो उपर्युक्त आगणक $\phi(T)$ न सिर्फ U के मुकाबले एक उन्नत आगणक होगा बल्कि 'सर्वोत्तम (अनन्य)' आगणक भी होगा।

प्रश्न 16. परिकल्पना परीक्षण का क्या महत्त्व है? शून्य और वैकल्पिक परिकल्पना में अंतर स्पष्ट कीजिए।

अथवा

निराकरणीय परिकल्पना को परिभाषित कीजिए।

उत्तर– परिकल्पना प्राचल के बारे में किया जाने वाला एक दावा है। परिकल्पना परीक्षण का विविध क्षेत्रों और विविध स्थितियों में विस्तृत प्रयोग किया जाता है। जैसे–माना हमें क्षय रोग के निवारण में प्रयुक्त नई दवा की प्रभाविता की जाँच करनी है। इस संदर्भ में जरूरी नहीं है कि इस दवा की प्रभाविता देखने के लिए क्षय रोग से पीड़ित सभी रोगियों को नई दवा दी जाए। यहाँ हमारा काम है प्रतिनिधि प्रतिदर्श को प्राप्त करना और परीक्षण करना कि क्या नई दवा वर्तमान दवाइयों से अधिक कारगर है। उदाहरण के लिए, योजनाकार का मानना है कि बिहार और राजस्थान में अशोधित जन्म दर एक समान है। इस मामले में पिछले वर्ष के दौरान बिहार और राजस्थान में सभी जन्म लेने वाले शिशुओं की गणना करके, अशोधित जन्म दर परिकलित करना

शायद संभव नहीं होगा। इस स्थिति में भी प्रतिदर्श सर्वेक्षण करके, योजनाकार द्वारा प्राप्त निष्कर्ष का परीक्षण किया जाता है।

समष्टि के अभिलक्षण के बारे में परिकल्पना एक अस्थायी कथन है। जैसे हाल ही के वर्षों के सरकारी आँकड़े दर्शाते हैं कि उड़ीसा में महिला साक्षरता 51 प्रतिशत है। यहाँ महिला साक्षरता की दर के बारे में एक कथन या दावा प्रस्तुत किया गया है। अत: इसे हम एक परिकल्पना मान सकते हैं।

परिकल्पना परीक्षण में चार महत्त्वपूर्ण घटक शामिल हैं–(1) निराकरणीय (शून्य) परिकल्पना, (2) वैकल्पिक परिकल्पना, (3) परीक्षण प्रतिदर्श, और (4) निष्कर्षों की व्याख्या।

आमतौर पर सांख्यिकीय परिकल्पना को H वर्ण से दर्शाया जाता है। परिकल्पना दो तरह की होती है–निराकरणीय परिकल्पना और वैकल्पिक परिकल्पना। निराकरणीय परिकल्पना ऐसा कथन है जिसे हम समष्टि के संदर्भ में सत्य मानते हैं और परीक्षण प्रतिदर्शज द्वारा इसका परीक्षण करते हैं। इस निराकरणीय परिकल्पना को H_0 द्वारा दर्शाया जाता है। उड़ीसा में महिला साक्षरता पर आधारित हमारे उदाहरण में, हमारी निराकरणीय परिकल्पना है–

$H_0 : \mu = 0.51$

जहाँ μ प्राचल है, इस मामले में उड़ीसा में महिला साक्षरता दर संभावना है कि निराकरणीय परिकल्पना जिसका परीक्षण हम करना चाहते हैं, सही नहीं है और महिला साक्षरता 51 प्रतिशत के बराबर नहीं है। अत: ऐसी वैकल्पिक परिकल्पना की रचना की आवश्यकता है जो निराकरणीय परिकल्पना के असत्य होने पर खरी उतरे। वैकल्पिक परिकल्पनाओं को हम संकेत से दर्शाते हैं और इसे इस तरह सूत्रबद्ध करते हैं–

$H_A : \mu \neq 0.51$

निराकरणीय परिकल्पना और वैकल्पिक परिकल्पना परस्पर अपवर्जी हैं अर्थात् दोनों एक साथ सत्य नहीं हो सकतीं। दूसरा, H_0 और H_A में कुल मिलाकर प्राचल के संदर्भ में सभी संभावित विकल्प समाहित हैं अर्थात् इस संदर्भ में तीसरी संभावना नहीं हो सकती। जैसे, उड़ीसा में महिला साक्षरता के मामले में दो संभावनाएँ हैं–साक्षरता की दर 51 प्रतिशत होना या 51 प्रतिशत न होना अर्थात् यहाँ कोई तीसरी संभावना नहीं है।

यह एक विरल संयोग है कि प्रतिदर्श माध्य $(\bar{x})$, समष्टि माध्य (μ) के बराबर हो। अधिकांश मामलों में हम $\bar{x}$ और μ के बीच अंतर पाते हैं।

प्रश्न 17. एक-पुच्छ तथा द्वि-पुच्छ में अंतर स्पष्ट कीजिए।

उत्तर– यदि α सार्थकता का स्तर है, तब द्वि-पुच्छ परीक्षण (two-tail test) में $\dfrac{\alpha}{2}$ क्षेत्र के लिए, इसे मानक प्रसामान्य वक्र के दोनों तरफ रखा जाता है। लेकिन यदि यह एक-पुच्छ परीक्षण (one-tail test) है, तब α क्षेत्र को मानक प्रसामान्य वक्र के एक तरफ ही रखा जाता है। अत: एक-पुच्छ और द्वि-पुच्छ परीक्षण के लिए निर्णायक मान एक-दूसरे से अलग होते हैं।

एक-पुच्छ या द्वि-पुच्छ परीक्षण का चयन वैकल्पिक परिकल्पना के रचनासूत्र पर निर्भर करता है। जब वैकल्पिक परिकल्पना $H_A : \bar{x} \neq \mu$ प्रकार की है तो हम द्वि-पुच्छ परीक्षण करते

हैं क्योंकि $\bar{x}, \mu$ से बड़ा या छोटा हो सकता है। दूसरी तरफ यदि वैकल्पिक परिकल्पना $H_A : \bar{x} < \mu$ प्रकार की है तो समूचा अस्वीकृति क्षेत्र, मानक प्रसामान्य वक्र के बाईं तरफ होगा। इसी तरह यदि वैकल्पिक परिकल्पना $H_A : \bar{x} > \mu$ प्रकार की है तो समूचा अस्वीकृति क्षेत्र, मानक प्रसामान्य वक्र के दाईं तरफ होगा तथा यहाँ एक-पुच्छ परीक्षण का प्रयोग होगा।

z के निर्णायक मान, सार्थकता के स्तर पर निर्भर करते हैं। तालिका 6.2 में सार्थकता (α) के निर्धारित स्तरों के लिए, इन निर्णायक मानों को प्रसामान्य बंटन की अभिधारणा के अंतर्गत किए जाने वाले परीक्षणों के लिए, दिया गया है। ये मान द्वि-पुच्छ और एक-पुच्छ परीक्षणों के लिए दिए गए हैं।

तालिका 6.2: z-प्रतिदर्शज संबंधी निर्णायक मान

सार्थकता का स्तर (α)	0.10	0.05	0.01	0.005
द्वि-पुच्छ परीक्षण	1.65	1.96	2.58	2.81
एक-पुच्छ परीक्षण	1.28	1.65	2.33	2.58

प्रश्न 18. प्रथम कोटि व द्वितीय कोटि की त्रुटियों से आप क्या समझते हैं? संक्षेप में व्याख्या कीजिए।

अथवा

टाइप-I एवं टाइप-II त्रुटियों में अंतर स्पष्ट कीजिए।

उत्तर— परिकल्पना परीक्षण में हम विश्वस्यता की निश्चित कोटि पर परिकल्पना को अस्वीकृत करते हैं या नहीं करते। जैसा कि हम जानते हैं कि 0.95 के विश्वस्यता गुणांक का अर्थ है कि 100 प्रतिदर्शों में से 95% भाग में प्राचल, स्वीकृति क्षेत्र के भीतर रहता है जबकि बाकी के 5% भाग में प्राचल, अस्वीकृति क्षेत्र में रहता है। अत: इन 5% मामलों में, प्रतिदर्श की प्राप्ति भले ही समष्टि से की जाती है किंतु प्रतिदर्श माध्य, समष्टि माध्य से बहुत दूर रहता है। ऐसे मामलों में प्रतिदर्श समष्टि से संबद्ध होता है, लेकिन हमारी परीक्षण प्रक्रिया इसे अस्वीकार कर देती है अर्थात् H_0 सही है, लेकिन इसे अस्वीकृत कर दिया जाता है। इसे 'प्रथम कोटि की त्रुटि' (Type-I error) कहते हैं। इसी तरह ऐसी भी स्थितियाँ हो सकती हैं जब H_0 सत्य नहीं होता लेकिन प्रतिदर्श सूचना के आधार पर हम उसे अस्वीकार नहीं कर पाते। निर्णय लेने में ऐसी त्रुटि को 'द्वितीय कोटि की त्रुटि' (Type-II error) कहते हैं।

प्रथम कोटि की त्रुटि से हमें पता चलता है कि किस सीमा तक गलती सहनीय होती है। प्रथम कोटि की त्रुटि, सार्थकता के स्तर के बराबर होती है और इसे α से दर्शाया जाता है। विश्वस्यता गुणांक $1-\alpha$ के बराबर होता है।

तालिका 6.3: त्रुटियों के प्रकार

	H_0 सही	H_0 सही नहीं
H_0 अस्वीकृत	प्रथम कोटि की त्रुटि	सही निर्णय
H_0 स्वीकृत	सही निर्णय	द्वितीय कोटि की त्रुटि

प्रश्न 19. निम्नलिखित पदों पर संक्षिप्त टिप्पणी कीजिए–
(i) क्रांतिक क्षेत्र और सार्थकता का स्तर
(ii) गोपन अंतराल एवं गोपन सीमांत
(iii) क्रांतिक मान और सार्थक मान

उत्तर– (i) न्यादर्श वरिमा S में कोई क्षेत्र (किसी अचल t के सदृश) जो H_0 के निराकरण के समान हो, 'क्रांतिक क्षेत्र' कहा जाता है। यदि ω क्रांतिक क्षेत्र हो और यदि $t = t(X_1, X_2, ..., X_n)$ आकार 'n' के किसी यादृच्छिक न्यादर्श पर आधारित अचल का मान हो, तो $P[t \in \omega | H_0] = \alpha$ और $P[t \in \omega' | H_1] = \beta$ जहाँ ω', ω का अनुपूरक समुच्चय, 'स्वीकृति क्षेत्र' कहलाता है। हमारे पास $\omega \cup \omega' = S$ और $\omega \cap \omega' = \phi$ हैं। α की प्रायिकता यह है कि जो अचल t का एक यादृच्छिक मान क्रांतिक क्षेत्र से संबंध रखता है, 'सार्थकता का स्तर' कहलाता है। दूसरे शब्दों में, सार्थकता का स्तर टाइप I त्रुटि (अथवा अधिकतम उत्पादक का जोखिम) का आकार होता है। प्राक्कल्पना के परीक्षण में प्राय: नियोजित सार्थकता के स्तर 5% और 1% होते हैं। सार्थकता का स्तर सदा न्यादर्श सूचना एकत्र करने से पूर्व अग्रिम रूप से तय कर लिया जाता है।

(ii) माना x_i, (i = 1, 2, ..., n) किसी एकल अज्ञात प्राचल θ वाली एक समष्टि से प्राप्त 'n' समुक्तियों का एक यादृच्छिक न्यादर्श है, $f(x, \theta)$ उद्गम बंटन का प्रायिकता फलन है जिससे न्यादर्श लिया गया है, बंटन सतत् है तथा $t = t(x_1, x_2, ..., x_n)$, न्यादर्श मानों का एक फलन $g(t, \theta)$ द्वारा दिए गए न्यादर्श बंटन वाले समष्टि प्राचल θ का एक आकलन है।

किसी प्रदत्त न्यादर्श से लिए गए अचल t का मान प्राप्त करके प्राय: एक समस्या यह आती है कि "क्या उस समष्टि में अज्ञात प्राचल θ के विषय में कुछ तर्कसंगत प्रायिकता कथन दिया जा सकता है जिससे वह न्यादर्श लिया गया है?" इस प्रश्न का 'गोपन अंतराल' की तकनीक द्वारा बहुत अच्छा उत्तर दिया गया है और यह प्राप्त किया गया है कि हम सभी के लिए एक बार α के किसी लघु मान (5% अथवा 1%) चुनते हैं और फिर दो अचर c_1 और c_2 इस प्रकार निर्धारित करते हैं कि $P[c_1 < \theta < c_2] = 1 - \alpha$। राशियाँ c_1 और c_2 जो इस प्रकार निर्धारित की गई 'गोपन सीमांत' कहलाती हैं और अंतराल $[c_1, c_2]$ जिसके भीतर समष्टि प्राचल के अज्ञात मान अवस्थित होने की प्रत्याशा की जाती है, 'गोपन अंतराल' कहलाता है तथा $(1 - \alpha)$ 'गोपन गुणांक' कहलाता है। इस प्रकार, यदि हम $\alpha = 0.05$ (अथवा 0.01) लेते हैं तो हमें 95% (अथवा 99%) गोपन सीमांत प्राप्त होंगे।

(iii) परीक्षण अचल का मान, जो क्रांतिक (अथवा निराकरण) क्षेत्र और एकीकरण क्षेत्र को विलग करता है, 'क्रांतिक मान' अथवा 'सार्थक मान' कहलाता है। यह निम्नलिखित बातों पर निर्भर करता है–

(क) प्रयुक्त सार्थकता का स्तर, और
(ख) वैकल्पिक प्राक्कल्पना की दो-पुच्छ अथवा एकल-पुच्छ स्थिति।

बड़े न्यादर्शों के लिए, मानकीकृत चर उपग रूप से अचल 't' के सदृश होते हैं अर्थात्
$$Z = \frac{t - E(t)}{S \cdot E(t)} \sim N(0, 1),$$ जहाँ $n \to \infty$. शून्य प्राक्कल्पना के अंतर्गत उपर्युक्त संबंध द्वारा

दिया जाने वाला Z **'परीक्षण अचल'** कहलाता है। किसी दो-पुच्छ परीक्षण के लिए सार्थकता के स्तर α पर परीक्षण अचल का क्रांतिक मान z_α द्वारा दर्शाया जाता है जहाँ z_α समीकरण $P[|Z| > z_\alpha] = \alpha$ द्वारा निर्धारित किया जाता है। अर्थात् z_α ही वह मान है ताकि दोनों पुच्छों पर क्रांतिक क्षेत्र का कुल क्षेत्रफल α हो। चूँकि प्रसामान्य प्रायिकता वक्र सममित वक्र है, अतः $P[|Z| > z_\alpha] = \alpha$ से हम लिख सकते हैं,

$P[Z > z_\alpha] + P[Z < -z_\alpha] = \alpha$

$\Rightarrow P[Z > z_\alpha] + P[Z < z_\alpha] = \alpha$

$\Rightarrow 2P[Z > z_\alpha] = \alpha$

$\Rightarrow P[Z > z_\alpha] = \alpha/2$

अर्थात्, प्रत्येक पुच्छ का क्षेत्रफल $\alpha/2$ है।

इस प्रकार, z_α का मान ऐसा है कि z_α के दाईं ओर क्षेत्रफल $\alpha/2$ है और इसके बाईं ओर $-z_\alpha$ क्षेत्रफल $\alpha/2$ है।

एकल-पुच्छ विकल्प की स्थिति में क्रांतिक मान z_α निम्न प्रकार निर्धारित किया जाता है– इसके दाईं ओर कुल क्षेत्रफल (दाईं-पुच्छ परीक्षण के लिए) α होता है और बाईं-पुच्छ परीक्षण के लिए $-z_\alpha$ के बाईं ओर कुल क्षेत्रफल भी α होता है अर्थात् $P[Z > z_\alpha] = \alpha$ (दाईं-पुच्छ परीक्षण के लिए) और $P[Z < -z_\alpha] = \alpha$ (बाईं-पुच्छ परीक्षण के लिए)।

इस प्रकार, सार्थकता के स्तर 'α' पर किसी एकल-पुच्छ परीक्षण (बाएँ या दाएँ) के लिए Z का सार्थक अथवा क्रांतिक मान उतना ही होता है जितना कि सार्थकता के स्तर '2α' पर किसी दो-पुच्छ परीक्षण के लिए Z का क्रांतिक मान। दो-पुच्छ और एकल-पुच्छ परीक्षण दोनों के लिए सार्थकता के सामान्यतया प्रयुक्त स्तर पर Z के क्रांतिक मान तालिका 6.4 में दिए गए हैं–

तालिका 6.4

क्रांतिक मान (z_α)	सार्थकता का स्तर (α)		
	1%	5%	10%
दो-पुच्छ परीक्षण	$|Z_\alpha| = 2.58$	$|Z_\alpha| = 1.96$	$|Z_\alpha| = 1.645$
दाईं-पुच्छ परीक्षण	$Z_\alpha = 2.33$	$Z_\alpha = 1.645$	$Z_\alpha = 1.28$
बाईं-पुच्छ परीक्षण	$Z_\alpha = -2.33$	$Z_\alpha = -1.645$	$Z_\alpha = -1.28$

सांख्यिकीय विधियाँ-II

प्रश्न 20. परिकल्पना परीक्षण की प्रक्रिया को समझाइए।

उत्तर– परिकल्पना परीक्षण की प्रक्रिया निम्न प्रकार से है–

- समस्या के आधार पर अशक्त परिकल्पना $H_0 : \theta = \theta_0$ तथा वैकल्पिक परिकल्पना $H : \theta \neq \theta_0$ or $H_1 : \theta > \theta_0$ or $H_2 : \theta < \theta_0$ स्थापित किया जाएगा। परिकल्पना परीक्षण में उचित वैकल्पिक परिकल्पना का निर्धारण महत्त्वपूर्ण भूमिका रखता है।

- H_0 के अंतर्गत परीक्षण मान 'μ' तथा μ का प्रतिदर्श वितरण चयनित होगा। प्रायः नए H_0 के अंतर्गत प्रमापित सामान्य वितरण की अनुपालना करता है तथा 'z' परीक्षण किया जा सकता है।

- यदि प्रश्न में महत्त्व का स्तर नहीं दिया गया है तो α (महत्त्व का स्तर) का चयन किया जाता है। अधिकतम हम $\alpha = 0.05$ या $\alpha = 0.01$ का चयन करते हैं जो कि 5 प्रतिशत और 1 प्रतिशत महत्त्व के स्तर के रूप में जाने जाते हैं।

- वैकल्पिक परिकल्पना के आधार पर अस्वीकृत क्षेत्र ω का निर्धारण किया जाएगा। $H_0 : \theta = \theta_0$ को दो तरफा विकल्पों $H_1 : \theta \neq \theta_0$ के विरुद्ध जाँचने पर अस्वीकृत क्षेत्र $\omega : \mu_0 \geq \mu_{x/2}$ तथा $\omega : \mu_0 \leq \mu(1-_{\alpha/2})$ होगा। इसी तरह दायाँ पूँछ परीक्षण का अस्वीकृत क्षेत्र $\omega : \mu_0 \geq \mu_\alpha$ तथा बायाँ पूँछ परीक्षण का क्षेत्र $\omega : \mu_0 \leq \mu_{1-\alpha}$ होगा।

- प्रतिदर्शों के अवलोकन के आधार पर μ_0 का मान ज्ञात किया जाता है।

- H_0 को अस्वीकार करते हैं यदि μ_0, ω के क्षेत्र में आता है अन्यथा H_0 को स्वीकार किया जाएगा।

- सामान्य शब्दों में निष्कर्ष निकालें जो कि आपने अभी एक साधारण व्यक्ति की तरह समझा है।

प्रश्न 21. दो समष्टि माध्यों के बीच के अंतर के बारे में निष्कर्ष निकालने और परिकल्पना परीक्षण करने की प्रक्रिया का वर्णन कीजिए, जब समष्टि प्रसरण ज्ञात हों। साथ ही, यह भी बताइए कि आप समष्टि प्रसरण के बारे में निष्कर्ष कैसे निकालेंगे?
[जून-2012, प्रश्न 2] [दिसम्बर-2013, प्रश्न 3]

उत्तर– माना दो समष्टियों में से प्रत्येक में x का बंटन प्रसामान्य है तथा x के माध्य एवं मानक विचलन क्रमशः एक समष्टि के लिए μ_1 एवं σ_1 हैं और दूसरी के लिए μ_2 एवं σ_2 हैं। इसके अलावा $x_{11}, x_{12}, ..., x_{1n}$ प्रथम बंटन का यादृच्छिक न्यादर्श है और $x_{21}, x_{22}, ... x_{2n}$ दूसरे समुच्चय से लिया गया एक यादृच्छिक न्यादर्श है। समुक्तियों के प्रथम समुच्चय से भी दूसरे समुच्चय से स्वतंत्र होने की अपेक्षा की जाती है। तब $\bar{x}_1 = \sum_{j}^{n_1} x_{1j}/n_1$ और

$s_1 = \sqrt{\sum_{j}^{n_1}(x_{1j} - \bar{x}_1)^2/(n_1-1)}$ प्रथम न्यादर्श में x के माध्य एवं मानक विचलन होंगे और

$\bar{x}_2 = \sum_{j}^{n_2} x_{2j}/n_2, s'_2 = \sqrt{\sum_{j}^{n_2}(x_{2j} - \bar{x}_2)^2/(n_2-1)}$ दूसरे न्यादर्श के सदृश अचल।

स्थिति I: यदि μ_1, μ_2 अज्ञात परंतु σ_1, σ_2 ज्ञात हो

ऐसी स्थिति में हमारा सरोकार समष्टि माध्यों के बीच तुलना से होता है। हमें इस प्राक्कल्पना का परीक्षण करना होता है कि μ_1 और μ_2 एक निर्दिष्ट मानी हुई राशि, $H_0 : \mu_1 - \mu_2 = \xi_0$ से भिन्न हो अथवा हम अंतर $\mu_1 - \mu_2$ हेतु गोपन सीमांत प्राप्त करना चाह सकते हैं।

यहाँ यह देखा जा सकता है कि $\overline{x}_1 - \overline{x}_2$ चूँकि प्रसामान्य चरों का एक रेखीय फलन है, यह स्वयं प्रसामान्यतः बंटित है। इसमें माध्य $E(\overline{x}_1 - \overline{x}_2) = E(\overline{x}_1) - E(\overline{x}_2) = \mu_1 - \mu_2$ और प्रसरण

$$\text{var}(\overline{x}_1 - \overline{x}_2) = \text{var}(\overline{x}_1) + \text{var}(\overline{x}_2) = \frac{\sigma_1^2}{n_1} + \frac{\sigma_2^2}{n_2} \text{ हैं,}$$

और सहप्रसरण सीमा शून्य है क्योंकि $\overline{x}_1$ और $\overline{x}_2$ स्वतंत्र हैं। माना

$$\frac{(\overline{x}_1 - \overline{x}_2) - (\mu_1 - \mu_2)}{\left(\frac{\sigma_1^2}{n_1} + \frac{\sigma_2^2}{n_2}\right)^{1/2}}$$

एक मानक प्रसामान्य चर के रूप में बंटित है। $H_0 : \mu_1 - \mu_2 = \xi_0$ के परीक्षण हेतु हम अचल

$$\frac{(\overline{x}_1 - \overline{x}_2) - \xi_0}{\left(\frac{\sigma_1^2}{n_1} + \frac{\sigma_2^2}{n_2}\right)^{1/2}}$$

का प्रयोग करते हैं, जो कि H_0 की पृष्ठभूमि में एक मानक प्रसामान्य चर (τ) के रूप में बंटित है। H_0 को दिए गए न्यादर्शों के आधार पर निरस्त कर दिया जाना होगा यदि $\tau > \tau_a$ अथवा यदि $\tau < -\tau_a$, जो कि उस वैकल्पिक प्राक्कल्पना के अनुसार होगा जिसमें प्रयोगकर्त्ता

$H : \mu_1 - \mu_2 > \xi_0 \; H : \mu_1 - \mu_2 < \xi_0$

में रुचि रखता हो।

दूसरी ओर, यदि विकल्प $H : \mu_1 - \mu_2 \neq \xi_0$ हो तो $|\tau| > \tau_{a/2}$ होने पर H_0 निरस्त करना होगा। सर्वाधिक सामान्य उदाहरणों में शून्य प्राक्कल्पना होगी $H_0 : \mu_1 = \mu_2$ जिसके लिए $\xi_0 = 0$ है यदि समस्या अंतराल प्राक्कलन संबंधी हो तो कोणांक के प्रायिक उच्चिष्ठ के अनुसार यह देखा जाएगा कि $\mu_1 = \mu_2$ (गोपन गुणांक $1 - \sigma$ के साथ) हेतु गोपन सीमांत होंगे।

$$(\overline{x}_1 - \overline{x}_2) - \tau_{a/2} \left(\frac{\sigma_1^2}{n_1} + \frac{\sigma_2^2}{n_2}\right)^{1/2} \text{ और } (\overline{x}_1 - \overline{x}_2) + \tau_{a/2} \left(\frac{\sigma_1^2}{n_1} + \frac{\sigma_2^2}{n_2}\right)^{1/2}.$$

स्थिति II: यदि μ_1, μ_2 ज्ञात परंतु σ_1, σ_2 अज्ञात हो

यहाँ यह परीक्षण करना यह प्राक्कथन जाँचने के लिए आवश्यक होता है कि दो अज्ञात मानक विचलनों का अनुपात एक विशिष्ट मान रखता है, माना $H_0 : \sigma_1 / \sigma_2 = \xi_0$, अथवा इस अनुपात हेतु गोपन सीमाएँ तय करने के लिए। चूँकि $\sum_{j=1}^{n_1}\left(x_{1j} - \mu_1\right)^2 / \sigma_1^2$ और

$\sum_{j=1}^{n_2}\left(x_{2j} - \mu_2\right)^2 / \sigma_2^2$ क्रमशः n_1 और n_2 विमुक्ति-अंशों के साथ स्वतंत्र χ^2s हैं,

$$P\left[\frac{1}{F_{a/2;n_2,n_1}} \le \frac{\sum_{j=1}^{n_1}\left(x_{1j} - \mu_1\right)^2 / n_1\sigma_1^2}{\sum_{j=1}^{n_2}\left(x_{2j} - \mu_2\right)^2 / n_2\sigma_2^2} \le \frac{1}{F_{a/2;n_1,n_2}}\right] = 1 - \alpha$$

$$\frac{\sum_{j=1}^{n_1}\left(x_{1j} - \mu_1\right)^2 / n_1\sigma_1^2}{\sum_{j=1}^{n_2}\left(x_{2j} - \mu_2\right)^2 / n_2\sigma_2^2}$$

प्राक्कथन $H_0 : \sigma_1 / \sigma_2 = \xi_0$ की पृष्ठभूमि में, (n_1, n_2)df के साथ एक F के रूप में बंटित होता है।

इसी कारण,

$$\frac{\sum_{j=1}^{n_1}\left(x_{1j} - \mu_1\right)^2 / \sigma_1^2}{\sum_{j=1}^{n_2}\left(x_{2j} - \mu_2\right)^2 / \sigma_2^2} \times \frac{1}{\xi_0^2}$$

$df = (n_1, n_2)$ वाला एक F है। यह H_0 हेतु एक परीक्षण संभव बनाता है। जब विकल्प $H : \sigma_1 / \sigma_2 > \xi_0$, हो तो H_0 निरस्त कर दिया जाएगा यदि दिए गए न्यादर्शों के लिए $F > F\alpha; n_1, n_2$.

यदि विकल्प $H : \sigma_1 / \sigma_2 < \xi_0$ हो तो H_0 निरस्त कर दिया जाएगा यदि दिए गए न्यादर्शों के लिए $F < F_{1-\alpha;n_1,n_2}$ अर्थात् यदि $1/F > F_{\alpha;n_2,n_1}$

अंत में, जब विकल्प $H : \sigma_1 / \sigma_2 \ne \xi_0$, हो तो H_0 निरस्त कर दिया जाएगा यदि हस्तगत न्यादर्श $F < F_{1-\alpha/2;n_1,n_2}$ अर्थात् $1/F > F_{\alpha/2;n_2,n_1}$ अथवा $F > F_{\alpha/2;n_2,n_1}$

शून्य प्राक्कल्पना का सर्वाधिक सामान्य रूप होगा $H_0 : \sigma_1 = \sigma_2$ जिसके लिए $\xi_0 = 1$ और यहाँ

$$F = \frac{\sum_{j=1}^{n_1}(x_{1j}-\mu_1)^2/n_1}{\sum_{j=1}^{n_2}(x_{2j}-\mu_2)^2/n_2}.$$

गोपन सीमांतों को σ_1/σ_2 निर्धारित करने के उद्देश्य से, हम देखते हैं कि

$$P\left[\frac{1}{F_{a/2;n_2,n_1}} \leq \frac{\sum_{j=1}^{n_1}(x_{1j}-\mu_1)^2/n_1\sigma_1^2}{\sum_{j=1}^{n_2}(x_{2j}-\mu_2)^2/n_2\sigma_2^2} \leq \frac{1}{F_{a/2;n_1,n_2}}\right] = 1-\alpha$$

अर्थात्

$$P\left[\frac{1}{F_{a/2;n_2,n_1}}\frac{\sum_{j=1}^{n_1}(x_{1j}-\mu_1)^2/n_1}{\sum_{j=1}^{n_2}(x_{2j}-\mu_2)^2/n_2} \leq \frac{\sigma_1^2}{\sigma_2^2} \leq \frac{1}{F_{a/2;n_1,n_2}}\frac{\sum_{j=1}^{n_1}(x_{1j}-\mu_1)^2/n_1}{\sum_{j=1}^{n_2}(x_{2j}-\mu_2)^2/n_2}\right] = 1-\alpha$$

$\frac{\sigma_1^2}{\sigma_2^2}$ हेतु गोपन सीमांत (गोपन गुणांक $1-\alpha$ के साथ), इसी कारण, होगा

$$\frac{1}{F_{a/2;n_1,n_2}}\frac{\sum_{j=1}^{n_1}(x_{1j}-\mu_1)^2/n_1}{\sum_{j=1}^{n_2}(x_{2j}-\mu_2)^2/n_2} \quad \text{और} \quad \frac{1}{F_{a/2;n_2,n_1}}\frac{\sum_{j=1}^{n_1}(x_{1j}-\mu_1)^2/n_1}{\sum_{j=1}^{n_2}(x_{2j}-\mu_2)^2/n_2}.$$

σ_1/σ_2 हेतु सदृश सीमांत प्राकृतिक रूप से इन राशियों के धनात्मक वर्ग मूल होंगे।

स्थिति III: यदि माध्य एवं मानक विचलन सभी अज्ञात हों।

माना कि दो अज्ञात मानक विचलन बराबर हैं। यदि σ सर्वसामान्य मानक विचलन इंगित करता है तो

$$\frac{(\bar{x}_1-\bar{x}_2)-(\mu_1-\mu_2)}{\sigma\left(\frac{1}{n_1}+\frac{1}{n_2}\right)^{1/2}}$$

एक मानक प्रसामान्य चर है, जबकि

$$\frac{(n_1-1)s_1'^2 + (n_2-1)s_2'^2}{\sigma^2} = \frac{\sum_{j=1}^{n_1}(x_{1j}-\bar{x}_1)^2}{\sigma^2} + \frac{\sum_{j=1}^{n_2}(x_{2j}-\bar{x}_2)^2}{\sigma^2}$$

जो कि दो स्वतंत्र χ^2s चरों $df = (n_1 - 1)$ और $df = (n_2 - 1)$ का योग स्वयं $df = (n_1 + n_2 - 2)$ अर्थात् χ^2 होता है। इस प्रकार, s'^2 से इंगित कर दो न्यादर्शों का संगृहीत प्रसरण है—

$$s'^2 = \frac{(n_1-1)s_1'^2 + (n_2-1)s_2'^2}{n_1 + n_2 - 2}$$

अब हमारे पास है—

$$\frac{(\bar{x}_1 - \bar{x}_2) - (\mu_1 - \mu_2)}{s'\sqrt{\frac{1}{n_1} + \frac{1}{n_2}}} = \frac{\frac{(\bar{x}_1 - \bar{x}_2) - (\mu_1 - \mu_2)}{\sigma\left(\frac{1}{n_1} + \frac{1}{n_2}\right)^{1/2}}}{\left\{\frac{(n_1-1)s_1'^2 + (n_2-1)s_2'^2}{\sigma^2(n_1 + n_2 - 2)}\right\}^{1/2}}$$

उपरोक्त समीकरण से हमें $\dfrac{\tau}{\sqrt{\chi^2/(n_1+n_2-2)}}$ रूप वाली एक राशि प्राप्त होती है, जहाँ χ_2, τ से स्वतंत्र है और $df = (n_1 + n_2 - 2)$ रखता है। जैसे, उपर्युक्त समीकरण के बाएँ पक्ष की राशि $df = (n_1 + n_2 - 2)$ वाले t के रूप में बंटित है।

$H_0 : \mu_1 - \mu_2 = \xi_0$ हेतु एक परीक्षण फिर अचल $df = (n_1 + n_2 - 2)$,

$$t = \frac{(\bar{x}_1 - \bar{x}_2) - \xi_0}{s'\sqrt{\frac{1}{n_1} + \frac{1}{n_2}}}$$ द्वारा दिया जाता है। इसे फिशर का t कहा जाता है।

प्राक्कल्पना H_0 के स्वीकरण अथवा निराकरण हेतु हमें वैकल्पिक प्राक्कल्पना को ध्यान में रखते हुए, समुचित तालिकाबद्ध मान के साथ t' के आकलित मान की तुलना करनी पड़ती है।

प्रायिक प्रक्रिया द्वारा यह ज्ञात किया जा सकता है कि $(\mu_1 - \mu_2)$ हेतु गोपन सीमांत हैं—

$$(\bar{x}_1 - \bar{x}_2) - (t_{a/2, n_1+n_2-2})s'\sqrt{\frac{1}{n_1} + \frac{1}{n_2}} \text{ और}$$

$$(\bar{x}_1 - \bar{x}_2) + (t_{a/2, n_1+n_2-2})s'\sqrt{\frac{1}{n_1} + \frac{1}{n_2}}.$$

दोनों स्थितियों में हम सर्वसामान्य प्रसरण s'^2 के आकलन स्वरूप σ^2 का प्रयोग करते हैं।

अब, अनुपात σ_1/σ_2 से संबंधित किसी प्राक्कल्पना की परीक्षण संबंधी समस्या अथवा उस अनुपात हेतु गोपन सीमांत निर्धारित किए जाने संबंधी समस्या को देखते हैं। इस समस्या में, चूँकि

μ_1 और μ_2 वर्तमान स्थिति में अज्ञात हैं, इसके स्थान पर आकलन के लिए $\bar{x}_1$ और $\bar{x}_2$ रखे जा सकते हैं और हम पाते हैं कि

$$\frac{\sum_{j}^{n_1}\left(x_{1j}-\bar{x}_1\right)^2/\left(n_1-1\right)\sigma_1^2}{\sum_{j}^{n_2}\left(x_{2j}-\bar{x}_2\right)^2/\left(n_2-1\right)\sigma_2^2}=\frac{s_1'^2}{s_2'^2}\times\frac{\sigma_2^2}{\sigma_1^2}$$

(n_1-1, n_2-1) विमुक्ति-अंशों वाला एक F है।

$H_0:\sigma_1/\sigma_2=\xi_0$ के परीक्षण हेतु हम F अचल का प्रयोग करते हैं, परंतु अब (n_1-1, n_2-1) विमुक्ति-अंशों के साथ $F=\frac{s_1'^2}{s_2'^2}\times\frac{1}{\xi_0^2}$ है। अब σ_1^2/σ_2^2 हेतु गोपन सीमांत हैं $\frac{1}{F_{a/2;n_1-1,n_2-1}}\frac{s_1'^2}{s_2'^2}$ और $\frac{1}{F_{a/2;n_2-1,n_1-1}}\frac{s_1'^2}{s_2'^2}$ इसके अलावा σ_1/σ_2 हेतु सदृश सीमांत इन राशियों के धनात्मक वर्ग मूल ही होंगे।

प्रश्न 22. एक-चर और द्वि-चर प्रसामान्य बंटनों की तुलना में इष्टतम परीक्षण की संक्षेप में चर्चा कीजिए।

उत्तर– किसी भी परीक्षण समस्या में प्रथम दो चरण, अर्थात् समष्टि बंटन का स्वरूप, रुचि का/के प्राचल तथा H_0 एवं H_1 का संरूपण समस्या के विवरण से स्पष्ट होना चाहिए। सर्वाधिक निर्णायक चरण है: 'सर्वोत्तम परीक्षण' का चयन, अर्थात् मूल अचल 't' और क्रांतिक क्षेत्र W जिसके द्वारा सर्वोत्तम परीक्षण का अर्थ उससे लगाते हैं जो किसी वांछित निम्न स्तर पर α नियंत्रण करने के अतिरिक्त, इस α को रखने वाले अन्य सभी परीक्षणों के मुकाबले न्यूनतम टाइप II त्रुटि β अथवा अधिकतम प्रभाव $(1-\beta)$ रखता हो।

सर्वाधिक प्रभावी परीक्षण–एक सरल वैकल्पिक प्राक्कल्पना $H_1:\theta=\theta_1$ की पृष्ठभूमि में एक सरल प्राक्कल्पना $H_0:\theta=\theta_0$ के परीक्षण की समस्या को देखते हैं–

परिभाषा–क्रांतिक क्षेत्र W, $H_1:\theta=\theta_1$ की पृष्ठभूमि में $H_0:\theta=\theta_0$ के परीक्षण हेतु आकार α (और स्तर α के सर्वाधिक प्रभावी परीक्षण स्वरूप सदृश परीक्षण) का सर्वाधिक प्रभावी क्रांतिक क्षेत्र होता है यदि प्रथम स्थिति को संतुष्ट करके प्रत्येक दूसरे क्रांतिक क्षेत्र W_1 के लिए

$P\left(x\in W\middle|H_0\right)=\alpha$ और $P\left(x\in W\middle|H_1\right)\geq P\left(x\in W_1\middle|H_1\right)$

एकसमानतः सर्वाधिक प्रभावी परीक्षण–अब किसी संयुक्त वैकल्पिक प्राक्कल्पना $H_1:\theta\neq\theta_0$ की पृष्ठभूमि में एक सरल शून्य प्राक्कल्पना $H_0:\theta=\theta_0$ के परीक्षण का

उदाहरण लेते हैं। ऐसे उदाहरण में, एक पूर्वनिर्धारित α के लिए, H_0 हेतु सर्वोत्तम परीक्षण को स्तर α का एकसमानत: परीक्षण कहा जाएगा।

परिभाषा–क्रांतिक क्षेत्र W, $H_1 : \theta \neq \theta_0$ की पृष्ठभूमि में $H_0 : \theta = \theta_0$ के परीक्षण हेतु आकार α (और स्तर α के एकसमानत: सर्वाधिक प्रभावी परीक्षण स्वरूप सदृश परीक्षण) का एकसमानत: सर्वाधिक प्रभावी क्रांतिक क्षेत्र कहा जाता है। यदि सभी $\theta \neq \theta_0$ के लिए $P(x \in W|H_0) = \alpha$ और $P(x \in W|H_1) \geq P(x \in W_1|H_1)$, तो प्रथम स्थिति को संतुष्ट करता दूसरा क्रांतिक क्षेत्र W_1 कुछ भी हो सकता है।

प्रश्न 23. एक प्रसामान्य वितरण से यादृच्छिक न्यादर्शन में माध्य एवं प्रसरण के न्यादर्शन बंटन की व्याख्या कीजिए।

उत्तर– माना $x_1, x_2, ..., x_n$ किसी प्रसामान्य बंटन से प्राप्त एक यादृच्छिक न्यादर्श है जिसका प्रायिकता घनत्व फलन है–

$$f(x)\frac{1}{\sigma.\sqrt{2\pi}}\exp.\left[-{(x-\mu)^2}\Big/{2\sigma^2}\right], -\infty < x < \infty$$

अब, हम क्रमश: $\bar{x}$ और s'^2 द्वारा x के न्यादर्श माध्य और न्यादर्श प्रसरण को दर्शाते हैं।

इस प्रकार, $\bar{x} = \sum_{i=1}^{n} x_i \big/ n$

और $s'^2 = \frac{1}{n-1}\sum_{i=1}^{n}\left(x_1 - \bar{x}\right)^2$ हैं।

$\bar{x}$ और s'^2 के न्यादर्शन बंटन प्राप्त करने के लिए हम $x_1, x_2, ..., x_n$ के संयुक्त प्रायिकता घनत्व फलन से आरंभ करते हैं जो कि इस प्रकार है–

$$\pi_i f(x_i) = \frac{1}{\left(\sigma\sqrt{2\pi}\right)^n}\exp\left[-\sum_i (x_i - \mu)^2 \Big/ 2\sigma^2\right]$$

हम $x_i (i = 1, 2, ..., n)$ से $y_i (i = 1, 2, ..., n)$ तक निम्नलिखित एक-से-एक रूपांतरण करते हैं–

$$y_1 = \frac{\frac{(x_1-\mu)}{\sigma} + \frac{(x_2-\mu)}{\sigma} + ... + \frac{(x_n-\mu)}{\sigma}}{\sqrt{n}},$$

$$y_i = a_{i1}\left(\frac{(x_1-\mu)}{\sigma}\right) + a_{i2}\left(\frac{(x_2-\mu)}{\sigma}\right) + ... + a_{in}\left(\frac{(x_n-\mu)}{\sigma}\right), i = 2,3,...,n \text{ के लिए}$$

जहाँ $(n-1)$, सदिश $(a_{i1}, a_{i2}, ..., a_{in})$ इकाई लंबाई के, परस्पर आयताकार और प्रत्येक सदिश $\left(\frac{1}{\sqrt{n}}, \frac{1}{\sqrt{n}}, ..., \frac{1}{\sqrt{n}}\right)$ के प्रति आयताकार देखा जाता है।

सदिशों का एक ऐसा समुच्चय है–

$$\frac{1}{\sqrt{2}}(1,-1,0,0,...,0,0),$$

$$\frac{1}{\sqrt{6}}(1,1,-2,0,...,0,0),$$

$$\frac{1}{\sqrt{n(n-1)}}(1,1,1,...,1,-(n-1)).$$

रूपांतरण का जैकबी तब J इस प्रकार होगा कि–

$$\frac{1}{J}=\begin{vmatrix} \frac{\partial y_1}{\partial x_1} & \frac{\partial y_1}{\partial x_2} & \cdots & \frac{\partial y_1}{\partial x_n} \\ \frac{\partial y_2}{\partial x_1} & \frac{\partial y_2}{\partial x_2} & \cdots & \frac{\partial y_2}{\partial x_n} \\ \vdots & & & \vdots \\ \frac{\partial y_n}{\partial x_1} & \frac{\partial y_n}{\partial x_2} & \cdots & \frac{\partial y_n}{\partial x_n} \end{vmatrix}=\mp\frac{1}{\sigma^n},$$

जिसका अर्थ है $J=\mp\sigma^n$ तथा $|J|=\sigma^n$

और, $\sum_{i=1}^{n} y_i^2=\sum_{i=1}^{n}(x_i-\mu)^2 \Big/ \sigma^2$

अतः $y_1, y_2, ..., y_n$ का संयुक्त प्रायिकता घनत्व फलन होगा–

$$\frac{1}{\left(\sqrt{2\pi}\right)^n}\exp\left[-\sum_{i=1}^{n} y_i^2 \Big/ 2\right]$$

यह दर्शाता है कि $y_1, y_2, ..., y_n$ स्वतंत्र रूप से और सदृश रूप से बंटित हैं, जहाँ प्रत्येक एक मानक प्रसामान्य चर है।

परंतु $y_1=\frac{1}{\sigma\sqrt{n}}\sum_i(x_i-\mu)=\frac{\sqrt{n}(\bar{x}-\mu)}{\sigma}$, $\bar{x}$ का रेखीय फलन है। चूँकि y_1, एक मानक प्रसामान्य चर है इसलिए $\bar{x}$ माध्य μ और प्रसरण $\frac{\sigma^2}{n}$ वाला एक प्रसामान्य चर होना चाहिए।

इस प्रकार, $\bar{x}$ का प्रायिकता घनत्व फलन होगा–

$$g(\bar{x})=\frac{\sqrt{n}}{\sigma\sqrt{2\pi}}\exp\left[-n(\bar{x}-\mu)^2 \Big/ 2\sigma^2\right], -\infty<\bar{x}<\infty$$

पुन:, $\sum_{i=2}^{n} y_i^2 = \sum_{i=1}^{n} y_i^2 - \overline{y}_i^2$

$= \dfrac{1}{\sigma^2}\left[\sum_{i=1}^{n}(x_i - \mu)^2 - n(\overline{x} - \mu)^2\right]$

$= \dfrac{1}{\sigma^2}\sum_{i=1}^{n}(x_i - \overline{x})^2$

$= \dfrac{(n-1)s'^2}{\sigma^2}.$

अब, चूँकि $\sum_{i=1}^{n} y_i^2$, $(n-1)$ स्वतंत्र मानक प्रसामान्य चरों के वर्गों का योग है इसलिए यह $df = (n-1)$ वाला एक χ^2 है और यह y_1 से स्वतंत्र बंटित होता है। यह इस बात का अनुसरण करता है कि $(n-1)s'^2/\sigma^2$ $df = (n-1)$ वाला एक χ^2 है और $\overline{x}$ से स्वतंत्र है।

अत: s'^2 का प्रायिकता घनत्व फलन है–

$$u(s'^2) = \dfrac{(n-1)^{(n-1)/2}}{(2\sigma^2)^{(n-1)/2}\,\Gamma\left(\dfrac{n-1}{2}\right)} \cdot \exp\left[-(n-1)s'^2/2\sigma^2\right](s'^2)^{n-3/2}, 0 < s'^2 < \infty$$

प्रश्न 24. काई वर्ग परीक्षण की सीमाएँ बताइए।

उत्तर– काई वर्ग परीक्षण की सीमाएँ निम्नलिखित हैं–

(1) काई वर्ग परीक्षण प्रतिदर्श के आकार से प्रभावित होता है। जैसे-जैसे प्रतिदर्श का आकार बढ़ता जाता है वैसे-वैसे अपेक्षित मान का अनुपात कम तथा निरपेक्ष अंतर कम होता जाता है अर्थात् यदि प्रतिदर्श का आकार छोटा है तो भी महत्त्वपूर्ण परिणाम प्राप्त नहीं होंगे।

(2) काई वर्ग परीक्षण छोटी आवृत्तियों (संभावित कोष्ठक में) से भी प्रभावित होता है। सामान्यत: सारणी के कोष्ठक में जब अपेक्षित आवृत्ति 5 से कम हो तो काई वर्ग कई प्रकार के निष्कर्ष निकालता है। यहाँ सामान्य नियम यह है कि यदि–

(क) 2×2 संभावित सारणी के कोष्ठक में अपेक्षित मान 5 से कम हो।

(ख) 2×2 संभावित सारणी में अपेक्षित मान 20 प्रतिशत कोष्ठकों में 5 से कम हो।

तब काई वर्ग परीक्षण लागू नहीं करना चाहिए और यदि काई वर्ग परीक्षण लागू किया जाता है तो कोष्ठक सामूहिकीकरण का उपयोग करना चाहिए।

(3) काई वर्ग परीक्षण में परिकल्पना दिशासूचक नहीं हो सकती है। काई वर्ग परीक्षण इस परिकल्पना का परीक्षण करता है कि दो गुणधर्म अथवा चर आपस में दैव आधार पर संबंधित हैं।

संख्यात्मक प्रश्न

प्रश्न 1. किसी समष्टि में 80% ग्रामीण और 20% शहरी व्यक्ति शामिल हैं। यदि उस समष्टि की संख्या 50,000 है, अपेक्षित प्रतिदर्श आमाप का निर्धारण कीजिए। मान लीजिए वांछनीय परिशुद्धता और विश्वस्यता का स्तर क्रमशः 1% और 99% है।

उत्तर— P_1 = ग्रामीण व्यक्तियों का समानुपात = 0.80 ग्रामीण
P_2 = शहरी व्यक्तियों का समानुपात = 0.20 शहरी
N_1 = ग्रामीण समष्टि आमाप 50,000 × 0.80 = 40,000
N_2 = शहरी समष्टि आमाप 50,000 × 0.20 = 10,000
α = 0.01
z = 2.58 (99% विश्वस्यता स्तर पर)

अपेक्षित समष्टि आमाप है—

$$n_1 = \text{ग्रामीण प्रतिदर्श} = \frac{P_1(1-P_1)}{\dfrac{\alpha^2}{z^2} + \dfrac{P_1(1-P_1)}{N_1}}$$

$$= \frac{0.80(1-0.80)}{\dfrac{(0.01)^2}{(2.58)^2} + \dfrac{0.80(1-0.80)}{40,000}}$$

$$= \frac{0.80(.20)}{\dfrac{0.0001}{6.6564} + \dfrac{0.80(0.20)}{40,000}}$$

$$= \frac{0.16}{0.000015 + \dfrac{0.16}{40,000}}$$

$$= \frac{0.16}{0.000015 + 0.000004} = 8421.05$$

अथवा, हम लिख सकते हैं, 8421

$$n_2 = \text{शहरी प्रतिदर्श} = \frac{P_2(1-P_2)}{\dfrac{\alpha^2}{z^2} + \dfrac{P_2(1-P_2)}{N_2}}$$

$$= \frac{0.20(1-0.20)}{\dfrac{(0.01)^2}{(2.58)^2} + \dfrac{0.20(1-0.20)}{10,000}} = \frac{0.20(0.80)}{\dfrac{0.0001}{6.6564} + \dfrac{0.20(0.80)}{10,000}}$$

$$= \frac{0.16}{0.000015 + \frac{0.16}{10,000}}$$

$$= \frac{0.16}{0.000015 + 0.000016}$$

$$= \frac{0.16}{0.000031} = 5161.29$$

अथवा, हम लिख सकते हैं, 5161

अतः हमें 8421 + 5161 = 13582 इकाइयों के आमाप का प्रतिदर्श चाहिए।

प्रश्न 2. किन्हीं परिवारों की औसतन आय जानने के लिए, कोई अध्ययन करने की योजना बनाई जाती है। यदि परिवारों का मानक विचलन 2.5 और समष्टि संख्या 10,000 हो तो अपेक्षित प्रतिदर्श आमाप का निर्धारण कीजिए। मान लीजिए इष्ट परिशुद्धता और विश्वस्यता के स्तर क्रमशः 5% और 95% हैं।

उत्तर– P_1 = आय का मानक विचलन है = 2.5

N_1 = परिवारों की संख्या हैं = 10,000

α = 0.05

z = 1.96 (95% विश्वस्यता के स्तर पर)

अपेक्षित प्रतिदर्श आमाप है–

$$n_1 = \frac{P_1^2}{\frac{\alpha^2}{z^2} + \frac{P_1^2}{N_1}}$$

$$= \frac{(2.5)^2}{\frac{(0.05)^2}{(1.96)^2} + \frac{(2.5)^2}{10,000}}$$

$$= \frac{6.25}{\frac{0.0025}{3.8416} + \frac{6.25}{10,000}}$$

$$= \frac{6.25}{0.000651 + 0.000625}$$

$$= \frac{6.25}{0.001276} = 4898$$

प्रश्न 3. कोई पेपर कंपनी अनुमान लगाना चाहती है कि नई मशीन पर एक रीम पेपर बनाने में औसतन कितना समय लगता है। 36 रिमों का यादृच्छिक प्रतिदर्श दर्शाता है कि एक रिम पेपर औसतन 1.5 मिनट में बनता है। समष्टि मानक विचलन 0.30 मिनट है। 95% विश्वस्यता स्तर पर अंतराल आकल निर्मित कीजिए।

उत्तर– प्राप्त जानकारी के आधार पर

$\bar{x} = 1.5, \sigma = 0.30$ और $n = 36$

चूँकि $n = 36 (>30)$, यहाँ प्रतिदर्श को बड़ा प्रतिदर्श माना गया है और इसी आधार पर $\bar{x}$ प्रसामान्य रूप से बंटित है और इसका माध्य μ और मानक त्रुटि $\frac{\sigma}{\sqrt{n}}$ है।

$$\frac{\sigma}{\sqrt{n}} = \frac{0.30}{\sqrt{30}} = 0.05$$

95% विश्वस्यता अंतराल इस प्रकार होगा,

$$\bar{x} - 1.96 \frac{\sigma}{\sqrt{n}} \leq \mu \leq \bar{x} + 1.96 \frac{\sigma}{\sqrt{n}}$$

अथवा $1.5 - 1.96 \times 0.05 \leq \mu \leq 1.5 + 1.96 \times 0.05$

अर्थात् $1.402 \leq \mu \leq 1.598$

अत: यदि 95% विश्वस्यता स्तर है तो हम कह सकते हैं कि नई मशीन के लिए औसतन उत्पादन समय 1.402 मिनट और 1.598 मिनट के बीच होगा। यहाँ 1.402 निम्न विश्वस्यता सीमा है और 1.598 उच्च विश्वस्यता सीमा है।

प्रश्न 4. दवा की गोली में एस्प्रीन की औसतन 10 मि.ग्रा. मात्रा शामिल है। 100 गोलियों का यादृच्छिक प्रतिदर्श 10.2 मि.ग्रा. मात्रा का माध्य एस्प्रीन दर्शाता है और मानक विचलन 1.4 मि.ग्रा. है। क्या 0.05 सार्थकता के स्तर पर आप निष्कर्ष निकाल सकते हैं कि माध्य एस्प्रीन की मात्रा वास्तव में 10 मि.ग्रा. ही है?

उत्तर– यहाँ निराकरणीय परिकल्पना है: $H_0 : \mu = 10$

अस्वीकृत क्षेत्र, 10 मि.ग्रा. के दोनों तरफ है। अत: यहाँ द्वि-पुच्छ परीक्षण करना होगा और $H_A : \mu \neq 10$

इसके अलावा प्रतिदर्श माध्य $\bar{x} = 10.2$ है और प्रतिदर्श आकार $n = 100$ चूँकि समष्टि मानक विचलन अज्ञात है, इसलिए इसका अनुमान हम प्रतिदर्श मानक विचलन s से लगाते हैं और हमारा परीक्षण प्रतिदर्शज है : $z = \frac{|\bar{x} - \mu|}{s/\sqrt{n}}$ प्रतिदर्श से प्रासंगिक मानों को लागू करके, हम प्राप्त करते हैं–

$$z = \frac{|\bar{x} - \mu|}{\frac{s}{\sqrt{n}}} = \frac{|10.2 - 10|}{\frac{1.4}{\sqrt{100}}} = 1.43$$

5% की सार्थकता के स्तर पर z का निर्णायक मान 1.96 है। z का मान, जिसकी प्राप्ति हमने की है, 1.96 से कम है। इसलिए हम निराकरणीय परिकल्पना को अस्वीकृत नहीं कर सकते। अत: एस्प्रीन का माध्य स्तर 10 मि.ग्रा. है।

प्रश्न 5. कोई बैंक दिल्ली और कोलकाता के अपने ग्राहकों की औसत बचत का पता लगाना चाहता है। दिल्ली के 250 खातों के प्रतिदर्श से ₹22,500 की औसत बचत का पता चलता है जबकि कोलकाता के 200 खातों के प्रतिदर्श से ₹22,400 की औसत बचत का पता चलता है। यह ज्ञात है कि दिल्ली में बचत का मानक विचलन ₹150 है और कोलकाता में यह ₹200 है। क्या 1 प्रतिशत के सार्थकता स्तर पर हम निष्कर्ष निकाल सकते हैं कि दिल्ली और कोलकाता में ग्राहकों का बैंकिंग व्यवहार एक जैसा है?

उत्तर— इस मामले में निराकरणीय परिकल्पना है: $H_0 : \mu_1 = \mu_2$

और वैकल्पिक परिकल्पना है: $H_A : \mu_1 \neq \mu_2$

सुलभ जानकारी के आधार पर

$\bar{x}_1 = ₹22500$ $\sigma_1 = ₹150$
$\bar{x}_2 = ₹22400$ $\sigma_2 = ₹200$
$n_1 = ₹250$ $n_2 = ₹200$

चूँकि σ_1 और σ_2 हमें ज्ञात हैं, इसलिए हम z-परीक्षण लागू करते हैं—

परीक्षण प्रतिदर्शज है $z = \dfrac{\left|(\bar{x}_1 - \bar{x}_2) - (\mu_1 - \mu_2)\right|}{\sqrt{\dfrac{\sigma_1^2}{n_1} + \dfrac{\sigma_2^2}{n_2}}}$

उपर्युक्त जानकारी का प्रयोग करके, हमें प्राप्त होता है—

$z = \dfrac{|22500 - 22400|}{\sqrt{\dfrac{(150)^2}{250} + \dfrac{(200)^2}{200}}} = \dfrac{100}{90 + 200} = 5.87$

हम पाते हैं कि 1 प्रतिशत की सार्थकता के स्तर पर सारणी से प्राप्त निर्णायक मान 2.58 है।

चूँकि t का प्रेक्षित मान, t के निर्णायक मान से अधिक है, इसलिए निराकरणीय परिकल्पना अस्वीकृत की जाती है और वैकल्पिक परिकल्पना स्वीकार की जाती है। अत: दिल्ली और कोलकाता में ग्राहकों का बैंकिंग व्यवहार अलग-अलग है।

प्रश्न 6. गणित की कोई अध्यापिका, कक्षा X के दो अनुभागों की कार्य प्रगति की तुलना करना चाहती है। वह अनुभाग A में 25 विद्यार्थियों तथा अनुभाग B में 20 विद्यार्थियों को एक जैसा प्रश्न पत्र हल करने के लिए देती है। उसने पाया कि अनुभाग A विद्यार्थियों के अंक 78 हैं। उनका मानक विचलन 4 है। अनुभाग B के विद्यार्थियों के अंक 75 हैं और मानक विचलन 5 है। क्या दोनों अनुभागों में विद्यार्थियों की प्रगति 1 प्रतिशत की सार्थकता के स्तर पर अलग-अलग है?

उत्तर— इस मामले में निराकरणीय परिकल्पना है: $H_0 : \mu_1 = \mu_2$

और वैकल्पिक परिकल्पना है: $H_A : \mu_1 \neq \mu_2$

उपलब्ध जानकारी है—

$\bar{x}_1 = 78$ $\qquad s_1 = 4$

$\bar{x}_2 = 75$ $\qquad s_2 = 5$

$n_1 = 25$ $\qquad n_2 = 20$

चूँकि σ_1 और σ_2 अज्ञात हैं और प्रतिदर्शों का आकार छोटा है, इसलिए हम t-परीक्षण लागू करते हैं।

$$t = \frac{\left|(\bar{x}_1 - \bar{x}_2) - (\mu_1 - \mu_2)\right|}{\sqrt{\frac{s_1^2}{n_1} + \frac{s_2^2}{n_2}}} = \frac{|78 - 75|}{\sqrt{\frac{(4)^2}{25} + \frac{(5)^2}{20}}} = \frac{3}{1.37} = 2.18$$

इस मामले में स्वतंत्रता की कोटियाँ हैं: 25 + 20 − 2 = 43

सारणी से पता चलता है कि 43 स्वतंत्रता की कोटियों के लिए 1 प्रतिशत की सार्थकता के स्तर पर t का मान 2.69 है।

चूँकि t का निर्णायक मान, t के प्रेक्षित मान से कम है, इसलिए हम निराकरणीय परिकल्पना को अस्वीकृत करते हैं और वैकल्पिक परिकल्पना को स्वीकृत करते हैं। इसलिए गणित में कार्य प्रगति के संदर्भ में अनुभाग A के विद्यार्थी अनुभाग B से भिन्न हैं।

प्रश्न 7. एक टी.वी. चैनल का कार्यक्रम प्रबंधक यह जानना चाहता है कि पुरुष एवं महिला दर्शकों के बीच उनके द्वारा देखे जाने वाले कार्यक्रमों के आधार पर अंतर है या नहीं। इस हेतु एक सर्वे करवाया गया तथा निम्न परिणाम प्राप्त किए गए—

टी.वी. कार्यक्रम के प्रकार	दर्शकों के प्रकार		
	पुरुष	महिला	योग
समाचार	30	10	40
धारावाहिक	20	40	60
योग	50	50	100

χ^2 सांख्यिकी ज्ञात करें तथा ये भी ज्ञात करें कि देखे जाने वाले कार्यक्रम दर्शकों के लिंग से हैं या नहीं, महत्त्व का स्तर 0.01 प्रतिशत लें?

उत्तर— यहाँ अशक्त एवं वैकल्पिक परिकल्पना निम्न हैं—

H_0 : दर्शकों का लिंग एवं टी.वी. कार्यक्रम स्वतंत्र है। पुरुष दर्शक तथा महिला दर्शक में कोई संबंध नहीं है।

H_1 : टी.वी. कार्यक्रम पर तथा दर्शकों का लिंग स्वतंत्र नहीं है।

नीचे दी गई तालिका में अपेक्षित आवृत्तियाँ दी गई हैं–

टी.वी. कार्यक्रम के प्रकार	दर्शकों के प्रकार (लिंग)		
	पुरुष	महिला	योग
समाचार	(40×50)/100 = 20	(40×50)/100 = 20	40
धारावाहिक	(60×50)/100 = 30	(60×50)/100 = 30	60
योग	50	50	100

नीचे दी गई तालिका से χ^2 का मान ज्ञात किया जा सकता है।

अनुरूप और प्रत्याशित आवृत्तियों को पुनः व्यवस्थित कर χ^2 का मान

(पंक्ति, स्तंभ)	अनुरूप आवृत्तियाँ (O_i)	प्रत्याशित आवृत्तियाँ (E_i)	$(O_i - E_i)$	$(O_i - E_i)^2$	$(O_i - E_i)^2/E_i$
(1, 1)	30	20	10	100	5.00
(2, 1)	20	30	–10	100	3.33
(1, 2)	10	20	–10	100	5.00
(2, 2)	40	30	10	100	3.33
					$\chi^2 = 16.66$

चूँकि संभावित सारणी (2 × 2) है अतः स्वतंत्रता का स्तर $(r-1) \times (c-1) = (2-1) \times (2-1) = 1 \times 1$ है। अतः स्वतंत्रता के स्तर = 1 तथा महत्त्व के स्तर 0.10 के आधार पर सारणी से मान 2.706 है, चूँकि परिगणित χ^2 का मान 16.66, सारणी के मान 2.706 से अधिक है अतः अशक्त परिकल्पना को अस्वीकृत कर दिया जाता है तथा सारांश यह होगा कि दर्शकों के लिंग पर देखे जाने वाले कार्यक्रम का प्रकार निर्भर करता है।

प्रश्न 8. काई वर्ग का सारणी मान बताइए यदि–
  (i) 8 स्वतंत्रता का स्तर तथा महत्त्व का स्तर 1 प्रतिशत हो।
  (ii) 13 स्वतंत्रता का स्तर तथा महत्त्व का स्तर 5 प्रतिशत हो।
  (iii) 6 स्वतंत्रता का स्तर तथा महत्त्व का स्तर 0.20 प्रतिशत हो।

उत्तर– (i) 20.090
(ii) 22.362
(iii) 8.558

प्रश्न 9. कोई तंबाकू-बिक्री वाली कंपनी का दावा है कि धूम्रपान और फेफड़ों के रोगों के बीच कोई संबंध नहीं है। इस बात का पता लगाने के लिए हमारे पास निम्नलिखित प्रेक्षित प्रतिदर्श हैं–

	फेफड़ों के रोग वाले	गैर-फेफड़ों के रोग वाले	कुल
धूमकर (Smokers)	80	105	185
गैर धूमकर (Non smokers)	20	95	115
कुल (Total)	100	200	300

पता लगाइए कि क्या कंपनी के दावे सही हैं या नहीं।

उत्तर– हम निराकरणीय परिकल्पना करते हैं कि धूम्रपान और फेफड़ों के रोगों के बीच कोई संबंध नहीं है। χ^2 प्रशिक्षण लागू करने पर हम पाएँगे–

$$E_{11} = \frac{R_1C_1}{N} = \frac{185 \times 100}{300} = 61.67$$

$$E_{12} = \frac{R_1C_2}{N} = \frac{185 \times 200}{300} = 123.33$$

$$E_{21} = \frac{R_2C_1}{N} = \frac{115 \times 100}{300} = 38.33$$

$$E_{22} = \frac{R_2R_2}{N} = \frac{115 \times 200}{300} = 76.67$$

यहाँ प्रत्येक कोष्ठिका के लिए प्रत्याशित बारंबारता को सारणी में प्रस्तुत किया है–

61.67	123.33	185
38.33	76.67	115
100	200	300

O	E	$(O-E)^2$	$(O-E)^2/E$
80	61.67	335.99	5.45
20	38.33	335.99	8.77
105	123.33	335.99	2.72
95	76.67	335.99	4.38
			$\frac{\Sigma(O-E)^2}{E} = 21.32$

प्रेक्षित बारंबारता को सगंत बारंबारता के साथ सारणी में स्थापित करने पर–

$$\chi^2 = \frac{\Sigma(O-E)^2}{E} = 21.32$$

स्वतंत्रता की कोटि = (r – 1) (c – 1) = (2 – 1) (2 – 1) = 1

1 स्वतंत्रता की कोटि के लिए, χ^2 0.05 = 3.84

1 स्वतंत्रता की कोटि के लिए, 5% के सार्थकता के स्तर पर सारणी के χ^2 का निर्णायक मान 3.84 होगा।

चूँकि χ^2 का अनुमानित मान (21.32), सारणी के मान (3.84) से काफी अधिक है। अतः हम निराकरणीय परिकल्पना को अस्वीकृत करते हैं। अतः निष्कर्ष निकलता है कि धूम्रपान और फेफड़ों के रोगों में संबंध हैं। अतः कंपनी के दावे सही नहीं हैं।

Appendix Tables

Table (A): Binomial Distribution

		p																			
n	**r**	**.01**	**.05**	**.10**	**.15**	**.20**	**.25**	**.30**	**.35**	**.40**	**.45**	**.50**	**.55**	**.60**	**.65**	**.70**	**.75**	**.80**	**.85**	**.90**	**.95**
2	0	.980	.902	.810	.723	.640	.563	.490	.423	.360	.303	.250	.203	.160	.123	.090	.063	.040	.023	.010	.002
	1	.020	.095	.180	.255	.320	.375	.420	.455	.480	.495	.500	.495	.480	.455	.420	.375	.320	.255	.180	.095
	2	.000	.002	.010	.023	.040	.063	.090	.123	.160	.203	.250	.303	.360	.423	.490	.563	.640	.723	.810	.902
3	0	.970	.857	.729	.614	.512	.422	.343	.275	.216	.166	.125	.091	.064	.043	.027	.016	.008	.003	.001	.000
	1	.029	.135	.243	.325	.384	.422	.441	.444	.432	.408	.375	.334	.288	.239	.189	.141	.096	.057	.027	.007
	2	.000	.007	.027	.057	.096	.141	.189	.239	.288	.334	.375	.408	.432	.444	.441	.422	.384	.325	.243	.135
	3	.000	.000	.001	.003	.008	.016	.027	.043	.064	.091	.125	.166	.216	.275	.343	.422	.512	.614	.729	.857
4	0	.961	.815	.656	.522	.410	.316	.240	.179	.130	.092	.062	.041	.026	.015	.008	.004	.002	.001	.000	.000
	1	.039	.171	.292	.368	.410	.422	.412	.384	.346	.300	.250	.200	.154	.112	.076	.047	.026	.011	.004	.000
	2	.001	.014	.049	.098	.154	.211	.265	.311	.346	.368	.375	.368	.346	.311	.265	.211	.154	.098	.049	.014
	3	.000	.000	.004	.011	.026	.047	.076	.112	.154	.200	.250	.300	.346	.384	.412	.422	.410	.368	.292	.171
	4	.000	.000	.000	.001	.002	.004	.008	.015	.026	.041	.062	.092	.130	.179	.240	.316	.410	.522	.656	.815
5	0	.951	.774	.590	.444	.328	.237	.168	.116	.078	.050	.031	.019	.010	.005	.002	.001	.000	.000	.000	.000
	1	.048	.204	.328	.392	.410	.396	.360	.312	.259	.206	.156	.113	.077	.049	.028	.015	.006	.002	.000	.000
	2	.001	.021	.073	.138	.205	.264	.309	.336	.346	.337	.312	.276	.230	.181	.132	.088	.051	.024	.008	.001
	3	.000	.001	.008	.024	.051	.088	.132	.181	.230	.276	.312	.337	.346	.336	.309	.264	.205	.138	.073	.021
	4	.000	.000	.000	.002	.006	.015	.028	.049	.077	.113	.156	.206	.259	.312	.360	.396	.410	.392	.328	.204
	5	.000	.000	.000	.000	.000	.001	.002	.005	.010	.019	.031	.050	.078	.116	.168	.237	.328	.444	.590	.774
6	0	.941	.735	.531	.377	.262	.178	.118	.075	.047	.028	.016	.008	.004	.002	.001	.000	.000	.000	.000	.000
	1	.057	.232	.354	.399	.393	.356	.303	.244	.187	.136	.094	.061	.037	.020	.010	.004	.002	.000	.000	.000
	2	.001	.031	.098	.176	.246	.297	.324	.328	.311	.278	.234	.186	.138	.095	.060	.033	.015	.006	.001	.000
	3	.000	.002	.015	.042	.082	.132	.185	.236	.276	.303	.312	.303	.276	.236	.185	.132	.082	.042	.015	.002

contd.

		p																			
n	r	.01	.05	.10	.15	.20	.25	.30	.35	.40	.45	.50	.55	.60	.65	.70	.75	.80	.85	.90	.95
6	4	.000	.000	.001	.006	.015	.033	.060	.095	.138	.186	.234	.278	.311	.328	.324	.297	.246	.176	.098	.031
	5	.000	.000	.000	.000	.002	.004	.010	.020	.037	.061	.094	.136	.187	.244	.303	.356	.393	.399	.354	.232
	6	.000	.000	.000	.000	.000	.000	.001	.002	.004	.008	.016	.028	.047	.075	.118	.178	.262	.377	.531	.735
7	0	.932	.698	.478	.321	.210	.133	.082	.049	.028	.015	.008	.004	.002	.001	.000	.000	.000	.000	.000	.000
	1	.066	.257	.372	.396	.367	.311	.247	.185	.131	.087	.055	.032	.017	.008	.004	.001	.000	.000	.000	.000
	2	.002	.041	.124	.210	.275	.311	.318	.299	.261	.214	.164	.117	.077	.047	.025	.012	.004	.001	.000	.000
	3	.000	.004	.023	.062	.115	.173	.227	.268	.290	.292	.273	.239	.194	.144	.097	.058	.029	.011	.003	.000
	4	.000	.000	.003	.011	.029	.058	.097	.144	.194	.239	.273	.292	.290	;268	.227	.173	.115	.062	.023	.004
	5	.000	.000	.000	.001	.004	.012	.025	.047	.077	.117	.164	.214	.261	.299	.318	.311	.275	.210	.124	.041
	6	.000	.000	.000	.000	.000	.001	.004	.008	.017	.032	.055	.087	.131	.185	.247	.311	.367	.396	.372	.257
	7	.000	.000	.000	.000	.000	.000	.000	.001	.002	.004	.008	.015	.028	.049	.082	.133	.210	.321	.478	.698
8	0	.923	.663	.430	.272	.168	.100	.058	.032	.017	.008	.004	.002	.001	.000	.000	.000	.000	.000	.000	.000
	1	.075	.279	.383	.385	.336	.267	.198	.137	.090	.055	.031	.016	.008	.003	.001	.000	.000	.000	.000	.000
	2	.003	.051	.149	.238	.294	.311	.296	.259	.209	.157	.109	.070	.041	.022	.010	.004	.001	.000	.000	.000
	3	.000	.005	.033	.084	.147	.208	.254	.279	.279	.257	.219	.172	.124	.081	.047	.023	.009	.003	.000	.000
	4	.000	.000	.005	:018	.046	.087	.136	.188	.232	.263	.273	.263	.232	.188	.136	.087	.046	.018	.005	.000
	5	.000	.000	.000	.003	.009	.023	.047	.081	.124	.172	.219	.257	.279	.279	.254	.208	.147	.084	.033	.005
	6	.000	.000	.000	.000	.001	.004	.010	.022	.041	.070	.109	.157	.209	.259	.296	.311	.294	.238	.149	.051
	7	.000	.000	.000	.000	.000	.000	.001	.003	.008	.016	.031	.055	.090	.137	.198	.267	.336	.385	.383	.279
	8	.000	.000	.000	.000	.000	000	.000	.000	.001	.002	.004	.008	.017	.032	.058	.100	.168	.272	.430	.663
9	0	.914	.630	.387	.232	.134	.075	.040	.021	.010	.005	.002	.001	.000	.000	.000	.000	.000	.000	.000	.000
	1	.083	.299	.387	.368	.302	.225	.156	.100	.060	.034	.018	.008	.004	.001	.000	.000	.000	.000	.000	.000

contd.

Appendix Tables 355

		p																			
n	r	.01	.05	.10	.15	.20	.25	.30	.35	.40	.45	.50	.55	.60	.65	.70	.75	.80	.85	.90	.95
9	2	.003	.063	.172	.260	.302	.300	.267	.216	.161	.111	.070	.041	.021	.010	.004	.001	.000	.000	.000	.000
	3	.000	.008	.045	.107	.176	.234	.267	.272	.251	.212	.164	.116	.074	.042	.021	.009	.003	.001	.000	.000
	4	.000	.001	.007	.028	.066	.117	.172	.219	.251	.260	.246	.213	.167	.118	.074	.039	.017	.005	.001	.000
	5	.000	.000	.001	.005	.017	.039	.074	.118	.167	.213	.246	.260	.251	.219	.172	.117	.066	.028	.007	.001
	6	.000	.000	.000	.001	.003	.009	.021	.042	.074	.116	.164	.212	.251	.272	.267	.234	.176	.107	.045	.008
	7	.000	.000	.000	.000	.000	.001	.004	.010	.021	.041	.070	.111	.161	.216	.267	.300	.302	.260	.172	.063
	8	.000	.000	.000	.000	.000	.000	.000	.001	.004	.008	.018	.034	.060	.100	.156	.225	.302	.368	.387	.299
	9	.000	.000	.000	.000	.000	.000	.000	.000	.000	.001	.002	.005	.010	.021	.040	.075	.134	.232	.387	.630
10	0	.904	.599	.349	.197	.107	.056	.028	.014	.006	.003	.001	.000	.000	.000	.000	.000	.000	.000	.000	.000
	1	.091	.315	.387	.347	.268	.188	.121	.072	.040	.021	.010	.004	.002	.000	.000	.000	.000	.000	.000	.000
	2	.004	.075	.194	.276	.302	.282	.233	.176	.121	.076	.044	.023	.011	.004	.001	.000	.000	.000	.000	.000
	3	.000	.010	.057	.130	.201	.250	.267	.252	.215	.166	.117	.075	.042	.021	.009	.003	.001	.000	.000	.000
	4	.000	.001	.011	.040	.088	.146	.200	.238	.251	.238	.205	.160	.111	.069	.037	.016	.006	.001	.000	.000
	5	.000	.000	.001	.008	.026	.058	.103	.154	.201	.234	.246	.234	.201	.154	.103	.058	.026	.008	.001	.000
	6	.000	.000	.000	.001	.006	.016	.037	.069	.111	.160	.205	.238	.251	.238	.200	.146	.088	.040	.011	.001
	7	.000	.000	.000	.000	.001	.003	.009	.021	.042	.075	.117	.166	.215	.252	.267	.250	.201	.130	.057	.010
	8	.000	.000	.000	.000	.000	.000	.001	.004	.011	.023	.044	.076	.121	.176	.233	.282	.302	.276	.194	.07.
	9	.000	.000	.000	.000	.000	.000	.000	.000	.002	.004	.010	.021	.040	.072	.121	.188	.268	.347	.387	.315
	10	.000	.000	.000	.000	.000	.000	.000	.000	.000	.000	.001	.003	.006	.014	.028	.056	.107	.197	.349	.599
11	0	.895	.569	.314	.167	.086	.042	.020	.009	.004	.001	.000	.000	.000	.000	.000	.000	.000	.000	.000	.000
	1	.099	.329	.384	.325	.236	.155	.093	.052	.027	.013	.005	.002	.001	.000	.000	.000	.000	.000	.000	.000
	2	.005	.087	.213	.287	.295	.258	.200	.140	.089	.051	.027	.013	.005	.002	.001	.000	.000	.000	.000	.000

contd.

		p																			
n	**r**	**.01**	**.05**	**.10**	**.15**	**.20**	**.25**	**.30**	**.35**	**.40**	**.45**	**.50**	**.55**	**.60**	**.65**	**.70**	**.75**	**.80**	**.85**	**.90**	**.95**
11	3	.000	.014	.071	.152	.221	.258	.257	.225	.177	.126	.081	.046	.023	.010	.004	.001	.000	.000	.000	.000
	4	.000	.001	.016	.054	.111	.172	.220	.243	.236	.206	.161	.113	.070	.038	.017	.006	.002	.000	.000	.000
	5	.000	.000	.002	.013	.039	.080	.132	.183	.221	.236	.226	.193	.147	.099	.057	.027	.010	.002	.000	.000
	6	.000	.000	.000	.002	.010	.027	.057	.099	.147	.193	.226	.236	.221	.183	.132	.080	.039	.013	.002	.000
	7	.000	.000	.000	.000	.002	.006	.017	.038	.070	.113	.161	.206	.236	.243	.220	.172	.111	.054	.016	.001
	8	.000	.000	.000	.000	.000	.001	.004	.010	.023	.046	.081	.126	.177	.225	.257	.258	.221	.152	.071	.014
	9	.000	.000	.000	.000	.000	.000	.001	.002	.005	.013	.027	.051	.089	.140	.200	.258	.295	.287	.213	.087
	10	.000	.000	.000	.000	.000	.000	.000	.000	.001	.002	.005	.013	.027	.052	.093	.155	.236	.325	.384	.329
	11	.000	.000	.000	.000	.000	.000	.000	.000	.000	.000	.000	.001	.004	.009	.020	.042	.086	.167	.314	.569
12	0	.886	.540	.282	.142	.069	.032	.014	.006	.002	.001	.000	.000	.000	.000	.000	.000	.000	.000	.000	.000
	1	.107	.341	.377	.301	.206	.127	.071	.037	.017	.008	.003	.001	.000	.000	.000	.000	.000	.000	.000	.000
	2	.006	.099	.230	.292	.283	.232	.168	.109	.064	.034	.016	.007	.002	.001	.000	.000	.000	.000	.000	.000
	3	.000	.017	.085	.172	.236	.258	.240	.195	.142	.092	.054	.028	.012	.005	.001	.000	.000	.000	.000	.000
	4	.000	.002	.021	.068	.133	.194	.231	.237	.213	.170	.121	.076	.042	.020	.008	.002	.001	.000	.000	.000
	5	.000	.000	.004	.019	.053	.103	.158	.204	.227	.223	.193	.149	.101	.059	.029	.011	.003	.001	.000	.000
	6	.000	.000	.000	.004	.016	.040	.079	.128	.177	.212	.226	.212	.177	.128	.079	.040	.016	.004	.000	.000
	7	.000	.000	.000	.001	.003	.011	.029	.059	.101	.149	.193	.223	.227	.204	.158	.103	.053	.019	.004	.000
	8	.000	.000	.000	.000	.001	.002	.008	.020	.042	.076	.121	.170	.213	.237	.231	.194	.133	.068	.021	.002
	9	.000	.000	.000	.000	.000	.000	.001	.005	.012	.028	.054	.092	.142	.195	.240	.258	.236	.172	.085	.017
	10	.000	.000	.000	.000	.000	.000	.000	.001	.002	.007	.016	.034	.064	.109	.168	.232	.283	.292	.230	.099
	11	.000	.000	.000	.000	.000	.000	.000	.000	.000	.001	.003	.008	.017	.037	.071	.127	.206	.301	.377	.341
	12	.000	.000	.000	.000	.000	.000	.000	.000	.000	.000	.000	.001	.002	.006	.014	.032	.069	.142	.282	.540

contd.

		p																			
n	r	.01	.05	.10	.15	.20	.25	.30	.35	.40	.45	.50	.55	.60	.65	.70	.75	.80	.85	.90	.95
15	0	.860	.463	.206	.087	.035	.013	.005	.002	.000	.000	.000	.000	.000	.000	.000	.000	.000	.000	.000	.000
	1	.130	.366	.343	.231	.132	.067	.031	.013	.005	.002	.000	.000	.000	.000	.000	.000	.000	.000	.000	.000
	2	.009	.135	.267	.286	.231	.156	.092	.048	.022	.009	.003	.001	.000	.000	.000	.000	.000	.000	.000	.000
	3	.000	.031	.129	.218	.250	.225	.170	.111	.063	.032	.014	.005	.002	.000	.000	.000	.000	.000	.000	.000
	4	.000	.005	.043	.116	.188	.225	.219	.179	.127	.078	.042	.019	.007	.002	.001	.000	.000	.000	.000	.000
	5	.000	.001	.010	.045	.103	.165	.206	.212	.186	.140	.092	.051	.024	.010	.003	.001	.000	.000	.000	.000
	6	.000	.000	.002	.013	.043	.092	.147	.191	.207	.191	.153	.105	.061	.030	.012	.003	.001	.000	.000	.000
	7	.000	.000	.000	.003	.014	.039	.081	.132	.177	.201	.196	.165	.118	.071	.035	.013	.003	.001	.000	.000
	8	.000	.000	.000	.001	.003	.013	.035	.071	.118	.165	.196	.201	.177	.132	.081	.039	.014	.003	.000	.000
	9	.000	.000	.000	.000	.001	.003	.012	.030	.061	.105	.153	.191	.207	.191	.147	.092	.043	.013	.002	.000
	10	.000	.000	.000	.000	.000	.001	.003	.010	.024	.051	.092	.140	.186	.212	.206	.165	.103	.045	.010	.001
	11	.000	.000	.000	.000	.000	.000	.001	.002	.007	.019	.042	.078	.127	.179	.219	.225	.188	.116	.043	.005
	12	.000	.000	.000	.000	.000	.000	.000	.000	.002	.005	.014	.032	.063	.111	.170	.225	.250	.218	.129	.031
	13	.000	.000	.000	.000	.000	.000	.000	.000	.000	.001	.003	.009	.022	.048	.092	.156	.231	.286	.267	.135
	14	.000	.000	.000	.000	.000	.000	.000	.000	.000	.000	.000	.002	.005	.013	.031	.067	.132	.231	.343	.366
	15	.000	.000	.000	.000	.000	.000	.000	.000	.000	.000	.000	.000	.000	.002	.005	.013	.035	.087	.206	.463
16	0	.851	.440	.185	.074	.028	.010	.003	.001	.000	.000	.000	.000	.000	.000	.000	.000	.000	.000	.000	.000
	1	.138	.371	.329	.210	.113	.053	.023	.009	.003	.001	.000	.000	.000	.000	.000	.000	.000	.000	.000	.000
	2	.010	.146	.275	.277	.211	.134	.073	.035	.015	.006	.002	.001	.000	.000	.000	.000	.000	.000	.000	.000
	3	.000	.036	.142	.229	.246	.208	.146	.089	.047	.022	.009	.003	.001	.000	.000	.000	.000	.000	.000	.000
	4	.000	.006	.051	.131	.200	.225	.204	.155	.101	.057	.028	.011	.004	.001	.000	.000	.000	.000	.000	.000
	5	.000	.001	.014	.056	.120	.180	.210	.201	.162	.112	.067	.034	.014	.005	.001	.000	.000	.000	.000	.000

contd.

		p																			
n	r	.01	.05	.10	.15	.20	.25	.30	.35	.40	.45	.50	.55	.60	.65	.70	.75	.80	.85	.90	.95
16	6	.000	.000	.003	.018	.055	.110	.165	.198	.198	.168	.122	.075	.039	.017	.006	.001	.000	.000	.000	.000
	7	.000	.000	.000	.005	.020	.052	.101	.152	.189	.197	.175	.132	.084	.044	.019	.006	.001	.000	.000	.000
	8	.000	.000	.000	.001	.006	.020	.049	.092	.142	.181	.196	.181	.142	.092	.049	.020	.006	.001	.000	.000
	9	.000	.000	.000	.000	.001	.006	.019	.044	.084	.132	.175	.197	.189	.152	.101	.052	.020	.005	.000	.000
	10	.000	.000	.000	.000	.000	.001	.006	.017	.039	.075	.122	.168	.198	.198	.165	.110	.055	.018	.003	.000
	11	.000	.000	.000	.000	.000	.000	.001	.005	.014	.034	.067	.112	.162	.201	.210	.180	.120	.056	.014	.001
	12	.000	.000	.000	.000	.000	.000	.000	.001	.004	.011	.028	.057	.101	.155	.204	.225	.200	.131	.051	.006
	13	.000	.000	.000	.000	.000	.000	.000	.000	.001	.003	.009	.022	.047	.089	.146	.208	.246	.229	.142	.036
	14	.000	.000	.000	.000	.000	.000	.000	.000	.000	.001	.002	.006	.015	.035	.073	.134	.211	.277	.275	.146
	15	.000	.000	.000	.000	.000	.000	.000	.000	.000	.000	.000	.001	.003	.009	.023	.053	.113	.210	.329	.371
	16	.000	.000	.000	.000	.000	.000	.000	.000	.000	.000	.000	.000	.000	.001	.003	.010	.028	.074	.185	.440
20	0	.818	.358	.122	.039	.012	.003	.001	.000	.000	.000	.000	.000	.000	.000	.000	.000	.000	.000	.000	.000
	1	.165	.377	.270	.137	.058	.021	.007	.002	.000	.000	.000	.000	.000	.000	.000	.000	.000	.000	.000	.000
	2	.016	.189	.285	.229	.137	.067	.028	.010	.003	.001	.000	.000	.000	.000	.000	.000	.000	.000	.000	.000
	3	.001	.060	.190	.243	.205	.134	.072	.032	.012	.004	.001	.000	.000	.000	.000	.000	.000	.000	.000	.000
	4	.000	.013	.090	.182	.218	.190	.130	.074	.035	.014	.005	.001	.000	.000	.000	.000	.000	.000	.000	.000
	5	.000	.002	.032	.103	.175	.202	.179	.127	.075	.036	.015	.005	.001	.000	.000	.000	.000	.000	.000	.000
	6	.000	.000	.009	.045	.109	.169	.192	.171	.124	.075	.037	.015	.005	.001	.000	.000	.000	.000	.000	.000
	7	.000	.000	.002	.016	.055	.112	.164	.184	.166	.122	.074	.037	.015	.005	.001	.000	.000	.000	.000	.000
	8	.000	.000	.000	.005	.022	.061	.114	.161	.180	.162	.120	.073	.035	.014	.004	.001	.000	.000	.000	.000
	9	.000	.000	.000	.001	.007	.027	.065	.116	.160	.177	.160	.119	.071	.034	.012	.003	.000	.000	.000	.000
	10	.000	.000	.000	.000	.002	.010	.031	.069	.117	.159	.176	.159	.117	.069	.031	.010	.002	.000	.000	.000

contd.

		p																			
n	r	.01	.05	.10	.15	.20	.25	.30	.35	.40	.45	.50	.55	.60	.65	.70	.75	.80	.85	.90	.95
20	11	.000	.000	.000	.000	.000	.003	.012	.034	.071	.119	.160	.177	.160	.116	.065	.027	.007	.001	.000	.000
	12	.000	.000	.000	.000	.000	.001	.004	.014	.035	.073	.120	.162	.180	.161	.114	.061	.022	.005	.000	.000
	13	.000	.000	.000	.000	.000	.000	.001	.005	.015	.037	.074	.122	.166	.184	.164	.112	.055	.016	.002	.000
	14	.000	.000	.000	.000	.000	.000	.000	.001	.005	.015	.037	.075	.124	.171	.192	.169	.109	.045	.009	.000
	15	.000	.000	.000	.000	.000	.000	.000	.000	.001	.005	.015	.036	.075	.127	.179	.202	.175	.103	.032	.002
	16	.000	.000	.000	.000	.000	.000	.000	.000	.000	.001	.005	.014	.035	.074	.130	.190	.218	.182	.090	.013
	17	.000	.000	.000	.000	.000	.000	.000	.000	.000	.000	.001	.004	.012	.032	.072	.134	.205	.243	.190	.060
	18	.000	.000	.000	.000	.000	.000	.000	.000	.000	.000	.000	.001	.003	.010	.028	.067	.137	.229	.285	.189
	19	.000	.000	.000	.000	.000	.000	.000	.000	.000	.000	.000	.000	.000	.002	.007	.021	.058	.137	.270	.377
	20	.000	.000	.000	.000	.000	.000	.000	.000	.000	.000	.000	.000	.000	.000	.001	.003	.012	.039	.122	.358

Table (B): Normal Area Table

	0.00	0.01	0.02	0.03	0.04	0.05	0.06	0.07	0.08	0.09
0.0	0.0000	0.0040	0.0080	0.0120	0.0160	0.0199	0.0239	0.0279	0.0319	0.0359
0.1	0.0398	0.0438	0.0478	0.0517	0.0557	0.0596	0.0636	0.0675	0.0714	0.0753
0.2	0.0793	0.0832	0.0871	0.0910	0.0948	0.0987	0.1026	0.1064	0.1103	0.1141
0.3	0.1179	0.1217	0.1255	0.1293	0.1331	0.1368	0.1406	0.1443	0.1480	0.1517
0.4	0.1554	0.1591	0.1628	0.1664	0.1700	0.1736	0.1772	0.1808	0.1844	0.1879
0.5	0.1915	0.1950	0.1985	0.2019	0.2054	0.2088	0.2123	0.2157	0.2190	0.2224
0.6	0.2257	0.2291	0.2324	0.2357	0.2389	0.2422	0.2454	0.2486	0.2517	0.2549
0.7	0.2580	0.2611	0.2642	0.2673	0.2704	0.2734	0.2764	0.2794	0.2823	0.2852
0.8	0.2881	0.2910	0.2939	0.2967	0.2995	0.3023	0.3051	0.3078	0.3106	0.3133
0.9	0.3159	0.3186	0.3212	0.3238	0.3264	0.3289	0.3315	0.3340	0.3365	0.3389
1.0	0.3413	0.3438	0.3461	0.3485	0.3508	0.3531	0.3554	0.3577	0.3599	0.3621
1.1	0.3643	0.3665	0.3686	0.3708	0.3729	0.3749	0.3770	0.3790	0.3810	0.3830
1.2	0.3849	0.3869	0.3888	0.3907	0.3925	0.3944	0.3962	0.3980	0.3997	0.4015
1.3	0.4032	0.4049	0.4066	0.4082	0.4099	0.4115	0.4131	0.4147	0.4162	0.4177
1.4	0.4192	0.4207	0.4222	0.4236	0.4251	0.4265	0.4279	0.4292	0.4306	0.4319
1.5	0.4332	0.4345	0.4357	0.4370	0.4382	0.4394	0.4406	0.4418	0.4429	0.4441
1.6	0.4452	0.4463	0.4474	0.4484	0.4495	0.4505	0.4515	0.4525	0.4535	0.4545
1.7	0.4554	0.4564	0.4573	0.4582	0.4591	0.4599	0.4608	0.4616	0.4625	0.4633
1.8	0.4641	0.4649	0.4656	0.4664	0.4671	0.4678	0.4686	0.4693	0.4699	0.4706
1.9	0.4713	0.4719	0.4726	0.4732	0.4738	0.4744	0.4750	0.4756	0.4761	0.4767
2.0	0.4772	0.4778	0.4783	0.4788	0.4793	0.4798	0.4803	0.4808	0.4812	0.4817
2.1	0.4821	0.4826	0.4830	0.4834	0.4838	0.4842	0.4846	0.4850	0.4854	0.4857
2.2	0.4861	0.4864	0.4868	0.4871	0.4875	0.4878	0.4881	0.4884	0.4887	0.4890
2.3	0.4893	0.4896	0.4898	0.4901	0.4904	0.4906	0.4909	0.4911	0.4913	0.4916
2.4	0.4918	0.4920	0.4922	0.4925	0.4927	0.4929	0.4931	0.4932	0.4934	0.4936
2.5	0.4938	0.4940	0.4941	0.4943	0.4945	0.4946	0.4948	0.4949	0.4951	0.4952
2.6	0.4953	0.4955	0.4956	0.4957	0.4959	0.4960	0.4961	0.4962	0.4963	0.4964
2.7	0.4965	0.4966	0.4967	0.4968	0.4969	0.4970	0.4971	0.4972	0.4973	0.4974
2.8	0.4974	0.4975	0.4976	0.4977	0.4977	0.4978	0.4979	0.4979	0.4980	0.4981
2.9	0.4981	0.4982	0.4982	0.4983	0.4984	0.4984	0.4985	0.4985	0.4986	0.4986
3.0	0.4987	0.4987	0.4987	0.4988	0.4988	0.4989	0.4989	0.4989	0.4990	0.4990

Table (C): t-Distribution

df\p	0.40	0.25	0.10	0.05	0.025	0.01	0.005	0.0005
1	0.324920	1.000000	3.077684	6.313752	12.70620	31.82052	63.65674	636.6192
2	0.288675	0.816497	1.885618	2.919986	4.30265	6.96456	9.92484	31.5991
3	0.276671	0.764892	1.637744	2.353363	3.18245	4.54070	5.84091	12.9240
4	0.270722	0.740697	1.533206	2.131847	2.77645	3.74695	4.60409	8.6103
5	0.267181	0.726687	1.475884	2.015048	2.57058	3.36493	4.03214	6.8688
6	0.264835	0.717558	1.439756	1.943180	2.44691	3.14267	3.70743	5.9588
7	0.263167	0.711142	1.414924	1.894579	2.36462	2.99795	3.49948	5.4079
8	0.261921	0.706387	1.396815	1.859548	2.30600	2.89646	3.35539	5.0413
9	0.260955	0.702722	1.383029	1.833113	2.26216	2.82144	3.24984	4.7809
10	0.260185	0.699812	1.372184	1.812461	2.22814	2.76377	3.16927	4.5869
11	0.259556	0.697445	1.363430	1.795885	2.20099	2.71808	3.10581	4.4370
12	0.259033	0.695483	1.356217	1.782288	2.17881	2.68100	3.05454	4.3178
13	0.258591	0.693829	1.350171	1.770933	2.16037	2.65031	3.01228	4.2208
14	0.258213	0.692417	1.345030	1.761310	2.14479	2.62449	2.97684	4.1405
15	0.257885	0.691197	1.340606	1.753050	2.13145	2.60248	2.94671	4.0728
16	0.257599	0.690132	1.336757	1.745884	2.11991	2.58349	2.92078	4.0150
17	0.257347	0.689195	1.333379	1.739607	2.10982	2.56693	2.89823	3.9651
18	0.257123	0.688364	1.330391	1.734064	2.10092	2.55238	2.87844	3.9216
19	0.256923	0.687621	1.327728	1.729133	2.09302	2.53948	2.86093	3.8834
20	0.256743	0.686954	1.325341	1.724718	2.08596	2.52798	2.84534	3.8495

Table (D): Critical Values of F-Distribution (5% level of significance)

df2/df1	1	2	3	4	5	6	7	8	9
1	161.4476	199.5000	215.7073	224.5832	230.1619	233.9860	236.7684	238.8827	240.5433
2	18.5128	19.0000	19.1643	19.2468	19.2964	19.3295	19.3532	19.3710	19.3848
3	10.1280	9.5521	9.2766	9.1172	9.0135	8.9406	8.8867	8.8452	8.8123
4	7.7086	6.9443	6.5914	6.3882	6.2561	6.1631	6.0942	6.0410	5.9988
5	6.6079	5.7861	5.4095	5.1922	5.0503	4.9503	4.8759	4.8183	4.7725
6	5.9874	5.1433	4.7571	4.5337	4.3874	4.2839	4.2067	4.1468	4.0990
7	5.5914	4.7374	4.3468	4.1203	3.9715	3.8660	3.7870	3.7257	3.6767
8	5.3177	4.4590	4.0662	3.8379	3.6875	3.5806	3.5005	3.4381	3.3881
9	5.1174	4.2565	3.8625	3.6331	3.4817	3.3738	3.2927	3.2296	3.1789
10	4.9646	4.1028	3.7083	3.4780	3.3258	3.2172	3.1355	3.0717	3.0204
11	4.8443	3.9823	3.5874	3.3567	3.2039	3.0946	3.0123	2.9480	2.8962
12	4.7472	3.8853	3.4903	3.2592	3.1059	2.9961	2.9134	2.8486	2.7964
13	4.6672	3.8056	3.4105	3.1791	3.0254	2.9153	2.8321	2.7669	2.7144
14	4.6001	3.7389	3.3439	3.1122	2.9582	2.8477	2.7642	2.6987	2.6458
15	4.5431	3.6823	3.2874	3.0556	2.9013	2.7905	2.7066	2.6408	2.5876
16	4.4940	3.6337	3.2389	3.0069	2.8524	2.7413	2.6572	2.5911	2.5377
17	4.4513	3.5915	3.1968	2.9647	2.8100	2.6987	2.6143	2.5480	2.4943
18	4.4139	3.5546	3.1599	2.9277	2.7729	2.6613	2.5767	2.5102	2.4563
19	4.3807	3.5219	3.1274	2.8951	2.7401	2.6283	2.5435	2.4768	2.4227
20	4.3512	3.4928	3.0984	2.8661	2.7109	2.5990	2.5140	2.4471	2.3928
21	4.3248	3.4668	3.0725	2.8401	2.6848	2.5727	2.4876	2.4205	2.3660
22	4.3009	3.4434	3.0491	2.8167	2.6613	2.5491	2.4638	2.3965	2.3419
23	4.2793	3.4221	3.0280	2.7955	2.6400	2.5277	2.4422	2.3748	2.3201
24	4.2597	3.4028	3.0088	2.7763	2.6207	2.5082	2.4226	2.3551	2.3002
25	4.2417	3.3852	2.9912	2.7587	2.6030	2.4904	2.4047	2.3371	2.2821
26	4.2252	3.3690	2.9752	2.7426	2.5868	2.4741	2.3883	2.3205	2.2655
27	4.2100	3.3541	2.9604	2.7278	2.5719	2.4591	2.3732	2.3053	2.2501
28	4.1960	3.3404	2.9467	2.7141	2.5581	2.4453	2.3593	2.2913	2.2360
29	4.1830	3.3277	2.9340	2.7014	2.5454	2.4324	2.3463	2.2783	2.2229
30	4.1709	3.3158	2.9223	2.6896	2.5336	2.4205	2.3343	2.2662	2.2107
40	4.0847	3.2317	2.8387	2.6060	2.4495	2.3359	2.2490	2.1802	2.1240
60	4.0012	3.1504	2.7581	2.5252	2.3683	2.2541	2.1665	2.0970	2.0401
120	3.9201	3.0718	2.6802	2.4472	2.2899	2.1750	2.0868	2.0164	1.9588
inf	3.8415	2.9957	2.6049	2.3719	2.2141	2.0986	2.0096	1.9384	1.8799

10	12	15	20	24	30	40	60	120	INF
241.8817	243.9060	245.9499	248.0131	249.0518	250.0951	251.1432	252.1957	253.2529	254.3144
19.3959	19.4125	19.4291	19.4458	19.4541	19.4624	19.4707	19.4791	19.4874	19.4957
8.7855	8.7446	8.7029	8.6602	8.6385	8.6166	8.5944	8.5720	8.5494	8.5264
5.9644	5.9117	5.8578	5.8025	5.7744	5.7459	5.7170	5.6877	5.6581	5.6281
4.7351	4.6777	4.6188	4.5581	4.5272	4.4957	4.4638	4.4314	4.3985	4.3650
4.0600	3.9999	3.9381	3.8742	3.8415	3.8082	3.7743	3.7398	3.7047	3.6689
3.6365	3.5747	3.5107	3.4445	3.4105	3.3758	3.3404	3.3043	3.2674	3.2298
3.3472	3.2839	3.2184	3.1503	3.1152	3.0794	3.0428	3.0053	2.9669	2.9276
3.1373	3.0729	3.0061	2.9365	2.9005	2.8637	2.8259	2.7872	2.7475	2.7067
2.9782	2.9130	2.8450	2.7740	2.7372	2.6996	2.6609	2.6211	2.5801	2.5379
2.8536	2.7876	2.7186	2.6464	2.6090	2.5705	2.5309	2.4901	2.4480	2.4045
2.7534	2.6866	2.6169	2.5436	2.5055	2.4663	2.4259	2.3842	2.3410	2.2962
2.6710	2.6037	2.5331	2.4589	2.4202	2.3803	2.3392	2.2966	2.2524	2.2064
2.6022	2.5342	2.4630	2.3879	2.3487	2.3082	2.2664	2.2229	2.1778	2.1307
2.5437	2.4753	2.4034	2.3275	2.2878	2.2468	2.2043	2.1601	2.1141	2.0658
2.4935	2.4247	2.3522	2.2756	2.2354	2.1938	2.1507	2.1058	2.0589	2.0096
2.4499	2.3807	2.3077	2.2304	2.1898	2.1477	2.1040	2.0584	2.0107	1.9604
2.4117	2.3421	2.2686	2.1906	2.1497	2.1071	2.0629	2.0166	1.9681	1.9168
2.3779	2.3080	2.2341	2.1555	2.1141	2.0712	2.0264	1.9795	1.9302	1.8780
2.3479	2.2776	2.2033	2.1242	2.0825	2.0391	1.9938	1.9464	1.8963	1.8432
2.3210	2.2504	2.1757	2.0960	2.0540	2.0102	1.9645	1.9165	1.8657	1.8117
2.2967	2.2258	2.1508	2.0707	2.0283	1.9842	1.9380	1.8894	1.8380	1.7831
2.2747	2.2036	2.1282	2.0476	2.0050	1.9605	1.9139	1.8648	1.8128	1.7570
2.2547	2.1834	2.1077	2.0267	1.9838	1.9390	1.8920	1.8424	1.7896	1.7330
2.2365	2.1649	2.0889	2.0075	1.9643	1.9192	1.8718	1.8217	1.7684	1.7110
2.2197	2.1479	2.0716	1.9898	1.9464	1.9010	1.8533	1.8027	1.7488	1.6906
2.2043	2.1323	2.0558	1.9736	1.9299	1.8842	1.8361	1.7851	1.7306	1.6717
2.1900	2.1179	2.0411	1.9586	1.9147	1.8687	1.8203	1.7689	1.7138	1.6541
2.1768	2.1045	2.0275	1.9446	1.9005	1.8543	1.8055	1.7537	1.6981	1.6376
2.1646	2.0921	2.0148	1.9317	1.8874	1.8409	1.7918	1.7396	1.6835	1.6223
2.0772	2.0035	1.9245	1.8389	1.7929	1.7444	1.6928	1.6373	1.5766	1.5089
1.9926	1.9174	1.8364	1.7480	1.7001	1.6491	1.5943	1.5343	1.4673	1.3893
1.9105	1.8337	1.7505	1.6587	1.6084	1.5543	1.4952	1.4290	1.3519	1.2539
1.8307	1.7522	1.6664	1.5705	1.5173	1.4591	1.3940	1.3180	1.2214	1.0000

Table (E): Critical Values of F-Distribution (1% level of significance)

	d_1								
d2	1	2	3	4	5	6	7	8	9
1	4052	4999.5	5403	5625	5764	5859	5928	5982	6022
2	98.50	99.00	99.17	99.25	99.30	99.33	99.36	99.37	99.39
3	34.12	30.82	29.46	28.71	28.24	27.91	27.67	27.49	27.35
4	21.20	18.00	16.69	15.98	15.52	15.21	14.98	14.80	14.66
5	16.26	13.27	12.06	11.39	10.97	10.67	10.46	10.29	10.16
6	13.75	10.92	9.78	9.15	8.75	8.47	8.26	8.10	7.98
7	12.25	9.55	8.45	7.85	7.46	7.19	6.99	6.84	6.72
8	11.26	8.65	7.59	7.01	6.63	6.37	6.18	6.03	5.91
9	10.56	8.02	6.99	6.42	6.06	5.80	5.61	5.47	5.35
10	10.04	7.56	6.55	5.99	5.64	5.39	5.2	5.06	4.94
11	9.65	7.21	6.22	5.67	5.32	5.07	4.89	4.74	4.63
12	9.33	6.93	5.95	5.41	5.06	4.82	4.64	4.50	4.39
13	9.07	6.70	5.74	5.21	4.86	4.62	4.44	4.30	4.14
14	8.86	6.51	5.56	5.04	4.69	4.46	4.28	4.14	4.03
15	8.68	6.36	5.42	4.89	4.56	4.32	4.14	4.00	3.89
16	8.53	6.23	5.29	4.77	4.44	4.20	4.03	3.89	3.78
17	8.40	6.11	5.18	4.67	4.34	4.10	3.93	3.79	3.68
18	8.29	6.01	5.09	4.58	4.25	4.01	3.84	3.71	3.60
19	8.18	5.93	5.01	4.50	4.17	3.94	3.77	3.63	3.52
20	8.10	5.85	4.94	4.43	4.10	3.87	3.70	3.56	3.46
21	8.02	5.78	4.87	4.37	4.04	3.81	3.64	3.51	3.40
22	7.95	5.72	4.82	4.31	3.99	3.76	3.59	3.45	3.35
23	7.88	5.66	4.76	4.26	3.94	3.71	3.54	3.41	3.30
24	7.82	5.61	4.72	4.22	3.90	3.67	3.50	3.36	3.26
25	7.77	5.57	4.68	4.18	3.85	3.63	3.46	3.32	3.22
26	7.72	5.53	4.64	4.14	3.82	3.59	3.42	3.29	3.18
27	7.68	5.49	4.60	4.11	3.78	3.56	3.39	3.26	3.15
28	7.64	5.45	4.57	4.07	3.75	3.53	3.36	3.23	3.12
29	7.60	5.42	4.54	4.04	3.73	3.50	3.33	3.20	3.09
30	7.56	5.39	4.51	4.02	3.70	3.47	3.30	3.17	3.07
40	7.31	5.18	4.31	3.83	3.51	3.29	3.12	2.99	2.89
60	7.08	4.98	4.13	3.65	3.34	3.12	2.95	2.82	2.72
120	6.85	4.79	3.95	3.48	3.17	2.96	2.79	2.66	2.56
inf	6.63	4.61	3.78	3.32	3.02	2.80	2.64	2.51	2.41

d_1									
10	12	15	20	24	30	40	60	120	inf
6056	6106	6157	6209	6235	6261	6287	6313	6339	6366
99.40	99.42	99.43	99.45	99.46	99.47	99.47	99.48	99.49	99.50
27.23	27.05	26.87	26.69	26.60	26.50	26.41	26.32	26.22	26.13
14.55	14.37	14.20	14.02	13.93	13.84	13.75	13.65	13.56	13.46
10.05	9.89	9.72	9.55	9.47	9.38	9.29	9.20	9.11	9.02
7.87	7.72	7.56	7.40	7.31	7.23	7.14	7.06	6.97	6.88
6.62	6.47	6.31	6.16	6.07	5.99	5.91	5.82	5.74	5.65
5.81	5.67	5.52	5.36	5.28	5.20	5.12	5.03	4.95	4.86
5.26	5.11	4.96	4.81	4.73	4.65	4.57	4.48	4.40	4.31
4.85	4.71	4.56	4.41	4.33	4.25	4.17	4.08	4.00	3.91
4.54	4.40	4.25	4.10	4.02	3.94	3.86	3.78	3.69	3.60
4.30	4.16	4.01	3.86	3.78	3.70	3.62	3.54	3.45	3.36
4.10	3.96	3.82	3.66	3.59	3.51	3.43	3.34	3.25	3.17
3.94	3.80	3.66	3.51	3.43	3.35	3.27	3.18	3.09	3.00
3.80	3.67	3.52	3.37	3.29	3.21	3.13	3.05	2.96	2.87
3.69	3.55	3.41	3.26	3.18	3.10	3.02	2.93	2.84	2.75
3.59	3.46	3.31	3.16	3.08	3.00	2.92	2.83	2.75	2.65
3.51	3.37	3.23	3.08	3.00	2.92	2.84	2.75	2.66	2.57
3.43	3.30	3.15	3.00	2.92	2.84	2.76	2.67	2.58	2.49
3.37	3.23	3.09	2.94	2.86	2.78	2.69	2.61	2.52	2.42
3.31	3.17	3.03	2.88	2.80	2.72	2.64	2.55	2.46	2.36
3.26	3.12	2.98	2.83	2.75	2.67	2.58	2.50	2.40	2.31
3.21	3.07	2.93	2.78	2.70	2.62	2.54	2.45	2.35	2.26
3.17	3.03	2.89	2.74	2.66	2.58	2.49	2.40	2.31	2.21
3.13	2.99	2.85	2.70	2.62	2.54	2.45	2.36	2.27	2.17
3.09	2.96	2.81	2.66	2.58	2.50	2.42	2.33	2.23	2.13
3.06	2.93	2.78	2.63	2.55	2.47	2.38	2.29	2.20	2.10
3.03	2.90	2.75	2.60	2.52	2.44	2.35	2.26	2.17	2.06
3.00	2.87	2.73	2.57	2.49	2.41	2.33	2.23	2.14	2.03
2.98	2.84	2.70	2.55	2.47	2.39	2.30	2.21	2.11	2.01
2.80	2.66	2.52	2.37	2.29	2.20	2.11	2.02	1.92	1.80
2.63	2.50	2.35	2.20	2.12	2.03	1.94	1.84	1.73	1.60
2.47	2.34	2.19	2.03	1.95	1.86	1.76	1.66	1.53	1.38
2.32	2.18	2.04	1.88	1.79	1.70	1.59	1.47	1.32	1.00

Table (F): Critical Values of Chi-square Distribution

df\area	.995	.990	.975	.950	.900	.750
1	0.00004	0.00016	0.00098	0.00393	0.01579	0.10153
2	0.01003	0.02010	0.05064	0.10259	0.21072	0.57536
3	0.07172	0.11483	0.21580	0.35185	0.58437	1.21253
4	0.20699	0.29711	0.48442	0.71072	1.06362	1.92256
5	0.41174	0.55430	0.83121	1.14548	1.61031	2.67460
6	0.67573	0.87209	1.23734	1.63538	2.20413	3.45460
7	0.98926	1.23904	1.68987	2.16735	2.83311	4.25485
8	1.34441	1.64650	2.17973	2.73264	3.48954	5.07064
9	1.73493	2.08790	2.70039	3.32511	4.16816	5.89883
10	2.15586	2.55821	3.24697	3.94030	4.86518	6.73720
11	2.60322	3.05348	3.81575	4.57481	5.57778	7.58414
12	3.07382	3.57057	4.40379	5.22603	6.30380	8.43842
13	3.56503	4.10692	5.00875	5.89186	7.04150	9.29907
14	4.07467	4.66043	5.62873	6.57063	7.78953	10.16531
15	4.60092	5.22935	6.26214	7.26094	8.54676	11.03654
16	5.14221	5.81221	6.90766	7.96165	9.31224	11.91222
17	5.69722	6.40776	7.56419	8.67176	10.08519	12.79193
18	6.26480	7.01491	8.23075	9.39046	10.86494	13.67529
19	6.84397	7.63273	8.90652	10.11701	11.65091	14.56200
20	7.43384	8.26040	9.59078	10.85081	12.44261	15.45177
21	8.03365	8.89720	10.28290	11.59131	13.23960	16.34438
22	8.64272	9.54249	10.98232	12.33801	14.04149	17.23962
23	9.26042	10.19572	11.68855	13.09051	14.84796	18.13730
24	9.88623	10.85636	12.40115	13.84843	15.65868	19.03725
25	10.51965	11.52398	13.11972	14.61141	16.47341	19.93934
26	11.16024	12.19815	13.84390	15.37916	17.29188	20.84343
27	11.80759	12.87850	14.57338	16.15140	18.11390	21.74940
28	12.46134	13.56471	15.30786	16.92788	18.93924	22.65716
29	13.12115	14.25645	16.04707	17.70837	19.76774	23.56659
30	13.78672	14.95346	16.79077	18.49266	20.59923	24.47761

.500	.250	.100	.050	.025	.010	.005
0.45494	1.32330	2.70554	3.84146	5.02389	6.63490	7.87944
1.38629	2.77259	4.60517	5.99146	7.37776	9.21034	10.59663
2.36597	4.10834	6.25139	7.81473	9.34840	11.34487	12.83816
3.35669	5.38527	7.77944	9.48773	11.14329	13.27670	14.86026
4.35146	6.62568	9.23636	11.07050	12.83250	15.08627	16.74960
5.34812	7.84080	10.64464	12.59159	14.44938	16.81189	18.54758
6.34581	9.03715	12.01704	14.06714	16.01276	18.47531	20.27774
7.34412	10.21885	13.36157	15.50731	17.53455	20.09024	21.95495
8.34283	11.38875	14.68366	16.91898	19.02277	21.66599	23.58935
9.34182	12.54886	15.98718	18.30704	20.48318	23.20925	25.18818
10.34100	13.70069	17.27501	19.67514	21.92005	24.72497	26.75685
11.34032	14.84540	18.54935	21.02607	23.33666	26.21697	28.29952
12.33976	15.98391	19.81193	22.36203	24.73560	27.68825	29.81947
13.33927	17.11693	21.06414	23.68479	26.11895	29.14124	31.31935
14.33886	18.24509	22.30713	24.99579	27.48839	30.57791	32.80132
15.33850	19.36886	23.54183	26.29623	28.84535	31.99993	34.26719
16.33818	20.48868	24.76904	27.58711	30.19101	33.40866	35.71847
17.33790	21.60489	25.98942	28.86930	31.52638	34.80531	37.15645
18.33765	22.71781	27.20357	30.14353	32.85233	36.19087	38.58226
19.33743	23.82769	28.41198	31.41043	34.16961	37.56623	39.99685
20.33723	24.93478	29.61509	32.67057	35.47888	38.93217	41.40106
21.33704	26.03927	30.81328	33.92444	36.78071	40.28936	42.79565
22.33688	27.14134	32.00690	35.17246	38.07563	41.63840	44.18128
23.33673	28.24115	33.19624	36.41503	39.36408	42.97982	45.55851
24.33659	29.33885	34.38159	37.65248	40.64647	44.31410	46.92789
25.33646	30.43457	35.56317	38.88514	41.92317	45.64168	48.28988
26.33634	31.52841	36.74122	40.11327	43.19451	46.96294	49.64492
27.33623	32.62049	37.91592	41.33714	44.46079	48.27824	50.99338
28.33613	33.71091	39.08747	42.55697	45.72229	49.58788	52.33562
29.33603	34.79974	40.25602	43.77297	46.97924	50.89218	53.67196

प्रश्न पत्र

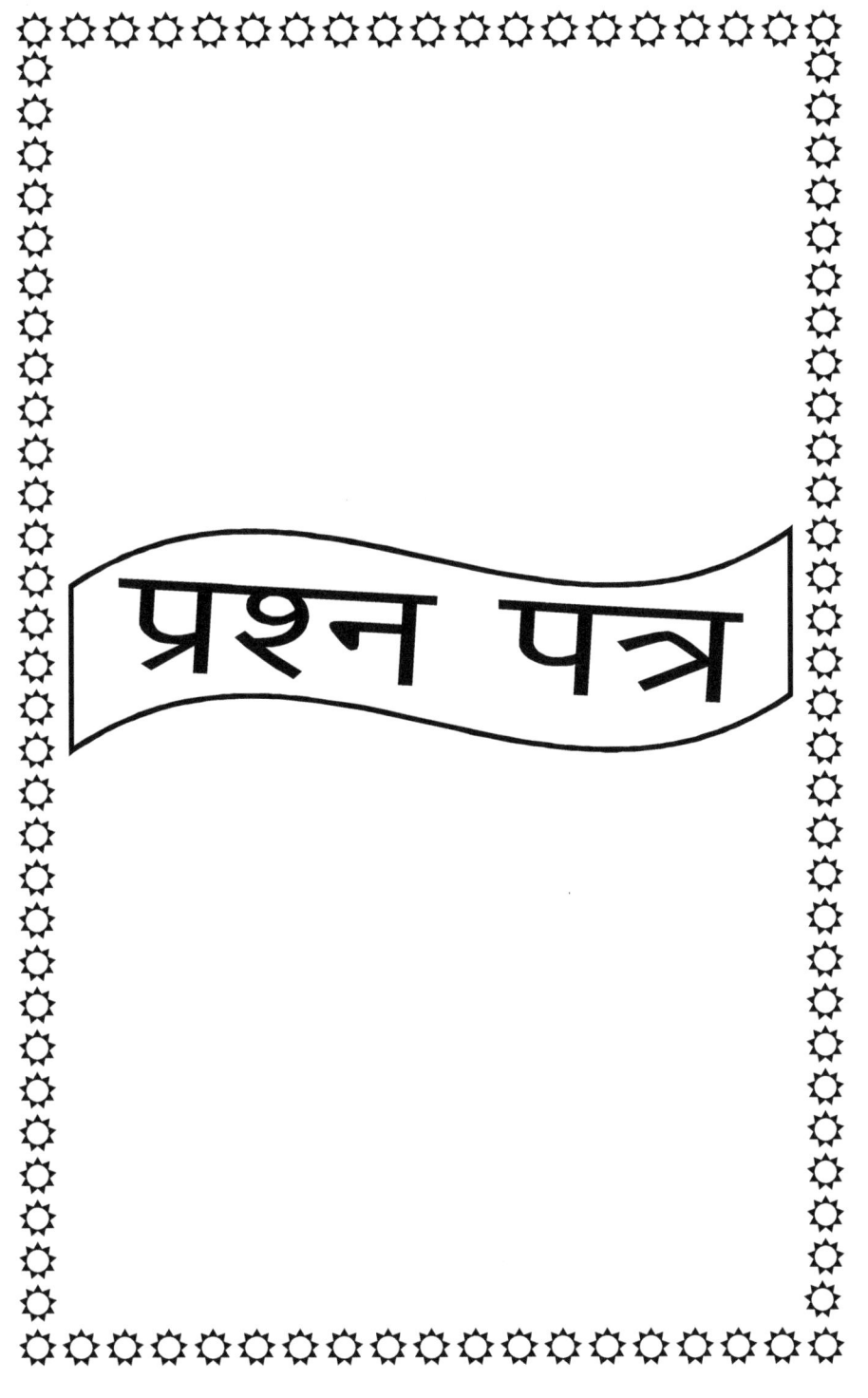

परिमाणात्मक विधियाँ : एम.ई.सी.-003
दिसम्बर, 2011

नोट: प्रत्येक भाग के प्रश्नों के उत्तर, निर्देशानुसार दीजिए।

भाग 'क'
इस भाग से कोई दो प्रश्न हल करें।

प्रश्न 1. एक आगम अधिकतम करने वाला एकाधिकारी चाहता है कि लाभ कम से कम 1500 अवश्य हो। उसके माँग और लागत फलन ये हैं—

$P = 304 - 2q$ और
$C = 500 + 4q + 8q^2$

उसका उत्पादन और कीमत स्तर ज्ञात करें। यदि उसने अधिकतम लाभ कमाने के उद्देश्य से काम किया होता तो उस दशा में उत्पादक-कीमत स्तरों से तुलना भी करें।
उत्तर– देखें अध्याय–2, प्र.सं.–10

प्रश्न 2. (a) एक मक्कड़ जाल प्रतिमान के आपूर्ति और माँग इस प्रकार हैं—

$Q_{st} = 6P_{t-1}^{-5}$
$Q_{dt} = 19 - 6P_t$

अंतर्कालिक संतुलन कीमत ज्ञात करें। ये भी बताएँ कि क्या ये संतुलन स्थायित्वपूर्ण होगा।
उत्तर– देखें अध्याय–3, प्र.सं.–24

(b) सैम्युलसन के गुणक-त्वरक प्रतिमान की स्थायित्व की शर्त की स्थापना करें।
उत्तर– देखें अध्याय–3, प्र.सं.–11 (iv)

प्रश्न 3. (a) सीमांत आयात प्रवृत्ति $M'(y) = 0.1$ और $y = 0$ होने पर $M = 20$ दिया गया है। आयात फलन $M(y)$ का आकलन करें।
उत्तर– देखें अध्याय–3, प्र.सं.–27

(b) सीमांत उपभोग प्रवृत्ति $C'(y) = 0.8 + 0.1\, y^{-1/2}$ और $y = 100$ होने पर $C = y$ है। उपभोग फलन $C(y)$ का आकलन करें।

उत्तर— देखें अध्याय—3, प्र.सं.—28

प्रश्न 4. (a) यदि $x_1, x_2, ..., x_n$ किसी प्रसामान्य समष्टि $N(\mu, 1)$ से प्राप्त यादृच्छिक प्रतिदर्श हो तो दर्शाइए कि $\bar{x} = \dfrac{1}{n} \sum_{i=1}^{n} x_i^2$ हमें $\mu^2 + 1$ का अनभिनत अनुमान प्रदान करेगा।

उत्तर— माना $t = \dfrac{1}{n} \sum_{i=1}^{n} x_i^2$

दिया है, $E(x_i) = \mu_1$ तथा विचलन $(x_i) = 1 \;\; \forall_i = 1, 2, \dots n.$

इस प्रकार, $E(\hat{\theta}) = E\left(\dfrac{1}{n} \sum_{i=1}^{n} x_i^2\right) = \dfrac{1}{n} \sum_{i=1}^{n} E(x_i^2)$

$\dfrac{1}{n} \sum_{i=1}^{n} \left[V(x_i) + (E(x_i))^2 \right]$ [चूँकि, $E(x_i^2) = V(x_i) + (E(x_i))^2$]

$\dfrac{1}{n} \sum_{i=1}^{n} (1 + \mu^2) = (1 + \mu^2) \dfrac{1}{n} \sum_{i=1}^{n} (1) = 1 + \mu^2 \Rightarrow E(\hat{\theta}) = 1 + \mu^2$

अत:, $\hat{\theta}$, $1 + \mu^2$ का अनभिनत अनुमान है।

(b) एक परवलय (पैराबोला) को सुसज्जित करने के लिए न्यूनतम वर्ग विधि के सामान्य समीकरणों की व्युत्पत्ति दर्शाएँ। यदि केवल X के मूल बिंदु को परिवर्तित कर दिया जाए तो वे समीकरण किस प्रकार बदल जाएँगे?

उत्तर— माना $\bar{x}$ तथा σ^2 किसी समष्टि के माध्य तथा विचलन हैं। तब $E(x_i) = \mu$, $\text{Var}(x_i) = E(x_i - \mu)^2 = \sigma^2$, प्रत्येक $i = 1, 2, \dots n$ के लिए। प्रतिदर्श का विचलन है—

$$S^2 = \dfrac{\Sigma (x_i - \bar{x})^2}{n}$$

हमें दिखाना है कि $E(S^2) \neq \sigma^2$

अब, $S^2 = \dfrac{\Sigma (x_i - \bar{x})^2}{n} = \dfrac{\Sigma x_i^2}{n - \bar{x}^2} = \dfrac{\Sigma y_i^2}{n - \bar{y}^2}$, जहाँ $y_i = x_i - \mu$

($\because$ S.D. मूल में परिवर्तन द्वारा अप्रभावित है)

$$= \frac{\sum(x_i - \mu)^2}{n} - (\bar{x} - \mu)^2$$

$$\therefore \quad E(S^2) = \frac{\sum E(x_i - \mu)^2}{n} - E(\bar{x} - \mu)^2 = \frac{\sum \sigma^2}{n} - \text{Var}(\bar{x}) = \sigma^2 - \frac{\sigma^2}{n} = \frac{n-1}{n}\sigma^2 \neq \sigma^2$$

यह दिखाता है कि S^2, σ^2 का अभिनत अनुमान है।

अभिनत $= E(S^2) - \sigma^2 = \frac{n-1}{n}\sigma^2 - \sigma^2 = \frac{-\sigma^2}{n}$

इस प्रकार, बड़े n के लिए, अभिनत नगण्य होगा। अगर हम लिखें—

$$s^2 = \frac{\sum(x_i - \bar{x})^2}{(n-1)}$$

(ध्यान दीजिए कि भाजक n के स्थान पर n – 1 है।) हम देखते हैं कि

$$s^2 = \frac{n}{n-1}S^2,$$

$$\therefore \quad E(s^2) = \frac{n}{n-1}E(S^2) = \frac{n}{n-1} \times \frac{n-1}{n}\sigma^2 = \sigma^2$$

अतः S^2, σ^2 का अनभिनत अनुमान है।

भाग 'ख'
इस भाग से पाँच प्रश्न हल करें।

प्रश्न 5. एक थैले में 8 लाल और 5 सफेद गोले हैं। दो बार 3-3 गोले निकाले जाते हैं (पहली बार निकाले गए को वापस डाले बिना)। इस बात की प्रायिकता ज्ञात करें कि पहली बार तीनों गोले सफेद होंगे और दूसरी बार तीनों लाल होंगे।

उत्तर— देखें अध्याय–5, प्र.सं.–34

प्रश्न 6. इन आव्यूहों पर विचार करें–

$$A = \begin{bmatrix} -1 & -2 & 3 \\ 6 & 12 & 6 \\ 5 & 10 & 5 \end{bmatrix} \text{ और } B = \begin{bmatrix} 1 & 1 & -1 \\ 2 & -3 & 4 \\ 3 & -2 & 3 \end{bmatrix}$$

आव्यूह [A, B], [A + B], [AB] और [BA] के कोटिक्रमांक आंकलित करें।

उत्तर— हल करें अध्याय–4, प्र.सं.–39 के जैसे।

प्रश्न 7. एक संगीत स्पर्धा में तीन निर्णायक A, B, C थे। उन्होंने 10 प्रतियोगियों को इस प्रकार कोटिक्रमांक दिए–

प्रतियोगी	1	2	3	4	5	6	7	8	9	10
निर्णायक A:	1	6	5	10	3	2	4	9	7	8
निर्णायक B:	3	5	8	4	7	10	2	1	6	9
निर्णायक C:	6	4	9	8	1	2	3	10	5	7

कोटिक्रमांक गुणांक विधि द्वारा बताएँ कि निर्णायकों का कौन-सा युग्म संगीत के प्रति समान दृष्टिकोण धारी है।

उत्तर– देखें अध्याय–5, प्र.सं.–30

प्रश्न 8. बारह परीक्षार्थियों के कॉलेज (x) और विश्वविद्यालय (y) की परीक्षाओं में प्राप्तांक हैं–

| x | 41 | 45 | 50 | 68 | 47 | 77 | 90 | 100 | 80 | 100 | 40 | 43 |
| y | 60 | 63 | 60 | 48 | 85 | 56 | 53 | 91 | 74 | 98 | 65 | 43 |

यदि कॉलेज में 60 अंक पाने वाला छात्र विश्वविद्यालय परीक्षा के दिन बीमार हो तो अनुमानतः उसके कितने अंक आ जाएँगे?

उत्तर– देखें अध्याय–5, प्र.सं.–29

प्रश्न 9. पॉइसों आबंटन क्या है? उसका माध्य और प्रसरण आकलित करें।

उत्तर– देखें अध्याय–5, प्र.सं.–30

प्रश्न 10. (a) इस समस्या का रेखा चित्रीय विधि से समाधान करें–

न्यूनतम करें: $C = 0.6x_1 + x_2$

संरोधाधीन: $10x_1 + 4x_2 \geq 20$

$5x_1 + 5x_2 \geq 20$

$2x_1 + 6x_2 \geq 12$

x_1 और $x_2 \geq 0$

(b) यह भी बताएँ कि समाधान किसी कोण बिंदु पर ही क्यों होता है?

उत्तर– देखें अध्याय–4, प्र.सं.–42

प्रश्न 11. आदान-उत्पाद आव्यूह हैं–

$$A = \begin{bmatrix} 0.1 & 0.3 & 0.1 \\ 0.0 & 0.2 & 0.2 \\ 0.0 & 0.0 & 0.3 \end{bmatrix}$$

अंतिम भाग स्तर हैं: F_1, F_2, F_3. इस प्रतिमान से संगत उत्पादन स्तर ज्ञात करें। यदि $F_1 = 20$, $F_2 = 0$, और $F_3 = 100$ तो उत्पादन के स्तर क्या होंगे?

उत्तर– देखें अध्याय–4, प्र.सं.–43

प्रश्न 12. (a) किसी उपभोक्ता का माँग वक्र है $p - d = \dfrac{b}{q}$ जहाँ 'd' तथा 'b' अचर हैं। माँग की कीमत-लोच ज्ञात करें।

उत्तर— देखें अध्याय—1, प्र.सं.—18

(b) $\dfrac{dy}{dx}$ ज्ञात करें जब—

(i) $y = \log(e^x + 3)$

उत्तर— देखें अध्याय—1, प्र.सं.—10 (i)

(ii) $y = \dfrac{1}{\sqrt{x^2 + a^2}}$

उत्तर— देखें अध्याय—1, प्र.सं.—10 (ii)

भाग्यशाली वह है जो दूसरों को देख उनकी विशेषताओं से सीखता है, ईर्ष्या नहीं करता।

परिमाणात्मक विधियाँ : एम.ई.सी.-003
जून, 2012

नोटः *प्रत्येक भाग के प्रश्नों के उत्तर, निर्देशानुसार दीजिए।*

भाग 'क'
इस भाग से सभी प्रश्नों के उत्तर दीजिए।

प्रश्न 1. (a) आगत-निर्गत विश्लेषण के संदर्भ में हॉकिन्स-साइमन शर्त (condition) की चर्चा कीजिए।

उत्तर– देखें अध्याय–4, प्र.सं.–17 (iv)

(b) आपके पास निम्नलिखित प्रौद्योगिकी आव्यूह हैं। संतुलन कीमतों का पता लगाइए यदि मजदूरी दर 100 प्रति दिवस है।

	इस्पात	कोयला	अंतिम माँग
इस्पात	0.4	0.1	50
कोयला	0.7	0.6	100
श्रम	5	2	

उत्तर– देखें अध्याय–4, प्र.सं.–44

अथवा

(a) आर्थिक विश्लेषण में रैखिक प्रोग्रामन की द्वैधता (duality) के महत्त्व का वर्णन कीजिए।

उत्तर– द्वय निर्मेय का महत्त्व इस तथ्य में निहित है कि द्वय चरों की सभी स्थितियों में आर्थिक व्याख्या की जा सकती है। मान लीजिए, कोई कंपनी क्रमशः x_1 और x_2 मात्रा में दो उत्पाद बनाती है। इनके लाभ प्रति इकाई क्रमशः c_1 और c_2 हैं। यह भी मान लीजिए कि कंपनी इन उत्पादों को बनाने के लिए दो उत्पादन प्रयोग करती है। माना b_1 और b_2 दो उपादानों की निर्धारित मात्राएँ हैं और माना a_{ij} (जहाँ $i, j = 1, 2$) jवें उत्पाद की एक इकाई बनाने हेतु वांछित iवें उत्पादन की मात्रा है। माना z इस शर्त के अधीन कुल लाभ निरूपित करता है कि दो दिए गए उत्पादनों के

100% से अधिक प्रयोग नहीं किया जाएगा। यह एक विशिष्ट रैखिक आयोजना भूयिष्ठीकरण निर्मेय है–

भूयिष्ठ बनाएँ: $z = c_1x_1 + c_2x_2$

बशर्ते कि $a_{11}x_1 + a_{21}x_2 \geq b_1$

$a_{21}x_1 + a_{22}x_2 \geq b_2$

$x_1 \geq 0, x_2 \geq 0.$

अब द्वय निर्मेय की आर्थिक व्याख्या पर विचार करें। यदि y_1 और y_2 द्वय चर हों तो उपर्युक्त निर्मेय का द्वय होगा–

भूयिष्ठ बनाएँ: $w = b_1y_1 + b_2y_2$

बशर्ते कि $a_{11}y_1 + a_{21}y_2 \geq c_1$

$a_{21}y_1 + a_{22}y_2 \geq c_2$

$y_1 \geq 0, y_2 \geq 0.$

द्वय चर y_1 और y_2 की यहाँ दो कारकों की आरोपित लागतों अथवा कल्पित कीमतों के रूप में व्याख्या की जाती है। तब इन दो कारकों की कुल आरोपित लागत $b_1y_1 + b_2y_2$ के बराबर होती है। इसकी द्वय निर्मेय कुल लागत के अल्पिष्ठीकरण को निरूपित करती है। अब प्रथम विषमता पर विचार करें। प्रथम उत्पाद की एक इकाई के उत्पादन में प्रथम विषमता बताती है कि इकाई लागत कम-से-कम उत्पाद की इकाई की लाभदायकता जितनी होनी चाहिए। द्वितीय विषमता की व्याख्या भी इसी भाँति है।

इस प्रकार, जबकि मूल निर्मेय आबंट से संबद्ध होती है, इसका द्वय एक मूल्यांकन निर्मेय है। ध्यातव्य है कि यदि किसी उत्पाद के लिए द्वय निर्मेय में इकाई लागत, इकाई लाभदायता से अधिक हो तो सदृश निर्गत हेतु इकाई लाभदायता शून्य होगी।

इस प्रकार, यदि प्रथम विषमता में $a_{11}y_1 + a_{21}y_2 > c_1$, तो इसका भी अर्थ होगा कि $x_2 = 0$. इसी प्रकार, यदि $a_{12}y_1 + a_{22}y_2 > c_2$, तो इसका अर्थ होगा $x_2 = 0$. विकल्पत: यदि मूल निर्मेय में कोई विषमता 'से कम' प्रकार की हो तो कारक का सदृश मूल्यांकन शून्य होगा।

दूसरे शब्दों में, यदि कोई कारक पूरी तरह उपयोग में नहीं लाया जाता तो इसकी कल्पित कीमत (अथवा मूल्यांकन) शून्य होती है।

द्वय का ज्ञान दो प्रमुख कारणों से महत्त्वपूर्ण है–

- द्वय चर आर्थिक व्याख्याएँ रखते हैं। द्वय चरों के मान प्रबंधकीय निर्णय लेने में उपयोगी हो सकते हैं।
- किसी रैखिक-आयोजना निर्मेय का समाधान आद्य निर्मेय की बजाय द्वय के माध्यम से अधिक सरल हो सकता है।

(b) रैखिक प्रोग्रामन समस्या पर विचार कीजिए।

अधिकतम करें: (Maximise)

$$Z = 5x_1 + 10x_2$$

बशर्ते कि $x_1 + 3x_2 \leq 50$

$4x_1 + 2x_2 \leq 60$

$x_1 \leq 5 \quad x_1, x_2 \geq 0$

(i) उपर्युक्त रैखिक प्रोग्रामन समस्या के द्वैध को व्यक्त कीजिए।

(ii) दिया गया है कि (5, 15) उपर्युक्त रैखिक प्रोग्रामन समस्या का इष्टतम समाधान है। द्वैध (dual) के लिए इष्टतम समाधान का पता लगाइए।

उत्तर– देखें अध्याय–4, प्र.सं.–45

प्रश्न 2. (a) दो समष्टि माध्यों के बीच के अंतर के बारे में निष्कर्ष निकालने और परिकल्पना परीक्षण करने की प्रक्रिया का वर्णन कीजिए, जब समष्टि प्रसरण ज्ञात हों।

(b) समष्टि के प्रसरण के बारे में आप निष्कर्ष कैसे निकालेंगे?

उत्तर– देखें अध्याय–6, प्र.सं.–21

अथवा

(a) प्रसामान्य प्रायिकता बंटन फलन क्या है? इसके गुणधर्मों को व्यक्त कीजिए।

उत्तर– देखें अध्याय–5, प्र.सं.–31

(b) कंप्यूटरों के लिए माइक्रोप्रोसेसरों के निर्माण में प्रयुक्त अर्धचालक में अशुद्धताओं का सांद्रण, प्रसामान्य रूप से बंटित यादृच्छिक चर है जहाँ माध्य 127 भाग (parts) प्रति मिलियन और मानक विचलन 22 है। अर्धचालक तभी स्वीकार्य है जब अशुद्धताओं का सांद्रण 150 भाग प्रति मिलियन से निम्न हो। अर्धचालकों का कितना भाग (अनुपात) प्रयोग के लिए स्वीकार्य है? $Z = 1.04$ के मान के लिए, मानक प्रसामान्य वक्र के नीचे का क्षेत्रफल 0.3508 है।

उत्तर– देखें अध्याय–5, प्र.सं.–31

भाग 'ख'

इस भाग से किन्हीं पाँच प्रश्नों के उत्तर दीजिए।

प्रश्न 3. $Z = 2x_1^2 - x_1x_2 + 4x_2^2 + x_1x_3 + x_3^2 + 2$ के चरम मान (मानों) का पता लगाइए और हर्बन आव्यूह के प्रयोग से जाँच कीजिए कि क्या चरम मान अधिकतम है/हैं या न्यूनतम।

उत्तर– देखें अध्याय–2, प्र.सं.–11

प्रश्न 4. समष्टि प्राचल (पैरामीटर) के मान के आकलन के लिए अधिकतम संभावना की विधि का वर्णन कीजिए।

उत्तर– माना $L(\theta) = L(\theta, x_1, ..., x_n)$ यादृच्छिक चर $(X_1, ..., X_n)$ का संभावित फलन है। यदि

$\hat{\theta} \in \Theta$, जहाँ $\hat{\Theta} = \hat{\theta}(x_1, ..., x_n)$, $L(\theta)$ को अधिकतम करता है,

तब $\hat{\Theta}=\hat{\theta}(X_1,...,X_n)$, θ का अधिकतम संभावित प्राचल है जहाँ $\hat{\theta}=\hat{\theta}(x_1...,x_n)$ जो कि $\hat{\Theta}(X_1...,X_n)$ का साधन है, θ का अधिकतम संभावित फलन है।

सबसे महत्त्वपूर्ण मामले वे होते हैं जिसमें $x_1,....,x_n$ pdf (pmf) $f(x;\theta)$ के साथ एक जनसंख्या से यादृच्छिक नमूना होते हैं। इस स्थिति में, संभावित फलन

$$L(\theta)=\prod_{i=1}^{n} f(x_i;\theta) \text{ है।}$$

θ का मान निकालने का एक तरीका जो कि $L(\theta)$ को अधिकतम करता है, यह है कि इसका प्राथमिक कलन किया जाए, यह मानते हुए कि $\frac{d}{d\theta}(L(\theta))=0$ और θ के लिए हल ढूँढ़े। पुन: चूँकि $\log L(\theta)$ उसी मान के लिए अधिकतम है तो $\log L(\theta)$ का अधिकतम मान निकालना कभी-कभी आसान होता है।

अगर $\theta=(\theta_1,...,\theta_k)$, तब

$$\log L(\theta_1,...,\theta_k)=\sum_{i=1}^{n}\log f(x_i,\theta_1,...,\theta_k)$$

वह बिंदु जहाँ $L(\theta_1,...,\theta_k)$ का मान अधिकतम है, k समी. का हल है।

$$\frac{\partial}{\partial\theta_1}L(\theta_1,...,\theta_k)=\frac{\partial}{\partial\theta_2}L(\theta_1,...,\theta_k)=...=\frac{\partial}{\partial\theta_k}L(\theta_1,...,\theta_k)=0.$$

प्रश्न 5. आव्यूह का प्रतिलोम ज्ञात कीजिए।

$$\begin{bmatrix} 4 & 1 & -1 \\ 0 & 3 & 2 \\ 3 & 0 & 7 \end{bmatrix}$$

उत्तर– हल करें अध्याय–4, प्र.सं.–46 के जैसे।

प्रश्न 6. (a) x और y के दिए गए मानों के आधार पर

x	1	2	3	4	5
y	3	7	5	11	14

y पर x का समाश्रयण कीजिए।

उत्तर– हल करें अध्याय–5, प्र.सं.–33 जैसे।

(b) x और y के दिए गए मानों के आधार पर

x	25	25	30	30	16
y	2	3	5	1	8

x पर y का समाश्रयण कीजिए।

उत्तर– देखें अध्याय–5, प्र.सं.–32

प्रश्न 7. एक-पुच्छ और द्वि-पुच्छ परीक्षणों के बीच में से किसी एक के चयन के प्रासंगिक विचारणीय बिंदुओं का वर्णन कीजिए। उपर्युक्त परीक्षणों में आप सार्थकता-स्तर का निर्धारण कैसे करेंगे?

उत्तर– देखें अध्याय–6, प्र.सं.–17, 19 (iii)

प्रश्न 8. अंतर समीकरण के प्रयोग से काल-पथ का पता लगाने की विधि के लिए आप कौन सी आर्थिक व्याख्या को सही मानेंगे? अपने उत्तर का वर्णन, कॉबवेब मॉडल की सहायता से कीजिए।

उत्तर– देखें अध्याय–3, प्र.सं.–11 (iii)

प्रश्न 9. यदि निवेश की दर $I(t) = 12t^{1/3}$ है, जहाँ 't' समय है। मान लीजिए कि प्रारंभिक पूँजी स्टॉक, K_0, 25 है।

(a) पूँजी स्टॉक के काल-पथ का पता लगाइए।

(b) समय अंतराल [0, 1] और [1, 3] के दौरान, पूँजी संचयन की राशि का पता लगाइए।

उत्तर– देखें अध्याय–3, प्र.सं.–29

जो प्रसन्न रहते हैं, उनके मन में
कभी आलस्य नहीं आता।
आलस्य एक बहुत बड़ा विकार है।

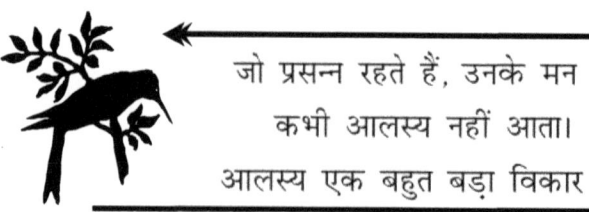

परिमाणात्मक विधियाँ : एम.ई.सी.-003
दिसम्बर, 2012

नोटः *प्रत्येक भाग के प्रश्नों के उत्तर, निर्देशानुसार दीजिए।*

भाग 'क'
इस भाग के सभी प्रश्नों के उत्तर दीजिए।

प्रश्न 1. मान लीजिए कि किसी अर्थव्यवस्था में दो उपभोक्ता क और ख हैं और दो वस्तुएँ 1 और 2 हैं। दो एजेंटों की एंडाउमेंट क्रमशः $W_A = \left(W_A^1, W_A^2\right)$ और $W_B = \left(W_B^1, W_B^2\right)$ हैं। उपयोगिता फलन हैं–

$$U_A = \left(x_A^1\right)^a \left(x_A^2\right)^{1-a}$$

और $U_B = \left(x_B^1\right)^b \left(x_B^2\right)^{1-b}$ **सहित** $0 < a, b < 1.$

(a) उपभोक्ता माँग फलन को हल कीजिए।

(b) सापेक्ष कीमतों हेतु हल करने के लिए व्यवहार्यता दशाओं (स्थितियों) का प्रयोग करें।

उत्तर– (a) उपभोक्ता माँग फलन

(i) उपभोक्ता A

$$\max U_A = \left(x_A^1\right)^a \left(x_A^2\right)^{(1-a)}$$

Subject to $P_1x_1 + P_2x_2 = M$

Setting up lagrangian

$$f = \left(x_A^1\right)^a \left(x_A^2\right)^{(1-a)} + \lambda[M - P_1x_A^1 - P_2x_A^2]$$

First order condition and setting them to zero.

$$\frac{\partial L}{\partial X_A^1} = a\left(x_A^1\right)^{a-1}\left(x_A^2\right)^{1-a} - \lambda P_1 = 0 \quad ...(1)$$

$$\frac{\partial L}{\partial x_A^2} = (1-a)\left(x_A^1\right)^a\left(x_A^2\right)^{-a} - \lambda P_1 = 0 \quad ...(2)$$

$$\frac{\partial L}{\partial \lambda} = M - P_1 x_A^1 - P_2 x_A^2 = 0 \qquad ...(3)$$

From equation (1) and (2) we get

$$\frac{a}{1-a} \frac{(x_A^1)^{(a-1)}}{(x_A^1)^a} \frac{(x_A^2)^{(1-a)}}{(x_A^2)^{-a}} = \frac{\lambda P_1}{\lambda P_2}$$

$$\frac{a}{1-a} \frac{x_2}{x_1} = \frac{P_1}{P_2}$$

$$\therefore \boxed{x_A^2 = \frac{P_1}{P_2}\left(\frac{1-a}{a}\right) x_A^1} \qquad ...(4)$$

$$\boxed{x_A^1 = \frac{P_2}{P_1}\left(\frac{a}{1-a}\right) x_A^2} \qquad ...(5)$$

Substituting equation (4) in equation (3) we get

$$M - P_1 x_A^1 - \cancel{P_2}\left[\frac{P_1}{\cancel{P_2}}\left(\frac{1-a}{a}\right) x_A^1\right] = 0$$

$$M - P_1 x_A^1 - P_1 x_A^1 \frac{(1-a)}{a} = 0$$

$$M - \left[1 + \frac{(1-a)}{a}\right] P_1 x_A^1 = 0$$

$$M - \frac{1}{a} P_1 x_A^1 = 0$$

$$\therefore \boxed{x_A^1 = a \frac{M}{P_1}} \qquad ...(6)$$

Substitute (6) in equation (4) we get

$$x_A^2 = \frac{\cancel{P_1}}{P_2}\left(\frac{1-a}{\cancel{a}}\right)\left[\cancel{a} \frac{M}{\cancel{P_1}}\right]$$

$$\boxed{x_A^2 = \frac{1-a}{P_2} M} \qquad ...(7)$$

$\therefore$ The consumer demand for consumer A are

$$x_A^1 = a \frac{M}{P_1} \text{ For Commodity 1}$$

$x_A^2 = 1 - a\dfrac{M}{P_2}$ For Commodity 2

(ii) Similarly we can do it for the Consumer B, and the Consumer demand functions of Consumer B will be

$x_B^1 = b\dfrac{M}{P_1}$ For Commodity 1

$x_B^2 = 1 - b\dfrac{M}{P_2}$ For Commodity 2

(b) संबंधित कीमतों के लिए समाधान

At price $P = (P_1, P_2)$ wealth level are

$W_A = P_1 W_A^1 + P_2 W_A^2$

$W_B = P_1 W_B^1 + P_2 W_B^2$

Offer curves are:

$$OC_A(P) = \left[\dfrac{a}{P_1}(P_1 W_A^1 + P_2 W_A^2), \dfrac{(1-a)}{P_2}(P_1 W_A^1 + P_2 W_A^2)\right]$$

$$OC_B(P) = \left[\dfrac{b}{P_1}(P_1 W_B^1 + P_2 W_B^2), \dfrac{(1-b)}{P_2}(P_1 W_B^1 + P_2 W_B^2)\right]$$

To have an equilibrium price $P^* = (P_1^*, P_2^*)$ we need

$$\dfrac{a}{P_1}(P_1 W_A^1 + P_2 W_A^2) + \dfrac{b}{P_1}(P_1 W_B^1 + P_2 W_B^2) = W_A^1 + W_B^1$$

Solving the above equation gives

$$\dfrac{P_1^*}{P_2^*} = \dfrac{aW_A^2 + bW_B^2}{(1-a)W_A^1 + (1-b)W_B^1}$$

If $a = b = \alpha$ then

$$\dfrac{P_1^*}{P_2^*} = \dfrac{\alpha}{1-\alpha}\dfrac{W^2}{W^1}$$

अथवा

(a) रैखिक प्रथम-कोटि अवकल समीकरण को लिखिए और इसके सामान्य समाधान को निकालें।

उत्तर– देखें अध्याय–3, प्र.सं.–7

(b) समुचित संवृद्धि के हैरड-डोमर सूत्रीकरण को आप अवकल समीकरणों के द्वारा कैसे हल करेंगे?

उत्तर– देखें अध्याय–3, प्र.सं.–11 (ii)

प्रश्न 2. (a) द्विपद बंटन और पॉइसों बंटन के बंटन फलनों को लिखिए। पॉइसों बंटन, कब द्विपद बंटन का सन्निकटन है? द्विपद और पॉइसों बंटन के माध्य और प्रसरण की प्राप्ति कीजिए।

उत्तर– देखें अध्याय–5, प्र.सं.–29, 30, 32

(b) प्रसामान्य बंटन के गुणधर्मों को लिखिए। मानक प्रसामान्य बंटन के लिए, घनत्व फलन लिखिए।

उत्तर– देखें अध्याय–5, प्र.सं.–31

अथवा

(a) यदि $\bar{x}$ प्रतिदर्श माध्य है, तो सिद्ध कीजिए कि $\bar{x}, E(\bar{x})$ का प्रत्याशित मान, समष्टि माध्य (μ) को समतुल्य करता है।

(b) दिए गए गुण के समष्टि अनुपात के बारे में परिकल्पना परीक्षण की प्रक्रिया का वर्णन कीजिए।

उत्तर– देखें अध्याय–6, प्र.सं.–8

भाग 'ख'

इस भाग से किन्हीं पाँच प्रश्नों के उत्तर दीजिए।

प्रश्न 3. निम्नलिखित आव्यूह के प्रतिलोम को ज्ञात कीजिए।

$$A = \begin{bmatrix} 1 & 3 & 2 \\ 3 & 10 & 6 \\ 2 & 5 & 5 \end{bmatrix}$$

उत्तर– देखें अध्याय–4, प्र.सं.–46

प्रश्न 4. (a) प्रतिदर्शी बंटन क्या है?

उत्तर– देखें अध्याय–6, प्र.सं.–6

(b) केंद्रीय सीमा प्रमेय को व्यक्त कीजिए।

उत्तर– देखें अध्याय–6, प्र.सं.–13 (iv)

(c) बिंदु आकलकों के गुणधर्मों को व्यक्त कीजिए।

उत्तर– देखें अध्याय–6, प्र.सं.–14

प्रश्न 5. मान लीजिए प्रौद्योगिकी आव्यूह है

$$A = \begin{bmatrix} 0.2 & 0.3 & 0.2 \\ 0.4 & 0.1 & 0.2 \\ 0.1 & 0.3 & 0.2 \end{bmatrix}$$

यदि अंतिम माँग वेक्टर है $D = \begin{bmatrix} 10 \\ 5 \\ 6 \end{bmatrix}$

तीन वस्तुओं के उत्पादन-स्तर का पता लगाइए।
उत्तर– हल करें अध्याय–4, प्र.सं.–41 के जैसे।

प्रश्न 6. निम्नलिखित आँकड़ों से, द्वि समाश्रयण समीकरणों X पर Y और Y पर X की प्राप्ति कीजिए–

X	2	4	6	8	10
Y	5	7	9	8	11

उत्तर– देखें अध्याय–5, प्र.सं.–33

प्रश्न 7. किसी एकाधिकारी के माँग वक्र को $P = 100 - 2q$ से दर्शाया जाता है।
(a) इसके सीमांत आय फलन का पता लगाइए।
(b) किस कीमत पर सीमांत आय शून्य है?
(c) औसत और सीमांत आय वक्रों की प्रवणता (slopes) के बीच क्या संबंध है?
उत्तर– देखें अध्याय–1, प्र.सं.–21

प्रश्न 8. मान लीजिए कि x का निम्नलिखित प्रायिकता बंटन है–

x	0	1	2	3	4
P(n)	0.2	0.2	0.1	0.3	0.2

बंटन के माध्य और प्रसरण को ज्ञात कीजिए।
उत्तर– देखें अध्याय–5, प्र.सं.–35

प्रश्न 9. (a) किसी वस्तु का आपूर्ति फलन है–

$Q = a + bP^2 + \sqrt{R} \left(a < 0, b > 0\right)$ जहाँ R वर्षा है। आपूर्ति की कीमत लोच का पता लगाइए।

उत्तर– देखें अध्याय–1, प्र.सं.–23

(b) कुल अवकल ज्ञात कीजिए, दिया है–

$y = \dfrac{x_1}{x_1 + x_2}$

उत्तर– देखें अध्याय–1, प्र.सं.–29

परिमाणात्मक विधियाँ : एम.ई.सी.-003
जून, 2013

नोट: प्रत्येक भाग के प्रश्नों के उत्तर, निर्देशानुसार दीजिए।

भाग 'क'
इस भाग के किन्हीं दो प्रश्नों के उत्तर दीजिए।

प्रश्न 1. दो वस्तुएँ उत्पादन करने वाली किसी एकाधिकारी पर विचार कीजिए। इसका माँग फलन है $Q_1 = 40 - 2P_1 + P_2$ और $Q_2 = P_1 - P_2 + 15$ जहाँ Q_1, Q_2 दो वस्तुएँ हैं और जिनकी कीमतें क्रमशः P_1 और P_2 हैं।

मान लीजिए कि $C = Q_2^2 + Q_1 Q_2 + Q_1^2$ लागत फलन है, लाभ (मुनाफा) अधिक से अधिक करने वाले उत्पादन स्तरों और कीमतों का पता लगाइए। हेसियन आव्यूह का भी पता लगाइए।

उत्तर— हल करें अध्याय–2, प्र.सं.–9 के जैसे।

प्रश्न 2. बेज प्रमेय क्या है? बताइए कि कुल प्रायिकता-नियम को व्युत्पन्न करने के लिए आप इस प्रमेय के परिणामों का प्रयोग कैसे करेंगे?

उत्तर— देखें अध्याय–5, प्र.सं.–20, 22

प्रश्न 3. किसी अर्थव्यवस्था के लिए, आगत गुणांक आव्यूह X है–

$$X = \begin{bmatrix} 0.3 & 0.0 & 0.3 \\ 0.1 & 0.3 & 0.1 \\ 0.4 & 0.2 & 0.0 \end{bmatrix}$$

यदि अंतिम माँग वेक्टर है $Y = \begin{bmatrix} 180 \\ 20 \\ 90 \end{bmatrix}$ सभी सेक्टरों के लिए उत्पादन स्तरों का पता लगाइए।

उत्तर— हल करें अध्याय–4, प्र.सं.–41 के जैसे।

प्रश्न 4. मान लीजिए $u = f(x_1, x_2, ..., x_n)$ उपयोगिता फलन हैं जहाँ x_i, उपभुक्त n वस्तुओं की परिमात्राएँ हैं। मान लीजिए p_1, x_i, $i = 1, 2, ..., n$ की कीमत है। मान लीजिए M, उपभोक्ता की आमदनी है। दर्शाइए कि उपयोगिता अधिकतमीकरण समस्या का लॉगरेंगियन गुणक, आय की सीमांत उपयोगिता के समतुल्य है।

उत्तर– वस्तुपरक फलन = $u(x_1 \ldots\ldots x_n)$

प्रतिबंध फलन = $p_1x_1 + p_2x_2 + \ldots + p_nx_n = M$

अधिकतमीकरण समस्या

Maximize $u(x_1 \ldots\ldots x_n)$

Subject to $p_1x_1 + p_2x_2 + p_3x_3 + \ldots + p_nx_n = M$

Setting up lagrangian:

$$L = u(x_1 \ldots\ldots x_n) + \lambda[M - p_1x_1 - p_2x_2 - \ldots\ldots\ldots\ldots - p_nx_n]$$

First order condition's and setting them equal to zero

$$\frac{\partial L}{\partial x_1} = u_1 - \lambda p_1 = 0 \quad \ldots(1)$$

$$\frac{\partial L}{\partial x_2} = u_2 - \lambda p_2 = 0 \quad \ldots(2)$$

$$\frac{\partial L}{\partial x_n} = u_n - \lambda p_n = 0 \quad \ldots(m)$$

$$\frac{\partial L}{\partial \lambda} = M - p_1x_1 - p_2x_2 - \ldots\ldots\ldots\ldots - p_nx_n \quad \ldots(m+1)$$

From 1 to n equations we get

$$\left.\begin{array}{l} u_1 = \lambda p_1 \\ u_2 = \lambda p_2 \\ \vdots \\ u_n = \lambda p_n \end{array}\right\} \quad \ldots(n)$$

Now consider objective function

$u = f(x_1 \ldots x_n)$

Total differentiating both sides, we get

$$du = u_1\,dx_1 + u_2\,dx_2 + \ldots + u_n\,dx_n \quad \ldots(n+1)$$

Substitute equations (n) in the equation (n+1) we get

$$du = \lambda p_1\,dx_1 + \lambda p_2\,dx_2 + \ldots + \lambda p_n\,dx_n$$

$$\therefore du = \lambda[p_1\,dx_1 + p_2\,dx_2 + \ldots + p_n\,dx_n] \quad \ldots(o)$$

We have constraint function as

$M = p_1x_1 + p_2x_2 + ... + p_nx_n$

Total differentiating both sides we get

$dm = p_1\,dx_1 + x_1dp_1 + p_2\,dx_2 + x_2\,dp_2 + ... + p_n\,dx_n + x_n\,d\,p_n$

As $p_1 .... p_n$ are constants so we have

$$\boxed{dp_1 = dp_2 = ... = dp_n = 0}$$

$\therefore$ We get

$$\boxed{dm = p_1\,dx_1 + p_2\,dx_2 + ... + p_n\,dx_n} \quad ...(p)$$

Substitute (p) equations in we have

$du = \lambda\left[p_1\,dx_1 + p_2\,dx_2 + ... + p_n\,dx_n\right]$

$du = \lambda\,dm$

$\lambda = \dfrac{du}{dm}$ = Marginal utility of Income.

भाग 'ख'

इस भाग से किन्हीं पाँच प्रश्नों के उत्तर दीजिए।

प्रश्न 5. आव्यूह का प्रतिलोम ज्ञात कीजिए $\begin{bmatrix} 4 & -1 & 1 \\ 0 & 2 & 3 \\ 3 & 7 & 0 \end{bmatrix}$

उत्तर– हल करें अध्याय–4, प्र.सं.–46 के जैसे।

प्रश्न 6. निम्नलिखित रैखिक प्रोग्रामन मॉडल को x_1 और x_2 में हल कीजिए।

अधिकतम करें $\quad y = 45x_1 + 55x_2$

बशर्ते कि $\quad 6x_1 + 4x_2 \le 120$

$180 \ge 10x_2 + 3x_1$

$x_1 \ge 0$

$x_2 \ge 0$

उत्तर– हल करें अध्याय–4, प्र.सं.–45 के जैसे।

प्रश्न 7. द्विपद बंटन क्या है? द्विपद बंटन के माध्य और मानक विचलन का पता लगाइए, जहाँ प्राचल n और p हैं।

उत्तर– देखें अध्याय–5, प्र.सं.–29, 32

प्रश्न 8. संक्षेप में नोट लिखिए–

(a) टेलर विस्तारण

उत्तर– देखें अध्याय–1, प्र.सं.–13

(b) कुँह-टक्कर शर्त

उत्तर– देखें अध्याय–2, प्र.सं.–13

प्रश्न 9. मान लीजिए कि किसी जार में 6 नीली गेंदे, 8 लाल गेंदे और 6 पीली गेंदे हैं। 2 गेंदों को बिना प्रतिस्थापन के यादृच्छिक आधार पर चुन लिया जाता है।

(a) प्रायिकता क्या है कि पहली गेंद लाल और दूसरी गेंद नीली हो।

उत्तर– जार में कुल गेंद = 6 + 8 + 6 = 20

20 गेंदों में से 2 गेंद निकाली जाती हैं $= 20c_2$

8 लाल गेंदों में से 1 लाल गेंद निकाली जाती है $= 8c_2$

अतः 1 लाल गेंद निकालने की प्रायिकता $= P(3R) = \frac{8c_2}{20c_2}$

अब जार में 19 गेंद बची हैं।

अब 19 गेंदों में से 2 गेंद निकाली जाती हैं $= 19c_2$

तथा 6 नीली गेंदों में से 1 नीली गेंद निकाली जाती है $= 6c_2$

अतः नीली गेंद निकालने की प्रायिकता $(15) = \frac{6c_2}{19c_2}$

अतः आवश्यक संभावना होगी–

$$P(1\text{ R तथा }1\text{ B}) = \frac{8c_2}{20c_2} \times \frac{6c_2}{19c_2} = \frac{28}{190} \times \frac{15}{171} = \frac{420}{32490} = 0.012$$

(b) प्रायिकता क्या है कि चुनी गेंदों में से कोई भी लाल न हो।

उत्तर– कुल गेंदे निकाली जाती हैं $= 20c_2$

अगर कोई भी गेंद लाल नहीं होती तो सभी नीली होंगी अर्थात् $= 6c_2$

अतः आवश्यक संभावना $= \frac{6c_2}{20c_2} = \frac{15}{171} = 0.087$

प्रश्न 10. किसी खास किस्म के 150 बीमों (beams) के लिए, चौड़ाई का माध्य और मानक विचलन क्रमशः 8.5 मि.मी. और 0.5 मि.मी. पाए गए। परीक्षण कीजिए यदि प्रेक्षित माध्य, 8 मि.मी. से महत्त्वपूर्ण तरीके से अलग हो।

उत्तर– कुल प्रेक्षणों की संख्या $(\eta) = 150$

माध्य $(\mu) = 8.5$

मानक विचलन $(\sigma) = 0.5$

शून्य परिकल्पना : $H_0 : \mu = 8$

वैकल्पिक परिकल्पना : $H_1 : \mu \neq 8$

The test statistic is chosen to be

$$Z = \frac{\bar{x} - \mu}{\sigma/\sqrt{n}} = \frac{8 - (8.5)}{0.5/\sqrt{150}} = \frac{-0.5}{0.5/\sqrt{150}}$$

$= -12.25$ (Approx.)

Assume the level of significance (α) to be 0.05

Therefore the critical value of Z will be

$Z_{\alpha/2} = Z_{0.025} = 1.96$

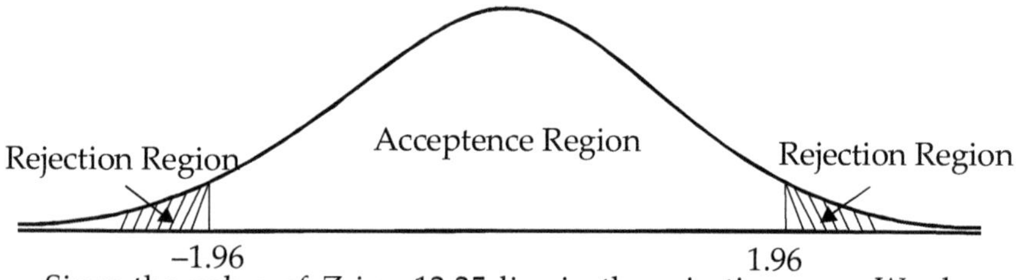

Rejection Region　　Acceptence Region　　Rejection Region

-1.96　　　　　　　　　　　　　　　1.96

Since the value of Z i.e. -12.25 lies in the rejection area. We do not accept the null Hypothesis and conclude that the observed mean differs statistically from 8mm.

प्रश्न 11. समीकरण के हल का पता लगाइए

$y_{t+1} + \frac{1}{4} y_t = 5, y_0 = 2$ के लिए।

उत्तर— दिया है,

$y_{t+1} + \frac{1}{4} y_t = 5, y_0 = 2$

$\frac{4y_{t+1} + y_t}{4} = 5$

$4y_{t+1} + y_t = 20$

$y_t = 20 - 4y_t + 1$

$y_t = -4y_t + 1 + 20$

यहाँ, $a = -4$ $b = 20$

हल करने के लिए नियम

$$y_t = a^t \left[y_0 - \frac{b}{1-a} \right] + \frac{b}{1+a}$$

$$y_t = (-4)^t \left[2 - \frac{20}{1-5} \right] + \frac{20}{1-5} \qquad [\because y_0 = 2 \text{ दिया है}]$$

$$= (-4)^t \left[2 - (-5) \right] + (-5)$$

$$= (-4)^t \, 3 - 5$$

$$= -5 + 3(-4)^t$$

प्रश्न 12. किसी प्रसामान्य बंटन पर विचार कीजिए जिसका माध्य 90 और मानक विचलन 7 हो। किन सीमाओं में कुल मामलों का मध्य 65% सम्मिलित होगा?

उत्तर– यदि हम 65 % के मामलों के मध्य में कार्य कर रहें हों, तब इसका मतलब 1 –.65 = .35 मामले दाएँ पूँछ तथा बाएँ पूँछ में विभक्त हो जाएँगे।

प्रत्येक पूँछ में $\frac{.35}{2} = .1750$ मामले रह जाएँगे।

हम z-सारणी से .1750 का मान निकाल सकते हैं।

z-सारणी से .1750 का मान है: 0.93.

प्रसामान्य बंटन के मामले में हम इसका प्रयोग कर सकते हैं कि हम किस माध्य पर हैं। 7 × 0.93 = 6.51 को माध्य 90 से घटा कर अंतराल के निचले स्तर को जान सकते हैं–

90 – 6.51 = 83.49

तथा 6.51 को माध्य 90 में जोड़कर उच्च अंतराल के उच्चतम स्तर को ज्ञात कर सकते हैं–

90 + 6.51 = 96.51

परिमाणात्मक विधियाँ : एम.ई.सी.-003
दिसम्बर, 2013

नोट: प्रत्येक भाग के प्रश्नों के उत्तर, निर्देशानुसार दीजिए।

भाग 'क'
इस भाग से किन्हीं दो प्रश्नों के उत्तर दीजिए।

प्रश्न 1. मान लीजिए कोई उत्पादन फलन है $y = x_1^{2/3}, x_2^{1/3}$, जहाँ y उत्पादन और x_1, x_2 दो आगतें (inputs) हैं। यदि उत्पादन की कीमत $P_y = 15$ और आगतों (inputs) की कीमतें $Px_1 = 5$ और $Px_2 = 3$ हो तो–

(a) लाभ अधिकतमीकरण आगतों को व्युत्पन्न कीजिए।

(b) हेसियन आव्यूह की सहायता से सत्यापित कीजिए कि ये आगतें लाभ को अधिक से अधिक करने वाली हैं।

उत्तर– हल करें अध्याय-3, प्र.सं.-31 के जैसे।

प्रश्न 2. (a) ऐसी समस्याओं के उदाहरण दीजिए जहाँ आप पॉइसों बंटन का प्रयोग कर सकते हैं। क्या इसका कोई प्रायिकता घनत्व फलन होता है? क्यों या क्यों नहीं? अपने उत्तर की चर्चा, पॉइसों बंटन के माध्य और विसरण के संदर्भ में कीजिए।

उत्तर– मान लीजिए, हम जानना चाहते हैं कि क्या प्रायिकता है कि किसी चिकित्सकीय जाँच में 300 में से 200 चूहे जीवित बचेंगे, जिनको कि एक विषाणु से संक्रमित किया गया है। जहाँ 50 प्रतिशत संभावना है कि हर चूहा प्रतिरक्षी उत्पन्न कर विषाणु से लड़ सकता है। यदि हम द्विपद बंटन प्रयोग करते हैं तो वांछित प्रायिकता $^{300}C_{200} \cdot \frac{1}{2}300$ द्वारा दर्शाई जाती है। प्रायिकता बंटन का इस प्रकार की सन्निकट द्विपद प्रायिकताओं के लिए प्रयोग किया जा सकता है। विशेष रूप से, हम $n \to \infty$ और $p \to 0$ होने पर द्विपद बंटन के सीमाकारी स्वरूप का अन्वेषण करेंगे, जबकि n.p अचर रहेगा। माना $\lambda = $ n.p, अतएव $p = \lambda/n$ हम द्विपद बंटन को निम्नवत् भी लिख सकते हैं–

$$b(x,n,p) = {}^nC_x (\lambda/n)^x (1-(\lambda/n))^{n-x}$$

$$= n(n-1)(n-2)(n-3)\ldots(n-x+1)/x! \times (\lambda/n)^x (1-(\lambda/n))^{n-x}$$

$$= 1(1-1/n)(1-2/n)(1-3/n)\ldots(1-(x-1)/n)/x!$$

$$\times \lambda^x \times \left[(1-(\lambda/n))^{-n/\lambda}\right]^{-\lambda} \times (1-(\lambda/n))^{-x}$$

अंततः, यदि हमारे पास $n \to \infty$ हो, जबकि x और p अचर हों, तो

$$(1-1/n)(1-2/n)(1-3/n)\ldots(1-(x-1)/n) \to 1$$

$$(1(\lambda/n))^{-x} \to 1$$

$$(1-(\lambda/n))^{-n/\lambda} \to e$$

अतएव, द्विचर बंटन का सीमाकारी स्वरूप हो सकता है–

$x = 0, 1, 2, 3, \ldots$ के लिए $p(x, \lambda) = \lambda^x e^{-\lambda}/x!$

इस प्रकार, $n \to \infty$ होने पर सीमांत में, $p = 0$ और $np = \lambda$ अचर रहते हैं; सफलता की संख्या एक यादृच्छिक चर है और केवल प्राचल λ के साथ एक पॉइसों बंटन के पश्चात् आएगा। निम्नलिखित यादृच्छिक चर पॉइसों बंटन के श्रेष्ठ उदाहरण हैं–

- एक चौराहे पर दुर्घटनाओं की संख्या
- एक चादरी सामग्री के प्रति इकाई क्षेत्र में दोषों की संख्या
- किसी दूरभाष सहायक द्वारा प्राप्त टेलीफोन कॉलों की संख्या
- किसी क्षेत्र में एक वर्ष में आत्महत्याओं की संख्या आदि।

फिर देखें अध्याय–5, प्र.सं.–32

(b) 4 परीक्षणों (trials) के क्रम में जहाँ सफलता की प्रायिकता $p = \dfrac{1}{3}$ है, प्रायिकता क्या है कि दो सफलताएँ ही होंगी?

उत्तर– सफलता की प्रायिकता $(P) = \dfrac{1}{3}$

असफलता की प्रायिकता $(q) = \left(1 - \dfrac{1}{3}\right) = \dfrac{2}{3}$

परीक्षणों की संख्या $(t) = 4$

दो सफलताओं के लिए प्रायिकता होगी–

$$= {}^nn_r P^r q^{n-r}$$

$$= {}^4C_2 \left(\dfrac{1}{3}\right)^2 \left(\dfrac{2}{3}\right)^2$$

$$= 6 \times \frac{1}{3} \times \frac{1}{3} \times \frac{2}{3} \times \frac{2}{3}$$

$$= \frac{8}{27}$$

प्रश्न 3. (a) दो समष्टि माध्यों के बीच के अंतर के बारे में निष्कर्ष ज्ञात करने और परिकल्पना परीक्षित करने की प्रक्रिया का वर्णन कीजिए, जब समष्टि प्रसरण ज्ञात हों।
(b) समष्टि के प्रसरण के बारे में आप निष्कर्ष कैसे निकालेंगे?
उत्तर– देखें अध्याय–6, प्र.सं.–21

प्रश्न 4. किसी अर्थव्यवस्था के लिए आगत गुणांक आव्यूह P है

$$P = \begin{bmatrix} 0.0 & 0.3 & 0.3 \\ 0.3 & 0.1 & 0.1 \\ 0.2 & 0.4 & 0.0 \end{bmatrix}$$ और अंतिम भाग वेक्टर है

$$D = \begin{bmatrix} 180 \\ 20 \\ 90 \end{bmatrix}$$ उत्पादन स्तरों का पता लगाइए।

उत्तर– हल करें अध्याय–4, प्र.सं.–41 के जैसे।

भाग 'ख'
इस भाग से किन्हीं पाँच प्रश्नों के उत्तर दीजिए।

प्रश्न 5. मान लीजिए उत्पादन फलन $Q = f(L, K)$, कोटि 2 का समघाती है। यदि $Q =$ उत्पादन, $K =$ पूँजी और $L =$ श्रम हो तो ज्ञात कीजिए–
(a) MPP_k फलन
(b) क्या MPP_k फलन, K और L में समघाती है? यदि हो तो किस कोटि का?
उत्तर– हल करें अध्याय–3, प्र.सं.–30 के जैसे।

प्रश्न 6. निम्नलिखित को हल कीजिए–
अधिकतम करें $z = 50x_1 + 30x_2$
बशर्ते कि $x_1 + x_2 \geq 9$
$2x_1 + x_2 \geq 12$
$x_1 \geq 0$
$x_2 \geq 0$
उत्तर– हल करें अध्याय–4, प्र.सं.–45 के जैसे।

प्रश्न 7. $\mathbf{A_1 = \begin{bmatrix} 1 & 1 & -1 \\ 2 & -3 & 4 \\ 3 & -2 & 3 \end{bmatrix} A_2 = \begin{bmatrix} -1 & -2 & 3 \\ 6 & 12 & 6 \\ 5 & 10 & 5 \end{bmatrix}}$

$A_1, A_2, A_1 + A_2, A_1A_2$ की कोटि (रैंक) का पता लगाइए।

उत्तर– $A_1 = \begin{bmatrix} 1 & 1 & -1 \\ 2 & -3 & 4 \\ 3 & -2 & 3 \end{bmatrix}, A_2 = \begin{bmatrix} -1 & -2 & 3 \\ 6 & 12 & 6 \\ 5 & 10 & 5 \end{bmatrix}$

आव्यूह A_1 की कोटि (Rank)–

दिया है कि

$$A_1 = \begin{bmatrix} 1 & 1 & -1 \\ 2 & -3 & 4 \\ 3 & -2 & 3 \end{bmatrix}$$

अत: $|A_1| = \begin{bmatrix} 1 & 1 & -1 \\ 2 & -3 & 4 \\ 3 & -2 & 3 \end{bmatrix}$ ...(i)

$|A_1|$ का प्रसार करने पर

$$|A_1| = 1[-9+8] - 1[6-12] - 1[-4+9]$$

$$= -1 + 6 - 5 = 0$$

अत: यदि हम समी. (i) में पहली पंक्ति और पहला स्तंभ हटाएँ तो

$$\begin{bmatrix} -3 & 4 \\ -2 & 3 \end{bmatrix} = -9 + 8 = -1 \neq 0$$

अत: आव्यूह A_1 की कोटि $\rho(A_1) = 2$

आव्यूह A_2 की कोटि (Rank)–

प्रश्नानुसार, $|A_2| = \begin{bmatrix} -1 & -2 & 3 \\ 6 & 12 & 6 \\ 5 & 10 & 5 \end{bmatrix}$ ...(ii)

$$= -1[60-60] + 2[30-30] + 3[60-60] = 0$$

अब यदि हम समी. (ii) में प्रथम पंक्ति और स्तंभ को हटा दें तो

$$\begin{vmatrix} 12 & 6 \\ 10 & 5 \end{vmatrix} = 60 - 60 = 0$$

यदि तृतीय पंक्ति और प्रथम स्तंभ को हटाएँ तो

$$\begin{vmatrix} -2 & 3 \\ 12 & 6 \end{vmatrix} = -12 - 36 = -48 \neq 0$$

अतः आव्यूह A_2 की कोटि $\rho(A_2) = 2$

आव्यूह $A_1 + A_2$ की कोटि–

आव्यूह A_1 और A_2 को जोड़ने पर

$$A_1 + A_2 = \begin{bmatrix} 1 & 1 & -1 \\ 2 & -3 & 4 \\ 3 & -2 & 3 \end{bmatrix} + \begin{bmatrix} -1 & -2 & 3 \\ 6 & 12 & 6 \\ 5 & 10 & 5 \end{bmatrix}$$

$$\Rightarrow A_1 + A_2 = \begin{bmatrix} 0 & -1 & 2 \\ 8 & 9 & 10 \\ 8 & 8 & 8 \end{bmatrix}$$

$$\Rightarrow |A_1 + A_2| = \begin{bmatrix} 0 & -1 & 2 \\ 8 & 9 & 10 \\ 8 & 8 & 8 \end{bmatrix}$$

प्रसार करने पर,

$$|A_1 + A_2| = 0[72-80] + 1[64-80] + 2[64-72]$$

$$= 0 - 16 - 16 = -32 \neq 0$$

अतः आव्यूह $A_1 + A_2$ की कोटि $\rho(A_1 + A_2) = 3$

आव्यूह A_1 A_2 की कोटि–

आव्यूह A_1 का आव्यूह A_2 में गुणा करने पर,

$$A_1A_2 = \begin{bmatrix} 1 & 1 & -1 \\ 2 & -3 & 4 \\ 3 & -2 & 3 \end{bmatrix}\begin{bmatrix} -1 & -2 & 3 \\ 6 & 12 & 6 \\ 5 & 10 & 5 \end{bmatrix}$$

$$= \begin{bmatrix} -1+6-5 & -2+12-10 & 3+6-5 \\ -2-18+20 & -4-36+40 & 6-18+20 \\ -3-12+15 & -6-24+30 & 9-12+15 \end{bmatrix}$$

$$\Rightarrow A_1A_2 = \begin{bmatrix} 0 & 0 & 4 \\ 0 & 0 & 8 \\ 0 & 0 & 12 \end{bmatrix}$$

अतः $|A_1A_2| = \begin{bmatrix} 0 & 0 & 4 \\ 0 & 0 & 8 \\ 0 & 0 & 12 \end{bmatrix}$

प्रसार करने पर,

$|A_1A_2| = 0[0-0] - 0[0-0] + 4[0-0] = 0$

अब यदि हम प्रथम पंक्ति और प्रथम स्तंभ को हटा दें तो

$\begin{vmatrix} 0 & 8 \\ 0 & 12 \end{vmatrix} = 0 - 0 = 0$

अतः हम देखते हैं कि यदि लघुपद का क्रम 2 है तो उसका प्रसार करने पर हमें शून्य ही प्राप्त होगा।

अतः यदि हम लघुपद $\begin{vmatrix} 0 & 8 \\ 0 & 12 \end{vmatrix}$ में से प्रथम पंक्ति और प्रथम स्तंभ को हटाएँ तो हमें 12 प्राप्त होगा जो कि शून्य के बराबर नहीं है और लघुपद (minor) $|12|$ का क्रम 1 है।

अतः आव्यूह $A_1 A_2$ की कोटि $\rho(A_1A_2) = 1$

प्रश्न 8. 7 पुरुषों और 4 महिलाओं के समूह से 6 सदस्यों की समिति गणित की जाती है। प्रायिकता क्या होगी कि समिति में–

(a) सुनिश्चित रूप से 2 महिलाएँ हों
(b) कम से कम 2 महिलाएँ हों

उत्तर– (a) समूह के 11 लोगों (7 पुरुष तथा 4 महिलाएँ) में से 6 लोगों को $^{11}C_6$ तरीके से लिख सकते हैं–

$$^{11}C_6 = \frac{11!}{(11-6)!6!} = \frac{11 \times 10 \times 9 \times 8 \times 7}{5 \times 4 \times 3 \times 2 \times 1} = 462$$

462 वह संपूर्ण संख्या है जिसमें हम समूह को प्रस्तुत कर सकते हैं।

4 पुरुष तथा 2 महिलाओं के लिए समूह को निम्नलिखित तरीके से प्रस्तुत कर सकते हैं–

$$^7C_4 \times {^4C_2} = \frac{7!}{(7-4)!4!} \times \frac{4!}{(4-2)!2!}$$

$$= \frac{7 \times 6 \times 5}{3 \times 2 \times 1} \times \frac{4 \times 3 \times 2}{2 \times 2}$$

$$= 35 \times 6$$

अतः प्रायिकता है $\dfrac{35 \times 6}{462} = \dfrac{5}{11}$ ...(i)

(b) समूह में कम-से-कम दो महिलाएँ होने का अर्थ है समूह में, निम्न हो सकते हैं–
- 4 पुरुष तथा 2 महिलाएँ
- 3 पुरुष तथा 3 महिलाएँ
- 2 पुरुष तथा 4 महिलाएँ

समी. (i) से–

समूह में 4 पुरुष तथा 2 महिलाएँ होने की प्रायिकता है: $\dfrac{5}{11}$

समूह में 3 पुरुष तथा 3 महिलाओं के लिए–

$$^7C_3 \times {}^4C_3 = \dfrac{7!}{(7-3)!3!} \times \dfrac{4!}{(4-3)!3!}$$

$$= \dfrac{7 \times 6 \times 5 \times 4!}{4! \times 3 \times 2} \times \dfrac{4 \times 3!}{3!}$$

$\Rightarrow 7 \times 5 \times 4 = 140$

अतः प्रायिकता है–

$\dfrac{140}{462} = \dfrac{10}{33}$

समूह में 2 पुरुष तथा 4 महिलाओं के लिए–

$$^7C_2 \times {}^4C_4 = \dfrac{7!}{(7-2)!2!} \times \dfrac{4!}{(4-4)!4!}$$

$$= \dfrac{7 \times 6 \times 5!}{5! \times 2} \times \dfrac{4!}{4!}$$

$$= 21$$

अतः प्रायिकता है: $\dfrac{21}{462} = \dfrac{1}{22}$

कम से कम 2 महिलाएँ होने की प्रायिकता है–

$$\dfrac{5}{11} + \dfrac{10}{33} + \dfrac{1}{22} = \dfrac{53}{66}$$

प्रश्न 9. निम्नलिखित से y पर x के समाश्रयण समीकरण को आकलित कीजिए–

x	5	3	8	5	10
y	8	11	6	9	8

उत्तर– हल करें अध्याय–5, प्र.सं.–32 के जैसे।

प्रश्न 10. नोट लिखिए–

(a) आव्यूह की कोटि (रैंक)

उत्तर– देखें अध्याय–4, प्र.सं.–13 (v)

(b) अभिलक्षणिक मान और अभिलक्षणिक वेक्टर

उत्तर– यदि $Ax = \lambda x$ को संतुष्ट करता कोई सदिश $x \neq 0$ (यथा, शून्येतर सदिश) अस्तित्व रखता हो, जहाँ A एक दिया गया nवाँ क्रम वर्ग व्यूह हो और λ एक अदिश प्राचल, तो इस प्रकार की समस्या को अभिलक्षणिक मान समस्या कहा जाता है और x को $Ax = \lambda x$ होने पर A से जुड़ा अभिलक्षणिक वेक्टर कहते हैं।

प्रश्न 11. (a) किसी वस्तु का आपूर्ति फलन है–

$Q = a + bp^2 + \sqrt{R}(a < 0, b > 0), R = $ वृष्टि

आपूर्ति कीमत लोच ज्ञात कीजिए।

उत्तर– देखें दिसम्बर–2012, प्र.सं.–9 (a)

(b) यदि $y = \dfrac{x_1}{x_1 + x_2}$, कुल अवकल ज्ञात कीजिए।

उत्तर– देखें दिसम्बर–2012, प्र.सं.–9 (b)

प्रश्न 12. (a) परीक्षण-प्रतिदर्शज क्या है?

उत्तर– देखें अध्याय–6, प्र.सं.–19 (iii)

(b) एक-पुच्छ एवं द्वि-पुच्छ परीक्षणों के बीच का अंतर दर्शाइए।

उत्तर– देखें अध्याय–6, प्र.सं.–17

(c) पी-मान क्या है?

उत्तर– पी-मान एक प्रायिकता होता है जो कि इस धारणा के अंदर निकाला जाता है कि एक अशक्त परिकल्पना सच है। एक खोजकर्त्ता अशक्त परिकल्पना को अस्वीकार कर देगा यदि पी-मान का मान पूर्व निर्धारित महत्त्व स्तर (significance level) से कम निकलता है, प्रायः जैसे 0.05 या 0.01 महत्त्व स्तर।

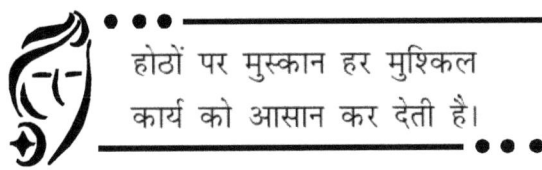

होठों पर मुस्कान हर मुश्किल
कार्य को आसान कर देती है।

परिमाणात्मक विधियाँ : एम.ई.सी.-003
जून, 2014

नोटः *प्रत्येक भाग से निर्देशानुसार प्रश्नों के उत्तर दीजिए।*

भाग 'क'
इस भाग से किन्हीं दो प्रश्नों के उत्तर दीजिए।

प्रश्न 1. एक आगम अधिकतम करने वाले एकाधिकारी को लाभ के रूप में न्यूनतम 1500 की राशि चाहिए। उसका माँग फलन $P = 304 - 2q$ तथा लागत फलन $C = 500 + 4q + 8q^2$ द्वारा दर्शाया गया है।

(क) उसका उत्पादन स्तर और कीमत आकलित करें।

(ख) इन मानों की अधिकतम लाभ की मान्यता के अधीन प्राप्य मानों से तुलना करें।

उत्तर– देखें दिसम्बर–2011, प्र.सं.-1

प्रश्न 2. (क) यदि $\bar{x}$ प्रतिदर्श माध्य है, तो सिद्ध करें कि $\bar{x}$ का प्रत्याशित मान, अर्थात् $E(\bar{x})$ समष्टि या जनसंख्या माध्य μ के समान होगा।

उत्तर– देखें दिसम्बर–2012, प्र.सं.-2 (a)

(ख) किसी अभिलक्षण के समष्टि अनुपात विषयक अवधारणा के सत्यापन की प्रक्रिया का वर्णन करें।

उत्तर– एक क्रमबद्ध तरीके से एक सांख्यिकीय प्राक्कल्पना के परीक्षण में विभिन्न चरणों का संक्षिप्त वर्णन निम्नलिखित है–

(1) शून्य प्राक्कल्पना : शून्य प्राक्कल्पना H_0 स्थापित करें।

(2) वैकल्पिक प्राक्कल्पना : वैकल्पिक H_1 स्थापित करें। यह हमें इस बात को निर्धारित करने में मदद करेगा कि हमें एकल-पुच्छ (दाईं अथवा बाईं) परीक्षण इस्तेमाल करना है अथवा दो-पुच्छ परीक्षण।

(3) सार्थकता का स्तर : अनुमानों और अनुमेय जोखिम की विश्सनीयता पर सार्थकता (α) का उपयुक्त स्तर चुनें। यह न्यादर्श निकाले जाने से पहले निर्धारित किया जाना होगा, यथा α अग्रिम रूप से तय किया जाता है।

(4) परीक्षण अचल (अथवा परीक्षण निकष) : शून्य प्राक्कल्पना के अंतर्गत परीक्षण अचल $z = \dfrac{t - E(t)}{S.E(t)}$ की गणना करें।

(5) निष्कर्ष : हम z, चरण 4 में आकलित Z के मान की तुलना सार्थकता के दिए गए स्तर 'α' पर सार्थक मान (तालिकाबद्ध मान) z_α से करते हैं।

यदि $|Z| < z_\alpha$, यथा, यदि Z का आकलित मान (मापांक मान) z_α से कम हो तो हम इसे सार्थक नहीं कहते हैं। इससे हमारा मतलब है कि भिन्नता $t - E(t)$ महज न्यादर्शन के उतार-चढ़ाव की वजह से नहीं है और न्यादर्श आँकड़े हमें शून्य प्राक्कल्पना के विरुद्ध यथेष्ट प्रमाण नहीं देते हैं जो कि इसी कारण स्वीकार्य है।

यदि $|Z| > z_\alpha$, यथा, यदि Z का आकलित मान क्रांतिक अथवा सार्थक मान से अधिक हो तो हम कह सकते हैं कि यह सार्थक है और शून्य प्राक्कल्पना सार्थक के स्तर 'α', यथा गोपन गुणांक $(1 - \alpha)$ के साथ, पर निरस्त है।

प्रश्न 3. कॉब-डग्लस उत्पादन फलन $Q = AL^\alpha K^{1-\alpha}, \alpha > 0$ पर विचार कीजिए। सिद्ध करें कि

(i) यह कोटि 1 का समघात फलन है।

(ii) दोनों आदानों, L और K की सीमांत और औसत उत्पादिता उन दोनों आदानों के अनुपात पर निर्भर है।

(iii) इस फलन में प्रतिस्थापन लोच का मान इकाई है।

उत्तर– (i) समघात फलन

$f(K,L) = AL^\alpha K^{(1-\alpha)}$

Multiply K and L with t, (t is a constant)

$f(tK,tL) = A(tL)^\alpha (tK)^{(1-\alpha)}$

$= At^\alpha L^\alpha t^{(1-\alpha)} K^{(1-\alpha)}$

$= t^{[\alpha+(1-\alpha)]}\left[AL^\alpha K^{(1-\alpha)}\right]$

$= t^1 f(K,L)$

$\therefore$ t (constant) has a degree 1.

Therefore this function is homogenous of degree 1.

(ii) L और K की सीमांत और औसत उत्पादकता

Average productivity of labour $(L) = \dfrac{Q}{L}$

$$= \frac{AL^{\alpha} K^{1-\alpha}}{L}$$

$$= AL^{(\alpha-1)} K^{(1-\alpha)}$$

$$= A\left(\frac{L}{K}\right)^{(\alpha-1)}$$

Average productivity of capital $(K) = \dfrac{Q}{K}$

$$= \frac{AL^{\alpha} K^{(1-\alpha)}}{K}$$

$$= AK^{\alpha} K^{-\alpha}$$

$$= A\left(\frac{L}{K}\right)^{\alpha}$$

Marginal Productivity of labour $= \dfrac{\partial Q}{\partial L}$

$$\therefore \frac{\partial Q}{\partial L} = \alpha AL^{(\alpha-)}K^{(1-\alpha)} = \alpha A\left(\frac{L}{K}\right)^{(\alpha-1)}$$

Marginal productivity of capital $= \dfrac{\partial Q}{\partial K}$

$$\therefore \frac{\partial Q}{\partial K} = (1-\alpha)AL^{\alpha}K^{(1-\alpha-1)} = (1-\alpha)A\left(\frac{L}{K}\right)^{\alpha}$$

This shows that Marginal and Average productivity of L and K, both depends on the ratio of the two inputs i.e., $\left(\dfrac{L}{K}\right)$

(iii) प्रतिस्थापन लोच

Formula $\sigma = \dfrac{d\,Ln(x_2|x_1)}{d\,Ln(f_1|f_2)}$

Where, $f = f(x_1\, x_2)$

Ln = Natural log

$\therefore$ We have $Q = f = AL^{\alpha} K^{(1-\alpha)}$

Differentiating with respect to L we get

$$f_1 = \alpha A L^{(\alpha-1)} K^{(1-\alpha)} \qquad \ldots(1)$$

Differentiating with respect to K we get

$$f_2 = (1-\alpha) A L^{\alpha} K^{-\alpha} \qquad \ldots(2)$$

∴ From (1) and (2) we get

$$\frac{f_1}{f_2} = \frac{\alpha}{(1-\alpha)} \frac{A}{A} \frac{L^{(\alpha-1)}}{L^{\alpha}} \frac{K^{(1-\alpha)}}{K^{-\alpha}}$$

$$\frac{f_1}{f_2} = \frac{\alpha}{1-\alpha} \left(\frac{K}{L}\right)$$

$$\therefore \left(\frac{K}{L}\right) = \frac{f_1}{f_2} \left(\frac{\alpha}{1-\alpha}\right)$$

Putting natural log both side we get

$$Ln\left(\frac{K}{L}\right) = Ln\left(\frac{f_1}{f_2}\right) + Ln\left(\frac{\alpha}{1-\alpha}\right)$$

Since $Ln\left(\frac{\alpha}{1-\alpha}\right)$ is constant, differentiating both sides, we get

$$\sigma = \frac{d Ln(K|L)}{d Ln(f_1|f_2)} = 1$$

So the elasticity of substitution in this case is unity (i.e., 1)

प्रश्न 4. आपको अवकल समीकरण की सहायता कब लेनी पड़ती है? किसी अवकल समीकरण को हल करने में प्रारंभिक शर्त का क्या महत्त्व होता है? यदि आपको संतुलन की स्थिरता का परीक्षण करना हो, तो एक उदाहरण का प्रयोग कर समझाइए कि द्वितीय कोटि का अवकल समीकरण किस प्रकार आपकी समस्या का निराकरण कर सकता है।

उत्तर— हमारा वास्ता अनेक ऐसे आर्थिक प्रतिमानों से पड़ता है जिनमें किसी प्रदत्त समय-बिंदु पर चरों के मानों तथा समय के साथ इन मानों में परिवर्तनों के बीच संबंधों को समाविष्ट करते अल्पकालिक आयाम होते हैं। उदाहरण के रूप में हम आर्थिक विकास के एक प्रतिरूप पर विचार कर सकते हैं जो प्राय: पूँजीगत माल में परिवर्तन एवं उत्पादन के मूल्य के बीच एक प्रकार्यात्मक संबंध का प्रतिपादन करता है। जब समय किसी अविरत चर के रूप में प्रतिरूपित किया जाता है तो अवकल समीकरण अज्ञात फलनों के अवकलजों को समाविष्ट कर संरूपित किए जाते हैं।

किसी अवकल समीकरण को हल करने का अर्थ है – एक ऐसा फलन ज्ञात करना जो उस समीकरण को संतुष्ट करे।

इन समीकरणों के पीछे कुछ मूल अवधारणाओं को समझने के लिए उदाहरण इस प्रकार है—

यदि $y = f(x)$ एक ऐसा फलन है जिसके लिए पर्याप्त क्रम के अवकलज विद्यमान हैं, तो $\frac{dy}{dx} = f'(x)$. मान लीजिए, हमें $f'(x)$ ज्ञात है और वापस फलन y पर जाना चाहते हैं। हम इस समस्या को निम्न प्रकार हल करने की कोशिश करते हैं–

$$dy = f'(x)dx$$

$$\Rightarrow y = \int f'(cx)dx.$$

अवकल समीकरणों के माध्यम से हम उन समस्याओं को हल करने का प्रयास करते हैं जो कालांतर में परिवर्तन से जुड़ी हों, यथा परिवर्तनशील चर। उदाहरण के लिए, मान लीजिए कि एक प्राक्काल्पनिक अर्थव्यवस्था की आय (y) समय (x) से संबंधित है। यह फलन के रूप में दी गई है: $y(x) = 2x^{1/2}$. यदि यह आय समय के साथ बदलती है तो हमें परिवर्तन दर $\frac{dy}{dx} = x^{-\frac{1}{2}}$ के रूप में ज्ञात होती है। हम $y = y(x)$ लिखने के लिए आय परिवर्तन के समय-पथ को ज्ञात करते हैं।

इस फलन का अवकलज, तथापि $y = y(x) + c$ के अवकलज जैसा ही होगा, जहाँ c कोई भी यादृच्छिक अचर है। ऐसी स्थिति में, हम आय परिवर्तन का कोई अनन्य समय-पथ निर्धारित नहीं कर सकते हैं। इसलिए, c का एक निश्चित मान आकलित किए जाने की आवश्यकता होती है। इस उद्देश्य से आपेक्षित अतिरिक्त जानकारी **आरंभिक स्थिति** ज्ञात करना है। यदि हम उक्त अर्थव्यवस्था की आरंभिक आय जानते हैं, माना y(0), यथा $x = 0$ पर y का मान, तो अचर c का मान निर्धारित किया जा सकता है।

इस प्रकार, $y(x) = 2x^{1/2} + c$ से, जब $x = 0$,

हमें प्राप्त होता है $y(0) = 2(0)^{1/2} + c = c.$

यहाँ अचर c अब यादृच्छिक नहीं रहा, जैसे कि $y(0) = 10,000$, $c = 10,000$ और $y(x) = 2x^{1/2} + 10,000$. अधिक सामान्य रूप से, किसी भी प्रदत्त आरंभिक आय, y(0), के लिए समय-पथ होगा–

$$y(x) = 2x^{1/2} + y(0)$$

आय के उदाहरण में, उसके परिवर्तनशील रूप में, आरंभिक स्थिति तथा समय-चरों वाले एक अन्य पदों का योग दिया गया है।

केवल प्रथम व्युत्पन्न रखने वाले अवकल समीकरण में एक अनन्य हल होता है यदि यह एक आरंभिक स्थिति रखता हो। इसके अतिरिक्त, वह अवकल समीकरण जिसमें केवल प्रथम एवं द्वितीय स्थिति व्युत्पन्न ही हों, एक अनन्य हल देगा यदि उसमें दो आरंभिक स्थितियाँ हों।

द्वितीय-क्रम सजातीय समीकरण के हलों की स्थिरता

हम निम्न सजातीय समीकरण पर विचार करते हैं–

$$y''(t) + ay'(t) + by(t) = 0.$$

यदि $b \neq 0$, तो इस समीकरण में एक ही साम्यावस्था होगी, यथा 0 अर्थात् एक मात्र अचर फलन जो एक हल है, सभी t के लिए 0 के बराबर है। इस प्रकार की साम्यावस्था की स्थिरता का मूल्यांकन करने के लिए इस समीकरण के सामान्य हल के तीन संभावित रूप हो सकते हैं–

स्थिति I : विशिष्ट समीकरण में दो यथार्थ मूल हैं

यदि r_1 और r_2 विशिष्ट समीकरण के दो मूल हैं तो समीकरण का सामान्य हल होगा: $y(t) = Ae^{r_1 t} + Be^{r_2 t}$. यह साम्यावस्था स्थिर रहेगी यदि और केवल यदि $r_1 < 0$ और $r_2 < 0$.

स्थिति II : विशिष्ट समीकरण में एक ही यथार्थ मूल है

एक मात्र मूल (माना r) वाला विशिष्ट समीकरण स्थिर साम्यावस्था में रहता है यदि और केवल यदि यह मूल ऋणात्मक है। ध्यान दें कि यदि $r < 0$ तो k के किसी भी मान के लिए, $t^k e^{rt}$ बदलकर 0 हो जाता है जैसे $t \to \infty$.

स्थिति III : विशिष्ट समीकरण में सम्मिश्र मूल हैं

जब विशिष्ट समीकरण में सम्मिश्र मूल होते हैं तो समीकरण के हल का रूप होता है: $Ae^{at}\cos(\beta t + \omega)$, जहाँ $\alpha = -\frac{a}{2}$, प्रत्येक मल का यथार्थ भाग। यह साम्यावस्था स्थिर रहेगी यदि और केवल यदि प्रत्येक मूल का यथार्थ भाग ऋणात्मक हो।

उपर्युक्त परिणामों के आधार पर हम कह सकते हैं कि साम्यावस्था की स्थिरता सुनिश्चित रहेगी यदि और केवल यदि विशिष्ट समीकरण के दोनों मूलों के यथार्थ भाग ऋणात्मक हों। कुछ हद तक बीजगणित यह दर्शाता है कि यह दशा $a > 0$ और $b > 0$ के समकक्ष है। दूसरी ओर, यदि $b = 0$, तो प्रत्येक संख्या एक साम्यावस्था है, और इन साम्यावस्थाओं में कोई भी स्थिर नहीं है।

भाग 'ख'

इस भाग से किन्हीं पाँच प्रश्नों के उत्तर दीजिए।

प्रश्न 5. इन आव्यूहों पर विचार करें–

$$P = \begin{bmatrix} -1 & -2 & 3 \\ 6 & 12 & 6 \\ 5 & 10 & 5 \end{bmatrix} Q = \begin{bmatrix} 1 & 1 & -1 \\ 2 & -3 & 4 \\ 3 & -2 & 3 \end{bmatrix}$$

P, Q, P + Q, PQ और QP की जाति (rank) का आकलन करें।

उत्तर– देखें दिसम्बर–2011, प्र.सं.-6

प्रश्न 6. चर x का प्रायिकता आबंटन निम्नलिखित है–

x	0	1	2	3	4
P(x)	0.2	0.2	0.1	0.3	0.2

इस आबंटन के औसत और प्रसरण का आकलन करें।

उत्तर– देखें दिसम्बर–2012, प्र.सं.-8

प्रश्न 7. इस आव्यूह का विलोम आकलित करें–

$$\begin{bmatrix} 4 & 1 & -1 \\ 0 & 3 & 2 \\ 3 & 0 & 7 \end{bmatrix}$$

उत्तर– देखें जून–2012, प्र.सं.-5

प्रश्न 8. हमें 7 पुरुषों और 4 महिलाओं के एक समूह में से सदस्य स्वीकार करते हुए एक 6 सदस्यों वाली उप-समिति का गठन करना है। इन दो प्रकार की संभावित उप-समितियों के गठन की प्रायिकताएँ ज्ञात करें—

(क) उप-समिति में ठीक दो महिलाएँ हों।

(ख) उप-समिति में कम-से-कम दो महिलाएँ हों।

उत्तर— देखें दिसम्बर–2013, प्र.सं.-8

प्रश्न 9. (क) परीक्षण प्रतिदर्शज क्या होता है?

(ख) एक-पुच्छ एवं द्वि-पुच्छ परीक्षणों में भेद करें।

(ग) p-मान क्या दर्शाता है?

उत्तर— देखें दिसम्बर–2013, प्र.सं.-12

प्रश्न 10. (क) $\dfrac{dy}{dx}$ ज्ञात करें जबकि

(i) $y = \log(e^x + 3)$

(ii) $y = \dfrac{1}{\sqrt{x^2 + a^2}}$

उत्तर— देखें दिसम्बर–2011, प्र.सं.-12 (b)

(ख) यदि $y = \dfrac{x_1}{x_1 + x_2}$, तो संपूर्ण अवकल ज्ञात करें।

उत्तर— देखें दिसम्बर–2012, प्र.सं.-9 (b)

प्रश्न 11. द्विपद आबंटन क्या होता है? किसी n और p प्राचलों द्वारा निर्दिष्ट द्विपद आबंटन के माध्य और मानक विचलन का आकलन करें।

उत्तर— देखें जून–2013, प्र.सं.-7

प्रश्न 12. इन पर संक्षिप्त टिप्पणियाँ लिखें—

(क) टेलर का प्रसारण

(ख) कूह्न-टक्कर शर्त

उत्तर— देखें जून–2013, प्र.सं.-8

परिमाणात्मक विश्लेषण विधियाँ : एम.ई.सी.-003
दिसम्बर, 2014

नोट: प्रत्येक भागों से निर्देशानुसार प्रश्नों के उत्तर लिखें।

भाग 'क'
इस भाग से किन्हीं दो प्रश्नों के उत्तर दें।

प्रश्न 1. एक मकड़-जाल प्रतिमान में माँग एवं आपूर्ति वक्र इस प्रकार हैं–
$Q_{dt} = 18 - 3P_t$ और $Q_{st} = -3 + 4P_{t-1}$
(a) अंतर्कालिक संतुलन कीमत ज्ञात करें। यह भी बताएँ कि क्या यह संतुलन स्थिरतापूर्ण होगा?
(b) सैम्युलसन के गुणक-त्वरक प्रतिमान की स्थिरता की शर्त की संस्थापना करें।

प्रश्न 2. (a) द्विपद और पॉयजों-आबंटनों के आबंटन फलन लिखें। एक पॉयजों आबंटन किस स्थिति में द्विपद आबंटन का सन्निकटन बन सकता है? इन दोनों आबंटनों के औसत और प्रसरण ज्ञात करें।
(b) एक प्रसामान्य आबंटन की विशेषताएँ लिखें। मानक प्रसामान्य आबंटन का घनता फलन लिखें।

प्रश्न 3. (a) अनावृत और आवृत आदान-उत्पाद प्रतिमानों में अंतर स्पष्ट करें।
(b) एक अर्थव्यवस्था में दो उत्पादक क्षेत्र हैं कृषि और उद्योग। इनके आदान-उत्पाद गुणांक इस प्रकार हैं–

उत्पाद क्षेत्र	आदान क्षेत्र	
	कृषि	उद्योग
कृषि	0.10	0.50
उद्योग	0.20	0.25

(i) यदि इन क्षेत्रों के उत्पाद की अंतिम माँग क्रमशः 300 और 100 इकाइयाँ हों तो इन क्षेत्रों के समग्र उत्पादन स्तर क्या होंगे?

(ii) यदि इन क्षेत्रों के श्रम आदान गुणांक क्रमशः 0.50 और 0.60 हों तो कुल कितने श्रमिकों की आवश्यकता होगी?

प्रश्न 4. आगम अधिकतम करने वाला एकाधिकारी कम-से-कम 1500 का लाभ भी चाहता है। उसके लागत और माँग फलन क्रमशः इस प्रकार हैं $C = 500 + 4q + 8q^2$ तथा $P = 304 - 2q$।

(a) उसका उत्पादन और कीमत स्तर आंकलित करें।

(b) उत्पादन और कीमत के इन मानों की तुलना अधिकतम लाभ की मान्यता पर आधारित मानों से करें।

भाग 'ख'

किन्हीं पाँच प्रश्नों के उत्तर लिखें।

प्रश्न 5. एक थैले में 8 नीली और 5 काली बॉल हैं। पहले निकाली गई बॉल वापस डाले बिना तीन-तीन के दो समूह उस थैले से निकाले गए हैं। इस बात की प्रायिकता आंकलित करें कि पहले समूह में तीनों बॉल काली होंगी और दूसरे में तीनों नीली होंगी।

प्रश्न 6. (a) इस समस्या को रेखाचित्र विधि से हल करें–

न्यूनतम करें: $C = 0.6x_1 + x_2$

संरोधाधीन: $10x_1 + 4x_2 \geq 20$

$5x_1 + 5x_2 \geq 20$

$2x_1 + 6x_2 \geq 12$

$x_1, x_2 > 0$

(b) व्याख्या करें की समाधान किसी कोण बिंदु पर ही क्यों होता है?

प्रश्न 7. किसी समष्टि प्राचल के मान का अनुमान लगाने की अधिकतम प्रायिकता विधि समझाएँ।

प्रश्न 8. इस आव्यूह का व्युत्क्रम ज्ञात करें–

$$\begin{bmatrix} 4 & 1 & -1 \\ 0 & 3 & 2 \\ 3 & 0 & 7 \end{bmatrix}$$

प्रश्न 9. (a) प्रतिदर्शन आबंटन क्या होता है?
(b) केंद्रीय सीमा प्रमेय लिखें।
(c) बिंदु अनुमान की विशेषताएँ बताएँ।

प्रश्न 10. एक पासे को फेंकने पर दिखी संख्या सम थी। उसके '4' होने की प्रायिकता क्या होगी?

प्रश्न 11. इस फलन का चरम मान ज्ञात करें—

$z = 2x_1^2 - x_1x_2 + 4x_2^2 + x_1x_3 + x_3^2 + 2$

हेसियन आव्यूह का प्रयोग कर बताएँ कि ये चरम मान अधिकतम है या न्यूनतम।

प्रश्न 12. इस रेखिक प्रोग्रामन समस्या का समाधान आंकलित करें x_1 तथा x_2 —

अधिकतम करें: $\quad z = 45x_1 + 55x_2$

संरोधाधीन: $\quad 6x_1 + 4x_2 \leq 120$

$\quad\quad\quad\quad\quad 3x_1 + 10x_2 \leq 180$

$\quad\quad\quad\quad\quad x_1 \geq 0, x_2 \geq 0$

परिमाणात्मक विधियाँ : एम.ई.सी.-003
जून, 2015

नोटः *प्रत्येक खंड से निर्देशानुसार प्रश्नों के उत्तर दीजिए।*

खंड 'क'
इस खंड से किन्हीं दो प्रश्नों के उत्तर दीजिए।

प्रश्न 1. एक फर्म दो वस्तुएँ उत्पादित करती है और उसके माँग और लागत फलन निम्नलिखित हैं–

$$\left.\begin{array}{l} Q_1 = 40 - 2P_1 - P_2 \\ Q_2 = 35 - P_1 - P_2 \end{array}\right\} \text{माँग फलन}$$

$$C = Q_1^2 + 2Q_2^2 + 10\} \text{ लागत फलन}$$

(क) अधिकतम लाभ के लिए प्रथम कोटि शर्त पूरी करने वाले उत्पाद ज्ञात कीजिए।

(ख) पर्याप्तता की दूसरी कोटि की शर्त की जाँच कीजिए। क्या इस समस्या का एक विलक्षण अधिकतम समाधान प्राप्त हो रहा है?

(ग) अधिकतम लाभ क्या है?

प्रश्न 2. (क) सीमांत आयात प्रवृत्ति $M'(y) = 0.1$ तथा जब $y = 0, M = 20.$ आयात फलन $M(y)$ ज्ञात कीजिए।

(ख) सीमांत उपभोग प्रवृत्ति $C'(y) = 0.8 + 0.1y^{-1/2}$ और जब $y = 100, C = y.$ उपभोग फलन $C(y)$ ज्ञात कीजिए।

प्रश्न 3. किसी अर्थव्यवस्था के लिए आदान (आगत) गुणांक आव्यूह P इस प्रकार है:

$$P = \begin{bmatrix} 0.0 & 0.3 & 0.3 \\ 0.3 & 0.1 & 0.1 \\ 0.2 & 0.4 & 0.0 \end{bmatrix}$$

अंतिम माँग सदिश $D = \begin{bmatrix} 180 \\ 20 \\ 90 \end{bmatrix}$ दिया गया है।
उत्पादन ज्ञात कीजिए।

प्रश्न 4. (क) यदि $\bar{x}$ प्रतिदर्श का माध्य है, तो सिद्ध कीजिए कि $\bar{x}$ का अपेक्षित मान, $E(\bar{x})$ जनसंख्या माध्य μ के बराबर है।

(ख) किसी अभिलक्षण के लिए जनसंख्या अनुपात संबंधी संकल्पना की जाँच की प्रक्रिया का वर्णन कीजिए।

खंड 'ख'
इस खंड से किन्हीं पाँच प्रश्नों के उत्तर दीजिए।

प्रश्न 5. हल कीजिए—
अधिकतमीकरण कीजिए: $z = 50a + 30b$
संरोधाधीन: $a + b \geq 9$
             $2a + b \geq 12$
             $a \geq 0, b \geq 0.$

प्रश्न 6. निम्नलिखित पर संक्षिप्त टिप्पणियाँ लिखिए—
(क) एक आव्यूह की कोटि (Rank)
(ख) आइगेनमान और आइगेनसदिश

प्रश्न 7. प्वासों बंटन क्या है? इसके माध्य और विचरण (variance) ज्ञात कीजिए।

प्रश्न 8. एक 6 सदस्यीय समिति का गठन करने के लिए 7 पुरुष और 4 महिलाएँ हैं। इस बात की प्रायिकता ज्ञात कीजिए कि समिति में (क) ठीक 2 महिलाएँ होंगी, (ख) कम-से-कम 2 महिलाएँ होंगी।

प्रश्न 9. यदि $x = \begin{bmatrix} x_1 \\ x_2 \\ x_3 \end{bmatrix}$, $B = \begin{bmatrix} 2b_1 & b_1 + b_2 \\ b_2 + 2b_3 & 3b_2 \\ b_1 + b_3 & 4b_3 \end{bmatrix}$ तथा $z = \begin{bmatrix} z_1 \\ z_2 \end{bmatrix}$ है, तो दर्शाइए कि $\frac{\partial}{\partial x}(x'Bz) = Bz$ और $\frac{\partial}{\partial z}(x'Bz) = B'z.$

प्रश्न 10. हल कीजिए—

(क) $x^2 dy + (x+y) y\, dx = 0$

(ख) $y_t = 3y_{t-1} - 2y_{t-2}$

दिए गए हैं $y_0 = 4$ और $y_{t-1} = 6$.

प्रश्न 11. बिजली के बल्बों के जीवन के विषय में निम्नलिखित जानकारी दी गई है—

	औसत जीवन	मानक विचलन	प्रतिदर्श आकार
ब्रांड A	2000 घंटे	250 घंटे	12
ब्रांड B	2230 घंटे	300 घंटे	15

निर्धारित कीजिए कि क्या इन दो प्रकार के बल्बों की गुणवत्ता में कोई महत्त्वपूर्ण अंतर है।

[5% सार्थकता स्तर पर उपयुक्त तालिकाबद्ध मान = 1.708]

प्रश्न 12. $z = f(x, y)$ एक n कोटि फलन है। दर्शाइए कि $f(x, y)$ के प्रथम कोटि आंशिक अवकलज $(n-1)$ कोटि के समघात फलन होंगे।

परिमाणात्मक विधियाँ : एम.ई.सी.-003
दिसम्बर, 2015

नोटः *प्रत्येक खंड से निर्देशानुसार प्रश्नों के उत्तर दीजिए।*

खंड 'क'
इस खंड से किन्हीं दो प्रश्नों के उत्तर दीजिए।

प्रश्न 1. (क) आगत-निर्गत विश्लेषण के संदर्भ में हॉकिन्स-सीमोन शर्त पर चर्चा कीजिए।

(ख) यदि मजदूरी दर ₹100 प्रतिदिन हो, तो निम्नांकित प्रौद्योगिकी आव्यूह के आधार पर संतुलन कीमतें ज्ञात कीजिए :

	इस्पात	कोयला	अंतिम माँग
इस्पात	0.4	0.1	50
कोयला	0.7	0.6	100
श्रम	5	2	

प्रश्न 2. (क) एक मकड़जाल प्रतिमान के माँग एवं आपूर्ति फलन ये हैं:

$Q_{dt} = 18 - P_t$ और $Q_{st} = -3 + 4P_{t-1}$

अंतर्कालिक संतुलन कीमत ज्ञात कीजिए और यह भी निर्धारित कीजिए कि क्या यह संतुलन स्थायी होगा।

(ख) सैम्युअलसन के गुणक-त्वरक अंतर्क्रिया प्रतिमान की स्थायित्व की शर्त की स्थापना कीजिए।

प्रश्न 3. (क) एक सकल उत्पादन फलन $Q = K^{\alpha} L^{1-\alpha}$ पर विचार कीजिए, यहाँ Q, K तथा L सभी समय के फलन हैं। पूँजी श्रम अनुपात के काल पथ का हल कर उसका चित्रांकन कीजिए।

(ख) हल कीजिए:
(t + 2y) dy + (y + 3t²) dt = 0

प्रश्न 4. (क) यदि $\bar{x}$ प्रतिदर्श माध्य है, तो सिद्ध कीजिए कि $\bar{x}$ का प्रत्याशित मान, $E(\bar{x})$ जनसंख्या माध्य μ के समान होगा।

(ख) किसी अभिलक्षण के जनसंख्या अनुपात संबंधी परिकल्पनाओं के सत्यापन की विधि का वर्णन कीजिए।

खंड 'ख'
इस खंड से किन्हीं पाँच प्रश्नों के उत्तर दीजिए।

प्रश्न 5. किसी एकाधिकारी का माँग वक्र है: P = 100 – 2Q.
(क) उसका MR फलन ज्ञात कीजिए।
(ख) AR तथा MR वक्रों के ढाल में क्या संबंध होगा?
(ग) किस कीमत पर MR = 0 होगा?
[AR = औसत आगम; MR = सीमांत आगम]

प्रश्न 6. एक पासा फेंकने पर आई संख्या सम है। इस बात की क्या प्रायिकता होगी कि वह संख्या 2 है?

प्रश्न 7. x_1 तथा x_2 चरों में निरूपित निम्न रैखिक प्रोग्रामन प्रतिमान को हल कीजिए:
अधिकतमीकरण कीजिए $z = 45x_1 + 55x_2$
जबकि $6x_1 + 4x_2 \leq 120, x_1 \geq 0$
$3x_1 + 10x_2 \leq 180, x_2 \geq 0$

प्रश्न 8. धान उत्पादक 34 प्रतिनिधि फर्मों के प्रतिदर्श से प्रति एकड़ उत्पादन का मानक विचलन (SD) = 83 kg है। क्या इस जानकारी के आधार पर हम यह परिकल्पना अस्वीकार कर पाएँगे कि सभी धान उत्पादक फर्मों के लिए उपयुक्त मानक विचलन (SD) = 107 kg? यह आकलन 5% के महत्त्व स्तर पर करना है। बृहत् प्रतिदर्श विधि का प्रयोग कीजिए।

प्रश्न 9. द्विपद बंटन क्या होता है? यदि n तथा p इसके दो प्राचल हैं, तो इसका माध्य और मानक विचलन ज्ञात कीजिए।

प्रश्न 10. निम्नलिखित पर संक्षिप्त टिप्पणियाँ लिखिए:
(क) आइगेनमान और आइगेनसदिश

(ख) आव्यूह की कोटि
(ग) टेलर का विस्तार

प्रश्न 11. $\begin{bmatrix} 4 & 1 & -1 \\ 0 & 3 & 2 \\ 3 & 0 & 7 \end{bmatrix}$ का व्युत्क्रम ज्ञात कीजिए।

प्रश्न 12. (क) एक परीक्षण-प्रतिदर्शज क्या होता है?
(ख) एक-पुच्छ एवं द्वि-पुच्छ परीक्षणों में भेद स्पष्ट कीजिए।
(ग) p-मान क्या होता है?

The man who chases two rabbits catches none.
- Roman Proverb

परिमाणात्मक विधियाँ : एम.ई.सी.-003
जून, 2016

नोट: प्रत्येक खंड से निर्देशानुसार प्रश्नों के उत्तर दीजिए।

भाग 'क'
इस भाग से किन्हीं दो प्रश्नों के उत्तर लिखें।

प्रश्न 1. एक आगम अधिकतम करने वाले एकाधिकारी को न्यूनतम ₹1500 के लाभ की आवश्यकता है। उसके माँग एवं लागत फलन इस प्रकार हैं—
$D = 304 - 2Q$ तथा $C = 500 + 4Q + 8Q^2$
उसके कीमत एवं उत्पादन के स्तरों का निर्धारण करें। इन मानों की तुलना अधिकतम लाभ विधि से आंकलित मानों के साथ करें।

प्रश्न 2. (a) एक प्रथम कोटि के रैखिक अवकलन समीकरण लिखें और उसका सामान्य समाधान या हल प्राप्त करें।

(b) अवकलन समीकरणों के माध्यम से आप हैरड-डोमर प्रतिमान की निरंतर संवृद्धि संकल्पना को किस प्रकार हल करेंगे?

प्रश्न 3. एक उत्पाद फलन यह है— $y = x_1^{2/3} x_2^{1/3}$ जहाँ y उत्पादन है और x_1 तथा x_2 दो आदान हैं। यदि उत्पादन की कीमत $P_y = 15$ और आदानों की कीमतें क्रमश: $Px_1 = 5$ तथा $Px_2 = 3$ हों तो

(a) अधिकतम लाभ आदान स्तर आंकलित करें, और

(b) यह सत्यापन भी करें कि इस आदान संयोजन पर लाभ अधिकतम ही होता है।

प्रश्न 4. यदि औसत μ और विचरण σ^2 वाली समष्टि से 3 इकाइयों वाला एक प्रतिदर्श x_1, x_2, x_3 हो और औसत μ के तीन अनुमानक T_1, T_2, T_3 हों, जहाँ $T_1 = x_1 + x_2 - x_3$, $T_2 = 2x_1 - 4x_2 + 3x_3$ और $T_3 = \frac{1}{3}(ax_1 + x_2 + x_3)$ तो बताएँ कि:

(a) क्या T_1 और T_2 को हल μ का अनअभिनत अनुमानक मान सकते हैं?
(b) 'a' के किस मान के लिए T_3 एक अन-अभिनत अनुमानक μ होगा?
(c) इन तीनों में से श्रेष्ठतम अनुमानक कौन सा है?

भाग 'ख'
इस भाग से किन्हीं पाँच प्रश्नों के उत्तर लिखें।

प्रश्न 5. $A = \begin{bmatrix} 1 & 1 & -1 \\ 2 & -3 & 4 \\ 3 & -2 & 3 \end{bmatrix}$ $B = \begin{bmatrix} -1 & -2 & 3 \\ 6 & 12 & 6 \\ 5 & 10 & 5 \end{bmatrix}$

AB, BA और A + B की कोटियों का आंकलन करें।

प्रश्न 6. 7 पुरुषों एवं 4 महिलाओं के समूह में से एक 6 सदस्यीय उपसमिति का गठन किया जाना है। प्रायिकता आंकलित करें कि उपसमिति में—
(a) 2 महिलाएँ ही होंगी
(b) कम से कम 2 महिलाएँ होंगी

प्रश्न 7. (a) $\dfrac{dy}{dx}$ आंकलित करें जबकि

(i) $y = \log(e^x + 3)$

(ii) $y = \dfrac{1}{\sqrt{x^2 + a^2}}$

(b) इस स्थिति में सकल अवकलक का आंकलन करें।

$y = \dfrac{x_1}{x_1 + x_2}$

प्रश्न 8. मान लें कि $A = \begin{bmatrix} 0.2 & 0.3 & 0.2 \\ 0.4 & 0.1 & 0.2 \\ 0.1 & 0.3 & 0.2 \end{bmatrix}$ प्रौद्योगिकी आव्यूह है और $D = \begin{bmatrix} 10 \\ 5 \\ 6 \end{bmatrix}$

अंतिम माँग सदिश है। इन तीनों वस्तुओं के उत्पादन स्तरों का आंकलन करें।

प्रश्न 9. एक पासे को फेंका जाता है। हमें बताया गया है कि कोई सम संख्या आई है। प्रायिकता ज्ञात करें कि वह संख्या '2' है।

प्रश्न 10. एक सौ परिवारों के प्रतिदर्श में आय के वितरण का मानक विचलन ₹6970 आंकलित हुआ है। बड़े प्रतिदर्श के लिए उपयुक्त कसौटी का प्रयोग कर इस

अवधारणा का सत्यापन करें कि सभी परिवारों की आय के वितरण का मानक विचलन ₹4700 होगा।

प्रश्न 11. इस रैखिक प्रोग्रामन प्रतिमान को हल करें –

Max $\quad z = 45x_1 + 55x_2$

Sub. to $\quad 6x_1 + 4x_2 \leq 120$

$\quad\quad\quad\quad 3x_1 + 10x_2 \leq 180$

$\quad\quad\quad\quad x_1 \geq 0, x_2 \geq 0$

प्रश्न 12. पॉयजों आबंटन क्या है? इसके औसत एवं विचरण ज्ञात करें।

परिमाणात्मक विधियाँ : एम.ई.सी.-003
दिसम्बर, 2016

नोट: प्रत्येक खंड से निर्देशानुसार प्रश्नों के उत्तर दीजिए।

भाग 'क'
इस भाग से किन्हीं दो प्रश्नों के उत्तर लिखें।

प्रश्न 1. (a) एक मकड़जाल प्रतिमान के आपूर्ति एवं माँग ये हैं–
$Q_{st} = 6P_{t-1}^{-5}$ तथा $Q_{dt} = 19 - 6P_t$.
अंतर्कालिक संतुलन कीमत ज्ञात करें और निर्धारित करें कि क्या यह संतुलन स्थिरतापूर्ण है।
उत्तर– देखें अध्याय–3, प्र.सं.-24 (ii)

(b) सैम्युलसन के गुणक-त्वरक प्रतिमान की स्थिरता की शर्त निर्धारित करें।
उत्तर– देखें अध्याय–3, प्र.सं.-11 (iv)

प्रश्न 2. एक अर्थव्यवस्था का आदान आव्यूह है–

$A = \begin{bmatrix} 0.0 & 0.3 & 0.3 \\ 0.3 & 0.1 & 0.1 \\ 0.2 & 0.4 & 0.0 \end{bmatrix}$ और अंतिम माँग $D = \begin{bmatrix} 180 \\ 20 \\ 90 \end{bmatrix}$

उत्पादन का स्तर आंकलित करें।
उत्तर– हल करें अध्याय–4, प्र.सं.-41 के जैसे।

प्रश्न 3. कॉब डग्लस उत्पाद फलन इस प्रकार है–
$Q = AL^{\alpha} K^{1-\alpha}; A, \alpha > 0.$
(a) सिद्ध करें कि यह फलन प्रथम कोटि का समघात फलन है।

(b) दोनों आदानों, L और K की सीमांत उत्पादिताएँ उन दोनों आदानों के अनुपात पर निर्भर करती हैं।

(c) प्रतिस्थापन की लोच इकाई है।

उत्तर– देखें जून–2014, प्र.सं.-3

प्रश्न 4. (a) एक सांख्यिक की मानक त्रुटि की परिभाषा करें। यह अवधारणा सत्यापन एवं निर्णय प्रक्रिया में किस प्रकार उपयोगी होती है?

उत्तर– देखें अध्याय–6, प्र.सं.-7

(b) यदि x_i, i = 1, 2 ... n द्वारा व्यक्त n प्रतिदर्श इकाइयाँ किसी प्रसामान्य समष्टि से निकाली गई हैं जिनका औसत μ और मानक विचलन σ है। प्रतिदर्श औसत $\overline{x}$ का प्रायिकता आबंटन फलन आंकलित करें।

उत्तर– देखें अध्याय–6, प्र.सं.-23

भाग 'ख'

इस भाग से किन्हीं पाँच प्रश्नों के उत्तर लिखें।

प्रश्न 5. निम्न आँकड़ों के आधार पर अपेक्षित मान और विचरण का आंकलन करें।

पुस्तकों की दैनिक बिक्री, x_i	0	1	2	3	4	5	6
$P(x_i)$	0.02	0.10	0.21	0.32	0.20	0.09	0.06

उत्तर– देखें अध्याय–5, प्र.सं.-35

प्रश्न 6. इन पर संक्षिप्त टिप्पणियाँ लिखें।

(a) औसत मान प्रमेय

उत्तर– यदि हम टेलर श्रृंखला में n = 1 रखते हैं तो हमें प्राप्त होता हैं।

$f(x) = f(a) + R_0$

उपर्युक्त समंजन के साथ (औपचारिक जाँच पाठ्यक्रम में नहीं है), लिखा जा सकता है कि $R_0 = f'(a)(x - a)$

यह फलन का रैखिकीकरण कहलाता है (जब हम प्रथम घात के किसी बहुचर द्वारा फलन f(x) को सन्निकट कर रहे हों)। यह परिणाम 'माध्यमान प्रमेय' कहलाता है। इसके अनुसार, यदि

(1) f(x) प्रतिबंधित अंतराल $a \leq x \leq b$ में सतत् होता है; और

(2) f(x) मुक्त अंतराल $a < x < b$ में अस्तित्व रखता है।

तब a और b के बीच इस प्रकार x का कम से कम एक मान, c होता है कि:

$f(b) - f(a) = (b - a) f'(c).$

चूँकि $a < c < b$, c को $a + \theta(b-a)$ के रूप में लिखा जा सकता है, जहाँ $0 < \theta < 1$. $b = a + h$ रखकर हमें माध्य मान प्रमेय का एक और रूप प्राप्त होता है।

$f(a+h) = f(a) + hf(a+\theta h)$, जहाँ $0 < \theta < 1$.

(b) टेलर की श्रृंखला

उत्तर– देखें अध्याय–1, प्र.सं.–13

प्रश्न 7. इसे हल करें:

Max : $10x_1 + 10x_2 + 20x_3 + 20x_4$

Sub to : $12x_1 + 8x_2 + 6x_3 + 4x_4 \le 210$

$3x_1 + 6x_2 + 12x_3 + 24x_4 \le 210$

$x_1, x_2, x_3, x_4 \ge 0$

उत्तर– देखें अध्याय–4, प्र.सं.–40

प्रश्न 8. एक द्विपद आबंटन क्या होता है? यदि इसके प्राचल n और p द्वारा दर्शाए जा रहे हों तो इसके औसत और विचरण का आंकलन करें।

उत्तर– देखें अध्याय–5, प्र.सं.–29, 32

प्रश्न 9. मान लें कि औसत रूप से 15 में से 1 फोन व्यस्त मिलता है। यह प्रायिकता ज्ञात करें कि यदि 6 फोन नंबरों को यादृच्छिक रूप से चुना जाए तो, उनमें से:

(a) 3 से अधिक व्यस्त नहीं होंगे

(b) कम से कम 3 व्यस्त होंगे

उत्तर– हल करें दिसम्बर–2013, प्र.सं.–8 के जैसे।

प्रश्न 10. इस आव्यूह का विलोम ज्ञात करें–

$$\begin{bmatrix} 4 & 1 & -1 \\ 0 & 3 & 2 \\ 3 & 0 & 7 \end{bmatrix}$$

उत्तर– हल करें अध्याय–4, प्र.सं.–46 के जैसे।

प्रश्न 11. (a) एक सत्यापन सांख्यिक क्या होता है?

उत्तर– परीक्षण अचल का मान, जो क्रांतिक (अथवा निराकरण) क्षेत्र और एकीकरण क्षेत्र को विलग करता है, 'क्रांतिक मान' अथवा 'सार्थक मान' कहलाता है। यह इन बातों पर निर्भर करता है: (i) प्रयुक्त सार्थकता का स्तर, और (ii) वैकल्पिक प्राक्कल्पना कि यह दो–पुच्छ अथवा

एकल-पुच्छ। जैसा कि पहले कहा गया, बड़े न्यायदर्शों के लिए, मानकीकृत चर उपग रूप से अचल 't' के सदृश होते हैं, यथा $Z = \dfrac{t - E(t)}{S.E(t)} \sim N(0,1)$, जहाँ $n \to \infty$. शून्य प्राक्कल्पना के अंतर्गत उपर्युक्त संबंध द्वारा दिया जाने वाला Z 'परीक्षण अचल' कहलाता है।

(b) एक पुच्छ एवं द्वि-पुच्छ कसौटियों में भेद स्पष्ट करें।
उत्तर– देखें अध्याय–6, प्र.सं.–17

(c) p-मान क्या होता है?
उत्तर– देखें दिसम्बर–2013, प्र.सं.–12 (c)

प्रश्न 12. (a) यदि $y = \dfrac{x_1}{x_1 + x_2}$ तो सकल अवकलक ज्ञात करें।
उत्तर– देखें अध्याय–1, प्र.सं.–29

(b) आइगन मान और आइगन सदिश पर टिप्पणियाँ लिखें।
उत्तर– देखें दिसम्बर–2013, प्र.सं.–10 (b)

परिमाणात्मक विधियाँ : एम.ई.सी.-003
जून, 2017

नोट: प्रत्येक भाग से निर्देशानुसार प्रश्नों के उत्तर दीजिए।

भाग 'क'
इस भाग से किन्हीं दो प्रश्नों के उत्तर दीजिए।

प्रश्न 1. एक एकाधिकारी दो वस्तुओं-क और ख का उत्पादन करता है। इसका माँग फलन $Q_1 = 40 + P_2 - 2P_1$ और $Q_2 = 15 - P_2 + P_1$ है। P_1 और P_2, वस्तुओं की कीमतें हैं और Q_1 और Q_2, इनकी (क और ख) परिमात्राएँ हैं। मान लीजिए एकाधिकारी का लागत फलन $C = Q_2^2 + Q_1Q_2 + Q_1^2$ है। इसका लाभ अधिकतमीकरण उत्पादन और कीमतें ज्ञात कीजिए। हेसियन आव्यूह भी ज्ञात कीजिए।

प्रश्न 2. (क) कॉबवेब मॉडल के संबंध में माँग और आपूर्ति फलन हैं:
$Q_{dt} = 18 - 3P_t$ और $Q_{st} = 4P_{t-1} - 3$. अंत:कालिक संतुलन कीमत ज्ञात कीजिए और निर्धारित कीजिए कि क्या संतुलन स्थिर है।

(ख) सैम्युलसन गुणक-त्वरक अंत:क्रिया मॉडल की स्थिरता की शर्त स्थापित कीजिए।

प्रश्न 3. (क) ऐसी समस्याओं के उदाहरण दीजिए, जहाँ आप प्वासों बंटन का प्रयोग कर सकते हैं। क्या इसका कोई प्रायिकता घनत्व फलन है? क्यों या क्यों नहीं? अपने उत्तर की चर्चा, प्वासों बंटन के माध्य और प्रसरण के संदर्भ में कीजिए।

(ख) 4 परीक्षणों के क्रम में, जहाँ सफल होने की प्रायिकता $p = \frac{1}{3}$ है, प्रायिकता क्या है कि सिर्फ-और-सिर्फ 2 सफलता ही प्राप्त हों?

प्रश्न 4. (क) यदि $\bar{X}$, प्रतिदर्श माध्य है, तो सिद्ध कीजिए, $E(\bar{x}), \bar{x}$ का प्रत्याशित मान, μ, समष्टि माध्य के समतुल्य है।

(ख) परीक्षण परिकल्पना की प्रक्रिया का वर्णन, निर्धारित (दत्त) सहज लक्षण के समष्टि अनुपात के संबंध में कीजिए।

भाग 'ख'
इस भाग से किन्हीं पाँच प्रश्नों के उत्तर दीजिए।

प्रश्न 5. मान लीजिए किसी पासे को फेंका जाता है। आपको बताया जाता है कि संख्या सम है। प्रायिकता क्या है कि यह संख्या 4 है?

प्रश्न 6. आव्यूह

$A = \begin{bmatrix} 1 & 3 & 2 \\ 3 & 10 & 6 \\ 2 & 5 & 5 \end{bmatrix}$ का व्युत्क्रम ज्ञात कीजिए।

प्रश्न 7. नीचे दिए गए आँकड़ों से y पर x के समाश्रयण समीकरण का आकलन कीजिए:

x	5	8	3	10	5
y	8	6	11	8	9

प्रश्न 8. समष्टि प्राचल का मान आकलित करने के लिए अधिकतम संभाविता की विधि की व्याख्या कीजिए।

प्रश्न 9. x_1 और x_2 में निम्नलिखित रैखिक प्रोग्रामन निदर्श (मॉडल) हल कीजिए:

$y = 45x_1 + 55x_2$ का अधिकतमीकरण कीजिए

जबकि

$\quad 6x_1 + 4x_2 \leq 120$
$\quad 180 \geq 10x_2 + 3x_1$
$\quad\quad\quad x_1 \geq 0$
$\quad\quad\quad x_2 \geq 0.$

प्रश्न 10. (क) $\dfrac{dy}{dx}$ ज्ञात कीजिए जब

(i) $y = \log(e^x + 3)$

(ii) $y = \dfrac{1}{\sqrt{x^2 + a^2}}$

(ख) मान लीजिए $q = -\dfrac{L^3}{3} + 2L^2 + 12L$, उत्पादन फलन है, जहाँ L = श्रम। ज्ञात कीजिए अधिकतम L जिसके परे L से प्राप्त प्रतिफल निरंतर कम (ह्रासमान) होना शुरू हो जाता है।

प्रश्न 11. (क) प्रतिदर्शी बंटन क्या है?
(ख) बिंदु आकलकों के गुणधर्म व्यक्त कीजिए।
(ग) केंद्रीय सीमा प्रमेय व्यक्त कीजिए।

प्रश्न 12. मान लीजिए x का निम्नलिखित प्रायिकता बंटन है:

x	0	1	2	3	4
P(n)	0.2	0.2	0.1	0.3	0.2

बंटन का माध्य और प्रसरण ज्ञात कीजिए।

परिमाणात्मक विधियाँ : एम.ई.सी.-003
दिसम्बर, 2017

नोट: प्रत्येक भाग से निर्देशानुसार प्रश्नों के उत्तर दीजिए।

खंड 'क'
इस भाग से किन्हीं दो प्रश्नों के उत्तर दीजिए:

प्रश्न 1. (a) हॉकिन्स-सिमोन शर्त की चर्चा, आगत-निर्गत विश्लेषण के संदर्भ में कीजिए।

उत्तर– देखें अध्याय-4, प्र.सं.-17 (iv)

(b) निम्नलिखित प्रौद्योगिकी आव्यूह से संतुलन कीमतों का पता लगाइए। यहाँ वेतन दर है, ₹100 प्रतिदिन:

	स्टील	कोयला	अंतिम माँग
स्टील	0.4	0.1	50
कोयला	0.7	0.6	100
श्रम	5	2	

उत्तर– देखें अध्याय-4, प्र.सं.-44

प्रश्न 2. $y = x_1^{2/3} x_2^{1/3}$, उत्पादन फलन हैं, जहाँ y = उत्पादन और x_1 और x_2 दो आगतें (inputs) हैं। यदि $P_y = 15$ और $Px_1 = 5$, $Px_2 = 3$, क्रमश: उत्पादनों तथा आगतों की कीमतें हैं।

(a) लाभ अधिकतमीकरण आगतें व्युत्पन्न कीजिए।

(b) हैसियन आव्यूह की सहायता से सत्यापित कीजिए कि ये आगतें लाभ अधिकतमी हैं।

उत्तर– देखें अध्याय-3, प्र.सं.-31 के जैसे।

प्रश्न 3. प्रतिदर्शज की मानक त्रुटि परिभाषित कीजिए। बताइए कि परिकल्पना-परीक्षण और निर्णायन में यह कैसे सहायक है?

उत्तर– देखें अध्याय-6, प्र.सं.-7

प्रश्न 4. (a) किसी उत्पादन फलन $Q = K^{\alpha}L^{1-\alpha}$ पर विचार कीजिए। जहाँ Q, L और K, काल के फलन हैं। पूँजी-उत्पादन अनुपात के काल-पथ दर्शाइए और हल कीजिए।

उत्तर– हल करें जून-2014, प्र.सं.-3 के जैसे।

(b) हल कीजिए: $(t + 2y)dy + (y + 3t^2)dt = 0$

उत्तर– देखें अध्याय-3, प्र.सं.-13 के जैसे।

भाग 'ख'

इस भाग से किन्हीं पाँच प्रश्नों के उत्तर दीजिए:

प्रश्न 5. किन्हीं 7 पुरुष और 4 महिलाओं से 6 सदस्यों वाली समिति का गठन किया जाना है। प्रायिकता क्या है कि समिति में:

(a) कम से कम 2 महिलाएँ हों।

(b) सिर्फ और सिर्फ 2 महिलाएँ हों।

उत्तर– देखें दिसम्बर-2013, प्र.सं.-8

प्रश्न 6. (a) परीक्षण प्रतिदर्शज क्या है?

उत्तर– देखें अध्याय-6, प्र.सं.-19 (iii)

(b) P-मान क्या है?

उत्तर– देखें दिसम्बर-2013, प्र.सं.-12(c)

(c) एक-पुच्छ एवं द्वि-पुच्छ परीक्षण में अंतर स्पष्ट कीजिए।

उत्तर– देखें अध्याय-6, प्र.सं.-17

प्रश्न 7. प्वासों बंटन क्या है? इसका माध्य और विचरण ज्ञात कीजिए।

उत्तर– देखें अध्याय-5, प्र.सं.-30

प्रश्न 8. इनके चरम मान ज्ञात कीजिए:

$$z = 2x_1^2 - x_1x_2 + 4x_2^2 + x_1x_3 + x_3^2 + 2$$

और हर्बन आव्यूह के प्रयोग से जाँच कीजिए कि क्या चरम मान अधिकतम हैं या न्यूनतम।

उत्तर– देखें अध्याय-2, प्र.सं.-11

प्रश्न 9. आव्यूह का प्रतिलोम ज्ञात कीजिए: $A = \begin{bmatrix} 4 & 1 & -1 \\ 0 & 3 & 2 \\ 3 & 0 & 7 \end{bmatrix}$

उत्तर– देखें अध्याय-4, प्र.सं.-46 के जैसे।

प्रश्न 10. हल कीजिए:

$$\begin{aligned} \text{Max} \quad & z = 30x_2 + 50x_1 \\ \text{sub. to} \quad & x_1 + x_2 \geq 9 \qquad x_1 \geq 0 \\ & 2x_1 + x_2 \geq 2 \qquad x_2 \geq 0 \end{aligned}$$

उत्तर– देखें अध्याय-4, प्र.सं.-45 के जैसे।

प्रश्न 11. $A_1, A_2, A_1 + A_2, A_1A_2$ **की कोटि ज्ञात कीजिए यदि:**

$$A_1 = \begin{bmatrix} 1 & 1 & -1 \\ 2 & -3 & 4 \\ 3 & -2 & 3 \end{bmatrix}, A_2 = \begin{bmatrix} -1 & -2 & 3 \\ 6 & 12 & 6 \\ 5 & 10 & 5 \end{bmatrix}$$

उत्तर– हल करें, दिसम्बर-2013, प्र.सं.-7

प्रश्न 12. निवेश की प्रस्तुत, दर है,

$I(t) = 12t^{1/3}$ जहाँ प्रारंभिक पूँजी स्टॉक है, $K(0) = 25$

(a) K, पूँजी स्टॉक का काल पथ ज्ञात कीजिए।

(b) काल अंतराल [0, 1] और [1,3] के दौरान पूँजी संचयन की राशि ज्ञात कीजिए।

उत्तर– देखें अध्याय-3, प्र.सं.-29

परिमाणात्मक विधियाँ : एम.ई.सी.-003
सैम्पल पेपर, 2018

नोट: प्रत्येक भाग से निर्देशानुसार प्रश्नों के उत्तर दीजिए।

भाग 'क'
इस भाग से किन्हीं दो प्रश्नों के उत्तर दीजिए।

प्रश्न 1. एक उत्पादन (P) $Ax^{\frac{1}{3}}y^{\frac{1}{3}}$ फलन दिया हुआ है जहाँ x तथा y क्रमशः श्रम तथा पूँजी को दर्शाते हैं। निम्नलिखित प्रश्नों के उत्तर ज्ञात कीजिए–
(a) प्रत्येक का व्यवहार ज्ञात कीजिए।
(b) पैमाने के प्रतिफल की प्रकृति क्या है?
(c) निकालिए कि उत्पादन समाप्त हो रहा है अथवा नहीं?
उत्तर– देखें अध्याय-1, प्र.सं.-28 (पेज नं.-39)

प्रश्न 2. (क) सदिशों का योगफल करने के विभिन्न नियम बताइए। सदिश के गुणधर्म क्या हैं?
उत्तर– देखें अध्याय-4, प्र.सं.-2 (पेज नं.-146)

(ख) दो वस्तुओं x तथा y के माँग फलन हैं $p_1 = 8 - 2x$ तथा $p_2 = 14 - y^2$ तथा संयुक्त आय फलन $C = 10 + 4x + 2y$ है। एकाधिकारी की लाभ अधिकतमता के लिए उनकी मात्राएँ निर्धारित कीजिए।
उत्तर– देखें अध्याय-2, प्र.सं.-28 (पेज नं.-88)

प्रश्न 3. द्वितीय-क्रम अंतर समीकरणों को हल करने में शामिल चरणों की व्याख्या कीजिए।
उत्तर– देखें अध्याय-3, प्र.सं.-10 (पेज नं.-112)

प्रश्न 4. आदान-उत्पाद आव्यूह और अंतिम माँग सदिश इस प्रकार हैं–

$$A = \begin{bmatrix} 0.05 & 0.25 & 0.34 \\ 0.33 & 0.10 & 0.12 \\ 0.19 & 0.38 & 0.0 \end{bmatrix} \text{ और } d = \begin{bmatrix} 1800 \\ 200 \\ 900 \end{bmatrix}$$

इस त्रि-उद्योग व्यवस्था के उत्पादन स्तर ज्ञात करें।
उत्तर– देखें अध्याय-4, प्र.सं.-41 (पेज नं.-217)

भाग 'ख'
इस भाग से किन्हीं पाँच प्रश्नों के उत्तर दीजिए।

प्रश्न 5. मान लीजिए कि x का निम्नलिखित प्रायिकता बंटन है–

x	0	1	2	3	4
P(n)	0.2	0.2	0.1	0.3	0.2

बंटन के माध्य और प्रसरण को ज्ञात कीजिए।
उत्तर– देखें अध्याय-5, प्र.सं.-35 (पेज नं.-303)

प्रश्न 6. रैखिक प्रोग्रामन समस्या पर विचार कीजिए।
अधिकतम करें: (Maximise)
$Z = 5x_1 + 10x_2$
बशर्ते कि
$x_1 + 3x_2 \leq 50$
$4x_1 + 2x_2 \leq 60$
$x_1 \leq 5$
$x_1, x_2 \geq 0$

(i) उपर्युक्त रैखिक प्रोग्रामन समस्या के द्वैध को व्यक्त कीजिए।
(ii) दिया गया है कि (5, 15) उपर्युक्त रैखिक प्रोग्रामन समस्या का इष्टतम समाधान है। द्वैध (dual) के लिए इष्टतम समाधान का पता लगाइए।
उत्तर– देखें अध्याय-4, प्र.सं.-45 (पेज नं.-221)

प्रश्न 7. क्रेमर-राव विषमता की व्याख्या कीजिए। राव-ब्लैकवैल प्रमेय के साथ इसका क्या संबंध है?
उत्तर– देखें अध्याय-6, प्र.सं.-15 (पेज नं.-329)

प्रश्न 8. अर्थशास्त्र में इष्टतमीकरण से संबंधित अनुप्रयोग बताइए।
उत्तर— देखें अध्याय-2, प्र.सं.-9 (पेज नं.-57)

प्रश्न 9. कोई उपभोक्ता धनराशि P का R% वार्षिक ब्याज दर जो कि हर बाद वाले वर्ष के अंत में भुगतान की जाती है, बाद वाले बचत खाते में निवेश करता है। वह हर वर्ष एक निश्चित धनराशि I को वर्ष के अंत में अगले तीस वर्षों तक निकालता है। अंतर समीकरण ज्ञात कीजिए जब Y_t धन की वह मात्रा है जो खाते में प्रारंभिक निवेश के t वर्षों के उपरांत पड़ी है तथा समीकरण को हल कीजिए।
उत्तर— देखें अध्याय-3, प्र.सं.-7 (पेज नं.-126)

प्रश्न 10. निम्नलिखित बिंदुओं पर संक्षिप्त टिप्पणी कीजिए—
(i) पूर्ण अवकल
(ii) पूर्ण अवकलज
उत्तर— देखें अध्याय-1, प्र.सं.-17 (पेज नं.-22)

प्रश्न 11. $C = 20x + 40y$ का न्यूनतमीकरण कीजिए जबकि
$36x + 6y \geq 108$
$3x + 12y \geq 36$
$20x + 10y \geq 100$
$x \geq 0, y \geq 0$
उत्तर— देखें अध्याय-4, प्र.सं.-47 (पेज नं.-223)

प्रश्न 12. निम्नलिखित पर संक्षिप्त टिप्पणियाँ लिखिए:
(क) गोपन अंतराल एवं गोपन सीमांत
उत्तर— देखें अध्याय-6, प्र.सं.-19(ii) (पेज नं.-333)

(ख) लैग्रेंज प्रमेय
उत्तर— देखें अध्याय-2, प्र.सं.-11(i) (पेज नं.-61)

परिमाणात्मक विधियाँ : एम.ई.सी.-003
जून, 2018

नोटः *प्रत्येक भाग से निर्देशानुसार प्रश्नों के उत्तर दीजिए।*

भाग 'क'
इस भाग से किन्हीं दो प्रश्नों के उत्तर दीजिए।

प्रश्न 1. कॉब-डगलस उत्पादन फलन पर विचार कीजिएः

$Q = AL^a K^{1-a}, a > 0$

सिद्ध कीजिए कि

(क) यह प्रथम कोटि का समघात फलन है।

(ख) दोनों आदानों, L और K के औसत और सीमांत उत्पाद उनके अनुपात पर निर्भर हैं।

(ग) प्रतिस्थापन की लोच का मान इकाई है।

प्रश्न 2. (क) यदि $\bar{x}$ प्रतिदर्श माध्य हो, तो सिद्ध कीजिए कि $E(\bar{x}) = \mu$, जहाँ $E(\bar{x})$ द्वारा $\bar{x}$ का प्रत्याशित मान और μ द्वारा समष्टि माध्य दर्शाए गए हैं।

(ख) किसी विशेष गुणधर्म के समष्टि अनुपात विषयक प्राक्कल्पना परीक्षण की विधि का वर्णन कीजिए।

प्रश्न 3. एक राजस्व अधिकतम करने वाले एकाधिकारी को कम-से-कम ₹1500 के लाभ की आवश्यकता होती है। उसकी लागत फलन $C = 500 + 4q + 8q^2$ है और उसकी माँग फलन $P = 304 - 2q$ है।

(क) उसकी उत्पाद स्तर (q) और कीमत (P) ज्ञात कीजिए।

(ख) इन मानों की अधिकतम लाभ की दशा में प्राप्त होने वाले मानों से तुलना कीजिए।

प्रश्न 4. (क) सकल उत्पादन फलन $Q = K^{\alpha} L^{1-\alpha}$ पर विचार कीजिए, जहाँ Q, K और L सभी समय के फलन हैं। पूँजी उत्पाद अनुपात के समय पथ को चित्रित कीजिए और हल कीजिए।

(ख) $(t + 2y) dy + (y + 3t^2) dt = 0$ को हल कीजिए।

भाग 'ख'

इस भाग से किन्हीं पाँच प्रश्नों के उत्तर दीजिए।

प्रश्न 5. एक समष्टि प्राचल के मान का अनुमान लगाने की अधिकतम संभाव्यता विधि समझाइए।

प्रश्न 6. निम्नलिखित आव्यूह का व्युत्क्रम ज्ञात कीजिए:

$$A = \begin{bmatrix} 1 & 3 & 2 \\ 3 & 10 & 6 \\ 2 & 5 & 5 \end{bmatrix}$$

प्रश्न 7. मान लीजिए कि एक पासा उछालने पर प्राप्त संख्या विषम निकली है। इसके 5 होने की क्या संभाव्यता है?

प्रश्न 8. x_1 और x_2 के निम्नलिखित रैखिक प्रोग्रामन प्रतिमान को हल कीजिए :

अधिकतमीकरण कीजिए $\quad z = 45x_1 + 55x_2$

संरोधाधीन $\quad 6x_1 + 4x_2 - 120 \leq 0$

$\quad\quad 3x_1 + 10x_2 \leq 180$

$\quad\quad x_1, x_2 \geq 0.$

प्रश्न 9. निम्नलिखित पर संक्षिप्त टिप्पणियाँ लिखिए:
(क) कुन-टकर शर्तें
(ख) टेलर का विस्तार

प्रश्न 10. एक विशेष प्रकार की 150 छड़ों की चौड़ाई के माध्य और मानक विचलन क्रमशः 8.5 mm और 0.5 mm पाए गए। परीक्षण कीजिए कि क्या यह प्रेक्षित माध्य 8 mm से महत्त्वपूर्ण रूप से भिन्न है।

प्रश्न 11. 7 पुरुषों और 4 महिलाओं के समूह में से एक 6 सदस्यीय उपसमिति गठित करनी है। इस संभाव्यता की गणना कीजिए कि उसमें
(क) कम-से-कम दो महिलाएँ होंगी, और
(ख) ठीक दो ही महिलाएँ होंगी।

प्रश्न 12. मान लीजिए कि x का निम्नलिखित प्रायिकता बंटन है:

x	0	1	2	3	4
P(x)	0.2	0.2	0.1	0.3	0.2

इस बंटन के माध्य और विचरण ज्ञात कीजिए।

परिमाणात्मक विधियाँ : एम.ई.सी.-003
दिसम्बर, 2018

नोटः *प्रत्येक भाग से निर्देशानुसार प्रश्नों के उत्तर दीजिए।*

खंड 'क'
इस खंड से कोई दो प्रश्न हल करें।

प्रश्न 1. (a) एक मक्कड़ जाल प्रतिमान के आपूर्ति एवं माँग फलन इस प्रकार हैं:

$Q_{st} = 6P_{t-1}^{-5}$ और $Q_{dt} = 19 - 6P_t$

अंतर्कालिक संतुलन कीमत ज्ञात करें और यह भी बताएँ कि क्या यह संतुलन स्थायी होगा?

(b) सैम्युलसन के गुणक-त्वरक अंतर्क्रिया प्रतिमान की स्थिरता की शर्त की स्थापना करें।

प्रश्न 2. (a) एक अर्थव्यवस्था की सीमांत आयात प्रवृत्ति $M^1(y) = 0.1$ तथा $y = 0$ पर $M = 20$। इसका आयात फलन $M(y)$ आंकलित करें।

(b) सीमांत उपयोग प्रवृत्ति $c^1(y) = 0.8 + 0.1y^{-1/2}$ और $y = 10$ होने पर $c = y$। उपयोग फलन $c(y)$ ज्ञात करें।

प्रश्न 3. (a) बिंदु अनुमानन विधि क्या है और यह अंतराल अनुमानन से किस प्रकार भिन्न है? एक अच्छे आगणक की क्या विशेषताएँ होती हैं?

(b) यदि $x_1, x_2, ..., x_n$ किसी N आकार की अनंत समष्टि जिसका विचरण σ^2 है, से लिया गया एक यादृच्छिक प्रतिदर्श है और $\bar{x}$ प्रतिदर्श माध्य है तो दर्शाएँ कि $\sum_{i=1}^{n} \frac{(x_i - \bar{x})^2}{n}$ पद σ^2 का एक अभिनतिपूर्ण आगणक होगा। किंतु जैसे-जैसे 'n' का आकार बढ़ाया जाता है, यह अभिनति नगण्य प्रायः रह जाती है।

प्रश्न 4. एक अर्थव्यवस्था के लिए आगत गुणांक आव्यूह P इस प्रकार है:

$$P = \begin{bmatrix} 0.0 & 0.3 & 0.3 \\ 0.3 & 0.1 & 0.1 \\ 0.2 & 0.4 & 0.0 \end{bmatrix}$$ और इसका अंतिम माँग सदिश है, $D = \begin{bmatrix} 180 \\ 20 \\ 80 \end{bmatrix}$. उत्पादन स्तर ज्ञात करें।

खंड 'ख'
किन्हीं पाँच प्रश्नों को हल करें।

प्रश्न 5. इसे हल करें:
अधिकतम करें: $z = 50y_1 + 30y_2$
संरोधाधीन: $y_1 + y_2 - 9 \geq 0$
$0 \geq 12 - 2y_1 - y_2$
$y_1, y_2 \geq 0$

प्रश्न 6. इन पर संक्षिप्त टिप्पणियाँ लिखें:
(i) आइगन मान और आइगन सदिश
(ii) एक आव्यूह का अनुक्रम (Rank)

प्रश्न 7. $y_0 = 2$ के लिए इस पद का समाधान आंकलित करें:
$y_{t+1} + \dfrac{1}{4} y_t = 5$

प्रश्न 8. एकाधिकारी का माँग वक्र है: $P = 100 - 2q$.
(a) उसका सीमांत आगम फलन ज्ञात करें
(b) किस कीमत पर सीमांत आगम शून्य होगा?

प्रश्न 9. एक द्विपद आबंटन क्या होता है? यदि इस आबंटन के प्राचल p और n हों तो इसके माध्य और विचरण ज्ञात करें।

प्रश्न 10. मान लें कि 15 में से एक टेलीफोन नंबर व्यस्त है। यदि 6 फोन नंबर यादृच्छिक रूप से चुने जाते हैं तो यह संभाव्यता ज्ञात करें कि:
(a) 3 से अधिक व्यस्त नहीं मिलेंगे
(b) कम-से-कम 3 व्यस्त मिलेंगे

प्रश्न 11. इस आव्यूह का विलोम आंकलित करें:

$$A = \begin{bmatrix} 4 & 1 & -1 \\ 0 & 3 & 2 \\ 3 & 0 & 7 \end{bmatrix}$$

प्रश्न 12. आव्यूह P, Q, P + Q, PQ तथा PQ के अनुक्रम ज्ञात करें:

$$P = \begin{bmatrix} -1 & -2 & 3 \\ 6 & 12 & 6 \\ 5 & 10 & 5 \end{bmatrix} \quad Q = \begin{bmatrix} 1 & 1 & -1 \\ 2 & -3 & 4 \\ 3 & -2 & 3 \end{bmatrix}$$

परिमाणात्मक विधियाँ : एम.ई.सी.-003

जून, 2019

नोटः *प्रत्येक भाग से निर्देशानुसार प्रश्नों के उत्तर दीजिए।*

खंड 'क'

इस खंड से कोई दो प्रश्न हल करें।

प्रश्न 1. एक उत्पाद फलन इस प्रकार है: $y = x_1^{2/3} x_2^{1/5}$ जहाँ y = उत्पादन और x_1 तथा x_2 दो आगतें हैं। यदि उत्पाद कीमत $P_y = 15$ और आगतों की कीमतें क्रमशः $P_{x_1} = 5, P_{x_2} = 3$ तो:

(a) लाभ को अधिकतम करने वाला आगत संयोजन ज्ञात करें।

(b) एक हैस्सियन आव्यूह की सहायता से जाँच करें कि ये आगत लाभ को अधिकतम कर देंगी।

उत्तर– (a) We have following production function

$$y = x_1^{2/3} x_2^{1/5}$$

where, y is output and x_1 & x_2 are two inputs

Constraint $C = 5x_1 + 3x_2$

Let z is the profit, then

$$z = P_y y - C$$

or, $z = 15x_1^{2/3} x_2^{1/5} - 5x_1 - 3x_2$

and profit maximisation problem is

$$\max z = \max\left\{15^{2/3}_{x_1} x_2^{1/5} - 5x_1 - 3x_2\right\}$$

first order condition:

$$\frac{\partial z}{\partial x_1} = f_1 = 15 \times \frac{2}{3} x_1^{2/3 - 1} x_2^{1/5} - 5 = 0$$

$$= 10x_1^{-1/3} x_2^{1/5} - 5 = 0 \qquad \ldots(i)$$

and

$$\frac{\partial z}{\partial x_2} = f_2 = 15 \times \frac{1}{5} x_1^{2/3} x_2^{1/5-1} - 3 = 0$$

$$= 3 x_1^{2/3} x_2^{-4/5} - 3 = 0 \qquad \ldots(ii)$$

Divide equation (i) by (ii)

$$\frac{10 x_1^{-1/3} x_2^{1/5}}{3 x_1^{2/3} x_2^{-4/5}} = \frac{5}{3}$$

$$\Rightarrow \frac{2 x_2}{x_1} = 1 \Rightarrow 2 x_2 = x_1$$

On putting the value of x_1 in eq. (i), we have

$$10 (2x_2)^{-1/3} x_2^{1/5} - 5 = 0$$

$$\Rightarrow 10 (2)^{-1/3} x_2^{-1/3} x_2^{1/5} = 5$$

$$\Rightarrow 2(2)^{-1/3} x_2^{-1/3 + 1/5} = 1$$

$$\Rightarrow x_2^{2/15} = 2^{2/3}$$

$$\Rightarrow x_2 = \left(2^{2/3}\right)^{15/2}$$

$$\Rightarrow x_2 = 2^5 = 32$$

on putting the value of x_2 on eq. (i)

$$10 x_1^{-1/3} (32)^{1/5} - 5 = 0$$

$$\Rightarrow 20 x_1^{-1/3} = 5$$

$$\Rightarrow x_1^{1/3} = 4$$

$$\Rightarrow x_1 = 4^3 = 64$$

So the profit will be maximum when $x_1 = 64$ and $x_2 = 32$

(b) Hessian Matrix:

$$f_1 = 10 x_1^{-1/3} x_2^{1/5} - 5 \qquad \text{(from (i))}$$

So, $f_{11} = \dfrac{-10}{3} x_1^{-4/3} x_2^{1/5}$

and $f_{12} = 2x_1^{-1/3} x_2^{-4/5}$

$f_2 = 3x_1^{2/3} x_2^{-4/5} - 3$ (from (ii))

So, $f_{21} = 2x_1^{-1/3} x_2^{-4/5}$

and $f_{22} = \dfrac{-12}{5} x_1^{2/3} x_2^{-9/5}$

Condition for maximisation: $|H_1| < 0$, $|H_2| > 0$

$|H_1| = f_{11} = \dfrac{-10}{3} x_1^{-4/3} x_2^{1/5} < 0$

Therefore, $|H_1| < 0$

$|H_2| = \begin{vmatrix} \dfrac{-10}{3} x_1^{-4/3} x_2^{1/5} & 2x_1^{-1/3} x_2^{-4/5} \\ 2x_1^{-1/3} x_2^{-4/5} & \dfrac{-12}{5} x_1^{2/3} x_2^{-9/5} \end{vmatrix}$

$= \left(\dfrac{-10}{3} x_1^{-4/3} x_2^{1/5} \right) \left(\dfrac{-12}{5} x_1^{2/3} x_2^{-9/5} \right) - 4 x_1^{-2/3} x_2^{-8/5}$

$= 8 x_1^{-2/3} x_2^{-8/5} - 4 x_1^{-2/3} x_2^{-8/5}$

$4 x_1^{-2/3} x_2^{-8/5} > 0$

Therefore, these inputs are profit maximising.

प्रश्न 2. (a) यदि $\bar{x}$ प्रतिदर्श औसत हो तो सिद्ध करें कि x का प्रत्याशित मान $E(\bar{x})$ समष्टि औसत के समान होगा।

उत्तर— देखें अध्याय-6, प्र.सं.-8(i) (पेज नं.-314)

(b) किसी लक्षण विशेष के समष्टि में अनुपात की परिकल्पना सत्यापन की प्रक्रिया का वर्णन करें।

उत्तर— देखें अध्याय-6, प्र.सं.-20 (पेज नं.-335)

प्रश्न 3. तीन बाजारों में कार्य कर रही कीमत विभेदक एकाधिकारी के समक्ष ये तीन माँग फलन हैं :

$P_1 = 63 - 4Q_1$
$P_2 = 105 - 5Q_2$
$P_3 = 75 - 6Q_3$

जहाँ कुल उत्पादन $Q = Q_1 + Q_2 + Q_3$
उसकी लागत है $C = 20 + 15Q$.
ज्ञात करें :
(a) Q_1, Q_2, Q_3 की संतुलन मात्राएँ
(b) कुल लाभ और P_1, P_2, P_3

उत्तर- $P_1 = 63 - 4Q_1$, $\quad TR(Q_1) = 63Q_1 - 4Q_1^2$

$P_2 = 105 - 5Q_2$, $\quad TR(Q_2) = 105Q_2 - 5Q_2^2$

$P_3 = 75 - 6Q_3$, $\quad TR(Q_3) = 75Q_3 - 6Q_3^2$

$C = 20 + 15Q$, $\quad TC = 20 + 15Q = 20 + 15(Q_1 + Q_2 + Q_3)$

$MR(Q_1) = 63 - 8Q_1$

$MR(Q_2) = 105 - 10Q_2$

$MR(Q_3) = 75 - 12Q_3$, $MC = 15$

(एकाधिकार के अंतर्गत), $MR = MC$
अर्थात्

$MR(Q_1) = MC \Rightarrow 63 - 8Q_1 = 15 \Rightarrow Q_1 = 6$

$MR(Q_2) = MC \Rightarrow 105 - 10Q_2 = 15 \Rightarrow Q_2 = 9$

$MR(Q_3) = MC \Rightarrow 75 - 12Q_3 = 15 \Rightarrow Q_3 = 5$

अत:,

$P_1 = 63 - 4(6) = 63 - 24 = 39$

$P_2 = 105 - 5(9) = 105 - 45 = 60$

$P_3 = 75 - 6(5) = 75 - 30 = 45$

लाभ $= TR(Q_1 + Q_2 + Q_3) - TC$

$= 63Q_1 - 4Q_1^2 + 105Q_2 - 5Q_2^2 + 75Q_3 - 6Q_3^2 - 20 - 15(Q_1 + Q_2 + Q_3)$

$= 63(6) - 4(6)^2 + 105(9) - 5(9)^2 + 75(5) - 6(5)^2 - 20 - 15(9 + 6 + 5)$

$= 999 - 320 = 679$

प्रश्न 4. किसी अर्थव्यवस्था का आगत गुणांक आव्यूह ये है:

$$A = \begin{bmatrix} 0.0 & 0.3 & 0.3 \\ 0.3 & 0.1 & 0.1 \\ 0.2 & 0.4 & 0.0 \end{bmatrix}$$ अंतिम माँग आव्यूह है, $$D = \begin{bmatrix} 180 \\ 20 \\ 90 \end{bmatrix}$$. उत्पादन के स्तर आंकलित करें।

उत्तर– देखें अध्याय-4 (संख्यात्मक प्रश्न), प्र.सं.-41 (पेज नं.-217) की तरह

खंड 'ख'

इस खंड से कोई पाँच प्रश्न हल करें।

प्रश्न 5. हल करें: $\text{Max}: 10y_1 + 10y_2 + 20y_3 + 20y_4$

संरोधाधीन: $12y_1 + 8y_2 + 6y_3 + 4y_4 \le 210$

$3y_1 + 6y_2 + 12y_3 + 24y_4 \le 210$

$y_1, y_2, y_3, y_4 \ge 0.$

उत्तर– The problem is converted to canonical form by adding slack, surplus and artificial variables as appropiate

(1) As the constraint-1 is of type '$\le$' we should add slack variable S_1.

(2) As the constraint-2 is of type '$\le$' we should add slack variable S_2.

After Introducing slack variables

$\text{Max } Z = 10y_1 + 10y_2 + 20y_3 + 20y_4 + 0S_1 + 0S_2$

Subject to

$12y_1 + 8y_2 + 6y_3 + 4y_4 + S_1 = 210$

$3y_1 + 6y_2 + 12y_3 + 24y_4 + S_2 = 210$

and $y_1, y_2, y_3, y_4, S_1, S_2 \ge 0$

Iteration-1		C_j	10	10	20	20	0	0	
B	C_B	Y_B	y_1	y_2	y_3	y_4	S_1	S_2	**Min Ratio** $\frac{Y_B}{y_3}$
S_1	0	210	12	8	6	4	1	0	$\frac{210}{6} = 35$
S_2	0	210	3	6	**(12)**	24	0	1	$\frac{210}{12} = 17.5 \rightarrow$
Z = 0		Z_j	**0**	**0**	**0**	**0**	**0**	**0**	
		$Z_j - C_j$	-10	-10	$-20\uparrow$	-20	0	0	

Negative minimum $Z_j - C_j$ is – 20 and its column index is 3. So, the entering variable is y_3.

Minimum ratio is 17.5 and its row index is 2. So, the leaving basis variable is S_2.

∴ The pivot element is 12.

Entering = y_3, Departing = S_2, Key Element = 12

R_2 (new) = R_2 (old) ÷ 12

R_1(new) = R_1 (old) – 6R_2 (new)

Iteration-2		C_j	10	10	20	20	0	0	
B	C_B	Y_B	y_1	y_2	y_3	y_4	S_1	S_2	**Min Ratio** $\frac{Y_B}{y_1}$
S_1	0	105	$\left(\frac{21}{2}\right)$	5	0	-8	1	$-\frac{1}{2}$	$\frac{105}{\frac{21}{2}} = 10 \rightarrow$
y_3	20	$\frac{35}{2}$	$\frac{1}{4}$	$\frac{1}{2}$	1	2	0	$\frac{1}{12}$	$\frac{\frac{35}{2}}{\frac{1}{4}} = 70$
Z = 350		Z_j	**5**	**10**	**20**	**40**	**0**	$\frac{5}{3}$	
		$Z_j - C_j$	$-5\uparrow$	0	0	20	0	$\frac{5}{3}$	

Negative minimum $Z_j - C_j$ is –5 and its column index is 1. So, the entering variable is y_1.

Minimum ratio is 10 and its row index is 1. So, the leaving basis variable is S_1.

: the pivot element is $\frac{21}{2}$.

Entering = y_1, Departing = S_1, Key Element = $\frac{21}{2}$

R_1 (new) = R_1 (old) $\times \frac{2}{21}$

R_2 (new) = R_2 (old) $- \frac{1}{4}$ R_1 (new)

Iteration-3		C_j	10	10	20	20	0	0	
B	C_B	Y_B	y_1	y_2	y_3	y_4	S_1	S_2	Min Ratio
y_1	10	10	1	$\frac{10}{21}$	0	$-\frac{16}{21}$	$\frac{2}{21}$	$-\frac{1}{21}$	
y_3	20	15	0	$\frac{8}{21}$	1	$\frac{46}{21}$	$-\frac{1}{42}$	$\frac{2}{21}$	
Z = 400		Z_j	10	$\frac{260}{21}$	20	$\frac{760}{21}$	$\frac{10}{21}$	$\frac{10}{7}$	
		$Z_j - C_j$	0	$\frac{50}{21}$	0	$\frac{340}{21}$	$\frac{10}{21}$	$\frac{10}{7}$	

Since all $Z_j - C_j \geq 0$
Hence, optimal solution is arrived with value of variables as :

$y_1 = 10$, $y_2 = 0$, $y_3 = 15$, $y_4 = 0$

Max Z = 400

प्रश्न 6. गेहूँ उत्पादक 34 फर्मों के प्रतिदर्श के प्रति एकड़ उत्पादन का मानक विचलन 83 कि.ग्राम है। क्या आप 5% महत्ता स्तर पर यह अवधारणा अस्वीकार कर देंगे कि सभी फर्मों के प्रति एकड़ उत्पादन का मानक विचलन 107 कि.ग्राम है? [बड़े प्रतिदर्श विषयक कसौटी का प्रयोग करें।]

उत्तर— $H_o : \sigma = 83$

$H_a : \sigma \neq 83$

If S = 83, $\sigma = 107$ and n = 34

Test statistics: $T = (N-1)\frac{S^2}{\sigma^2} = 33 \times \frac{(83)^2}{(107)^2} = 20.337$

Degree of freedom: N – 1 = 33

Significance level: $\alpha = 0.05$

Critical values : $\chi^2_{\alpha/2, N-1} = 19.647$

$\chi^2_{(1-\alpha/2), N-1} = 50.725$

Critical region: Accept H_o, if T > 19.647
and T < 50.725

The test statistic value lies between upper and lower critical values, so we accept the null hypothesis.

प्रश्न 7. इसका विलोम ज्ञात करें:

$$P = \begin{bmatrix} 1 & 3 & 2 \\ 3 & 10 & 6 \\ 2 & 5 & 5 \end{bmatrix}.$$

उत्तर— देखें अध्याय-4 (संख्यात्मक प्रश्न), प्र.सं.-46 (पेज नं.-222)

प्रश्न 8. किसी पुस्तक के 100 पृष्ठों में 100 अशुद्धियाँ यादृच्छिक रूप से वितरित हैं। ऐसे वितरण का निरूपण करने के लिए कौन-सा प्रायिकता प्रतिमान उपयुक्त होगा? उक्त प्रतिमान को प्रयोग कर यह प्राक्कलित करें कि यादृच्छिक रूप से खोले गए किसी पृष्ठ पर कम-से-कम तीन अशुद्धियाँ होंगी।

उत्तर— Poisson distribution is appropriate model to describe such a distribution.

Since 100 misprints are distributed randomly throughout the 100 pages of a book, therefore on an average there is only one mistake on a page. This means, the probability of there being a misprint, p = 1/100, is very small and the number of words, n, in 100 pages are very large. Hence, Poisson distribution is best suited in this case.

Average number of misprints in one page,

$\lambda = np = 100 \times (1/100) = 1$.

Therefore $e^{-\lambda} = e^{-1} = 0.3679$. $\lambda = np = 100 \times (1/100) = 1$

Probability of at least three misprints in a page is

$$P(x \geq 3) = 1 - P(x < 3) = 1 - \{P(x=0) + P(x=1) + P(x=2)\}$$

$$= 1 - \left[e^{-\lambda} + \lambda e^{-\lambda} + \frac{1}{2!} \lambda^2 e^{-\lambda} \right]$$

$$= 1 - \left\{ e^{-1} + e^{-1} + \frac{e^{-1}}{2!} \right\} = 1 - 2.5 \, e^{-1} = 1 - 2.5(0.3679)$$

= 0.0802

प्रश्न 9. (a) एक परीक्षण सांख्यिक क्या होता है?

उत्तर— देखें अध्याय-6, प्र.सं.-19(iii) (पेज नं.-333)

(b) P-मान क्या होता है?

उत्तर— सांख्यिकी प्राक्कल्पना परीक्षण में P-मान किसी दिए गए सांख्यिकी प्रतिमान के लिए एक प्रायिकता होता है जो कि इस धारणा के साथ निकाला जाता है कि एक अशक्त परिकल्पना

सच है। एक खोजकर्त्ता अशक्त परिकल्पना को अस्वीकार कर देगा यदि P-मान पूर्व निर्धारित महत्त्व स्तर (significance level) से कम निकलता है, और यदि P-मान पूर्व निर्धारित महत्त्व स्तर से अधिक अथवा बराबर है तो खोजकर्त्ता अशक्त परिकल्पना को स्वीकार कर लेगा। P-मान के लिए महत्त्व का स्तर (α) 0.05 या 0.01 होता है। P-मान ज्ञात करने के लिए P-मान की सारणी का प्रयोग किया जाता है। P-मान का उपयोग शोध के क्षेत्र में किया जाता है।

(c) एक-पुच्छ एवं द्वि-पुच्छ परीक्षणों में भेद करें।
उत्तर– देखें अध्याय-6, प्र.सं.-17 (पेज नं.-331)

प्रश्न 10. मान लें कि x का प्रायिकता आबंटन इस प्रकार है:

x	0	1	2	3	4
P(x)	0.2	0.2	0.1	0.3	0.2

इस आबंटन का औसत और विचरण आंकलित करें।
उत्तर– देखें अध्याय-5 (संख्यात्मक प्रश्न), प्र.सं.-35 (पेज नं.-303)

प्रश्न 11. एक पासा फैंकने के बाद हमें यह बताया गया है कि कोई 'सम' संख्या आई है। इस बात की क्या प्रायिकता है कि वह संख्या '4' रही होगी?
उत्तर– माना कि A और B दो घटनाएँ हैं, जहाँ–
A : परिणाम एक सम संख्या के रूप में प्राप्त होगा (2, 4, 6)
B : प्राप्त परिणाम 4 होगा (4)
अतः वांछित प्रायिकता होगी–

$$P(B/A) = \frac{P(B \cap A)}{P(A)}$$

लेकिन $P(A) = \frac{3}{6} = \frac{1}{2}$

अब, $(B \cap A) : (4)$

इसलिए, $P(B \cap A) = \frac{1}{6}$

अतः $P(B/A) = \frac{1}{6} \Big/ \frac{1}{2}$

$$= \frac{1}{3}$$

प्रश्न 12. इस समीकरण का विशिष्ट समाधान आंकलित करें:

$$\mathbf{\frac{dy}{dx}=\frac{y^2-1}{x}; y(1)=2.}$$

उत्तर– $\frac{dy}{dx}=\frac{y^2-1}{x}, y(1)=2$

$$\frac{dy}{y^2-1}=\frac{dx}{x}$$

integrating both sides

$$\int\frac{dy}{y^2-1}=\int\frac{dx}{x}$$

$\Rightarrow \tan^{-1} y = \log x + c \ (x = 1, y = 2)$
$\Rightarrow \tan^{-1}(2) = \log(1) + c$
$\Rightarrow s\tan^{-1}(2) = c$
So, $\tan^{-1} y = \log x + \tan^{-1}(2)$
Which is the particular solution of the given equation.

□□

परिमाणात्मक विधियाँ : एम.ई.सी.-003
दिसम्बर, 2019

नोटः *प्रत्येक खंड से निर्देशानुसार प्रश्न हल करें।*

खंड - क
इस खंड से कोई दो प्रश्न हल करें।

प्रश्न 1. एक दो वस्तुएँ उत्पादित करने वाली फर्म के माँग लागत फलन इस प्रकार हैं।

$$\left.\begin{array}{l} Q_1 = 40 - 2P_1 - P_2 \\ Q_2 = 35 - P_1 - P_2 \end{array}\right\} \text{माँग फलन}$$

$C = Q_1^2 + 2Q_2^2 + 10 =$ लागत फलन

(क) अधिकतम उत्पादन की प्रथम कोटि की शर्त को पूरा करने वाले उत्पादन स्तर आंकलित करे।

(ख) द्वितीय कोटि की पर्याप्त शर्त की जाँच करें। क्या आप इस निष्कर्ष पर पहुँच पाएँगे कि यहाँ एक अद्वितीय अधिकतम लाभ होगा?

(ग) अधिकतम लाभ क्या है?

प्रश्न 2. (i) हल करें : $(t + 2y)(dy) + (y + 3t^2)(dt) = 0$

(ii) एक मक्कड जाल प्रतिमान के माँग एवं आपूर्ति फलन ये हैं।

$Q_{dt} = 18 - 3P_t$, $Q_{st} = -3 + 4P_{t-1}$

अंतर्कालिक संतुलन कीमत ज्ञात करें और यह भी जाँच करें कि क्या यह संतुलन स्थिरतापूर्ण है।

प्रश्न 3. (क) एक प्रसामान्य आबंटन की विशेषताएँ लिखें। एक मानक प्रसामान्य आबंटन का घनता फलन भी लिखें।

(ख) द्विपद एवं एक पायजों आबंटन के आबंटन फलन लिखें। किस दशा में पायजों आबंटन एक द्विपद आबंटन का अनुमान बन जाता है? इन दोनों आबंटनों के औसत तथा विचरण की व्युत्पत्ति करें।

प्रश्न 4. (क) किसी सांख्यिक की मानक त्रुटि की परिभाषा करें। यह भी बताएँ कि ये अवधारणा परीक्षण और निर्णय में किस प्रकार उपयोगी होती है।

(ख) यदि $x_i = 1, 2, ..., n$ किसी प्रसामान्य समष्टि से निर्गत n प्रतिदर्श मान हैं, जिसके औसत μ और मानक विचलन σ हो, तो प्रतिदर्श औसत $\bar{x}$ का p.d.f. व्युत्पन्न करें।

खंड - ख

इस खंड में से कोई पाँच प्रश्न हल करें।

प्रश्न 5. विलोम ज्ञात करें: $A = \begin{bmatrix} 4 & 1 & -1 \\ 0 & 3 & 2 \\ 3 & 0 & 7 \end{bmatrix}$.

प्रश्न 6. एक बैग में 8 नीली तथा 5 लाल गेंदे हैं। बिना प्रतिस्थापन किए दो बार उसमें से तीन-तीन गेंदे निकाली जाती हैं। यह प्रायिकता आंकलित करें कि पहली बार तीनों गेंदे नीली रहेंगी और दूसरी बार में तीनों लाल मिलेंगी।

प्रश्न 7. इस रेखीय प्रोग्रामन समस्या, जो x_1 और x_2 में निरूपित है, को हल करें:

Max. $z = 45x_1 + 55x_2$

संरोधाधीन $6x_1 + 4x_2 \leq 120$

$3x_1 + 10x_2 \leq 180$

$x_1, x_2 \geq 0$

प्रश्न 8. (क) यदि $y = \frac{x_1}{x_1 + x_2}$ तो सकल अवकलक ज्ञात करें।

(ख) आइगन मान और आइगन सदिश पर टिप्पणियाँ लिखें।

प्रश्न 9. इन पर संक्षिप्त टिप्पणियाँ लिखें–

(क) केंद्रीय परिसीमा प्रेमय

(ख) प्रतिदर्श आबंटन

(ग) बिंदु अनुमानों की विशेषताएँ

प्रश्न 10. आगत-उत्पादन आव्यूह A तथा माँग सदिश D है। उत्पादन के स्तर आंकलित करें:

$$A = \begin{bmatrix} 0.05 & 0.25 & 0.34 \\ 0.33 & 0.10 & 0.12 \\ 0.19 & 0.38 & 0.00 \end{bmatrix}, D = \begin{bmatrix} 1800 \\ 200 \\ 900 \end{bmatrix}$$

प्रश्न 11. A और B दो आव्यूह है:

$$A = \begin{bmatrix} 1 & 1 & -1 \\ 2 & -3 & 4 \\ 3 & -2 & 3 \end{bmatrix}, B = \begin{bmatrix} -1 & -2 & 3 \\ 6 & 12 & 6 \\ 5 & 10 & 5 \end{bmatrix}$$

A, B, [A + B], AB तथा BA के क्रम अंक आंकलित करें।

प्रश्न 12. x के y पर प्रतीपगमन फलन का आंकलन करें।

x	5	3	8	5	10
y	8	11	6	9	8

परिमाणात्मक विधियाँ : एम.ई.सी.-003
जून, 2020

नोट: प्रत्येक भाग से यथानिर्देश प्रश्न हल कीजिए।

भाग - क

नोट : इस भाग से किन्हीं दो प्रश्नों को हल कीजिए।

प्रश्न 1. एक एकाधिकारी दो वस्तुएँ A तथा B उत्पादित करता है। उसके माँग फलन क्रमशः $Q_1 = 40 + P_2 - 2P_1$ तथा $Q_2 = 15 - P_2 + P_1$ हैं। यहाँ P_1 तथा P_2 द्वारा A और B की कीमतें तथा Q_1 और Q_2 द्वारा क्रमशः उनकी मात्राएँ दर्शायी गई हैं। एकाधिकारी का लागत फलन $C = Q_2^2 + Q_1 Q_2 + Q_1^2$ है। उसके अधिकतम लाभ उत्पादन एवं कीमतें आकलित कीजिए। हैसियन आव्यूह का आकलन भी कीजिए।

प्रश्न 2. एक अर्थव्यवस्था का आदान गुणांक आव्यूह है–

$$A = \begin{bmatrix} 0.0 & 0.3 & 0.3 \\ 0.3 & 0.1 & 0.1 \\ 0.2 & 0.4 & 0.0 \end{bmatrix}$$

और अंतिम माँग सदिश है:

$$D = \begin{bmatrix} 180 \\ 20 \\ 90 \end{bmatrix}$$

उसका उत्पादन स्तर आकलित कीजिए।

प्रश्न 3. (क) सकल उत्पादन फलन $Q = L^{1-\alpha} K^\alpha$ पर विचार कीजिए जहाँ Q, K और L सभी काल के फलन हैं। पूँजी उत्पाद अनुपातों का काल पथ आकलित एवं प्रदर्शित कीजिए।

(ख) हल कीजिए–

$(t + 2y) dy + (y + dt^2) dt = 0$

प्रश्न 4. (क) 'बेज' का प्रमेय बताइए और उसकी व्याख्या कीजिए।
(ख) $P(B/A)$ का आकलन कीजिए यदि $P(A/B) = 1/4$, $P(A) = 2/5$ तथा $P(B) = 1/2$ बेज प्रमेय का उपयोग कीजिए।

भाग – ख

नोट: इस भाग से कोई पाँच प्रश्न हल कीजिए।

प्रश्न 5. दर्शाइए कि एक प्वॉयसां आबंटन के औसत और विचरण समान होते हैं।

प्रश्न 6. मान लें कि एक पाँसा फेंकने पर विषम संख्या आई है। क्या संभाव्यता है कि यह संख्या '5' है?

प्रश्न 7. इस आव्यूह का विलोम आकलित कीजिए–

$$\begin{bmatrix} 4 & 1 & -1 \\ 0 & 3 & 2 \\ 3 & 0 & 7 \end{bmatrix}$$

प्रश्न 8. निम्नलिखित आँकड़ों के आधार पर x के y पर प्रतीपगमन समीकरण का आकलन कीजिए–

X	Y
5	8
8	6
3	11
10	8
5	9

प्रश्न 9. (क) इनके $\dfrac{dy}{dx}$ ज्ञात कीजिए–

(i) $y = \log(e^x + 3)$

(ii) $y = \dfrac{1}{\sqrt{x^2 + a^2}}$

(ख) इसके लिए सकल अवकल ज्ञात कीजिए।

$$y = \frac{x_1}{x_1 + x_2}$$

प्रश्न 10. सिंपलैक्स विधि का प्रयोग कर इस रैखिक प्रोग्रामन समस्या का समाधान ज्ञात कीजिए–

अधिकतम :
$$Z = 55x_2 + 45x_1$$
प्रतिबंधित है :
$$6x_1 + 4x_2 \leq 120$$
$$3x_1 + 10x_2 \leq 180$$
$$x_1 \geq 0,\ x_2 \geq 0.$$

प्रश्न 11. एक प्रकार की 150 छड़ें हैं जिनके औसत मान और मानक विचलन क्रमशः 8.5 मि. मीटर और 0.5 मि. मीटर पाए गए हैं। परीक्षण कीजिए कि क्या अवलोकित औसत 8 मि. मीटर से महत्त्वपूर्ण रूप से भिन्न है।

प्रश्न 12. निम्नलिखित पर संक्षिप्त टिप्पणियाँ लिखिए–
(i) कुह्न-टकर कसौटी
(ii) टेलर का विस्तार

परिमाणात्मक विधियाँ : एम.ई.सी.-003
फरवरी, 2021

नोटः *प्रत्येक भाग से निर्देशानुसार प्रश्नों के उत्तर दीजिए।*

भाग क
इस भाग से किन्हीं दो प्रश्नों के उत्तर दीजिए।

प्रश्न 1. (क) यदि $\bar{x}$ प्रतिदर्श औसत है, तो सिद्ध कीजिए कि $\bar{x}$ का प्रत्याशित मान $E(\bar{x}) = \mu$ (समष्टि औसत) होगा।

(ख) किसी अभिलक्षण की समष्टि अनुपात विषयक संकल्पना के सत्यापन की प्रक्रिया का वर्णन कीजिए।

प्रश्न 2. एक उत्पादन फलन $y = x_1^{2/3}\ x_2^{1/3}$ है, जहाँ y = उत्पादन तथा x_1 और x_2 दो आदान हैं। यदि उत्पादन कीमत $P_y = 15$ तथा आदान कीमतें क्रमशः $P_{x_1} = 5$ और $P_{x_2} = 3$ हों, तो

(क) अधिकतम लाभ देने वाले आदान स्तर आकलित कीजिए।

(ख) सत्यापित कीजिए कि यही आदान स्तर लाभ को अधिकतम करते हैं।

प्रश्न 3. (क) एक मकड़जाल प्रतिमान में माँग और आपूर्ति क्रमशः $Q_{dt} = 18 - 3p_t$ और $Q_{st} = 4p_{t-1} - 3$ हैं। अंतर्कालिक संतुलन कीमत ज्ञात कीजिए और जाँच कीजिए कि क्या यह संतुलन स्थायी है।

(ख) सैम्यूएलसन के गुणक-त्वरक अंतर्क्रिया प्रतिमान की स्थिरता की कसौटी की स्थापना कीजिए।

प्रश्न 4. एक फर्म का उत्पादन फलन इस प्रकार है–

$$Y = 80x_1 + 40x_2 - 2x_1^2 + 3x_1x_2 - 2x_2^2.$$

इसकी सकल लागत 96 तथा आदान कीमतें क्रमशः $w_1 = 6, w_2 = 3$ हैं। ज्ञात कीजिए कि इस लागत पर फर्म अधिकतम कितना उत्पादन कर सकती है।

भाग ख

इस भाग से किन्हीं पाँच प्रश्नों के उत्तर दीजिए।

प्रश्न 5. $\dfrac{dy}{dx} = \dfrac{y^2 - 1}{x}$; $y(1) = 2$ है, विशिष्ट हल ज्ञात कीजिए।

प्रश्न 6. सिम्पलैक्स विधि का प्रयोग करके इस समस्या को हल कीजिए—
न्यूनतमीकरण कीजिए $\quad 2x_1 + 15x_2 + 5x_3 + 6x_4$
संरोधाधीन $\quad\quad x_1 + 6x_2 + 3x_3 + x_4 \geq 2$

$\quad\quad\quad\quad\quad -2x_1 + 5x_2 - x_3 + 3x_4 \leq -3$

$\quad\quad\quad\quad\quad x_1, x_2, x_3, x_4 \geq 0$

प्रश्न 7. निम्नलिखित आँकड़ों से प्रत्याशित मान और प्रसरण ज्ञात कीजिए—

x_i	0	1	2	3	4	5	6
$P(x_i)$	0.02	0.10	0.21	0.32	0.20	0.09	0.06

जहाँ x_i = प्रतिदिन बेची गई पुस्तकें हैं।

प्रश्न 8. मान लीजिए कि औसत रूप से 15 में से एक टेलीफोन संख्या व्यस्त रहती है। यह प्रायिकता ज्ञात कीजिए कि 6 यादृच्छिक रूप से चुनी गई टेलीफोन संख्याओं में से

(क) तीन से अधिक व्यस्त नहीं होंगी।
(ख) कम-से-कम तीन व्यस्त होंगी।

प्रश्न 9. आव्यूहों $P, Q, P + Q, PQ$ तथा QP की जाति ज्ञात कीजिए, यदि

$$P = \begin{bmatrix} -1 & -2 & 3 \\ 6 & 12 & 6 \\ 5 & 10 & 5 \end{bmatrix}, \quad Q = \begin{bmatrix} 1 & 1 & -1 \\ 2 & -3 & 4 \\ 3 & -2 & 3 \end{bmatrix}$$

प्रश्न 10. 7 पुरुषों और 4 महिलाओं के समूह में से एक 6-सदस्यीय उप-समिति गठित की जाती है। प्रायिकता क्या होगी कि उप-समिति में
(क) ठीक दो महिलाएँ ही होंगी?
(ख) कम-से-कम दो महिलाएँ होंगी?

प्रश्न 11. (क) यदि

(i) $y = \log(e^x + 3)$ (ii) $y = \dfrac{1}{\sqrt{x^2 + a^2}}$

तो $\dfrac{dy}{dx}$ ज्ञात कीजिए।

(ख) $y = \dfrac{x_1}{x_1 + x_2}$ का संपूर्ण अवकल ज्ञात कीजिए।

प्रश्न 12. (क) एक परीक्षण-प्रतिदर्शज (सांख्यिकी) क्या होता है?
(ख) p-मान क्या होता है?
(ग) एकल-पुच्छ एवं द्वि-पुच्छ परीक्षणों में भेद स्पष्ट कीजिए।

www.ingramcontent.com/pod-product-compliance
Ingram Content Group UK Ltd.
Pitfield, Milton Keynes, MK11 3LW, UK
UKHW022214230426
12048UKWH00016BA/831

9 789381 970508